叶秀山全集

[第四卷]

叶秀山 著

江苏人民出版社

图书在版编目(CIP)数据

叶秀山全集.第四卷/叶秀山著.—南京：江苏人民出版社，2019.11
ISBN 978-7-214-23546-6

Ⅰ.①叶… Ⅱ.①叶… Ⅲ.①哲学—文集 Ⅳ.①B-53

中国版本图书馆CIP数据核字（2019）第120708号

书　　　名	叶秀山全集·第四卷
著　　　者	叶秀山
责 任 编 辑	戴亦梁
特 约 编 辑	巫闽花
责 任 校 对	薛耀华
责 任 监 制	王列丹
出 版 发 行	江苏人民出版社
出版社地址	南京市湖南路1号A楼,邮编：210009
出版社网址	http://www.jspph.com
排　　　版	南京展望文化发展有限公司
印　　　刷	苏州市越洋印刷有限公司
开　　　本	718毫米×1000毫米　1/16
印　　　张	34　插页6
字　　　数	536千字
版　　　次	2019年11月第1版　2019年11月第1次印刷
标 准 书 号	ISBN 978-7-214-23546-6
定　　　价	152.00元

（江苏人民出版社图书凡印装错误可向承印厂调换）

《叶秀山全集》出版说明

叶秀山先生遽然仙逝后，在他亲属和学生们的支持下，我们决定出版《叶秀山全集》，以永远缅怀他卓越的学术成就，延续和光大他的学术理念与思想事业。本次出版遵循如下原则：

一、只收录已经公开出版或发表的作品，其余作品（如手稿、书信等）以后择机再出续集。

二、各卷按照时间顺序收录已出版的著作（包括文集）。未收入已出版著作中但又公开发表的文章，按发表时间顺序分类收入最后两卷。

三、已出版的文集类著作中与之前著作收文重复者，只存目，但让《永恒的活火》和《启蒙与自由》二书保持完整收录。

四、编辑过程中，尽量尊重原出版物原貌，只作最小程度的技术处理。

我们向参与具体编校工作的叶先生的学生们，以及为全集的编辑出版提供各种帮助的朋友们表示感谢！

江苏人民出版社
2019 年 7 月

目录

叶秀山学术文化随笔

第一编 哲学篇 003

条条道路通哲学 005

"人""有"一个"世界""（存）在"——世纪之交话哲学 008

世纪的困惑——中西哲学对"本体"问题之思考 025

西方反形而上学传统和中西哲学之汇通 034

论科学的人文精神 051

古代希腊原子论的"原子"与"虚空"观念 （存目）*

亚里士多德与形而上学之思想方式 （存目）*

说不尽的康德哲学 056

康德的"自由"、"物自体"及其他 （存目）*

延展中之中华人文精神 068

道家哲学与现代"生"、"死"观 076

漫谈庄子的"自由"观 089

第二编 艺术篇 107

从 Mythos 到 Logos （存目）*

希腊奥林帕斯山上诸神与希腊神话之古典精神 （存目）*

中国艺术之"形而上"意义 109

论艺术的古典精神——纪念艺术大师梅兰芳 116

京剧"韵味"及其他 129

余叔岩艺术的启示 132
从"脸谱"说起 136
漫谈中国书法艺术 140

第三编 杂文篇 145

"学而时习之"及其他 147
说"五十而知天命" 157
"登堂入室"方是"至友" 163
我敬畏的金先生 170
论"放心"——读《金岳霖的回忆与回忆金岳霖》偶感 174
《虞愚自写诗卷》读后 177
请存留着这份"寂寞"——《虞愚文集》出版想到的 180
学者的情怀 182
但愿能做一点翻译工作 188
附录：无尽的学与思 （存目）*
叶秀山年谱简编 （存目）*
跋 191

当代学者自选文库·叶秀山卷

自序 197
早期古代希腊社会与早期希腊哲学 （存目）*
米利都学派的主要哲学范畴 （存目）*
有关苏格拉底的史料问题 （存目）*
苏格拉底的政治立场 （存目）*
苏格拉底的哲学思想 （存目）*
书法艺术之哲学观 （存目）*
海德格尔与西方哲学的危机 （存目）*
哲学之辩护——雅斯贝斯的"奋争"和"奉献" （存目）*
意义世界的埋葬——评隐晦哲学家德里达 （存目）*

论福柯的"知识考古学"（存目）*

美学与哲学 （存目）*

人及其世界——"人诗意地存在着" （存目）*

我读《老子》书的一些感想 205

"现象学"和"人文科学"——"人"在斗争中 （存目）*

"有人在思"——谈中国书法艺术的意义 （存目）*

中西哲学话"长生" 223

关于"文物"之哲思——参观台北"故宫博物院"有感 （存目）*

没有时尚的时代？——论"后现代"思潮 （存目）*

"画面"、"语言"和"诗"——读福柯的《这不是烟斗》（存目）*

中西关于"形而上"问题方面的沟通 （存目）*

论艺术的古典精神——纪念艺术大师梅兰芳 （存目）*

何谓"人诗意地居住在大地上" 237

漫谈庄子的"自由"观 （存目）*

从 Mythos 到 Logos （存目）*

说不尽的康德哲学 （存目）*

"学而时习之"及其他 （存目）*

"人""有"一个"世界""（存）在"——世纪之交话哲学
　　（存目）*

道家哲学与现代"生"、"死"观 （存目）*

康德的"自由"、"物自体"及其他 （存目）*

世纪的困惑——中西哲学对"本体"问题之思考 （存目）*

"哲学"如何"解构""宗教"——论康德的《实践理性批判》
　　（存目）*

论科学的人文精神 （存目）*

中国艺术之"形而上"意义 （存目）*

作者小传 （存目）*

主要著作目录 （存目）*

叶秀山文集·哲学卷（上）

前言 245
前苏格拉底哲学研究 （存目）*
苏格拉底及其哲学思想 （存目）*
关于哲学史方法及早期希腊哲学研究中的几个问题 253
西方研究古希腊哲学的一些趋向 283
希腊"神话"——作为理解世界的一种方式 （存目）*
毕达哥拉斯学派和希腊科学精神 （存目）*
古代希腊原子论的"原子"与"空无"观念 （存目）*
论巴门尼德的"有"与芝诺悖论 （存目）*
希腊奥林帕斯山上诸神与希腊神话之古典精神 （存目）*
从 Mythos 到 Logos （存目）*
亚里士多德与形而上学之思想方式 （存目）*
亚里士多德的工具论 （存目）*

叶秀山文集·哲学卷（下）

思·史·诗——现象学和存在哲学研究 （存目）*
康德的道德哲学 291
康德的先验宇宙论的二律背反 （存目）*
试论《逻辑哲学论》到《哲学的研究》的转变 （存目）*
康德《纯粹理性批判》"分析篇"的一些问题 310
"哲学"面对"历史"的挑战 （存目）*
意义世界的埋葬——评隐晦哲学家德里达 （存目）*
论福柯的"知识考古学" （存目）*
哲学的希望与希望的哲学——利科对解释学之推进 （存目）*
"现象学"和"人文科学"——"人"在斗争中 （存目）*

我读《老子》书的一些感想 （存目）*

中西哲学话"长生"（存目）*

中西关于"形而上学"问题方面的沟通 （存目）*

重新认识康德的"头上星空"（存目）*

"哲学"要"化解""宗教"的问题 （存目）*

道家哲学与现代"生"、"死"观 （存目）*

"人""有"一个"世界"（存）在"——世纪之交话哲学 （存目）*

康德的"自由"、"物自体"及其他 （存目）*

世纪的困惑——中西哲学对"本体"问题之思索 （存目）*

"哲学"如何"解构""宗教"——论康德的《实践理性批判》（存目）*

论时间引入形而上学之意义 340

海德格尔"案件"之反思 355

"和谐"——孔子和苏格拉底的共同"理想" 367

世间为何会"有""无"？ 378

论"事物"与"自己"（存目）*

西方哲学研究中的中国视角 392

叶秀山文集·美学卷

京剧流派欣赏 （存目）*

古中国的歌 （存目）*

书法美学引论 （存目）*

美的哲学 （存目）*

黑格尔论艺术的真实和历史的真实 405

论话剧艺术的哲理性 414

论京剧《红灯记》 429

古代雅典民主制与希腊戏剧之繁荣 （存目）*

中国戏曲艺术的美学问题（研究提纲） 451

喜剧的本质与中国古典喜剧的特点 472

论美学在康德哲学体系中的地位 （存目）*

古代希腊之艺术观念和艺术精神 （存目）*

谈"美育"（存目）*

戏剧作为一种艺术形式 493

中国戏曲表演体系在世界戏剧表演流派中的地位 524

"有人在思"（存目）*

"画面"、"语言"和"诗"（存目）*

论艺术的古典精神 （存目）*

|叶秀山学术文化随笔|

| 第一编　哲学篇 |

条条道路通哲学

一提到"哲学",人们一般会直觉地感到:它离我们的生活太远了。的确,"哲学"太抽象,"哲学"的书太难懂,没有"哲学",人们也会过得好好的。一位哲学家摆渡,问船夫道:"你懂哲学吗?"船夫回答:"不懂。"哲学家说:"可惜,你的生命的一半就没有了。"霎时狂风大作,船夫问:"你会游泳吗?"哲学家说:"不会。"船夫说:"可惜,你的生命的全部就要没有了。"

作为一门"专业","哲学"也已有几千年的历史,有自己的一套概念、术语,将它们串成语句、写成文章,组织成一本本大书,的确让人望而生畏。对从事其他工作的人来说,不学也罢。"哲学"离我们的生活那么远,何苦费劲去弄懂它?然而,换一个角度来看,"哲学"与我们的生活又并不是那样遥远,而竟是非常贴近的。

我们知道,我们的"知识"可以分成许许多多学科,有物理、化学、数学、政治学、经济学、社会学……再细分还有有机化学、无机化学……越分越细,越写越专门。当然,各学科之间是有沟通的,但分工也是相当严格的。医学家不一定就是政治学家。

然而,我想说,所有这些学科,在研究到相当深入的时候,都会出现"哲学"的问题。物理学家爱因斯坦是一个很好的例子,他在思考他的相对论时,想着想着,就要和哲学家康德(书中的意思)讨论起来。也不仅是各种专业的科学家才会想哲学问题,只要是有生活经验的人,都可能想哲学问题。

哲学和科学离不开"经验",都是从"经验"中产生出来的。因此有"经验",就会有"哲学"。但哲学又不是一般的"经验",哲学甚至是"超越""经验"的。哲学的"超越""经验"不是"脱离""经验",而是在"总体"的意义上"超越""经验"。"哲学"的问题涉及到"经验"的"总体"、"经验"的"全部",涉及到"经验"的"根本"和"本源","哲学"的问题在那"经验"的"首"、"尾"处,但作为总体的"经验"无头无尾,"经验"的"全部"为"无限"——"哲学"就是向着那个"无限",围绕着那个"无限"。

当然,"哲学"的问题虽然与"无限"、"全体"有关,但人们不会也不可能等到"完成"、"穷尽""全部""经验"之后再来做哲学。从一般的有限经验到"全部(总体)经验",到"无限(经验)",不是数量上的积累,而是质的飞跃。这种"飞跃"又是"思想"的升华。"哲学"需要"思想"。

"经验"的积累可多可少,聪明的人,有哲学"灵气"的人,在一定的"经验"基础上,就能激发出哲学思考的火花来;那绝顶聪明的人,有大智慧的人,甚至很少的"经验",也会触发他的哲思。我想,维特根斯坦也许就是这样的人。他不能算是饱学之士,但他的《逻辑哲学论》和《哲学研究》都是开一代风气的哲学著作。这同时也是古代哲人"生活经验"相对可能比我们现代人更少些,但在哲思上却强于我们之中大多数人的原因——至少是原因之一。所以,"哲学"既离不开"经验",但更需要"思想"。

所谓"思想",倒也不是虚无缥缈的东西,人类"思想"哲学问题的历史,是有据可考的,也已经有好几千年。这就是说,"哲学"的"思想"也已经"积累"了好几千年的"经验",这些"经验"也值得我们去"学习"。在这个意义上,哲学的"思想"也需要"学",需要"训练","学会"如何哲学地"思想"。于是,"哲学"同样是一个"专业"。

学习哲学的主要方法之一是研读"原著"、"原典"——研读称得上"经(古)典"的著作。我们的老师是这样教我们的,我们现在也常以此教我们的学生。之所以如此,是因为舍此就没有更好的方法去获得"如何哲学地思想"的"经验"。

读大哲学家的书,主要不是学会他所用的独特的名词术语,更不是要背熟那些历史形成的"哲学"的专业"行话",而是理解、掌握他们思考问题的方式方法,看看他们是如何"想"问题的。在读大哲学家的书的时候,我劝大家要有一个基本的信心：这些被大多数人公认的大哲人在表达他们的思想时，即在写他们的书时，都是千方百计要让人懂他的意思的，而不是故意要把人弄糊涂。我不是说，世上就没有人写书是让人糊涂的。相反，我想，让人糊涂的书要比让人明白的书多得多。我是说，凡是被历史肯定的有价值的哲学书，都是要人明白的，只是因为他们有一些独创性的意思，通常的语词不能确切表达它们，不得已才用一些生冷的词，甚至要生造些词，而他们的表述（说话）方式有时也显得不同寻常。但如果我们用心贯通他们的意思，不但可以"明白"，而且在"明白"了某种独特表达方式的不得已处后，还会觉得是很有兴味的。

就名词术语来说，我甚至觉得在各学科中"哲学"是最少专业性的，而是常常借用别学科的名词术语来说自己的意思。譬如古代哲学常借用"物理学"的名词，中世纪常借用宗教方面的词，近代以来则又常引进心理学方面的术语。"哲学"的主要任务不在于去"发现"新的"事实"，因而也不常为"命名"而操心。哲学家倒常遇到"无以名之"的困境，于是不得已就"强名曰"什么什么，像柏拉图的"理念"，亚里士多德的"实体"，康德的"物自体"，黑格尔的"绝对"，基尔克特的"实存"，海德格尔的"（存）在"……而这些词并不像物理学命名新发现的粒子那样专门，却都是本来生活中常用的词。哲学家用它们，也说明他们的思想本没有离开最日常的、最基本的生活。

我们强调各行各业的朋友都可以通过自己的工作、生活接近哲学，而一旦接触了哲学问题后，又会发现原来那深奥难懂的哲学问题，原本就在我们自己的思想深处，在我们的灵魂深处。哲学的问题原本是最基本、最基础的问题，是人人都可以被激发出来的问题。这些问题一旦被激发出来之后，我们希望朋友们要在可能条件下读一些哲学的书籍，学一点哲学史，不必作一门专业来学，主要是了解"别人"——特别是被公认为有智慧、有学问的人是怎样"想"这些问题的，以便使自己的"想法"更深入、更成熟些。

1996 年 11 月 3 日

"人""有"一个"世界""(存)在"
——世纪之交话哲学

20世纪即将过去，这个世纪的西方哲学到底是个什么情形，在进入下一个世纪之后，还是会不断地回顾、反思它。现在，我们对即将过去的这一个世纪，能有一些什么感想？

在我们回想20世纪西方哲学的情形时，我们似乎可以有这样的印象：本世纪西方的哲学诸家，在反传统的道路上已经走到了一种"混乱"的地步：他们使一切本来是清楚、明白的道理含糊起来，本来是明显的事，玄暗起来。分析学派从坚定的逻辑、公理走向哥德尔的不完全性、奎因的反教条，实证方面则出现了波普的证伪论及至托·库恩的范型论，科学、逻辑从积极的方面，转向消极的方面；而人文学派，则从19世纪强调"主体"结构又转向了"客体"的"无结构"、"不可入"性，"解去"（de）"主体"、"意识"的一切"结构"——包括历史、文化性"结构"，揭示"客体"的"自律"性，成为我们这个时代欧洲大陆哲学的一个特点。下面的分析，将集中在从胡塞尔现代现象学以来这个系统的发展，核心的人物为海德格尔。

一

尽管有各种争议，海德格尔应是本世纪欧洲大陆哲学的不能忽略不计的人物，想来，下个世纪他仍然会是经常被讨论的西方哲学家之一。

海德格尔一直承认他的思想仍属于现象学的家门，但他的学说在兴趣上与胡塞尔已经很不相同。胡塞尔的贡献在于从一个先验的角度对作为"主体"的"人"的"结构"作出了哲学性的研究，而法国的结构主义只停留在经验的层次上，因而只有胡塞尔才能合理地提出建立先验的"人文科学"（精神科学）的问题。胡塞尔这门"严格的"科学，是新康德主义"文化哲学"、"人类学哲学"的总结。胡塞尔的归宿是"知识性"的、"科学性（学科性）"（Wissenschaft，science）的，而"知识"、"科学"是"主体"——"意识"、"（纯）心理（psyche）"的结构性表现体系，这个"结构"和"体系"，有相当的"自律"性。"精神"之"自律"性，是康德以来的一个坚定信念。

20世纪西方哲学的工作就是要动摇此种精神、意识的"自律"性。在这项工作中，海德格尔是最具摧毁性的。海德格尔把思考的重心从"主体"的"自律"性中解脱出来，从而也在整体上从"意识"、"精神"的方面转向"客体"、"存在"的方面。

然而，"主体"与"客体"、"精神"与"物质"之坚硬的对立，从黑格尔到胡塞尔都进行了"消解"，他们都强调"思维"与"存在"的同一性，因而，海德格尔显然已不能在相同的水平上将注意力从"主体"转向与"主体"对立的"客体"，而要在哲理上超越"主"、"客"对立的阶段，使此种对立，此种问题——转向的问题，"消融"在一个更为深入也更为精致的思路之中。这就是海德格尔在写《存在与时间》时面临的任务。

《存在与时间》变革之处在于把胡塞尔的"理念世界"转化为"存在世界"，但这个"存在世界"仍保持着"理念世界"的"绝对性"和"生活性"，而不是"主""客"分裂的"客观世界"。在《存在与时间》中，"世界"不是作为"理念"显现出来，而是作为"存在"显现出来。

什么叫"存在""显现"出来？"存在"的"显现"，与"存在"的"问题"分不开。所谓"存在""显现"出来，也就是"存在"作为一个"问题"被提了出来。按海德格尔的思想，"存在"的"问题"，只有"人"作为一个"特殊的存在者"，才能提出来。也就是说，只有"人"，才追问"存在"的问题。"动物"当然也存在于世间万物中，但它混合于万物，因而提不出"存在"的问题来。而只有"人"，既在世间万物中，又不混合于万物。"动物"只"在世界中",而对"人"则"有"(存在)一个世界(在),所以海德格尔用"在-世界-中"(In-der-Welt-sein)表达这种分合关系,其间连字符(hyphen)至关重要,不是可有可无的。"人有一个世界"也就是对"人"来说,"有"一个"世界""存在"。

《存在与时间》的重点在研究"人"作为一个"特殊"的"存在者"如何使"存在"的问题成为问题被提出来——也就是使"存在""显现"。海德格尔的思路似乎是:

作为有思想、有意识、有知识、有技能的"人(种、类)",其侧重点在对"世界"之探索和研究:一方面,使自己更好地"适应""世界",另一方面也改造"世界",使"世界"也更好地"适应"自己。这是人类科学、技术的任务。指出这一点,并不是海德格尔的贡献。海德格尔的贡献在于:既然对"人"来说,"有"一个"世界""(存)在",则此时"人"所侧重的就不仅仅是"世界"本身,而且要追问那个"(存)在"的"根据"。也就是说,"人"作为一个"种类"与"世界"相互间之"更好地""适应",并不能真正"满足""人"的"希求",不能真正"平息""人"的"问题"。"人"不仅要"(追)问""世界",而且还要"(追)问""(存)在"。

在《存在与时间》中,海德格尔指出,自从世上有了"人"作为一个"Dasein"出现,"Sein"的问题就"(明)显(现)(提)"出来了。"Dasein"为一个"特殊的存在",有了"它",就有了"Sein"的问题。在这个意义上,海德格尔的"Dasein"就不仅仅是有意识、有情感、有知识、有技能的"人(类、种)"。那末,在何种意义上来理解"Dasein"才能使"Sein"的"问题""明"起来呢?

就某种意义说,"世界"本也就是"Dasein"。"世界"由各种"事物"组成,而"事物"是"具体"的,"Da"本是那个具体性,各种"具体性"概括起来的共同属性——过去传统哲学理解的"存在"(Sein, Being)只是一个抽象"概念"。从亚里士多德以来,哲学家为这个抽象概念的"存在"耗费了许多精神,到头来,从反面揭示了"形而上学"——本体论(ontology)之不通。海德格尔说,人们之所以追问"存在",初不在追问那万事、万物之"最共同"之"属性",而在于追问"为什么"(根据)对"人"(作为一个特殊存在）来说，会"有"一个"世界""（存）在"。这个问题中的"（存在）"，就不是一个抽象概念所代表的"最根本"之"属性"，而是个坚实的、实实在在的"事物"（实在），是"真实的""存在"。

在《存在与时间》中，海德格尔认为人们之所以会提出（对人来说有一个世界）"（存）在"这个坚硬的、实在的问题，其根据正在于"人"是一个"Dasein"——不仅是一个有意识、有思想、有知识、有技能的"动物"，而且是一个"有限的"、"时间性的"、"历史性的"、"有死的"具体"存在"。

从一个方面说，"Dasein"既然是"具体的"，似乎就有点像"Seiende"——"存在者"，"Dasein"亦为"存在者"；但"Dasein"之所以是"Dasein"，而不是一般的"Seiende"，在于它不计较诸"存在者"之具体属性，而只涉及其"存在方式"。"Dasein"是"存在"的"方式"，而不是"存在者"的"方式"。诸"Seiende"可按胡塞尔的"悬搁"法"括"了出去，但"Dasein"虽为"具体的"，却不能被"括"出去。

"人"作为"Dasein"这种理解，是海德格尔在《存在与时间》中作出的重要贡献，因为"人"之"思想"、"意识"、"知识"、"技能"都不再是"抽象"的，而是具体的、历史的，这对于人类文化的性质，已有一个不同于传统的视角。然而，我们也应注意到，在《存在与时间》中海德格尔的中心问题，是通过"Dasein"来使"Sein""明"起来。因而我们的理解重点应放在"Dasein"为什么使"Sein"这个问题明白地提了出来。

我认为，从《存在与时间》起，一直到了海德格尔晚年，其思考的重点仍是这个核心问题，即"Dasein"的出现为什么使"Sein"的问题就"显现"出来。

二

不错，海德格尔自己说，他的思路后期有一个"转向"，即从《存在与时间》侧重 Dasein 分析而转向侧重 Sein 的分析。这种"转向"是侧重点的不同，而不是观点、立场、宗旨的"改变"（改宗）。

我认为，关键问题还在于如何理解"存在"（Sein）因"Dasein"而

"明"（澄明）起来。问题还得先从《存在与时间》说起。

海德格尔在《存在与时间》里告诉我们，"Sein"因"Dasein"而"明"，其"根据"（原因、理由）在于"Dasein"是有限的、时间性的、历史性的、有死的。为什么从这些角度来理解"Dasein"后，"Sein"就会"明"起来，海德格尔说，正因为"Dasein"不是侧重在"思想"、"意识"、"知识"这些度，所以"人"与"世界"的关系，就不仅仅是"人"因有"意识"而"反映"（作为"表象"）、"把握"（作为"知识"、"科学"）这个"世界"。"人"不仅仅"消化"（耗用）这个"世界"，也不是作为"主体"把"世界"作为"对象"——"客体"来"把握"；"人"作为有限的、时间性的、历史性的、有死的——Dasein，"发现"（befinden）"有"一个"世界""（存）在"。

这就有点类似我们常说的，我们有一个不依人们意志为转移的"客观世界"存在，这里不同的地方在于：此处"客观世界"是相对于我们的"意志"（思想）而言的，因而是一个"意志"（思想）的"对象"，是可以通过知识科学来把握的，也是可以按照其自身规律来"改造"的。而海德格尔"Sein"与"Dasein"的关系，不是"意志"（思想）与"世界"（对象）的关系，从而对此种关系的"知"也不是理论性的"教育"、"学习"的问题，而是一种最为基本、最为原始的实际性的"发现"。

"发现""什么"？"发现"了"（存）在"，"发现"了有一个"世界""（存）在"。这里的"发现"，不是实证科学里的"发现"："发现"了原子、中子、质子……或者"发现"了某个行星，或者"发现"了"飞碟"，等等。这里所谓"发现"，乃是"发现"了一个"问题"。"Sein"通过"Dasein"而"明"，"明"的乃是一个"问题"。所以，我们才说，只有世上出现了Dasein之后，"Sein"的问题才被追问，即只有"人"作为"Dasein"才追问"Sein"，只有"人"作为有限的、时间性的、历史性的、有死的存在，才会提出"为什么"有一个"世界""（存）在"这样的问题来。

作为有思想、有意识、有知识、有技能的存在者，"人"是"主体"，而一切之"客体"皆被努力改造为适应"主体"的"环境"（工具）。当然，在"改造""客体"的同时，"主体"也会得到相应的"改造"。"主体""客体"正是在相互"改造"-"适应"中统一起来、融通起来。但作为有死的、有限的、有时间性的、历史性的存在,"人"却必定会"发现",有一个世界"(存)在"——无论人们怎样"改造"它,也不会成为"主体"的"一部分","世界"不可能在最终意义上被"主体化"、被"人化"。"世界"的"存在"性,有它的坚硬性、不可入性。"世界"此种"特性"(不是属性)的"发现",乃在于"人"对自身的"Dasein"的"特性"的"发现"。很多的人并不在意(关心)"世界"之此种"(存)在"性,乃是因为他们尚未"觉悟"到他们自身是"Dasein"。一旦"Dasein"被"觉悟"出来,则"世界"之"(存)在"性也就会被"发现"出来,人们就必然地追问"(存)在"的问题,"(存)在"的意义。

在《存在与时间》中,海德格尔告诉我们,Dasein 是有限的、时间性的、历史性的,在这些方面,都作了独具特色的解释,但在"Dasein"诸种理解层面中,最为核心的是"会死的"。自从古代希腊以来,西方人坚信"人"是"会死的","人"与诸"神"的区别就在于"神"是"不死的"。但是在克服了希腊神话式思想方式后,希腊的哲学把"会死的""人"搁置了起来,以"知识"、"科学"的普遍性——以"思想"的抽象性、普遍性来平息人们对于"不死"的追求。"死"的问题,直至 20 世纪才为哲学所认真考虑。海德格尔在现代的条件下,重新强调"死"的意义,并引向对"(存)在论"(ontology)的理解,赋予了传统的学说以新的视角。《存在与时间》的问题就在于把"会死的"用以理解"有限"、"时间"、"历史",从而赋予了黑格尔、胡塞尔的"现象学"以另一种含义。黑格尔和胡塞尔都强调"精神"(Geist)。"精神"为一种"生命力"、"活力",所以它能使"世界""明亮"起来,成为"理念"(Idee)。即使在具体的、有限的世界——生命中,胡塞尔,尤其是黑格尔看到的是"生命"(精神)的"活"力。然而,海德格尔在看到"精神"、"思想"、"意识"、"知识"、"科学"的"有死性"后"发现","世界"不仅仅像表面上那样的光亮,而"世界"之"存在",有一个"世界""(存在)"的"(存)在",却是坚硬地、不可入地"存在"着。"人""意识"到(发现、觉悟)自己的"有死性",也就会"意识"到(发现、觉悟)有一个"世界"(不以人的意志、精神、意识为转移地)"存在"着。

"Dasein"使"Sein""明",但"明"出来的不是大千世界的各类属性,

"明"出的是"Sein"的"问题"。"Sein"本身是暗的、玄的、不透明的、不可入的、坚硬的。"Dasein"使"Sein""明",但"明"出来的是一个"暗"的东西。

有一个不透明、不可入、暗的、玄的"Sein""(存)在",这是《存在与时间》的意思,也是海德格尔后期所要努力阐述的意思。或者说,海德格尔后期,更加倾向于(转向)阐述这个被揭明(揭蔽、揭示)出来的"Sein",如何不能是透明的、不能是可入的,而是一个"暗"的"玄"的"东西"(事物——Ding)。

三

1935年底,海德格尔在弗来堡艺术科学协会有一个《论艺术之本源》的讲演。这个演讲的重要性不仅在于艺术方面,而且在于哲学方面,这是一个从哲学的深度揭示艺术之本质(本源)的范例。

通常,"艺术(作品)"被理解为一种"美"的创造,艺术作品有美丽的外观。海德格尔说,光看到艺术作品的"美"的方面还不够,还要进一步看到艺术作品的"美"乃是"真(理)"的存在形式。这原本也是黑格尔的思想:艺术是真理、理念的感性显现。但随着"存在"与"精神"之不同,海德格尔与黑格尔的艺术哲学在旨趣上也很不相同。围绕艺术作品的"真(理)"问题,海德格尔的阐述可谓层层递进〔事物(艺术作品)之本质〕,非常仔细,在推理方面是相当有力的。

演讲一开始,海德格尔提出了一个二难问题:到底是艺术家使其作品成为"艺术品",还是"艺术作品"使其作者成为"艺术家"?海德格尔认为对这个困惑的问题多加思考,就会帮助人们理解正"是""艺术"——"艺术"的"存在"(是)——使"作品"成为"艺术作品",也使其"作者"成为"艺术家"。

说到"艺术作品",海德格尔首先问:什么叫"作品"?"作品"由"工作"(制作)而来。"工作"(制作)当然要"做"一些"有用的"东西,但所谓"有用",也就是把那事物原本有的"特性"突显出来,以便人们加以利用。

所谓"突显",也就是使其"公开"(offen, open)出来,即将原来有、被掩盖着的"特性""公开"出来。"公开"亦即"打开"、"揭开",所以人的"工作"(制作),固然是一种"创造",使原来没有的,成为有,但同时这个被"创造"的东西,似乎又是"生长"出来的。海德格尔说,这正是希腊人的"自然""生长"观。人的"工作"(制作)从客观的事物"对象"上说,是"无中生有",而从实质性来说,则是把原有的东西(特性)"揭示"、"打开"、"公开"出来。将原来被"掩盖"着的东西(特性)"揭示"、"打开"、"公开"出来,这就是海德格尔经常强调的"真(理)"(Wahrheit)。所谓"真(理)",乃是"真的"(wahr)之所以为"真的"的那种"本性"(本质、起源),也就是说,我们之所以说它是"真的"的"根据"(理由)。海德格尔说,"真(理)"为"揭蔽",又正是希腊文"真理"(αλήθεια)的本义。

我们知道,"真(理)"不依人的"意志"(意识)为转移,是客观存在的。"真(理)"的客观性、坚硬性、不可入性要求"人"(的意志、意识)"服从"。"人"的一切"作品"——"人"的一切"劳作"的"成品",固然是以一定的"目的"(功用)——"意志"、"意识"对客观自然的加工、改造,但"制作"出来的"产品"同样是一个"真(实)"的存在者,同样"显示"了"真(理)"的客观性、坚硬性、不可入性。海德格尔说,"制作"出来的是"器皿"(Zeug),而"器皿"之所以为"器皿"乃在于它的"可用性"(Dienlichkeit),而"可用性"的根据却在于事物原本就有的"可依赖性"(Verläßlichkeit)。可见,"器皿"之工具性、可用性,其理由和根据,原本就在事物本身。人的劳作,无非是把事物本身有的"可依赖性"具体地"显现"出来。"器皿"固然是"人造的",但仍可作"自然的"观,因为此种"人造物",本是把"自然"原有的"可依赖性"具体化、突显出来,因而似乎是"自然""生长"(φύσις, φύω,)。从这个角度看,人的劳作,固然是对自然的一种加工、改造,但同样也可以看作"自然"自身的"变化",是"真实的"、"真(理)的"东西自身要突显出来。

这样,并不是"人""制作"了"真实"、"真理",相反,恰恰是"真实"、"真理""促使""人""劳作"。在这意义下,"人"的一切"劳作",同时也是"真实"、"真理"自身的"运作"——这就是"人"的历史性的"命运":"人"

自诩为"目的"、"主位",但实际上却是("真实"、"真理"的)"工具",居于"服从"的地位。

一般"器皿"、"作品"的性质可作如是观,那末"艺术作品"的特性又复如何?

我们知道,"艺术品"与一般"器皿"不同,它不具有"实用"(Dienlich)的作用,而是为了"欣赏"才制作的。从这样一个最为普通也最为浅显的区别出发,人们可以引申出许多有趣的看法来,比如康德的"无功利性",比如布洛的"心理距离"说,更不用说还有那早期的"模仿说"等等,旨在从那个基本区别看出"艺术作品"的思想性、文化性、精神性,这些当然都是有价值的。海德格尔对"艺术作品"则不是从思想、精神、文化方面着眼,他强调的是"艺术作品"的"真(理)"性,"艺术品"是"真"(真实、真理)的"存留"。

不错,"艺术品"不是"器皿",不是为"实用"而"制作"的,那末它是不是就不再是"真实的"、"真(理)的",而是"模仿"、"反映"、"复制"的,从而只是思想、精神、文化的?海德格尔说,艺术品的制作、创作,恰恰是把"真实"、"真理"突显出来的工作,使"真理"、"真实""驻留"乃是艺术家的使命。

海德格尔认为,"实用品"之所以为"实用品",是要被"用"的,这就是说,是要被"消耗"的;"艺术品"则因其无"实用价值"而得以"保存"自己。显然,"艺术品"这种"无实用性"、"非功利性"和它的"思想性"、"精神性"分不开。我们通常也说,"艺术品"是"精神产品",尽管我们比喻性地说"精神食粮",但"画饼"毕竟不能"充饥"。但海德格尔的问题并不止于此,他认为,人们从这些"精神产品"中,看到的不仅仅是"精神",而且是一个"真实性"的、"真理"性的"存在"。比如梵高笔下的"鞋",因其不能"穿",而不至于被"穿破"而消失;希腊的"神庙",因其只住"神"而不住"人",得以长久地耸立在山上。"艺术品"使"真实的"事物得以长久地保存,因而突显出来,向人们昭示着"有"一个真实的"世界""(存)在"。"艺术""保存"、"昭示""真理",使"世界"和"存在"性"公开"出来。"艺术"让那被"实用品"(器皿)"掩盖"着的"存在"性"公开"出来。"穿鞋的"已"不在",但"鞋"还"在";"祭神的"已"不在",但"神"(及其住所——神庙）还"在"。

不仅如此。画家不仅让"鞋""存留"——"存在"，而且使（让）那"颜色"、"形状"……也凸显地"存在"；同理，音乐家使那"声音""存在"，诗人则使"语言""存在"。在日常的语言交流中，"话出如风"，"语言""消失"在空中，"消失"在"交往"中，而诗人则使"语言"存留在那里，让它"长（存）在"。这时，"语言"、"颜色"、"声音"才突出地"显出"出来；"语言"、"颜色"、"声音""自己"（自身）才"公开"出来了。

在这个意义上，"艺术"就不仅仅是"思想"、"精神"，而且更是"存在"。

"存在"性同时是坚硬性、不可入性，即"存在"有一种"顽强性"。相比之下，"人"作为 Dasein 是软弱的，而 Sein 是坚硬的。"真理"作为"存在"的"揭示"，坚不可摧。

正是在这个意义下，海德格尔在《论艺术之本源》中提出："艺术"把"大地"（Erde，earth）带到"世界"上来。

"世界"是人营筑的，但人是在"大地"上营建自己的"世界"。"世界"是"明亮"的，但"大地"却是"玄暗"的。"大地"与"世界"的"斗争"，决定着"人"的历史命运。"艺术"不仅展示着"人"的"世界"，而且突显着"大地"，所以"艺术"也展示着历史性"人"的"命运"。梵高笔下的"鞋"，不仅"象征着""穿鞋的""人"（农妇或梵高本人）的"世界"，她或他的辛苦劳作，她或他的艰难生活，而且直接显示着这双鞋的"坚韧"性，显示着梵高所用色彩、线条、结构之"顽强"性。那个"穿鞋的"已消失的"世界"固然努力要"表现"出来，而那些色彩、线条、结构通过画家的笔触，也同样顽强地"呈现"出来。比起那消失的"世界"来，这双"鞋"以及用以画鞋的物质材料，似乎显得"顽强"得多。海德格尔在艺术品面前看到了"世界"的"消失"，看到了"大地"的"顽强"，看到了"人"的历史的"命运"。"消失"不等于"虚无"，因为它"曾经""在"过；"命运"展示着"未来"的"（存）在"。"艺术"向人们昭示：人们不仅有"现在"，而且有一个"过去""在"，也有一个"未来""在"。不仅"人"作为 Dasein 是历史性的，Sein 同样是历史性的，而不是抽象概念性的。然而，Sein 比 Dasein 更"持久"，"大地"比"世界"更"顽强"。艺术中"大地"的揭示、突显，同时也揭示了、突显了

Sein 的顽强性、不可入性。Dasein "显现"了 Sein，但并不是 Dasein 支配 Sein，相反，Sein "决定"着"人"作为 Dasein 的命运。"人""有"一个"世界""在"，是一条"真理"，同时也是一个坚硬的"事实"。

"Sein"的"指示"，说明了我们"有"一个"过去"，同时也说明了我们会"有"一个"未来"，因为"大地"原就"有"一个"过去"，也必定"有"一个"未来"。既然"人"把自己的"家园"建立在"大地"上，则"过去"（的世界）虽然已"不在"，但它确确实实曾经"（存）在"过，而且"未来"也必定会"有"一个"世界""在"。"历史"并非"虚无"。

"大地"为玄，为暗，"人"是"大地"之子，生活在"大地"上，也要"回到""大地"中去。"人"从玄暗中来，也要到玄暗中去，这是基本的事实，也是"人"的"命运"。"人""有""历史"，所以也"有"（自己）的"命运"。只有"人""有""历史性"的"命运"。"人""注定（命定）"地"有"一个"过去"和"未来"。如果说，只有"现时"（在场）是"透明"的，那末"过去"和"未来"都只能是"玄暗"的。Dasein 是明亮的，而 Sein 则是玄暗的。"世界"与"大地"的"斗争"，也就是"Dasein"和"Sein"的"斗争"，也就是"光明"与"黑暗"的"斗争"。海德格尔的学说，是此种传统的"明"、"暗""斗争"的现代说法，是古代希腊"ἀρχή"与"ἄπειρον"、"火"与"水"学说的发展，也是尼采"酒神精神"与"日神精神"——以及波斯古教"光明神"与"黑暗神""争斗"的发展。

四

海德格尔关于"Sein"的阐述，开发出他关于"天、地、人、神"的学说。他说一切的"事物"（Ding, thing）之所以为"事物"（物性 Dingheit, thingness），乃在于把"天、地、人、神""合"而为"一"。

海德格尔有一篇短文叫《论（事）物》，他说的"（事）物"不是作为"对象"的（事）物，而为问"（事）物"之所以为"（事）物"的"根据"。

在《论艺术之本源》中，海德格尔已经指出所谓"（事）物"不仅仅是作为"对象"的"感性""存在者"。他说，人们要"听"到"纯粹"的"声音"、

"看"到"纯粹"的"颜色"（光谱），需要很高的"抽象"能力才能做到，而"人"首先"听"到的是"风声鹤唳"、"鸟语蜂鸣"，这都是"（事）物"的本来面貌。所以他说，再没有比"物自身"（Ding an Sich）更"靠近"我们的了。海德格尔这话当然是针对康德的，因为康德说"物自身"不可知，而我们所能"认知"的，只是"（事）物"的"（表面）观象"；同时这句话也是对胡塞尔的阐发，因为胡塞尔叫人们"回到事物自身"——尽管 Vant 也用 Sache。"（事）物"之所以为"（事）物"，不在它的"物理属性"，而在于它就"是"那个东西，也就是那个东西之"存在"性。海德格尔以一个很普通的例子来发挥他的理论。这就是他那个著名的"罐子"（Krug, jug）。

海德格尔说，"罐子"之所以成为"罐子"，不在于它的物质材料，甚至不在于它有边、有底，而在于它是"中空"的，可以"盛（受）"物。海德格尔说，"物理学"告诉我们，"中空"的"罐子"实际上并非"空"的，它里面有"气体"，放一些东西（物）进去无非是把当"中"的"气体""排挤"出来；然而，尽管"物理学"如此正确教导我们，但我们仍然认定"罐子"之所以为"罐子"当中应是"空"的，才能"盛物"。"中空"性仍是"罐子"的"本质"属性：人们在"用""罐子"时作如是观，而陶工在制作"罐子"时也作如是观。

"罐子"用来放"水"和"酒"，可以"放进去"，也可以"倒出来"。"罐子"象一口"井"，上承"天"降雨露。"井"为"地"，所以"井"（罐子）连接着"天"和"地"，"贮存"着"水"。"贮存"是为了"饮用"，"倒出来"（打出来）的"水"是"给予"，"水"是大自然（大地）"给予"人的"礼物"。"井"（罐子）"贮存"着"礼物"。"水"、"酒"作为"礼物""倒出来"（打出来）"给""人"，为了"解渴"，而为了"给""神"就成了"祭奠品"（libation），就是一种"奉献"（Opfer）。于是，在"罐子"这样一个小小的"器皿"上，凝聚着天、地、人、神。"罐子"如此，天下万物莫不如此。天、地、人、神这些不同于亚里士多德的"新四因"，规定了"（事）物"之所以为"（事）物"，规定了"（事）物"本身。

"（事）物本身"（Ding an sich）固然不是科学知识——经验知识之"对象"，这是康德雄辩地揭示过了的，海德格尔无意推翻它——但却绝不是对我们十分疏远的，它（们）是离我们最近最近的，因而是最为亲切的，这是海德格尔对康德的"补充"，也是他要强调的地方。

"（事）物本身"，"（事）物"之"（事）物性"，正是那个"是"，那个"存在"——Sein。Sein 不是"知识"、"科学"的"对象"，但也不是抽象的属性，而正是具体的、真实的东西，是"真（理）"。海德格尔在作为《论（事）物》"尾声"发表的给学生的一封信中提到，黑格尔《精神现象学》是把"真理"当作在"变化"中表现出来的，此时"真理"就不是抽象的，而是具体的。

然而，黑格尔的"真理"是在具体的存在者中呈现出来的 Geist，一种"活泼"的东西，而海德格尔看到的却是 Sein——一个不能为理智，甚至黑格尔的"理性"（Vernunft）所"照亮"的不透明、坚硬的东西。

"（事）物自身"在"真（理）"的运行（显现）中把"新四因（天地人神）"合而为"一"，使"（事）物"成为"（事）物"。

"天"为日、月、星辰、四时之运行，日月之明晦，雨露之滋润，岁月之荣枯；"地"承受着宫室，蕴含着金银，收藏着珠宝，还有那林中小路，山间溪水，养育苍生；"人"为"芸芸众生"，被称作"会死者"，乃在于它如朝露瓦霜，万年世事，如过眼云烟。固然，"人"的智慧无边，穷究事理，万世不竭，建立事功。亘古不灭，"万物皆备于我"，世间一切，莫不为我所"用"，可以成为"我"（大写的"人"）的"对象"。然而，对"人"来说，世间尚有"一物"，为"风烛""瓦霜"之"人"所不能"用"，不能为"对象"者，即"死"，而"人"固有一"死"。"人"之"死"，使世间一切作为"对象"之"物"，复归于"无"，使"我"之一切"器皿"——包括奇珍异宝、宫室华服、金钱财物以及名誉地位，皆归于"无"。所以海德格尔说，"死"是"无"的"圣座"（Schrein, shrine），"人"之"死"使"人"营筑之"世界"连同组成这个"世界"的一切"存在者"都"烟消云散"。但正是在"死"的"觉悟"中，"人"体悟出——"看出"，"我"（大写之"人"）营筑之"世界"虽复归"无"，但"（事）物"之为"（事）物"之"根基"仍然"（存）在"，"世界"之所以成为"世界"的"根基"仍然"（存）在"。正是"人"作为 Dasein 之时限性、有死性，才让"Sein"之"持久性"显示出来。按照古代希腊的传统，"持久性"即是"神圣性"（Gottheit, divinity，"神"之所以为之"神"），所以"死"这个"无"的"神座",却同时又是"有"(Sein)的"护座"——它"保护"着Sein。

"人""生""天""地"之间,在"地"之"上","天"之"下",承"天"、"地"之精华,以自己的聪明智慧、技能技巧,营建着自己的"世界"。然而,"人"是"会死的",因其"会死",而向往、祈求(希望)"长存"。"人"在营建自己尘世的"世界"同时,也营建彼岸的"天国",不过包括"天国"在内一切营建之(事)物,都会因"人"之"死"而"消失";只有在"人""提前"进入"死"——意识到"人"是"会死的",把"人"当作Dasein看,则"天国"不在彼岸,而就在"眼前",就会在一切"眼前"(在场、现时)的"存在者"(Seienden)中"看到""(事)物"之所以成其为"(事)物"之Sein。这样,我们就会"看到",我们不仅"占有"一个"世界",我们还应承认,"有"一个"世界""(存)在"。

既然"有"一个"世界""(存)在",那末,"会死的""人",就不仅仅要以自己的聪明才智去营建一个更为宜人的、更为美好的"世界",而且要去"思想"(denken)那个具有"神圣性"而坚不可摧的真实的"(存)在"。

对"(存)在"的"思",不是对某个"对象"的"概念"式的"把握","思"不能使"(存)在"本身"透明"起来。"(存)在"的"显现"就是把它的不透明性呈现出来,因而对"(存)在"的"思",乃是"玄思"、"冥想"。黑格尔以不同于科学知性的辩证的思辨理性(spekulative Vernunft)来"把握"(begreifen)那个"绝对",以"精神"的"外化"来解决"绝对"之"对象化"的问题,而"辩证的理性"使"精神"回到了自身,遂使他的"哲学体系"——"思想(理性)体系"成为"精神"自身的观照。海德格尔的"思",固然逃避不了黑格尔的问题,同样被理解为不同于一般经验科学之概念体系,但旨趣却不相同。海德格尔的"(存)在",不是黑格尔的"绝对","绝对"是一个"理念",而"(存)在"则是实实在在的东西。"理念""在""思想"里,而且"只在""思想"里,因而它不能在经验的意义上被"对象化"——经验中没有"绝对"这个"(事)物"。"(存)在"却不仅仅"在""思想"中,它是确实地、真实地"在"而却又不能成为"对象"的"(事)物"。"(存)在"不是"理念"——不是"理念"的"真实(事)物",也不能成为"对象",这是海德格尔和黑格尔之不同处。

有些"思想"的东西不能成为实在的"对象",这个道理比较浅显,但居然也有实在的东西不能成为"对象",则需要更为深入的理解。对于"理念"——"绝对"的"学问",不同于一般经验科学,这一点也比较容易理解。但对实在的"(存)在"也不属于经验科学,则就需要更多的"思考"——于是,"思(考)"之所以成为"思(考)",乃是"(存)在"的不可入、不透明、非对象性所决定了的。也就是说,我们一旦"发现"(认识到)了"(存)在",则这个"(存)在"就会迫使我们(令我们、让我们、邀请我们)给予"它"更多的"思(考)"。

"(存)在"既然是只有 Dasein 才能"揭示"出来的问题,因而也只有 Dasein 才能对其进行"思(考)"。也就是说,"人"只有作为"Dasein",一刻也不离开"Dasein"的身份,才能对"Sein"有真知灼见。Sein 是实在的,Dasein 也是实在的,"人"对 Sein 的"思(考)"不能离开 Dasein 的实在性,不能离开自身的实在性,"人"在"Dasein"中"思(考)""Sein",亦即在实际的生活中"思(考)""Sein"的问题。当然,所谓"实际生活"也有许多方面,对"Sein""思(考)",最为核心的是要"觉悟"到"人"之有限性、时间性和历史性、会死性——而这正是"人"作为"Dasein"的基本意义。从这个意义我们可以说,"人"是把自己的实际生活看成"趋向死"的过程,或者说,把自己的生活看成"提前进入死"的实际生活,才能对 Sein 作出真正的"思(考)"。海德格尔这些话,无非想说明:我们人类只有把自己的实际生活看作有限的、时间性的、历史性的,只有在有这种"发现"(觉悟)时,我们才谈得到开始对"(存)在"的"思(考)":这样的"思(考)"当然就不再是"理论"性的概念推理,而是"实践"性的亲身体悟——"思""在"同一,"思"是"在"的"思",实际的"思",生活的"思"。

然而,"思"既然不能像经验科学那样把它的(思考)"对象"透明起来加以"把握","思"就总是受制于"在",而不能像经验科学那样以自己的知识技能来"控制"、"改造""对象",而总是"在"支配着"思",Sein 支配着"Dasein"的"命运"。"有"一个世界"在""这一条真理",在冥冥中(在暗中)""支配"着人类的命运。

五

"思想"失去自身的透明性、自身的承续性和自身的一贯性、自身的"封闭性",是本世纪哲学的一个特点。本世纪哲学的工作成果表明:"思想"不是"自律"的,而是"他律"的;不是"自闭"的,而是"开放"的。之所以如此,并不是"思想"不够成熟,不够进步,像经验科学里"知识"有一种"无限"的可能性;"思想"之所以如此,乃在于"思想"的"本性"原就如此,"思想"——对"(存)在"的"思",本是 Dasein 的"思",因而也是"有限的"。

使过去一切"自身圆满"的"思想体系""解体",乃是德里达"解构"的工作,而他的立论基础,乃在于"意义"本在那"隐蔽"处,在那层层覆盖了的——历代的"杠杠"、"道道"的覆盖下面。

于是又有福柯(Foucault)说,传统所谓"精神"、"思想"的产品,名为"知识"、"科学",与实在的"实践"相对应,实际上仍是一种"推理式"的"实践",与其他的"实践"处在错综复杂的关系中。历代之"思想"、"意识"产品与物质实际产品同样被"覆盖"在"考古"的层面中。因此我们所应该做的学问为"知识考古学",而不是把"思想"的"历史"看成自相承续的体系,"思想"、"知识"不是"自闭"的系统。

尼采说,"神"(上帝)死了。福柯说,"人"也死了,"神"和"人"都被"埋葬"了起来,"人"、"神"的"作品",特别是"思想"的"作品"——"文献",也都被"埋葬"了起来,成了"考古"的"档案"(archives)。

"人""留下""思想"的"作品",原想使自己的"灵魂"(思想、精神)"不死",但"人"之所以要"留下""作品"——"文献",恰恰是因为"人"是"会死的",所以一切"留存"之"文献",都只是"遗嘱"。而对"遗嘱"的解释权,不在"作者",而在"读者"、后人——他者会根据自己的实际存在状况来"理解"、"解释"历史的"文献"。这就是说,这些"文献"的意义,不是"作者""决定"的,而是"读者"——他人"决定"的。

"人-在-世界-中"总有"生"、"死"两端。着眼于"生"——于是有

"活"的、"生活"的"哲学-形而上学",在有限的事物中,在古人的"作品"中,在哲人的著作中看到"生命"(精神、活力)的"延续";着眼于"死"——于是有"死"的"经济学",在各种"真理"、"公正"、"道德"等等辉煌的言词背后,看到那坚硬的、不可摧毁的、不受我的"意志"(思想、精神)"支配"的实际关系。后者则是本世纪末出现的"后现代思潮"的主要立场。

新近去世的列维纳说,单纯的"il y a"——"there is"、"Sein",乃是黑的、暗的、玄的,是"赤裸的(物质)材料"(naked elements, materiality)。"il y a"此种"玄奥性",我们在"失眠症"(Insomnia)中可以体会得出来:"il y a"恍兮、惚兮,隐匿无名。列维纳认为,在这种玄暗的状态中,并没有"神",而是"神"之"缺位(absence of God),因而只是"黎明"(天启,Revelation)前之黑夜,等待着"光(明)"(light)之到来。列维纳在海德格尔的基础(Sein)上,吸收马丁·布伯的理论,将Dasein——"人"及其"世界"分成"我-你"、"我-他"的关系,以"他者(人)"之存在来挽救"人"之必然"死(亡)"之命运,来使"世界""延续"其"光亮",为"人"作为Dasein之"传灯"寻求"另一种""根据"。

然而,海德格尔所奠定的思想路线、他所提出的基本问题已然不可回避:"人"作为Dasein,"有"一个世界"(存)在",这个"(存)在"——Sein不可入、不透明,而最终在支配着"人"的历史命运。人们既然已经意识到Sein之存在,则对Sein的"思考"就同样是不可回避的"萦绕"。

1993年1月5日

世纪的困惑
——中西哲学对"本体"问题之思考

20世纪即将结束,当人们回顾这一个世纪的哲学的情形时,不免深深感到人们并未摆脱"物自体"、"本体"的困惑和萦绕。

不错,人们以为早已告别了"物自体"。黑格尔的思辨哲学体系似乎早将康德的"物自体""消化"掉了:"本质"通过"现象""显现"出来,于是有"现象学"——"显现学"。

"现象学"到了现在,胡塞尔扬弃了黑格尔的"辩证的"、"历史的""过程",把"本质"与"现象"统一,看作是"直接的",无需任何外在的"符号"的介入,"本质"直接地"显现"出来,这才是"理念"。"消解"辩证的、历史的"过程",也就是"消解""本质"与"现象"的界限,"理念"不是一个"思辨"的"概念",而是一种"生活(生命)"的"体验";当胡塞尔把一切经验的、科学的"知识"都"括出去"时,留下的才是最纯粹的、最严格意义上的"事物"——"回到事物本身"竟然是现代现象学奠基人胡塞尔的口号,意味着现代现象学要"显现"的,和黑格尔一样,仍是那个"本质"、"本体"、"物自体","现象学"——"显现学"并不止于"表象",恰恰相反,它是对"表象"的一种扬弃,从"本质"的"显现"来说,现象学正是"本质论"、"本体论"。

于是,从胡塞尔的现象学到海德格尔的"基本本体(存在)论"的过渡就是比较容易的事,因为胡塞尔本也不是停留在"现象"——"表象"上,恰恰相反，他考虑的是把"表象""括出去"以后留下的"事物本身"的事。

当然，海德格尔不同于胡塞尔，他所理解的"事物本身"不是"理念"，而是"存在"。从"理念"的眼光看，"表象"世界——经验世界、现实世界总有点那末"不对头"，它本"不该"是这样，而"该"是那样……所以"理念"的世界，是一个"应该"的世界，是一个"理想"的世界。这一思路，是由康德开始，或更早从柏拉图开始，到胡塞尔是一致的；"存在论（本体论）"的思路则不同，它看出来的世界，是一个存在、本体的世界，即在万千"表象"、"经验"世界的后面——或上面……有一个更深层、更纯粹的世界"在"那里。这就是"诸存在者"与"存在"的区分，是由亚里士多德开始的思路。"理念论"和"存在论"都对"表象"-"经验"世界取否定态度，但"理念论"的"本质"在"思想"-"理想"里，是为"思想体"。我们通常所谓"本体"（noumena），就是这个意思。但对"存在论"来说，"本质"不在"思想"里，它是比"表象"更真实的实在，是"实体"（οὐσία, substance）。从这个意义来看，"理念论"强调"主体性"，常对"世界"说"不"；"存在论"则强调"客体性"（不一定是"对象性"），常对"世界"说"是"。

所以"现象学"不光讲"现象"，而恰恰是要讲"本质"；并不是要抛弃"本体"，而恰恰是要"抓住""本体"，这样它的口号才能是"回到事物本身"。

人为什么会不满足于"表象"-"经验"世界？也就是问人为什么不满足于单纯的衣、食、住、行，而总觉得还有更深一层的"意义""在"？人不是无缘无故地提出"物自身"、"本体"的问题，这个问题的提出，是有"理路（由）"、有"根据"的。

康德说，我们的科学-经验知识，一方面来自"感觉"，由感官接受来的外来信息后来被称作"感觉材料"（sense-data），另一方面有超越感觉的逻辑结构形式。这样"综合"起来，我们对"现象"界，就能"把握"住它们的规律。不过在这个领域里我们只是"逆来顺受"，并谈不到有"物自体"的问题。好在人不仅仅是一个"科学家"（认知者），而且还是一个"实践家"（行动者）。人为什么会行动？人之所以要"做事"，说明了原存的"事"并不合我的"意"，人的"实践"，蕴含了一个对原有"现实"的"否定"的意思在内，"实践"根据的是"应该"的原则，根据这个原则，我们可以说，这"事"本不该

"这样",于是我要"改造"它,使之成为"那样","应该"的原则,意味着有不同于"这样"的"那样"(另一个)"事""在"(思想里)。这"另一个"(那样)的"事",就成了"应该"的"事","本该"的"事"。于是"本来""该"的"事"就和已经"这样"了的"事"相区别开来。在"应该"、"本该"的"理想"、"命令"中,"本体"、"本来该的事"、"物自体"的问题就已蕴含在内,聪明的人,有哲学头脑的人就会"感到"这个问题的存在,而有哲学训练的人就会由此提出一种学说和理论来研讨这个问题。康德就是这样的哲学家。

当然,康德讲的是一个"原则",而无关乎具体的"这样"或"那样"的事物,但"这样"不能"限定""那样"在"实践"、"行动"和"应该"的领域里是非常明显的。就"原则"来讲,现存世界的一切的"这样",都"限制"不了"应该",因而,事实上,"应该"、"理想"上的那个"那样",同样也是"不受限制"的,因而是"不确定的"。没有任何的"理想蓝图"是十全十美的,因而人类永远有权(有理由)"行动"、"实践",人永远有"改造""这个""世界"的权力。

"理念论"同时显示这样一个道理:事物本不像我们"感受"的那样,所以,恰恰是"物自身"保证了我们"自由""行动"的权力。如果世界只是像"表象""显示"的那样,则人的一切行动都只有"必然"环节的意义,而无"自由"、"道德"的意义。"物自身"、"本体"、"本质"问题的提出,是人的"自由"觉悟的表现。海德格尔把这个问题(不同于"存在者"的"存在"问题)的提出,叫做一件"大事"(Ereignis)。

很多人并不意识到"本质"、"本体"问题的存在,有些人一辈子也不会提这个问题;然而绝大多数人总会或深或浅地"感受"到这个问题,说明这个问题确实客观存在。无论愤世嫉俗、揭竿而起,或是消极遁世、浮生如云,或是沧海桑田、世态炎凉,或是金榜题名、衣锦荣归……所有一切人生之荣辱穷通,无不揭示出一个大于、强于"表象-经验"世界的"本体"世界之存在。这是"表象-经验"世界的"另一面",是古代希腊人说的"反宇宙",是一个"他者"。

这个"他者",不依我的意志为转移,不是经验科学的对象,不能成为"知识",不能为"我"所"用"。"他者"大于、强于"我"。

"我"是"有时限"的。古代希腊人坚信,"人"是"会死者"。"人"有许多的特性,譬如会说话、会思想……,但最要紧的特性是"人"是"会死者"。海德格尔告诉我们,一旦人有了这个"死"的觉悟,"人"就成了"Dasein"。而"Dasein"使"Sein""明"起来,也就是说,使"Sein"这个问题明白地提了出来。并不是说,从此人就能够把握"Sein",构成一套学问,形成一套"科学体系",来"教导"别人"Sein 是个什么"。Sein、本体、本质、物自身不是经验科学的对象,早已为康德所揭示,而海德格尔所提出的,乃是这个问题之所以提出的另一个理路(理由、根据):Dasein 使 Sein "明"。"人"只要把自己看作 Dasein, 有了 Dasein 的觉悟(发现),就会确认:"有"一个"世界""在"那里,或者说,有一个"本体"(Sein)"在"那里,"本体"即是"在",即是"物"(Ding)本身。Dasein 是受限制的,而 Sein 则"不受限制",但又并非抽象的,相反它是实实在在的,是"真(理)"(Wahrheit)。

对于"抽象"(abstract)的理论、公式、公理,人们只要"学习"就行,但对于实实在在的"真(理)",人们只能"服从"。Sein 支配着"Dasein"。Sein 是 Dasein 的"命运",Dasein 的"命运"掌握在作为"他者"的 Sein 手里。

于是,列维纳说,"他者"不是"日月山川",而首先是"他""人","他人"大于、强于"我"。掌握"我"的"命运"的不是"天地",而是"他人"。所以他从海德格尔的思路出发,但得出不同的结论:"伦理学"早于"本体论"(存在论,ontology),因而"伦理学"正是"原物理学"(形而上学,metaphysics)。

西方的哲学从理论的深层次上回到了"伦理学",自然就是我们中国人很愿意看到的,但列维纳本人不愿意承认这个向东方哲学的靠拢,而认为他的学说能在柏拉图那里找到渊源,无求于东方。

其实,东方的思想,中国的传统思想,也并不限于"伦理学",它的思路,要比柏拉图、康德的"理念论"更为宽阔些,或许也没有"存在论"和"理念论"那样尖锐的对立,但中国的哲学思路,同样是"形而上"的。

我们汉语用"形而上"来译希腊的"metaphysics"是非常确切的。希腊文"meta",或为"后",或为"元(原)",或如海德格尔所释,为"超越",

是指一种与"physics"的关系。希腊文这个字或译"自然"，或译"生长"。在我们中国人看来，大概就是"世上（间）"的"万事万物"。而所谓"世上（间）"，也就是"地上"，是"属""地"的。

就中国古代传统来说，凡"属地"的都为"形"，是"完成"了的，"完形"了的，"成形"了的；而"不成形"的东西，或"未成形的"东西则只是"象"——"象"是在"天"上的，"天垂象"就是这个意思。所以在古代，"象"和"形"是有区别的。"象"是"气象"，如"风声鹤唳"、"行云流水"，"云"在"天"上，而"水"也是"天"上下来的，"象"是"不受限制"的，犹如希腊古代的 άπειρον。

"象"不能提供具体的"知识"，因为它"不成形"，或"未成形"；但"象"却为人提供"消息"（message），"预示"着"地上"事物如何"变化"，它是"解释学"（Hermeneutic）研究的课题。在古人看来，"天""支配"着"地"，"天垂象"，在这个意义上，是一种"象征"，"气象"为"气候"、"征候"，有所"预示"，但不是"确定"的，是不可"命名"的。"象""无名"，因为它"无形"。"无形"不等于"空无"，不是绝对的，而只是说，"不成形"，"未成形"，实是未"成"；"形"是"成"了的，确定的，可以"命名"的。"山雨欲来风满楼"，是一种"征候"，所以"象"并不能光靠"视觉"。"形"是"视觉"性的，可以清清楚楚地"看"到，当然也可以摸到、感到。"象"不仅要靠"视觉"，而且要靠"心"（思），所以"象"不仅仅是"感觉"，而且要"心思"去"领会"它。光是"看""象"，是没有意义的，所以"象"不能光是被动地（passive）"接受"（acception, reception），而且要主动地（active）去"领会"。"会"是"会合"、"迎接"（meet），是一种"应"。所以对"象"，不能是"感受"，而是"感应"。这或许就是汉朝人讲"天人感应"的原因。"感应"得来的不是"科学知识"，把它当成了"科学"，就成了"伪科学"。

但是关于"象"的"感应"，是"形而上"的，亦即在"形"之"上"的，是对"天"的一种"领会"、"理解"。"形而上学"乃是一种"象学"，而不是"形学"；"象"是"气象"、"征候"、"消息"，所以也是"气象学"、"征候学"、"消息学"（解释学），而不是"物理学"、"自然学"。

在这种"学"的指导下，即有此种哲学意识的人，不仅"看"大千世界的形形色色，而且还要"看"到在这形形色色"后面"或"上面"的"气候"、"消息"，从"显"的东西，"看"出"隐"的东西，从"现象""看"到"本质"、"本体"、"物自体"。一切的艺术作品，作为艺术来说，都是通过"形"来"显示"（指示，zeigen，show，discover……）那个"本体"性的"象"。会欣赏的人要从梵高的"鞋"、齐白石的"蟹"中"看"出它的"意思"，"看"出那其中"万千气象"，就是古人说的"气韵生动"。不能做到这一点，就会是"视而不见"。"视"只是感官的，"见"则是有"心思"、"心智"的，所以我们说"见识"，"见"与"识"不可分的，"形"是"视"，而"象"才是"见"，才是"识"。

"视"、"见"如此，"听"、"闻"也是如此。"听"是感觉式的、感官式的。"闻"是心智式的。所以我们把"见"和"闻"连用。"见闻"就不仅是感觉的，也是心智的。所以才有与"视而不见"相应的"听而不闻"之说。

中国古代哲人告诉我们，"大象无形"，"大音希声"。"象"与"音"相应，"形"与"声"相对。"声"是感觉式的，"音"则是心智式的。在古代"音"与"言"不分，"言"是"语言"。这样，"音"果然可以"高于""声"。"音""显示"一种"意义"、"消息"，和"语言"一样。在古人看来，一切大声、小声的，甚至无声的（silence），都在"说"些"什么"，都在向人们"倾诉"、"请求"、"命令"些"什么"，在向人们提供"消息"。用"解释学"的话说，都在"传达"些"什么"。这些"什么"，在古人思想中，就是"天命"、"天道"。所以"道"是"言说"。

然而，"道"也是"迹"（轨迹、痕迹）。在"闻"是"说"，在"见"是"迹"，故而有"迹象"之说。"闻"之"说"，不是一般经验科学的"学说"，不仅是"多识鸟兽草木之名"，而是"本体"、"物自体"向我们"说些""什么"。"迹象"则既非"图（绘）画"（painting），又非一般的"文字"；"图画"是"形"，"文字"则可以是经验科学的，而"迹象"则在科学上、概念上是"朦胧"的。"本体"、"物自体"原本是"暗"，是"玄"，是一个"问题"——康德说的"问题性概念"。"河图"、"洛书"被认为是古代传授"本体"性知识的"（天）书"，它的"图"不是"图画"，它的"书"也不是一般的"文字"，而正是些无形之象，"无声之音（言）"。这里的"图画"不是"形"之"模仿",这里的"文字"亦非记录"有声之言",而是记录了"无声之言",是为"无字书",是为"天书"。这些"轨迹"发出"无声之音",在向我们"诉说"、"评判"、"请求"、"命令"着些"什么",在向我们传授着"道"——"无形之象","无声之音（言）"。这样,"象学"、"音学"合而为"道学"。

"道"在"天"上,"天"可以是"明"的（白天）,也可以是"暗"的（黑夜）；但"天"上的"象"因其无"形"而不是确定的,在这个意义上是不清楚的,所以我说海德格尔由Dasein"明"出来的Sein是个"暗"的、"玄"的东西,是一个大"问题"。像"黑夜"一样,这一点是列维纳所着重揭示的。海德格尔本人在后来也特别说到"天"、"地"、"人"、"神"的"合一"关系。就中国传统来看,在"天"之"道"如果真的那样"明",则不必为"非常道",会"无以名之",而要"强名之曰道"。老子特别看出了这一点,强调"道"之"玄"、"妙"（不可言）性,似乎在"天"之"道",被"埋"在了"地"下"一样。

"天"（日）烛照"地上"一切,使它"明"起来,成为"形形色色"的大千世界,但"天"自己只"显现"为"象"；"天"还有"烛照"不到的"地方"（处所）,这个"处所"在"地"（之）"下"。所以,在古人看来,"道"亦"深",亦"远"。"远"在"天上",而"深"入"地下"。然而,既"深"且"远"之"道",却支配着"人"之"命运"。

"人""生""天""地"之"间"。"人"或是从"天"上来的（上帝创造人）,"人"或是从"地"下来的（地为母胎）,或是"天"、"地"之"交"（会）产生的。不论怎样"人"都在"天"、"地"的"中间",头顶"青天",足踏"大地"。人在天地之间,耕耘劳作、立功、立言、立德,都是上承着"天",下禀着"地"。但"天"、"地"对"人"保持着它们的"神圣性"、"神秘性"。"天"、"地"这种"不可测性",正是那原始的"本体"之"思"的"激发剂"。古人仰观日月星辰,俯察山川大地,不禁升起"敬"意。亚里士多德如此,孔子、老子亦复如是,中外古贤哲人概莫能外。所以康德、叔本华才说"人"自然就有一种"形而上"的倾向。

"本体"、"物自身"、合"音"（言）"象"之"道"或"明"或"暗",其实都是同样性质的。"明"也好,"暗"也好,它都是"不可限定"、"不可测"

的，即不是经验科学所能把握的。"象"和"音（言）"最终不能完全转化为"形"和"声"。无"形"之"象"不确定，无"声"之"言"又何能"确定"？"天何言哉？"雨露滋润着草木；"地"何言哉？沃土生长着禾苗。"凡可言说的，都能说清楚"，故"不（可）言说的"（沉默的，silent）则"不（可）清楚"，这正是维特根斯坦的"形而上学"之"情结"。

"地"上的、"天""地"之"间"的"形形色色"，当然是"明明白白"的，一时不清楚的，慢慢可以让它清楚起来，一时"无以名之"的，可以按情形给它起个"名"字。但"天"上、"地"下所"隐藏"的那个"本体"、"物自体"、"道"，却是"原则上"不会"清楚明白"的。不错，"人"得"天"、"地"之菁华，得"天"（地）独厚——"上帝之宠儿"、"天之骄子"，有"神而明之"的能力，但"人"不能"避免"（躲避）"黑暗"。"人"用不着等到真的"死"了才能"体验""黑暗"，那时"人"已无感、无知、无识，"体验"不出来了。然而日夜之交替，四时之轮转，无不"提示"着"黑暗"之"存在"及"不可避免"。"黑夜"之中，如无半点星光，四周"寂静"，则如同进入"坟墓"，大自然不给你"提供"任何"信息"。此时如果你是个"失眠者"，则可以亲身"感"到这种"境界"，这是一种"混沌"（chaos）的"境界"。列维纳以此来提示人们对 Sein（il y a）的体验，这是一般人都能体验得到的。及至第二天清晨，阳光普照大地，则"形"、"声"一切如"常"。有哲学智慧者，不必患有失眠症，尽可安睡于夜晚，而可以在阳光普照下，"见"到"天象"，"闻"到"天籁"，"见"到"无形之象"，"闻"到"无声之言（音）"。这在古人看来，即是"得""道"。

无论西方人、东方人、中国人都是富有哲思的，中国人和西方人一样，在很古的时候已经开发出这种对"本体"、"物自身"的"形而上"的哲思。从体会的深刻程度来看，可能我们的祖先要胜于西方的古人。不过后来东西方的历史发展不同，西方人依靠经验科学的发达以及逻辑学的完善，由经验科学到"超越"此种学科，而进入"形而上学"的哲思，并由此而运用逻辑推演的方法，使"形而上学"具有"科学"的形态，这是中国哲学后来发展所欠缺的。且不说"哲学-形而上学"作为"科学"的一个"超越"形态在近现代所受到的批评及其自身确实存在的缺点，就学科体系之完善及思维之缜密来说，是中国哲学家理应向西方学者学习的地方。但在学习的同时，切莫要把我们传统中那深入之处丢弃了。

西方人在从"经验""上升"为"超越"、"本体"、"本质"时，善于用"经验科学"的方法，有"分析"，有"综合"，有"感觉材料"，也有"抽象概念"；而中国传统则往往是"艺术"式的，从"一滴水""见""大千世界"（经验之"全"），从这个意义说，的确更具"审美"、"艺术"的意味。不过中国的传统往往更多地直接进入"本体"、"本质"、"物自身"、"超越"的"形而上"层次，在这方面，就不是"审美"、"艺术"式的，既不是所谓"具象"的，当然也非"抽象"的。

中国传统对"本体"、"本质"、"物自身"这类"问题"的思考方式，就像它思考的"对象"（问题）本身一样，不是经验的概念和范畴所能"限定"的，因而"无以名之"，或"强名之"也可以，但不免以偏概全，需要用许多的话来阐释。

其实西方的哲学也遇到这个问题。哲学对"本体"、"本质"、"物自身"之"思考"，到底是一门什么"学问"（学科、科学）？它和"（经验）科学"、"宗教"还有"艺术"有何种关系？可能永不会有最后的答案。

学科的困惑，来自其思考"对象"（问题、题目、课题）之困惑。"本体"、"本质"、"物自体"……的困惑，是西方哲学的"世纪"的"困惑"，而扩大开来看，又可能是我们人类的持久的困惑。

1996 年 11 月 7 日

西方反形而上学传统和中西哲学之汇通

西方"哲学-形而上学"传统，自近代以来，受到严重的挑战，特别是进入20世纪以来，有创造性的思想家已很少投身"重建"传统的形而上学，而热衷于破除这个传统。在越来越深入的反形而上学传统的思潮中，我们看到东西方哲学思想之接近。一些哲学家、思想家自觉地从东方哲学、中国哲学中吸收养分，充实自己的反传统的思想，有一些则在走出了西方传统时，突然发现他自己的境界与中国传统思想倒有相当共通的地方。这一些，是不能不引起中国的哲学研究者足够的重视的。

一、何谓"形而上学"？

"形而上学"是"哲学"的一种思想方式。"哲学"本是一个"思想"的系统（或组合），所以"形而上学"也是"哲学"的一种"存在形式"——西方传统哲学的一种存在形式。于是，"何谓形而上学"的问题，首先是"何谓哲学"。

"哲学"起源于古代希腊。无论作为一门"学问"，或从事这门"学问"的"人"，其基本意思为"爱智"。

"爱智"为一种"活动"，为"追求智慧"，凡事问个"为什么"，知其然，更能知其所以然。"然"为一种"现实性"，"所以"乃是"现实性"之"根据"。"爱智者"就是老要知道那个作为"所以然"的"然"。

在古代希腊早期,"所以"不是一个抽象的概念,不能与"然"分开。"根据"是"现实"的"根据",是作为"根据"的"现实",故"所以"亦为一"然","根据"亦是"自然"。

"自然"是一个"生长"过程,"新"的"(自)然"是"(古)老"的"(自然)然""产生"、"生长"出来的,就像父母生子女一样。所以在古代希腊,那个"所以然"的"然",为"ἀρχή",而 αρχαιος 为"古",为"老",άρχων 则为寻常的"首领"之意。"哲学"作为"爱智"的学问,作为"寻根究底"的学问,大家都去探讨那个(或那些)ἀρχή(ἀρχαι),于是有"水"、"无限定"、"(汽)气"、"火"、"有限定"(数)、"四根"、"种子"之说,最核心的学派为"水"、"火"和"无限定"、"有限定"的对立。在这种对立中,已酝酿着"物理学"和"形而上学"之对立和分化。

"物理学"亦即"自然学",也是古代的"生长学"。这是古代希腊人的一个基本的思想方式。这种思想方式,对人类的伟大贡献是显而易见的。一切的"科学"(science)都奠定在这种思想方式基础上,"哲学"作为一门"科学"(或"学科"),亦不例外。

从古代"生长学"发展起来的"自然学"、"物理学",将寻求ἀρχή的问题,转化为寻求事物之间的因果联系(causality),而那以"数"为基础的一派则寻求思想上之"根据"——推理的逻辑"条件"(a priori),成为西方传统思想形式中之两大支柱。"哲学"也采取了"自然学"、"物理学"的思想方式,并在因果性和逻辑性两个方面下功夫。

然而,"哲学"所探索的问题,毕竟不同于"自然学"、"物理学","哲学"的"爱智"精神不允许停留在某一个固定的因果或逻辑体系之中,于是"水"、"火"这种带有比喻性的ἀρχή很快被扬弃。但人们还是要问:那个最根本、最原始、最初的ἀρχή到底"是什么"?那个使世间万物成其"然"的那个最本质的"所以然""是什么"?于是古代希腊"爱智"的"哲学"精神突出了自己的核心问题:要弄清楚那个最终的"什么"。

世间万事万物"是什么",原本是"自然学"、"物理学"的问题,"哲学"只是将这个问题推到了"终极",问那个终极的"什么""是什么"。

所以,在古代希腊早期"爱智"之学本无自身特殊的问题(对象),像天文学和植物学、动物学那样,而只是将"(自)然学"按"所以"(因果和逻辑的"根据")推衍下去,"本是不可限定的",因而"诘问"曾是这门学问的主要方法。

然而,"科学"毕竟要有自己的特殊的"对象"和"问题","哲学"也不应有例外,即使"不可限定者",其本身亦应为一"对象",成为"哲学"的"特殊的"问题。于是那个终极之"是什么"的"什么",也就和大千世界万事万物的"什么"一样,成为一个特殊的"对象"。这个特殊对象的酝酿形成于巴门尼德,而大成于亚里士多德。

在作为"爱智"的"哲学"言,"是什么"原本永远是一个"问题"。在这个意义上,"哲学"只是一门"学问",尚未成为一门"学科"或"科学"。"学问",就中国人的理解,为"学习""会""提问题","学""问","问"亦是一"学",需要"学习"、"训练"。这在英文来说,或可谓 discipline,但不是一串定理、公律、答案的组合,因而当不是"科学"、"学科"。

"是什么"分"是"和"什么"两个部分。"是"为"存在"、"在"、"有"、"存有"……是"存在"方面的事。而"什么"则是"认知"方面的,对于我们尚未得知的"事物",我们只肯定它的"存在"、"有"那末一回"事",但"什么"事,则尚需调查研究。这当然是清楚明白的道理。同样清楚明白的是,凡"什么"都要先"在"、先"有",才可进一步去"认知""它"("是什么"),如果"没有"、"不在",则遑论"什么",这是巴门尼德十分肯定的思想前提。但从这位爱利亚派的中坚人物开始,"有"、"在"、"存在"、"存有",就已作为一个特别的"什么"来"调查研究",于是有"有"、"在"……为"一",甚至还为"圆"……他常用的词为第三人称单数的ἐστί,也用εἶναι的动词不定式,在特殊短语中,也用分词ἐσνος和ἔοντα(残篇2,7,8)。

ἔοντα 第三人称单数,亦为"无人数",它可以是"指示性"(descriptive)、"联系性"(copular)的,也可以是"存在性"(existential)的。ἐστί 为中文之"是"、"有"、"存在"、"存有"。

"是什么","是"与"什么"是两个词的搭配,就原初意思来说,"是"总要"是"些"什么",就像"说"、"想"("思")、"写"一样,总要"说"些"什么","想"(思)些"什么",或"写"些"什么"。在知识的世界,"什么"

为其重点的"对象"。

然而，古代希腊人把那在"什么"之前的"是"，也作为"什么"来研究，要问那个"什么"的"是"，又"是什么"。于是无人称但仍"等待"着"什么"的ἐστί，就成为自身相对独立的动词不定式：εἶναι、έιναι不仅"指示"、"联系"着主词和宾词或述词，而自身成了一个"主词"，"等待"着宾词或述词来"补充"。这样"是什么"的问题循例转化为"是"是"什么"？

把那个"是"、"有"、"存"、"在"同样当作"什么"来研究，就成了"形而上学"，或后来的"存在（有）论"——ontology——关于"存在"（存有）的"学科"。这个学科，在亚里士多德那里有了一个相当成熟的表述。在亚里士多德哲学中，"是"和"是什么"本不可分割，"什么"就是"是什么"，"什么"本蕴含了"是"（存在），而"是"（存在）则亦为一种"什么"。在亚里士多德那里，"是"这个动词，更加突出了"存在"的意义，而"存在"则不仅是一个"动词"，更重要的可以为一个"分词"——ὄν；于是"是"动词，通过"存在"的意义转化为一种"属性"。"是存在的"，这一相同意义的词的结合，就有了新的意思。"存在"成为万物之最普遍的"属性"——由分词变化来的οὐσία（"实体"）。

"实体"被理解为一切事物存在之"本质属性"，所以亚里士多德认为，形而上学研究"存在（者）"之"存在"，即"存在（者）"之所以成为"存在"的那种"属性"，这种"属性"乃是"存在（者）"之所以为"存在"的"根据"和原则，故为"存在（者）"之"因"；又因为此种"根据"和"属性"乃是万物之最基础、最原始的根据，故亚里士多德说，"哲学"研究"第一性因"——"第一性原则"。于是，"哲学-形而上学"有了自己的最合适的表达方式——研究作为"第一性原则"的那个"存在"的学科，哲学-形而上学乃是关于作为"第一性原则"的"存在"的知识体系。

哲学-形而上学就由爱智者的探索过程，达到了一个古典的驿站——一门最原始、最基础、最根本的"科学"，与其他学科一样，哲学-形而上学有自己的"对象"、"范畴"、"系统结构"和"方法"。人们学习了这门学科之后，就能掌握它所研究的"对象"——作为"第一性根据"的"存在"这一万物的本质属性"是什么"。只是这个"是"作为"什么"乃是最原始、最根本的，它不同于其他一切具体科学的对象,从而为这门研究"第一性原则"的学科带来了一系列自身特殊性。如何理解这些"特殊性",就成为西方哲学各个时期、各个学派形成自己特色的关键。

从这个历史背景来看,以形而上学作为早期成熟形态的西方哲学,乃是以科学性的概念、范畴、判断、推理的理论知识体系来把握那最为根本、最基础、最原始的"对象",也就是说,把那个在一切"什么"之前的"是"本身也当作一个最普遍、最广泛、最根本的"什么"来把握的,一个专门的科学知识体系。

二、 西方近代对传统形而上学的批判

亚里士多德并未提出"存在论"(ontology),就像他自己并未用"形而上学"这个词一样,但后人用这个词很好地概括了他对哲学的理解,哲学即"形而上学"或"存在论"——"元物理学"或"关于"存在的"学科"。

应该说明的是,亚里士多德所建立的哲学-形而上学学科固然是西方哲学的一个强大传统,但严格说来,它的地位一直并不是很稳固的,它的学术基础常常受到各种怀疑论的动摇。

怀疑论否定知识的可靠性,对于"存在"的知识体系当然也不例外。这个思潮从古代到近代,经过笛卡尔、休谟,到康德有一个小结。

康德不是一般的、普遍的怀疑论者,他只"怀疑"、"否定"关于作为"第一性原则"的"存在"的科学知识的可能性,而他用以与此种关于"存在"的知识相对立的,却是柏拉图的"理念论"。

在康德看来,"是"总要"是"些"什么","是"和"什么"不可分,因而我们人类的一切知识,都只能是经验的知识,都只能在经验的范围内,这就是"现象界";至于"本体界"(noumenon)的那个"是"本身到底是个"什么",则非知识性的,是不可知的。"是"本身是个"什么"就是康德意义上的"物自身"(Ding an sich)。

现象界、经验界的"什么",是"什么"就是"什么",是可知的。日、月、山、川,就是日、月、山、川,我们并不能说日、月、山、川本身是什么

我们不知道，我们不问"太阳本身"、"月亮本身"、"山本身"、"水本身"是"什么"这类的问题；"本身"的问题只出在那个"是"是"什么"的问题上，即最原始、最基础、最普遍的"存在"是"什么"的问题上，相对于日、月、山、川这些经验的"存在物"言，"是"为"什么"就是"事物"本身是"什么"。康德认为，这个"什么"是不可知的，对于这个"什么"不可能有一套知识性范畴体系去把握它，因而"形而上学"不是一门科学。

康德说，传统形而上学所研究的那个"存在"，只是一个"理念"。这就是说，如果一定要问"是"是"什么"，那末只能说这个"什么"是一个"理念"。

"理念"（Idee，idea，εἶδος）最要紧的特点是它的"非（无）对象"。柏拉图认为，感性的经验世界变化万千，不可能有确定的知识，只有"理念"的世界才是永恒的、普遍的、不变的。在柏拉图看来，任何具体的事物，比起它的"理念"来，都是不完美的，"理念"作为普遍的概念，高于它的对应物——对象。这里已经蕴涵了这样一个思想："理念"本身是"非对象性"的。

在康德的哲学中，"Idee"在现象界也只是一个"观念"、"意见"，有没有"相应"的对象则被"存疑"起来，因而"It is (only) an idea"等于"It is an opinion"，等待着将"idea"提高到科学的概念（concept，Begriff），以求这个idea符合相应的对象，从而得到真理——真知识。

然而，在《纯粹理性批判》辩证篇中所讨论的 ideas，乃是无法找出经验对象的一个纯思想，像"上帝"、"意志自由"、"灵魂不灭"这些终极性、第一性、始基性概念，只能是一些"理念"，并没有经验的对象与其相应。这就是说，那个在终极性位置上的"是"要说它是些"什么"，那末只能是些"理念"，它们没有直观的"对象"可以"把握"（begreigen），形不成科学性的概念；关于这些"非对象性"的"理念"，不能形成科学知识。在这个意义上，可以说"理念"只告诉人们"什么"，而不能告诉人们这些"什么"为"是"、"在"、"有"。于是传统形而上学作为一种科学知识言，是不合适（不合法）的，它是一门纯思想性的理念学科。

终极性"是"不可能有一门理论性科学来弄清它是"什么"，但这个"是"却不是没有意义的，相反，它的意义高于一切经验的"什么"。对"是"的思考，不是理论性的，而是实践性的。在康德看来，"实践"是一个道德伦理问题,恰恰在这个问题上,人们真正可以不问"是什么",而只问一个"应该"。真正摆脱一切经验的"什么"和形而上学的"什么"的"是",就是"应该"。"应该"是一个道德命令,它不问一切过去、现在、未来的"是什么",超然于时空外,不顾一切时空条件,不计一切成败利钝,只接受那个绝对的命令;它不可能为深思熟虑的知识,却是行为的最后的也是最基础的根据。人不可能在"全知"了以后再行动,而在未曾全知甚至所知甚少的情况下仍然行动;然而如果这种行动又要不陷于非理性的盲动,则其最后根据在于这个"应该",这个不附加任何条件的、无条件的"命令"。

"应该"、"命令"也都不是经验的,不是"他人"发布的,而是"自己"发布的,这才是无条件的。无条件的"命令"则是一种"自由"——康德《实践理性批判》的核心问题为"意志自由"。

"自由"被引入哲学的深层,是对希腊以来的哲学-形而上学传统的很大的突破。在这方面,笛卡尔、莱布尼兹特别是康德的贡献是很大的。

"自由"为"0",为"无"。原来,排除了一切经验的"什么"之后,剩下的不是一个"是"、"有"、"存在",而是一个"无"。原来在形而上学里占据在"是"的位置上的"什么",却是"无"。于是,从古代巴门尼德以来的一个坚定的信念——一切真知必须以"有"、"存在"为"对象",而不能以"不在"、"没有"为"对象","无"不可能为科学知识的对象,也不能为作为一门科学知识的形而上学的对象——这一信念,就有了另一种意义。

因为,"自由"、"无"虽不是知识对象,却是一切道德的最后基础,这样,就使从古希腊以来在知识论范围中的伦理学发生了观念上的变化。

"自由"是有理性的存在者之所以存在的基本根据,是有理性者的特殊存在方式。这个有理性的存在者之所以存在,不在"他者"的因果环节之中,而是这个环节的"中断"。"自由"为"自在",因而道德律为"自律",而不是"他律"。从这个意义说,如果承认有理性的存在者存在的话,或者说,承认有道德的、实践的存在者存在的话,则这个特殊的存在者因其"自由"、"自在"使"是什么"的"是"独立自足,而不待任何之"什么"。

从另一角度说,"自由"本是一个"否定",西方"自由"为"摆脱"。"摆脱"什么?回答是:正是摆脱了那个"什么"。一切的"什么"都在"摆脱"

之列。因而从知识、理论、科学的角度来看,"自由"既然"摆脱"一切的"什么",则为一个"无"。科学不能以"自由"为对象,没有一门"自由学"。

"人"作为一个理性的存在者,正是那个"自由者","人"是"自由王国"的臣民。世上万物,只有"人"能够以"否定"的态度对待世界,"人"使世界"否定化"、"无化"。这样,"人"就不仅仅是一个认知者,而且是一个实行者;"实践"的意义也就具有"从无到有"的意思在内。"人",正因为是一个"自由者",才不仅生活在自然的王国里,而且生活在道德的王国里。"人"因其"自由"而要负"责任"。"自由"是不可回避的,"责任"也是不可推卸的。

作为实践的、道德的自由者,"人"总是可以把"是什么"当作"'不是'什么"来对待。"福泽"本可"不是""福泽";"祸害"也本可"不是""祸害"。一切的"是",原本也可以"不是"。"自由者"从"无"出发。

在知识的领域中,"人"为接受者、规整者,以使自己的"概念"符合客观的对象。"人"的理性的作用是"有限制"的,"是什么"就要按"是什么"来认知。在道德的、实践的领域中,"人"为一个"自由者",这时"人"的理性的作用是"不受限制者"。也就是说,在这个领域中,一切的"是什么"都是"人"的"作品",是"人"在"应该"的命令下"创造"出来的,因而"是什么"同时也是"该是什么"。"人"是这些"作品"("什么")的"创造者",是"始作俑者",因而对这些作品负有不可推卸的、不可逃避的"责任"。"人"既然把原本"不是什么"的变成了"是什么",由"不是"成为"是",则在一声肯定的"答应"——"是"中,一声肯定性存在判断"有"、"在"中,蕴含着"人"的基本的道德价值。

这样,在康德的思想中,传统形而上学不适于以知识的形态来企图把握那不可认知的"是"本身为"什么",但却揭示了一个超越于一切"是什么"的领域,揭示了一个"本不是什么"的领域,揭示了一个"自由""自在"——"自律"的王国,一个道德的王国,一个实践的王国。"形而上学"仍不失为一个"超越"领域的标志。

不过,无论如何,"自由"的引入,从根基上动摇了传统形而上学作为一个知识体系的基础,这应是康德的一个巨大的贡献。康德的理论理性和实践理性的划分,说明他的思想中"是什么"和"不是什么"这种肯定、否定辩证法的分裂,被认为是一种二元论的思路,也不是没有根据的。将这种分立、二元的方面在更高层次上结合起来的,是黑格尔的思辨哲学,而黑格尔则是现代现象学的先驱人物。

黑格尔把康德分裂开来的两个领域联结成为了一个历史的和逻辑的过程,无论《精神现象学》或《逻辑学》都贯串了这样一种"否定"的、辩证的,也是自由的精神,出发点乃在于康德的"制高点"上,亦即康德的"终点"上。

康德说,"人"在道德、实践王国中的理性是"自律"、"自由"。黑格尔正是从这个"自由"出发,继续下去,展开他的哲学体系。或者说,黑格尔在康德哲学的终点处,进入一个更高层次,并反过来将康德的全部学说成为自己体系的各个环节。黑格尔哲学的出发点正是那个"自由"、"自在"的"否定"(无),这个"否定"亦正是在黑格尔哲学中具有崇高地位的"精神"(Geist)。

德文的 Geist 有一种活力、活泼、能动的意思,本不是静观的、理论性的,而是实践性的、活动性的,但又不限于"道德"、"伦理"的范围。在黑格尔哲学中,Geist 首先有一种"否定"、"创造"的哲学意义在内。"精神"是那种使"是什么"成为"不是什么"的能力,"精神"正是在这种"否定"的、创造性的活动进程中,生长自己,显现自己。他的《精神现象学》正是在那(精神)"不是什么"的过程中,显现(精神)"是什么",在辩证的、否定的、历史的、变革的过程中"显现""精神""是什么",因而"哲学"不是像过去的传统形而上学那样把"否定"(无)、纯"理念"作一个静止的"对象"来把握,而是在"精神"的辩证发展中把握自身。所以尽管仍是"纯思想",但却是一门知识,是一门哲学性的思辨性的知识。

于是,在黑格尔那里,否定了康德限于道德、伦理领域的"自由"后,倒也并不是单纯地又回到了理论理性的故居,而是"超出"于"理论"、"实践"对立,处于一个更为高层的地方——哲学的辩证的统一之中。

那末,黑格尔的这种能动的"精神",这种绝对性的"自由",仍然为一种"无"的力量,使世界"无"化的力量。但他在《逻辑学》中却很深刻地揭示了"无"和"有"的辩证关系,以便为其哲学作为一门辩证的知识体系奠定好基础。

在黑格尔看来,"哲学"要作一门科学知识当然不能脱离希腊的传统,其对象必定为"有",为"是",为"在";但这个抽象的"是"、"在"、"有"和"无"实只是"指谓"上的不同。这就是说,"是什么",如果脱离一切的具体的"什么",光说那个"是",则"是"与"不是"、"有"与"无"就只是名称不同而已。实际上,"是(什么)"与"不是(什么)"的这种矛盾表现在"变易"之中。从"有"、"无"到"变易"推演下去,就形成了他的辩证的科学-哲学范畴的逻辑体系。这样,辩证的哲学就和传统的形而上学的哲学相对立。

如此,黑格尔就完成了康德改造"逻辑学"的意愿,即把康德"半途而废"的工作继续做完了,在"形而上学"的"原址"上,建立了一个有逻辑形式,同时也有现实内容的辩证的哲学体系。

康德发愿要"改造"传统的逻辑学,使之既有形式又有内容。他在自己的"知识论"部分做到了这一点,因而"逻辑"就是"(科学)知识论";但在"理念"部分,由于其"非对象"的性质,则同样是个"纯概念"、"纯思想"、"纯形式",这个部分,乃是他的有形式、有内容的"逻辑"所不能及的部分,空有概念、判断、推理的形式,而不能成为"知识"和"科学"。在这个意义上,"形而上学"固不能为"科学知识",但"形而上学"仍为"形而上学"。黑格尔把康德改造"逻辑"的工作推广开来,认为"理念"固然是"纯概念"、"纯思想"的,但却不是"纯形式"的,而是有"内涵"(Inhalt)的。"理念"固不能在经验世界找出"对象",因为 Geist 本身并不限于"设置""(知识)对象"的作用,而是将"对象""否定"因而包容于自身的一种活泼泼的力量,不光是将主体与客体分立出来,而且会将二者统一起来。所以"精神"是"绝对"的,而"绝对"就不是一种抽象的"思想形式",而是有内容的、有内涵的,因而同样是具体的、历史的、发展的。这样,在传统"形而上学"的"原址"上,出现的就不是没有内容的、纯形式的抽象概念体系,而是具体的、活生生的精神——绝对理念发展的历史过程,从而"辩证的、思辨的哲学"体系才真正"代替"了抽象的、静止的"形而上学"体系。

三、当代西方哲学和"形而上学"的困境

从根本的精神上来说,黑格尔的"逻辑学"和他的"精神现象学"是一致

的，"理念"逻辑推演过程，和"精神"的显现过程是一致的；但他的"逻辑学"本是辩证的哲学知识体系，而对于本源性"理念"的"知识"，即使用一个辩证的逻辑体系来把握，同样是一个"问题"，并不能由宣布一个"哲学体系"来平息这个"问题"。同时，他在《精神现象学》中赖以为基础的活泼泼的"精神"的光芒，常常因他在《逻辑学》中的"概念"、"范畴"推演的刻板性变得黯然失色。为挽救这个"活"的精神，出现了叔本华、尼采甚至基尔克特诸家的反黑格尔哲学的思潮，更不用说那些依靠严格逻辑分析精神从事哲学工作的人对他的逻辑学的批判和否定，更形成了一个强有力的潮流。

问题还是集中围绕在传统"形而上学"上，具体目标则集中在黑格尔身上。这位自认为真正"终结"了传统"形而上学"的辩证思想家，被认为是最大的"形而上学者"。

然而，"绝对"的思想被发展了，"理念"的观念仍可置于核心的地位，只是"辩证"的过程没有了，"绝对"、"理念"成为当下直接的"本质直观"、"直观本质"，这就是胡塞尔的现代现象学。

"绝对"作为主体、客体的统一，直接进入"世界"和"理念"，"理念的世界"就是"生活的世界"，"绝对"、"理念"成为最本源、最原始、最直接的"是什么"。"是"总要"是"些"什么"，这是胡塞尔的基本命题之一，因而最本源的东西原是最具体的，不需要经过"精神"的"否定"而直接存在，"是什么"就是"是什么"。当然，许多的"是什么"常常会成为"不是什么"，在"经验"的领域，"肯定"常伴随着"否定"，"否定"也常伴随着"肯定"，胡塞尔的现象学要求把这一切可以成为"不是什么"的"是什么"都暂时"括起来""存疑"。他问：在括起这一切可以成为"不是什么"的"是什么"之后，还有没有"是什么"的东西？这就是他所谓的"现象学的剩余者"。他相信，在括出一切经验的"是什么"之后，有一个不能成为"不是什么"的"是什么""剩留"，这就是那超越经验的"理念世界"，也就是不可再加以括出、否定的"生活世界"，这个世界因而是最亲切、最现实、最直接、最肯定（只能肯定、不得不肯定、不能再否定）的世界。

可以被括出去的"是什么"被胡塞尔看作为"自然的世界"，而那个括不出去的"是什么"则是"人文的世界"——"精神（心理）的世界"。那末人们要问：对于这个剩下的世界，能否有一门学科去认知它？于是就有"人文科学"［精神（心理）科学，Geisteswissenschaften］是否可能的问题。

然而，"括出"、"搁置"、"存疑"……已是一种"否定"的精神，是"使之为无"的精神能动性，"现象学剩留者"为"有"，而使之成为这种"有"的根据或过程却是"无"。

"无"使"有"成为"有"；仍然是"无"中生"有"。

海德格尔引用莱布尼兹的话："Pourquoi il y a plutôt quelque chose que rien?"（德译：Warum ist das Seiende, vielmehr nicht das Nichts? 英译：Why is there any Being at all—why not for rather nothing?）这句话按莱布尼兹原文可以译为"为什么'有''什么'，而不是'没有''什么'？"它可简化为："为什么'有''有'，而'没有''无'？"或"为什么'是''有'，而'不是''无'？"

我们已经知道，"是什么"和"不是什么"永相伴随，在经验的世界莫不如此，是"桌子"就不能是"椅子"；但是如果把一切的"什么"都"否定"掉（或"括起来"），那末"剩下"的那个最彻底的"无"，恰恰是最根本的"有"。去掉"是什么"中的一切"什么"，仍留下"一个""是"——"存"、"有"、"在"。海德格尔要问的，只是那个"'什么'也不是"、"不是'什么'"的"是"——"存"、"有"、"在"。"现象学的剩余者"就不再被理解为胡塞尔意义上的本质的而又直接的"是什么"的"什么"，而是"不是什么"、"什么也不是"的"是"。于是海德格尔的说法就成为："有""在"（是、存），"无"也"在"（是、存）。过去传统形而上学的失误在于把那个"什么也不是"的"是"（存、有、在）当作"是什么"的"什么"来"把握"（begreigen），殊不知此种"什么也不是"的"是"本"是""无"，不可"把握"："科学"不能以"无"为"对象"，"科学"对于"无"，一"无"所"知"。然而，那"什么也不是"的"是"本是最原始、最实在的"存在"，"什么"为 Seiendes，而那个"是"为 Sein。

"是"总要"是"些"什么"和承认一个"什么也不是"、"不是什么"的"是"，也许就是胡塞尔和海德格尔师徒两人在思路上的基本区别之一。

海德格尔思想强有力的地方在于：他把黑格尔的"绝对"、"理念"等等现象学原理同样包容在他的思路之中，但又不限于用一种知识性体系去把"绝对"、"理念"当作一个"什么"（即使是最高的、最根本的……）来"把握"，而是直接在世界中去"发现"（befinden）那个"什么也不是"的"在"、"有"、"是"。黑格尔的哲学，最终要用"全部"的"什么"来使"理念"、"绝对"或"精神""丰满"起来，那个最后的"绝对理念"为一个"是什么"的"大全"。海德格尔的 Sein 则永远是一个"什么也不是"的"是"、"在"、"有"。Sein 不需要"体系"，不需要"过程"，它是一个"指谓"，但不是一个"概念"；它可"说"，但不是"学说"，不是"科学"，而是"思想"。非概念性的、非对象性的"思"乃是对 Sein 的"发现"。"说"而"未说'什么'"，"思"而"未想'什么'"，乃是"（若）有所思"，"（若）有所想"。这就是后来德里达发挥的"划道道"、"痕迹"的思想。"乱涂乱划"和"喃喃作语"，虽无"什么"，但却"有所思"。诗的语言表现了这个特点，中国的书法艺术则更明显地体现出"写"、"划道道"本身的意义——"有人在思"。

然而，"过程"没有了，辩证法没有了，海德格尔的 Sein 固未必像黑格尔所说的为一个"抽象概念"，但却是"玄"的、"暗"的，"什么也不是"的"是"，为幽、为暗、为玄。列维纳强调了这点，他用"il y a"来说海德格尔之"Sein"。而我们记得上引莱布尼兹的话，也用的是"il y a"。

单纯的"Sein"或"il y a"，因为它是"什么也不是"的"是"、"在"、"有"，所以我们就没有合法的权利来再问："是什么"，那末又怎样来"理解"这个"是"、"在"、"有"？

我们说，把一切"什么"都"否定"或"拒斥"了的"是"、"在"、"有"，乃是"人"。"人"的"存在"——"是"、"在"、"有"先于一切经验的"什么"的"是"、"在"、"有"。"人"乃是胡塞尔的那个"现象学的剩余者"，是一切的经验的"什么"概念都不能穷尽的"存在"；也是海德格尔所谓的"Dasein"。有了"Dasein"，有了"人"，Sein 的问题才出现。Dasein 是"指出"Sein 的力量，也是"否定"一切 Seiendes 的力量。Dasein 为 Da-sein，有了 Dasein，Sein 本身才"Da"——"在那儿"。

对于"人"，我们当然也可以问"是'什么'人"，回答可能是"工人"、"农民"、"教授"、"经理"……但这一切的"什么"都不能穷尽"人"。对于

"人"的问题更为确切的是："谁？（Wer，Who）"

对于那个"什么也不是"的"是"，我们不能再问"是什么"——像传统形而上学那样，但我们可以换一个"提问方式"，问"是谁？"（Wer ist da? Who is there?）

于是问题又回到了前文所说的"是"作为一个动词本身的存在形式问题。

我们知道，在欧洲的语言中，动词是变化的，有人称、时态、数量的"变化"（inflection）。"是"动词并不例外，在古代希腊文的"是"，亦分"我"、"你"、"他"，其基本形式为"我"称，而"无人称"是变化出来的。世间一切的"什么"，包括"什么人"，都以第三人称称之，这一切的"什么"都为各门具体科学——包括人类学、社会学等占据了去，传统"形而上学"把一切的"什么"作为一个"全体"、"整体"来看，也有了自己的崇高的位置，所剩下来的只有第一人称和第二人称。

如果说，作为"他人"的"他"，不能用"什么"来穷尽，那末"我"和"你"，则从根本上"拒斥""什么"的问题。古希腊文"τιs"作为"was"或"what"言，只用第三人称，但作为"wer"或"who"言，则三个人称均可用。

于是，在不允许问"是什么"的问题时，我们当可问"是谁"。"是谁"的"是"，正是那"什么也不是"的"是"。这样，我们可以说，"人"的问题，早于"物"的问题，"伦理学"早于一切"物理学"，成为真正的"超越"意义上的"元物理学"——"形而上学"。这后者，乃是法国列维纳所发挥的重点，而我们当可进一步说，"谁"的问题早于"什么"的问题，还意味着"神话"（宗教）早于"哲学"（形而上学）。

"神话"乃是"人化"，将一切的"什么"都化为"谁"。在古代希腊，"神"与"人"的主要区别在于"神""不死"，而"人"是"要死的"。"神""不死"，意味着"谁"永远不会转化为"什么"，永远"拒斥""什么"，则永远居于那个什么也不是的"是"的度中，于是乎"神"变化万千，神奇莫测。"神"（神话，宗教），按其本性说，"拒斥"一切学科和科学，也"拒斥""形而上学"，所以最彻底的经验科学家或经验哲学家、逻辑哲学家，都承认"神秘"的"存在"。

然而，从伦理学的角度理解"形而上学"使康德的学说获得新的生命，摆脱一切"什么"的"谁"的"自由"、"自在"、"自主"性，因其不可能成为一门科学的知识，从而使"人"的问题得到了进一步的"升华"。这样，在"形而上学"的"原址"上"生长"出来的不是一门"学科"，乃是一种"德性"。

西方哲学-形而上学传统经过了漫长岁月的发展，越来越深刻地悟出了它的反面。中国哲学没有这个传统，但不可说没有形而上学涉及的"问题"。从遥远的古代开始，我们先民中的智者已然有"是什么"的问题，并认真而深刻地思考着那个"什么也不是"的"是"的问题。

就"形而上学"作为一门学科的形成来说，我们古代有一个"不利"的条件：我们远古语言中缺乏类似西方的"是"动词。当然，并不是说，这个因素决定了一切。我们的先哲不像古代希腊人那样比较容易地把那个"是"动词"无人称"化为一个独立的词，来指那个"什么也不是"的"存在"，从而不容易把这个"是"、"在"、"有"也作为一个特殊的"什么"来构造一门知识体系，所以我们先哲没有提出一门严格的学科来"说"这个"是"。

然而，这种语言上的"限制"（特点），并没有妨碍我们的先哲去"思考"那"什么也不是"的"是"的问题，而只是规定了我们的"思考方式"与希腊以来的西方形而上学的"思考方式"有相当大的不同。我们已经注意到我国《老子书》中所"说"的许多"道理"，乃是用另一种方式讨论了西方形而上学传统所讨论的问题。从西方目前"反形而上学"思潮的深入程度来看，他们应该已意识到我们先哲这种思想方式具有他们形而上学传统所不具有的优点。

《老子书》说，我要想说的那个东西"恍恍惚惚"，无以"名"（什么）之，"强名之曰'道'，曰'大'"。为什么"无以名之"？如果我国古代也有那个"是"动词，则或许也会比较容易地提出这个"是"来"名"之。"无以名之"，则不清、不明，故为"玄"、"暗"……但我们先哲也避免了把那个"是"当作"什么"（名）来考虑，而紧紧抓住了那个"什么也不是"的问题，"有物混成"，"无以名之"。"物"本为"什么"，但"无"为"无""什么"之"物"，这个问题，和西方的先民是相同的。

《老子书》的"道"为指示性标志，说的就是那个"什么尚不是"的"是"，因为尚无"什么"，所以为"无"、为"空"、为"虚"、为"静"……像一个大"容器",就像海德格尔所说的"罐子"一样,腹中空无一物,以"待""万物"。然而,不仅"万物"为"有","道"亦为一"有","无"也是"有",是为"有道"。

我国儒家讲"仁","仁"者"爱人",是"人"际之间最根本的关系。"人而不仁,为礼何,人而不仁,为乐何"(《八佾》),"礼""乐"固然重要,但"仁"更根本。"仁"是"两个人",不需第三者。"我"、"你"、"他",只讲"你"和"我",所以为"爱人"。"天"、"地"也要讲"仁",如果"不仁",也要批评,所以"仁"——"你"、"我"关系乃是在一切"什么"之前的"谁"的问题。按列维纳的说法,乃是在"物理学"之前的"伦理学"问题,是真正的"元物理学"(形而上学)问题。

儒家讲人际关系,所以重"善"的问题。道家讲人与自然的关系,所以重"真"的问题。儒道相补成为中国传统思想的支柱,就像西方希腊与犹太-基督两种文化为支柱一样。

中国传统文化的确有自身的特点,它的"说法"和西方很不一样,但我认为"问题"还是很能沟通的,尤其在一些根本性问题上。因为在相当远古的时代,大家的先民想的"问题"都差不多,只是具体社会历史条件不同,语言不同,"说"这些"问题"的"方式"不同。

过去都觉得中国传统上关于这些"问题"的"说法"不如西方的严密、清楚、合逻辑、有体系,中国没有"形而上学"传统,被认为是一个不小的缺点。这一点我们当然该虚心接受,这也是我们在许多方面要向西方哲学学习的。不过事实上近二百年来,西方哲学中不少名家已经感觉到他们传统那一套"说法"不很解决"问题",于是努力批判、改造自己的传统,取得了可观的进步。应该说,西方哲学进入上世纪末和本世纪以来有很大的变化。科学系统中有维特根斯坦,他那天才式的大智大勇使这个系统进入一个新的阶段;人文系统中有胡塞尔和海德格尔,他们的睿思洞见,使西方的"理念论"和"存在论"传统有很大的变化。这两种思潮合起来都对西方哲学-形而上学传统进行了猛烈的攻击。在一阵猛攻之后,当他们又重新考虑传统形而上学提出的"问题"时,已不能按老方式来"说话",这时他们当中一些人,自觉不自觉地接触到东方和中国传统的问题和说法。"自者"的否定,必是"他者"的肯定。

西方人走出了自己的传统，必定会遇到东方的传统。

中国哲学家为弘扬自身的传统，希望通过自己的工作引起西方哲学家的重视：不仅要引起西方哲学的大家们的重视，而且要引起一般哲学系的教员和学生的重视。这还要经过一个很长时期的努力。目前，在我们的哲学系中，学生必定要学习西方哲学的历史和现状，不对柏拉图、亚里士多德的哲学有一个初步的了解，决不能毕业。但在西方国家的哲学系，没有中国哲学的课，不知道孔子、老子为何许人，毫不会影响学习成绩；哲学方面的研究工作，除了汉学方面的专家外，可以无视中国哲学方面的"说法"而不影响其研究工作的评价。我们的工作要使西方国家的同行注意到：了解中国哲学不仅是为了专门的学术兴趣，更不是为了好奇，而就学理本身来说，也是需要的。中国的哲学，没有西方"形而上学"传统，同时也避免了由这个传统带来的弊病。中国传统在哲学问题上的"说法"，在西方突破了"形而上学"传统之后，就更值得重视。

1993 年 4 月 30 日

论科学的人文精神

最近几年关于人文精神问题多有讨论，有些意见似乎认为人文精神与科学精神是对立的，是不同于科学精神的另一种精神。应该说，人文精神与一般意义上的"科学"精神是有区别的。"科学"的态度是对世界采取一种客观的、冷静的观察、分析、研究态度，容不得掺杂半点主观情绪在内的；而"人文"则是专门讲"人"的，不能不涉及"主观（主体）"的问题。这样来看问题当然是对的。

不过，我觉得问题还可以从另一方面来看，从另一方面来探讨一些更为深入的问题，也是很有意义的。

从一个角度来看，"人文"并不与"科学"对立，而只是与"自然"相对应，"人文"应仍可以成为一门"科学"，只是这里的"科学"和关于"自然"的"科学"意思有所不同而已。这是胡塞尔等人的意思，胡塞尔说关于"人"的"科学"比起关于"自然"的"科学"（Wissenschaft）来，是最为"严格的"（streng, strict）。在这里，他所谓"严格"，是指"不掺杂任何经验成分"，因而为"超越"的意思。他这个意思我们当然应该分析、批评，可以不予采纳，但不能忽略不计。我们要加以考虑的是他为什么说关于"人"的问题不仅仍是一门"科学（学科）"，而且还是"最严格"的一门。

在胡塞尔看来，人文科学之所以更为"严格"，是因为它比自然科学更为"直接"，不需要任何"外在"的符号（包括各种具体的语言的符号）的环节，就可以把握"事物"的"本质"——他所谓"理智的直观"和"直观的理智"，也即"回到事物本身";而自然科学则总是通过某些符号体系来把握事物的"本质(规律)",而这在胡塞尔看来已不是"事物本身"。换种方式来说,自然科学的态度是"人"在"自然"之外,在"世界"之外来看事物,而人文科学则在"世界"之内来看事物——在后者的方式下,"人"与"世界"关系当然更为直接。而在这个意义下的"世界"、"事物",就不是一般所谓的"自然",而是"人""生活"于其中的、与其有直接关联的"生活世界"。在"生活世界"中,"人"直接面对着"事物""本身"——因而,在康德意义上的"不可知"的"物自体"(Dinge an sich, Sache selbst),在胡塞尔意义上,就不但是可显现的,可知的,而且是直接显现出来,直接可知的,亦即是最为"严格"的"知"。这就是胡塞尔所谓不同于"自然科学"态度的"人文科学"态度。这里需要注意的是,无论"自然"还是"人文",都还是"科学"的态度,而不是"宗教"或"艺术"的态度——尽管这三者之间有着种种联系。

那末,"人文"与"自然"这两种不同的态度,究竟区别何在?"人文的世界"与"自然的世界"究竟有何不同?如果我们回忆一下黑格尔的说法,可能更容易理解些。

我们知道,黑格尔把"世界"——胡塞尔意义上的"生活世界"——看作"精神"(Geist)发展的历史过程,"世界"对"人"展现出"精神"的活力。在这个前提下,我们可以粗略地说:把"世界"当作单纯的"自然"看,则是一种"经验科学"的态度,而如果在"世界"中看出"精神",看出"精神"的"能动性",看出"精神"的"活力",则就是"哲学"的、"超越"的态度。这就是说,在"世界"中看出"人"——"人"的创造性,"人"的活力,在"自然"中看出"人",看出"历史",即是"人文"的态度。这样,我们把源于黑格尔的狄尔泰、胡塞尔之"Geisteswissenschaft"译作"人文科学"还是比较合适的。在"世界"中看出"精神",看出"人",加以思考、研究,以此来建立一门"学问",建立一个"学科",一个与"自然科学"在原则上不相同的"科学",这是西方 19 世纪以来"哲学"的新课题。

西方的哲学,自古希腊开始,建立了以"自然"为研究对象的传统。为区分"哲学"与"自然科学",有"形而上学"(原、元、后、超越"物理学")之提出。"形而上学"以"自然"(物)之"后"、之"上"、之"外"……为自己的研究对象，建立一套思想体系。这种做法，在近代受到严重的挑战。康德给予"形而上学"以致命的打击。康德认为，"知识"、"科学"只限于"自然"、"经验"所及之处，"超出"（超越）的部分，无"科学"、"知识"可言。然而，康德的思想仍是"理性"的，他的《实践理性批判》和《判断力批判》，也还是建立在"理性"的基础之上。这样，后来费希特、谢林，特别是黑格尔，才会将"超越"部分纳入"理性"思想体系，从而使"超越"那部分，亦即"人文"、"精神"部分，不仅也成为"科学"，而且成为真正的"哲学科学"。这就是说，"人文科学"——"精神科学"就是"哲学科学"，"科学的人文精神"也就是"哲学的人文精神"。

这样，虽然都是"理性科学"，但"人文"（人，精神）与"自然"（物）的区别，则似乎是确定了，"人文科学"似乎已找到了自己的"科学体系"，"人文科学"似乎已经建成。

不过现代哲学的发展表明，事情又不像想象的那样简单。黑格尔、狄尔泰、胡塞尔的"精神"、"人文"世界，是一个"活"的"世界"（生活的世界），对于这样一个世界，如何可能建立一门"科学"，仍存在问题。对这种可能性，有不少强有力的思想家再一次提出了挑战。像早期的尼采、基尔克特，近斯的海德格尔，以及由他激发出来的"后现代"思潮，似乎都以怀疑的态度对待这个问题。

然而，在海德格尔的学说中，也有一种对"人文科学"来说是积极的态度，因为在他的思想中，"人"与"自然"有一种亲密的关系。从海德格尔的学说中，我们可以嗅到一股浓郁的"乡土气息"，它透示出"人"对"大自然"、对"大地"的依恋。海德格尔的思想表现了一种对 19 世纪以来"主体性原则"过于膨胀的遏制。"人"不是完全脱离"自然"的一种力量——不是康德《实践理性批判》中纯形式的理性存在，而是"Dasein"，是历史的、有时限的存在，"人"与"自然"有着共同的"根"——乃是 Sein 的显现形式。于是，海德格尔有"天"、"地"、"人"、"神"之说，他认为，这四者不可分。

"天"、"地"乃是"自然"，而"自然"在古希腊早期，不仅是"生长"的意思，而且有"显现"的意思。其实，"生长"就有"显现"的意思在内，是让未"成长"的"种子""成长"出来，"开显"出来，犹如"开花结果"

一般。

　　这个意义下的"自然",正如海德格尔所说的,就不仅仅是一个"客观对象"的意思,而是一个"成长"中、"显现"中、"开显"中的"存在"(Sein)。那末,过去和那个"客观对象"意义下的"自然"相对立的"主观(主体)"的"人",与"开显"意义下的"自然"又处在何种关系中呢?我们看到,在这个意义上的"主体"与"客体"、"人"与"自然"就不是那种坚硬对立的关系,而是在"自然(天地、大地)"的基础(基地)上,"人"与"自然"的沟通、交往关系,不仅是"天人合一",而且是"天地人合一"。照海德格尔意思,还要有"天、地、人、神"的"合一"。

　　只是说到"合一"——"统一"、"同一"（identity）,问题并没有结束,人们还要追问如何理解这个"合一",还要弄清这个"合一"到底是什么意思。

　　或许,我们可以两种理解方式为例,来说明这个问题。一种以黑格尔为代表,另一种则以海德格尔为代表。黑格尔说,"主客统一",乃是"主体"、"精神"通过矛盾斗争,"克服"、"征服""客体"（"自然"）,"精神"回到、恢复、回复到自身,得到了"合一"、"统一"、"同一";而按海德格尔的说法,其宗旨就有所不同。在天、地、人、神"四大"中,"人"固然有自己特殊的地位——Da-sein, Ex-istenz,但"人"又是"会死的"(sterblich, mortal),"有时限的",在这个意义下,Sein"大于"、"强于"、"寿于"Dasein。在这里,海德格尔的意思有点像我们的老子。老子强调"自然",这个"自然"当然不是经验科学意义下的"客观对象",而是"生生不息"的、"自强不息"的"自然而然",因而连"道"都要"法"那个"自然"。老子的"无为",正是说的这个"自然"。人生在世,立功、立言、立德,但一旦事功成立,则终非我所能永久占有的,早晚我必"退出"一切"事功"。所以,正确的态度应是:"事功"虽由我所立,但却如同它们自己所立,"自然而然"地立起来的。"人"（我）在这里的作用,似乎只是"协助""自然""显现""自身","人"似乎只是起到"助产婆"（苏格拉底语）的作用。

　　我们看到,海德格尔和黑格尔在很多方面有相似的地方,但对于"人"的作用、地位的理解,精神上有所不同。可以说,海德格尔更加发展了黑格尔历史主义方面的思想,"人"在海德格尔那里更加受制于历史性（Geschichtlichkeit）原则,不像黑格尔那样强调"精神"、"主体"的"能动"作用。就是很强调"主体性"的萨特,受海德格尔、基尔克特的影响,也说"人"给世界增加一个"无"——最终世界一切都是"自然而然","人""协助""自然"自身的"显现"。

在这种思路的指引下,"人"与"自然"原本一体,关于"人"的"学问"和关于"自然"的"学问"也原本是一体相通的。关于"自然"的"学问",可以是"经验科学"式的,也可以是"哲学"式的,所以哲学史上有所谓"自然哲学"。"自然哲学"所研究的,或许可以叫做"人文的科学精神",它对"自然"的研究态度和方法不同于"经验科学",它是哲学的,因而和从"哲学"来研究"人"则是一致的,相通的。而据我看来,"哲学"仍应是一种"科学"的形态,亦即一种"知识"形态,只是它不是"经验"形态的"知识",而需要有一种"超越性"。海德格尔强调"思",把它和"科学"严格区别开来,也是要指明"思"的"超越性",而并非说"哲学"全不是"知识",不是"科学"。

不错,海德格尔很看重"诗",他有许多思想是借助对诗作的分析来阐发的,但他也说,"思"与"诗"是有区别的。海德格尔所说的"诗",是本原意义上的"诗"——"ποιέω",在希腊文原是"做"——特殊意义的"做",我把它理解成"无为而为(做)"。这个意思在康德的《判断力批判》里说得很清楚,而这个《批判》,乃是他"哲学"思想的重要组成部分,是一个思想体系中的重要环节。而"思想的体系"也就是"科学的体系",所以,后来黑格尔把他的"哲学体系"也叫做"科学体系"。

这或许就是本文题目叫做"科学的人文精神"的理由。

1997 年 5 月 10 日

说不尽的康德哲学

本世纪五六十年代以后,是法国哲学群星灿烂的时期,显示了一种世纪末和世纪交替的特色。这时的法国哲学家每有新的精彩议论,常使人在眼花缭乱中惊心动魄。但法国的这些哲学新星,都有深厚的学问基础;他们是"现代的"、"后现代的",但他们并没有把"古典的"抛在一边,而是认真地研究它,在这个基础上使自己的创新在理论上厚实起来。这是"学问"之道。

德罗兹(Gilles Deleuze)是法国哲学新星中的一员,思想相当激进,但 1963 年,他出版过一本论康德哲学的书,叫"*La Philosophie Critique de Kant*"。这本书 1984 年被译成英文出版。

我最初知道这本书是 1988 年在英国牛津时蒙特菲尔(Alaf Monteniore)向我推荐的。回国后,我竟然买到这本书的英译本。拜读了三遍,我觉得这是一本在总体上把握康德哲学思想最精练、最认真也最有新意的杰作,它篇幅很小,英译本才 80 页,而内容却囊括了康德的三大批判;小而涉及面广,对关键问题却绝不含糊,譬如康德在论述时空时为什么分"形而上学的解释"和"先验的解释",过去我们读康德书时也总想找出一些切入点来,但却不清楚,德罗兹以"Quid facti"(事实上的)和"Quid juris"(权限上的)来分,就比较清楚。这本书,往往能在看起来比较小但实际却相当要紧的关节上,有中肯的阐述。在德罗兹为这个英译本新写的"序言"中,把康德哲学与近几十年哲学思想中的一些新问题如时空、同异、有序无序等联系起来,使康德哲学在现时代呈现出一个新的面貌,有一个新的意义。此种意义并不是现在的人硬加给康德的,而是原本就在康德的著作中,只是只有现代的人——经过"现(当)代"、"后现代"思潮"洗礼"的学者,才能把它们识别、阐发出来。

一、应该从何种总体角度来理解康德哲学

德罗兹在总体地把握康德哲学这一点上是很扎实的,这倒不仅仅是他把康德三大批判统一起来考虑,因为这个工作,已有不少学者做过;而在于他对这三大批判的理解,有一个过去不太为人注意,或注意不够的总体的角度,这个角度同时也是康德自己所要紧紧把握住的。这个角度就是:人的理性在脱离了自然状态进入文明状态后,如何行使自身的合法权利。哲学离不开理性,它面对的是文明的世界,而不是自然的世界;这个世界是有"法度"的,理性就是要为这个文明世界的成员分配适当的"权限",使之安居乐业、各得其所,而不致分崩离析。有"法度"的世界就是一个"国度"。

过去我们读康德的书时,当然也知道他喜欢用"王国"这个词,像目的王国、人的王国等;而且也指出过他喜用法律的名词,以为他是借用来的,有点比喻的性质,并不当真认为有什么实质性的意义。读了德罗兹的书后,才发现原来这正是康德哲学的主要立意所在:康德哲学就是要为这个文明的理性王国找出各种"职能"的立法根据,分清各种"职能"的立法权限,而防止各个"职能"之间的"越权"(过去常用"僭妄"或"僭越")。

说起"职能"(faculties),也是德罗兹提出来理解康德哲学的一个主要的词。这个词过去也用,但常从心理、生理上来读它,理解为"能力"。尝奇怪为什么德罗兹在研究康德这个反心理主义者的哲学时,却要用这个词。原来,仍然要从"王国"的角度来理解"faculties"。从一个"国度"来理解"faculties",大概就是职司、职能的意思,连学校、公司的职员都可以叫"faculty"。康德哲学,就是要研究文明的理性王国如何合度地行使理性各种职能部门,所以faculties这个词就很关键,对理解康德哲学的总体思路,很重要。

二、关于高级"职能"

当然，faculties 也并不排斥主观"官能"的意思。相反，"官能"仍是这个词的主要内涵，只是在康德哲学中，"官能"有高下之分，而哲学所要探讨的，是"官能"的高级职能。官可以是"生理性"的，如五官；也可以是"人性"的、"心理性"的，常被分为知、情、意三种，知为知识，分真假；情为情感，分愉快与痛苦；意为意志（欲望），分善恶。既然是一个"王国"，其"官（员）"也就有低级、高级之分，而其高下、大小之"分"，在于"服从"。下级"服从"上级，"小官"服从"大官"。在德罗兹看来，康德的这个"文明王国"亦有此种区分：知、情、意三个方面都有各自的高级"立法长官"，治理各自的管区，使各个管辖范围得以"自治"；当然也包括各管区之间的沟通和协调。所有这三部分能得以自治的根子，在于理性本有最高的立法权："理性"是知、情、意三军的最高统帅，是文明王国的"最高统治者"。然而，包括理性在内，各管区的"长官"，在康德看来，都只有"立法"权和"审判（评判）"权，而"行政"、"执行"权，则在经验手中。"立法"与"评判"权在经验之外——先验的；"法律"之运行则在"经验"之中。哲学是研究理性如何在各领域分配合适的"立法权"，而各经验科学——物理学、心理学等等，则处理在各自的领域如何实现各自的权利，如何使"法律"具体运作，从而使这个"文明王国"在实际上繁荣昌盛起来。

这是德罗兹研究康德所采取的一个总的角度。在他眼里，康德的哲学系统很像一个实际的（资产阶级）"王国"，实行着三权（或二权）分立，各权"自治"，但都又依据统一的原则——理性。"理性的王国"与"现实的王国"一样，大小官员各司其职，低级服从高级。而问题正在于各级官员凭什么有发号施令的"权力"？他们又根据什么来划分势力范围？康德所谓"批判哲学"的"批判"，就是要为划分（厘定）各种"权力"的"限界"（权限），"审议"各职能部门的"权限"，毋使"僭越"而"越俎代庖"。

德罗兹还进一步区分"职能"的两种含义：一是指知、情、意本身的，如知识有高级职能，欲望、情感也有，即对象、外界向心智提供的各种表象之间的关系,服从何种"法律(则)"结构起来;另一种意思是提供此种"表象"之来源——如"直觉"、"概念"及"观(理)念",都受理性推理的必然性所决定,因而有其必然和普遍的性质。这是康德哲学的研究者常常讨论的题目。而德罗兹所要解决的是理性如何会(能)对这种含义上的"职能"具有必然的"号令权"。在德罗兹看来,理性之所以管得着这些领域,乃在于它对这个"王国"中一切"成员"(臣民)都有"关切"(interest)的关系。尽管理性不是(不应)直接——而是本应通过知性(悟性)来向"自然"立法,但由于理性对自然所具有的"关切",所以才会产生矛盾、辩证的"幻相"。理性这个"王国"的"最高立法者",对自己已分配下去的权限亦不得"僭越",因而理性不是"王国"的"独断者"——"独裁者"。

德罗兹理解的康德哲学,实际上受着他自己对社会-机器的兴趣的巨大影响,但他此种理解角度,对揭示康德"哲学王国"作为(资产阶级)市民"王国"的投影来说,却是相当有意义的。由于中国社会历史进展的特殊性,我们对此种(资产阶级)"王国"(资产阶级法制社会)体会不如西方人深刻,在我们研究康德哲学时,对德罗兹这种揭露,就觉得有更多的帮助。

三、"知性(悟性)向自然立法"

在这个理性的"王国"中,首先遇到的是人与自然的关系,人如何把自然也接纳为这个"王国"的"成员";自然不再是荒漠,而也成为文明的组成部分。这是康德"知识论",亦即《纯粹理性批判》要解决的问题。

这一部分,是人们谈论得最多的部分。长期以来,西方的学者理解康德哲学的变革意义,重心也放在这一部分,因而有近代西方哲学由"本体论"向"知识论"转化之说。也正是在这部分,康德自诩他的学说是一场"哥白尼式的革命"。

所谓"哥白尼式的革命",按康德自己的解释,是指过去的哲学知识论都是让主体围绕客体转,要主体服从(符合)客体;如今则让客体围绕主体转,客体要服从(符合)主体。这个轴心的转换,并不是说康德主张客体无根据地服从主体的想法——这是疯狂,不是科学,而康德恰恰是要为科学(知识)寻求根据的。什么叫科学（知识）？科学（知识）一定要有普遍性、必然性。德罗兹很强调这一点，因为休谟把科学（知识）只看作经验的，因而觉得没有普遍必然性。德罗兹说，如果我说"我看到了数千次日出"，这并不是科学（知识），而只有当我说"明天太阳会升起"，才是知识判断，如"水在100摄氏度时就一定会沸溢"一样。这也就是我们现在常说的，科学知识涉及的问题是"可预言（测）"的。

康德进一步的问题，亦即"批判哲学"的核心问题在于：我们有何种根据作出这种具有普遍必然性的科学知识论断？如果我们的科学知识只是我们的主观表象符合被表象的"对象"，那末"对象"的千变万化，使我们"无权"说我们的论断就一定会符合它们。不仅如此，如果事情只在于：休谟认为此种符合没有必然性，而康德则认为有必然性——过去我们实际大都只停留在此种认识上，那末康德不过是以一种（独断的）意见代替了另一种（独断的）意见。康德的贡献不仅在于指出了在"事实上""对象"有不可缺少的"存在方式"（时间、空间）和"本质属性"（如实体、因果等），即"对象"必定有"先天的直观形式"和"先天的概念（范畴）形式"，而且还要问，为何会有此种先天的形式，它们如何能够（有权）使"对象"成为可预言（测）的。过去的理性主义哲学家在指出"事实上"的"根据"（即"形而上学"的阐明）上做了大量工作；而后部分的工作，即在"权限"上"可预言（测）"的知识如何可能，则是康德"批判哲学"的主要着力点，也是此种哲学的重要历史贡献。康德把这部分工作叫做"先验的阐明"（时间、空间）和"先验的演绎"（范畴）。

时间和空间是直接呈现在我们面前的，所以是"presentation"；而范畴的形式，则是此种综合的再综合，故为"Re-presentation"。前者为直观（觉），后者为知（悟）性，而直观与知性又通过想象力联接起来。此三种职能都在理性"关切"之下，行使自己的"立法"权。

在康德"知识论"中，人们常常讨论理性的僭越。过去我们一般理解为：知性超越了自己的"权限"，将直观与范畴形式运用到无限、大全上去，就会自相矛盾，出现幻相；而此种无限、大全原本只是一种观（理）念，本没有经验直观对象与之相对应。这种理解并不错，但还不够。德罗兹说，所谓"僭越"除了知性妄图为本体"立法"的意思外,还有理性从"最高立法者"位置上"屈降"下来,"过问"本是分配给知性"管"的事。因为理性对自然也很"关切",才让知性为自然立法;但理性对自然的"关切",只限于思辨的(speculative)。而所谓"思辨的"是指:"事物"作为外在于我们自身的存在物,没有根据要求它"服从"知性所立"法则",而只能要求"事物"向我们显现的那个"样子"(通过时间、空间),即现象"服从"此种"立法"。"speculative"原有镜象的意思在内,而理性如果凭自己"推论"(动词 reason)的力量,要去把握现象后面的本体(事物本来的样子),要本体也"服从"知性的立法,则镜象就成了幻相。

从这个意义说,知性自己不会越权,而是理性让它越权,所以叫"理性的僭妄",不是"知性的僭妄"。所以,德罗兹说,康德第一批判的书名才叫《纯粹理性批判》,批判的是"理性",不是"知性"(英译本,第25页)。同样,过去我们常说,《纯粹理性批判》可以理解为"思辨理性批判",就不很确切,因为"批判"的并不全是"思辨理性",而正是"纯粹理性",或叫"纯粹思辨理性","纯粹"不可少。

四、如何为"自由(者)"立法?

在自然以及关于自然的知识领域里,理性是为"外来者"立法,是为"自然"(所提供的感觉材料)立法("移民归化法");而在"实践"的领域里,理性就为"自己的公民"立法,为"自由民(者)"立法。在自然领域中,理性建构起一个必然的"王国",而无关乎"欲望"——不管"愿意"与否;在实践的领域里,理性则建构一个自由的"王国"。自此而成为"王国",自由而有"法度",就是"欲望"的"高级职能"。

在"实践"的领域中,理性的立法对象是自由。两个以及两个以上的"自由(者)"之间,如何立约、立法?

自由不是随心所欲,为所欲为。低级的"欲望"原是需要,是迫使,是必然——英文 necessary,德文 notwendig,原本都有"生理需求"的意思,因而是不自由。自由是对此种需求、欲望的摆脱,自由是不受限制,是无限,因而它并不能在感性世界找出"对象"来。此种高层次的自由，只有人作为理性存在者才拥有。自由即理性，自由（者）之间的关系，即理性者之间的关系，亦即人与人之间的关系，而不是物与物、人与物之间的关系。因此，"自由（者）"的关系，不是"自然（者）"的关系，不是"思辨者"的关系，而是"实践（者）"的关系，"道德（者）"的关系。于是，《纯粹理性批判》涉及理性如何为自然（王国）立法；《实践理性批判》涉及的乃是理性如何为自由（王国）立法。

诸"自由者"的聚集，不是一盘散沙，同样是一个有法度的"国度"。然而，自由的法度，不同于自然的法度。自然的"法"受制于自然提供的感觉材料；自由的"法"则是理性为自己立法，因而完全是"形式"的，而不是"质料"的。"自由法"不教导人在何种情况下如何去做，而只教导人不论何种情况都"应"如何去做。顺应和改变环境是人与其他动物所共有的特性，其区别只是程度上的；但不顾任何环境、无条件地去做事，是只有人才有的特性。此种不计成败利钝的"应该"，是为理性的"无条件""命令"。"命令"即法令，"自由者"只服从理性自身的命令、法令（law），不服从自然的、必然的"法则"（有条件的法令）。所谓"不服从"，乃是"不顾计"，"不以其为出发点"。

在"自然的王国"，理性立法是为"外来的臣民"；在"自由的王国"，"理性"则为"自己"立法。所以，在这个领域里，"立法者"与"臣民"是"同一"的（英译本，第32页）。这样，"自由（者）的王国"就是一个高度"自治"的王国。在这个王国中，各"自由（者）"之间的关系，曰诚，曰仁，曰敬。"自由（者）"不能成为"质料"（材料、工具、手段），不能被"利用"来去做另一个东西，达到另一个目的。

"自由（者）"之间的关系不是"知识性"的，"自由（者）"的行为具有"不可预测性"，但因其"诚"而"可信"。我们并不能因为"兵临城下"就"预测"必定"投降"。波希战争撒拉米战役，雅典人战至一兵一卒，以光辉典范载入史册；但此种典范不是"知识"的典范，而是道德的、自由的典范。德罗兹以康德着重分析的"谎言"为例，因其不可能成为普遍的道德箴言而只是权宜之计，不成其为"道德律"。尽管世上谎言到处皆是，但人们对许诺并未完全失去信心。许诺本应是可信的。千金一诺，乃是"自由（者）"的表现，背信弃义者必应受谴责。"谁"来谴责？理性自身是立法者、评判者。聪明才智可以为背信弃义者百般狡辩，开脱罪责，但理性所立之道德律保持着自身的终审权。

世间的善、恶，只有理性——对"实践"关切的"理性"，才有最后的评判权。但人们常混用其他的职能来作为评判的标准，譬如以"效果"来评判善、恶。此种以知性智慧来代行"理性"自身立法权的做法，降低、贬损了理性的纯粹性。所以德罗兹提出一个很有意思的论断："纯粹实践理性并不需要'批判'，因为它不会产生幻相，而只有'不纯粹'的实践理性才需要'批判'，因为它混杂了'经验'。"（英译本，第36页）

这就是说，《实践理性批判》这个书名与《纯粹理性批判》这个书名相反，后者一定要有"纯粹"，而前者不应有"纯粹"。《纯粹理性批判》是批判纯形式、"不杂经验"的理性要去"管"充满"实质"、"经验"的"自然"；《实践理性批判》则要批判、防止那本来是纯形式的"实践理性"混杂了"实质的"、"经验的"东西而成为"不纯粹"的。这一点，在过去也未有足够的重视。

康德的《实践理性批判》在西方哲学中的意义，似乎还远未阐发出来。我们都知道，康德是通过《实践理性批判》引向宗教信仰。他自己承认，他限制知识，是为信仰留下余地。从这个意义上，我们也可以说，康德是通过自由的王国，进入宗教的王国；自由是由"人城"转向"神城"的关键。宗教如无理性的自由，则沦为迷信。

康德"实践理性批判"与"宗教"的关系，德罗兹的书没有涉及，而本来人们是有理由企盼着有更多论述的。

我们已经知道，康德所赋予理性的权力，是立法权和评判权，执行的权力则在于经验，而理性根据其不同关切对象（如今我们讨论了知识与意志）所立的"法"是普遍的、必然的，因而只是形式的。在知识领域里，先天的范畴是必然的，此种形式的必然性不能保证科学知识为"全知"；在意志、欲望领域里，"自由"为"最高的善"，但只问行为准则的德行不能保证行为的"完善性"，有德性的不一定就有幸福，所以理性之实践的关切，自由理性之最高立法权，亦不能保证其自身为"全能"、"至善"。而"神"这个最高的造物主，被宗教——基督教认定为全知、全能因而是至善的。也就是说，只有在设定意义上的"神",不但有最高的"立法权"和"终审权",而且由于它那万无一失的"经验知识",同样也是最高的执行长官,拥有万无一失的执行权。只有神,不仅永远为善,而且永不犯任何(知识的、道德的)错误;只有神才真正把自由与自然结合起来,把必然与偶然结合起来,使世间一切事物之运行,都在祂的掌握之中。

五、"无法而有法"的境界

人不是神,人的王国不是神的王国。"理性"分配的"立法权"的"分立",使得有德之人未必享受幸福,幸福之人未必有德。但人的文明王国确有这样一种"境界",各种职司(知识的、意志的)都不行使自身的立法权,不迫使对象服从,而是使各种职司处于自由的和谐之中,在诸职司的协调中,给人以愉悦之情(感)。这种诸职司和谐的情感不是低层次的,而是高层次的。这种状况虽因其没有一个专门的最高立法者,或用德罗兹的话说,诸职司中没有一个"主席"(参阅英译本,第10页),因而似乎不成其为王国,但却是我们生活中的一个实在的境界。这就是康德第三批判,即《判断力批判》的主旨所在。

所谓"判断力批判"是对判断力的批判。"判断力"为什么需要批判?因为"判断力"在这个范围里,并没有替对象立法的权力(英译本,第48、61页),所以要审定它到底有何作用。

我们知道,"判断力"属知性,在思辨、知识的领域里,是有立法权的,知性职能就是要作出判断,如"太阳总是要出来的"。知性——"判断力"为经验知识对象(自然)立法,乃是康德第一批判讨论的主题,这时"判断(力)"只是"普遍的";但在第三批判里,"判断力"却是使用在一个特殊的、个别的对象上,此种命题就是经验的,而本没有普遍有效性,就德罗兹-康德思路来说,是一种行使(使用)而非立法。我们说"这花是玫瑰花",是一个经验的判断,并无涉于普遍性;但如果说"玫瑰花是植物",则是一个科学知识判断,因为它适于一切玫瑰花;然而,如果说,"玫瑰花是美的",则就进入康德第三批判的范围。因为"玫瑰花是植物"中的植物是一个相当确定的概念，因而可以规范"玫瑰花"，使它"归（化）"于"植物"之下；而"美（的）"就不是一个确定的概念，尽管它很类似于概念，但因其不确定性，而无法对对象行使普遍的"立法权"。我们不能说"凡玫瑰花皆美"，而只能说"凡玫瑰花皆为植物"。所以"判断（力）"——知性在这里没有"立法权"。

理性在第三批判里同样也没有"立法权"，因为"理性"不能像在实践领域里那样确立（建构）一个超感性的普遍必然的"对象"——至善。从某个角度来看，"美"有点像第一批判里的"观（理）念"，在经验的世界找不出相应的"对象"来；但它又不同于理性的"观（理）念"，因为"观（理）念"不可想象——"观（理）念""无象"。"无限""理性"的"推理"（reason reasons，见英译本，第18页），而不是"想象"；而"美"则离不开"想象（力）"。我们知道，在各种"职司"中，唯有知性、理性具有立法权，"想象（力）"并不能为对象立法，不能使对象"归化"。也许，正因为这个理路，使康德一段时期内认为"情感"这个"职司"并无"高级"形式。

然而，对于"这玫瑰花真美"这样的判断，显然不同于"我觉得这花很好看"。"美"给人的"愉快"——"情感"，也显然不是生理的快感。关于"美"的"判断"，居然也采取"知识判断"的形式：主谓结构，从而"要求"别人的"同意"，那末，"审美的判断"有何种"权力"提出此种"要求"？

康德在他的第三批判中承认"审美判断"有此种"权力"，要求有文化、有鉴赏力的文明人都要对"美"认同；"判断力"在这里虽没有（对"对象"的）立法权（legislative, constitutive），但却具有（对各"职能"自身）"协调（regulative）权"。① "情感"并不规定"对象"必须要服从什么，而只是反映诸职能相互之间"协调"与否的关系。所以德罗兹注意到康德说过，"情感"甚至没有"领域"（domain）（英译本，第48页）。没有"领域"，不是说"只在虚无缥缈中"，而是说，"情感"并没有从理性这个最高立法者那里领（取）到在该地区的"立法权"。当然，从另一个角度说，"情感"的确也没有自己特殊的地盘，它是在知性和理性的地盘内进行"协调"，这就是我们常说的《判断力批判》是"沟通"《纯粹理性批判》和《实践理性批判》的"桥梁"的

---

① 对于康德哲学中的"regulative"一词，有各种译法，如"规整"、"调节"，如今常用"范导"。从这些思路来看，用"规整"、"调节"、"协调"这类的词较妥切。

根据。

《纯粹理性批判》面对的是"自然"(必然),《实践理性批判》面对的是"自由",《判断力批判》并不面对什么"特殊"的东西,而是把"自然"(必然)与"自由"协调起来。

按康德的思想,"自然"(必然)的存在形式是"时空";"自由"的存在形式是"非时空"的。在一个意义上,所谓"非时空"也是"无序"的,为"混沌"(chaos)。"自由"不问(不顾及,不计较)时间、条件、地点,"自由"不问时序。在"时序"中,"因果"是一个"必然"的序列,即所谓前因、后果。"自由"当然也讲因果,但"自由因"与"自然因"不同,它不是另一个原因的结果,它是始作俑者,是第一因。非时序、无时序,不按时序;不按时序就可以颠倒时序、错乱时序——anachrononism, anarchy,按现在有些西方学者的说法,这也是另一种时间观念。

德罗兹在为这个英译本写的序言中提出康德哲学变革的三个方面,首先就提出"时间"问题上的转变:过去的观念是"时间"围绕"运动"转,康德把这个轴心倒转过来,提出"运动"围绕"时间"转。德罗兹这个发现,把过去认为康德时空观受牛顿局限的弱项,变成了强项,从而使康德时空观有一个与牛顿完全不同的新内涵:时间不是一个绝对的大"圆箍",而是线状的——不是直线,而是曲线,德罗兹把它形容成"迷宫"(labyrinth)(英译本,第Ⅶ页)。"自由(者)"从一个迷宫进入另一个迷宫,并无秩序可言。

然而,德罗兹在这个序言的最后部分,着重谈的是如何从"无序之序"(discordant accord)来理解《判断力批判》的问题。

"情感"没有为对象立法的权力,当然就混乱(discordant),它保存了原始"感觉"(sense)之纷繁的杂多性,或者"解散"(de-)了"科学知识"之必然结构,看起来像"无法无天——没有'主席'"的地方;然而"情感"又可以-被容许"协调"各种职能的关系,使其"一致"(accord)起来。这样,虽不为对象立法,无普遍必然的"法律",但此种"协调""一致",却保存了感性现象的丰富性,不仅仅徒具形式,而且有多彩的内容,兼有着知识与道德、必然与自由的优越性。在此种意义上,亦即在高级形式的"情感"中,"自然"不是"科研对象",而显示着另一种"意义",甚至"自然"也是一种"自由"。

康德在《判断力批判》中很强调审美判断的"无功利性"（disinterested），此种现象常为心理上的经验所验证，故后来有"心理距离"说。但究康德原义，并非心理的，而是哲学的。"无功利性"无涉判断对象的"实存"（existence），从这个意义说是只涉及对象之"形式"。但我们尚可从另一角度说，保持此种"非功利"之"距离"，实在也是"让"其"自由"（海德格尔的 Sein-lassen）的一种方式。我们观赏静物水果画，并非觉得它美味；虽然画饼不能充饥，但即使真水果在面前，果真鲜艳可爱，则亦不忍以其饱口福，于是此时水果亦得以"自由"。得了自由，也就自在。为我之物，就成为自在之物——是为康德之物自身。理性因其"自由"之本性，才使得我们作为理性的存在者不汲汲乎向大千世界（现象界）"索取"，而可以（被允许）进入物自身。

从德罗兹"立法"的思路来看，理性并不允许判断力，即知（悟）性为情感的世界立法，于是这个世界的成员——"我"和"你"（他人）、"他"（自然）皆非"臣民"，都是平等的、活生生的"自由民"。所谓"活生生"，是指不仅仅是思想的、概念的、形式的，而且也是实质性的、感性的。

其实，康德《判断力批判》的世界，才是最基础的、最本真的世界，正是胡塞尔所说的"生活的世界"，海德格尔所说的"存在"的世界。这个真实的生活世界，因其无序而会发生许多冲突。理性各个职能在这个世界中个个生龙活虎，不顾各自的职能、权限，超出自己的领域而"侵犯"别的"职能"。在这个世界中，事情并不那样按部就班，时有波折，甚至时有倒退。"迷宫"本就充满了迂回曲折，而这却是一个"本真"的"时间"世界，而不是"非时间"的"概念"世界。这时，康德《判断力批判》给人们展示了一个新的视角，竟然对本世纪西方哲学的新学说，揭示了很有意义的参考系。怪不得英译者在介绍这本书时说，德罗兹在 60 年代写这本书时原把康德当作"论敌"来对待，而在 70 年代后期，态度却有所改变，把康德哲学与本世纪后期出现的新思路结合起来，为此种新思路提供了新的历史根据，也为康德哲学的研究开发了新的角度。

20 世纪即将结束，在未来的世纪里，康德哲学的意义又会如何？

1995 年 1 月 4 日

延展中之中华人文精神

目前人们常说的"人文精神"中的"人文",译自英文以 human 为字根的词,如 humanism, humanity,尚有 sciences of human 译为"人文科学"。不过 sciences of human 又被英美人用来译从狄尔泰到胡塞尔的 Geisteswissenschaft(en)。这是哲学上的一种理解。以 human 来译 Geist 说明了一种哲学观点,即对于"人"来说,"Geist"是最为核心的。就这个意义来说,我们所说的"人文精神"就很难翻译,英文勉强译为"humanistic spirit",指的是一种"人文"的态度。

就我国的传统思想看,用"人文"的很少,但就"精神"、"态度"说,则是贯串古今的。

我国古代"人文"这个词,最早似乎见于《易·贲象》:"文明以止,人文也。……观乎人文,以化成天下。""人文""化成"就是对待宇宙、万物的"人文精神"。"人文"是"人"的"轨迹","人"的"事迹";"化成"是"成""天下"的"事",而"天"的"下"面是"地","化成""地上"(世间)的事。

"人文化成"涉及到"天"、"地"、"人"的关系,这也是我国古代哲学——包括《易经》在内所考虑的核心问题。《易经》就是要把握天、地、人的关系,以见出世事的运行进程。

按照《易经》——包括《系辞》的思想,天、地、人中"人"占一个很特殊的位置。《易经》没有讲"天人合一",而讲"天"、"地""合一",这个"合"力,乃在于"人"。所以在《易经》看来,不但"天""人"要"合一",

而且"地""人"也要"合一","天""地"更要"合一"——"天"、"地"通过"人""合一"。

《系辞》第一句话说:"天尊地卑,乾坤定矣,卑高以陈,贵贱位矣……在天成象,在地成形,变化见矣。"天、地乃是高下的方位,天因其高而贵,地因其下而贱,但地并不因其下贱而可以忽视,因为"地"肩负着"(完)成"的重任。就观测的眼光来看,"天"呈现的只是一种"气象","象"是很恍惚的;而"地"才成"形","形"是具体的事物。

那末,为什么有"贵贱"、"尊卑"之分?因为在古人看来,天因其高而有一种"支配"力量,所谓"居高者""临下"。"天""支配"着"地",但"天"又只有"象",不能自己成"形",所以"地"虽卑下,仍是很重要的,是一种"承受"、"负担"的力量。所以"乾道成男,坤道成女,乾知大始,坤作成物",这样,乾坤、男女、阳阴、始终(成)、父母、道器……在《易经》来说,都是必要的、重要的,所以《系辞》说,"有天道焉,有人道焉,有地道焉。兼三材而两之,故六。六者非它也,三材之道也"。故《易经》有三材、三道,天地人各占其一。

"人"生"天"、"地"之"间","人"在"天"、"地"之"中"。"人"下"立足"于"地",上"承受"着"天","人"在"天""地"之"中"、之"间","人"为"天""地"之"交"——"人"为"天"、"地"之"子","人"不仅是"天"之"子",而且也是"地"之"子"。所以后来《礼记》(《礼运》)说:"人者,其天地之德,阴阳之交,鬼神之会,五行之秀气也。"

"天"高高在上,"冥冥"中"支配"着"地",但"天"只显示一些"象",它的"道"太普泛、太恍惚;"地"上万物,承四时之恩泽,雨露之滋润,"形成"自己的"诸存在者"。但"天有不测风云",并非都是"恩滋"的;"天"、"地"有了"人"这个"产物",才不"各行其道","天道"、"地道",才通过"人道""和合"起来。所以"人道"无他,为"参""天地"之"道"。

就这个意思说,"天"虽高贵,但光观"天象"是不能卜吉凶的,所以荀子说:"天行有常,不为尧存,不为桀亡。"(《天论》)吉凶乃是"人事",即"人文",是要把"天"、"地"、"人""合"起来说的。《系辞》说:"道有变动,故曰爻。爻有等，故曰物。物相杂，故曰文。文不当，故吉凶生焉。""物"是"地"的事，物与物的关系（杂）为"文"。"人"根据对"天"垂"象"之理解，来处理"地"上"物"与"物"的关系，使"天""地"配合，是为"人文化成"。

"人文化成"说的是"人"在"天""地"的"中"、"间"的地位。"人"可上，可下，可以"高贵"，可以"卑下"，可以仰观"天象"，俯察"物理"。

"人"在"天""地"之"中"、之"间"，"中间"，也就是"中心"，《礼记》（《礼运》）说："人者，天地之心也，五行之端也。"这里的"心"与"端"对应来用，实是"中心"——"中间"的意思。

"中心"乃是"核心"，所以我国的"人文化成"的传统，实在也是"人类中心"的思想，不过在古代相当朴素，并没有近代西方哲学那样严密的逻辑体系。所以西方更为激进的反对派——如德里达的"解构主义"，也反不到我们这个传统上来。因为在我们古代，至高的是"天"，"人"只是"天"、"地"的"中间环节"。

然而，这个"中间环节"还是很"神"的。中文里"神"的意思是多方面的，不专指西文里的"God"。不过在古代，"神"与"天"的关系更多些，而"鬼"与"地"的关系更多些。"人"作为天地的"中间环节"，不仅有"神"气，也有"鬼"气，所以叫做"鬼神之会"。

《系辞》上说："富有之谓大业，日新之谓盛德；生生之谓易，成象之谓乾，效法之谓坤，极数知来之谓占，通变之谓事，阴阳不测之谓神。"拥有许多物质财富，每天都有新的臣民来归，这是部族社会的"盛德大业"。而要有此成果，则要重视"易"之理："易"为促进生长，"乾"为显示天象，"坤"为按大地的法则办事；"占卜"要穷尽"卦"的数，"事"要掌握变化规律，"神"要认识到阴阳转化的深远性和偶然性——要在诸偶然性中运用自如，这是"神"；而"运用"阴阳的变化的，是"人"。所以，在这个意义上说，"人"又是"神"，"人"总有那末一些"神"气。所以《系辞》上又说："神而明之，存乎其人。"阴阳不测的变化，全看"人"的具体运用了。

"人"是天地、乾坤、阴阳……"生"出来的，在它们"之间"、"之中"，所以两个方面都是可以相通的，参天地、通乾坤、卜阴阳，都在一个"神"

字，是一种"精神"。

这里的"神"——"精神"，很像德文里的 Geist，在这个意义上"人文"就是物（质）化了的"精神"。

Geist 基本的意思是一种"活力"、"生命力"，是人的生命中最重要的部分，在古代希腊叫 ψυχή，也有"灵魂"（英文 soul）的意思。

古代希腊早期主要讲 ψυχή，到了阿那克萨哥拉，νοῦς 的问题被突显出来。νοῦς 是理智性的、认知性的，它与 ψυχή 强调的方面不同。ψυχή 容易一代代传下来，离开躯体的"灵魂"是没有活力的，处境很悲惨。但苏格拉底在吸取阿那克萨可拉 νοῦς 观点后，ψυχή 似乎只有脱离躯体后才"纯净"起来。νοῦς 保证了 ψυχή 的"永存"。νοῦς 的"产品"——科学性的思想的记载，是可以长久流传下来的。希腊人以"科学"来使"灵魂""不朽"。

Geist 同样保留了 νοῦς（理智）的意思在内，这一点，我们在黑格尔的哲学中看得很清楚。在黑格尔那里，Geist 是理性的，是 Vernunft，但仍保持着自身的"活力"、"生命力"。

在黑格尔那里，Geist 首先是一种否定的力量，所谓"活力"、"生命力"乃在于对现存的世界说出一个"不"字。"不对"、"不行"，于是"人"们努力劳作，使"Geist""外化"出来，即人们在一切现存的东西中，看到"本来可以不是如此"，而它"应该"如何如何。于是，又是表现为"现在"的东西在激发、邀请人们来"改造"它。如此经过历史的发展，Geist 又回到自身，是为"哲学"，即"Geist"自己直接观照、思考自己。在这个意义上，Geist 是"不可限制"的，是"无限"的。"无限"不是 1，2，3，4，5，……而是就在那"有限"的、现存的事物中，因为一切"有限"的、"现存"的东西都是要变的，可以变的。

黑格尔这个理性的、生气勃勃的 Geist，后来成为"人文科学"所要研究的对象，所以"人文科学"实际是"精神科学"。

希腊人以"理智"即 νοῦς 统率知识，使"知（识）"成为无时间的结构，以使人类生命得以存留。胡塞尔说，现在的人在解几何题时和欧几里德一样，因而不必到历史上去找"起源"。这样，"历史"亦成为一门"科学"、"知识"。黑格尔以 Geist 统率科学知识，Geist 必体现在具体的事物中，故不能不重

"历史"和"时间",但他的"哲学"在"逻辑"范畴推演中纳入历史和时间内容,从而需要一个纯范畴体系——思辨概念体系的"哲学"总其大成。

西方的"时间"观念,经新康德主义、解释学、柏格森直觉主义,至胡塞尔现象学,及海德格尔总其大成,他的《存在与时间》可谓黑格尔以来对"时间"的思考有突破性的贡献的。

就黑格尔言,"时间"本在"有限"之中,这与经验科学——或形式科学中"无限时空"的观念已经不同。海德格尔更进一步开发"时间"之"有限性",使之与自希腊以来"人"之"有死性"联系起来,又有很巨大的现代意义。海德格尔从"人"之"有死性"来理解"时间",已没有黑格尔 Geist 的不可限制性的特点,所以他不大谈 Geist,不大强调"无限"。

然而,海德格尔在后期不再一般地强调 Dasein,而很着重地讨论了天、地、人、神。他提出的"四大",比我们古人提出的三材、三道,多了一个"神"——他的"神",是 God,也是"神圣性"。

西方远古时代,当然也分天、地,而"大地"崇拜似乎是比"希腊神话"——奥林匹亚山上(天上)诸神崇拜更为古老的宗教;但按他们的科学传统,天和地都是"自然"的,因而他们强调思考的是"自然"与"人"的关系。海德格尔当然不会不知道这个传统,但他却将天、地分了开来说,这真是很值得注意的。据他的一篇《论艺术之本源》中所谓"艺术把大地带到(突显于)世(界)上"的观点看,他把"(大)地"与"天"分开,似乎用意在强调"大地"的作用。的确,西方人也把"(大)地"遗忘得太久了。

海德格尔说,"天、地、人、神"合而为"一",就是"人"的"历史命运","人"受制于"四合一"的"运作","四合一"就是 Sein,就是 Ereignis。可见,海德格尔也在批判"人"(西方人)的中心说,即似乎是"人"的"主体性"原则在支配着——当然要经过艰苦的学习、劳作、斗争——"自然"(天地)。海德格尔是说,"人"作为"有死的"、"时间性的" Dasein 固然使 Sein "明"了起来,但"明"出来的 Sein 却是一个"问题",是一个"玄"、"暗"的东西。

我们古代讲天、地、人中的"天",只是垂"象",这个"象"也是模糊的,并不那样清楚明白。"天"高高在上,"天道远""非所及也"(子产语,见

《左传·昭公十八年》），因其高、远而恍惚。老子的"道"，亦有这种意味。"地"当然更是"黑暗"的，"人"在"母"腹中连天日都见不到。"天"因其高远虽"明"而模糊不清，"地"因其深厚而漆黑一团。只有"地"上之"物"，才是真正"明"的。

"天"之所以有这种模糊性，还在于它也是"动"的。"天行健"，"健"与"乾"音近，所以《系辞》上又说："天地之大德曰生，圣人之大宝曰位。何以守位？曰仁。何以聚人？曰财。理财正辞，禁民为非，曰义。"天、地都是动态的，"动"才有合不合"度"的问题，所以圣人按照天地的"度"（位），立"仁"、"义"之说，"仁"要人"安"于"名"（分，位），而"义"则约束着"利"，所以"仁"、"义"是"名"和"利"的"度"。这个"度"，是"人"参照"天"、"地"运行的"度"（道）制定的。"人"的"度"——仁和义是"明"的，但天地本身的度，并不是一眼就能看穿的，它们是"不透明"的。所以，我们古人早就体会出那个 there is, il y a, 单纯的 Sein 是玄的、暗的，而对于它的"度"的运用，全存乎"人"；但"人"运用这些"度"（制度），总是相对的，是因时、因地制宜的，而天和地的"道"则占主导的地位，尤其是高高在上的"天道"支配着地上（世间）万物（包括人在内）的"历史命运"。

这并不是说，"天道"和"地道"是一些抽象的、概念的"规则"、"公式"。果如是，则"人"生在世就很容易了，按照那些"规则"、"公式"办事就可以了。所以在古代，"天"和"地"也都是"变"的，"天不变，道亦不变"说的是"人"不能左右它，天和地不因人的参与而改变自己的"道"，而这个"道"本身并不是那样一成不变的；就像海德格尔的 Sein，并不是一个不变的抽象概念，而同样是由动词变化来的，保持着"动"词的原意。

"动"就是"历时性"的，不仅是方位的移动，不是"空间性"的。历时性、时间性的"动"，是"绵延"（durée）；空间上的"动"为"拓展"（extension），这两者在中国传统看是相对应的。天、地、人都有时空，都有绵延和拓展，"天"为"时"，但居"高""位"；"地"为"方（位）"，但亦随"时""荣枯"。要之，时空之"延展"在于"不断"。"天"、"地"既有"人"居中，"天""地"亦不"断裂"——不仅仅是"开天辟地"——大裂口（chaos）。

"不断"并非"物"之间没有分别。"物""杂"才能成"文"。"人文"不是没有区别,而是说"物"虽"断",而"精神"相"连"。黑格尔的 Geist 为一种"否定性"力量,中国的"(精)神"则更多有"肯定"的力量。Geist 的"活力"、"生命力"说"不","人文"的"活力"、"生命力"则更多说"是"。这种倾向上的区别,是现代现象学以来经过海德格尔以及伽达默解释学的思路,于是有海德格尔的"Sein"("是"、"在"……)以及伽达默的"有效历史"观,都是在历史中、时间中、万物中见出相续的肯定力量。

当然,见出肯定力量不是说否认"变"和"动",不是完全抹煞"否定",只是说理解的方式不同,侧重点不同。"否定"的问题在于现成的事物本可以(应该)"不是"如此,而"肯定"的问题则在于现成的事物本可以(应该)(更)"是"如何、如何。

我们的古人同样要扩展自己的疆土,繁衍自己的子孙,同样要改造世界,也要改进自己的制度政策,但他们侧重于从此种历史的"变革"中看到其间的承续性。西方人也不是不要继承,但他们着重的是看历史中的"变革"性。同样的,在思想史上不同学派也有不同的侧重点,只是从大致的趋势来说如此。康德的"应该"本是最大的"肯定"力量,但这个"无条件的命令",就现实的感性世界言,却永远强调为"本不该如此"。海德格尔的"时间性"却建立在人的"有死性"的基础上,为了使"有限的""时间性"联续起来,"人"要"提前进入'死'的状态"。这样,在"时间"中,"延续"的似乎不是"生",而是"死"。"人"作为 Dasein 之"生"使"死"得到延续。

中国传统的观念则重在"生","生生不息",因为天、地之大德在"生"。儒家不言"死",道家齐"生""死",都是重生轻死的态度。当然,古人也知道"人固有一死",但"人"作为"天"、"地"之中间、中心,要协助天、地"生生",要使万民、万物都能获得生机,这真是苏格拉底所谓的"助产婆"。"生生"就是"催生"、"促生"、"助生"。"生"不仅是肉体的生命,而且是精神的生命,是知识,是智慧,是力量。一切精神产品,一切"人文化成"的作品——"文化"的作品,都是存留着"生",存留着"精神"。

"人"这种"生生"的能力(德),"得"之于"人"自身,也"得"之于天、地。天地是比这个中间环节更为根本、更有力量的源泉。《系辞》上说:

"原始反终，故知死生之说。"自"天""始"，由"地""成"，"天""始"，"地""终"（成），如是反复，是"人"的基本的"道"。"天"生之，"地"成之，天地都是"大"于"人"的力量，也是"长"于"人"的力量，所以"天长地久"；而"人世"要能"长治久安"，则要效法天地造化之道，而不完全是"人"之"主体性"的发挥。海德格尔说天地人神得其一必见其三，得"人"，则必见"天"、"地"、"神"，"人文"合"天文"和"地文"。

中国人并不是无缘无故就要聚到一起，我们同在一个蓝天下，同在生我们、养我们的土地上，我们的"天"、"地""令"我们相"合"，我们的"历史""命"我们相"合"。中华的"人文"的精神，无论多久、多远，仍是"延展"的精神，是合天、合地的"和合"的精神。

1996 年 6 月 10 日

道家哲学与现代"生"、"死"观

《老子》书第五十章说:"出生入死。生之徒,十有三;死之徒,十有三;人之生,动之于死地,亦十有三。夫何故?以其生生之厚。盖闻善摄生者,陆行不遇兕虎,入军不被甲兵,兕无所投其角,虎无所措其爪,兵无所容其刃。夫何故?以其无死地。"

"出生入死",人出自于地,为生,人之于地,为死。人一从地出来,就开始入地。所以庄子发展为"方生方死"。这个"生"、"死"的辩证法,说明了一个过程,说明生-死为一过程,为一"轮回",为一"循环",但不是迷信意义上的"轮回"、"循环",而是一个实实在在的现实过程,是对整个"人生"采取了一种"视角"。从这个角度看"人生","人生"有一种"历史感",也有一种"危急感","出生入死",是何等的紧张!海德格尔把这种态度,叫做"提前进入死的状况",表面上显得很"荒谬",引起不少误解,但道理上、理路上与这里说的思想,是相通的。

一

西方人从古代希腊以来,在哲学上就相当坚定地认为,"人"族是"会死的"(mortal),只有"神"族才是"不死的"(immortal)。这个说法,本来也只有一般常识上的意义,是从希腊神话里流传下来的;不过希腊人从确认"人是会死的"这个基本事实之后,就努力从知识、科学、思想这些方面来寻求人族的历史延续性，结出了很丰实的果子。然而古代希腊的传统，对"人是会死的"这个问题相对地缺少哲学的思考，因而长期被"搁置"了起来。基督教开发了"生"、"死"的宗教方面的意义，而直到海德格尔，对"人是会死的"这个意思的深层次的哲学意义，才被揭示了出来。

海德格尔在《存在与时间》里就曾提出，"人"作为 Dasein 之"死"（sterben）与动物之"终结"（End）不同，只有"人"才"会死"（能死）（sterblich）。这个思想，在海德格尔后期的一些著作里（如《对"事物"的追问》等），也都一再被强调。

什么叫"人是会死的"、"人是能死的"？中文把"mortal"，译成"能死"、"会死"是很确当的。"mortal"不仅是"有死"。动物也"有死"，但只有"人"才"会死"、"能死"。这就是说，在海德格尔看来，只有"人"，才是"有能力"去"死"。"动物"的"死"，是一种"自然"的结果，而"人"的"死"则是一种"自觉"的行为。这种"自觉"的"行为"，不是"自杀"，而是"提前进入死的状态"。"提前进入死的状态"，就是"出生入死"，就是"方生方死"。

二

"提前进入死的状态"不完全是一个消极的态度，不是"醉生梦死"，恰恰是一种清醒的、有觉悟的态度，是展示"人生"另一种"意义"的态度。

"人"一"出生"，就与"世界"有了"关系"。"世界"原本在那里，起初对"人"（"我"）是"异己"的。人的一生，通过劳动、工作、斗争，使"世界"适应"人"（我），也使"人"（我）适应"世界"。在这个过程中，使"人"（我）与"世界"和谐一致。"世界"是"为人"的，"人"是"属于""世界"的。"世界"是"人"（我）的"家"，"人"是"世界"的"主人"（一家之主）。"世界"是"人"（我）建立的。在由"人"出生而形成的"主-客"关系网中，"人"处于"受制"、"控制"的斗争状态。"人-在-世界-中"努力成为"世界"的"主人"，这就是"主体性"原则。

然而"人"是一个"有死的"（要死的）族类，"人"不是"永生"的。就物质的、生物的角度来看,"人"的"生"、"死",也不过是"物质"的一种转化形态,无论什么"埋葬"方式,都改变不了"人"是"自然"的一个组成部分。然而,人却能识别甚而崇敬、崇拜那"死人"的"埋葬"标志。不仅"生人"不同于"物",甚至"死人"也不同于"物"。人之所以有各种"祭奠"的仪式,说明了"死人"不同于"死物",同时也说明了"人"在自身没有"死"时,就有对"死"的意识和觉悟——"人"有"能力""提前进入死的状态","人"有"能力"认识"死"的意义。

三

"死"对"人"显示什么样的意义?

"死"说明"人"不仅会"进入"这个"世界",而且也会"退出"这个"世界"。"我-在-世界-中",我也会"不在-世界-中"。

"我""不在-世界-中"展显一个"他人"的度。"我-在-世界-中","我"当然会遇到许许多多的"他人","我"和"他人"打交道相互影响、相互适应,"改变"是"双方"的,"他人"就像"世界"一样,有"我"的"参与"。"我""听""他人"的,"他人"也"听""我"的,"命令"可以是"双方"的。然而,"我""不在-世界-中",则"他人"是居于"强者"的地位,"他人"为"主位","我"则似乎成了一个"客体"。"千秋功罪"只能由"他人"来评说。"我"一生的言行,是非功过,都要由"后人"来评论,而"后人"并不听"我"自己的"宣言"。"我的""遗嘱"的"解释权",也在"后人"(他人)手里。

"死"作为一个"问题",使"我"意识到,"我"的一言、一行,都不能只顾"眼前"(包括我自己在内的在场者们),而且要考虑到"(尚)不在场"的"他人(们)"。于是,"死"的问题积极地向"我"显示一个"未来"。不是"死了算了","我""死"后尚有一个"未来"。"我"的言行要对"未来"负责,要对"历史"负责。在这个意义上,我们可以说,正因为我们人类(人族)是"会死的",我们才有一个"未来",也才有一个"过去",因而我们人类(族)——Dasein,才是"历史性"的。这样,我们作为 Dasein "提前进入死的状态",正是保证了我们不仅有一个"现在",而且有一个"过去",更有一个"未来"。"人""死"后有一个"未来",就不再是宗教意义上的迷信,而是被理性化解的一个哲学问题:"人"之"死",的确不像"动物"那样是一个"终结",相反,在某种意义上,它可能是一个"开始",是一个"出发点"——是我们人族(类)思考问题的一个"出发点"。这个出发点,迫使我们不仅要从眼前的环境考虑问题,而且要从长远的、历史的、前人的、后人的角度考虑问题,这叫"思前想后",对"历史"负责。

四

"提前进入死的状态"与老子的"出生入死"、"功遂身退"在道理上相通,在某种意义上是"提前进入死的状态"的更为适合的表达方式。

关键在于"进"、"退"、"出"、"入"的问题。

"人"从"地""出"来,"进"入"世界"——"出现"在"世界"上,于是乎立功、立言、立德,在"世"上"建立""功勋",从而"人"也由此得"名",得"利"。当然,"世"上尚有"他人",不光是"我"(私),因此"名"、"利"皆有"度"——"名"之度为"仁","利"之度为"义"。"圣人"在"世",行"仁"、"义"之道,也是为了建立功勋,这是很积极的儒家思想。但道家说,光建立功勋还不够,还要能"功遂身退"。

道家"功遂身退"并不真的完全不要"事功"。实际上,"事功"越大,"退"出来就越难。果真能"退",则"觉悟"就越高,人格也就越伟大。

"功遂身退"正是自觉地"提前进入死的状态",不"居""功",而将"功"(或"过")"托付"给"他人"。因为"出生入死","生"和"死"乃是同一个"过程","生"的过程,同样也是"死"的过程,不等到真的"死亡",就看到(觉悟到)一切的"事功"终归是不可"居"的。"提前进入死的状态",就是"不居",就是"身退"。"功遂身退"就是"退"出眼下事功的"世界","进"入一个"历史"的"世界","进入"一个"他人"的"世界"——不是"我"的"世界"、"私"的世界,就是"提前托付给他人"、"提前托付给历史"。

五

道家在论证"功遂身退"思想的理路时,也是很有意思的。"功遂身退"不仅仅是一种觉悟,一种修养,而且是一种必然——"事功"是"不可能""居"的。

"功遂身退"的根据在"无为"。"无为"乃是"天道"。《老子》第九章说:"功遂身退,天之道也。"

古人讲"天道"、"地道"、"人道","天"、"地"、"人"三材,"天"是"主宰"的,"地"是"承受"的,"人"居"中"间。"地"上的事物,都是在"天"的"主宰"下"形成"的。"人"从"地"产生,上承"天"意——观"天象"、感"气候"等,促进"地"上"事物"之"形成"。

然而,"天"虽"主宰""地"上万物之形成,但自己并没有留下什么痕迹。"天"不"居"于"地",还是"高高在上",好像是"地"自己自然而然地形成的,好像是万物自己形成的。所以,老子才说,"功遂身退,天之道也",即功成不居,乃是"天"形成"地"上万物的办法——方式、道路,而只有这样,"天"才能长久地保持住"高高在上"的地位,而不至于"降"为"地"上万物中之一物。

"人"在"天"、"地"之间,上承"天",下受"地",在"地"上建立功勋,创造自己的事业。但不能改变、颠倒"天""地"的关系,而要根据"天"、"地"的法度(道)来做事,因而就要效法"天之道",不能"居"于"地"上之"事功",要实行"功遂身退"之道。《老子》第二十五章说:"人法地,地法天,天法道,道法自然。"一切都是自然而然的,"天"、"人"的"干预",也都不落"痕迹"——不"居"。

"人"以"天"、"地"的法度为自己的法度,这种思想状态,和古代希腊智者学派以"人"为万物的尺度在精神上是很不相同的。从后者阐发出来的"控制"论思想,现代西方的学者常常批评为"人类中心论"。对这种"中心论"的批评,也是海德格尔的工作之一。其实,"功遂身退"并非不作"功";"人"是万物的尺度,并不是说"万物"就没有自己的尺度而"人"可以胡作非为。

在老子看来,"功遂身退"是"天道","天"行的是"无为"而"治"。"无为"并不是真的什么"作用"也没有,"无为"乃是"为无为"(《老子》第三章)。"地"干枯了,"天"上就给以"雨露",但"润物细无声",等"地"上湿润了,草木、禾苗生长了,"雨露"也就"没有了",好像是草木、禾苗自己生长的。"天上"的"雨露""功遂身退"了,"雨露""行"(为)了"无为",是为"无为而治"。"人"就要"法"这个"天道","退"出自己的"事功"。这的确也是一种"觉悟"、"修养"。

然而,"天之道"又是不可违的,带有一种必然性,因而,无论你有觉悟、有修养与否,你总是要"退"的,因为人总是要死的,亦即总是要"退"的,不能有长久的"居"。"人"早晚要"退"出你的"事功",不论你愿意不愿意。

《老子》第二十三章说:"故飘风不终朝,骤雨不终日。孰为此者?天地。天地尚不能久,而况于人乎?""人"不能"久""居",迟早要"退"出事功的世界,就看你"会""退"不会"退"。

于是,"人固有死",就看你"会""不会"死。"会死者"认识到"功遂身退"的道理——"天之道",在尚未死时就"退"出来,"提前进入死的状态","退一步海阔天空",可以"看"到"过去"和"未来",而不汲汲于眼前之"名"、"利";可以"看"到"他人",而不限于一己之私。

六

"出生之死","死"之"过程",仍是"生"之"过程",所以"入死"并非真死,乃是"提前进入死的状态",恰恰是"置之死地而后生"。在这个意义上,"生"、"死"乃是一个实际的辩证的关系,而不是抽象的概念的辩证关系。

在这个意义上,"出生入死"就不是一个一次性的过程,而是来往返复的过程,"人生"就是这样"出出进进"地"生"、"死"多次"轮回"。也正是在这个意义上,我们才有权在实际的意义上而不全在比喻的意义上说:昨日之我比如昨日死,今日之我比如今日生。昨日做错了事,今日才有机会改正,如果一味"居""守"昨日之"罪"则永无改正之日;如果一味"居""守"昨日之

"功",则"功"亦会变成"罪"。我们活在世上,不正是这样生生、死死、进进出出地"审视着"自己言行的得失、功罪的吗?不正是在这种"进进出出"过程中,把自己的言行"带入"一个历史的、社会的、他人的背景(环境)中去的吗?

科学告诉我们,人死了绝不能复生,这当然是千真万确的事实;但"提前进入死的状态"并不是科学意义上的真死了,而是一种哲学的态度,是在未死之时认识到"死"的意义。有这种认识的人,就是"会死"——或是"死得其所"、"重于泰山"的"死";而就科学言,无论你"会""不会",都是一定"要死"的。但就"意义"来说,"会"与"不会",则有很大的差别。

人为什么会把"生""死""置之度外"?因为他已经"提前进入死的状态",在精神上无所顾忌了。所以就道家的思想来看,"出生入死",既已"退出"了"生"(生活世界,事功世界),则"虎无所措其爪,兵无所容其刃",因"以其无死地"(《老子》第五十章)。

道家讲究"长生久视",其中包含了养生、修炼的思想在内。究其理路,乃在于经常保持"生"之可能性,永葆"赤子"(婴儿)和青春,而不使"壮"而"老"、"死"。其中有科学养生的道理,而特别是发展成后来的道教,也有不少非科学的、迷信的地方,是应该分清楚的。就理路来说,道家"长生"也不仅"养生"一法,前引《老子》第五十章论"生"、"死",有"盖闻善摄生者"云云,可见除道家外,当时尚有讲究"摄生"的。道家的理论为"以其无死地",即无致死的地方,而"无死地"也并非炼就"金刚不坏之身",恰恰相反,是因为道家提倡"无为"、"功遂身退",固已退致"死地",无可再"退";不"得",不"失",未"得""生",故亦无可"失""生"。这是道家的一贯的思想,故该章曰"生之徒"、"死之徒"、"生死之间"之徒之所以只各占三分之一(十有三),乃"以其生生之厚"。"生生"是谓"得""生"、"使产生""生"。按道家的辩证法:"求"生反倒得"死",而"置之死地"反而"得""生",凡孜孜以"求"(欲)者,反倒会"失"去。

《老子》第二十二章说:"是以圣人抱一为天下式。不自见,故明;不自是,故彰;不自伐,故有功;不自矜,故长。"第七章果然说:"天长地久。天地所以能长且久者,以其不自生,故能长生。"

"不自生"和"不自见"、"不自是"、"不自伐"、"不自矜"是一个思路，即不孜孜以"求"（欲）"生"的意思，即"置之死而后生"的意思。

"不自生"而"长生"仍是"无为"，"是以圣人处无为之事，行不言之教；万物作而弗始，生而弗有，为而弗恃，功成而弗居。夫唯弗居，是以弗去"。（《老子》第二章）

不把持住"生活的世界"、"事功的世界"，此"世界"本非"我"所"有"，则如何能"去"，如何能"失"？故虎豹无所用其爪牙，火无所用其烈，水无所用其溺，盖因其"无死地"——没有可以致死的地方，这样，可得"长生"。

七

何谓"长生"？有"自然"意义上的"长生"，有"历史"意义上的"长生"。"自然"意义上的"长生"，是个科学问题，善于调摄饮食，锻炼身心，抵御疾病，可得"长寿"；"历史"意义上的"长生"，是个哲学问题，即"吾生"之"意义"，不仅在于当下眼前，富贵穷通，而且还在于"过去"和"未来"，在于"生前"与"身后"。"吾生"是"历史长河"中的一个环节，"我"在做"前人"未竟的事，"我"所作所为，应"对得起""古人"；"我"之"身后"，"自有后来人"，故"吾生"之劳绩，应"对得起""后人"。这不是"沽名钓誉"，而是"继往开来"。"我"对"我"的"历史"地位要有一个清醒的觉悟。

这种"历史性"意识，承认"我""生前"有一个"世界"，"我""死后"仍有一个"世界"，这"两个""世界"都是"他人"的，而就连"我"眼前这个"世界"，同样也是"他人"的，或"归根到底"是"他人"（你们）的。这样，从"历史性"意识来看，"我"就不光"看"眼前，而且"看""过去"和"未来"，"看""（生）前"，"看""死后"；"我"的"历史"，"长"于"我"的"生命"。

然而，这一切的觉悟，皆来自向"天之道"学习（效法），"为无为"、"处无为之事"，行"功遂身退"之举，这样才能开发出这种"历史性"的眼界来。所以，这种觉悟，乃是"退"出来的，不是"进"出来的。人生在世，"进入"世界，立功、立言、立德固然很难，但做到"功遂身弗居"也很难。所以人生在世，"进"也难，"退"也难，是"进"、"退"两难。故"出生入死"乃是一种危机四伏、进退两难的状态。从这个角度看，道家的思想又不像平常想象的那样悠哉游哉，那样"逍遥""自在"，不是"游戏人间"，而有一种内在的矛盾、内在的危机在。在这个意义上，我们可以说道家也有一种"忧患意识"——"反者道之动，弱者道之用"（《老子》第四十章），"弱者"为"道"所用，而只有"反者"（强者）才使"道"致"动"，即"让""道""动"起来，使"天之道"大行于"天下"（地上）。

"弱者"为"求（欲）生"、"求（欲）名"、"求（欲）利"者，受制于"道"（为其所用），到头来终会"丢失"这一切；"反者"则"反其道而行之"，即不"求（欲）生"、不"求（欲）名"、不"求（欲）利"，自觉地"功遂身退"，自觉地"行道"，则无可丢失。而"不失其所者久，死而不亡者寿"（《老子》第三十三章）。

"死而不亡"，此处"死"指"自然"之"死"，"不亡"、"寿"，乃是一种"历史"的意义，不仅是一个修身养性的意思。相反，"人"之所以能"修身养性"，恰恰是因为"人"是"会死者"，是有历史的。

八

"人"，当然可以是"醉生梦死"者，像动物一样"行尸走肉"；但"人"按其本性来说，都可以是"会死者"，即"人"都可以"有能力""死"。

对于一切"死者"的祭奠仪式，都在提示"生人"："人"是"会死者"，它"死而不亡"。

"坟墓"里埋的是"死人"，但"坟墓"提示和迫使祭奠者、凭吊者"提前进入死的状态"，使我们祭奠者、追悼者"怀念""曾经存在"过的"故（古）人"。"坟墓"里埋的"人"已"不存在"，但它还在"起作用"，它的"历史"作用"长"于它的"自然"生命。所以，在这个意义上，"坟墓"并不提示一个虚无缥缈的东西，而提示的是一个"人"——虽然他现在"死"了。这样，海德格尔在《对事物之追问》里说，"龛"里放的是"无（不在）"（Nicht），但又是"有（存在、存有、在）"（Sein）。"Sein""大于"、"长于"、"寿于"

具体的"人"的"Dasein"。在海德格尔看来,"提前进入死的状态"是"人"作为 Dasein 的一种特性、能力,作为 Dasein 的"人"不仅面对着自己营筑的"世界",而且面对一个"他者"的"Sein"。Sein 的出现——揭示,并不是因为"人""进入"了"世界",恰恰是在"人""退出"(括出去、存疑、否定)了自己营筑的世界的"现象"时,Sein 作为"世界"现象的"本质"(Wesen,存在)才显示出来。海德格尔说,"自由"(Freiheit)乃是"让(出)存在"(Sein-lassen),当我们"让出"、"退出"、"否定"时,"我们"就"自由"了,就不为"名"、"利"所束缚,"功遂身退",保持着本真式的"自由"。所以"提前进入死的状态",亦即"真的进入自由状态"。因而,"自由"乃可理解为道家的最高境界。"出生入死"、"生生"、"死死",此种"境界",在"人"(我)的一生中——自然生命中,可以"自由"出入,进退自如。

九

然而,此种"进"、"退"、"生"、"死"的"自由",并不能"随心所欲"、"肆意妄为"。恰恰相反,此种"自由"乃是克服了"心"、"欲"、"意"、"为"这类的"主观性"、"主体性"之后才能达到的境界;同时,这种克服了"心"、"欲"、"意"、"为"的"主体性",反倒又是真正"自由"的"主体性",而不是受制于"客体"(对象)的"纯粹""主体性"——因为"心"无所想,"欲"无所念,"行"无所为(无为)……"主体"回到了"自身"。

"功遂身退","身"不为"功"累,"退身"乃是"全身"。此种之"身",乃是"自身"、"自主"、"自由"。于是,只有"功遂身退",才能"摆脱""世界"(对象)的挟制,回到"自身"而重新"开始",是谓"重生"。

"重生"(再生)不是"自然"上的"复活",而是"道德"上的"重新"获得"自由"。"道德"之"自由"无需伪科学的迷信式"修炼",而是要通过各种现实的、可行的途径,得到一种"觉悟",认识到"功遂身退"之必要性和必然性,然后重新开始。就"生""死"观念上说,亦即"置之死地而后生"的意思。要想达到道德再生的境地,必先"提前进入死的状态",然后才能"一切从零开始",一切都从头做起。

这样,"纯主体性"本"一无所有",所以就其本身来说,也就"无可所失"。而从这个"一无所有"的"纯主体性"出发,可以"有"一切之可能性。就其"一无所有"(零)而言,"纯主体性"原本为"不存在",为"无",为"死";就其"有一切之可能"而言,则"纯主体性"又是"存在",为"有",为"生"。所以"纯主体性"乃是"生""死"、"有""无"、"存在""不存在"的交叉点,是那"方生方死"的一个环节。从这个意义说,"提前进入死的状态"就是"进入'再生'的状态","重新进入'创生'的状态",而不是一个真正的"死寂"状态,恰恰相反,乃是"生气勃勃"的状态。

"纯主体性"作为"创生"的重新开始,是一种"现时性"、"现实性",因为纯粹的"现时"乃是一个"点",是一个"瞬(间)"。这样,所谓"提前进入死的状态"对"过去"就是一种"摆脱"、"退出"。"摆脱"了"过去",开启了"未来",因为"现时"的"点"乃是一个"不稳定"的因素。"生命"是一个"不稳定"的因素,"再生"的"生命"同样也是一个"不稳定"的因素。从一个方面来看,"过去"已"不存在","未来"尚未"存在",只有"现时"是"存在"的。然而,换一个角度来看,"过去"是确实曾经"存在"过,"未来"总会"存在"的,而"现时"则似乎是"转瞬即逝"、不可滞留的"存在"。"现实"乃"过眼云烟"。"时间"作为一个不可分割的"流"(绵延),则"存在""不存在"、"生""死"、"有""无"也是一个"流"(绵延),而不可分割开来。此则又是"方生方死"、"出生入死"。

十

"存在"、"不存在"是西方哲学里的一个大问题。笛卡尔为了"论证"(证明)"存在"的可靠性,将"我在"与其他一切"存在"区分开来,以"我思"来论证"我在"之必然性。

笛卡尔"我思故我在"乃是西方哲学中"纯主体性"原则的近代表述。"我思"强调的乃是"我""摆脱"一切"被动"的客观对象之决定,摆脱一切感觉,乃是一个"纯思"的度。在这个意义上,"我思"即"我自由"。"万物"皆"流变",由"存在"到"不存在",由"万物""提供"的我之"感觉",亦千变万化，难断言其"有"、"无"，"存在"、"不存在"。然而，"我思"不同于"我感"，"我思"说明"我"不同于"万物"，不受"万物"之决定，而保持自身（自己）之独立性。"我感"不能"证明""我"之"存在"，"感觉"之变幻无常，乃是"存在"、"不存在"之交替；"我思"不受"我感"之支配，"独立而不改"，于是，既然"我思"，则必定"我在"，"纯思"就是"纯在"，"自由"必定"自在"。笛卡尔这个"我思故我在"虽然受到了许多批评，康德曾尖锐地指出不能以"思"来"论证""在"，但这个"论证"的思想魅力仍然吸引不少人去重新思考它。

我们知道，"存在""不存在"乃是"生""死"问题，是"出生入死"的大事。莎士比亚笔下的哈姆雷特就用了"to be, or not to be"这个说法来形容"生""死"、"存""亡"的问题。可是笛卡尔说这个问题却和"思"是不可分的。

然而，我们清楚地意识到，不仅仅"我思"，而且"你"也"思"，"他"也"思"。于是我们应该考察："我"在"被""他人"所"思"的情况下，是个什么问题。按句子的形式推衍，我们得到："我被思，则我被存在。"

"我被思，则我被存在"，"我"都处于"被动"的地位。"我""被思"乃是"他人""思""我"；"我""被存在"，则是"他人""赋予""我""存在"。在这个意义下，"我""不自由"。

当"我"意识到"我被思"，并承认这种状况之实在性时，"我"实际上就是承认了"提前进入死的状态"，采取了"功遂身退"的态度。"我""退出"了我的"事功"，"我""不在"那"事功"之内，"我"不再为自己的"事功"辩护，不把"事功""据"为"己有"，而是把它"交"给了"他人"，由"他人"去"思"（评论）。

"我"早晚要把自己的"所作所为""交出来"，让"他人"、让"历史"来评说。既然"事"都是由人做的，既然"我"这个"人"与我的"事功"总是有联系的，因而"他人"在"思"（评说）"我"的"事功"时，也"赋予""我""存在"——"我"作为一个"人"，或为"帝王将相"，或为"贩夫走卒"，这一切的"意义"、"价值"，即"我"的"存在"的"价值"和"意义"，都在"他人"之"思"的度中。"我被思，故我被存在"，"我""活"（存在）在"他人"的"心（思）中"。

从历史的角度，从"他人"的角度，亦即从"退出"、从"提前进入死的状态"这些角度来看，"我被思"大于"我思"，"我被存在"大于"我存在"。这里"大于"的意思是说："我被思""强有力"于"我思"，"我被存在""长于"（"寿于"）"我存在"，"历史"、"他人""大于""我"——"入死"之"再生""大于""出生"。

"我思"和"我被思"是两种境界，前者是个人的，自我的，后者则是历史的，社会的。执着于"我思"者强调个体之独立性、自由性、独创性；执着于"我被思"者则强调历史性，社会性，有一种责任感，使命感。

在一个很长时期，西方的哲学思想比较侧重在"自我"、"自我意识"方面，对于"我被思"这个度思考得比较少。所以海德格尔"提前进入死的状态"把"历史"（"他人"）的度强调出来，对西方哲学有很大的启发、开拓作用。"死"、"不存在"、"无"这类的问题，被哲学家们认真地"思考"起来。

东方的民族，中华民族是"历史感"非常深沉的民族，是最善于"思前""想后"的民族。我们不仅经常反思"我思"这个度，而且更加思考着"我被思"的问题。庄周以一个美丽的寓言来说明"庄周梦蝶"和"蝶梦庄周"是很难区分的。这个寓言很深刻地表达了"梦"与"被梦"、"思"与"被思"的关系。

从"我被思"的角度来看问题，"我思"也会出现一个不同的境界。"我思"可以被理解为"我思"那个"我被思"，而"我思"那个"我被思"则正是我"提前进入死的状态"，"看到"（思考）"我""不在"的时候，"我"（的事功）是如何"被""他人"所"思考"的。"我"固然"存在"于这个"事功"的"世界"之中，但迟早"我"会"退出"这个世界。此时，"我"之"存在"则只"在""他人"（历史）之"思考"之中。因此，归根结蒂，"我"的存在方式——"我"到底是一个"怎样的"、"什么样的""人"，是由"他人"、"历史""赋予"的。一旦人们有了"我被思"的觉醒，使"我思"成为"我思"那个"我被思"，这时，"思（想）"就具有了"历史性"、"社会性"，而不再是单纯抽象、概念的逻辑体系。

1996年9月10日

漫谈庄子的"自由"观

一、"自由"的观念,在西方哲学中源远流长,上溯至古代希腊,经中古入近世,成为哲学中之核心范畴之一。此间变化发展,亦有一些深刻的道理在。细论起来,在古代希腊,"自由"(ελευθερος)主要用于人的社会身份的标志,说明他不是奴隶,是"自由人"。希腊古哲的著作中,并未将这个"自由"当作一个主要的哲学用语来讨论,在柏拉图的对话中也不是一个主要的论题。但"自由人"之所以为"自由人",已有"(政治权利)不受限制"的意思在内,把它和当时的奴隶主民主制联系起来看,则"自由人"又是"自主"的人,凡事都是"自己""决定"的。也就是说,即使在古代希腊,虽然尚未成为一个主要哲学范畴,但"自由"的基本含义,业已完备,只待理论上的发挥了。

希腊人重知识,重真理,自从柏拉图提出"理念"论后,又逐渐向抽象的概念体系的建筑发展,将远古的"命定"观念转化成科学的、知识的"必然性"观念。此时,"必然"就和"自由"相对应,成为哲学思想的两极。

希腊人逐渐发现,我们人类所面对的"对象"——"自然",乃是受因果必然性控制的一个体系,当我们人类以概念、判断、推理去"把握"它——包括"理解"、"利用"时,我们就得到了"自由",我们成了"自然"和"主人"。希腊人此种"主"、"奴"式"主""客"关系,实际是他们主、奴式社会关系和人际关系的反映。"自由"占据"主人"的一端。

此种"主"、"奴"式"自由"观,在哲学上经过中古基督教的洗礼,精神上有所发展变化，即使希腊那种知识性、主人式的"自由"观，渗透了"道德性"、奴隶式的"意志自由"。"控制"的"自由"变成了"服从"的"自由"；"知识"的"自由"，成为"职责"的"自由"；人人都是"上帝"的臣民，听从"上帝"的"命令"，等待"上帝"的"终审"。此种宗教观念在哲学上的"根据"乃在于"知识"之无限性，最终"控制""自然"之不可能性。既然不能真正做到"主人"的"自由"，则不妨尝尝做奴隶的"自由"的滋味。

我们看到，欧洲哲学中关于"自由"的观念，固然有很多很深刻的思想，值得我们探究，但也有一些弊病，我们应该清醒地看到。

二、中国传统思想，虽也未曾将"自由"作为一个主要范畴提出来讨论，但老、庄的思想中却很强烈地表现出"自由"的思想，这一点是和古代希腊不很相同的。

西方的"自由"，常与"自然"相"对立"。因为"自然"被理解为"必然性"，人对"必然性"的"自由"，怎么能"服从"，此处无"自由"可言。在这个意义下，西方的"自由"，无论希腊文、拉丁文、英文、德文，都有一种"摆脱"、"解脱"的意思在内。"自由"是从什么东西的束缚下"摆脱"出来，即从"自然"的"必然性"中"摆脱"出来。

中国老、庄的"自由"观，并不与"自然"对立。其实，在老、庄思想中，"自然"就是"自由"，"自由"也就是"自然"。"自然"，就是"自如"，即"自己如此"，亦即"自由"。"自由"和"自然"本是统一的，同一的。此种"同一性"，西方人费了很多的时间才明确地开发出来。"自由"在斯宾诺莎为"自因"，为必然的因果系列中"以自身为原因"者；在康德为"自由"的"因果性"；在黑格尔为"绝对"——"自由"与"必然"的统一。

老子书中似乎未说"自由"，但却多次提到"自然"，都是"自由"的意思。

《老子》第十七章说，"功成事遂，百姓皆谓'我自然'"。说的是管理者（统治者）作成了"事"，功成身退，老百姓都觉得"事"是"自己"做的。

第二十五章更说，"人法地，地法天，天法道，道法自然"。此处"自然"亦即"自因"。"地"是"人"的"因"，"天"是地的"因"，"道"则是"天"的"因"，而"道"则以"自己"为因，无须假助"外因"。

第五十一章说，"道之尊，德之贵，夫莫之命而常自然"。"道"与"德"不受外来的命令，而以自己决定自己。

第六十四章说，"是以圣人欲不欲，不贵难得之货；学不学，复众人之所过，以辅万物之自然而不敢为"。以"不欲"为"欲"，以"不学"为"学"，抑制众人"过分"的地方，以协助万物自己成长。

老子此种"自然"的"自由"观，既不是"主人"式的，又不是"奴隶"式的，乃是一种"平等"——"人"与"世界"（万物，包括众人，万民）"平等"的"自由"观。

三、老子的"自由"观——或"自然"观，有一个学理上的根据，即他的"无为"思想。

"无为"不是完全消极的，"无为"是"功成身退"。因为（根据）"功成身退"，所以"万物"、"万民"皆"自然"、"自得"、"自由"。"事"是"人""做"（为）的，但"事"成之后，"人"则"退"（隐）去，好像是"事""自然"而成，是"事""自己"作成的。

应该说，老子这个思想非常深刻，也是西方哲人想了很久才想出来的道理。

西方人讲"控制"、"改造"自然（世界），态度是很科学的。人要学习自然本身的特性、规则，加以利用，以达到自身的目的，使自然为人所用，使自然"人化"，使"自然"成为"人的世界"的一部分。然而，"人（化）的世界"仍然是"自然"的，都是按照"自然"本身的规则（重新）结构起来。"人"又在哪里？不错，我们在高楼大厦、亭台楼阁中看出了"人"，在万里长城、太空卫星中看出了人类（劳动人民）智慧的结晶，但这些结晶本身又都是按照自然本身的规则组合起来的，即使是署上作者的姓名，也不能真的把"作者"这个"人"镶嵌进去。所以西方一些激进的现代思想才说，"作品"不能使"作者""不朽"。当"功成"之后，"人"势必要"退出"。

这就是说，我们老子说的"功成身退"并不仅仅是一种修养上清高的境界，而是势所必然的、理所当然的。"事（功）成遂"之后，"人"不想退出也得退出；自觉退出的，是"无私"、"得道"之人，而那死抱住事功不放的利禄之徒，到头来仍是一场空。

"人工"的事，本也是"自然"的事。"人"好像从"外面""介入"了"自然"（世界），但实际上仍是"自然"进程自身的一个部分，一个片断。"人""令""自然""改变面貌"，是"自由"的，但"自然"接受"人"的"命令"，就好像接受"自己"的"命令"一样，也是"自由"的。反过来说，"人"也只能按照"自然"本身的规则来"命令""自然"，不能在一夜之间就喝令三山五岭开道。"人"只有在"顺应""自然"规则时，才真正有"自由"。这就是说，"人"只有"让"（令）"世界""自然"，才有自身的"自由"；反过来说，"世界"也只有"让"（令）"人""自然"——有一个适合人生存的环境，才能不破坏自己的平衡，不被人无休止地"榨取"而保持自己的"自然"。

四、就"人"这方面来说，所谓"功成身退"就是"让""世界"（世事）"自由"，也就是海德格尔说的 Sein-Lassen。

海德格尔在《论真（理）的本质》一文中说，"Wahrheit"（真之所以为真）的本质（das Wesen）为"自由"，因为"自由"即 Sein-Lassen。

Lassen 为"让"、"令"。"让"、"令"为"Sein"，就是"自由"，而 Freiheit 就是 Wahrheit。在海德格尔看来，Freiheit, Wahrheit, 是"让"、"令""出"来的，"人""退"、"隐"，则"Sein""显"、"出"，Sein-Lassen 就是"让"（令）你看看什么"Sein"。"身退"之后，Sein 才成为 Sein，"是什么"才"真"（wahr）"是什么"，"是"才"自是"，而不是附加上去的"功能"、"价值"，或赋以某种"称号"（名）。

这就是说，"让"、"令"使 Seiende 成为 Sein。

天地万物，无论自然的、人工的，都与"人"有一种"实际"的关系。人为自身的幸福（利益），要对天下万物加以利用、改造。而一切理论的、知识的、科学的关系，即抽象的概念性关系，也都可为此种"实际"的关系服务，为人类生存谋福利。在此种关系网中，大家都没有"自由"可言；Seiende（"人"作为一特殊种属，亦为一 Seiende）之间有一种因果必然的关系。在这个关系网中，一切的"自己"，都为"他者"所"决定"，沧海桑田，白云苍狗，其中"人"更有那移山倒海、翻天覆地的本领。

然而，世上万物，对"人"来说，又是那样"坚硬"，它们是一些"原子"，"人"无法"打破"它们。"人"不得不"退出"自以为能左右或自以为能"介入"的万物,而万物依旧"自然","人""奈何"不得"万物"之"自然",只得"由""它""去","且自由它"——Sein-Lassen。当人们意识到此种"无可奈何"时,也就意识到"自由":不仅"人""自由",而且万物也"自由"。"万物静观皆自得",尽管没有了"人",即没有了"有知"之"人",也就没有"自由"的问题。

五、科学和技术的进步是无止境的,因此"人"亦可设想自己对万物有无止境的控制力量,认为万物会失去"自由",而只有"人"才能获得"自由"。然而,哲学家指出,"世界"作为一个"整体",是一个"大全",是"无限",这"无限"只是一个"理念",不能纳入知识、科学范畴概念的体系;哲学家告诉"人",世上总有一些东西,"人""奈何"不得它,只能"且自由它","由它去","让"其"自由"。说到底,"无限"、"大全"为"自由",它"自然"而"然","人""奈何"不得它。

哲学家把话说得太大,"人"不必想到(推论到)那个"无限"、"大全",就能在有限的、具体的万物中"看"到那万物自身的"自然","看"到那"人""奈何不得"它的"特质"（Wesen）,这就是"请退一步"。当人们"身退"时,世间万物莫不"自得"、"自然"、"自由"。

六、海德格尔的 Sein,不是抽象概念,不是具体的"实物"(西方意义上的"自然物"),它是"历史"、"文化"之物。所以 Sein 不仅有"物"性,而且有"人"性。不过"人"只有在"让"出之后,此种"历史"、"文化"的性质,才突显出来。

从这个意义来说,"小写的人"(个人、私人)"退出"之后,"大写的人"才显现出来,而此种"大写的人",不是"人"的概念,恰恰是具体的、历史的、文化的"人",亦即实实在在的"真人"。所以严格说来,是"功成身退",而不是"功成'人'退"。只是我们古代对"人"的思想,尚未经过西方哲学两千多年的反复思索,未曾分辨得像现在这样清楚,但大体思路是已然有了的。

世上一切 Seiende,都是现实性的,而 Sein 则反倒是历史性的。在"人"作为 Seiende 之一"退了""现实"的"实用"关系网后,Seiende 就向"人"显示出历史的、时间的、人文的"意义"。所以,"自由"又是历史的、时间的、人文的，是世上有了"人"这个特殊的Seiende之后才有的问题。

皇宫因皇帝住在里面而得名。当皇帝还住在里面时，它是皇帝的"住所"、"办公处"，对老百姓来说，是"统治"、"威严"、"残酷"或当时也是"仁慈"的象征；但在"皇帝"退出去之后，再没有"人"去住，或不再当自己的（私人的、个人的）"住所"和"办公处"，它就成了"文物"，成了"故宫博物院"。

"故宫博物院"不再是住所，不再按住所的"需求"来"改造"它，既不用像袁世凯那样在里面装暖气，也不会因战争而受兵燹之灾。它被"保护"起来，"自由""自在"，供人瞻仰、参观。

有皇帝住时，皇宫是实用的；皇帝退出之后，皇宫是文化的。作为"实用""宫室"言，它是"现实"的；作为"文物"言，它是"历史"的。作为"居处"言，人们关心它的"现状"，人们问，它合适不合适，坚固不坚固……作为"文物"言，人们更关心它的"历史"，人们问，它是何时建起，有何历史变迁？甚至，严格说来，"皇宫"作为物质存在而言，是无头无尾的，它的砖块、墙柱……都是物质性的，而物质性的东西你问不到头；但作为"文物"言，则它有自己的"产生"和"沿革""变迁"，有"头"，也有"尾"。所以我们可能合理地问"故宫"的"起源"。

作为"居室"言，表面上很"有用"，而谁也不能以"故宫博物院"为"家居"；但同样，谁也不会否认，"故宫博物院"的"用处"，比一般的"房屋""大"得多。人们之所以精心"保存""没有用"的"文物"，实在是因为它们有更大的用处。

七、从"更大的用处"着眼来看"保持""自然"（自由），乃是庄子"逍遥"（自由）观的入口处。庄子《逍遥篇》由"小"、"大"之辨入手，最后归于因"太大"而无可用，乃得以"保存"，得以"自然"、"自由"，这正是前面说的"奈何不得"它的道理。

庄子对惠子说，大概因其大而不中绳墨，"不夭斤斧，物无害者，无所可用，安所困苦哉"，而"大若垂天之云"的"犛牛"，不能"执鼠"，不"死于罔罟"——我们可以设想高科技作成的大罔罟也捉不到它，而且不必捉它，盖因其"大"而"无用"，则得以"逍遥"。

庄子的"逍遥"是一种"自由"，而且也有一种"摆脱"、"解脱"的意思，可以"不受加害","避免""限制",可"逍遥""法外","超越"于"实用"、"利害"关系之外。此种"逍遥"思想,亦源于老子的"无为"、"身退"。所以庄子说,"至人无己,神人无功,圣人无名",这当然是得自老子的思想。

庄子以"无为"为根据,进一步将"无为"发展为"无用"。他认为,因"无可用",则可以得以逍遥,逍遥于法度之外,保全"自身",享受"自然"、"自由"。

八、就一般实际的眼光来看,"有用"的东西,人们才将它保存下来。西方人发展了此种实际的观念,以科学来探究一切有用之物,或探究一切物之有用之处,这从柏拉图的"理念"论可以看出,因为他的"理念",已蕴含了目的、实际的功用在内,是一种"设计方案"、"设计模型",不仅是英文的Form,而且是 Model。

然而,一切"有用"之物都在消耗之中,所以人们虽然爱惜"有用"之物,但却未能使其"长生久视","有用"与"长存"实际是一个矛盾的概念。庄子看到了这一点,他解决这个问题的方法有两个方面,一个是实践性的,一个则是理论上的。

从实践上说,人当然要"用"一些东西,要使所"用"之物——工具相对地"长存",则要善于运用它,即要顺应"自然"之势去运用它,以此来使工具长存、长新,相对地减少磨损。

庄子的"庖丁解牛"的故事,常被归类于"养生"方面,实际还有更深一层的意义,即一切的"技术"——"人为"、"作功",都应是使"自然"自己"显示"出来,即海德格尔所说的"让 Sein 出来",Sein-Lassen。从这个意义,我们才能体会出"技艺""自由"——那种"游刃有余"的自由境界。

刀在庖丁手中是要用的,因为这位庖丁不但重视"技",而且更重视"道"。他以"技术"来推行"道",而以"道"来指引"技术"。所以他解牛时完全按牛自身的结构关节去下刀、运刀,以最小的损耗将牛解开,作了功,行了事。但他那把用了十九年、解了数千头牛的刀,就像新磨的一样。庖丁的刀之所以久用而不损缺,因为虽以刀解牛,但就像是牛自解一样。以此来喻人与自然的关系,"人"作用于"自然",作功、做事,就像"自然"自己在变化一样,这样"人"可以"不损"而得"长生久视";"不损"而"长生",乃可逍遥、自由。

这是从实践方面来说。庄子还从理论上进一步发挥"不用"之"用",是为"大用"的道理。

今天我们替庄子设想,庖丁解牛,因为牛可食用,亦可被解,故有此一说;如果遇到那其大"不知其几千里"的"鲲"、"鹏",又其奈它何?一来"鲲"、"鹏"的肉未必可食,二来因它太大而无从下刀,于是,"人"奈何不得它,不能不"由"它去,任其"逍遥"(人的)法度之外。"鲲""鹏"摆脱"、"避免"了"人"的"伤害",与天地共老,与日月长生。

于是,事物因其"无用"而得"保存",得"逍遥"。物因其"有用"而得"保存"者,得其"小年",而物因其"无用"而得"保存"的,则可享"大年"。

庄子看到了"材"与"不材"的矛盾,他在《山木》篇中明确说到大树因"不材得终其天年"和不鸣之雁"以不材死"两个相反的例子。在这则寓言中,庄子解决这个矛盾有点诡辩的味道。他只说"周将处乎材与不材之间";可又说,"材与不材之间,似之(是)而非也,故未免乎累"。后面的意思是说要合乎万物之本性,就"无誉无訾"。其实庄子的意思还是侧重在"不材得终其天年",因为"有用"而得"保存"乃是常理,而"无可用"又得到更为长久的保存,则是更为深层的道理,是庄子刻意要强调的。所以他在《人间世》篇中说:"人皆知有用之用,而莫知无用之用也。"

这样看,庄子说的"材"与"不材"乃是"小"、"大"之辨。此辩证的思想,当亦来自老子。一切之"材",皆为相对之"小"材,而"不材"才是最大的材,"大音希声","大材""不材";一切之"材"皆为"有限",而至大之材,则为无限,"无限"之"材",实为"不材"。而"无限"为"自然"、"自由",故"不材"得"自然"、"自由"、"逍遥"。

小、大之辨在庄子已经有相当深刻的形而上学的意义,大到了"无限",则不生不灭,传诸久远,不能再增加什么,也不会减少什么,没有外来的因素可以影响它,是为"自然"、"自由"。庄子在《大宗师》篇说:"夫藏舟于壑,藏山于泽,谓之固矣;然而夜半有力者负之而走,昧者不知也。藏小大有宜,犹有所遁。若夫藏天下于天下而不得所遁,是恒物之大情也。""藏天下于天下",物化于"天下",普天之下,无所不在,则"不得所遁",物与"天下"

"共在",则为"无限",是为"永恒",亦为"自然"、"自由"。

九、世上万物都是具体的,一个一个的,如何成为"无限",如何"逍遥"得起来?

按庄子的思想,万物虽分彼此,但如物能融于"无限"(天地),则逍遥于"无限"之中,无所不在,无所失而得以永存。

庄子《齐物论》篇,首先分析"地籁"、"人籁"、"天籁"。"天籁者,吹万不同,而使其自己也,咸自取,怒者其谁邪!"说的仍是"天籁"之"自然"、"自由",毋需外来之"怒者";至"物无非彼,物无非是;自彼则不见,自是则知之。故曰彼出于是,是亦因彼。……是亦彼也,彼亦是也。彼亦一是非,此亦一是非。果且有彼是乎哉?果且无彼是乎哉?"这一段常用来说明庄子的相对主义,另还有一层事物之间相互转化的意思,我们应该特别注意紧接着下面的那一句话:"彼是莫得其偶,谓之道枢。枢始得其环中,以应无穷。是亦一无穷,非亦一无穷也,故曰莫若以明。"

"环中"是"枢纽"("道"的"枢纽"),是"关键"("道"的"关键")。它非此、非彼,非是、非非,而居"中"。"居中"而可以"应""无穷"(天地),"居中"则"无限"、"自然"、"自由"。因为"居中"则可以为"此",亦可以为"彼",可以为"是",亦可以为"非"。"中"即是"道","居中"亦"得道"。

我们炎黄子孙在思想方式方面强调一个"中"字,"中国"、"中国",以"中"立国。"中"字含义很多,但儒家、道家都强调这个"中"字,可见除平常的意思外,尚有一个哲学性的深层意义在。"居中"、"执中",不会陷入"非此即彼","不会僵固""是"、"非",而保持着各种的发展可能性,可能应付"无穷"的挑战,而立于不败之地,从容自如,"游刃有余"。"中国",是一个"自然"的国家,"自由"的国家,蕴有"无限"的生机。

十、在古人心目中,天为苍穹,地分四方,平均而言,都以"中心"与四周的距离最短。立于周边,虽近犹远;立于"环中",则虽远犹近。所以取乎"中",是最佳、最有智慧的地位。

"人"亦分"你"、"我",乃是简缩的说法。实际"人"分"我"、"你"、"他"。"我"为近称,"他"为"远称",而"你"则为"中称"。为了表示亲密，人们常说"不分'你'、'我'"实际上此处的意思是指"不分'我'、'他'"。因为"不分你我"，也就是"不分'彼'、'此'"，而在"'彼'、'此'"之间"的，乃是"中"，此"中称"是为"你"。以"我"、"你"、"他"之区别来理解世界，得自德人马丁·布伯。他强调"我"－"他"关系来自"我"－"你"关系，并以宗教的精神来阐述"我"、"你"、"他"之关系，颇有些影响。以此种理论作参考系，来读庄子，很有启发。

不过，我们从庄子书中体会出来的，似乎不是"我"－"你"，"我"－"他"关系，而可以开发出很有意思的"你"－"你"关系。这样才不是"彼"、"此"（"你"、"我"）的关系，而是一个相当纯粹的"中"程的关系。

"我"－"你"关系，可能在庄子看来，仍有一偏，而不能牢固地居其"环中"。不妨使各种关系之基础，立于"你"－"你"之上，则庄子书中有些问题，可能更便于理解。

十一、首先，此种"你"－"你"关系，于老、庄思想，可谓言之有据的。因为无论老、庄，都反对"私"，而"私"即"我"，因而，在世间基础性（原始性）的关系中，不容有"我"、"私"的地位。

"自我"问题在我国传统思想中地位不很突出；而在西方，古代希腊苏格拉底就将德尔斐神庙的警世格言引入哲学思考，提出"认识你自己"的命题。此种思想绵延滋长，萦绕在西方人的思想深处，至近代以降则更是泛滥，于是有各种"自我意识"的学说，有弗洛尹德 id, ego, superego 之说；到如今 20 世纪后期，"自我"又成了问题，"后现代"诸家将这个作为"个体"的"核心"的"自我"打成粉碎，分成了"碎片"。这个"碎片"分布在各考古的层面，似乎本没有什么"自我"的"核心"。

中国传统，无论儒、道，对这个"私"、"自我"都是不很重视的，他们都侧重于"人"之"中称"的意义，因而侧重在"你"的地位。孔子的"仁"是"你"的层面，老、庄的"道"也在"你"的层面，都是在"关系网"中的一个取向，而不是孤立的、封闭的、内在的，因而也是很神秘的"自我"。

"'我'是'谁'?"这个问题的真正的回答似乎只能是"同语反复"，即"'我'是'我'"。因为"'我'是'工人'"、"'我'是'农民'"等等所有这些回答，都将"我"当作了"他"，其回答的问题是："我是'什么人'?"而不是"'我'是'谁'?"然而,"我"不是"什么","我""什么也不是",而"我"又是实实在在存在的,"我""是"(在),而非(不是)"什么"。

"什么也不是"、"不是'什么'"的"我",就是"你"。"我"如是"什么",则"我"是"他";"我"不是"他",则"我"是"我"。"'我'是'谁'?"的回答之所以会出现"重言"判断,原因之一乃在于在现实的生活中,"我"本是由"他"组成的。"我"在"社会"(许许多多的"我")中的"角色"决定了"我"是"谁"。但这个"谁"却不是活生生的"人",而是社会的功能、职能。

"我"在"社会"上要"演"一个"角色"。实际的舞台与艺术的舞台之所以不同乃在于:艺术的舞台有一些并不神秘的"演员",而在现实的舞台上,这个"演员"——"我",却难以捉摸,"我""演"的这个"角色"好像就是"我"自己。"拿破仑"如不是"皇帝",没有"滑铁卢"之战,就不再是"拿破仑";"我"的"同一性"、"身份"(identity)就是我的"历史"-"我"扮演的一个个的"角色","我"做的一件件"事",那末"我"又在哪里?"我"在"我"的"内心"? 在"我"的"内心深处",尚有一个不同于"我"的事功、"我"的"角色"的一个"真我"? 就像艺术舞台上的演出那样,演坏人的"演员"会是一个大好人?

我们可以说,每个人的内心深处的欲望、情感、思想……确可与他在社会上所起的"作用"、他所扮演的"角色"很不相同。文艺家常揭示这方面的矛盾,来描绘人间世态的悲喜剧。然而,如果这些隐蔽的思想感情和欲望,乃是"原始"的,则似乎人人皆同,又如何见出"我"之所以为"我"? 所以,"我"的种种"情结",和"我"的"经历"亦是不可分的,而"经历"只能问"什么(经历)",从而"我"之特殊性、个性,仍是"他(什么经历)"规定了的。

这样,我们一说到"人",就已经超出了"自我"。而我们中国人常说"'我'这个'人'"如何如何;西方人却很少在日常对话中说"I, as a human being"如何如何。

当我们说,"'我'这个'人'"时,实际上我们是将"我"放在"你"的位置。一般说,非在特殊的场合,我们不说"'我'这个'部长'"、"'我'这个'委员'"如何如何,因为"部长"、"委员"等等已是"他"。在特殊场合这种说话方式,中外都一样,西方人也说"I, as a minister",如何如何。

十二、中国传统思想的"人",固然不指"我"自己,而是一个"他者",但这个"他者",严格说并不是"我"、"你"、"他"中的"他"。在"我"、"你"、"他"的关系中,"人"在"你"位,居"环中"而应上下、左右、前后。

马丁·布伯在"我"、"你"、"他"中,以"我"为立足点,讲"我"-"他","我"-"你"关系,很有启发。"我"-"我"关系已有基尔克特的"实存主义"加以阐发;"他"-"他"关系自是一切社会科学(社会学)长期研究的问题,从管理、调节角度,揭示社会各种职能之间的客观关系。尚有"你"-"你"关系需要进一步开发。而对此种关系,以"中"道为核心的中国传统思想,则贡献良多。庄子发挥老子思想的重要方面之一,就在于展开了这种"你"-"你"关系。

十三、相比之下,老子思想重在进、退,进而能退,则可"守真"、"得道";庄子思想则更进一步将进退、反正之理发展成一个"化"字。《天下》篇在总结各家学说时,庄子说道:"芴漠无形,变化无常,死与生与,天地并与,神明往与。芒乎何之,忽乎何适,万物毕罗,莫足以归,古之道术者有在于是此,庄周闻其风而悦之。"

"变化无常"是庄周齐生死、万物生化的核心思想。因为有了此种"无常"之"变化","人"才得以"逍遥"、"自在"、"自然"、"自由";"人"之所以能有此种"逍遥"、"自由",正在于他的地位不处在僵化了的"两极"——"我"与"他",而恰恰是处于"你"的"环中",才可以保持住上下、左右、前后……的"变化"之可能性。这样,老子所谓的"退"、"让"、"守"……都与这个"你"字有关。"退"不是从一个极端(他)退到另一个极端(我),而是"退"、"守""环中",以"应"万变。"守"亦不是守住"两极",而是守住具有无限变化可能性的"环中"之"你"。

就一个"人"言,"你"外接于"他",内接于"我"。实际上就"你"的位置来说,"他"与"我"都是"超越性"的,无论"外在的超越"或"内在的超越"都是"超越",就像康德的"物自体"(他)、"我自体"(我)一样,都是"不可知"的。但如果从"你"－"你"的关系来看,就是很亲切,很可理解的。"你"和"你"处在同等的地位,所以也是可以"转化"的。这似乎就是庄子"物化"(万物皆可转化)的思想的一种学理上的"根据"。

十四、庄子"齐物",但他说蜩鸠不知(理解、懂得)鲲鹏的气势,说"朝菌不知晦朔,蟪蛄不知春秋"(《逍遥游》篇),强调"知"之隔而不可相通;但《秋水》篇又讲庄子非鱼而能知鱼之乐,此种矛盾,就辩论言,乃是一个漏洞。《秋水》篇中庄子在答辩时,有点强词夺理。但综观庄子思想,他对"人"在万物中的特殊性,比老子似乎有了更进一步的认识。因为这个寓言中无论庄子或惠子都没有提出"鱼知道不知道庄子如何感受"的问题。从《逍遥游》篇的立意来看,"鱼"大概不知道"人"的感受。

为什么会出现这种差距?我想乃是因为世上万物中只有"人"才能分"我"、"你"、"他",而且才能将"自己"和万物都提到"你"的地位,形成"你"－"你"关系①。所以庄子"自然"地、"自由"地可以"知道"鱼的"快乐"。如此庄子回答的最后那句话,倒是很实在的:"我知之濠上也。"是说,我"看"到了鱼在游,也就"知"道了,鱼在乐。

本是内在的东西,怎样能够被理解,这原是康德思想中的一个问题。他问"花是美的"原本是我"看"花时的一种愉悦,怎样会又是一个"判断",要别人也承认?现在有一些实证性的、分析性的哲学家认为此种判断,只是提供一个信息,"花是美的"就等于说让听者了解"我认为花是美的",而听者并不能感受到那花之美。为此,则庄子的那句话"是鱼之乐也"就只是指示一种知识信息,"我庄周觉得那鱼很快乐"。然而,庄子的话并不完全是一种主观的感受,而且也有客观的判断。问题还是回到了康德:为什么私人内心的感受,会有一种普遍性?反过来,知识信息的传递,又如何会有情感性?

我想,"你"－"你"关系,对理解这个问题或可有所帮助。"你"－"你"是"拟人化"、"寓言化",以及远古"物活论"的一个内在的契机,"人"与万物"处在一个同等的、可以对话、转化的地位,就像"人"与"人"处于可以对话、可以转化的地位一样。

---

① 曾与我的学生黄裕生谈到这个问题,他说那些小鸟没有把自己提高到 Dasein 的层次,而只是 Seiende,我受到他的启发。

而这种"你"-"你"关系，只有"人"才能发现（海德格尔的Befindlichkeit，befinden）出来，鱼和小鸟们就不可能体会出"人"的思想、感情，它们之间也没有这种自觉的分、合关系。万物之间的关系是"同一"（混同）的，也是"分裂"的，所以是"Chaos"——这个字的希腊文原意，既有"混沌"的意思，又有"大裂口"的意思。

所以，庄子说，"鱼相处于陆，相呴以湿，相濡以沫，不如相忘于江湖"（《大宗师》）。鱼只有在江湖中才得其所在，才"自然"、"自由"、"逍遥"，而"人"却在万事、万物中都能体会出此种"自然"、"自由"、"逍遥"来。所以庄子又说："鱼相造乎水，人相造乎道"，"故曰，鱼相忘乎江湖，人相忘乎道术"。"人"因有"道术"而可逍遥于天地万物之间，就像大庖手中的解剖刀一样，穿行万物，以"无厚"而入"有间"，解千牛而如新发硎，经万世而青春常驻。

"人"生"天地"之"间"，"间"亦为"中"，是为"中间"。用马丁·布伯的话来说，为Zwischen，在"他"和"他"之间，也在"我"和"他"之间，是为"你"。

十五、"人"因有"道"、"术"，故可适应、掌握一切之变化。"人"非"鱼"，可"知""鱼"之"乐"。"人"非"日"、"月"、"山"、"川"，可"知""日"、"月"、"山"、"川"之变化，与其相适（造）。所以"人"不仅以"江湖"为"家"，而以"四海"为"家"，以"天地"为"家"。"人""逍遥"于"四海"、"天地"之间，"相忘"者谁？"相忘"者为"我"与"他"，"相忘"者为"此"与"彼"。"不分彼此"之"分"，既非"混同"，亦非"裂口"，不是Chaos，而是从"彼"与"此""退"出。或谓，从"彼"（他）中"退回"，从"此"（我）中"进取"，"进"、"退"皆归于"你"。

马丁·布伯说，"我"-"你"关系必定要发展、转化为"我"-"他"关系，"人"到了"他"位，则不能以"四海"为家。"帝王"必居"宫殿"，"士兵"必居"营房"，"工人"以"厂"为"家"，"教师"以"学校"为家。就像"鱼"一样，以一个固定的范围为家，鱼到了陆地上，就得相濡以沫，情形就不太妙——不太逍遥。"人"在"你"位，则无往而不适。"人"以"道"、"术"使人能适应各种环境，无所不在，到处为家。动物以自己的种属特点为准绳——如鱼要以水为准绳。只有"人",则可以万物的特性为自己的准绳;"人"在水中有船,在天上有飞机,在高山结庐,在平地建高楼。"人"以"道"、"术"不怕水火之灾,而通过"道"、"术"逐步地使万物越来越亲切,"人"与"万物"的关系越来越"适应"(造)。"人"生活在"万物"之中,"彼此"相忘,其乐也融融。

十六、"逍遥"、"自然"、"自由"的境界,是庄子对生活的一种体会,也是一个"理想"的境界。也就是说,此种以"你"为中心地位的"我"、"你"、"他"关系,本是一种最为现实、最为本源的关系。但在日益纷繁的社会生活中,却越来越难以保持,这个"道"、"术"也越来越难以得到,需要很高的修养功夫。而一旦得到,亦只有那叔本华所谓的"解脱"的暂时性之感。在这种情形下,"你"-"你"关系,反倒似乎不是"现实"的,而是"理想"的,有时甚至是"梦"一般的"另一个""世界"。

当人们以自觉的修养功夫(道、术)把"我"和"他"的"悬搁"起来,"挤"出去,而"守住"那"你"时,人们有哲学性的思想、艺术性的感受和宗教性的崇拜;当人们不自觉地将"我"、"他""悬搁"起来,"抽象"出去,不知不觉中在"你"的地位活动时,人们就有"梦"——不论黑夜的,还是白昼的。

在"梦"里,"我"似乎可以毫无挂碍地"化"为各种动物,可以做清醒时做不来的事,体验到清醒时未曾体验到的感受……"梦"很"自由",很"逍遥",似乎一切的"必然律"都变得松动起来。当然,我们也做"噩梦",使"我"固定在"我"的位置上,为"他"所迫,使"我"的存在受到威胁,只有在猛醒的刹那,庆幸梦中之"我"原不是"我",醒来之"我"上升为"你";只觉那梦中受迫害的不是同一个"人"。无论正反的梦,都显示了"你"的"自然"性、"逍遥"性、"自由"性,显示了"你"的"安全"、"可靠"性。

庄周释梦,不计利害,不计正反,都同样侧重"守住""你"的位置而可"变化"万端。

庄子《齐物论》篇以一个美丽的梦喻为结尾,其意念深远:所谓"齐物"、"物化",乃"梦"耳。"昔在庄周梦为蝴蝶,栩栩然蝴蝶也,自喻适志与,不知周也。俄然觉,则蘧蘧然周也。不知周之梦为蝴蝶与,蝴蝶之梦为周与?周与蝴蝶,则必有分矣。此之谓'物化'。""物化"者,庄周与蝴蝶可以转化,而此种转化又如何可能,则很费一番推敲。

庄子有一层意思似乎较容易理解:人生原本如梦,表面上似乎是庄周梦为蝴蝶,庄周是实的,蝴蝶是虚的,而实际上反过来也同样说得通——庄周的生活却是蝴蝶的一个梦,似实而虚,蝴蝶反倒是实的。我们也可以理解为:"人生"是虚的,而自然界万物比"人生"更实在,即科学上所谓的"自然"是实的,"人生"原是"自然"的一个"梦"。庄子在这里的问题是:谁在做梦?表面上看,是庄周在做梦,蝴蝶在梦中,而实际上则可能是蝴蝶在做梦,庄周原来是梦中之人。

从转化、物化的角度来看,庄子的寓言是说庄周通过"梦"(或通过"道"、"术")将自己转化为蝴蝶,而蝴蝶同样亦可以通过一种方式或经过一个过程"转化"为庄周。这个方式或过程,不可能是"现实"的,同样只能通过"梦"。

庄周与蝴蝶在"你"-"你"关系中,或通过哲学的思想、艺术的想像或宗教的信仰,相互转化。而"梦",则是做成此种转化的最为方便的途径和方式。

我们似乎可以说,庄子获得、保持这种"你"-"你"关系的途径和方式过于直观,问题出在那个"道"、"术"上。如果此种"道"、"术"过于玄奥、过于空泛,则保持此种"你"-"你"关系较为持久一点的地方只能在思想(如庄子自己的书)、艺术、宗教中,只能在"梦"中。殊不知这种"你"-"你"关系,却需要在"我"、"他"关系的更充分发展之后,再"进而"或"退而"至守护此种关系,才可在实际的生活中,更丰富、更持久地享受此种"你"-"你"关系的"逍遥"、"自在"、"自然"、"自由"。

我们记得,西方的思想,以及他们的实际生活,在相当充分地发展了对"他"的思考之后,才进入对"我"的问题的深入思考,而对"你"的思考,则更是相当晚近,至今还不能说是很丰富、很深刻了的。然而,他们在较充分地思考了"他"、"我"之后,再来思考"你"这一层面,对比我们直接进入"你"的思考,又有一番不同的风貌和境界,更有"工后之拙"的一种体会,亦不容我们忽视。

西方有些人亦常觉得"科学"与"人文"很矛盾，很对立，觉得过于让科学、技术泛滥，就会窒息了"人"，"粉碎"了"人"。不过西方的"道"、"术"——"科学"、"技术"，只要保持较高的警觉性，倾听大思想家、大哲学家的呼声，则不失在高层次上"进入"、"退回""你"-"你"关系的一个途径和方式。这是我们在理解庄子的"自由"、"逍遥"观念时，也应该考虑到的。

1993年7月20日

第二编　艺术篇

中国艺术之"形而上"意义

一、"形而上"谓之"道","形而下"谓之"器",这是中国传统的说法。西方哲学有 metaphysics 的说法,我们译为"形而上学"。西方"形而上学"的意思,是要研究一切"万有"之"上"或之"外"的"存在"(Being)。metaphysics 是在 physics 之"上"或之"外"的意思,也是"超越"的意思。physis 在希腊有"生长"的意思,所以 metaphysics 又有在"生长"之"上"之"外"的意思,或是"超越""生长"的意思。这就是说,metaphysics 乃是研究那"超越""生长"的"不生长"、"不动"的东西。于是,所谓 meta 又有"在……之后(面)(背后)"的意思。

我们看到,西方"形而上学"思想,是从"生长学"、"自然学"中"发展"、"超越"出来的,说的是"自然"——"物""背后"的东西。与此不尽相同的,我们中国传统的观念,所谓"形而上"是真的指"形"之"上"的东西,在这个"上"的前提下,才有"超越"、"背后"的意思。

"形"而下谓之"器","器"在"地"上,而"地"再"上"面是"天",因此,所谓"形而上"的具体意思是指"天"。《易传》上说,"在天成象,在地成形"。从这个意义说,"形而上"乃是指"天"上的"象"。中国人很重视这个"象",认为它是起主导作用的,它支配着"地"上的一切"形"、"器"。然而,"象"又是不成"形"的,所以又说,"象也者像也"(《系辞下传》)。似乎是些"什么",又似乎不是些"什么",不像"地"上的那些"器",清清楚楚。

相对地来说，西方人比较重视"地"上的"器"（形），而中国人则比较重视"天"上的"象"；西方人趋向于从"地"上的"器"、"形"来推断其"背后"的东西，而中国人则趋向于"直接"从"天"（上的"象"）来"观察"、"思考""地"上的"形"、"器"。这个哲学思想方式的趋向不同，带来了艺术思想方式上的具体不同。

二、我们知道，西方哲学，在古代希腊的时代，对于思想的方式，考虑有三种形式：theoretical，practical，和 poetic。前两种是后来常用的，至于 poetic，则在亚里士多德的著作中，就有两种含义：一是指一种与 theoretical 和 practical 不同的特殊的对世界的把握方式，另一种就是指一种特殊的文学形式。当然，这两种方式是有联系的，但应该说，前一种就哲学来说是更为根本的。希腊文 ποιέω 原本是"做"、"制作"的意思，所以英文一般译为 produce，形容词为 productive，也还是可以的；不过在理解上要有一定的阐述，意义才更为清楚。在哲学意义上的 produce，即与 theoretical、practical 不同的 poetical，是一种"无实用功利目的"的"制作"（做）。这样，poetical 就不仅可以与 theoretical 区别开来，而且可以与 practical 区别开来。作为理解世界的方式，theoretical 把世界作为客观对象，掌握其规律性的特性；practical 则把世界作为实际消耗的对象，了解其功能性特性。与这两种态度不同，poetical 的态度，既不把世界当作理论的对象来研究，又不把世界当作实用物品来消耗，这就是后来的更为专门的艺术、审美态度的基础。poetical 这种基础性意义曾被 theoretical 和 practical 的光辉所掩盖，而在一个长时期内被忽略，直到康德的第三批判出来，才恢复了鼎足而三的格局。在康德哲学中，poetical——基础意义上的 poetical，起到沟通由 practical reason 决定的本体界和由 theoretical reason 规定的现象界的作用，实际上，就是起到沟通"形而上"和"形而下"的作用，亦即我们时常说的，把"无限"与"有限"、"无形"与"有形"结合起来这个意思。从这个意义来看，康德的第三批判，就不仅有狭义的美学或艺术意义，而且有很深刻的哲学意义。

三、"形而上"、"形而下"，"本体"、"现象"……的基本理论格局固然如此，但在具体的沟通途径上，中西哲学是有所区别的。我认为，大体说来，西方哲学趋向于从"形"来推论"背后"的、超越的东西，而中国的传统，则趋向于从超越的、形而上的角度来看地上的万物——"形"、"器"。我认为，把握这个区别，是非常有意义的，也是非常重要的。

当然，西方人早年也是把"形而上"与"形而下"作为可以双向沟通来考虑的，所以才有赫拉克里特"向上的路和向下的路是同一的"之说。也就是说，人们既可以从"下面"的"万事万物"来看（推测）那"超越"的"本体"，也可以从"上面"的"秩序"来"观察"下面事物的"和谐"。于是，在古希腊早期，既研究地上的"元素"，又研究天上的"以太"，既有"测地者"，又有"望天者"。然而，逐渐地，这种"双向选择"似乎向"单向"倾斜，西方人日益趋向于从世间万事万物出发"推测"（推论）其"背后"的"超越者"，从具体的事物出发——从感性的事物出发，经过"分析"、"综合"，"概括"出事物的"本质特征"，得出事物的"概念"，这似乎是他们（至少是希腊人）的习惯的思维方式，于是有柏拉图的"理念论"。所谓"理念"，乃是事物各自的理想的"本质"。只是"理念"永远是"理想"的，"现实的"具体事物永不能达到其"理想"境界。其后，又有亚里士多德的"定义"之说。"定义"更是一种抽象概念。相比较而言，中国传统当然也有双向的进程，但更趋向于自"形而上"的角度来观察、体验地上的万事万物。在我们观察世事时，常常倾向于从具体的事物中体会出某种更为广泛、更为深刻的"意义"来。此种"意义"，不完全在事物的属性或与此相关的功能，因而具有某种"超越性"，即此种事物的"意义"，不在"地上"，而在"天上"。

在我们的古人眼里，"地"是受"天"支配的，"天尊地卑"虽不完全是道德的意思，但"天""地"的"位"是"决定"了的。"地"既是"被"决定的，人要掌握、理解"地"就必须"先"努力去理解、掌握"天"的"命令"——"天""命"你如何如何，这是"人"作为"天""地"之"中"（间）的一个特殊品类所应起的桥梁作用，也是"人""把握"、"理解"世间万物应取的途径和方式。

从这个对比的方面来看，西方的传统哲学，从感性事物出发，走上了一条概念式思维的道路，重在掌握事物的"规律"；中国的传统哲学则从"超越"的"天"的"形而上"的角度来体察"形而上"的品类，并努力从这些品类万物中，"看出"更深远的"意义"。在这个意义上，我们或许可以粗略地说，西方传统思想趋向于"科学性",而中国传统思想则比较趋向于"艺术性"。

四、于是,我们看到,中国艺术的态度,就不仅是从具体艺术品类自身来看问题,而是具有相当深刻的"形而上学"的底蕴在内。我们中国传统,看事物不仅看它的属性、功能,而且要看它的"意义"——看事物带来的"信息"、"消息"(message)。我们看到"燕子""归来"了,遂"知""春天"即将来临。这种"消息"、"信息",不是科学性的"知识"(knowledge),传递的不是"概念"、"推理",而是一种"意义"——bedeuten, signify,一种"意味"(意谓)。因为,"概念"是无时间的,而这里的"意义"是时间性的,它"意谓"、"蕴涵"着"过去",也"意谓"、"预示"着"未来":春天曾不在过;春天即回来——"意义"显示着"在"的"时间性",这是和科学性思想方式不尽相同的。

从"形而下"到"形而上",都会有个"过程",不过西方哲学的"过程"主要是"逻辑推理"性的,而中国传统哲学则侧重在对"时间性"的总体把握。在这个意义上,它就不是抽象概念式的,比较而言,就带有更大的"直接性"。这种"直接性",同时也因为我们对"形而上"的把握,不全是从"形而下"的感性世界"推论"出来而多了一层保障。对"形而上"的直接把握,使我们中国艺术精神更接近"哲学"而比较地说离"(经验)科学"稍许远一点。也正是在这个意义上,我们才说,中国的艺术具有更为强烈的"形而上"的意味。

五、中国传统艺术中,就形式来看,似乎没有比书法艺术更单纯的了。当然,以文字的内容来说,自然也是很复杂的。不过,书法艺术的意义,主要不在文字的意思,而是在文字之外,另有其"超越性"。从某种意义来说,书法因其单纯性而最具有"形而上"的意味。

书法作为艺术言,当然是有"形"的,是"形而下"者,但书法艺术不是"器"。作为"交往工具","字"亦是"器",但书法艺术的意义既在"字"外,则其意义也在"器"外。如果要说"交往"的话,书法艺术作品也是精神性的,而不是实用性的"交际"。

我们看到,艺术的作品既然不脱离感性的材料,那末一切艺术品都离不开"器",但艺术品不"止于""器",这是中西共同的看法,并非中国独然;只是西方的艺术品,受其哲学传统的影响,更注意"形(象)"之逼真,故其艺术理论以"模仿"说占主导,究其意趣说,仍有其超越感性形象的宗旨在内,所以黑格尔才把"艺术"也纳入"绝对理念"之内，使其具有"形而上"的意味。

然而，中国传统为要强调这种"形而上"的意味，则努力使作品的"器"的意义"弱化"，迫使其不（能）作"器"来用。从这个方面来看，书法艺术有其优越性，所以中国人开发出"书法"这门艺术品类来不完全是外在条件决定的，而是与我国传统思想方式的特点有关的。中国传统的重视从"形而上"来看"形而下"的思想趋向促成了书法艺术作为一个独立的艺术部类在中国产生。

"字"是人写的，而人写字有各种不同的"目的"：有的为了传达"命令"，有的为了描述"事实"，也有的是为了表现"感情"，等等，这一些都说明人写字是为了写"什么"，因而他写字都要写些"什么"，这些"什么"的内容是主要的；然而，如果把写的内容的意义"弱化"，而把"写"本身的意义加以突出，甚至他可以不写"什么"——"什么"也不写，或者他没有写"什么"，是为没有"什么"的"写"（writing without "what"），此时即所谓"乱涂"（scribble）。"乱涂"并非毫无意义，恰恰相反，它"隐去"了"什么"的具体意义，突出了"写"的更为广泛的意义。

"写"出来的"什么"是"结果"，是"形成"了的，而没有"什么"的"写"，则是"过程"，是"时间"。把"时间"凝固在"空间"中，是中国书法的很大的特点。所以，人们常说，书法是"凝固了的舞蹈"，书法的美，是动态的美。

"写"是由人来"做"的一件事。就艺术来说，这件"事"不完全是"实用"的，也不是在"做"一件"科学研究"的"事"，"做事"而没有这些"目的"，似乎是"无所谓而为"，这就是前面所提古希腊人说的"poem"，是一种"诗意地""做"（写），做出来的也是"诗意"的"事"，而不是"实际的"、"实用的""事"。"诗意的事"因其没有固定的"什么"而增大了其涵盖性；因其不拘泥于"形"，而达于"形而上"，因其"不定形"（ἄπειρον）而达于"无限"。"无限"正是艺术、哲学所共同追求的"境界"——如果"目的"过于"实际"的话，那末中国的"境界"一词，则可避免这个缺点。所以，我国不少学者常用这个词来说明艺术以及哲学、人生道德的深层意义，尽管它也不能非常确切地涵盖所有的艺术品类，而比较复杂、综合的艺术种类，就要另想更合适的词。

六、譬如，我国的戏剧（戏曲）艺术，就是一个比书法更为复杂、更为综合的艺术种类，某种意义上说，甚至是最综合的艺术，它包括了音乐、舞蹈、文学、绘画、雕塑等等以及武术诸类艺术或技术部门，在戏剧的动作、对话和故事情节的规范下凝聚成一个整体。中国的戏剧载歌载舞，在世界上独树一帜，实在是我们对人类艺术作出的很大的贡献。

当然，欧洲的戏剧也有着光辉的历史，从希腊起就是世界艺林的奇葩。西方的戏剧随着历史的进展，由诗剧逐渐变化为话剧，写实、模仿的因素更为加重，自有其长处。西方戏剧重在"剧情"的矛盾开展，从而比较擅长人物内心世界的挖掘。不过，欧洲人在古希腊的时候，也是强调"动作"（drama）的，这从亚里士多德的《诗学》中可以得到证明。所谓"动作"，就是"做"。就戏剧艺术来说，就是"演"。所以，过去人们常把"演戏"叫做"做戏"。

戏剧当然有些故事情节，它要有道德的教育意义，这当然是很重要的；但戏剧的意义又不限于此。戏剧是演员的艺术，是演员的"表演艺术"。如果有人问，到剧场去"看"什么？最简单的回答是："看戏"——"戏"是一件"诗意的""事"。譬如，台上是梅兰芳在演《贵妃醉酒》。观众到剧场去，既不全是去看杨贵妃（的故事），也不全是去看梅兰芳（这个人），而主要的是去看"梅兰芳如何演杨贵妃"这件事，是去看梅兰芳的"表演"。"表演"是一种"劳作"，是"做"一件"事"——不是一般的"事"，而是一件有"诗意"的"事"。人们到剧场去，主要去看梅兰芳如何去"做"这件有"诗意"的"事"。"表演"这件"诗意"的"事"，大于、重于故事情节中所说的事，虽然这两件"事"不是没有关系的，但就某种意义说，故事情节中的"事"是"形而下"的，是一些具体的"事实"（facts），而"表演"这件艺术的、诗意的"事"，却负有"形而上"的意义。

粗略说来，中国戏曲的表演有歌唱和舞蹈两个方面，可以叫做"对话性歌唱"和"动作性舞蹈"，以便为戏剧的中心任务服务。当然还要伴以其他的舞台艺术，成为一个整体。戏剧的歌唱和舞蹈都是时间性很强的艺术，而故事情节也都是过去、现在和未来的"生活"，这一切，交织起一个个"时间"的网络，通过演员的"表演"，使之"呈现"在观众面前，使"生活"凝聚、展现在舞台上，把"过去"或"未来"都以"现在"（现时、现实）的方式"再现"出来，即某种意义可以重复展现出来。戏剧的舞台"存留"着"历史"，"预示"着"未来"，从而在"有限"的"现实的""时间"中，展现着"时间的""历史无限长河"。而就戏剧来说，此种"历史的无限"必要经过演员的"表演"呈现出来。在这个意义上，"表演艺术"也具有"形而上"的意义。这就是说，"表演艺术"把观众引向一个"超越"故事情节和演员本人的"另一个"世界。我国戏曲艺术，又以歌舞的方式保护着这"另一个世界"的"超越性"，使其故事情节的"真实性"和歌舞艺术的"韵律"结合起来。

七、"韵律"是"诗意"的基础，它当然有"数"方面的根据，不过倒也不是完全由"数"来决定的。我国传统"诗论"，讲"神韵"，讲"气韵"，讲"气象"、"气候"，应该说，这些说法都有"形而上"的意味。

"气候"、"气象"不完全是"天气（预报）"。"气象"、"气候"不能离开具体的感受——或许叫做"感应"，是人对"自然现象"提供的"信息"、"消息"的"回应"（response）。这种"回应"既不纯是知识性的，也不纯是道德性的，它具有"形而上学"性。我们说一幅花卉画"气象万千"、"万紫千红"，说一幅字"贯气"、"一气呵成"，都不是知识性的判断，而是鉴赏性的判断——我们不妨叫做"形而上的判断"，是从具体的"形"、"器"中"看出"在"形"、"器"上面（超越）的"征候"——"存留"着"过去"，"预示"着"未来"，由此而展现着一种"历史的必然性"。我们看到，这种"非（经验）知识"的、"诗意"的"历史必然性"，将可避免历史的"命定论"和"宿命论"，而将"必然性"与"偶然性"统一起来。有趣的是，我们在这里，看到了中国艺术这种"形而上"的意义，竟和古代希腊早期的戏剧艺术精神，有可以沟通的地方。我时常想，在希腊哲学中不易找到的"命运"、"自由"这类问题，在希腊的艺术中，特别在希腊的悲剧中，却有强烈的反映，在这个意义上，希腊的艺术比希腊的哲学更有"形而上"的意味。

1997年3月14日

（注：为台湾联合报系文化基金会主办的公开讲演而写的讲稿）

论艺术的古典精神
——纪念艺术大师梅兰芳

我总是觉得,一个民族拥有自己的伟大的艺术家是这个民族的福分。一切的民族都要生存,必须解决衣食住行的物质问题,但有什么样的精神生活,拥有什么样的艺术形式,有什么样的艺术家,各个民族就不一定都一样了。外国有的,中国未必有,也不一定都要有;中国有的,外国未必有,也不一定都要他们有。我们不要求西方人也普及中国的书法艺术,出一两个王羲之。必须承认人家有贝多芬、舒伯特是人家的福分,而我们有梅兰芳,也是我们的福分。梅兰芳的艺术中国人崇拜,外国人也崇拜,就像我们也崇拜贝多芬一样。我觉得应该提醒的事是:不要身在福中不知福。现在我们纪念梅兰芳诞辰一百年,就艺术来言,就是要加深对梅兰芳艺术精神的理解、认识,使我们更加珍惜、发扬这种精神。

一、梅兰芳艺术与中国人文精神

梅兰芳是京剧演员,是演旦角的。我们把他的艺术和中国传统的人文精神联系起来,说在他的艺术中体现了这种不同于西方的文化精神,是有道理的,今试阐述如下:

就中国传统文学艺术的历史发展而言,从诗、词、曲至于戏剧,在文学史上的线索是很清楚的,这方面专家们有很好的研究。中国戏曲大盛于宋元,其时中国社会正孕育着一些新的变化。完整的戏剧形式，给中国传统艺术注入新的生命，也发扬了一种市民阶层的文化精神。此种艺术趣味的兴起，丰富了中国传统艺术精神，使它在内容上更加开阔，具有更广泛的涵盖性；在形式上也更加丰富多彩，使中国戏剧成为世界上最为综合的艺术。可以说，中国戏曲融合了过去一切艺术的形式，在"戏剧"原则的主导下，发挥着音乐、诗歌、绘画等艺术形式的作用。有了这样一种在内容和形式上最大限度综合的艺术——中国戏曲，才能在变革、发展传统时，最小限度地"丢失"传统，而使我们中国人不至于像西方人那样经常感到"遗忘"、"丢失"了什么东西。在这个意义上，我们或许可以说，中国戏曲就是最能代表中国传统人文精神的一种艺术形式，它不仅把诸多传统艺术形式综合进来，而且很好地解决了"新"与"旧"的矛盾。在宋元时代，"戏曲"既是新的，也是旧的。

中国戏剧发展到清代乾隆年间，又发生了一次大综合。这次是在戏剧艺术的内部，京剧综合了昆曲和其他地方戏的特点，在雅俗两种趣味上又得到一次很好的协调。京剧将昆曲市民化、民间化，而将地方戏文人化。这一次综合，"丢失"的又是最少最少的。

京剧保留了相当一部分的昆曲剧目，努力吸收昆曲的优秀唱法，同时又以同样的方式吸收各地方戏的优秀剧目和唱法及其他表演技巧。而在这种融合的过程中，却不断地出现新的东西。譬如中国戏曲各个"行当"在表演方面的特色，是在京剧的表演中才逐渐明显起来的，也就是说，京剧使昆曲和各地方戏中各"行当"的表演技术，更加成熟起来。

京剧各"行当"的成熟时间有个先后，一般认为京剧（老）生行（当）发展得比较早，其中谭鑫培起了巨大的作用，他的后继者余叔岩等人使之更加定型；旦角则稍晚一些，直到梅兰芳才全面地奠定了基础。也就是说，中国戏剧的代表剧种——京剧自从出了梅兰芳之后，生、旦两个行当，才不仅仅是男女性别上的区别，而在一整套的表演艺术上显示出自己应有的特点，京剧的生角，离不开谭的系统，而旦角则离不开梅的衣钵。所以我始终觉得，谭、梅两家，不是京剧表演里的一个"流派"，而是京剧艺术的"总代表"。

梅兰芳生活在中国社会发生翻天覆地大变化的时代，中国的封建统治正土崩瓦解，社会长期动荡不安，更有外国侵略，使中国人民生活在水深火热之中。在这动乱的年代里，中国文化传统受到外来西方文化的严重挑战，也经历着脱胎换骨的变化过程。让中国传统人文精神如何吸收西方的科学精神而又保存、发扬自己，是许多志士仁人努力的目标。而当一些学人在做各种尝试来面对这一挑战时，梅兰芳以自己的工作——表演艺术——出色地完成了这一任务，在适应新的社会环境的条件下，保护、弘扬、发展中国传统的人文精神。所以，当中国人民在中国共产党领导下取得革命胜利，结束了那动乱时代，对中国人文传统有了科学的态度和方法之后，梅兰芳的艺术工作受到中国人民的极大的崇敬，当然也是很自然的事。

"中国传统人文精神"是一个很大的题目，从学术上来讨论非我所长，此处姑妄言之。我觉得中国传统人文精神核心为儒、道两家，或再增加后来的佛家，但根基是儒家和道家。儒家言"仁"，道家言"道"，"仁"是"内在的"，"道"是"超越的"，"仁"为"立心"，"道"为"立术"，一为"道德"，一为"智慧"。"仁者爱人"、"人相忘乎道术"，乃是中国人文精神之"两仪"，体现了目的与手段、人与世界的和谐统一。"立心"为"美德"，"立术"为"美艺"，都离不开一个"美"字，而梅兰芳则是"美"的化身。

西方的艺术家，"做人"归"做人"，"做事"归"做事"，"事"做得好（戏演得好，画画得好……），"做人"不一定好。这也有道理，"人"、"事"有时是应分开的。但中国传统的理想是强调此间的一致性，所谓"文如其人"，强调的是"什么样的人"就会"做""什么样的事"，"做人"的道理和"做事"的道理是相通的，而且"做事"和"做人"并不能分开，不仅"人"决定"事"，"事"也决定"人"。西方人把"人"、"事"分割开来，到很晚才认识到"人"原来是由所做的"事"决定的。

当然，并不是说，西方人没有将"人"和"事"统一起来的思想，只是说他们的主要倾向；而在比较短的时期内，他们也很强调过此种"和谐"的理想，这是他们曾经向往过的各种学术文化、艺术中的"古典主义"精神。我们在席勒的美学思想中，在黑格尔的哲学思想中，都可以看到对这种境界的追求。

中国是最富有此种古典精神的国家，中国戏曲艺术将那末多的艺术形式（因素）综合起来，使它们处于一个和谐的统一体中，这就是一个很好的范例。西方的戏剧，则往往将某种形式（因素）特别突出出来，像"歌剧"、"舞剧"，还有瓦格纳的"乐剧"，当然更有"话剧"。这种办法也自有其优点，但与中国相比较，则不是同一类型，也不是同一思路了。

中国传统在处理多种因素之综合时，讲究"互补"、"相济"。譬如儒道两家，儒家"立心"、"立德"，态度非常坚决、刚强，而有道家的"道术"来"补"它；道家尚"柔"，"以柔克刚"，天下"至柔"者，亦为"至刚"，这样就"补"了儒家之"刚"，使之"刚柔相济"。

梅兰芳演旦角，可谓"柔媚"已极，但他极重视向生角学习，从剧目到表演，都注意此种互补关系，使他的旦角表演风格"柔中有刚"。梅兰芳的表演，不但着重向其他旦角演员学习，而且向谭鑫培、杨小楼、余叔岩等大生角演员学习，这是大家很熟悉的例子。他早年的合作演员为王凤卿，王是汪派传人，汪桂芬在高亢激越方面直追程长庚；而梅兰芳与杨小楼的《霸王别姬》，一刚一柔，堪称双绝，幸尚有唱片保存典范。

梅兰芳的剧目中，虽然也有《贵妃醉酒》表现"宫怨"的戏，但他却特别喜欢排演《宇宙锋》这种带有妇女反抗意义的戏，这在他的《舞台生活四十年》中有详细的记载。此外还有《穆柯寨》、《抗金兵》等带有武打的戏，更不用说他晚年排演的《穆桂英挂帅》这样充满爱国激情的戏了。这一方面和梅兰芳对中国妇女反抗性的重视这一种观点有关，同时为体现此种理念，在艺术表演上加强了旦角的力度，从而即使在"哀怨"中也有一种抗争的意味，又是一种"互补"、"相济"的作用。

古典的精神并非不要创新，不是抱残守缺。恰恰相反，古典精神是"完美"的精神，而既然"完美"是一个无限的努力过程，因而艺术家不断的创造，才是维系古典精神的唯一途径。梅兰芳一生，亦是不断地创新、革新的一生。他很早就尝试排演"时装戏"，说明梅兰芳作为艺术家的精神是很活跃的，一点也不墨守陈规。他在传统剧目的改革、表演艺术之创新，以及音乐、舞蹈、舞台美术等诸多方面的新贡献，行家们已经有了许多总结。

当然，梅兰芳的京剧革新，也仍然不脱离古典的范围，其中要有所取舍，也不乏另起炉灶的地方，但都不脱离此种古典的精神，使自己的改革在本土有根底。所以，梅兰芳改革后的戏仍叫"京剧"，并不是在"剧种"（种类）上有改变，或另创一种戏剧形式，像把"京剧"改成"歌剧"等等。这并不是说，另立新"剧种"要不得，只是说，这种做法是另一种精神，是从"无"到"有"的精神。这在西方思想中是相当普遍的，不过在古代希腊也不相信从"无"到"有"，而认为"有"总归是"有"。中国古代老子倒讲"无"，但他的"无"是"无名"的意思，因为"朴"也是"有"，不像西方后来发展成一种抽象的"物质"概念，包容一切。中国的"朴"也有具体性，是什么"材料"做什么东西，用"纸"做"杯子"盛不住水，而"瓢"就可以。"材料"本身"提示"可以做出什么来；"京剧"这个"材料"——作为要被"改变"的"材料"，本身也提示你可以改成什么样子。梅兰芳对"京剧"的改革就是遵循着这个路子。对于有些着力于创建新剧种的人来说，可能觉得还不够大胆，但此种路子，却可以在保存传统的基础上将新东西弘扬出来，使"京剧"这个古典剧种，不至"丢失"。

二、梅兰芳表演体系

"艺术"本是很奇妙的事，"表演"更是需要很大的灵气，一个人（演员）怎么会去"表演"另一个人（角色）的事，而更有"第三者"（观众）会去"欣赏"这种"事"？套用哲学知识论里的话："'科学知识'何以可能？"我们对表演艺术的美学问题似乎可以归纳为："'表演'何以可能？"这个问题意味着："他人"（角色）本与"我"（演员）不是同一个人，"我"如何可能"去表演""他"？

西方人对这个问题的理解，自亚里士多德以来，基本倾向是知识性的。"表演"和其他艺术一样，是一种"模仿"，而"模仿"是"学习"、获得"知识"的途径，"表演"、"模仿""他人"，也就是"认识""他人"的途径。当然"模仿"、"学习"也需要"灵感"，但已不是那种"灵魂""附着"于"肉体"的原始的意思（inspire），而是一种"聪明"、"领悟"的意思，因而仍是知识性、理智型的。这种思路，对我们增长关于"他人"的"知识"，根据各种有关"环境"，对"他人"作出"判断"，是很有帮助的，也是不可缺少的。但这种思路，自身存在着相当大的困难。"他人"的外在环境，"他人"所做的客观的"事情",是比较容易把握的,而"他人"的"内在"的"思想",则相当地难以捉摸。"他人"的"内心世界"不但复杂得很,而且是"自由"的,"我"既没有孙悟空那样的"钻心术",又如何可以确切地"知道"? 这是西方人在理论上经常感到困惑的地方。

为克服此种困难,在西方戏剧表演艺术中有"斯坦尼斯拉夫斯基体系",他强调"演员自我"的感受,以直觉来体验"角色"的内心世界,以"形体动作"来保证这种体验的显现(实现);以心理技术为主,以形体技术为辅,以求在舞台上深入地刻划"角色"的"内心世界"。斯坦尼斯拉夫斯基是伟大的艺术家,他的体系在众多的艺术天才的努力下,获得了巨大的成功,对艺术有不可磨灭的贡献。

然而,斯坦尼斯拉夫斯基体系面对"演员"和"角色"两个"自我"就已难以应付,而作为舞台艺术,还有第三个"自我"——"观众"。这三个"自我",就好像康德哲学的三个"物(我)自体",中间似乎都有一道"不可逾越的鸿沟"。在西方侧重"知识"的思想体系中,不易找到合适的沟通环节。这样,斯坦尼斯拉夫斯基体系由于内在的矛盾而时有瓦解之虞。于是有布莱希特的体系出来,索性贬抑表演中的"直觉",而发扬"理智"的成分,不求活的交流、体验,而求冷静的理解,在演员、角色、观众三个"自我"中拉开"距离",摆脱"同(移)情",倡导"离情"。"演员"和"观众"都成了评论者、批判者,"角色"以及它所做的"事",都成了理智研究的"对象",艺术变成了科学——历史学和社会学。

布莱希特以及斯坦尼斯拉夫斯基的学生梅耶荷德等也都是伟大的艺术家,他们在戏剧文学和舞台艺术上均获得了巨大的成功。"理智"缺少"直觉"的深度,但却比"直觉"有更为广阔的内容。布莱希特的戏剧打破了斯坦尼斯拉夫斯基的"第四堵墙",把大工业社会的内容纳入戏剧舞台,在气势方面就不是斯坦尼斯拉夫斯基体系所能比拟的了。

所谓戏剧的表演艺术(或舞台艺术),实际上就是以演员为中间环节(或谓"通过演员"),把角色[以及他(们)所作所为、所思所想]和观众联系起来。所以戏剧表演艺术核心的问题是要解决好"角色"、"演员"和"观众"这三个"自我"之间的关系。解决的方式不同,就会有不同的表演体系和表演流派。

一般说，西方的戏剧表演或注重"体验"（斯坦尼斯拉夫斯基），或注重"表现"（布莱希特），而以梅兰芳为代表的中国戏剧表演体系则无此分化，它是将"体验"和"表现"结合起来。所以当斯坦尼斯拉夫斯基和布莱希特两位艺术大师分别看了梅兰芳的演出后，不约而同地都引为知己，梅耶荷德还根据他对梅兰芳表演的体会，调整了自己的导演计划。这是表演艺术大师们在自己的艺术领域里的专业的体会，自很重要；不过我们从学术文化的角度仍可对这三种表演体系作一些阐发，以求在更广阔的视野中把握这三种表演体系的联系和区别。

我们知道，西方的传统思想在过去、现在、未来这时间维度中常倾向于重视"现在"、"现时"，或谓"在场"。无论是情感的交流，还是科学理论的把握，都是如此，他们叫做"永存的现时"。因为"过去"已经"不存在"，"未来"尚未"存在"，它们都"不在场"，而只有"现时"是永久的"存在"，永久的"在场"。就科学来说，譬如我们做几何题，平面几何现在的做法和当年欧几里德的做法是同样的，谁做都一样，所以"历史"对它不重要。就艺术言，无论斯坦尼斯拉夫斯基或布莱希特也都是强调一个"现时性"、"现实性"，要把"角色"（他人、古人）通过"现时"的"演员"，呈现在"现时"的"观众"面前，不过一个强调的是"他人"的"原貌"（斯坦尼斯拉夫斯基），"好像""今人"（演员、观众）真的看到了"他人"、"古人"的言行一样；一个则是强调"今人"（演员、观众）对"他人"、"古人"的理智的、批判的态度（布莱希特），而不相信"今人"真的能够把握"古人"的"原貌"——这或许也反映出现在国内外学术界讨论得很热烈的所谓"现代"与"后现代"的区别。不过我看他们的着眼点仍在"在场"性：无论将"古人"拉到"今人"面前，或是将"古人"作为一个"木偶"，目的仍在表现"今人"，强调的都是"在场性"。

"在场性"思想与西方近现代以来"自我"观念的泛滥很有关系，现在西方的学者也逐渐觉得"自我"的观念有许多困难的问题存在，而想从"另一面"——"他人"来寻找出路。此种尝试，对我们理解中国的文化传统，倒有一些参考价值。

中国人文传统本没有发展起如此强烈的"自我"观念，中国的"人"，一直生活在一个个大大小小的社会之中。"我"是在与"他人"交往中"形成"起来的。除去"我"受的教育、"我"的"工作"……即排除掉了"我"的"生活"之后，"我"还"剩下"什么？的确，那些帝王将相，除去与"名位"有关的生活外，还会有一些"生活"，或许说，作为"帝王将相"他有一个表面的面貌，而剩下的那一些，或者叫"私人（个人）生活"，或者叫"内心世界"，似乎才是"内在的"、"本质的"、"更重要的"。但如果我将这一切统统"排除掉"（用括弧括起来），那还"剩下"什么？所以，在一种意义上，我们可以说，"生活"、"他人"——"他者"使"我"成为"我"；"历史"使"现时"成为"现时"，并通过"现时"规范着"未来"。也是在这个意义上，"历史"和"未来"为"主"，而"现时"则是"过渡"性的，只是一个"环节"。我想，这正是中国人的传统心态，中国的演员也不例外。

演员不突出"自我"，对于理解、把握"他人"的思想感情，与"他人"沟通，即体验要演的"角色"，也就比较顺畅一些，并且也可以更为顺利地与台下的观众交流。因为大家都不是那神秘的封闭的"自我"，本来就是"你"中有"我"，"我"中有"你"。这样，问题就不应是：不同的"自我"之间如何可以交流？——所谓"主体间性"；而应是：既然"你"中有"我"、"我"中有"你"，为什么却"不能""交流"？这样，中国的演员就不要费事非要把三个"自我"归并到一个"自我"中去才叫成功，而是老老实实承认时间有三个维度，"人"分"我"、"你"、"他"，但三者之间又是可以相通的。中国戏剧通过"演员"把"角色"、"观众"沟通起来，也就是把"现时"和"过去"、"未来"沟通起来，虽然三者都"在场"，但却不是单一的，而是多面的、多层次的。"角色"不是作为"自我"在场，演员也不是作为"自我"在场，就连"观众"也不是作为"自我"在场的。"观众"在剧场，不是"评判员"，更不是"审判员"。在进入剧场时，"观众"虚其"自我"，将"自我""托付"给"他人"，"接纳""他人"。"观众"去"看戏"，看"演员"如何"表演""他人"的事。"观众"进剧场和出剧场时甚至可以不是一个"自我"。虚其"自我"，才有"未来"，才有新的"自我"。但"观众"仍不失为一个尺度，"演员"也必须考虑到"观众"的因素。

从这个理论的层次去看梅兰芳的表演艺术，可以体会出他的体系的精髓所在。《舞台生活四十年》中具体谈到了许多常演的剧目，指出了这些剧目中表演时应注意的地方，几乎每一处都照顾到角色、演员和观众三者之间的关系，尽量用高超的艺术技巧，把这三者的关系调整好。所以从这个角度看，也许我们可以说，梅兰芳的表演体系的"中心任务"——套用斯坦尼斯拉夫斯基的话，就是"演员"用表演技巧，协调"角色"与"观众"的关系，说得更理论化些，就是用"艺术""沟通""过去"和"未来"。这里，"艺术"是海德格尔在《论艺术之起源》里说的"第三者"，而演员正是那个"第三者"。

梅兰芳演戏，不是"自我"表现，也没有钻到虞姬、杨贵妃、肖桂英、穆桂英这些古人的肚皮里去的"钻心术"；梅兰芳在"表演"，在做"艺术"这件"事"。作为表演者的梅兰芳是"第三者"，"艺术"是梅兰芳的"事业"。"艺术"、"事业"使梅兰芳成为梅兰芳，梅兰芳因其"事业"而不朽。

既然是做一番"事业"，就要认认真真去做，不能光靠"灵感"；也不能死死板板去做，要运用聪明才智，才能做好，做得出色。"事业"继承着"前人"，开往着"后人"。所以中国的演员强调演员之间互相学习，讲究师承，也讲究创造革新，这是西方的戏剧演员不很特别强调的。当然，西洋的歌剧唱法也有传授关系，但学成之后，则强调独特之个性，似乎只对作曲家负责，对剧本负责，而演员之间的联系就不如中国戏曲那样受到重视。中国传统的艺术，作为"事业"本身就有很强烈的连续性，同样也是"历史性"的。梅兰芳《舞台生活四十年》以大量的篇幅记载了他和老辈的、同辈的、后辈的演员们之间的学习、合作、传授关系，从生活到艺术都有记载，学习过的，同台演出过的，合作时间长的，合作时间短的，以及文武场面、编剧作家，甚至票友、外行，都有所述。从这里，我们可以看到梅兰芳的"事业"做得很大，涉及的人、需要的人、参与的人很多，是一番"大事业"。所以，梅兰芳的表演体系，是一项"工程"，而且是一项"大工程"，其内容不限于一个演员的表演技巧。

三、古典的和时尚的

梅兰芳表演体系这项伟大的"工程"，凝聚了中国古典艺术的精华，体现了中国文化人文传统的特色，是一项"历史性"的"工程"，因而既是传统的，又是现代的。中国戏曲，中国的艺术是中国地区性的，是民族的，但又是可交流、可沟通的，因而也是世界性的。梅兰芳表演艺术，不仅有民族的意义，而且是世界艺术之林中的一颗明珠；梅兰芳表演体系这项工程，既是民族的，又是世界的。

就时空观念而言，西方人较早成熟的是空间性的，而中国较早成熟的则是时间性的。西方已经注意到他们传统意识中这一缺陷，并不断加强对"时间"问题的思考，提出了一些很有意义的思想。而中国却似乎也在走与传统相反的路，时常更加强调断裂的变革、革命，将绵延的时间分割开来。

"人"就个体而言都是"会死的"，没有哪个人能够永存。就一代一代的"人"而言，都是有断、有裂的，"生命"不相连续；但"历史"、"生活"都是连续的，不仅前人的宫室器皿我们还在使用，前人的思想文化，我们在学习、应用，物质的事业和精神的事业，物质的工程和精神的工程，也都是延续的。当然，我们也改变前人的事业和思想，有所创造，有所革新。但就整体来说，不是"无"中生"有"，而是"有"自身的变化、绵延。中国人文精神理解下的"变革"乃是传统自身的变革，在变革中保持自身的同一性，"变"由发展自身，以求达到自身的"完善（美）性"，即使吸收新的因素而突破了自身，改变了自身的"同一性"，产生了"另一个"，或引进了新的"另一个"与其对应、对立，原有的"同一性"也不会"丢失"。因为此种已有相当"完善性"的艺术会成为"古典"的——在学术里为"经典"的，保持着马克思所说的那永恒的艺术魅力。

以梅兰芳为代表的中国戏曲艺术，像唐诗、宋词那样是古典的、典范的艺术，是中国艺术史上的"范例"，而不是一种"时尚"。

应该说，京剧也曾经是一种"时尚"，所以才有"时尚黄腔喊如雷"之唱。但是经过几代大艺术家的创造，京剧并没有因"时尚"流行一时之后就烟消云散，而是形成了一个古典的艺术剧种，找到了它在历史和社会中的应有的地位。只要有华人在，就必会受到尊重、维护和发展。京剧在从"时尚"成为"古典"的过程中，需要有一大批艺术天才，而梅兰芳则是他们在艺术精神上的总代表。所以提起京剧，必定要想到梅兰芳，就是很自然的事。

各个民族的"古典艺术",之所以不会消失,是因为任何一代的人,为展示自己的文化素养,"证明"自己"配得上"自己民族的历史,就应该努力使此种已成"古典"的艺术得以延续,加以保护,并予以提倡和发扬。在这个意义上,"古典艺术"时常可以得到"复兴"。譬如,中国戏曲中早于京剧的昆曲(剧)就是一例。

我认为,中国戏剧到昆曲阶段已经相当成熟,在唱、做、念、打以及戏剧的文学性方面都有了很高的发展,是很高级的东方"诗剧"。昆曲也曾是一种"时尚",一个"新腔",后来渐渐"曲高和寡"起来,作为"时尚"为京剧所代替;但京剧从来就非常重视、尊敬昆曲。据梅兰芳《舞台生活四十年》中的记载,最初京剧班从学习到正式演出,昆曲都有相当的比重,而到他学戏时才已不从昆曲入手,但梅兰芳却很认真地学习、演出、提倡昆曲,有点像元代大书法家赵孟頫那样身体力行地提倡篆书,果然成绩卓著。在梅兰芳的保留剧目中有《游园惊梦》这样浪漫的佳作。

梅兰芳复兴昆曲,并不说明他"保守"、"复古",因为他无意使昆曲重新成为"时尚"。他之所以提倡昆曲,在于他认识到中国戏曲之历史性的延续,在于他认识到昆曲作为"古典艺术"的价值,也在于他意识到他自己作为一代艺术家的责任:"后人"要"配得上""前人"所留传下来的艺术"赠予"。

扩大开来说,一个民族,如果有哪一代竟然使自己的"古典艺术"——优秀文化"失落",并不说明此种艺术、文化已经"过时",或这一代人真的不需要此种艺术、文化,而只能说明"这一代人""配不上"此种艺术、文化。就连那最好"时髦",最求"新奇"的西方的一些民族,也要耗巨资来修复古画、古迹,花大力气来保存古代希腊和莎士比亚的戏剧。参观法国的卢浮宫、中国的故宫,大概不太可能成为"时尚"。但此种参观,却是比"时尚"更为持久、更为高级的文化活动。

如今的中国社会,自改革开放以来,"时尚"是太多了,文化生活也丰富多彩,在艺术活动方面,人们有很大的选择余地;但在那众多的"时尚"潮流之外,尚存那"古典"的艺术,它"迫使"人们承认,并以它那"永恒的"艺术魅力吸引着人们。在"时尚"范围内,是"时尚"的东西要适应我们的趣味。相反,在"古典"范围内,则要求我们去适应"古典"的东西,使自己的趣味、教养得到提高。因此，我们要去学习、去理解、去欣赏那"古典"的东西，以"证明"我们这一代人不是"失落"梅兰芳艺术精神的人，而是"配得上"作为梅兰芳的"后代"的人。

中国过去有一句受到批判的话，叫做"不孝有三，无后为大"，带有封建的重男轻女、传宗接代的意思，当然很要不得。不过，如果我们借用一下，从另一种意义上来说这个"无后为大"，则可以理解为：我们要教育、培养出能够懂得、维护、欣赏和发扬一切优秀文化传统的下一代，而不使其"断"了"后"，才算是尽到了我们这一代人的责任而不至愧对古人。愧对古人也是愧对后人，因为我们没有尽责去使他们成为有文化、有教养、懂得历史的人。

社会生活在时间上是连续的，在空间上也是可以交往的。"时尚"可以跨越国界流传，"古典艺术"则更是全世界的共同财富。世界各民族的优秀文化都是相通的，相互之间是一定会承认的，因而是"公认的"。

从1919年起，梅兰芳多次带艺术团出国演出，每次都受到所到国家人民的热烈欢迎，说明这些国家是文明的国家，它们的人民是有教养、有文化的，他们"配得上""享受"梅兰芳的艺术，就像中国人民"配得上""享受"日本、美国、俄国的高超的艺术一样。

所谓"配得上"，并不是说西方国家的人民都能很深刻地理解了梅兰芳的艺术，就是对中国人来说，也并不是都有很高的理解程度的，而是说要有一个开放的胸襟，乐于承认、接受世界上一切美好的事物。有这样一个基础的文化教养，有这样一个文明的态度，才能进一步向这些优秀的文化传统学习。

对于"古典艺术"是要学习的，它是艺术上的"典范"，而"典范"的意思就是"提供"大家学习的。

很早以来，就有西洋人学演京剧，有一些还的确有较好的水平。改革开放以来，此种例子更有不少。当然，学演京剧的西方人不会很多，京剧在西方不可能"普及"。但我们中国人却有信心让西方有更多的人喜欢京剧，因为我们认为，尽管表演（现）的形式不同，但作为古典的艺术精神是相通的，因而可以指望，西方人不但会将中国京剧作为科学研究"对象"来研究，而且也会将它作为艺术作品来欣赏，来理解。现代交往信息的发展，必将促进各民族文化传统和古典艺术的交流。当人们利用高科技的手段能够更加方便、更加完美地欣赏到各民族的优秀文化艺术作品时，当人们"看戏"已像"读书"那样方便时，梅兰芳生前所记录下来的精彩的节目，必将在更深的层次上，在更广阔的范围内，得到发扬光大。

当然，这并不是说，中国的京剧——梅兰芳的艺术会借助新的高科技手段重新成为一种"时尚"，这不仅在西方，而且在现代的中国，都是不可能，更是没有必要，甚至是不应该的。对古典艺术的复兴——维护和发扬，并不是要把"古典的"降为"流行的"，而是在精神上有更深的层次、在品味上有更高的水平这样一个方向上的弘大和发扬。"文化大革命"中的"样板戏"，除了政治上的问题外，在艺术方向上也存在偏向。那时要求人人都学唱样板戏，力图造成一种"时尚"——"革命的风气"。在"（革命）时尚"的潮流中，这些戏的真正的价值，反倒表面化、肤浅化了。改革开放以来，这些戏不作"样板"来唱，也不要求人人都学唱，而其中的优秀剧目反倒在艺术上站稳了自己的脚跟，有了自己应有的地位。

一代人有一代人的"娱乐方式"，是一种"时尚"，不一定能维持得多久。现在即使是文化很高的人聚会，互相和诗联句的大概很少了。但诗的地位并未降低，应该说是提高了。"物以稀为贵"，一般的"物"尚且如此，更不用说文化和艺术的产品了。只要是好"东西"（物），则可以不以数量胜，而以质量胜。京剧曾经是"堂会"里的主角，如今"堂会"已经"丢失"——或已彻底改变了形式，叫做"晚会"这类的词了，但京剧的地位得到了提高。京剧摆脱了"堂会"，进入了古典艺术的"殿堂"。看京剧已不仅仅是一种娱乐，而是一种陶冶，一种艺术的教育。

梅兰芳是中国戏剧艺术大师，是中国人民艺术上的伟大的老师。接受老师的教育，即使是艺术性的，也不能仅仅是一种"消遣"。"古典"即"经典"，"经典"是要人去学习的。梅兰芳的艺术就是这样一种艺术上的"经典"，是后人学习的楷模和典范。中国人民以有这样一种"经典"而自豪，以有梅兰芳这样一位艺术上的大师而感到幸福。

1994 年 10 月 21 日

京剧"韵味"及其他

《中国戏剧》增加篇幅，第七期在新添"航空茶座"栏目中发表北京伊平与上海翁思再两位先生讨论京剧演唱"味儿"的通讯，读后很高兴，觉得《中国戏剧》正在为增加刊物的评论水平、理论探索的深度而努力，我觉得这不仅是必要的，而且是重要的。

多年以来，京剧艺术的状况是理论和实践的过大的不平衡。京剧出了许许多多的大演员，去年纪念的梅兰芳、周信芳两位大师，可谓典范；但京剧的理论研究，无论在数量上和质量上远远不能与这些艺术大师相匹配。扩大来说，中国的剧论，比起诗论、画论来说，也是小巫见大巫。这其中当然有不少客观原因，理论落后于实践的情况也是常有的，但如果落后得太远，落后的时间拖得太长，就应该引起重视了。

京剧理论研究的这种状况，当然不能全怪理论工作者，有时候社会各界，特别是京剧演员本身也要多关心、多思考一些理论问题才好。大演员都是很重视思考的，因而他们重视和各界，特别是学界的人交朋友，和他们讨论艺术问题，即使是很外行的意见，他们也不忽视。梅大师这方面的例子太多了，有他自己的书和别人的书为证。记得60年代社科界有一份杂志叫《新建设》（早停刊了），召开过一次"舞台美"的学术座谈会，到会的有戏剧理论界的一些前辈理论家，也有马连良和白云生两位艺术大师。我看过马先生许多戏，但台下还是第一次见他，我发现他非常专心地在听我们的发言，也许因为我写过一篇谈马派和谭派艺术风格比较的文章，会下还和我谈了几句。我觉得他是真心想从我们这些书呆子里吸取一些有益的思想,是一个开放的、有悟性有天才的大艺术家。我常想,京剧是一门技术性很强的艺术,要练各种功夫,只要用功,有一身技术,就可以名世;这也容易有一种"专门化"的趋向,用我们学界的话来说,是太"专业化"了;对我们搞哲学的来说,光"专业化"还不够,要"博"而"约"。艺术和哲学一样,不能太"专业化",京剧一方面要有"专业性",一方面也要有更广泛的"文化性",这也是我国"人文化成"的传统。说一句直率的话,我希望京剧界不要"行帮化",而要"人文化",如何?

伊平、翁思再二位信中讨论到奚派艺术。说来很巧,奚啸伯先生是我唯一接触多的大演员,之所以这样,正是因为他十分喜欢和我们这些当时还是年轻学生的人交往。几十年前我在北大读书时,奚先生在北大演出,我们一批戏迷学生到后台看他上装,他很高兴和我们谈,问长问短,逐渐地竟成了他家的"座上客"。其实,我们这些学生也不济得很,没有给奚先生出过什么好主意,以致他未免"右派"之灾,离开北京,后来就未曾见过面。每思及此事,总觉得对不住他老人家。如今奚派艺术后继有人,而且有发扬光大的趋势,我们也深感慰藉。

话题扯远了。关于京剧"韵味"我过去写过文章,现在回过头来想,还有些话要说。

如何理解京剧演唱的"味儿"(韵味)?此词来自味觉,英文叫 taste,德文为 Geschmack,进入哲学是一种"趣味"、"判断力",有伊平先生说的"品味"问题,以"品味"(趣味)高下看水平;京剧的"味儿"是对京剧演唱的品评、判断的鉴赏,也是在哲学的高层次上来用的。

世界上有各种"声音",有"乐音",也有"噪音"。一般来说,歌唱的声音是"乐音",但并非一切"乐音"都有"味儿"。鸟儿的歌唱也很悦耳,也很美,但我们不说它"有味儿"。看来,只有"人声"的歌唱才有"有味儿"、"没味儿"的问题。"味儿"(韵味)是"人文"性的,不是"自然"性的。

当然,"人文"离不开"自然","人声"只是一种"声音",歌唱(音乐)要以"声音"为"载体",但歌唱(音乐)不仅仅是"声音",它"载"着一些别的"什么",传达着"自然"以外的一些"信息",即表现着人的思想、情感。过去我们说,"声"中有"情","声""情"并茂是有"味儿";我们也不妨说,"声"中有"思","声"负载着人的"沉思",是为有"味儿"。现在大家好说"信息量","声"中有"情思"("情"、"思"),"信息量"才大,才需要你反复"品评"。

"声"中之"情思"不是直接表露出来的,"情"不是感情之发泄,"思"也不是逻辑的推理,"情思"就在"声"中,所以是"声"、"情"、"思"并重。在某个意义上说,"声"似乎"覆盖"了"情"与"思"。思再先生信中说到"云遮月",人们常用来形容余叔岩的嗓音(声)的特点,实在是非常贴切的。也许,"云遮月"就是"声""覆盖"(蕴含)着"情"与"思","声"不是无内容的形式,"情"、"思"不是单纯的发泄或说教。这也许就是人们说的那种"朦胧美"?

"朦胧"为"不清","不清"为"玄",为"暗",因其"玄"、"暗"而"不可测"。"不可测"才"内容"丰富,"信息量"才大;因其"惚兮"、"恍兮"才"深",才"远"。这岂不是我国古代道家所追求的那种境界吗?我们搞现代哲学的也讲"现象"与"本质"的关系。"现象"表现"本质","本质"透过"现象"体现出来,但"本质"仍是那样深远,似乎总在"现象""后面",吸引着哲人们无穷的追索。余叔岩那"云遮月"的嗓音和他那"韵味"清纯的演唱同样也激发着顾曲家们无穷的回味。

说到顾曲家现在似乎也不太多了。马克思说,"音乐"需有"音乐的耳朵"来聆听,"音乐"要有"知音"。"人文"的对象,只有"人文"化了的人(文明的人)才能"识辨"。人会因欣赏餐桌上摆得非常美丽的拼盘而迟疑住筷,而猴子上桌则会一抢而空。一切实用品都会因其巧夺天工而升华为艺术品(工艺品),就因为有能识别"美""丑"的人来保护它,使其不被"实用"掉。也正因为世间存在此种有眼光、有情趣的人,另一些人(作家、画家、演员)才在技巧上精益求精,不断提高水平。京剧同样需要一批顾曲家、知音;这就是说,京剧不仅需要高水平的演员,而且需要高水平的评论家和高水平的观众。

《中国戏剧》杂志又有了新的创意,而在上海的报纸上思再先生关于京剧方面的报道也常常吸引着我,这些都使我这个老观众对京剧作为古典戏剧的长存和发展,增加了信心。

1995年8月20日

余叔岩艺术的启示

艺术史上有些现象很值得研究。余叔岩的艺术就是京剧艺术史上很有意义的现象，研究它，会得到许多启发。所以如果京剧史上有我说的"余叔岩现象"，也并不是故意套一个新词引起大家注意，而是实有所感。

一

感想之一就是古典艺术固然也讲质、量并重，但比较而言，"质"更要重要些。

事物总要质、量相统一，事物的发展总要量中求质，没有相当的量，出不来高的质。京剧艺术也不是一开始就很成熟，它有一段很长时间的酝酿、积累、提高的过程，从徽班进京起，已有二百多年历史，而更不用说在这之前昆、乱各剧（曲）种以及更为久远的诗、词、曲、舞的发展基础了。京剧到谭鑫培，在老生行当就相当成熟，成了典范，而余叔岩则是老生艺术的更进一步的发展，成了历史的高峰，是老生行当的更为成熟、更为优秀的古典范式，在"质"上得到了更好的完善。

余叔岩艺术这种历史地位的确认，在更老一辈的顾曲家那里，也不是没有争议的。我们现在可以读到对京剧史卓有贡献的齐如山对余叔岩的艺术就有不少批评，因为他的范式是谭鑫培，以此来衡量余叔岩，自有不同之处，而种种"不同"，也就成了"不足"。这是历史评价中常见的事，连自然科学史上也有不同时期的范式。而历史的进步，乃在于"范式"之"涵盖性"，即后一种"（理论）范式"可以"涵盖"前一种"（理论）范式"，譬如爱因斯坦"相对论"可以"涵盖"牛顿的力学理论，等等。艺术史各个时期的代表（范式）当然不能相互"代替"，但也有个"涵盖性"问题。艺术的"质"度，就体现此种"涵盖性"。

我们这一代人没有看到余叔岩的舞台演出，从文字记载来看，余叔岩固然所学甚多，但在舞台演出相对较少，而我们所能直接接触的，竟只有他留下的"十八张半"唱片。或许应了那句"物以稀为贵"的话，因其少而弥足珍贵。不过，如果达不到"质"的高度，那也可能因其"少"而被湮没。余叔岩的艺术不但没有被湮没，而且得到了发扬光大，成了经久不衰的大艺术流派，我想，正是因为它的"质"高，才能虽少犹多，以少胜多，以少生多。这样质度高的少，就是"涵盖性"大，少数的"种子"，可以生根发芽，蔚然成荫。

所以，研究余叔岩艺术，我想说的第一句话就是研究古典戏剧的演员如何精益求精，提高"质"度，而不求一时之热闹。

二

感想之二是请演员注意"技巧"。过去我们研究艺术理论的很强调"自然"，这当然是对的。"自然"是"艺术"的最高境界，但这种高级境界要靠"技巧"来支持，要通过高度的"技巧"锻炼来达到"自然天放"，才是艺术的高级境界。所谓"工后之拙"，没有"工"的过程，那种"自然"是较低的。

譬如京剧演员嗓音条件好，实大声宏，当然是好事，但嗓子响的人多得很，因没有训练而并非演员，更不是好演员。很多人都会写字，但并非书法家；我们都会"说话"，但也并非演员、演说家；多数人都会哼几首曲子，但并非歌唱家……艺术需要"训练"。

从记载来看，余叔岩身体不好，嗓音不属于实大声宏那一类，因此他就更加着重在"锻炼"，把"技巧"提高到"化"境，以"技巧"支持他的演唱。所以现在听他的"十八张半"，每一张都是精品。

余派技巧侧重在何处？咬字当然是很重要的，过去老顾曲家说得也很多，现在再来强调，因为总是觉得现在有些演员，不很重视。你说他咬的字，也不错——其实并不"错"，那是语音标准问题——但就是嘴皮子没有工夫。青年演员依仗着嗓子好，气力足，不注意嘴里的工夫，到头来会吃亏的。记得我们年轻时看谭富英的戏，他的嗓音条件太好，有时咬字上不很注意，大家也不在意；后来他年纪大了，反倒嘴里讲究起来，他晚年录的唱片（如《奇冤报》等）简直精采极了，但令人惊讶的是，我却发现他那几段的韵味非常像余叔岩。

我一直觉得除了咬字外，余叔岩的"运气"也是很值得研究的，现在读到有的研究文章很好地探讨了这方面的问题，很高兴。我听余叔岩的唱片，常感到他的"气"好像是"用之不竭，取之不尽"的。事实上哪里会有这样的不竭之气呢，无非是演员下了工夫，运用得当，让人听起来似乎总有充足的储备一样。

"气"是中国艺术里的一个很重要的观念。"气"就是"生命"，是一种"力"，是"生命力"。西方人也有同样的意思，他们讲"灵魂"、"精神"，他们的艺术品也要讲"精神灌注"，是"活"的，不是"死"的。

艺术里"（中）气足"不是自然现象，而是艺术现象。不是拖长腔，越长越好，谁也不能一口气唱一出戏，总是有连有断。这里就有技巧，就像书法一样，就是"一笔书"也有个"断"的时候，要紧的是如何做到"笔断""意不断"，书法里叫"贯气"，也就是"精神（生命、生气）灌注"。"自然"的"气"总是要"断"的，但"艺术"的"气"却可以有"无限的""绵延"，"断"了还可以"连"起来，这叫"生生不息"。

"气"是"内在的"，所谓"内练一口气"，"气"推动着、支持着"咬字"、"行腔"，就像书法里"气"支配着"用笔"一样，也像绘画里说的"气韵生动"，有了"气"，才有"韵"，也才能"生动"。余派讲究"韵味"，但没有"气"，"韵味""推"不出来，"气"使"韵味""出来"。身体多病的余叔岩，如何"练气"，是现在演员应该认真学习的。

三

最后讲一点感受也是有关"涵盖性"的。京剧有"京派"、"海派"之分，说的是事实，在艺术上各有特色，但又是相通的。余派不仅在北方，而且在南方同样是很受推崇、影响很大的。

我少年时在上海读中学，那时刚解放，学校功课不紧，课余晚上我参加一个票房（大概叫"濩声"）活动，陈大濩先生教我们唱《二进宫》。当时，上海电台里有苏少卿先生教唱《武家坡》、《文昭关》，前者是谭派，后者则是汪（桂芬）派路子。记得范石人先生也在电台教唱。这些都是"京派"。刚解放那一阵，美国飞机老来轰炸，上海常停电，有一次陈大濩先生在煤气灯下演《击鼓骂曹》，台下照样坐得满满的。我还记得随父亲看过孟小冬的《搜孤救孤》，可惜我太小，只记得赵培鑫演的公孙杵臼也得了许多叫好声。

我说这些，是想说只要能达到高质度的水平，地无分南北，是同样受欢迎的。上海曾是十里洋场，灯红酒绿，西洋的玩意儿也已不少，但不但京剧的"海派"，就是"京派"也仍是上海人民的高雅的娱乐，说明京剧作为中国的古典艺术的地位，实在已是不可动摇。

不过，这种地位是需要大演员、大顾曲家弘扬光大才能维系下去。京剧发展到现阶段，更需要在"质"度上保存和提高。"质"度高的艺术，其"涵盖性"反而大，这是我们纪念余叔岩、研究余叔岩艺术要注意的一个道理。

1996 年 3 月 15 日

从"脸谱"说起

京剧脸谱是艺术明珠,堪称国宝,不但在京剧艺术中不可或缺,本身也有独立之观赏价值,实在是我国艺术家对世界艺术作出的特殊贡献。不过,以前也常听批评家在贬义上用了这词,说人物没有个性,有"公式化"、"概念化"的毛病,则斥之曰"脸谱化"。

其实,"脸谱"与"概念"、"公式"是完全不同的。"概念"、"公式"是"抽象"的,但"脸谱"却不能归结为"抽象"。

关于脸谱,已有许多专家作过专门的研究,它或许起于古代"面具",或许还有"图腾"的意味,再有一些"象征"等等,像包公脸上那个"月牙",本来许有些宗教的意思在内。这些研究当然是很有益的,对我们理解脸谱很有帮助。这里的问题是:如何从艺术上来理解脸谱?

我想,批评脸谱"公式化"、"概念化"的,其中有一点未曾深察的是在那个"谱"字上。

"谱"从"言"从"普",似乎是"普遍的"东西,到处可以"套"用,"脸谱"表示一些"类型",譬如"忠"、"奸"、"善"、"恶"、"刚直"、"阴险"等等,还有地位上的贵贱、尊卑。这一切,似乎是一种"定型","套"用起来,的确容易犯"公式化"、"概念化",而缺乏"个性"的毛病。西方人研究"面具",也是强调它把后面那张有血有肉,有个性的"脸""遮盖"起来了。所以,"脸谱"的毛病,不出在"脸"上而出在"谱"上。

中文的"谱",似乎没有固定相应的外文来译,它们的 fable, score,

recipe 都有"谱"的意思，甚至 tree 都可以用来指"谱"，像我们说家"谱"，他们就说"family tree"。

这样，中文一个"谱"字涵盖了西文许多字的意思，内容是很丰富的。

"谱"首先有"标准"、"准则"的意思。化开来说，还有"（方）法"——得法，不得法的意思。我们常说，某人说话、行事"没有准谱"，言其做事说话不遵守一定的"规则"，无法沟通、交流，也无法"理解"。"谱"是要大家（普遍）都能"遵守"的，"没有谱"则不成"局面"——这是《博弈论》里的 game，没有"规矩"，不成"方圆"。

"谱"还有"谱系"的意思。"谱系"是历史形成的，是历史性的，是一种"传统"。因为历史不同，传统不同，"谱系"也就不同。于是有各种不同的"家法"、"流派"。我们知道，京剧的脸谱，也还有不同的"家法"，同样曹操的脸，勾画上也有大同中之小异，这是专家们有过很细致的研究的。

此外，"谱"有一层很重要的意思是不能忽略的。凡称"谱"的，都是有待去"实现"的。"谱"自身是"实践"的"本"，好像是个具有普遍意义的"设计方案"（图案），它是要被"付诸实践"的。所以脸谱首先是京剧（戏曲）艺术的一个有机部分。光有个脸谱不能成为"活曹操"、"活姚期"、"活包公"，要成"活某某"，还看演员如何去"演"。这一点，天下的一切"谱"都是适用的。

世上的"谱"种类繁多，譬如"乐谱"、"棋谱"、"菜谱"……其自身只是一个"本"，一个"依据"，而等待着如何"演奏"，如何"下棋"，如何"做菜"……

在西洋，大作曲家的"乐谱"当然是很"神圣"的，但"乐谱"还需要"演绎"（演奏）才真的成为"音乐"，而大演奏家（包括大指挥家）的地位并不低于作曲家。我国"谱"的作者大概是集体的，但演员却总是个体的。在舞台上，"脸谱"通过演员的表演"活"了起来，就像演奏家在舞台上让作曲家纸上的"音符""活"了起来一样。

现在书店里有许许多多"菜谱"，的确也有许许多多"谱系"：有四川的，淮扬的，上海的，广东的……当然还有许多西餐菜谱。但"菜谱"不是"菜"，不能吃。"菜谱"给大厨一个规范，有的说得很详细，看起来也很"死板",如加盐多少多少,文火炖半个小时等等。这个"指标",对于普通家庭主妇言,是帮助她做出中等水平的菜肴来,不至于不堪入口,却又能"限制""大厨"的匠心独运。"厨艺"上乘,在于掌握"火候"。"火候"是一个综合性的分寸,不是"30分钟"、"35分零5秒"那样死板的,不是飞机的航班,到时一定"起飞(起锅)","火"曰"候",乃是一种"征候",是靠操作者的经验、体会"感觉"出来的。它不是"理论性"的,而是"实践性"的,因而不仅仅是"实用性"的,而且是"艺术性"的。就"实用性"而言,做出来的"菜",有个中等水平,能吃就行;但就"艺术性"而言,"火候"是必需掌握的。

舞台艺术中也有"火候",是把各种的"谱"——包括曲谱、身段谱(程式)、脸谱……都艺术地"兑现"出来,是要(等待)艺术家把这些"谱"用"活"了,塑造出活生生的人物形象来。

像"厨艺"一样,舞台上也有中等水平的演员,他们按部就班地把各种"谱""做"出来,也算是完成任务。刻苦点也会有相当的"功夫",就是缺少一点"灵气"。

像"灵气"、"天才"、"体会"、"悟性"、"气象"、"气候"、"气韵"……并不是能"谱"出来的,而是艺术家的一种创造。然而,就道理上来说,各种的"谱",并不是要"限制"人的创造,而只是要使人创造得更好。做不好"菜"不能怪"菜谱",演不好戏,不能怪各种"程式",人物没有"个性"也不能怪脸谱。再往深里说,各种的"谱"不但不企图"限制"艺术家的"天才",而且还可以防止"天才"的"流产"。"谱""规范"着那不易"规范"的"天才",使其不仅有"天才",而且有"成就"。

至于京剧的脸谱还具有独立欣赏的艺术价值,也是一个很有趣的问题。就这个意义来说,脸谱艺术乃是绘画艺术的一种。而中国的绘画艺术,按其传统说,也是有"谱"的,梅有梅谱,菊有菊谱,"画谱"乃是过去画家的入门功夫,所以中国绘画的意趣与西洋的绘画有些不同,它似乎更接近"表演艺术",要把那个已经加工过的"谱"、"本""兑现"出来。"画家"好像一个"演员",不过不用自己的身体,而是用笔墨丹青,在"谱"、"本"的指导下,把梅、兰、竹、菊……创造性地表现出来。所以和书法艺术一样,中国绘画艺术也讲究"笔法"(用笔、运笔),讲"气韵生动",是"动"的,不是"静"的;是"时间"的,不是"空间"的。"脸谱艺术"同样亦有自己的"气候",亦有"笔法"之"飞动"。

记得几十年前奚啸伯先生对我们说,演员艺术要做到"有规律的自由",他的体会是很深刻的。"自由"不能"没有谱",而"有谱"并不真的一定要妨碍"自由"。

1996 年 12 月 20 日

漫谈中国书法艺术

我很喜欢书法。不过这次来确实没什么新意思要说。我写过点书，也写过点小文章谈书法，但多是外行话。书法我是外行，我是搞西方哲学的，也研究西方艺术、美学等，也与聂振斌一起搞过《外国美学》的编辑等等。我考虑我们现在的书法嘛（当然我不谈创作方面的，书家都有很多创造啦），我们搞理论的究竟该如何理解书法？我们现在面临一个任务，就是怎么样向世界，向别的民族人民来"说"我们的书法？因为过去多是我们自己"说"，关起门来自己"说"，容易懂。汉字文化应该包括怎么欣赏书法。这个汉字的"字"，不仅要懂它的意思，还要有形状方面的审美。做到这点对于我们这个民族包括汉字文化圈的人都不难，它是天生的，好说，说得通。跟没有这方面审美趣味，没有这方面传统（我们不说它高低）的民族怎么讲？讲得他觉得你们这个有点意思？这是我们搞理论的，尤其是搞西方思想的人的一个任务。我觉得中国的传统——书法确实是国粹，因为绘画、戏剧等，西方都有。这样一个国粹也好，国宝也好，我们就是告诉人家：这是我们的国宝，我们要发扬它；那末外国人说：好了，那我们也该重视了。我觉得仅这样不够。就说你们没有，你们为什么没有？我们有，我们为什么有？我们有了，它的意思究竟在什么地方？你们缺这么个东西，那末为什么？说得什么些，就是你应该向我们学（当然这说得有点狂）。我们已经学习了人家好多东西，艺术的、思想的、科学技术的等等。在"说"书法时，我们要说得人家不是觉得猎奇（外国人很好奇）。我们把这个（书法）呈献给他，说这也是宝贝，非常宝贝，那末他也收藏、也悬挂了（甭管是倒着挂、正着挂、横着挂、竖着挂），也觉得这是宝贝，中国的，东方的宝贝。但是，怎么成为他的——他也理解的宝贝？这个我觉得很难很难。当然这又不仅是我们搞理论的人的任务了，是整个文化交流的问题。我认为不仅是书法，我们整个中国的古典艺术都如此。要让他觉得不仅仅是有意思、好玩。（当然了，艺术他总是觉得有意思、好玩。比如演戏——骑个驴、画了大花脸，很好玩。）但这个好玩不是现在才开始的，多少年以前就有，比如什么德国人演中国戏啦，辅仁大学就有一个德国人演戏，演过花脸，还演过配角，也有照片留下，挺有意思的。现在就更多了，如什么留学生演中国戏等等。那末，他是不是真正理解我们的东西？不见得。这是一种欠缺。因为这不应仅是一个猎奇。我们应该让他们觉得：这东西他们确实还需要。别的方面，他们可类比的很多。譬如戏剧，他可以跟他们的戏比；绘画，他可以跟他们的绘画比。唯独书法，没处比，他们没有这个艺术种类。这也可能是一个很好的突破点。他们为什么没有这一行呢？他们就得反省了：他们的文字怎么没有成为艺术品？其实，他们曾经试探过的，他们那抄经的东西，那些抄经的花体字跟我们唐朝一样，都是那些经生写的，教会那些拉丁文体都是抄的，跟现在的印刷体不一样的。当今我国内没有几个人认得那些手写体的拉丁文。像《尼布楚条约》，在中苏关系紧张时，我们中国社科院有一个人，他能认出，因为他在教会呆过，所以他能认出那些字，那是工夫。要讲技术，写它也有技术，是专职的。但它没有成为艺术品，哪一个外国人家里也没有挂一幅这种字。为什么？所以我们从这个突破点跟人去说，能引起人们的重视。书法这方面，我认为可做的文章很多。西方古典的概念判断、推理、科学性的东西，它认为可以把一切变成符号，变成公式，把整个世界也都数学化了，公式化了，是概念化的一个体系，科学就是一个概念化的体系。很多年以来，他们不赞成这个想法，觉得人人都变成科学家、思想家了，对这个世界只有一种科学性的把握方式（包括伦理道德在内也一样）。一个教授就应当做教授该做的——授教；工人你也得符合工人的标准；当兵的就得勇敢、服从命令。一切都概念化，连伦理学都变成概念了，"活人"没有了。所以从十九世纪后半叶到现在，二十世纪以来，西方人觉得他们讲的是死传统。现在西方哲学包括西方的形而上学，把活的东西都变成死东西，是受科学和概念化的影响。概念就是个有定义的东西。人，也有定义（马克思主义有马克思主义的定义）。但真正的人是活的呀，你定不了的，他今天可以是农民，但明天，他就进城了，变成城市户口了，可以变成工人。所以他们对活生生的人到底是否能把握？是一个问题。中国的传统，好像就是把握这个活生生的人。那末，中国传统也有个问题。西方人有一个很明确的概念：人是一定要死的。从希腊以来，这是确定无疑的。许多东西都变成概念化、体系化的死东西。比如做个几何题的题目，当作欧基里德做是这个，现在人做也是一样的，它没有时间性，完全一样。西方人以为没有时间性，才能把思想保存下来。凡是你做的、古人做的事情，都一样，是永恒的。所以他们认为只有思想是永恒的，个体的人是一定要死的。那末有一个问题，如果都变成抽象的、没有时间的思想，那不就都成了程式化、概念化了吗？人当然是要死的。你那个思想，它也是有时间的，随时代一点点变化的。你用逻辑把它框架起来，那只有在历代传下来的东西里面（所谓历史的有效性），即历史的作用里，它才是活的思想。而我们讲的是活的思想。人死掉了，你的思想靠什么活下来呢？靠文化，整个文化传统。文化传统是活的东西。我从这个意思觉得书法——字的艺术就是活的东西。我看到一些论述书法的文章（有些是我们美学界人写的），写得不错，说书法是线条的艺术，很好。但这个线条不是几何学的线条，几何的线条是死的，它是划界线。书法，讲它是线条还不够，它是活动的，它不光是空间上划界线，在时间上是活的，就是说它是生命的延续。你说几何学有什么生命？它没有生命的跳动在里面。几何学整个一套程序是死的；书法是活的，它不能公式化，不能概念化。我以为西方人走到这一步，他在反他们的传统。他们不断地反他们的传统。从近代以来他们觉得以前的都不行，层层地反。西方反出来以后，能不能碰上我们东方的？几十年来，哲学领域已有不少大思想家突破了他们的传统，他未必自觉地研究东方的思想（也有自觉的，如叔本华、海德格尔，海德格尔到晚年才接受一点道教、佛教），但他们能碰上东方。此时，我们来解释我们的整个古典艺术（包括戏剧、绘画，特别是书法），我们能不能向他们讲清楚？你们要找寻的东西，我们这儿有，你们丢掉的东西，我们有，你们觉得不够劲儿的，我们这劲儿比你们大。你们觉得思想不是空洞的公式，是一种生命的东西，"活"的，这是十八九世纪以来逐渐产生的。所谓精神性的东西，我们曾批它为"唯心论"，其实,是一种活力,精神有神嘛。这种活力恰恰是我们整个文化里没丢的,我们的文化就强调这东西。因此,我们对于书法的理解,你叫它是抽象的,又不大对头。外国人一见书法便说是抽象的,我说那不对。精神上完全不一样。那末你说那是具象的,我也不明白。用一般的西方概念来套不行。你若说它是符号,符号是象征,象征是什么?是一个东西象征另一个东西。可以说"这幅画是象征什么东西的",可是书法并没有明确地象征另外一个东西。你无论如何不能把"能指"和"所指"分开来。书法是"能指","所指"指的是什么意思?所以"能指"和"所指"不能分开来。你把书法"念"出来,把这个字念一遍,那不等于书法,恰恰这是西方原来的一些想法。很有意思,我们可以拿来研究。可现在他们自己也不大赞成这种分法:把"能指"和"所指"分开。"能指"有它自己的一套,"所指"就是逻辑的规律。我们讲的活的生命、活的思想,西方人现在正在找这些东西。柏拉图、亚里士多德的东西也都是活的。我们搞哲学的现在也注意到一个问题,他们的文字语言有毛病,不大好,太重视"所指"系统,整个抽象的思想意义的系统。西方人不要忘掉世界上还有相当一部分不是这个系统的,特别是要提到中国的系统。东方有东方的系统。正是在当前这种交融的情况下,我们要发扬我们的传统,但要用他们能懂的"话"来说,说得他们也能懂。

(这是1994年初在一个座谈会上的发言,后来经梅墨生同志整理在杂志上发表,又收到他们编的一本书里。)

| 第三编 杂文篇 |

"学而时习之"及其他

《论语》第一句话为"学而时习之,不亦说(悦)乎",说得是何等平实,孔门弟子把这样平实的话作为师训集成的开宗明义第一言,可见万世师表亦从平实处入手。

不过,这句话虽然平实得可爱,但仍然透露出孔学、孔门的一些特点和实际的信息,联系起来,也不像想象的那样简单。

孔子这句话是对他的学生说的,意思是:你们来我这里,当然是"学",但不仅是"学",而且要"习";用我们现在的话说,是不仅要学理论、学道理,而且——也许更重要的,要"练习"。接下去的话,"有朋自远方来,不亦乐乎",是表示对"学生"的欢迎。那时没有"学生"这个词,"弟子"跟"兄""弟"一样,当然也可以指弟子们从四面八方相聚在一起来的意思。再下去的那句话"人不知而不愠,不亦君子乎",是要弟子们和睦相处,因为初次相识,不够了解,不要闹矛盾。

这样,这三句话才有了连贯的意思,不仅仅是互相独立的教导。

这样看,《论语》头三句话,乃是孔门的"校规、校训",是孔子对学生的开场白,所以被学生们放在卷首。

孔门家法第一句为"学而时习之",强调的不仅仅是学道理,而且要注重在"习"的功夫。"习"为"复习"、"练习",还有"演习"的意思在内。这就是说,孔子这所学校,虽然不是官学,但除了学道理要"温习"、"复习",并要实际的锻炼、练习外,而且是一种"演习",是为造就社会有用人才作准备的,"学以致用",将来是要出去做事(做官)的。

那末,学生到孔子那里"学"什么?孔子主张"博学",诗、书、礼、乐、射大概都教,也有一些他明说了教不了,也不主张学生去学的,像种地、诉讼等,可能当时不是君子所为,孔子不教。孔子所教的,学生所学的大概有两件事,一是"礼",一是"仁"。"仁"侧重在道理方面,而"礼"则侧重在"实习"方面的。

孔子其时,天下纷争,礼崩乐坏,孔子要用统一的周礼去治乱,应该说是一件好事,而且孔子对于古礼,也不是完全没有变通的地方,《论语》里也有记载。所以,学生到孔子那里去,主要是学习周礼,"学"而时"习"之,熟练了,再到社会上去推广,这样,天下就会由乱到治。孔子的教学,"学"、"习"并重,是一种"训练",不仅仅是学抽象的道理。

不过,孔子却在"学"、"习"中,加重了理论的成份,这就是强调"仁"。当时,也许有各式各样的"儒",教习各式各样的"礼(仪)"。孔子高明的地方在于侧重从"仁"的角度阐释"礼"的意义,"人而不仁,如礼何;人而不仁,如乐何!"(《八佾》)是孔子的创造性的发展,《论语》把这句话放在孔子猛烈批评季康子、孟孙、叔孙、季孙乱用礼乐之后,说明孔子特别重视"仁"字,"不仁"是滥用礼乐的根源。也许,正因为有创造发展,孔子大大提高了"儒"的地位,才有"君子儒"和"小人儒"之分,而于孔子,"仁"则成为一门大学问,孔子的儒学,真可谓"仁学"。

然而,"礼"(乐)是一些实际的程式,当然也要些道理维护它,但主要是实际的礼仪,只要"学"了多加(时)"练习",就是学成了。"仁"则是一个更为普泛的理论问题,所以《论语》的主要内容,在于记录了孔子以"仁"为核心的有关言论,并没有把孔子所教的"礼"的程式详细记下来,可见学生们感兴趣的是那些有关"仁"的话。

"仁"的观念既然是从"礼"发展出来的,或至少与"礼"密切相关,则其初始离不开"礼"的规范,要为"礼"服务,或受"礼"的约束,也还是可以想见的。所以,"仁"在孔子,亦不仅仅是一种"理论",而且也是锻炼、练习的事。"礼"是表现在外的仪式,"仁"是蕴藏于内的思想,不仅外在的"仪式"要"训练",内在的思想也要"训练",要使自己的"存心"也合仪节,合

"仁"。孔子夸颜回说："回也，其心三月不违仁；其余，则日月至焉而已矣。"（《雍也》）可见"仁"可以是很具体的"事"，在"心"里存上三五个月，不会违反、忘却，或者是一些具体的"规划"，不要"存心"去违反。这样，孔子对于"仁"，主要也是当作一些具体的"原则"来教的，而不是对"仁"进行一种理论性讨论。

《论语》中关于"仁"，有许多种说法，有些说法是非常深刻的，如"仁者爱人"，我们可以作许多的理论上的阐释，把它和"仁者无忧"、"不内疚"联系起来，的确有很深刻的哲学道理在内。但在有些情况下，孔子说"仁"则有较强的针对性，是根据学生的具体情况说的，这一点许多学者已经注意到了。我们这里想说的是：学生去孔子那里问"仁"，并不是要和孔子"讨论"，而是要有一个答案，并且是"可行的"答案，然后可以"时"加练"习"，熟记在心，至少记它个十天半个月，记得三个月以上，就是好学生。所以"仁"不仅要"学"，而且也要"习"。

在这个原初的意义上，中文的"学习"，就不仅仅是西文的"learn"、"study"，而且有"train"、"discipline"、"practice"的意思在内，所以孔子的学生为他的"disciple"。学生去孔子那里"问""道"，心目中要求孔子给他一个"可行的"答案，此处的"道"侧重在"方法"、"途径"，去"实行"那个"仁"，实行那个"礼"。一句话，"克己复礼为仁。一日克己复礼，天下归仁焉"（《颜渊》）。"仁"、"礼"都以典章、制度为核心，"仁"为"礼"的核心，"礼"为"仁"实现的途径、方法。总之，都是要经过"学而时习之"的。

"可行的""道理"乃是"可实践"的"方法"，"道"亦是"术"。英文的"way"，亦有"方法"的意思在内，与德文的"Weg"不同。平常说"there is no way…"就是"没有办法……"、"没有方法……"这个意思，但德文不能说"Es gibt nicht Weg…．""道"可以有"术"的意思，所以庄子有"道术"，孟子有"仁术"。在孔子，"仁术"就是"礼"。孔门弟子要去学"术"，当然要"学而时习之"，"术"不"练习"不能"纯熟"。这样，孔门的学问，侧重在"如何实现"。

人们常说，中国的学问重在"如何"（how），西方的学问则重在"什么"（what），这话很有见地，但不周全。我们可以说，西方的学问同样也重视

"how",而他们的问题在于"如何理解……"（how to understand...），而中国的学问——至少孔门儒家的学问则重在"如何实现……"（how to do..., how to realize....）

不错，西方哲学的问题，的确有一个"what is it?"的问题，但这个"what"不仅仅是"名称"，而且包含"如何理解"所指之"名称"。当然，绝不是说，中国的学问就不重视"理解"，孔子的教导就有"学而不思则罔，思而不学则殆"，并有"博学审思"之训，比西方人说得清楚多了。不过同样的"思"，如"理解"，中西哲学的重点也有不同。中国传统强调的"思"，重点在"加深理解"的意思，而不是提出"疑问"。当然，任何人都会有"疑问"，学生问老师，就是因为学生有"疑问"。老师来"答疑"，但有了"答案"，就要认真去"体会"、"领会"（思），并多加练习去实践。在这个意义上，"思"也要有方向的，不能胡思乱想。《论语》记载曾子说"君子思不出其位"，"思"是思那个"仁"，那个"礼"，"加深理解"，其目的（方向）是为"实践"、"实现"。

表面上看，《论语》和《柏拉图对话集》是很相似的，都是把老师与学生（朋友）的对话记录下来，但在精神上是不相同的。

《柏拉图对话集》是"提出问题"、"讨论问题"。《论语》则是"解答问题"、"阐释问题"。前者是"对话"（dialogue dialectic），后者是"问答"（question and answer）。所以《论语》虽然是"议论"话，但重点不在"议论"老师的话，而在记录老师的"答案"。也许，之所以叫"论语"，意在强调它只在"（议）论"，而不像"国语"那样直接是"治（国）"的"话"。所以，《柏拉图对话集》和《论语》虽然都是一问一答，但前者重在"问"，后者重在"答"。《论语》中学生们虽然也有许多的"问题"，但都由老师确定的回答而"平息"下去。然后要求你仔细体会（像颜回那样），加深理解，身体力行。《柏拉图对话集》中的"问题"却不容易"平息"下去，似乎老是"可疑"的。按照亚里士多德的说法，苏格拉底、柏拉图也要寻求许多概念的"定义"，所谓"确定性的寻求"也是希腊哲学的一种精神，但他们不认为有一个一劳永逸的"答案"——"定义"，所以要"讨论"、"辩论"。《柏拉图对话集》的篇目中也有一些集中讨论一个问题、一个概念的，如什么叫（是）"正义（公正）",什么叫（是）"美",什么叫（是）"美德"以及什么叫（是）"友谊"等等,但《柏拉图对话集》没有告诉读者有什么现成的答案,而是给出一个被"解"（破）掉一个,所以有些学者甚至认为苏格拉底是个"怀疑论者"。如什么叫"正义（公正）"（justice, just）,柏拉图有《共和国》、《法律》这些长篇对话讨论它,也提出了相当详细的实施方案,但并没有关于"公正"的周延的"定义",哪怕有一个"说法",让学生（朋友）"学而时习之",可以付诸实现的,在《柏拉图对话集》似乎找不出来,所以苏格拉底只得发感叹说,讨论来讨论去,莫衷一是,真是"好事多磨"。《会饮》篇在讨论"什么是美"后,用了希腊成语"美是很难的"这样一个双关语来结束谈话。

应该说,古代希腊早期也很重视格言式的教导。希腊的七贤留下的大多为道德格言,其中泰利士说了一句"万物始基为水",被尊为希腊（甚至欧洲）"哲学之父"。此后希腊伊奥尼亚和南意大利学派（毕达哥拉斯学派）的哲学,也都是些"教导"："世界的始基为'无定'","世界的始基为'有定'","气（汽）"、"四根"、"种子"等等,莫不如此,都是叫人学会了"牢记在心",慢慢去"加深理解"的。我想,从此种"教导式"的学说到"对话"、"讨论"式的学问,其转变关键可能在"智者学派"的出现。"智者学派"是一些"辩士","巧言令色"的"舌辩之徒"。他们对一切"现成"的东西进行挑战,譬如你说"一切皆存在"（巴门尼德）,他非要说"'不存在'也'存在'"；甚至他们可说连"神"都可以"不存在"（高尔吉亚）等等。这种辩才,发展到极端,受到常识的嘲弄,从阿里斯多芬的喜剧中可以看出普通老百姓是怎样看待他们的。然而这些"辩士",却开了一种新的风气,他们好问,使一切现成的思想、体系、制度……发生"动摇",迫使哲学的思考在给出"回答"时采取十分慎重的态度,而且不能把"回答"（问题）说"死"了。希腊的"智者学派"开创了一种"思想开放"的风气,这个风气被苏格拉底、柏拉图所继承,所以希腊哲学的古典问题及其解决办法,固然是为了纠正智者们的"怀疑主义",但却保留了"思想开放的精神"。柏拉图的"理念论"和亚里士多德的"存在之存在"——"后物理学"（metaphysics）虽然也要给出一个个的"答案",但这类"答案"却涉及"无限"（的问题）,是"具体共相",而不是感觉经验世界里可以写上"实现"的。"理念"与"存在"（实体）因其"无限"而仍是"开放"（open）的。这样，柏拉图、亚里士多德有一种不是怀疑主义的"怀疑"精神。在西方，这种不是怀疑主义的"怀疑"，乃是一种"科学"精神，而"不疑"——"信（仰）"却是后来发展起来的"宗教"精神。"怀疑"不是终止讨论，相互"怀疑"是一直"讨论"下去的，是开放的，是一种积极的、非怀疑主义的"怀疑"精神。"科学"是一种永远探索、追问、怀疑的精神。西方的"哲学"，乃是"科学"的一个"超越"形态，它同样是"科学"性的，不是"艺术"性、"宗教"性的，它是把那"无限"的"探索"、"怀疑"精神当作思考的"对象"来研究，所以"哲学"已是此种"科学"精神之体现，"哲学"维护着"科学"的探索、开创精神。

当然，"无限"作为一门科学哲学的"对象"，容易把一个"过程"当作一种"实在"（对象化），好像"无限"也是一个"什么""在"那里，这是西方"形而上学"传统的弊病。为克服这个弊病，西方哲学家从近代以来，做了许多努力。比如康德说，那个"无限"本只是一个"观念（理念）"，不是经验科学的"对象"；雅斯贝斯因而说，"理念"（观念）是"非对象性"的。柏拉图的"理念"，原本是要它（们）"实现"的，但因它（们）是"无限"，所以实际上"实现"不了，于是"不可知论"由此而生。

孔子的思想传统，没有这些弊病。他的"礼"固然是"可行的"——只是"尚未实行"；他的"仁"也是"可行的"。当学生问"何谓""仁"时，并不是要问"仁"这个"理念"（观念）"如何理解"，而是问"仁"这件"事""如何实现"。"仁"者，"成仁"也，即让"仁""实现"，让"仁""出来"，让"仁""显现"。所以，"仁"不是一个抽象的属性，而是一个具体行动，套用西方哲学的话来说，在一个语句中，"仁"所要求的不是系词的"是"（to be），而是存在动词的"是"（to exist），即使"仁""出来"（ex-ist），这样，"是"才是真正的"动"词，要"活（行）动"，而不仅仅表示一种关系、属性。

当然，这里借用西方哲学思路作出的一种解释，只是说孔子的儒家学说，蕴含着这样一种现在叫做"现象学""存在论"（phenomenology-ontology）的意思在内，并不是说，《论语》就是"现象学""存在论"的了；而只是说，在《论语》中，"仁"不只是一种"观念"（理念），而且是一个"活动"。

既然是"活动"，当然就可以强调"习"。不仅"礼"要"习"，"仁"也要

"习"。既成的"仪式"要"习",可行的"观念"也要"习"。所以曾子也说:"传不习乎?"

"学"而且"习",对所学的东西就不宜"怀疑"。"思而不学则殆",就是因为"不学"而好"思"为独立思考,因而就容易生"疑惑"之心,不能坚定不移,不能如泰山那样巍然不动——"仁者乐山"。"知者乐水","水"性多"变",亦是产生"疑惑"的根源,而孔子儒家的理想境界为"不惑"。

说也凑巧,中西历史上两位圣哲,都曾说到过自己的学术经历。苏格拉底在《费多》篇里说,他年轻的时候对自然的知识特别感兴趣,想知道自然事物变化的原因,但觉得疑窦丛生,后来读了阿那克萨哥拉的书,以为一下子抓住"心",什么问题就都解决了,可很快又失望了,事物的因果关系,还得不断地探究下去;所以苏格拉底强调"自知"——"自知无知",于是有《申辩》篇那个著名的寓言,说神谕谓当今苏格拉底"最有智慧",因为他承认自己"无智"。孔子的经历则不同:"吾十有五而志于学,三十而立,四十而不惑,五十而知天命,六十而耳顺,七十而从心所欲不逾矩。"(《为政》)从科学的探索精神来看孔子这个经验小结,可以提出好多的疑问。譬如大家都知道学是无止境的,孔子自己说要"学而不厌"(《述而》)的,为什么有如此"申申如"的体会?我想,如果我们从对一种可行性的东西(包括程式、观念及对它们的理解等)的学和习言,则孔子所体会出的那种过程和境界是很可以理解的。

"十有五而志于学","学"什么?如果学一般的知识,则稍晚了些。这里的"学"当仍主要指"周礼"和围绕"礼"的道理——仁、义、中庸、诚、勇等等,经过又十五年的学和习,达到"而立"的地步。何谓"立"?"立"为"知""礼"。"不知礼,无以立也"(《尧曰》),学且习了"礼",就"立"起来了。"本立而道生"(《学而》),"礼"这个本立起来了,"办法"也就出来了。

"立"为"直","举直错诸枉","礼"(仁)这个"直"的标准一"立",世上多种的事,都可以此来判断、纠正。如此再"习"十年,步入四十岁就"不惑"了。自己的"标准",确定无疑,坚如磐石,稳于泰山;再过十年二十年,就"练习"、"锻炼"得更加纯熟,渐渐进入"化境"——"从心所欲而不逾矩",乃是践礼履仁的最上乘的境界了。

"兴于诗,立于礼,成于乐。"(《泰伯》)"诗言志","志"是一种内在的要求，而"礼"则为世事"立"则，是一种外在的法则，到了"乐"，则内外统一、和谐，发诸内而形诸外，也就是《中庸》里所说的"发而皆中节"的"和"。"礼"是带有某种外在的强制性的，"乐"是由衷的"礼"，自觉地、乐意地遵守"礼"，没有内外的"锻炼"、"学习"不能达到这种境界。

"乐"的境界是"艺术"的境界。"艺术"并不仅仅是抒发性情，而是要求将自己的性情学且习到自觉地符合"礼"的程度，到了这种程度，心里想什么自然就会"合礼"。所以孔子才说："仁远乎哉，我欲仁，斯仁至矣。"（《述而》）

"心想礼（仁）成"，"礼"和"仁"没有你能不能的问题，只有应该不应该的问题；一旦确立了"应该"的信念，虽"杀生"也要"成仁"。从这个意义来说，"礼"和"仁"都是在"绝对命令"的意义上来理解，是不可推卸的；而至"乐"而"和"，则是在实际上要达到的境界，非经锻炼，学而且习不能做到。孔子说，他七十岁达到了这个至高点。

我们看到，世上的一切"技巧"、"技艺"都以"从心所欲而不逾矩"为最高的境界，都要经过勤学苦练，要坚定不惑，才能"发而皆中节"，如同鲁班手中的斧子那样得心应手。所以孔子说："志于道，据于德，依于仁，游于艺。"（《述而》）"艺"是可以"游"的，而西方——古代希腊的"知识"以及后来译成"科学"的 science、Wissenschaft 等，不同于 art；在 Science 中，那种种"得心应手"的味都不太够。

西方的"知识"、"科学"追求"真理"。

说到"真理"，的确是西方哲学从古代希腊以来的一门大学问。亚里士多德说："哲学正是被叫做'真理'的知识；理论的目的在于真理，实践的目的在于劳作。"（《形而上学》933b）自从亚里士多德以来，"真理"成为作为"科学"的综合形态"哲学"的最高目标，随此而来，关于"真理"问题本身，也就产生了各种不同的学说：主客符合说、自身贯通说、双重真理说等等，也有那持根本否认态度的怀疑论。所以，那看来十分崇高的"真理"，实际上也并不那样确定、坚实。不过，无论采取肯定或否定的态度，"真理"总是带有非私人的公共性和普通性、客观性，都带有"在真理面前人人平等"的意味在内，尽管事实上做不到这一点，时常陷于"公说公有理，婆说婆有理"。西方哲学传统中的"真理"具有某种意义上的"抽象性"、"普通性"。西方哲学发展到现在，对于"真理"的理解也有不少新的阐述，譬如海德格尔把"真理"理解为"去蔽"，与现象学的"显现"联系起来，"真理"就是事物的本来面貌展现出来，因而不是人（为，作出）的判断、推论之正确与否，"真理"不仅仅是"命题"的真、假。这些都是很深刻的，是为批判西方的传统，但仍有深厚的历史渊源的。

从学理上说，孔子的"仁"在儒学中的地位有点像西方哲学中的"真理"。当然，我们可以说，孔子的"仁"是道德、伦理的，而"真理"则是关乎"自然"的。不过，西方哲学的发展表明，在本源性意义上"真（理）"——并不完全排斥"价值"的；而孔子的"仁"亦有一定程度上的"公共性"，不是"私"人的。有两个以上的人，才有"仁"的问题。如果要说区别，似乎会表现在：孔子的"仁"以"礼"为核心、为内容，而西方的"真理"则是要"消除"、"泯灭"各种人为的"礼"、"规则"、"传统"（曾子说的"传"）……即否定那些培根所着力反对的各种"偶像"。

当然，孔子的"仁"很有点像柏拉图的"至善"——一种最高的"理念"，所以《大学》开宗明义就说，"大学之道，在明明德，在亲民，在止于至善。知止而后有定，定而后能静，静而后能安，安而后能虑，虑而后能得"。"至善"为"完善"，为符合一种"理想"，符合事物的本质"概念"，某物（人、事）"该"是"什么"样，就是"什么"样，因为有了"（应）该"，所以叫做"善"。这个意思当然是和柏拉图的"理念"相通的；但是儒家说，要"止于至善"，意味着"至善"是可以达到的，是"可行的"，"可及的"，所以其学术重点不完全在于"善"，不是在"如何理解""善"上不断地去研究、思考，《大学》强调的是"止"。要学的不仅是"善"，而且更重要的是"止"的工夫。《大学》告诉人们，只有"知止"以"后"，才会怎样、怎样，最后才能"得"——即"明德"，明白万事、万物的"德性"和"品格"；强调"止"，是强调人们做事不要"出格"、"越位"。从这个意义上，我们也许可以说，孔子儒家的"仁"是现实的或是"可以实现的"，甚至是已经实现过了的——"（周）礼"。而柏拉图的"至善"，是"无限"，是"理想"，它的"实现"，也是一个"无限"的长河。这样看，两种说法表面虽很相近，也的确有其共同的地方，但在精神上是有相当区别的。

据后人的记载,亚里士多德曾说过"吾爱吾师,吾尤爱真理",表现了他的学术的独立精神。《论语》中也记载孔子说过:"当仁不让于师"(《季氏》),显示"仁"的超越性。这两句话都为后生小子打了气,成为千古名言。不过,由于"仁"与"真理"在学理精神上的差异,对这两句话的领会上,也有一些区别。"当仁不让于师"并不意味着"师"就"不仁",它的意思是:或者"师"有"师"的"仁","弟子"有"弟子"的"仁",即师有师"该"做的事,徒也有徒"该"做的事,或者说弟子要跟师父抢着、赛着去做"仁(义)"的事;而"吾爱吾师,吾尤爱真理"则总带着"师"有错的意思在内。"当仁不让"可以允许"父为子隐,子为父隐",而且认为"直在其中矣"。因为就"仁"、"礼"角度看,"父攘羊"(《子路》),比起父子之仁孝来,是小事,所以这个"直",不是事实"真相"——"真(理)"——在这里是"父亲偷了羊",而是在仁孝方面的"直(理)"。孔子的思路是:大家都按仁孝办事,把君臣父子……的礼,忠诚地遵守着,那末不会因小事发生纷争,是为"无讼",不会打官司,就天下太平了。这个思路和理解,是和希腊的传统不同的。"吾爱吾师,吾尤爱真理",摆开了一副与老师争论、辩论的架势,于是科学才能进步;"当仁不让于师"是共同争做那仁爱合礼的事,于是"传(统)"得以继续和发展,"仁"的精神得以发扬光大。

1995 年 8 月 24 日

说"五十而知天命"

孔子说他十五岁立志学习，三十而立，四十不惑，五十而知天命，六十耳顺，七十岁则从心所欲而不逾矩。（《论语·为政》）说这话时已过七十，孔子死于七十三岁，所以"从心所欲而不逾矩"的境界，未曾持续几年。

为什么已"知天命"之后，又过了二十年才从心所欲而不逾矩？孔子说他"五十而知天命"到底是什么意思？"天命"不就是"天道"——最高智慧吗？认识了"最高智慧"还要等二十年才达到"从心所欲而不逾矩"的"最高境界"，不是很费解吗？

孔子这段话是他一生经验的总结，有自己具体意义，也有普遍的意义。所以我们至今还常说，"已过而立（不惑）之年"这样的话，可见几千年来，历史已有翻天覆地的变化，但一个人的生命历程似乎仍然大同小异。

孔子一生目标是要在纷乱的世界中建立一种秩序，希望天下由乱到治。而他认为"乱"是"现在"的事，"过去"尧舜周公的天下是"治"的，所以"未来"的"治"，当是"过去"的"重复"——恢复。"过去"之所以"治"，乃在于天下万物（包括人）都各有其自己的恰当的位置，按照自己的应有的"份"，来发挥作用并得到应有的"补偿"。天下各安其位，行其所应行，得其所应得，则就是天下归"仁"。"安于位"就是"安于仁"，过与不及、越位或不到位，都是"不仁"。"不仁"就"天下大乱"。"乱"，就是天下万物"错位"。譬如做"父亲"的不教、不慈，是为"不仁"，做"儿子"的不孝、不养，是为"不仁"；为"君"的"不爱民"，为"民"的"不服从君"，好犯上作乱,都是"不仁",都会"乱"。"仁者爱人",这个"爱"也是就其"位"而"爱"之,不是普泛的"爱"。譬如父亲爱儿子,但如果不严加管教,则是"溺爱",是"害"了他,不是真"爱"他。君子爱人以德,不教而诛,在长者是为"不仁"。所以孔子的"仁爱"是有区别的——也可以说是有等级的"爱",是具体的"爱",不是抽象的"爱"。

抱着这个"爱国(天下)"、"爱民"的"仁爱"思想,孔子三址岁"立"于世。"立"什么?"立"是指"立""命",即"立"自己的"使命"——要使天下大治。这种"治",建立于万物各得其"位"的"仁""爱"的基础之上,则不会再"错位",则会长治而久安。到四十岁,这个"志向"(命)已经达到不可动摇(不惑)的地步,无论世事如何纷乱,这个"命"——"使命"都坚如磐石,只是勇往直前。

然而,三四十岁只是坚定地"立"定一个"志向",还是主观的,到底这个"志向"能否实现,或者实现的程度如何,这时还是没法估计到的。三四十岁正是所谓"主体性"高扬的时候,以天下为己任,要想实行自己的一套主张。到了五十岁。可谓达到一个人事业的顶峰。也正是这个时期,孔子的事业有个大起大落。先是由都宰升到司空、司寇,有了行政权,后来又遭冷遇而退至二线、三线,转向教书育人,并率徒周游各国,以求能行其道,终因未见采用而更退至政治舞台的"后台",集中力量致力于学术工作,整理古代文献,与学生们探讨各种问题,阐发自己的思想。学生们记录下来后,成为中国的文化经典《论语》这本书。

从这个历程来看,所谓"五十而知天命"的意思就比较清楚:原来三四十岁时的"主体性"高扬的锐气受到了阻抑,在奋争之后,"知(道)"还有一个比自己"立"下的"使命"更为有力、更为强大的"使命"——"天命"。"天命"是"上天"给你下达的"命令",是"天"规定了的你的"使命"。世界上的事,并不是你想做什么就可以做什么,即使你的想法是对的,也不一定能做得成。你立身在世,所能做的事,只是去努力完成"天""分配"给你的"任务",这是你应该做的,也是你可以做的。康德说,他的哲学是要让人弄清楚:到底人能(被允许)"认知"什么,人"应该"做什么,和人能(被允许)"希望"些什么,明白了这三个问题,也就知道了"人是什么"。孔子对人生在世——在现实的感性世界能（被允许）做些什么是很有体会的，他总结这种体会，在他五十岁的时候，在他的事业进入高峰而开始下降后，体会出来了：我孔子只能（被允许）做什么事。

在这个意义上，"知天命"不是智慧、学问的终结，更不是生命的终结，而只是"开始"。于是，孔子六十岁"开始""耳顺"了，到了七十岁，进入"从心所欲而不逾矩"的状态。三四十岁的人，"志向"很大、很高，"主体性"高扬，但并不能"从心所欲而不逾矩"，可能碰许多的钉子，或者消极颓废，或者愤世嫉俗，情绪有许多波动。到五十岁后，就可能找到自己在社会上的位置了，不再那样消极颓废，也不再那样愤世嫉俗，而可以努力地、安心地去完成自己该完成的事业——德国人叫 Bestimmung，英、美人叫 vocation，中国人也叫"天职"，譬如抚养子女是父母的"天职"等等。这样，再有十来年，"耳"就"顺"了，不会因为"他人"的意思不合"己意"，就听不进去。"顺"者乃是"顺""天命"的意思；"天命"只能"顺"，不能"逆"的。这样，再过十来年，自己的纯粹的"主体性"被"改造"了，心里想的，已不是那"不很可能"的、"空洞"的"应该"，而是在"知天命"、"耳顺"之后，尽自己应尽的"天职"，所以，"从心所欲而不逾矩"，"心想事成"，想做什么就能做什么了，"应该"和"可能"统一了，"人"和"天"统一了。不过，这时"人"已年过七十岁，还有什么作为呢？所以"从心所欲而不逾矩"似乎只能是一种短暂的"境界"了。

无论如何，按照孔子的经验，在人的生命的历程中，五十岁是很重要的，它提示你，该做些什么，不该做些什么；能做些什么，不能做些什么，你的"天职"是什么，用现在的话说，你五十年的经验给你的人生"定了位"。有了这个"位置"，你如果再"越位"、"僭妄"，或者放弃这个"位置"而"不到位"，则为"不仁"，就不是"君子"了。

"定了位"不等于"到了位"，你还得努力才能使自己"到位"，所以五十岁是一个"开始"，而不是"终结"。我们固然不能说"人生从五十开始"，但却可以说"人生真正的事业从五十开始"。

从现代的眼光来看，这个年龄段似乎太慢了些，现在强调干部要年轻化，孔子这个说法有些不合时宜了；不过，我认为就"学术"的"事业"言，孔子这个说法，是相当准确的。从实际的情况来揣测，孔子说"五十而知天命"这个"天命"的更为具体的意思就是：他意识到他这一生是要从事"学术工作"的。

就学术工作而言，五十岁常是一个分水岭：是成熟期，也是某种意义的"开始"。

当然，学术领域内也有许多的"天才"人物，他们在很早的年龄就有划时代的学术成果，像王国维只活到五十岁，他的学术成果就十分可观；当然，我们可以假想他不自杀，活到七十岁，这二十年时间的成果可能更加辉煌——我们只能说，"天才"毕竟是"例外"，一般来说，"大器"总还是比较的"晚成"的。幸好我们的"至圣先师"、"万世师表"不是这种"天才"式人物，而且留下有明确的"人生经验总结"——他是五十岁才"知天命"的，以后以二十年的功力从事学术活动，才达到"从心所欲而不逾矩"的程度。这为我们这些老而无成的人提供一种安慰：孔夫子如此，何况吾辈！

更何况，自孔子以后，学术经验又积累了两千好几百年，就历史传统的学习来说，已不光是夏、商、周三代，只我们自己的传统就有浩如烟海的典籍，不要说十五岁开始"学"，就是在娘胎里开始"胎教"，用通常的办法，绝对"学"不过来。

更何况，如今开放时代，而且近百余年来，中国受到东、西洋文化的影响，需要知道、学习的事不知多出许多来，需要学习洋文、洋书，要与洋人交往，而日月周天的运行和孔老夫子时代差不多，一天只有"十二个时辰"（24小时），就是不睡觉也学不过来。

更何况，如今是信息化时代，不但有印刷出来的书，而且有电影、电视……更有电脑计算机、信息高速公路，我们要"知道"的，不仅是圣人、学者、专家的意思，就连普通人的意思也不能完全忽略。孔子就说过"三人行必有吾师"，按这个比例算，全世界三分之一的人都可以是我的老师，过去他们的"话"我绝大部分是听不到的，马马虎虎也就罢了，如今他们的"话"我们可以听到、读到的，越来越多了，凭什么你能"不听"？这样，我们要积累经验，想出一些办法来，鉴定哪些"话"要"听"，哪些"话"可以暂时"不听"。

更何况，我们当中大多数人也和孔夫子一样，不一定早年就认识到自己的"天命"——什么该做，什么不该做，什么是能力所及，什么是能力不及的等，而是付出多年的代价，做做这个，又做做那个，慢慢地才找出自己的"位置"来，这时也真到五十岁了。

更何况，世事的变化有时不以人的意志为转移，一代人有一代"浪费时间"、"虚度年华"的苦恼，而有些是不能由他们自己负责的。譬如我们这代人，经过"文化大革命"，在"干校"好几年，加上各种"运动"，有十多二十年时间不在做自己的工作，按孔子的十年一进的计算，已经"浪费"了两个跨度，所以只能是"七十""知天命"了。或许，现代条件好，存活的时间比古人长，七十已不"稀"，活到九十岁，把这个跨度补回来了，但八九十岁的人，精力当然比不上五六十岁，所以实际上不容易补回来。

凡此种种，无非说明，学术性的工作耗费的时间要长一些，五十岁为一关键，是比较合适的。近读牟宗三先生《五十自述》，知道他在八十岁同意印行自述的全部，可见五十岁对他的学术生涯也是一个转折点。

就孔子而言，他从五十岁知天命后，又经过二十年，才有"从心所欲而不逾矩"之感，可见学术工作的难度。不过，同时也说明，在学术领域里孔子找到了他在实际政治领域里所没有找到过的感觉：在学术领域里，他得心应手，真的使"应该"的变成了"可能"的、"现实"的了。从这种感觉，反过来又印证了他在五十岁时所体会出的"天命"、"天职"感，是正确的、合适的。他以二十年的努力，果然达到了智慧的最高境界——"自由"。

"自由"是"自在"，都出于"自（己）"。"自由"必先"知己"——苏格拉底所谓"认识你自己"；在孔子的意义上，就是"知天命"，认识你自己的"天职"，而不只是"为所欲为"地"主体性"高扬。

"自己"是"什么"？"自己"为"自己"的"本性"。《中庸》说"天命之谓性"，这个"性"是"自己"的，也是"天""赋予"的。世间万物的"性"，是"天"（自然）"赋予"的；"人"的"自己"的"性"，是"社会"、"他人"所"赋予"的，当然，也是"自己"努力去"完成"的。"人"以"自己"的工作、业绩去"充实"这个"性"，使它凸显出来。所以不是不努力，而要很努力去"完成"这个"性"，使之"完满"、"圆满"，使之"尽"。从这个意义来说,"命"和"性"又都不是"先天"地注定的,因而要到五十岁以后才找到这个"定位",在这之前只是一个"空位",是一个"X"。孔子的意思是要人一定去找到这个"位",否则将一事无成,达不到"从心所欲而不逾矩"的"自由"境界。

于是,"自由"不是"胡思乱想",而是"知己",认识自己的"本性"。而这个"本性",也不是"想干什么就能干什么",想当"帝王"就能当得成的,但更不是生下来就注定了的。"天命"不是"人的命,天注定"的"迷信"。"人"的"本性",是具体的社会实践的"结果",是通过体验、思考、实践经验得来的。在这个意义上,你的"本性",是你自己的"创造",也是"他人"的"赋予"。所以,孔子才说,"人贵有自知之明",这个"自知",就是"知天命",而孔子是五十岁才体验出来的。

1997 年 2 月 18 日

"登堂入室"方是"至友"

哲学很难通俗，不是因为它太"上层"，而是因为它太"基础"。哲学讨论的是宇宙、人生的最基本的道理，只是人们通常都太脱离这个"基础"、"基本"的道理，或者甚至"忘掉"了这些基本的道理，所以才觉得哲学太"高深"，"高"不可"攀"。哲学之所以显得"不可攀"，乃是因为它却不在"高"处。因为对哲学有这种认识，所以我对把哲学"通俗化"的某些尝试，总是抱有怀疑态度，明知这种态度相当偏颇，但思想一时还不易扭过来。

不过，哲学的通俗化工作，中国人、外国人一直都在做，有的做得还很有成绩，这是不能否认的。譬如我们上大学时都念过都兰（Durant）的《哲学的故事》，还作为学英文的教材来选读过，因为这本书的英文（实际是美式英文）实在是很优美的，对中国人来说，文字的难度反倒大些。有些哲学通史，写得也是很通俗的，譬如改革开放后商务出版的梯利的《西方哲学史》，非常简明，连英文写得都十分简练。用这本书来学哲学史，结合着学英文，对中国学生说，不失为一本很好的教材。

我没有统计，只是感觉到，通俗工作做得不好的，也很不少。许多年前在旧书店看到一本把康德《纯粹理性批判》通俗地改写了的德文书，就有这种感觉。因为康德的《纯粹理性批判》当时就被认为很难读，才有人来做这个通俗工作，篇幅不大，我稍许读了几页，觉得很不合康德的思路。其实，除了专门的研究著作外，真正把康德《纯粹理性批判》解释得比较切实的，还要数英国斯密司那本释义，但这个释义也不是普通意义上的"通俗"工作。

那末，用别的方法来提高读者对哲学的兴趣如何？譬如配上插图——这是中国一些学者做了的。又譬如多谈些哲学家的生平轶事——这是德国魏西德先生在一本书中所做的工作。

魏西德先生写这本书的立意是要努力使"哲学以及它的作者都更加有趣，更加轻松"，所以他的书起名叫《从后楼梯看哲学》。"后楼梯"与"后门"通，在西方也并不是每家都有，许多年前，我在美国住的那家就没有；现在我女儿的房子是有的。推测起来，"前门"是接待"客人"的；而走"后门"，一般都是家人或者非常亲密的朋友，可以"熟不拘礼"地通行无阻。能进出"后门"的人，对于这家的"主人"——譬如"哲学家"，自然是很"熟知"的。

于是，魏西德先生"如数家珍"地谈论了他所"熟知"的从泰利士到维特根斯坦三十四位哲学家，每一位都尽量介绍他的生平事业、生活习性，包括一些一般不太注意的有趣的生活故事，并从这里引入他的哲学思想的介绍——当然也是用尽量轻松、有趣的笔法来介绍其哲学思想。就这个宗旨来说，魏西德先生的工作是很成功的。我们看到，魏西德在每位哲学家后面都附上一个有趣的副标题，如"苏格拉底"叫"烦人的提问"，"奥古斯汀"叫"浪子回头金不换"，"康德"叫"准时的哲学"等等；从译笔行文来看，译者大概也尽力忠实于原文的趣味性、可读性，读起来真的非常轻松。可以想见，原文一定是非常优美的德文。如果找来对照着译文读，仍不失为既学哲学又学外语（德语）的好读本。

读这本书，还可以纠正我的另一个偏向，因为我一直不很重视哲学家的传记材料。我为这个偏向找出一个理由：哲学是最为普遍的学问，思考的是宇宙、人生的大义，哲学家个人的经历对他的哲学思想的影响，相对地是较少的。这里所谓"相对"，是"相对"于"艺术家"、"文学家"而言，他们要更多地受个人具体经历的影响，而哲学家则倾向于"普遍地"思考问题，个人色彩是比较少的。这个理由，也不是一点道理也没有，只是比较地忽略了哲学家也是人，他的思想，无论怎样"普遍"，也要受时代的影响，其中也包括了生活在时代中的个人经验的影响，这是无可否认的一面。魏西德先生把这一面着重地揭示出来，也是很有价值的，而不仅仅是为了有趣、生动才这样做的。

我们还应该看到，有些哲学家的个人经历对他的独特的哲学思想的形成影响是相当大的。譬如魏西德书中说到的基尔克特，如果不是他有那种特殊的生活环境和经历，他对"生存"的本质的体会，就不可能有如此的深刻，因而是否能够把"生存"提出来与谢林、黑格尔的"绝对理念"抗衡，就很难说了。

康德应是受他个人生活影响较少的哲学家，他足不出城，交往不多，整日价沉浸于做他的哲学建构的工作；然而如果我们考虑到他的虔诚的宗教感情，就会体会到他的全部哲学工作都在努力从哲学理路上来"化解"宗教的问题，使这些问题在哲学的思想系统中有一个恰当的位置，因而他的工作不限于《纯粹理性批判》，而这个第一批判之所以酝酿许久而匆匆出版，正是说明他老先生是把三个批判的思路都理顺了以后才出版他第一部批判的。

康德的第一批判，一方面固然是批判怀疑主义，要为科学知识找出必然性的基础，但同时也是为了"审批""科学知识"的"权限"：理性只能在"经验"领域里为"科学"立法，而超出这个范围，则是形而上学失误的地方。康德说，他要"限制知识，为信仰留有余地"。这句常受到批判的话的意思是：从"形而上学"不能"推"出"神"、"自由"和"不死"来，"形而上学"不能"证明""神""存在"，因为凡"存在"都只能是经验的，综合的，而"神""不存在"于经验之中。

康德当时能说"形而上学"——包括"本体论"、"宇宙论"、"自然神论"——都不能"证明""神"之"存在"，是要有相当的勇气的，因为从古以来——从希腊的亚里士多德，经由安瑟伦、托马斯到斯宾诺莎等等，都是用"形而上学"来"证""神"的，而康德说不行，把传统的理论否定了。那末，"哲学"能不能"证"（推论、讨论）"神"的问题？康德说，可以的，但不是"形而上学"，不是用"元物理学"的方法，而是用"实践理性"——"元伦理学"的方法，则"哲学"可以"证"（设定、推断）"神"。这是他在《实践理性批判》里所做的工作，而这个工作是希腊哲学没有做的，并且基督教也只在宗教层次上作了奠基的工作。康德则把这个宗教的"神"的问题，从"理性"的——"实践理性"的"哲学"的层次上加以"审批"，在理路上打通了，为"哲学"开出了一个新的局面。康德这个工作的意义，一直到本世纪60年代以后，才逐渐被人们所认识。此后只要注意到这层意思，再读康德的书，在理路上把握起来，则并不很难。

这里之所以要谈到对康德的理解，是想进一步说：有各种方法可以使"哲学""通俗"起来。魏西德在哲学家的生活和文字的趣味性、轻松性上做了不少努力，做得很成功。我想补充的是，要能在理路上更加贯串起来，则更可由形式的通俗进入实质的通俗。当然，并不是说魏西德这本书在理论上没有下功夫，实际上他是努力把一些深奥的理论用平常的、轻松的语言表达出来。我只是想强调一下这方面的重要性。在我看来，"哲学"的"通俗性"，主要在于"理路"上的"通"；至于"俗"，也主要是说哲学的问题原本就在"日常的经验"（俗）中，"日常的经验""俗"到了"极处"，就会产生"超越"（飞跃），先是内容，然后才是表达形式问题。"哲学"乃是"通学"，"条条道路通哲学"，"物理学""通""哲学"，"伦理学"也"通""哲学"，"哲学"讲的是一个"融会贯通"——前说康德在完成两大批判之后，还要有个第三批判出来，这个《判断力批判》，乃是前两大批判的"融会贯通"。

"哲学"不仅与其他学科、其他科学是"通"着的，而且各"哲学家"所思考、研究的"问题"、"学说"、"思想"也是相"通"着的。"通"不等于完全相"同"，"君子和而不同"，仁者见仁，智者见智，"不同"和这个"者"——受时代、社会、个人条件影响的"不同"的"者"，有很多的关系；但"不同"却可以"通"，或者说，因有"不同"才有"通"的问题，"通"就是"和"。

西方人很重视"不同"，在思想、理论上注重"批判"、"创造"，这本也是"哲学"之本性。"哲学"不能像其他学科那样作为一门现成的"知识"来"普及"，"哲学家"、"哲学著作"都要求有自己的独创性，都要批判前人的理论、思想，提出自己的独特的学说、思想，才能自成一家；但自己提出的学说的独特性，也要在和"他人"——别的哲学家对话、讨论的基础上产生出来，而不是闭门造车出来的。每个人都有自己独特的、不可替代的生活经历，但并不能说，每个人都在同等的意义上是"哲学家"。"哲学家"需要"哲学史"。魏西德这本书说的正是历史上一个个的哲学家，实际上同时也是一本哲学史。

魏西德先从泰利士说起，这是公认的西方哲学的"创始者"，然后讲到巴门尼德、赫拉克利特，至苏格拉底、柏拉图、亚里士多德，经伊壁鸠鲁、布洛丁进入中古奥古斯汀、安塞姆到托马斯，有一个历史的顺序。这个顺序是不能打乱的，亚里士多德不能在柏拉图前面，这不仅是个史实问题，也有个理路问题，因为亚里士多德的学说是在从泰利士起希腊古代哲学的小结基础上产生出来的。没有"自然哲学"阶段的"始基"，没有巴门尼德的"存在"，没有柏拉图的"理念"，出不来亚里士多德的"实体"。由亚里士多德的"实体"到布洛丁的"一"，也是历史过程。布洛丁的"太极"（一）不能在柏拉图之前，因为这个超越"存在"的"至善"是柏拉图先提出来的，没有柏拉图的理论准备，出不来"至善"的超越性，而柏拉图这种超越性，又是和苏格拉底"把哲学从天上拉回人间"（西塞罗语）、"认识你自己"、"美德即知识"这些思想分不开的。像"始基论"、"存在论"、"理念论"、"实体论"……这些理论倒未必一定由谁提出来，但这些"理论"自身有一个理路——用哲学的行话来说是有"内在的必然性"，是不能"错乱"的。同样，我们不该指望在古代希腊就能有像康德那样把"自由"提到核心地位的哲学体系出现。因为哲学意义上的"自由"是基督教宗教思想长期传播"逼出"来的哲学问题，在古代希腊没有那样突出，他们集中思考的是"必然"问题，而阿那克西曼德的 ἄπειρον（无定），并没有与"自由"问题真正沟通起来，直到康德才系统地来做这个工作。

当然，哲学史的发展常有这种情形：前人已蕴含了后人的思想，后人开发了前人的思路，譬如魏西德书中说亚里士多德思想时提到"逻各斯"，其实在赫拉克利特那里谈得就很多，不过亚里士多德是把它"逻辑"（Logic）化了，提出了形式推理的问题，显然是在某一个方面大大推进了这一思想，但也失去了赫拉克利特那种普通超越性的"道理"的意义。而这种意义，又被后来的布洛丁，以至近代的黑格尔注意到，阐发出来。此种新阐发出来的"逻各斯"，和赫拉克利特、亚里士多德其时不可同日而语，但道理的顺序是相通、相承的。

从这个意义来看，魏西德这本书是让人重视哲学史的学习，它告诉人，不仅这些哲学家像普通人一样有许多趣闻、趣事，而且他们的工作——"哲学"，同样也是很有趣的。读他们的书，学习哲学的历史发展，本不是一件枯燥无味的事。"哲学"的"思想"、"思考"本身就有一种魅力，才赢得了一代又一代人不知疲倦地去研究它、思考它——为伊消得人憔悴，犯个错误也是值得的呢！

"思想"本身就有吸引力，读历史上一代一代哲学家的书，就是体会他们如何一个一个地被"他人"（其他哲学家、前辈哲学家）所"吸引"，而自己又如何地力图去"吸引"别人——同辈的、后辈的哲学家的。那末，读哲学的书是不是就仅仅为了"被吸引"、"被征服"，而准备当"俘虏"了呢？当然不是的。我们说，哲学书有一种思想的魅力、吸引力，正在于它是能"引起"你自己思想的"兴趣"的。而实际上，真正的"被征服者"、"俘虏"，都是被"剥夺"了思想的权利和兴趣的，因而不是"被吸引"，而是"被压制"的。在这个意义上，"被征服者"和"征服者"是不平等的，而"读者"和"作者"的地位在原则上是平等的，大家都以探求"真理"为目的。而"探求真理"则是从古代希腊以来奠定了的哲学的崇高的使命，写书的如此，读书的也是如此。

这样，读哲学书，固然是一种"学习"，但也同样是一种交谈、讨论，需要的是友谊、理解和讨论的态度。读哲学的书，是在作者的引导下，把他想过的问题，用你读者自己的心思"重新"想一遍（或多遍）。作者在书里写下的"话"，不是对牛弹琴，而是调动读者的思考，读者"跟随"着他的思路，把他走过的历程，再走一遍，这就叫做"重新"，因为这条路你读者尚未走过。或者还想再走，作者来指引你，等你读者自己走了一遍或多遍后，则你读者的体会不会和作者完全一样的，或许你在同一条路上有新的体会，或者你还会发现一些新道路，再加上你如果也是做哲学的，则你会有自己的书问世，则前一本书的作者理应拍手高兴，因为他作为"引导"的作用，就在于"引导"你读者自己去思考，去发现，去创造，如今真有了新思想出现，应该共同欢庆，庆祝在哲学探索的道路上，又多了一个同道、朋友、知己。

我们通常说，"读书"如"交友"，是读者与作者的交谈；就哲学或其他学术领域来说，"交友"则离不开"读书"，只是书有各种的读法，"交友"也有不同的方式，不同的层次。魏西德先生为我们提供了一个比较愉快、轻松的方式、方法：从"后楼梯"的"后门"进去，可以不拘一格地开怀畅谈。就我自己的经验来说，我常常想象着把这些大哲学家请到我这个小写作间来，和他们交谈——从图书馆借回他们的著作，认认真真，有时是恭恭敬敬地读。所以别看我这个小写作间不起眼，我也请到过从泰利士以来的许许多多大哲学家，承他们盛情，一谈就连续好几个月，甚至好几年，所以我很喜欢这间小屋子，真可谓"往来无白丁"。

无论"前门"、"后门"，进门了以后是要"交谈"的，要听"主人"谈他关于哲学的"所思"、"所想"，有时你也要插上几句，说你自己的想法——所以书上有许多批批点点。这样，无论"前门"、"后门"，只在"过道"里不行；能进出"后门"可谓"熟知"，但黑格尔说"熟知"未必"真知"，要想"真知"，总是要"登堂入室"，坐下来仔仔细细、认认真真地用心去"交谈"，这样的朋友，才是"至友"，才是"知己"。不要看魏西德先生的书从"闲谈"入手，他在谈到各位大家的哲学思想时，不认真读他们的书是写不出来的。

1997 年 1 月 27 日

我敬畏的金先生

我上大学时金（岳霖）先生是哲学系主任，分配到哲学研究所工作时，金先生已到所里任副所长。哲学所搬到城里干面胡同后，我们又在一个大院宿舍做邻居二十多年，可是金先生对我说来始终是个谜，常有神秘性，也有几分神圣性。

金先生的学问对我来说是太高深了。一方面他是逻辑学大权威，是中国一代逻辑学的宗师，而这门学问我一直觉得太严格了，多次想集中学习但总是半途而废；另一方面，我知道，金先生的学问又很渊博，古今中外，人文艺术，都有丰富的知识，高深的修养，令你和他谈话时感到自卑，感到自己的无知。

另外还有一层原因，就是我听说，老清华的教授常喜欢才能高、天才式的学生，而老北大的教授则常是有教无类的。我也常听说，金先生特别喜欢沈有鼎先生，认为他是天才，等等。我当然只有一般的天分，年轻时连用功都谈不上，所以对金先生一直有敬畏之感，不敢过于接近。

这样，我对金先生的了解就非常表面，非常肤浅，而且多半还来自道听途说。

金先生在政治上一直很进步。1949年前他的好朋友中有张奚若先生很反对蒋介石独裁，思想是开明的，民主的；1949年后金先生也一直是左派，对党和社会主义是很拥护的。"思想改造"运动时我还没有上大学，反右运动时我已到哲学所，在这个运动中，金先生是左派。我的印象甚至在"文革"中，金先生虽未能幸免，但相对来说，受到的冲击主要为"反动学术权威"。金先生因为年老，是我们所唯一没有下干校的老先生。

这当然是很可理解，很可尊敬的。因为金先生原本是学西方的政治理论的，深知那一套的虚伪性；在新旧社会对比的生活中，又真切体会到党和社会主义制度的光荣、正确、伟大，这是我们后辈应该努力学习的。在当时，我觉得金先生在老学者中是最进步的，连我们年轻人也比不上他。

不过，当时我感到金先生也有"落后"的时候。他的意思是很好的，但由于他年老多病，晚年更不出门，所以他对时事的一些看法，完全依照当时报纸、电台的导向。听说，"四人帮"倒台后，上级派人去听他的反应。金先生对"四人帮"当然是很痛恨的，对他们的倒台也是欢欣鼓舞，和我们大家一样，但在谈到最后他也像当时报纸口径一样，加上一句"要继续批邓"。我们后来听到后都觉得金先生太迂了，其实那时老百姓中早就不买这句话的账了。或许是多年来我们习惯于听从报纸的导向？我自己也是这样的，譬如1959年公共食堂的事，那时我下放在洛川，当时有不少当地干部要解散那里的食堂，我说我听报纸的，报纸没让解散，那次我"对了"——现在看，又是错了。

不过，金先生绝对不是"人云亦云"的人，即使在学问以外的事，也是如此。

记得大概在60年代，干面胡同大院小孩已经很多，常在院子里嬉闹，楼里有些老先生觉得太吵，没法工作，想联名写封信请什么地方来管一管。联名信到了金先生那里，金先生不签名，说"以后建设社会主义还要靠这些孩子们呢"。我听到这个事后，感动得不得了，觉得金先生的确与众不同，有这样高的思想境界。当时我住在前院平房，我也不怕窗外小孩闹，所以同情金先生。

我还记得有一件事也表现出金先生这种与众不同的机智和智慧。我们知道，1949年后，金先生主张形式逻辑也要管内容的，但毛主席不同意这个观点，认为形式逻辑就管形式，没有阶级性。这在平时当然是一个学术问题，但"文革"期间不同于毛主席的观点则是一件不得了的大事，金先生当然要作出自我批判的。在一次会上，金先生竟然提到了这件事，说："毛主席批评后理应很好地检讨自己，可我却不……"听到这里，我真替他捏把汗，不知他会说出什么话来。接着只听金先生说，"你说怎么着，我竟然还闹情绪!"我听了简直佩服得五体投地，"闹情绪"三个字不但作了自我批评，而且在当时的条件下"大事化小"了！现在回忆起来，当时不把自己臭骂一顿过关的，可能也就是金先生一个。

在我心目中，金先生永远是与众不同的，连他的外表的生活方式也是与众不同的。

1949年后金先生工资高，没有家庭负担，生活条件是很优裕的，对这一点金先生很自觉。听说他以高价买了一顶真裘皮帽子——当时这种帽子很少，说这样可以让国家赚回钱，自己作点贡献。我想这种感情是很真诚的，因为他并不常戴这顶帽子。

很多年以来，金先生坚持每天都要出门。起初他走路步行，后来不知什么时候他包了一辆平板三轮，每天拉他出去转。他坐在平板三轮上的样子怪极了。不过，他每天如此，慢慢的院子里的人也就见怪不怪了。只见他经过前院时，一帮小孩高声喊他"金爷爷"，他就以他特有的方式向这些小朋友们"喔喔"地打招呼，几乎天天如此。所以尽管我很少到金先生家去，但每天都能透过窗子看见他。

金先生夏天喜欢穿西式短裤，也很有绅士风度，冬天则喜欢穿中式大褂，当取其保暖性能好之故。

据说，饮食方面金先生相当讲究。他喜欢吃西餐，这是贺（麟）先生告诉我的。我看他家里长期有位叫老汪的西餐厨师，也能想象出来。贺先生跟我说，凡出国留学的都讨厌吃西餐，只有金先生例外。贺先生还说，他在美国时连中国的酱菜都想吃，所以贺先生请我们吃饭——那时贺先生经常请研究组里人聚餐，首先提出的条件就是不吃西餐。不过，我想金先生也喜欢吃广东菜。过去，贺先生请我们研究组的人吃饭大都是四川、山东、江苏的饭店，像四川饭店、同和居、东来顺、丰泽园等；不知什么时候金先生也加入我们的聚餐会，就到广东菜馆。60年代有一个春节，我在上海家里过的，听说组里在大同酒家吃了"龙虎斗"——当时这菜很难得，"文革"时成了"资产阶级生活方式"的一个例子。

聚餐的宴会上，贺先生不喝酒，金先生则既喝酒，又划拳。我觉得金先生生活得真潇洒。在酒席宴上，他一扫平时严肃可畏、不苟言笑的态度，只见他谈笑风生、才情横溢，可以想见当年他那才子的风度。

然而，金先生仍然是学术权威，一代宗师，对我仍是高不可攀的。几十年来，我也侧面听到过他有时也夸过我，但仍消除不了我对他的敬畏心理。这当然是我自己的问题。

1980年我要去美国了，这虽然也是所里安排的，但推荐信是金先生的名义，而且对外国我两眼一抹黑，理应去向他请教，也辞个行。记得当时我拉着余丽嫦一起去，因为我知道金先生喜欢她，拉着她壮壮胆。谁知没有几句话我就又局促不安起来。

先是谈到英文，金先生说，你那个推荐信英文不好，我改了。的确，金先生改过的稿子，我真有一个字不认得，还是现查字典才弄懂的。

金先生问，你去主要学什么？我说，主要学古希腊哲学。没想到他老先生半天没有说一句话，其间余丽嫦大概还说了些我这几年在搞希腊哲学之类的意思。可他最后还是说，"我看你还是去学美学吧。"当然，金先生并不知道这些年我在做什么，他只知道五六十年代以来我的兴趣在美学。不过他老先生的这个评语，却始终在鞭策着我；我要改变他这个评语，一是要把英语学好，二是要不忘努力搞好希腊哲学的研究。

如今十多年过去，金先生离开我们也很多年，我自己也不再年轻了，工作越来越杂乱，但我还注意学习英文，对希腊哲学的研究也不敢有所疏忽。我想总有一天我会再见金先生的，那时我要问他，您看我现在怎么样？希望他能改变他的评语。谁知道呢？但愿如此。

1993年岁末

论"放心"

——读《金岳霖的回忆与回忆金岳霖》偶感

金（岳霖）先生的《回忆》终于出版了，收在《金岳霖的回忆与回忆金岳霖》一书（四川教育出版社，1995年7月）中。《回忆》部分只五万余字，但却相当生动地反映了金先生这个人。

金先生与冯（友兰）、贺（麟）在我国现代哲学史上的地位已是很确定的，他们哲学思想的发展、变化是一个很值得探讨的问题。冯、金、贺三家中，金先生是研究逻辑的，在后辈的眼里，常有一种威严肃穆的印象；但实际上，金先生是个很有情趣的人，他的衣食住行都比较讲究，这在他的《回忆》中有相当充分的表述。

金先生的兴趣是相当广泛的，对文学艺术常有哲学家的独特的体会，有些体会是很深刻、很有启发的。《回忆》中有一小节金先生谈到中国的画和诗，他说："在艺术方面，中国对世界文化的最大贡献之一，就是山水画。"（《金岳霖的回忆与回忆金岳霖》，第68页）这个意思和宗白华、邓以蛰先生是一致的。金先生还说，中国山水画也有哲学的背景和根源，"这个背景或根源就是天地与我并生，万物与我为一"（同书）。接着金先生分析了这种哲学取向的利和弊，他的意思也是和有些人相同的，即"克服天地的能力小了"，但"没有要求人自外于他自己的小天地（天性），也不要求人自外于广大的天"。再接着，金先生引用了贾岛一首大家熟知的、如画般的诗："松下问童子，言师采药去，只在此山中，云深不知处。"金先生说："这位童子对于他所在的山何等放心，何等的亲切呀！"

金先生用"亲切"来形容童子当时的心情，这是大家都会用的，但用"放心"来说童子的心态，则是金先生独特的发现，不但妥切得很，而且有很深的意义在。

可惜，现在已无法问金先生这个"放心"如何译成英文，我感到很难译。译成 don't worry（about），take it easy 似乎都不好。

"放心"首先是对"他者"而言，对"他者"的"（相）信（任）"，就是"放心"，所以译成 trust 意义相近，但形象的生动性淡薄了。

"放心"是对"他者"的"（相）信（任）"，这个"他者"首先是"他人"。我们要"（相）信（任）""他人"，因为我们自己不能事事躬亲、包打天下，无论古代或现代，大部分的事情总是要"让"（请）"他人"来做。"他们"做得好坏，我们可以批评、建议，但在大多数场合，我们不能说，"你不行，我来"，因为"我"不是"万能"的，大多数的事还得"你"来办，理想的情形是："有你在，我就放心了"，所谓"你办事，我放心"。所以，就多数情形看，"放心"应是对"他人"的基础性的态度。西方的世界尔虞我诈的事太多，人世间"信"不起来，还要设想一个"绝对的他者"——基督教的"上帝"来让自己"放心"。

在传统的中国人眼里，不仅"他人"基本上是可以"放心"的；就连山山水水、日月星空也是可以"放心"的。这就是金先生说的人与天地并生，不仅"天人合一"，而且"地"与"人"也合一。"人"生天地之间，安稳得很，放心得很。

这种"合一"不是"混同"，也不是"万物皆备于我"，"我"的是"我"的，"你"的还是"我"的。"放心"总意味着有一种"区别"在，有"我""你""他"的区别在。有区别（际），才有放不放心的问题。"放心"是一种"托付"，把自己"托付"给"他者"——父母、兄弟、老师；各个部门、各级领导等等，也许就是那个"天地君亲师"？中国人没有想出一个至高至上基督教意义上的"上帝"来，也许是因为中国的"天地君亲师"相对而言是比较地"可靠"的，"托付"给"他们"比较"放心"？

对"他者"的"托付"和"放心"，说明"我"自己并不能全知、全能，

"托付"出去的事和人，一般"我"是不必过问的，因而是"不知"的，所谓"云深不知处"。"不知"而可以"放心"，建立在"（相）信（任）"上，童子不必一定要"知"道老师确切在山里哪个地方，但把老师"托付"给"山"，"放心"得很。

然而，山里或许有豺狼虎豹，所以"托付"（信托）总是要冒一定的"风险"的。"托付"给"他者"，要能真的"放心"，就得"他者"是"可靠的"、"可托付的"、"可信的"，为保证这一点，则需要"知识"。所以，就"放心"来说，"知识"也不是可有可无的。那位童子之所以如此"放心"，或许他也熟知那个山的情形，或许知道他的老师熟知山中情形，总之有一定的"知识"为根据的。把自己"托付"给"不可靠"、"不可信"的"天地君亲师"，乃是"盲目"，乃是"无知"。所以"风险投资"同样是一门学问——科学。

就总体来说，就传统来说，中国人的"风险意识"不是很强，我们的市场经济还刚刚起步不久。这样，我们传统的高尚、深刻的"放心"态度，常常被一些"不可信"、"不可靠"的"他者"所嘲弄。当然，我们也会在这种经验教训中变得更聪明起来。

1996 年 8 月 24 日

《虞愚自写诗卷》读后

我与虞愚先生同事,不过他来哲学研究所晚,专业不同,又是前辈学者,所以接触甚少,只是在所内一次聚会时,备有笔墨宣纸,我刚要写字,虞先生走过来,一旁含笑,我则不由得紧张起来,因为我知道虞先生是大书家,我解嘲地说了句"班门弄斧",那天字就写得格外难看。

虞先生的书法,我出差南方时早已有所了解。记得在福建时,所到之处,常能见到他的字迹,特别是厦门,不论古刹庙寺,大街小巷,虞先生的匾额对联,随处可见。观赏之余,觉得书家应像虞先生那样,以书写为乐,故字迹得广为流传。从流传之广泛,又见出书家本是文人学士,品格自就高洁,更不挟技傲世,不孤芳自赏,就会拥有大众的欣赏;如果沦为待价而沽,甚或非高价不沽,则在读书人看来,品格就低下了。

虞先生专治佛学因明,学理分殊,我是外行,不敢置一词。今蒙虞先生家属赠送《虞愚自写诗卷》一册,展卷阅读,才知虞先生原是才情横溢,语出感人的诗家,这本自写诗卷,可谓诗书双绝。

我不会作诗,略粗知格律,只对于思想的境界,有一些感受。我觉得虞先生在这方面的品格也是很高的,而这样的诗品,今人已不多见。

自书诗开卷是一首恬静、淡雅的小品,将虞先生清静淡泊的气质勾画了出来,读起来有点像王维的格律。而通过窗棂看世界,虽有一鹊噪鸣,但却仍淡雅得可爱。当然,虞先生高雅的诗怀,并非不问世事。他的诗集中相当多的是吟颂抗击侵略事迹的,其中一首描述日本侵略军攻占赣州,先生随厦门大学疏散时之情景，尤为感人。其"冻雨沉兵气，擎弓湿羽翰"句，有千钧之力，又有稼轩的气势，想后人每读此诗，当能体会到先生当时浓重之心情。如不是深入生活而又工于诗事，写不出这样的诗句来。

诗贵清新。读虞先生的诗，不仅觉得他的诗有传授，有来历，而且有独创。《寄林逸君》谓"照我定情是此月，照我别离亦此月，任他天上各团圆，照到人间总有缺"，用东坡词意，但另加铸造，出语清新，心意悠远，而情思绵绵，实是融通古今的佳句。

这本诗集中，我特别喜欢虞先生吟鲁迅的那一首。鲁迅一代文豪，歌颂他的文章、诗词不少，而虞先生这首《观厦大鲁迅纪念馆》作得实在非常凝重，显出了鲁迅在人们（包括虞先生）心中的分量，"先生文章星之斗，嘻笑怒骂笔在手"，勾出鲁迅先生作家本色及地位。紧接"南来讲学鹭江滨，一时豪彦齐低首"，是何等的气派！后句"须眉想象尚凛然，如在其上其左右"，又是表达了何等的景仰、崇拜的心情！

再论虞先生的书法，可谓学有渊源而又自成一家，其书风外柔内刚，在婀娜的姿态中有股冲力，初看起来秀媚中有点怪，再看时则又觉得笔笔都有来历。窃以为虞先生字结体、用笔得自米芾、黄庭坚，而布白恰似杨凝式、董其昌，于疏落中见连贯，是文人的字，学者的字，诗人的字，也是书家的字。虞先生把书法的风格与诗的品质凝为一体，达到了很高的境界。

我总觉得，作诗、写字原本是很高雅的事，非不得已不以此作稻粱谋。把艺术创作纳入市场经济，也是不得已的事，如果作为定则，则必将影响艺术品的质量。艺术创作，就"创作""创造"言，就像蚕吐丝，无论能不能卖钱，都是要做的。我想一切创造性的学术、文化、艺术的事，都应是不计报酬的，不是加工订货，就"创造性"言，不订合同，做出来了再看。如果有幸，卖几个钱糊口；更有幸运者，发点小财，只是结果而不是动因。可能，多数竟卖不出钱，以至穷困潦倒。"创造者"固不是喜欢穷困，只是"不计较"富贵穷通。所谓"不计较"，大概就是康德那个常受到批评的"无利害关系"（disinterested）。"不关心"，也就是"不计较"，原是具体有所指的，只是说"不关心"、"不计较"眼下实际功利。艺术创作就其"创造性"而言，不是"工具""手段"。实际上，想以艺术的"创造性"来"发财"，总是不太靠得住的。

从介绍来看，虞先生很年轻时就是才子，能诗善书，后来研究佛学因明，卓有成就。但从其诗、书来看，始终有一种"不计较"的高雅、散淡的态度，实在是很难得的。因为聪明才智有多种的用法，用以发财致富的，如果手段正当高明，自也应予以表扬；而用于诗书文化的，同样也会受到一个健康的社会的肯定。我们现在纪念、缅怀虞愚先生，也说明了这一点。

1995年2月4日

请存留着这份"寂寞"

——《虞愚文集》出版想到的

邵波同志送来《虞愚文集》三卷,甘肃人民出版社出版。虞先生来哲学所甚晚,他做"因明"的学问很专门,炒也炒不热,不是学术上的"星",也刮不了"旋风",只因知他善书法,所以多加了一份留意和尊敬。总之,在我的印象中,虞先生在学界比较的"寂寞";然而,在1989年虞先生去世后,却有刘培育、邵波诸君为出这个《文集》多方努力,终于完成三卷集的出版,并附有一本纪念文集。我想,他们的意思是要把这份"寂寞"存留下来,为向后人表明:我们这个时代的学术界,固然有那辉煌显赫的新老"明星",也有那在学术文化上默默地勤奋耕耘的才智之士。

从虞先生的《文集》,我想起了沈有鼎先生的文集,想到了陈元晖的文集,又想到了王明先生的文集,还有宗白华的文集等等。这些学界老前辈,因不同的原因,在不同的程度上都是比较"寂寞"的,然而他们的著作也都有"文集"传世,可见只要有真才实学,"寂寞"并不会失落,而也是会存留下来的。

譬如王明先生,在哲学所工作多年,一同下过"干校",总还是比较熟悉的,但他研究道教,很长一个时期也是相当"寂寞"的。改革开放之后,学术复兴,王先生培养了一批学生,其中胡孚琛博士尽心将王先生零散文章辑成《道家与传统文化研究》文集,由中国社会科学出版社于1995年出版,并附有"年谱"和"传略",可谓尽了弟子之道。

从《虞愚文集》我才知道,虞先生不仅书法、诗词好,专业因明、佛学好,而且知识非常广博。文集中有写莱布尼兹和费希特哲学的文章,现在读来,仍见出相当的功力。其中有用佛家语阐述西方哲学问题的,对于我们专攻西方哲学的人来说,竟是很新鲜的。

虞先生在谈费希特的文章中说到"狂狷",说"想其(费希特——引者)生平,盖狂者之流也"(《虞愚文集》,第三卷,第993页)。"狂"者必不"合群",所以往往也可能是"寂寞"的——这里指有学问的说,而那盲目狂妄自大,往往却因"口出狂言"而"得名",不会"寂寞"了;反过来说,"寂寞"者并不一定"心如止水",不是没有"活力"。我们读虞先生的诗词,可以看出他的激情。而按文集编委会"前言"介绍,虞先生早年"阅读梁启超、章太炎等的有关佛学著作,不仅能领悟其中的意蕴,还常为之动情"。佛学家、因明学家可以体会到,虞先生做学问也是灌注生命的。

说起"狂狷",我又想起一位朋友。他专门研究书法艺术,在书学领域里鼓吹"狂狷"之道,不为多数人认可,但他的确是有学问的。我想说的是,这位朋友现在不但"寂寞"得很,而且还"困顿"得很。好几年职称评不上,因为他的"文集"没有地方出版,"竞争力"越来越差。我预感到短期内未必能解决这个问题。

不过,从长远来看,我还是有信心的。世界总是五光十色、丰富多采的,人们不但涌向那"泰斗"、"大师",也自有那有识之士愿意为存留那一份份的"寂寞"而奔走努力。

1996 年 5 月 17 日

学者的情怀

余丽嫦9月回京,给我她的新著《托马斯·霍布斯》,特别要我看她的"后记"。读后又想起她前一本书《培根及其哲学》的"后记",找出来对照着读,有一些感想,写下来与大家交流。

《培根及其哲学》一书是1987年人民出版社出的,这本书的"后记"中有一种对远在香港的父母、兄弟的思念之情,在当时能公开表达出来,是不多见的;《托马斯·霍布斯》是她到香港后的著作,1995年由台湾东大图书公司印行,在这本书的"后记"中,余丽嫦又流露出对她工作了几十年的社科院哲学研究所的思念。两相对照,可谓"两地相思",而又"一种情怀"。

余丽嫦自幼生长在香港,中学时只身回广州,毕业于人民大学研究班,来哲学所工作已是1959年的事。我从陕西下放劳动回所后,见到了她,从此我们就在同一个研究室共同工作了三十多年。

说也奇怪,所里有些同事,本也有很多的"海外社会关系",但大家都不知道,唯独余丽嫦,是众所周知的华侨、侨眷、侨属。不过,虽然如此,余丽嫦却是很进步的,反正比我进步得多。她从香港离别父母兄弟到大陆来求学,也是因为她觉得解放后社会公平,人与人之间关系较简单,有爱心。她就是怀着这个坚定的信念,经过了大大小小的政治运动。她来哲学所时,反右运动已经过去,以后反"五风"、反"右倾"、"四清"、"社教"都和她关系不大,她一直是平稳地参加学习的。

可是,"文化大革命"中她却过得很惨。那是个"人整人"的时期,她也被卷了进去,并非她有什么"错误",而是因为她太"天真"。工军宣队为她办了一个"轻量级"的"学习班",但仍是不让回家,"隔离审查",然后就大家一起下"干校"。那时她的两个孩子都很小,完全托付给了街道上一位大婶。因为我在"文革"中是"逍遥派",虽不堪"重用",但比她好过得多;一度还参加她的"学习班","攻"她的"心"。

大家同事多年,如今忽又拉下脸来,天天要批评她,起初实在太难为我了。不过,"重复"的力量真大,每天要你"攻心",竟然从那末一天起,我也"振振有词"起来。孔夫子说的"学而时习之"嘛,不论什么"理",什么"事",多"习"了,似乎都是"真"的了!这是一个很可怕的经验呢,但愿以后不要再"重复"!

毕竟余丽嫦是个"天真"的人,俗话说,"没心没肺"。"文革"之后,一切都慢慢过去,慢慢淡薄,慢慢烟消云散了。她宽恕了一切的人和事,包括我这样一个"学"而时"习"之的同事在内,我们仍是好朋友。

"文革"后,余丽嫦全心全意投入她的培根哲学研究。她这本书写了十来年,其间我们有过很多的讨论、切磋。"慢工出细活儿",她这本书材料和论述都是上乘的。就这个题目来说,如此的篇幅,就连英文的研究著作中,也是少有的。我在英国牛津一家图书馆开架书中,因找不到几本研究培根的专著,就问一位美国朋友,说"你们不大研究培根了",他不好意思地回答说"还是有的,还是有的"。

书写完了,余丽嫦想把这本书题献给她的父母,因为她觉得离他们太久了,没有尽到做女儿的责任;但那时风气还未开到这一步,我知道不易通过,所以她只得在"后记"里写上了对父母感激的话。——如今这个做法早就不成问题,献给父母、妻子、丈夫、朋友甚至情人的,都"百无禁忌"了。

果然,余丽嫦回香港去了,但她的父母已经不在,只有一个有病的弟弟留在香港。不过无论如何,她那思念父母兄弟之情,得到了一些安慰,我为她祝福。

余丽嫦去了香港,我们的交往当然少多了。起初她在一家出版社工作,还有一些书信往还,后来换了工作机构,连书信也很少了。我时常想到,余丽嫦没有了我们这些朋友是怎样生活的。我们研究所虽不必天天坐班,余丽嫦在的时候,我这一排的小写作间,每天都有不少人来工作,那时的"常委"有王树人、金顺福、阮仁慧、陈瑛等,再就是我和余丽嫦。工作时互不干扰,休息时互相聊聊,海阔天空、天南地北,各种"小道消息",都聊,当然也经常聊学问。午餐时更是一次盛会,各人带着自己的饭盒,边吃边聊,最热闹的一次连当时的院长都来了。余丽嫦的《培根及其哲学》,就是在那个写作间定稿的。如今因为各种原因这个"常委会"解散了,这一排的写作间只有我一个人还是天天来,安静倒是很安静,有时静得有点可怕。起初我感到很不习惯,尤其是我的一些文章在送出去前总是请余丽嫦先看看,听听她的意见,实在也想听她夸奖几句,现在这个"第一读者"迁移出去,写好了文章竟有不知所措之感。所以我说,我不知道余丽嫦离开我们这些学友之后,如何习惯的。也许香港社会太喧嚣,工作、生活都很紧张,没有工夫想这些了。

然而,余丽嫦《托马斯·霍布斯》这本书的"后记"表露了她对北京、社科院、哲学所这个"第二故乡"的怀念。她说她工作之余读书、写作时,是她香港生活中的"绿洲"。她说:"八小时后,我就待在'绿洲'中,和古人、洋人、今人的学者对话、论辩,悠然自得,白天有多少的不快也都悄然退去,了无痕迹。"我想,她在八小时后读书、写作时,她的居室也就成了北京哲学所的小写作间,窗外可以车水马龙,噪音不断,但一坐进这间小屋,则可充耳不闻、心如止水。也许,在这片"绿洲"中,会感到缺少了我们这些朋友,不过事实上我们这里也一个样,只觉得太静了,太静了。

学者以读书、写作为"天职","著述"是"学者"的"存在方式",所以这个小写作间是我的"天堂"。余丽嫦去香港,没有了这个写作间,还要去营造这个"天地(堂)",她管这叫"书呆子""冒傻气"、"自讨苦吃"。不错,在香港那个地方,余丽嫦这个"绿洲"的小天地与那社会的大气候的反差确实是太大了。不过,我也可以说,我们这里这个小天地,与北京市的大气候反差也是很大的。

我常有这种想法:社科院是最"老"、最"穷"的地方,而哲学所又是社科院里最"老"、最"穷"的,因"老"而"穷",均为社会的"救济户"。说它"老",并非说这个机构成立得早,而是说这门学问、这个学术太老了。古老的学问没有时效,就像一个老人,虽也有些经验积累的智慧,但更多的似乎是老人的"絮聒"。

"哲学"是最古老的学问，在某些学派看来它甚至"先于""经验"——按康德，是"逻辑""在先"，而不是"时间""在先"，那末从时间说，"哲学"至少与"经验""同在"（同老）了。"哲学"在各种学问中是"老前辈"、"老资格"，"工龄"长得很；但它也容易说"老话"，爱教训人，"老气横秋"……总之，它有"老（人）"的一切长处，也有"老（人）"的一切弱点。

余丽嫦是研究西方哲学史的，专攻近代英国经验论。如今哲学研究所，除了研究中国传统学问的外，研究"历史"的很少了。由贺麟先生建立的、我和余丽嫦所属的西方哲学史研究室，现在大多数同事在研究现代西方哲学。当然，研究"过去"不能忽视"现在"，这一点，我自己也是很注意的。一度我曾觉得，研究"过去"，可以不及"以后"。如我在研究"前苏格拉底"时，觉得可以先把柏拉图、亚里士多德放一放，研究康德，可以把黑格尔放一放，因为康德不知道有个黑格尔。慢慢我感到这个想法不全面。应该说，只有在了解了柏拉图、亚里士多德之后，才能更深入地了解前苏格拉底诸家；只有在懂得黑格尔之后，才能更好地懂得康德。这样扩大开来说，我们研究哲学史的，要一直追踪到现代哲学的发展，才能比较深入。了解"现在"，才能深入了解"过去"，这个道理我深信不疑，而且自己也努力这样去做了。研究康德，要了解黑格尔，反过来，研究黑格尔，也一定要了解康德。不能说，研究黑格尔，可以不了解康德。过去这个道理，不成问题，如今却受到了事实的挑战。大家都热衷于关心新思潮、新学派，对于"哲学史"，似乎觉得那是"炒冷饭"，只是"历史兴趣"，可以被"断裂"出去了。于是，我们这个研究室，没有人专门研究古希腊哲学，没有人研究中古哲学，也没有人专门研究余丽嫦从事的专业了。

于是乎"哲学"学术本身也出现了反差：研究中国学问的，似乎越古越好，而研究西方哲学的，则似乎越新越深刻。

不过，"哲学"无论多"新"，也掩盖不了它的"老态"，在大气候、大社会里，它仍是一个"老人"，在各经济实用的学科中，它是一个"老年学科"。"老人"不必为自己"涂脂抹粉"，也不必自暴自弃，"自动退出历史舞台"。"人老心不老"，是为"老人"的"上乘境界"。

这里的"心"乃是一种"精神",一种"活力","哲学"研究的就是这种"精神",这种"活力"。人类活的"精神"靠人类优秀"文化"传统维系,"哲学"是"文化"的重要组成部分,或者甚至是核心部分。"传统"应是"活"的,因为"精神"本应是活跃的。不但"传统"需要现在的精神去"激活",而且现在的精神也要有"传统"来"激发",使其更"活跃",更有"力度"。不要以为"现在"的一切都是"活"的,都是有"生命力"的。说句不怕冒犯的话,现在的"死魂灵"比比皆是,"行尸走肉"的"僵尸"也能"作祟",甚至表面上"活跃"得很。当这些东西充斥市场时,真正有生命力的"传统"就是"照妖镜",而且是有效的"激发剂",而不是可有可无的"添加剂"。

我对近代英国经验论了解得太少,只是因为余丽嫦研究培根,有时我也看点有关培根的书。总体来说,培根在西方学者的眼中不如洛克、休谟的地位高,也没有被赋予像笛卡尔那样大的作用,但马克思却十分重视他,认为他是欧洲近代唯物论的开山祖。由于西方学者不很重视,我们的学者虽很重视但又长期有一些固定的框框,所以对于培根的思想,留下不少可以开发的部分。余丽嫦这本很全面、很详细的书,提供了一个很好的基础。现在,她的新著《霍布斯》出版,说明在学术方向上,仍锲而不舍,可谓非常专一。不过,我知道,余丽嫦对于新思想也是很重视的,她在出版社主持编辑的书中,大多是"新潮"的。记得她曾在信中说,现在的学者既然有新思想、新理论,是古人所未及的,就应该重视它们,研究它们。所以,我相信,在"人老心不老"这一点上,我们是共通的。

眼看香港快要回归祖国,余丽嫦的"两地"的思念总算有个头了。届时虽不一定非回到北京、社科院、哲学所的小写作间,但"间隔"就纯是地理上的了,而纯地理上的距离是隔不了心理上的沟通、交流的。

实际上,就我个人的感觉来说,学者们之间早就沟通、交往了,也就是说,香港的学界早已提前回归了祖国,或者甚至根本上并没有"脱离"过祖国。这里或许缺少些"本质上"、"一般说"、"多数人"的限制词,但我看不必加了。

几年前我去香港开一个关于"安身立命"的学术讨论会。因为我是搞西方哲学的，过去有学术讨论会也都是西方学者参加，参加华人学者的讨论会还是第一次，所以会上一位朋友问我"你过去参加过这样的会吗?"因为他没有见过我。不仅是他，所有参加会的人，除了大陆去的同行外，我们都是第一次见面。但我似乎对他们一点也不陌生，只要十几分钟，就谈开了；给我的感觉是，他们对我也没有多少陌生感。会上会下都是如此。这次结识的一些学者中，后来有到北京，也有到我们研究所来的，见了面就格外亲切。

我想，华人自有华人的血肉联系，而学术也有学术自身的沟通。香港的学者和学术已经或者正在"提前"回归祖国，我想这已是一个实际的趋势，不能置疑的。

1995 年 10 月 11 日

但愿能做一点翻译工作

我一直在想，如果哪一天不再为名为利"撰述"，不再有各种"任务"的压力，我要认认真真译它两部哲学史上的经典著作，因为我欠缺这方面的功夫，而这的确是一个欠缺。

我不大做翻译工作有诸多的原因。"文革"以前的很长时期内，在我们研究所，翻译是"老先生"们的事。那时似乎有这样一个"共识"——可能也是当时的领导意图："老先生"们是旧社会过来的老知识分子，对于马克思主义的新思想，需要更多的学习，因此不太适宜多做研究工作，而他们外语好，知识丰富，做古典著作的翻译工作较为合适。这种认识当然并不限于我们研究所，各大学也是如此，我北大的一些老师，也主要在做翻译方面的工作。

在这样的特殊情况下，于是我们就有了一批哲学史上古典著作的优秀翻译著作，像黑格尔、费尔巴哈的，还有斯宾诺莎的著作等等。现在再来读这些译著时，对这些译者老师仍深深怀着感激之情，他们为我们留下了优秀的翻译作品，是我们学术文化领域里宝贵的财富。

翻译古典的哲学著作，是一件很艰巨的工作，不仅要外语好，中文也要好；不仅哲学的专业知识要好，而且还要求有多方面的文化修养，更不要说要有很好的理解能力了。现在回想起来，我的这些老师，像贺麟先生、王玖兴先生、王太庆先生、苗力田先生、陈修斋先生等，都是在多方面有很深学养的大学者，当年也只有他们才能胜任这些著作的翻译工作。

另外还有一个现在非常难得、要用金钱来衡量的"时间"条件。那时有相当充裕的时间,让他们"慢工出细活儿"。

贺麟先生经常强调,翻译要和研究结合起来。他还有一个很深刻的说法,叫做:你译出来了,就理解了它;你理解了,也就征服了它。贺先生这个话本身就很有哲理性。平常我们读书,不一定逐字逐句地去琢磨,大意读懂了就可以了。你要把它译出来,你就得仔细推敲,推敲出来的译法,不一定别人都同意,但毕竟不是随便译出来的。像贺先生他们把黑格尔的"Idee"译成"理念",把"Verstand"译成"知性"不知道经过多少讨论了。尽管还有先生译"理式"、"悟性",但"理念"、"知性"总还是成了与理解有关的有根据的译法流传开来。至于"理解了,也就征服了"则更是一个很深刻的说法,我后来把这句话发挥成:你真的理解了它,那末你自己(不同于它)的意思也就会出来了。其实,我还可以进一步发挥说:你自己的意思,最好还是要从理解别人(当然是大哲学家)的意思里自然而然地挖出来,这样你说出来的(独特的)意思才言之有据,而不至于是凭空想出来的。凭空想出来的意思有时也会很好,很有创造性,而"理解"、"征服"了大哲学家以后再挖出来的自己的新意思,则总会是有价值的。

我们看到,在这个意义上说,翻译是一种创造性的理解工作,不仅翻译需要研究,研究也需要翻译。

应该承认,受前述那个客观历史条件的影响,长期以来我也不大重视翻译,觉得是不能(含"不允许")做研究的才做翻译。慢慢地觉悟到,这个态度是大错特错了。其实,我们做研究工作的,时时也在做一些翻译的工作。我们只是偶尔用外文写点文章或书,绝大部分还是用中文表达,用中文写作。我们在思考问题时,用的是我们的母语——汉语。当然,也有个别的学者用外语思考学术问题——据说金岳霖先生就是这样的,但毕竟是少数。我们研究西方哲学,绝大部分的工作还是要用我们自己的语言把这些大哲学家的意思说出来,和他们讨论。我们从我们自身的生活、文化背景和传统来理解他们思考的问题,则离不开我们自己的语言。用中国人能懂的话把他们的意思说清楚,这正是一种翻译,不是机器式、死的翻译,而是理解性、活的翻译。

各种语言都有自己的特点和长处,就连一种语言里的方言,也是如此。有时我们会感到用某地方言表达某种意思更确切,作家们对此当然有更多的体会。有一年在德国访问,刚卸任的国际黑格尔学会主席亨利希教授说,他有时要参考英译和法译本来帮助理解黑格尔,可谓知言。譬如我举过海德格尔的一个例子,他说不是"人说话",而是"话让人说",这个说法初看有点玄,但用中文"有话要说",就是人们常说的一句话,很好懂了。当然,也应该看到,大多数情形还是有些外文找不到恰当的中文来译它,这就更需要我们下功夫去研究。如果真的没有对应的词,则要谨慎地"引进"来,可以丰富我们的语言,甚至丰富我们的表达方式。所以,从这个方面看,广义的"翻译"又是一种深层次的思想、文化的交流方式。

当然,我说这些,实在只是"纸上谈兵",因为我根本没有什么翻译的实际经验。固然,在贺先生指导下,早年我也做过一点翻译的练习。对这些作业,贺先生批评得很厉害,说是不忠实原作,好改动人家的意思。好在也偶尔有表扬的时候,有一次贺先生说,你译对了的地方还挺有意思的。当时我大概是二十多岁,一晃快四十年了,贺先生故去也好几年了,但愿我能有时间认真做一点"有意思"的翻译工作,我这个愿望是真诚的。

跋

北京大学岳川先生嘱编一个文集，供青年阅读，当然非常高兴。不过在检阅文稿时，发现我的一些零散文章，已编了两个集子，我又不愿把已编入集子的文章重复编入这个集子，而近两年的文章数量不够，不得已，拿尚未完成的书中几个章节已作为文章形式提前发表的东西，来充数——这些东西，因为将来要放进书里，所以一直没有收到文集里去，现在只能破例了。一来书尚不知何时可以完成，二来将来出书时还可以修改，或许不会是同样的东西。

这次趁编辑的机会，检查近年来的文章，发现学术性的太少了，这应该引起自己的警惕。本来我的习性就有点自由散漫，也有点兴趣主义，做学术工作的要求则是要更加严格的，所以要多多克服自己的缺点来适应学术工作的严格的需要，不能因为做了一点工作后，就放松学术的训练。学术性小品，要在大量的学术工作以后来做。

学术工作其实主要是读书，其次才是写作。最近几年，我更加深刻地感觉到读书太少，读书不够深入。有许多书明明已经读过，甚至读过多遍，但再读时竟似乎从未读过一样，可见当时未曾读懂。所以，这两年时常发狠，要把哲学史上的重要著作，再认真重读一遍；不过，这也仅仅是一个愿望而已。在我这个年龄，做起来就很困难了。如此说来，读书要趁着年轻，发愤认真读他几年书，把基础打好，将来一定受益匪浅。

至于说到写作，我觉得还是不要硬写，要到有"话"非说不可的时候才写，这样写出来的东西才是言之有物的。要做到这一点也不很容易。因为社会上有许多的需求,写作的任务是会很繁重的,要做到有所为有所不为,并不是一件容易的事。我和一位朋友说,有时候不好意思不浮躁,不好意思寂寞;当然,社会需求也是一种推动力,遇到和自己想说的话相一致时,则就是一大动力。不过这种情形比较的少,只能具体问题具体解决了。

从我这个集子的文章中,读者可以看出,我的思想并无一定的"体系"。有些朋友常为此为我着急,觉得我应该抓紧创造自己的思想体系,这才是一个哲学工作者该做的事。我对朋友的好意非常感谢,不过体系是要自然而然地产生出来的,勉强不得;再说,现在哲学的重心并不在"体系"方面,而侧重在讨论问题。然而,我对"体系"——以及能够创造"体系"的哲学家,是很尊敬的,有时也"心向往之"——这在本集附录里已经说了,只是老不到那"自然而然"的时候,奈何,奈何。不过,读者如果从这个文集的一些文章中看出某些比较一贯的思想和思路,那我就十分高兴了。

这几年的学术工作,我也形成了一种自己的工作方法,就是我总想努力把自己(我)放在一个恰当的地位,不使其过于突出。也就是说,既不趋向于"我注六经",也不趋向于"六经注我",而是趋向于把"我"(自己)"隐去",让那"六经"(古人)的"话"自己"说"下去;如果说,"我"也有一点作用的话,那或许是:由(通过)"我""协助""古人"(六经)把"话"说下去。"我"只是一个"助产婆"的作用。"我"的作用实际上也并不是很小的,因为"古人"说话,有他的时代背景,而"我"却生活在现代,有"我"自己的社会、文化条件,"我"可以通过自己的学术工作,研究"古人"如果在现在,按他已经说过的话,会怎样继续说下去,这其中包括了做出适当的改变,但思路应是可以"顺"得下来的。

海德格尔有一个不太好懂的说法,叫做"不是我说话,而是话让我说"。我把它理解为"有话要说"。现在,我更进一步发挥为:让"话"自己去"说",或者像平常俗话说的,让"话""赶""话"地去说。"话""赶""话",就是让"话"自己"说"下去。那末,这里"我"到哪里去了?"我"被"隐"去了。正如海德格尔说的,我们的工作,就是要把前人想说而没有说出来的话说了出来。"我"说的"话",当然是"我"说的,但同时又是古人在一定的(譬如和"我"相同的)条件下"应该"说的。在这个意义下,"话"是最重要的，至于"话"是"谁"说的，则相对说来是次要的。这样，这个"我"，在某种意义上是"可以""隐"去的，除非有别的层面的问题——如社会责任问题等等，则"我"也是"被允许""隐"去的。这无关乎"谦虚"，而只是一种治学的态度。

实在说起来，"我"作为生活在世界中的"人"，无论有多少丰功伟绩，在历史的长河中，也是个"助产婆"的作用；"人"的劳作，使"自然"改变面貌，但这个"改变"同时也好像是"自然"自己改变的，"人"——任何"人"，都"必定"会"功成身退"，谁也不可能永久地"占有"哪怕是自己建立的"事功"。"人"的作用就是"让""世界"自己"显现"、"开显"出来。这是我的一点体会，也是我的一种态度，一种选择。是非、对错只得由读者来判断了。

我有一篇谈自己学术经历的文章，收在以前文集里，现在作为附录印在这里，以便读者参考。

叶秀山　1997年5月13日
于中国社会科学院哲学研究所

| 当代学者自选文库·叶秀山卷 |

自 序

安徽教育出版社计划出版一套《当代学者自选文库》，让我选一部分书中章节和文章，也辑一个集子，于是检阅旧作，发现真正够得上"学术精粹"的，实在太少，只得"矬子里拔将军"，尽量不要让它过于滥竽充数了。

我们这代人，是新中国成立以后成长起来的学术工作者。我1952年进入北京大学哲学系，正是建国后院系调整的第一届。我毕业后被分配到中国科学院哲学研究所（现在叫中国社会科学院哲学研究所）工作，转眼四十多年了，其中除了下放劳动、"四清"、"文化大革命"、干校以及各种的政治运动占去大量时间外，总算是一直留在了这个专做学问的机构，就我们这一代人来说，也算是幸运的了。

读者可以看到，我这里选的作品都是80年代以后的，并不是说，在这之前什么也没有；实际上，我在"文革"前，也还出过一本小书，发表过不少文章，有的文章写得很用功，也有些许反应，只是现在看大都要不得了。一来那时学问底子太薄，二来这些文章大多有当时的特殊背景，譬如我也写过一些"批判"文章，现在不但看不得，而且有一种负疚感，尽管可以用"当时有一定的历史条件"来自我安慰。

从这里我想到学术工作的相对独立性问题。

学术工作者当然要有时代的使命感，但那是要在更为广泛、更为基础的意义上来理解，而不是在急功近利的意义上来理解的。学术工作要把现实的和历史的、短期的和长期的任务结合起来考虑。这是在五六十年代经常讨论的"学术与政治"的关系问题，现在这个问题也还在更深入的层次上被学者们思考着。

我有一种模糊的感觉，中国的学者从传统来说独立性就是不很够的。历史上的大儒们常想当帝王师，结果真当上的很少，如果把那些名义上的"帝师"（如陈宝琛之流）除外，则几乎没有。这个传统的想法我觉得不是很好，至少已不太合现在的时代。中国传统上学术不够独立，固然那帝王难辞其咎，但学者自身也要自省。也就是说，学者要克制自己想要"闻达于诸侯"的迫切愿望，不使其过于膨胀，坚持住自己的天职是做好学术工作，以自己的本职工作来为人民服务。

同时，我觉得从这反面滋长出来的想法也是不很好的。这种想法认为那些"使命感"这类的说法都过时了，现在是"享受人生"的时候，于是，不再做严肃的学术研究了，做一些凄凄惨惨的随感，让你觉得人生几何，理应及时享乐。一位朋友说，现在有的年轻人是"玩世不恭"。其实，我看无论"为帝王师"或是"游戏人间"、"玩世不恭"，是可以相互转化的，在中国历史上都有不少典型的人物；而学术的独立却倒是要我们自己努力去争取的。

至于我自己，尽管我也写过一些"批判"文章，但仍然改变不了给人"不问政治"、"脱离政治"的印象；于是，既然横竖做不了积极分子，索性就一心一意地做学问吧。这就是我出版了两本关于希腊哲学的著作的思想基础。

《前苏格拉底哲学研究》和《苏格拉底及其哲学思想》两本书，无论对我自己还是对读者来说，都是打基础的书。

为研究希腊哲学，我一直比较重视古代语言的学习，也比较重视当时希腊社会历史情况和其他文化现象的把握。在写这两本书时，我着重在按历史的本来面貌做出自己的研究，做的是正本清源的工作。

我认为，这不仅是历史的态度，而且也是哲学的态度，因为哲学的工作也正在于这个"本"、这个"源"字上。当然，在具体的做法上，历史的方法与哲学的方法还是有区别的，而我在这两本书中侧重的是历史性的工作，在理论的阐发和哲学思想的深入方面是不够的。这里选的几节，也只是一些极初步的探索，还谈不到深入。这个缺点，我正通过这几年的学习和工作在努力克服中，有一些进步，等新写的书完成后，再请大家批评。

这里收的《思·史·诗——现象学和存在哲学研究》中一些章节，是我到美国进修以后的产物。我从1980年到1982年在美国纽约州立大学奥伯尼校区进修了两年。那个时候，开放伊始，我对国外的情形几乎一无所知，原想到英国去进修希腊哲学，因为一个偶然的原因就去了美国。后来知道，我去的这个学校哲学系很弱，但我还是在那里呆了两年，主要的收获是把我的注意力引向西方现代哲学，而这在过去我也是所知甚少的。那时候，起初我读维特根斯坦，大家都还赞成，后来我对海德格尔有兴趣，则许多人不以为然。一位老先生还让我把买来的海德格尔的书统统扔掉，直至多少年我回国后，老先生还在信里说，如果我能向中国人揭示海德格尔是个骗子，将是一大功劳。慢慢地我知道，美国教授讨厌海德格尔是有理由的，但这个理由大多在实际的政治方面，而主要似不在学术方面，因为就是这位教授给我寄来了罗尔蒂的《自然之镜》，说这本书教了他们很多东西。

从美国回来以后，我就着手写这本书。我先念胡塞尔的书，念不懂，看了许多研究、介绍他的书，慢慢自觉有点了解了，写了出来，先在美国一个朋友编的杂志上发表，然后集中念海德格尔和雅斯贝斯的书。我对雅斯贝斯哲学的印象很好，觉得他强调那个 existence 强调得很彻底，因而"自由"这个度在他的思想中地位很突出，因而我觉得他的学说很可爱；但我还是深深地被海德格尔的各类书吸引住。我认为，在当今的重要的哲学家中，海德格尔的著作——尽管他自己说不是"著作"（Werk）而是"路"（Weg）——是最没有废话，最经得住推敲也值得推敲的。不过我自己在这本书里写的却是很粗浅的，往往还夹杂着不少含混的观念，这是当时的水平，有些朋友认为现在还有参考价值，全书又印一遍，有机会当然还要重新改写的。

这个集子里还收了我关于美学的书中的某些部分。我从年轻时就喜欢美学，因为我喜欢艺术，但我的美学书主要是哲学性的，所以实际上是哲学书，只是做哲学的不很注意它们。这一次我选的都是书中哲学性强的部分，具体的艺术问题就不选了。从所选的美学部分，读者不难看出，我的思想是有一定的连贯性的。应该说，我写这两本美学书时，还没有仔细研究过海德格尔的《论艺术之起源》，我是按照我理解的基本思路化开来讨论艺术问题的，有许多不周全的地方，但基本框架还是有理路的。这方面的进一步的工作，在这里收的论文中，有所反映。

这个集子收了不少论文，其中大部分也收到过别的集子里。我很抱歉这里有一定的重复；有几篇则是新发表的，没有收到集子里去过。其实，我的书大部分是论文贯串起来的，似乎只有《美的哲学》这样部头不大的书是一口气写成的。我觉得，无论多大的书，总要"搭配"得越少越好，要努力让重要的章节都能独立成篇。所以我常拿书里的一些部分先去发表，可以还文债，可以提前征求意见，还可以有点小收入，何乐而不为。

说到这里收的论文，都是我比较喜欢的。其中有几篇，我希望读者特别能予以注意。这就是：《"人""有"一个"世界""（存）在"》、《世纪的困惑——中西哲学对"本体"问题之思考》、《中国艺术之"形而上"意义》，请大家把这三篇文章连起来读。这三篇文章反映了我对西方哲学传统的"本体"、康德的"物自体"、海德格尔的"Sein"及中国哲学传统的"形而上"问题的连贯的考虑。我认为，这是一个很基础而又非常有意义的问题，做哲学，离不开这个问题，这个问题的提出,按海德格尔的说法,对人类来说,是一件大事(Ereignis),而只有人作为"Dasein"才能提得出这个问题,于是,我请大家注意这里收的《道家哲学与现代生死观》这篇文章,因为这篇文章把海德格尔的"Dasein"阐述得比较明白。

从收入的这些文章中,大家一定也注意到,我对康德哲学有相当大的兴趣。我觉得,康德哲学在西方哲学上的重要性,远没有被重视够。海德格尔固然很重视康德,他的第二本书就是专门论康德的,而且被西方学者认为够学术水平的——他们并不十分肯定海德格尔关于希腊哲学的研究,连他对于"真理"(ἀλήθεια)的解释,也有古典学专家反对,这是另外的话题——不过我觉得,海德格尔和康德在哲学精神上是有所不同的。海氏的学问侧重在康德的《纯粹理性批判》,暗含着《判断力批判》,而不及《实践理性批判》,也就是说,康德《实践理性批判》里的问题,都被海德格尔在《纯粹理性批判》和《判断力批判》的范围里"化"掉了。从这个意义说,海氏把康德哲学更加希腊化了,"遮盖"了康德哲学中努力化解基督-犹太问题的工作,而这项工作,我在这里收了的论文《"哲学"如何"解构""宗教"——论康德的〈实践理性批判〉》中,有比较详细的讨论,请读者批评。

我认为,康德在《实践理性批判》里所做的工作有重要意义,是不仅对西方哲学而言,而且,就是对中国传统哲学的研究,也有相当的参考价值。

尽管我的专业工作范围是西方哲学,我作为中国的学者,对中国的学问自然也是很关心的,只是我的基础差,面对浩如烟海的大量典籍,实有望洋兴叹之感。记得有一次贺(麟)先生对我说,他们这一代人旧学基础是从小打下的,我们这一代人就没有这个基础,所以从西学转到中学比较困难。此话确实。我在中国文化方面,对于艺术尚有些知识,至于典籍,则从小就没学过。怪不得一位朋友拿走我的黄侃白文十三经久借不还,向他索要时他竟说"你又没有用"而置之不理。然而在这本集子里我也大着胆子收进几篇讲中国哲学和文化的文章，只是想请读者批评，看看我这样做，有没有参考价值。

认真说来，所谓"哲学"不大好分"西方的"、"中国的"，也不大好分"古代的"、"现代的"，或者说不宜分得过死。我觉得，专业固有分殊，道理却是相通的。或许长期以来，侧重专业之分工，而道理之相通照顾得比较少。当然我国有许多学者还是很重视中西文化的沟通的，譬如贺麟先生、冯友兰先生、金岳霖先生等；还有牟宗三先生，他在从学理上沟通中西哲学方面有特别的贡献，其深入的程度，也是不可被忽视的。牟先生西学得力于康德哲学，不过他虽然特别重视道德伦理，以此架起桥梁，但对康德《实践理性批判》的理解，似也还没有"到位"，因为也还缺少基督-犹太这个环节。我想，这都是要进一步深入研究的问题。

在做中国文化研究时，我还有一个体会可能有点普遍意义。鉴于长期以来有些中西文化比较研究过于简单化，将材料作些简单类比，我在做这个工作时就比较重视让两边的材料自己说话，让他们自己讨论，或者说，由我来主持讨论会，邀请他们来讨论。后来慢慢我感到，这个方法既不是"六经注我"，也不是"我注六经"，而是让各种"经"自己互相去"注"，或许由"我"来"小结"一下，这个"小结"可好可坏，但这些"经"互相的讨论，自然是很有意义的；"我"的"小结"弄好了也许也是什么"经"，不好也没有关系，工作没有白做。

从这里，我还体会到，我们做哲学的学术工作，贵在"创造性"；但所谓"创造性"并非单纯的、简单的"否定"，不是你说一个东，我就说一个西，和你对立起来，就算把你"批"倒了。所谓"创造性"，就是要"创新"，"新"东西从哪里来？从"旧"东西"脱颖"出来。我们"批判"一个学说，要让这个学说自己完成自己的使命，让它把它的事做完，你"批评"一个人，也要让人家把他的"话"说完。等到他说完了，他"没词儿了"，往往是你不"批"，他就"倒"了。学说的工作当然要复杂得多，有的"哲学体系"虽然很庞大很复杂，但就是不把"话"说完了，这时候我们的工作就是"替他"把他本该说完的话说完。要"替人"把"话"说完不是一件容易的事，你首先要好好读人家的书，弄清人家的思路，然后还要顺着他的思路"走"下去，一直"走"到他自己不愿意去的"地方"，你要拿"理路"来"逼"他"走"，不走也得走，非走不可。其实这就是我们常说的"暴露矛盾"，让他的矛盾充分暴露出来，就是"逼"他走到"死路"，叫他走入"死胡同"，告诉他，或告诉天下的人，"此路不通"，这就是"批判"、"克服"一个"哲学（体系）"的真正方法——途径，黑格尔如此，海德格尔也如此。海德格尔批判"形而上学"，使用的就是"使其终结"的办法，让"形而上学"做完它自己能做的事，使其"寿终正寝"，于是，"柳暗花明又一村"，新的"理路"就出现了。

我觉得，这种"使其终结"的办法，既是"创造"的，又不是对"传统"可以"忽略不计"的；相反，我们对传统是要采取尊重的态度的，此种尊重，不仅是道德的，而且也是学理的，是理论上的要求，是学术上的要求。于是在艰苦的学习、理解传统的基础上所作出的创造，才是有"根据"的，"言之成理"的，而不是盲目的狂妄自大。

这个集子还收了几篇学术短论。近年来写了一些短文章，有的是一些小品散文，大部分收在别的集子里了。我一直很喜欢写小品散文，但逐渐地我发现，做哲学的不大容易写好这类的文章，偶一为之，可以锻炼文笔，写多了就会捉襟见肘。再说学术短论是最难的，不把所论问题弄得滚瓜烂熟，一定写不好，所以也不敢多写。

前些日子，一位朋友要我写几句有关我自己学术工作的话，我想了一下，编撰了以下几句：

哲学无他，学以致思也。上智者小学而大思；下智者大学而小思；得乎其中者以学养思。唯不学不思者无救。余中庸之材，读书不敢懈怠，若有所思，不亦乐乎。

话说得不好，但是"不敢懈怠"则是我经常鞭策自己的话。

1997 年 10 月 19 日

于中国社会科学院哲学研究所

（附记：这个集子的许多编辑校阅工作，是由我所黄裕生同志和科研处王平同志协助做的，特此致谢。）

我读《老子》书的一些感想

中西文化，就历史传统言，因社会生活条件之不同，各自有许多不同的特点，硬加比附，不能说明问题；但就其精神实质言，又有许多可以沟通的地方，尤其是在哲学思想方面，因为大家都在想那最基础、最本质的问题，道理上就更有相通之处，有些地方，其类似的程度，竟可令人惊叹不已。

大家知道，西方哲学作为一门学科言，起于古代希腊的伊奥尼亚学派，这个学派的创始人叫泰利士，一般都承认他是西方哲学之"父"。他的哲学学说只一句话，"'万物'的'始基'为'水'"。而这句话还是根据后人的记载，他自己并无"书"留下。罗素劝学（西方）哲学史的人不要为这句话感到"泄气"，原来深奥的"哲学"竟以这样不太"像样"的话开始。当然，"泄气"是不必的，因为这句话有三个范畴都是哲学很基本的。人们会问，"万物"和"始基"固然可以说是哲学很最基本的概念、范畴，"水"这样普通的东西，也有什么哲学意思吗？于是，西方的哲学史家就努力在这个"水"字上做文章，说这里的"水"不是真指具体的"水"，而只是一种"特性"等等，这方面的材料，在英国格思里（W. K. C. Guthrie）所著多卷本《希腊哲学史》里有不少介绍，可以参阅。史家的工夫当然没有白下，这些研究都是很有价值的，但在义理上似还要有一番阐述，而这个阐述的工作，就不仅仅是哲学史家的事，而且更是哲学家本身的事。现代的史家和哲学家已有较多的合作和比较一致的看法：泰利士这个"水"，就是他的学生说的"阿派朗"（ἄπειρον）和"气"，确是取其"特性"而言，不过不仅是"无定"、"无限"，而且是"黑"的，

"暗"的，是物质（质料）之所以为物质（质料）的那种"性"（materiality）。这个意思是西方人琢磨了好久才琢磨出来的，这方面可以参看希腊哲学史专家康福德（F. M. Cornford）和当代法国哲学家列维纳（E. Levinas）的著作。从这些研究成果来看"'万物'的'始基'为'水'"这句话就可以理解为：包括"人"在内的"万物"都来自于（源于）"黑"的、"暗"的"materiality"（ἄπειρον），又复归于它。这是古人的基本思路，而现代西方人尽管"说法"丰富得多，但仍在这条"路"上。

在这条思想的道路上，西方的泰利士比起我国的老子来，真是"小巫"见"大巫"了。老子书洋洋五千言，尽管有一些错落、重复的地方，但思想要比泰利士、阿那克西曼德、阿那克西曼尼深入和丰富得多。

《老子》书的核心为"道"，如果问"道"是"什么"，那末可以回答："道""不是""什么"。因为"什么"是那"万物""显示"给我们的那些可以命名的、可以"名状"的东西，而"道"却没有"名"。那末，"道"是不是绝对"什么"也没有？也不是如此。"道"不但不是"什么"也没有，而且正是那"什么"之所以为"什么"的根和本，是一切"物"（万物）之所以为"物"之本，用西方的话来说，就是那个"materiality"。

这个最原初的"materiality"并不是像后来西方哲学所理解的那样是人的"思想"、"意识"的产物，似乎这个"物"之"性"（-ality）是抽象的概念，只"在""思想"里。在原初的时候，人们理解"materiality"仍是在"物"本身，因而它也是像大千世界一样向"人""显现"出来的，是"道"，是"轨迹"；但它不像有"名"的"万物"那样"清楚"、"明白"，而是"暗"的、"黑"的、"玄"的。"道"很"深"，很"远"，但确真是实实在在的，可以"通"（行）的。这样，"道"就不是"思想性"的，而是"存在性"的、"实在性"的，所以，它又不是西方哲学后来所谓的"本质"与"现象"分离的那个"本质"，也不是躲在"后"面的"本质"，那个分离了、躲起来的"本质"是以"思想"与"实在"分离为前提的，这种分离，是西方哲学发展的独特的道路。所以，在古代希腊哲学中，有与伊奥尼亚学派对立的南意大利学派，倡"数"、"逻各斯"、"火"之说，要使事情"明"起来，而"逻各斯"中心论，统治了西方哲学两千多年。在这个意义上说，老子的"道"，不是希腊哲学的

"逻各斯"则是很明显的事。如果要对比的话，那末，如前所说，老子的"道"更接近那个以"水"、"ἄπειρον"为"始基"的伊奥尼亚学派。老子说，"上善若水"，"水""几于道"，在这方面的思路非常相近，相近得真令人惊讶。

具体来说，在老子心目中，"道"是最真实的东西，它之所以没有"名"字，正是因为它是一切"名"的基础和根本。

"道之为物，惟恍惟惚。惚兮恍兮，其中有象；恍兮惚兮，其中有物。"（二十一章）"道"为"恍"、"惚"之"物"，故"道"为"幽"，为"冥"，为"玄"，但其中有"象"，有"物"，有后来一切有"形"、有"名"、有"状"之"物"。

老子用"朴"来说"道"，"道常无名朴"（三十二章），这是非常有智慧的说法，它的意思很接近希腊的"质料"（ὕλη, matter）。但希腊人把"质料"与"形式"（μορφή, form）对应起来，似乎有一个独立于"质料"以外的"形式"。"形式"在"思想"里，是"思想""赋予"的；而中国人是将"朴"和"器"对应起来，没有抽象的"形式"，"器"是实实在在具体的"物"，只是不如"朴"根本。这在日常的生活中，是非常容易理解的，是最普通，因而也是最基本的道理。

在这个意义下，老子虽说"道"为"玄"、"奥"、"幽"，但并不"神秘"，只是它尚未成"器"，未曾进入人的生活的世界，"无名"、"无（规定之）形"。这个"朴"使人想起莱布尼兹那未经雕刻的大理石，"象"即在其中，而不是"人"主观地"赋"加上去的。我们看到，中国人早就说未雕之玉为"璞"了。中文的"朴"，是希腊文的"质料"，也是拉丁文的"实体"（substance），但都不是"抽象"出来的"概念"。在中国人看来，如果说"抽象"的话，那些"器"反倒是从"朴"中"抽"（abstract）出来的。这样，关系似乎就颠倒了过来：不是先有一个个具体的"物"（器），然后"抽象"出"实体"（质料）的"概念"（本质）来，而是先有那个无名之"朴"，先有那个"质料"或"实体"（本体、本质），然后才有那些具体的"物"（器），这个过程不是"抽象化"、"概念化"的过程，而是"具体化"的过程。

"器"来自"朴"，是"朴"（本、根、源）"生长"出来的。"道"为"生长"之"道"，是"自然而然"的"道"。不错，"朴"由"人""加工"为

"器",但这种"加工"、"改变",不能违反"朴"之本性、原性,而是因其本、原之性而使成"器"。"瓢"可取"水","穴"可"居住",都循其自然之性;那个"雕像"原就在"大理石"之中。这叫"因势利导","道"就是"导",是顺其"自然"的事,不仅是"人为"的事。所以老子说:"人法地,地法天,天法道,道法自然。"(二十五章)

老子的"自然",不是西方哲学后来意义上与"意识"、"思想"对立的"自然(界)",而是"自然而然",是自身"生长"——是希腊文本意上的"φύσις"。现在哲学史家和哲学家都同意这个"φύσις"原义为"生长"。海德格尔说,后来拉丁文用"natura"来译它,就译坏了,把"φύσις"凝固化、僵硬化了。但拉丁文 natura 原义也是"生长",只是后来罗马的哲学家把它理解成与"思想"对立,成了"思想"的"对象",从而失去原初的意义。

"生长"是"自然而然"的,不能"拔苗助长"。庄稼人可以有各种"经营管理",但"庄稼"还要自己生长。"自然""生长",这就是"道",是"朴"之"道"、"朴""生长"之"道"。

这里的"道"、"朴"既然"自然而然","自己生长",是不是就没有"人"的作用了呢?当然不是的。在老子心目中,"人"当然会"参与"这种"自然而然"的"生长"活动,所以他说:"道大,天大,地大,人亦大,域中有四大,而人居其一焉。"(二十五章)"人"要合"道",是"道"的一部分,不是"天""人"合一,而是"道""人"合一。

"人"原本也是一"道"、一"朴"。从母体生长出来的是一个"婴儿",还不是"孩童"。"婴儿"已是"人",但你不能问"是""什么""人"?"婴儿""是",但却"不是""什么"。"婴儿"是"人"之"朴"、"人"之"本"、"人"之"根",以后的"'什么'人",是从这里"生长"出来的——所以"人"可以"自谦"为"仆",即"我"可以"为你"做"一切"之事,"我"是"你"的"仆"。"人"可以为"帝王"、"将相",为"贩夫"、"走卒",这时你可以问一个"什么",因为这时"人"已成了"器",但这个"器"却来自那个"朴"(仆)——"婴儿"。你可以为"王侯",也可以为"囚徒","名"、"器"的那个"什么",是可以改变的,但你必为"婴儿",则是不可变更的,所以那个"朴(仆)人"、"道人",为"真人"。

这样,"道"、"朴"、"自然",都是"生长"的根、本、源,包括"人"在内的"器",都是从这个根、本、源中"自然而然""生长"出来的。这样,在老子的学说中,"道"、"朴"、"根"、"本"、"源"等都在"生长"的"必然性"中有较多"可能性"的意思在内,而纯粹的"必然性"是古代希腊人从原初的"正义性"转化过来的范畴,他们认为"生长"是"必然的",其意思是说,那"根"、"本"、"源"与后来的"物"之间有一种"必然"的联系。恩培多克勒的"四根"说,阿那克萨哥拉的"种子"说,都含有"骨"、"肉"由"小骨"、"小肉""组成"(或"长成")的意思在内,《老子》书却并未强调"必然"的这层意思,而是强调"可能"的这层意思。

《老子》书强调这种"可能性"可以从它主张或希望"保持"这种"可能性"这个立场中看出来。我们知道,"生长"的观念和"生命"的观念密切相关,而"生命"是"活"的。"活"有一个"过程",即由"生成"到"成熟",到"衰亡"。"生命"的"理想"在于长久地"保持"这种"活"的"可能性",总希望"青春"长驻。这样,"幼稚"的东西尽管为"朴"、为"拙"、为"愚"、为"柔",但却具有很久远发展的可能性。"物壮则老,是谓不道,不道早已。"(三十章)"老"了,前面就没有多少"道"可"走"了,"没有""道"("不道"),"生命"就停止了,"活"的就"死"了。老子还说:"活"的东西,是"柔软"的,而"死"的东西就"僵硬"了,由此就产生了以"柔"克"刚"、以"弱"胜"强"等非常深刻的辩证法思想,而天下之至柔者,莫过于"水",这样,"水"就成了"道"的象征,象征着无限的"可能性",象征着最为典型的"朴",这些义理,细想起来都与"生命"、"活"、"可能性"的观念密切相关。这样,《老子》书的"自然",就和希腊巴门尼德所谓"必然性"的"大箍"完全不同,而是从"生命"(生长)的"可能性"这个角度把"自然"与"自由"结合了起来。

"可能性"是"自然的",也是"自由的",《老子》书的理想在努力保持住这个"可能性",从而保持住这种"自由"、"自在"的"灵活性"和"生命力"。所以,道家的理想在"守拙"、"守愚"、"守护着"那个"婴儿"("真人"),使之"青春""常驻","长生""不老"。这个"理想",在老子书中并没有迷信的意思,那种"修炼"的迷信,是后来的事。老子说的是学理上的事，而永远保持住一颗"年轻的心"和那"天真"的"赤子之心"，至今还是很美好的境界，而那"老天真"、"老小孩"（"老""子"），也不全是贬义。

另一方面，所谓"虚"、"静"这类意思，也和强调"可能性"有关。"虚"是"空"的，好像一个杯子那样，当中是"空"的，才能"容"物。所以在老子心目中，"道"之为"物"，是既"大"而"空"，这样才能"涵盖（养）""一切"（万物）。这个"空"，并不是牛顿式的"绝对空间"。牛顿的"绝对空间"是"抽象思维"的产物，而老子的"虚"是"具体思维"的产物。"具体思维"是一种基础性的、经验性的思想方式，而那"抽象式的"、"概念式的"思想方式是在这种"具体思维"的基础上发展出来的。西方也并不是生来就是用那"抽象概念"式的思想方式来考虑问题的。至少早期希腊哲学还有很重的"具体思维"的色彩。前面提到过的"水"、"άπειρον"和"气"，都是"具体"的。根据海德格尔的说法，甚至那个"逻各斯"最初的含意也还是很具体的，是一种"收集"、"综合"的意思，后来才发展成"逻辑"的。古代希腊早期的"空间"观念也还是很具体的。为了使巴门尼德的"铁板一块"的世界活动起来，希腊的原子论者认为需要给"原子"以一个"活动"的"空间"。所以原子论者提出的"始基"是两个：一个为"原子"，一个为"虚空"。"原子"之所以为"原子"——"不可分"，是因为它中间没有"缝隙"，它是"实"的，就像我们平时说的，是"实心儿"的，而"虚空"当就是那个"缝隙"，是"虚"的，"空"的。这样，所谓"虚空"，实即一种"活动""场所"的观念。"万物"（原子）总要有个"地方"（场所）"容"它们，"装"它们。这个"地方"和"场所"老子学用"盅"、"谷"这些很具体、很形象的词来说它。老子觉得，这些"盅"呀、"谷"呀的，只有让它们常"空"着，才有"地方"来"容""物"；如果已经"装""满"了，"装""实"了，就再也"容"不得"物"了，这样就不灵活，没有生命力，就"死"了。"实"了，就是"死"了，所以，老子的理想是要"守"住那个"空"和"虚"，使其永远"不满"，而"留有余地"。

"道"是那最大的"容器"而且永远是"空"的，所以，在这个意义上，"道"是最大的"空器"。"大器"、"空器"实际上就是"道"。最大的、最空的"器"，是不容易"看"到的，所以才"惚兮恍兮"。同时，因为它是最大的，所以也不可能完全"装满"、"装实",而永远是"虚"的,永远有"装"的"可能性"。

"道"如作"路"来讲,也同样可以通上面这个理。"路"要是"空"的,才能"走";如果挤满了"人",或堆满了"物",就"走"不通了,就没有"路",也就"不道","不道则已",是一条"死路"、"死胡同"。老子的"道"是最大的"路",所以"大道"永远是"空的",永远是可以"通行"的,永远有"通行"的"可能性"。

这样,"道"的本性是"空",是"虚",而不是"实"。这个义理,是很具体的,并没有太抽象的地方。

从这个"空"、"虚"的思路发展开去,"道"又是"静"的,因为"空"、"虚"是"静"的,不是"动"的。"路"上有"人",南来北往,则是"动"的,"闹"的,而"空"的"路",则是"寂静"的,"闹市"听不见美妙的音乐;"寂静"的山林,才能"听到"鸟鸣唧唧和水流潺潺。

然而,"生长"的"生命"不是"动"的吗?所以老子的"虚"、"静"之"道",是为了"动",为了"生长"和"生命",是为"动"而留有余地,是"保持""动"的"可能性"。

从这个思路,老子对那个"道",又提出另一种说法,即"道"为"小"。我们已经知道,"道"为"根","根"为"静",而"根"虽(唯)"静"而"生长"万物。本来,"根"、"朴"都是一个意思,是未成形但会成形的东西。"朴"与"器"对,"根"与"树"对,"朴"散为"器","根"生为"树",而"树大根深","根深"则"树大",故"道"、"根"都在"深"、"远",在"黑暗"、"幽冥"之中;但"根"还有一个特点,就是"树"为"大","根"为"小","树"为"粗"、"根"为"精(细)"。"事物"都是由"小"到"大",由"精"、"细"到"粗"、"壮"。这个道理和由"虚"到"实"是一样的,但在这个意义上,"道"就不是"大",而是"小"、"精"、"细","守""道"就是"守着"那"小"的、"精"的、"细"的。所以,"惚兮恍兮"的意思除了"大"而"空"外,还有一层,即"视之不见,名曰夷,听之不闻,名曰希,搏之不得,名曰微。此三者不可致诘,故混而为一。其上不皦,其下不昧,绳绳兮不可名,复归于无物。是谓无状之状,无物之象,是谓惚恍"(十四章)。

太大的东西看不清,太小的东西也看不清,都是"恍恍惚惚"。"道"就其"小"、"精"、"微"而言,很像古希腊哲学早期理解的"灵魂"(ψυχή)。这个"ψυχή"原初是指人的"(呼吸)气",被认为是最精细,可以"穿透"一切"缝隙"的东西,因而看不见,而"(呼吸)气"是与人的"生命"联系在一起的。另一方面,"道"就其小而言,又类似希腊原子论的"原子",希腊哲人认为"原子"因为太小而不可分、看不见。这样,老子的"道"就将希腊原子论两个"始基"集于一身,也是"混而为一":"道"是既"大"又"小",既"虚"又"实",既"动"又"静"。这样一种辩证的思想方式,基于"生命"、"生长"的"过程",而不像古代希腊早期的辩证法那样侧重于"冷""热"、"明""暗"等感性的或概念的对立,而真的是"活"的辩证法。

这种"活"的,与"生命"、"发展"结合起来的辩证法,在西方哲学中一直到黑格尔才完备起来。黑格尔的"绝对",有点像老子的"道"。"绝对"是大千世界的"种子",人的现实的、生活的世界是从这个"绝对"发展出来的,但这个"绝对"是"精神""显现"的"过程",而所谓"显现"又是"生长"、"发展"的过程。"绝对"之所以有这种"能动性"(可能性、自由性),是因为"精神"是能动的、自由的。德文 Geist 原就有"活力"的意思在内。但无论古代希腊的"灵魂"、"原子",或黑格尔的"精神"(精力),都是"看不见"的,而老子的"道",则是"看得见"的,只是"看不清"而已。"视而不见"、"听而不闻"就是指"看不清"、"听不清"的情形;"大象无形"、"大音希声"也都是指这个意思,而并不是真的指"不可视"、"不可听"。从这方面,也可以看出,老子的思想并不像西方有些哲学家那样把问题说得那样"绝(对)","看得见"就"看得见"(物质),"看不见"就"看不见"(思想),"物质"、"感性"就是"物质"、"感性","思想"、"理性"就是"思想"、"理性",而是承认有一种"东西"(物),"可见"与"不可见"、"静"与"动"、"自然"与"自由"……是统一的。如前文所说,西方现在有人把它叫做"物质性"(materiality)的东西,这个"materiality"不因为其有个"-ality"就成了"抽象概念"性的,而是实实在在的东西,只是这个东西是黑的、暗的,因而"看不清"。

其实,这个"东西"就是海德格尔想要说的那个"Sein"。海德格尔早年从"Dasein"来看"Sein",是为其学说奠定基础的地方,认为自从世上出现了"人"这个"Dasein"之后,"Sein"的问题就提出来了,是"Dasein"使"Sein""明"起来;而晚年,他就专门来思考那有关"Sein"的问题。法国的列维纳很崇拜海德格尔,但他指出"Sein"如果没有"Da",就"明"不起来。他说"Sein"、"il y a"、"there is",是"黑"的、"暗"的,先有一个"Sein"是"materiality"。我以为列维纳强调这一点很要紧。没有"Da"的"Sein"、"il y a"、"there is",是"纯有"、"纯是"。"是"和"有"如果没有"什么""规范"着,则就"明"不起来。我觉得,如果实在"明"不起来,与其硬要它"明"——这是西方许多年"形而上学"的经验教训——不如就让它"暗"着,而"保留"一个"使之""明"的"权利"和"可能性",这样才有"余地",才可以"等待"(期望)著"明",才有"盼头"。

"Da"是"什么"?"Da"是那人类已经创造了的一切文化和文明,包括各种科学、技术和制度。海德格尔特别指出那"语言"、"历史"和"思想"、"诗歌",认为这些都是和"Sein"分不开的"Da"。"Sein"因为它们才"明"起来。思想、历史、诗歌——语言是 Sein 的存在方式。海德格尔说,"语言"是"存在"的"家",这就是说,"Sein"就"住在"那个"Da"里,在"Da"那里,可以"找到"、"遇到""Sein"。这些说法,当然是老子所不具有的。

然而,就老子的思路来说,他强调"守着"那个"Sein",而反对那个"Da"。所以,我以前说,老子书里缺乏那个"Dasein"的度;现在我想藉此机会补充说明的是:老子书之所以没有那个"Dasein"的度,是因为他认为"Sein"根本不必也不应与"Da"联系在一起,相反,"Sein"要努力挣脱"Da"的"限制"、"规定","保留"着"Sein"的一切"可能性"。因为,如果一"是"了"什么",就不能再"是""别的""什么";一"有"了"什么"之后,就"僵化"了,就"死"了,所以要"有而不持",光有个"是",而"是"为"虚"、为"静"、为"朴"、为"根","虚"着那个"什么",使这个"什么"为"无",则"什么"都可以"是",可以"有"。这就是"虚位以待","虚"其"位",以"等待"一切的"什么"。这是老子的思路和理路。这个思路和理路你可以不同意而另辟蹊径,但不能说是"不通"的"路"。

在老子心目中,那个"Da"就是当时社会现实的制度和当时占主导地位的儒家的仁、义、礼这些道德伦理"规范"（限制）。

以孔子为代表的儒家是中国文化传统中的另一大支柱，它的思想，就其本意来看，也的确涉及到相当根本的问题，即人伦方面的问题。就原初形态言，我们不能说孔子不讲自然，就像不能说老子不讲人伦一样，但二者的侧重点是不同的。用现代的哲学语言说，孔子学说侧重在人与人之间的关系，老子的学说则侧重在人与自然之间的关系，可能大体不会太错。不过这个比较，需要进一步的发挥。

孔子学说核心为"仁"。"仁"为"两个""人"，而不是"三个""人"。两个人的关系是很接近、很亲密、很直接的，是"我"和"你"的关系，而"我"和"你"的关系原本是一切伦理、道德的基础，所以"仁"也是基础性的概念，不是派生出来的礼、义这类形式化了的概念。"仁"的概念原本是"活"的，不是"死"的。孔子的"仁"像老子的"道"一样，孳生着一切人伦规范，"仁"就是那个"Dasein"的"Da"的本源性、基础性的意义。

然而，不同的是"道"为"一"，为"一""大容器"，而"仁"为"二"，"两个""人"；"仁"比"道""多出"一个"一"，"Dasein"比"Sein""多出"一个"Da"，"善"比"真""多出"点"什么"。"正义"（δικη）比"真理"要"多"出"什么"，所以海德格尔说，希腊文"真理"为"揭蔽"（ἀληθεία），要把"多余的"东西（什么）"揭去"。这也许就是他晚年要把"Da"搁置起来，专想那个"Sein"的缘故。

我们看到，海德格尔这个工作，我们的老子早就在做，而且做得很有成绩。老子不但要"去掉"那些"文饰"的东西，而且也更进一步要人积极主动地去"守护"那"虚"、"静"、"本"、"根"的东西。要"守"那个"道"。循用海德格尔的话来说，就是不仅要"揭蔽"，而且要"守真"、"守护"那"真理"（真实，Wahrheit）；而我们知道，"守真"即"守道"。海德格尔曾经说过，"人"是"Sein"的"守护者"，使"Sein"不要失落掉、遗忘掉，并批评现代资本主义社会为"存在（Sein）的遗忘"。所以，从一种意义看，他和我国古代老子的确有很相似的思路，而所用语言，竟也有惊人的相似之处。

老子要人"绝仁"、"弃智"、"绝仁弃义"、"绝巧弃利"，就是要"揭"去"Da"那个（些）"蔽"；"绝""弃"掉那个（些）"Da"，则"Sein"自现。"自现"为"自然"、"自由"之"道","绝""弃"那个（些）"Da","自然"就"见素抱朴，少私寡欲，绝学无忧"（十九章）。为了"得""道"，连"学"都要"弃绝"掉。为什么？"学"也在那个"Da"的度中，细想起来，这个道理不是涉及到哲学思想中一些根本的问题吗？

上文说过，"Dasein"比"Sein""多"了一个"Da"。"多"出来的东西就不是"自然"的东西，不是"自然而然"就"有"的，因而就是要"学"得的。所以要认识那个"Da"，就要"学"，所以叫"学""文化"，"文化"都是要"学"来的。"学"从哪里来？从"师"来，从"别人"那里"学"来。所以"Dasein"（人）与另一个"Dasein"（他人）之间的关系就包括了"教"与"学"的关系。孔子说，"三人行必有吾师"，他老先生说得太谨慎了些，其实只有两个"人"，就有"教"和"学"的关系，前文说，"仁"只要"两个"人就可以了；而世上如只有一个人，则自无所谓"仁""义"、道德。现在，老子要把那个"Da""绝""弃"掉，所以，就反对"学"那些"仁义道德"的"规范"（Da）。他甚至说"为学日益，为道日损"（四十八章）。就是说，那个"Da"越是"厚实","积累"得越多，则"道"就被"掩盖"得越深。

这些道理，似乎都是和海德格尔相通的，但是老子并不认为"绝弃"了那个"Da"之后，"道"就真的"明"起来，而认为"道"总是"暗"、"幽"、"深"、"远"的。所以我推想，我们的老子说不出"语言"是"存在"的"家"这种话来，好像"道"是"住在""语言"里；恰恰相反，老子反对一切的"Da"，而"语言"就在"Da"的度中，因而也会把"语言"当作一种"遮蔽物"看待，所以他主张"行无言之教"。就这方面说，我认为老子比海德格尔还要"彻底"些，而正是在这一点，或基于这一点，海氏被西方"后结构主义"或"后现代派"批评为"语言（音）中心论"。

很长时期以来，西方人都"相信"那个"存在"会"澄明"起来，即：是可以"说""清楚"，"说""明白"的，于是才有"ontology"这门学问。这就是说，许多西方哲学家认为，可以有一门"学问"（科学）来把那个"存在"（"道"、"全"、"无限"、"绝对"，Sein, being, "ov"）用概念、语词的"体系"（系统）"说""清楚"，这样，人们"学"了这门"存在论"（本体论），就"明白了"、"懂得了"那个"存在"（"道"……）是"什么"。"存在论"（本体论)"可教"、"可学",成为一门与其他经验知识一样的"科学"(science)。这个思路,一直到康德才被冲击到要害。康德说,那个无限、绝对、大全只是一些"理念",而不能用知识的"范畴"来说清楚的,就这个意义说,"它(们)""不可知";当然"它(们)"是"可以思(想、议)"的,不是"不可思(想、议)"的,对"它(们)"的"思",是一种"信念"(信仰),在实践(理性)中,是有其合理的地方的。康德不承认有"ontology",只承认有"epistemology",它的"对象"不是"Sein",而是经验的 Seiende。在康德哲学中,Seiende 就是 Dasein,而不专指"人"。"弃绝"掉那个"Da","Sein"不是知识、科学的"对象",不可"教",不可"学"。康德这个思路,在一定意义上,也是过得硬的。但到黑格尔,那个"大全"、"绝对",经过矛盾的发展过程,又在"哲学"的思想体系中,"明"了起来。事实上,在黑格尔思想中,在那"真理"、"绝对"、"大全"位置上的"Sein"已经有"Dasein"的意味,因为作为"起点"的"Sein",是"抽象"的、没有"内容"的,只有到了"终点",最初抽象的、形式的"Sein"("有"、"存在"),才具体起来,所以叫"具体的共相"。"Da"使"Sein""明"起来,这个思路,黑格尔已经有了。但黑格尔的哲学,一直有许多人不满意,而其中最基本的问题之一是:并不能说黑格尔的"哲学"就穷尽了一切"真理",学了他的哲学,就"明白"(学会了)"真理"。

　　从这个意思看,我觉得,这些很有智慧的哲学思想倒不如我们的老子平实地坚持他所说的"道"是"幽"、"玄"、"深"、"远",是"暗"的,不是"明"的,也不可能让它真的"明"起来。为什么说这个道理是很"平实"的?设想你要"走"一段漫长的"路程",尽管有一本很详细的"地图",或者竟是一本"军事地图",你"看到"的只是一些"标记"和"符号",真正的"路",你却是"看不清"的。你可以"看清"你眼前的一段,但"远"处的,就只能"惚兮"、"恍兮"。你当然可以"登高""望远",但也是"恍兮"、"惚兮"。所以经验的知识、概念的体系、语词的组织,都不能使你真的"看清"。"道"按老子的思想来说,你"应该""守道","你"也可以"得""道",但你却不能"明"("看清")"道"。"弃绝"那个"Da",你"得到"了那个"Sein",但正因为你"弃绝"了那个"Da",你就"看不清"那个"道",因为一切的"文"

"明",包括理智、科学、仁义、语言等等,都在那个"Da"的度内,"Da"是那"光","弃绝"了"光",当然"看不清""什么"。

"光"使人"明",但"明"的只是"象"(现象),那个"本质"、"根",却"看不到"或"看不清"。"光"揭示(显现)了"什么",也"掩盖"了最大的、最根本的"什么"("大器"、"大道")。人类"文明史"、"文化史",是"光"的"历史",是"光"的"记载",因而也是"象"和"现(显)象"的记载,像"电影"一样,是那个"Da"的记载,是"意识"、"思想"的"记载",这样,那个"Da"很可能会"脱离"那个"Sein"成为一个"影子"(影像)。"文化史"、"思想史"、"意识史"弄不好是无"根"之"木"、无"源"之"水",是"脱离""实际"的东西,是"人为"的、"伪"的、"仿制"的(simulated),而不是"自(天)然的"、"真"的东西。这样,"Da"与"Sein"并不能真的"混为一体",而始终会有矛盾的,不能合起来成为"绝对",从而能在某种思想体系、哲学体系,或某种"学问"中得到"澄明",然后"教"给人们,似乎可以使人人都能"学"而后"明"。

"真正的""道",要你自己去"走",要实际地"走",才能说你"得"了"道";而当你"走"到"头"时,你以为"得"了"道",却实际上又"失"了"道",没有"道"可以"走"了,这样你又得"走""回来",不断地"周而复始",你才能"守"得住这个"道"。

没有人能"教"你"得""道",这样,一切可教、可学的仁义礼智,都只能"损""道"。真正的"圣者",不把那些仁义礼智的规范和技巧(Da)强加于人(他人),而是"为无为",让人(他人)"自为",自己"走"自己的"道",自然而然地相处在一起,这就是老子的"无为而治",是他把他关于"道"的想法,引申到社会治理方面来,就其本身的思路来说,也是自然而然的。

"无为而治"是老子从其"道"、"朴"、"无"、"柔"、"微"、"暗"、"隐"、"静"、"拙"、"愚"……这些基本的出发点"自然"引申出来的学说,是要"圣者"、"王者"也要(或者"更要")"守"着那个最根本、最有前途的"道",这是和那当时以"主体""自我"为核心、把道德实践"知识化"、"制度化"要大家来"遵守"的儒家思想完全对立的,而老子这种"清静无为"的主张,本与那君主的统治欲求相抵触的,但在中国古代政治思想上却保持着相当的影响,倒也是发人深思的。

就统治者来说,他不仅需要"君临天下"、"以天下为己任"的意欲和手段,也要有宽容和度量,既要有"实"的一面,也要有"虚"(空)的一面,这是他维护自身统治的需要。

"社会"之所以成为"社会","社会"之所以要"治理",有一个事实上的前提:"社会"不仅有"我",而且还有"你",也有"他"。从康德所谓的"实践理性"来看,"社会"并不是"我"一个人或一群人的"自由"组合。而是每个"人"在道德上都是"自由"的,因而每人都要有"(负)责任(心)",儒家把这种"自由"集中在"圣王"一个人或一群人身上,而将其他人("他人")都当成"服从"这个"自由"(意志)的"工具"和"臣民"(奴隶),这样在事实上当然是不可能真的做到。这种不可能性可分两个方面来看,一方面,作为各种等级奴隶的"人"是不可能真的"服从""一个"或"几个""人"的"意志"的;另一方面,如果真的只有"圣王"才有"自由"(意志),那末,也就只有他才有"责任",事事都要他来"管",来"负责",一是管不好,二是非累死不可。所以古代儒家的皇帝或大臣,除非当"昏君"或"贪官污吏",要想当"明主圣君"、"贤臣良将",则是很"吃力"的,因为他们不相信老百姓会自己管理自己,事要躬亲,到头来,只能是"鞠躬尽瘁,死而后已"。

老子的社会思想就不同,他主张老百姓自己管理自己,而"圣王"只是因势利导,顺其自然地去做自己该做的事。老子书有一段话,说得很精采:"太上,不知有之;其次,亲而誉之;其次,畏之;其次,侮之。信不足焉,有不信焉。悠兮其贵言。功成事遂,百姓皆谓'我自然'。"(十七章)意思是说,最好不要有"统治者",有了也要让百姓"亲"你、"誉"你,不要让百姓"畏"你、"侮"你。关键在那"我自然"这句,说得很是彻底。本来,"社会"、"生活"、"世界"是向每个人都"开放"的,每个人前面都有"可能性",如果大家都自觉到这一点,则相互之间自然就会来"调节"这些"可能性",就像"瓢"用来汲水那样发展、利用"瓢"的可能性,而不必拿"瓢"当"板凳"来坐。当有人坐在"瓢"上时,该有人提醒他,让他坐到"树根"上去,而当那个人坐到"树根"上去后,他会意识到他本就该那样做。社会的管理当然会比这个问题复杂得多,但社会的管理者同样也是因势利导地使"社会"保持着和谐、稳步的发展,而不把自己的"主观意志"强加于"(他)人"。

所以,老子的"无为"并不是真的不要"事"、"功",他只是强调"事"、"功"本也是"自然而然"的。因为"我"做"事"是"顺其自然"的,所以"我"做成的"事"也是"自然而然"的,"事"成之后,"我"就没有了,只剩下"事"。"事"不能"保存""我"。所以老子强调"功成身退"。

老子的"功成身退"是从那"不持"、"不有"、"不居"的思想出发,不以"事功""累""身",而永远保持"我"的这个"可能性",和"守愚"、"守拙"、"守静"……的思想是一致的。但是,他把"事"与"人"分开来说的思路,却是很深刻的。"事"是"人"做的,但"事"大于"人"(我),"事"不能使"人"(我)"永恒"。这不正是当代西方结构主义及解释学、后结构主义等等这些学派所讨论的"作者"问题吗?当然,当代西方的讨论,背景和材料都复杂、丰富得多,有许多问题、说法、想法是《老子》书中所未曾涉及的,但基本的问题和道理却在《老子》书中已经有所讨论,这可也是白纸黑字的事实。《老子》书没有明确说"作者"、"谁"的问题,但他的与"道"相关的一些说法,确已接触到问题的关键。

现代的西方人认为,"人"是暂时的、要死的,即使署上了"名字"的"作品",也不能使"作者""永存",而"后人"会因为"作者"已没有"发言权"(不能再"说话")而按自己的意思来"理解"(解释)你的"作品",从而不仅你的"肉体"不能长存,而且你的"思想"也不能长存。《老子》书当然没有涉及这样复杂、细致的问题。但关于"作者"(我)的问题,《老子》书也还有一层意思,是西方学者未曾涉及的,即"功成身退"对"作者"(我)自己还有一层"保护"作用:"我"的"事"不能使"我""永生";但只要"我""活"着,就不要让"事""束缚"着"我",使"我""未老先衰",使"我""早亡"("早已")。于是,"我""退"出了"事"、"功"(即使是"我"做的),则"我"可不为"事"、"功"所"累"、所"缚",而可保持着自身的"可能性",则为"自由"之"身",而有前途,有希望,有未来,有青春活力,至少,有一颗"赤子之心"。

对"人"来说,"守愚"、"守拙"、"守静"、"守虚"……就是"守"着那"自由";一切从"0"开始,永远向"前"看,用《老子》书里的话来说,这就叫"有道",即"有路"。从"0"开始,意味着不为"过去了"(已成)的"事"、"功"、"作品"所"累"。譬如"我"已是"帝王"、"将相",一方面当然要尽那"帝王"、"将相"的"义务",同时更重要的是要"保持"那"地位"和"身份",而"义务"也是一种"概念"和"限制",即要做那"帝王"、"将相"之所以为"帝王"、"将相"的"事","保持"那"符合""帝王"、"将相""本质"的"权利"。这样,到了"极位",也就到了"头",没有"道"(路)可走了。老子并不说不可为"王"为"相",而是要人能"退"得出来,用现在的话说,叫"能上能下",而最要紧的是"能下","退回"到那最"底下"的"基础"处去。在那里,"我"(你)本"不是""帝王",也"不是""将相","我"(你)"什么"也"不是"。正因为"我"(你)"什么"也"不是",所以才有可能"是"一切的"什么"。"无为无不为。""我"(你)"不是""帝王"、"将相","我"(你)才要去做"帝王""将相"的"事","将来"才有可能"是""帝王"、"将相";永远处于"不是"的地位,才有可能不断做那"帝王"、"将相"该做的"事",而不先想着"保持"("居"、"持")已有的"地位";如果要"守"那个"地位",使那个"地位""实"起来,则就会"失"却那个"地位"。这样,"帝王"、"将相"同样或更要"守虚"、"守静"、"为无为",才能长治久安。"圣王"为"大仆",是"最大的""仆人",是"公仆",为"他人"做"事",而"自己"则"什么"也"不是"。

就这方面来看,《老子》书中的道理从某些侧面又和西方实存论者关于"自由"、"虚无"("不存在"、"不是")的思想相通起来。当然,西方的实存论侧重在"意识"、"实存"、"个体"之"自由""创造""意义",从而进入道德责任之不可推卸性以区别于"自然";老子则没有自由与自然、道德与必然、意识与存在……那种完全分立的思想,而是在一种基础的、原初的层次上表现了它们的和谐一致,所以老子的"道"、"无"、"朴"、"拙"、"暗"、"静"、"虚"……都是"自然"的,也是"自由"的,老子的"自然"包含了"自由"的意思在内,而不像西方哲学传统那样只认为"思想"是"自由"的。

《老子》书中"有"、"无"之辨,固然包括了近代哲学中"存在"与"思维"的辩证关系,但并不完全是这种关系。老子的"无"也可以理解为"思想"、"意识"、"意义"等"内在"的东西,但需要进一步的阐述,而不能直接得出来。老子的"无",是"无'限定'"、"无名"、"无形",就其"物质性"言,是实实在在的"有",是最基本的"有"。从这个意义说,从近代西方哲学的观点看,也可以说老子书中"思想"、"意识"的度,并不很突出。他没有想到,正是那个"思想"、"意识"是"最大的""容器"、"最大的""空",是真正的"无"。"思想"为"无",则才能"容""万物"。世上任何具体的"容器"都是"有限"的,只有那"思想",才是"无限的""容器"。这是西方哲学近代以来的基本思路,而在"existentialism"中表现得最突出,但果如是,则它那个"existence"就不能译成"实存",而恰恰是"空存"了。

将问题拉回到《老子》书来,以上所述,是不是就意味着老子不要"思想"、"智慧",而将"人"降为"动物"了呢?表面上看,似乎真有这种危险。但我认为不是这样的。首先那个"无",只有"人"才能体会出来的,"动物"不可能有"无"的度,对"动物"来说,一切皆"有",那才是巴门尼德的"铁板一块"的"存在"。只有"人"才能提出那个"无"的度来,也就是说,"动物"只能"看见"它"看得见"的"道"——尽管鹰可以看得"很远";而只有"人",才能"看见"那"惚兮"、"恍兮"的"道",只有"人"才有可能"看得见"(但"看不清")那"天地"、"宇宙"、"世界"之"无限"。换句话说,只有"人"才有可能"看得见"那"黑暗","感觉到"那"黑暗"。西方近代哲学中的"无限"是"(思)想"到的,而老子书中的"无限"则是"看"到的。"(思)想"到"无限"固然需要"智慧",而"看"到"无限"同样需要"智慧";我们甚至可以说,"(思)想"到那抽象的、概念式的"无限",有"小智慧"就行了,但要"看"到那具体的"无限",则非有"大智慧"不可。不过无论如何"动物"不需要严格意义上的"智慧",因为它只需要"看见""光明"。

所以,老子不但不反对"智慧",而且提倡"智慧";不过他所提倡的是"大智慧",是"看得见""黑暗"的"智慧",而不是"小聪明"、"小计谋"。"看得见""光明"并不稀奇,要"看得见""黑暗"才算有本事。"人"可以并应该有"大智慧",所以比任何"动物"都"看得""远","看得""深",他能

"看得到""幽冥"。

"大智若愚",是为"大智守愚"。不仅老百姓要"守愚",人人要"守愚","统治者"更要"守愚",因此老子书没有提倡"愚民政策",或者说,不仅是"愚民政策",而且是"愚王政策";这显然不是"上知下愚"的观念,而那才是真正的"愚民政策"。"圣王""守愚",使民"不争",而不是"自作聪明"地"挑动群众斗群众"。

有"大智慧"的人才"敢于""直面"那"黑暗",因而有"大智慧"必有"大勇气","敢于"在"恍兮"、"惚兮"的"道"上"探索"、"创造";有"大智慧"、"大勇气"者也必有"大品德","功成身退",不求"名",不求"利"。

"功成身退"在《老子》书中并没有要人遁入深山当"隐士"的意思,这个意思当是后来发展出来的。《老子》书可以让人得出那个思想来,当然也有一部分责任;不过书中所强调的还是反复"进"、"退","退"出来是为了"进",使"进"有可能。当"隐士"不稀奇,也不需要"大智慧"。当"隐士"还意味着:以为那个"道"他都"看清楚"了,以为"看透""一切"了,而这恰恰是和老子关于"道"的学说完全相反的。"看破""红尘"固然也有些道理,但那是另一番道理,不是《老子》书中说的道理。一辈子无所事事去当"隐士",当然也有一定的难度,要有一点决心,但那"成了""大功"、"大事"的人能够"退"出来,仍然"从头做起"、"从0开始",则才真的需要"大智慧"、"大勇气"和"大品德"才行。

《老子》是我国古代有很高深思想的哲学书,它涉及到哲学方面最基础性的问题,而它的论述不仅要比西方古代哲人的片言只语丰富得多、系统得多,而且也和现代西方某些学派所说的道理、所思考的问题,有可以沟通的地方;就中国哲学思想的历史发展来说,老子书的影响也不应仅限于"艺术"、"审美"方面,而是贯通于社会生活的各个方面的。

(原载《道家文化研究》第二辑,上海古籍出版社1992年版)

中西哲学话"长生"

我治西方哲学,对中国哲学本不敢置一言;承胡孚琛先生不弃,常来谈道家和道教的学问,获益匪浅。盖中西学术分殊,究其深层思理,也常有可以贯通的地方。此次孚琛又以陈撄宁先生遗著《参同契讲义》见示,并辅以有关书籍,着我阅读,嘱为陈先生遗著作序,踌躇再三,作序不敢,遂以一篇学习心得求教。

一

一个民族的存在、发展,除物质生活条件的保障外,尚需在此基础上孕育出来的精神方面的维系和充实。我研究西方哲学,觉得欧洲的民族在精神文化方面,主要是以希腊的科学精神和犹太-基督的宗教精神为两大支柱,前者主要涉及人与自然的关系问题;后者则是人与人之间的关系问题。与此相仿佛的,我们华夏文明,在精神方面则主要以儒、道两家为支柱,前者侧重人伦,后者侧重自然。这里所说的"人伦"和"自然",都是从哲学的深层意义上来理解的。"人伦"不只是君君、臣臣……而主要是那个"仁"的精神,即"两个人"——"我"和"你"的关系,而暂无"第三者""插足";[①]"自然"也不是作为各种具体经验科学研究的"对象",或那些科学"对象"之"总和",而

[①] 我在《"现象学"和人文科学》一文谈到这个问题,请参阅《中国社会科学院研究生院学报》,1992年第2期。

取其"自然而然"之"物质存在"的意思。

这种自然而然的物质存在,早于已明分的天、地、人、万物(各种经验的事物、对象),因而是"终极性"的。

"终极性物质存在"的问题,只有人才会提出来,因为世间万物都是有来历的,都是生长出来的,"母""子"相续,化生万物(包括人),但那个最原始的"母"是什么?"子"必有"母",就这个意义言,天下万物皆为"子",那末,那个真正的"母"在哪里?是什么?这个"母"既然最为原始,则它再没有"母",它"无""母",老子说:"吾不知谁之子",所以"无"并不是空想出来的,也不是真的"虚空",而是实实在在的东西。

这个问题,并不是我们的先民所特有的,希腊哲学早期探究的那个ἀρχή(始基、原始、源),所提出来的问题和思路与我们的祖先也差不多,它的基础也是由"生长"(φύω)观念发展出来的。ἀρχή原是"古老"的意思,衍化为"首领",因为早年部族是老年人主事。哲学要问,那个不再有"父"、"母"的最早的ἀρχή是"什么"?对这个问题,希腊人给出了自己的答案,泰利士说"水",他的学生说"无定"(ἄπειρον)、"气(水汽)"。

"水"、"无定"、"气"与我们老子的"道"在观念上令人惊异的相似之处我们已经注意到了,[①] 现在我们应该注意他们不同之处。

我们知道,从古希腊开始,西方人一直在问这个"终极性"的东西是"什么",于是从"水"、"气"、"无定"、"理念"、"存在之存在"、"第一因"……直到近代康德,才言之有据地指出,"它"("终极性"的东西)不是什么,而只是一个(思想的)"观念"(理念)。康德的意思是:"什么"是一些经验"对象",如日、月、山、川、桌、椅、板凳、人、手、足、刀、尺等等,而在世界上找不出那个"终极性东西"作为"对象",来说"它"是"什么"。

康德对西方人的贡献在于打破了把"终极性东西"作为"什么"来思考、研究的形而上学的思想方式,但他说"极终性东西"只是些观念,则又未能解决问题。

"终极性的东西"不是"什么",但却也不是"观念",不是思想性的东西,

---

① 参阅《道教文化研究》,第2辑,我的《我读〈老子〉书的一些感想》一文。

而是物质性的东西,"它"不"在""思想"里,而"在""现实"中,或更确切地说,"它"就"是""现实"。

我们的问题是问:"是什么",如今"什么"不是了,但那个"是"还是,"是"还在。我们所要问的不是那个"什么"而是那个"是"。那个"是"后面既然尚未有"什么",所以我们不能问"是"是"什么",因为"它""什么"也不是,但"它"的的确确的是那个"是","它"是比那"什么"更为根本、更为基础、更为原始、更为"实在"的"东西"。这个"是",就是西方语言中兼为系动词和存在动词的那个ἐστί(希腊文)、Sein(德文)、being(英文),也就是西方哲学中"存在论(本质论)"(ontology)所要思考的核心问题。"是"(存在)既然尚未有(成)"什么",则我们不能像传统"形而上学"那样问"是"是"什么",而只能问:如何理解那个"是"?这个道理,在西方,直到本世纪初海德格尔才弄得比较清楚了。

可是,我们中国早在几千年以前的《老子》书已经体会到理解这个问题的甘苦。书中说:"有物混成,先天地生,寂兮寥兮,独立而不改,周行而不殆,可以为天地母,吾不知其名,强字之曰'道',强为之名曰'大',大曰逝,逝曰远,远曰反。"(二十五章)

"有物混成",说的是"有物",不是真正的"虚无",不是只在"思想"中才"有"的"观念"(理念),而是实实在在的"物",但"它"又不是一般的经验的物体,"它"是"天地母",是"无母"之"母",我们如何来"说""它",如何来理解"它"?老子说,"强字之曰'道',强为之名曰'大'","名"和"字"本都是"说"那些"什么"的,如今要用来"说""什么"也不是的"是",只能"强"加于"它"。

的确,"道"与"大"是说那个"终极性的东西"的最为合适的名和字了,"大"侧重于空间,"道"侧重于"时间",而时空又是统一的。

于是,我们老子的问题首先就是如何理解那个先于天地人,先于一切"什么"的"道"——"是"。

这个先于一切具体"什么"的"道"当然是人"抽象"出来的,是人"强名"、"强字"之的,但就"道"这个"名字"所指言,绝不是抽象的,而是最具体、最实在的。这就是说,"道"不是像"人"、"手"、"足"、"刀"、"尺"

那样从具体的"对象"中"抽象"出来的概念，而是很具体、很实在的东西；不但"道"不是从具体的"什么"中抽象出来的，而且事实正相反，一切具体的"什么"恰恰正是从"道"中"生长"出来的。所以，就事物的本来面目言，人是先有"道"的问题，然后才有一切具体的"什么"的问题。西方人总觉得"是"——"道"这类的观念是从具体的"什么"中"抽象"出来的，所以一上来就说这个"是"——"道"是"水"，然后更"抽象"为"存在（是）之存在"（是）——中国先哲的思路正相反，认为人总要先有一个"世界"，然后才细细研究这个"世界"都是些"什么"构成的。所以，"道"的问题是和人同在的最基础的问题，而"什么"则是知识积累的问题。

然而，为什么这个根本的基础问题反倒不可"定义"，不可"名"、"字"之？这是因为"道"虽然是很具体、很实在的物质性的东西，但却不是一个现成的东西，而是一个变化、发展的过程，只存在时间中，因而是不能限定的。

"道"为"路"，但不是"淮海路"，也不是"长春街"，不是"street"，不是"road"，也不是"avennue"，而是"way"。"道"固然先于一切"什么"（天地），但却并不是与那些"什么"毫无关系，"它"是一切"什么"的"根"和"本"，"它"是"母"，"什么"是"子"，世上万物（一切什么）都是由"它""生长"出来的，我常说，"是""等待"着"什么"。

西方哲学中对于"现象"与"本质"的问题，下了很大工夫去研究，对人类的思想有很大的贡献，我们的"道"，的确有"本质"的意义；但长期以来，西方的"本质"被抽象地理解为"概念"，总认为"它"是一种思想性的东西，而"现象"倒成了物质性的，成为"科学"研究的"对象"。近代以来，这种被颠倒了的关系固然受到了不少批评，但只有在首先肯定"本质"为物质性存在之本源的前提下，才能理直气壮地说"本质"先于"现象"。

我体会，《老子》书的用意不仅在于让人们认识到那个无母之"母"的"道"的根本性、基础性、"本质"（质朴）性和"先天地"性——不是西方的"先天性"（a priori）或"先验性"（transcendental），更不是"超越性"（transcendent）——而是要人去"守"住这个"先天地生"的"道"，并且认为只有这个"道"是实实在在的、物质性的东西才能真的"守"得住，而"守"住一个"思想"和"信念"则只是一个比喻的说法。这就是说，《老子》书不仅是教人如何认识这个世界，而且教人如何去"做"事的，"无为"也是"为""无为"。也就是说，《老子》书不仅仅在于揭露"现象"之变幻性、虚伪性，看破世间一切声色货利，而且也在于从积极方面教人如何"守"住"道"，认为只有保持那个"是"，才有可能"是""什么"，如果已"是"了"什么"，就不可能"是"别的"什么"了；"是""床"，就不可能"是""椅"，但如果你把这张"床"当"朴"来看，来使用，"守"住它的"朴"性，则"床"也可以是"椅子"。天下万物，如果从"是"、"道"、"朴"方面来对待，则永远可以"等待"着"什么"，因而永远有前途。

万物如此，人更是如此。就社会来说，人可以为将相，可以为盗贼，不是一成不变的。老子教人"功成身退"，不要"居""功"，而要"守""道"。人做的"功"可以是正面的，也可以是负面的，正负是可以转化的，从已成之"功"中"退"出则保持住自身的主动权，重新"创造""价值"。就自然方面来说，人有生老病死，"死"了就没有"道"，没有路可走了。人要"守""道"，就是要让自己"守"住"青春"的活力，不使"壮"、"老"；"人"要总是保持着那个有前途（有道）的"是"，而不使其成为僵死的"什么"，在社会和自然方面，都不使之"盖棺论定"，这似乎是道家的人生理想。

我觉得，道教中一整套养生之道，在理论上建立于道家学说的基础上，我们从哲学上如何理解它，已如上述。

二

"道"作 way 讲，尚有一义为"方式"、"方法"；"方式"、"方法"离不开"技术"，所以"道"与"术"不可分。"养生之道"，是"道"，也是"方法"、"技术"。

"way"作为方法，西方有另一个字"method"。"方法"问题曾经是西方哲学中一个重要问题，近代从培根、笛卡尔、康德都以"方法论"（methodology）为哲学问题之核心，因为他们认为，传统形而上学失误之处，正在于方法不对，譬如康德认为以"范畴"入"本体"（本质）则为"理性之僭越"。"方法论"在现代欧洲大陆受到了挑战。胡塞尔尽管强调他的现象学可以作"方法论"观——即不教人以具体的科学知识,而只作为理解世界的一种方式方法,但他认为"生活-理念世界"乃是一种不藉助任何外在符号(手段)的直接的体验,已具有排斥"方法"的契机。海德格尔的学生伽达默尔,体会师门学说之内在意义,将"方法"与"真理"区分开来,扬"真理"而抑"方法",这一思想路线,反映了西方哲人对当代西方社会高科技发展的忧虑,认为科技的发展易于导致人对自身基本存在之遗忘,为五光十色之现象所迷惑。从胡塞尔以来西方哲学之发展可以当作一种对现代社会之清醒剂和"警钟"来看,其意义当不容抹煞。

然而,这并不是说,我们就应该舍弃"方法"、"手段"、"技术",而寻求那"纯净"、"直接"的"真理"(在)(Wahrheit)。在这里,我想说,"方法"、"手段"、"技术"为"人"提供一个"世界","人"有什么样的"方法"(技术、手段),就有什么样的"世界"。

从严格的意义说,"科学"(science)和"技术"(technique)是一致的,但它们又是有一定的区别的。就某些侧面来看,"技术"大于"科学"。

世界上任何原始的民族,不能没有一定的谋生"技术",以向自然取得生存的物质资料,但严格意义上的"科学",在西方,则是古代希腊人对人类的伟大贡献。"科学"是"学说","技术"是"实践"。

更何况,"技术"并不限于"科学"。在远古时代,有"魔术"、"巫术",有"竞技"、"格斗",有"音乐"、"戏剧"……当然也有科学性的技术。或者我们应该说,科学性技术是许多技术中最重要、最核心的部分,但其它诸术也都有自身的价值,甚至连那"魔术"(magic)和"巫术"(witchcraft)对原始的民族来说,似乎也都是不可少的。

就科学技术言,科学重理论、学说,技术重实验、实践,科学改变人对世界的观点,只有技术才真正在实际上改变世界。原子论提供一种世界观的理论基础,只有加速器才向人们真正展现一个原子结构的世界。

就现在的论题说,道学是一门学说,而仙学则是在这门学说指导下的一种技术。

当然,陈撄宁先生对道家学说也有深刻的研究,有许多切实的体会,但我觉得他主要着力点在于对道家学说基础作了技术性的研究和探索,力图把道家的"理想境界"通过精深的技术转化为"实际的境界"。

陈先生说，仙学有四大原则：务实不务虚，论事不论理，贵逆不贵顺，重诀不重文。我觉得，这四大原则完全是实践家（技术家）的原则，而不是理论家的原则。

在这四大原则中，我觉得"贵逆不贵顺"是最有意思的，陈先生还说过，"顺则成人，逆则成仙"，可见，"仙人"与"凡人"的区别就在这个"逆"字上。

我们知道，《老子》书强调"为无为"，强调顺应自然，似乎"顺"和"逆"是矛盾的。当然，《老子》书中也有"逆反"的思想，二十五章说"大曰逝，逝曰远，远曰反"，四十章又说"反者道之动"。从《老子》书的思想来看，可以说"顺""反"本身也是相辅相成的。"道"好像一个"圆圈"，"起点"与"终点"是同一个点，所以走到了"终点"，等于又回到了"起点"，"周而复始"，"周行而不殆"，"始""终"是这个圆圈，"生"、"死"也是这个圆圈。四时之交替，草木之复生，动物之蜕变……都提示了这种周而复始的轨迹，人的生命，是否也能如此循环反复呢？《老子》书在理想上提出了这个问题，仙家的任务在于从技术上保证这个理想的实现。我想被称为"丹经王"的《周易参同契》就是道教内丹学，讲修炼技术的书。

人死后复生的信念并不是中国古时才有。一些原始民族认为人本来不会死，"死"都是被妖魔鬼怪"杀"了的，所以如果驱走了那些妖魔鬼怪，死了的人就会复生。所以各民族保存尸体的原因尽管不同，但起初都希望自己的亲人能够复生。在这些远古民族看来，"死"是暂时的、短期的，而"生"才是永久的、长期的。古代希腊人为人们提供了另一种理解，他们在很古的时候就认为"人"是要"死"的，而只有"神"才"永生"。他们认为，生是暂时的、短期的，而"死"才是永久的、长期的。从希腊人这个思路发展下来，西方人相信，凡物质性的东西都是会变化、毁灭、死亡的，而只有"精神"才"永存"。

应该说，西方人这个思路是很有意义的，他们将"有限"、"无限"在原则上分得清清楚楚，严格划分了科学知识和宗教信仰的界限，使人的精神世界有所依托，而使科学知识有一个坚实的现实基础。这种思想方式的一个大问题是将"无限性"只看作是精神性、思想性的,殊不知真正的"无限"恰恰是物质性的,"精神"并不能保证"人"的"永存",包括体现"精神"与"思想"的诸种作品(文学、艺术、哲学等)都不能是"不朽"、"永恒"的,因为这些作品的"存在"要有"他(后)人"的"解读"才有"明证"(evidence),而"他(后)人""解读"出来的决不可能是原作者之"原意",因而"原意"(原精神、思想)不可能"永存","他(后)人""解读"出来的自是"另外的""意思"。这个道理,现在西方一些哲学家认识到了,所以有"后现代主义"。

按照上述西方传统的哲学来说,"人"要"永恒"并不很困难,只要写些书把自己的"思想"留下来,就行了。我国的道学和仙学并无这种物质性和思想性的截然的划分,内丹学的问题是要使"人"的完整的"生命""长存"。《老子》书为"生命长存"提供了理论和理想模式,内丹学就是要用"修炼技术"使之实现。

我体会,内丹修炼要解决三个问题:一是如何延缓人的衰老;二是已老如何"返老还童";三是如何作到"起死回生"。三条合在一起的精神原则是上面所说的一个"逆"字。

我感到,不仅养生的技术,一切技术都有"逆"的意味在内。一切的"技术",都是人按照事物客观规律(顺)"反作用"于事物,以改变事物的具体情形,所以都是"顺"中行"逆",当然最后还是"顺"的。举凡劈山筑路、空中架桥直至宇宙飞船,无不是"顺"中用"逆",以"逆"求"顺",而不是消极的、单纯一味的"顺"。

医药技术原也是一种"逆"。得"病"是自然的,"去(治)病"也是自然的。原本是健康的机体得了病就不健康,去了病则又健康了,这叫"康复","回复"到健康状态,这是科学;原本是年轻的身体,衰老了,就不年轻,去了"衰老"则又年轻了,这叫"返老还童"或"回恢青春","回恢"到年轻的状态,这也应是科学。因而,养生学以"逆法"求延缓衰老(防病)和"恢复青春"(治病)的科学性和可能性,是无可怀疑的。

然而,内丹学又不是一般的养生学。养生学是科学和科学性技术,是可以普及和应该普及的,应用养生学的技术,基本上能普遍有效;内丹学则因人而异,因而是一种特殊的技术。既然声学的技术训练并不能保证人人都能成"歌唱家"，内丹家的修炼，当然不能保证人人都能成为"仙家"，但如同身体的各种技术锻炼一样，只要方法对头，花工夫去练，虽然不一定能卓然成"家"，总还是可以有所进步的。

提到"仙家"，总觉得有"迷信"色彩，我们不可否认在漫长的历史发展中道教和仙学有许多迷信的、错误的成分在内，外丹学已为科学的物理、化学所代替，内丹学也应承认有许多迷信、不科学的地方。从道理上说，内丹学并未划分"长存"和"永恒"的界限，"天长地久"，"长""久"到什么程度？道家承认，连天地也不是永存的，那末人的寿数到底有多长？"仙家"是"永恒"的，还是只是"长生"？如果说，"仙家"只是比"凡人"活得更长、更久——有点像古代希腊的介乎"神"、"人"之间的"英雄"那样，因而只是延缓衰老和恢复青春，则当然应该承认其可行性；如果说，"仙家"永远不死，则不仅于史无证，如今也无据，因而前述四大原则的大部分就架空了。

一切的科学、技术，都要求有"现时（实）"的"明证"，而不可推委于"过去"和"未来"。我们知道，原始民族的"魔术"（巫术）之所以被认真"相信"，在于它宣布它的"证明"在"过去"，因而"未来"也一定会"证明"它是"有效的"。陈撄宁先生能够果断明确地提出仙学要有现实的明证，要使仙学脱离过去"魔术"、"巫术"的笼罩，是很有胆识的；当然，他自己未曾完全锻炼成功，并不足以否定内丹仙学的科学性和有效性，科学和技术都是允许失败的，而且必定会有失误的。

科学要求可以证明或可以证伪的学说，只要内丹学所谓"长生久视"不是"永恒"、"无限"……这些已被指出既不可证明也不可证伪的思想，则我们应该欢迎他们的技术试验。尽管这种技术带有相当大的个体特殊性而不可能普及。

三

我想，内丹仙学的最大的问题可能出在我们上面三个问题的最后一个：如何"起死回生"。"如何'起死回生'"必先回答"能不能起死回生"。

从抽象的道理上说，"生"、"死"也是可以转化的。"始"和"终"在同一个"点"上,由"始"运行到"终"上,再运行下去,"终"就是"始",所以说"反者道之动"。当然,这同时也涉及如何理解"生"、"死"的概念,医学上有一些"假死"现象,就这种现象言,经过一定的技术处理或甚至只要经一定的时间就会"起死回生"。

可是,这里的问题是:人能否有多次"生命"?

上面提到过西方人的一个坚定的信念:"人"是"必定""要死的",这也就是说,"生命"对每个人来说,只是"一次性"的。

"生命"的"一次性"观念带来了西方哲学中一系列深刻的问题,其中最为重要的是:这个相当短暂的一次性"生命"(人生)到底有什么"意义"?

西方的哲人说,如果世界上只有你一个人,最多只活百把年,那的确没有"意义",无论你在这百把年中如何轰轰烈烈,都会像唐吉诃德那样的可笑,死了就一了百了,没人识得你的"伟大";但所幸世上还有"他人","他人"是你的轰轰烈烈事业的"见证人","他人"(后人)能识得你在"历史"上留下的痕迹,你是为"他人"而活着的。把"他人"抽象起来,升华起来,就成了西方的犹太-基督宗教的"上帝"。"上帝"是"人"生活意义的最高"见证者"。当然,你如果不相信上帝而就信由他人组成的"社会"、"历史"也可以。

另外,正因为人生只有一次,而你的生活的意义的"见证者"(评判者)不是你自己,而是"他人"(包括想出来的"上帝"),则你的生活态度就要是战战兢兢的,你的一举一动都是要"负""责任"的。"责任"不仅在于你是"自由"的,而且在于你会"不自由"(死),"死"了,你就没有机会来"修改"你的"行动","改正"你的"错误",而你的"行为"又是由"他人"来评断的,你自己没有最终评判权甚至没有"发言权"。这样,你这个"创造""意义"的"生活"(生命)就立刻显得严肃起来。

如果你是永远"自由"的,同样也可以"不负""责任",所以萨特光以"自由"来论"责任"是不够的,你还要有"不自由"的时候,或你必定要有"不自由"的时候,才会有"责任"。萨特可能不知道中国有仙学一说,"仙家"就是永远有"自由"的,他们可以有无穷无尽的"机会"来"修改"他们的"行为",当然不必为自己的行为过于"操心"。"仙家"永远自由自在,快快活活,"游戏"人间。

当然，萨特的"自由"并不是"无限制"的，他指出"另一个""自由"可以"限制"你的自由，所以萨特的思想中有"他人"的"度"，只是他在谈"责任"时光强调"自由"本身就可以规定"责任"，以便把他的"自由"与"放纵"区别开来；从中国人的经验来说，"自由"固然可以与"必然"对应起来说明"责任"的一个方面，但光是"无限制的自由"不能使人们以严肃的态度对待人生。"人""注定"是"自由"的，因而"责任"是"不可推卸"的；但"人"又是"注定"要"失去自由"（死）的，因而才要审慎地运用自己的自由。

为了弥补这种"自由"的"有限性"，西方人以向上帝"忏悔"来"许诺"自己的"修改"，"忏悔"可以消弭一切罪恶；中国人没有如此强烈的"忏悔"心愿，中国的"仙家"则从不为自己过去的行为"忏悔"，他的眼光永远看着"未来"，因为他的"未来"是"无限"的，他有"无限"的可能性来调整修改他的行为。

的确，不仅《参同契》讲的是个体养生修炼的事，整个"仙家"思想主要也是侧重在人的个体性的。"仙家"是"山里"的"人"，他与周围一切主要是一种自然的关系；"儒家"才是"城"里的"人"，主要讲伦理道德关系。

然而"人"不可能真的孤独地"隐居"在深山老林，"人"离不开"社会"。西方有些学派对"孤独"的体会是很深切的。"孤独"是从"人群""脱离"出来。从"人群""脱离"出来，也就是从"意义""脱离"出来。"人"不仅是"活着"，而且要觉得"活着"有"意义"。真正"孤独"的"人"，意义何在？

西方人坚信"人"是"要死的"，那末这短暂如梦的浮生"意义"何在？于是有宗教出面，说永恒的"上帝"使"人生"充满了"意义"。西方人将"意义"寄托在一个"永恒"的东西上，直到晚近，这个传统观念才发生了动摇。尼采说，"上帝""死了"，没有"上帝"（永恒的人格），凡人的生活有何"意义"？所以尼采疯了。

本来，"上帝"只是一个"思想"，一个"理念"，"思想"和"理念"是不会死的，只有"肉体"才会死，可是"没有肉体"的"思想"也是"会死的"，世间没有"永恒"的"意义"，"人"在一种"悲哀"的处境中。"他人"不是

"我"的"意义"的"延续"和"存留",而是"我"的"意义"的"否定"和"批判"。"我"的一切的"努力",一切的"创造",都可能被"推翻",至少被"改造"而湮没在"他人"之中,"付诸东流"。"他人"不是"上帝",他不一定是"我"的"守护者",甚至可能是"我"的(意义的)"杀手"。"人"所辛苦经营的"意义""大厦",到头来只是"枉费心机"。这是西方现今一些"后现代派"的思路。

中国"仙家""内丹学"的思路似乎与西方的正相反,他们的修炼技术有一个前提:"我"就可以是"神"(永恒),不仅"思想"永恒,"肉体"也永恒,"我"永恒。从西方人的眼光来看,这个永恒的神仙似乎就是"意义"的化身,"人"与"意义"同在,无一点问题发生了。其实,"仙家""内丹学"可能会告诉他们相反的体会:没有"他人"这个"度"而求"我"的"永恒",最终也会导致"意义"的"失落"。

"天"、"地"、"人"三者,"天"、"地"都可以相当彻底地"自然化",如"天文学"、"地质"、"地理"学等等,但"人"却不可能被完全归结为"自然"。"人"不仅有一个"世界",而且有一个"社会"。"人"不仅"存在",而且"值得""存在",不仅"活"着,而且"值得""活着"。关于"人"的科学,不仅是"自然科学",而且是"人文科学"、"社会科学"。

所谓"人文"、"社会",我看最主要的一条就在于:承认"他人",承认"我"之外的"他人",也就是说,承认"他人"的"意义"高于"我"的"意义"。或者更可以说,"我"的"意义"在于被"他人"所"否定"、所"发展","我"的"意义",在这个"意义"的"消失"中。不怕自己(的意义)被否定、被淘汰、被"杀死",乃是"人文"、"社会"的更高的"意义"。"我"的"身"会死,"我"的"灵"也会死,但"我"的"意义"正在这个"会死"之中。"我"之"死",是"他"之"生"的最实在、最真诚的"肯定"和"承认"。因此,"生命"之"意义",恰恰正在那个"一次性"中。

我觉得,"神仙家"比较少地考虑这个问题,认为唯有"不死"才有"意义",因为缺少对"他人"的思想准备,所以往往有一些反面的教训。

就一般的道教来说,中国历史上道教徒常常是些反叛者,相当一部分农民起义的队伍打的是道教的旗号。这些教徒不满当时的社会和统治,组织起来反抗朝廷，企图改朝换代，改变社会，这和道家提倡清静无为、隐居遁世的主张形成显明的对照，成为一个教派的两极。这种情形的出现，固然有许多复杂的具体情形，就学理来说，从"有道"、"无道"的基本立场演化出来，也可以说是"造反有理"，仔细研究起来，也是很有趣味的。

这里要说的是个人修行的思想状况，我想，"修"到后来，也会出现问题的。我曾想，在道理上不能以现在没有一个"仙人"活着就否定"仙人"的"存在"，但退一万步说，即使"仙人"能成，但如今并无一个"仙人"在世，当然还可以说明一个问题：不是"仙人"不"能"成，就是"仙人"不"愿"成。

我们相信，不仅古人的寿命太短，今人的寿命也太短了，也许有些人经过锻炼可以存活千年，但如果没有"社会"的"意义"来维系他的生命，他就会觉得活得太长了。他也许会觉得人世太复杂、太不公，但自己又无能力去改变而处于忧愤之中，从而更加重了自身的孤独感，这样，"生活"就成了一种"痛苦"，而"死"反倒会成为一种"解脱"。我不知道道教所谓"尸解"，是不是含有那种"解脱"的意思在内，不过我相信，如今世上并无一个"仙人"在，至少或可说明他已不愿再"活"下去了。

"社会"迫使"个人"承认"他人"的"自由"比"我"的"自由"更有力、更坚硬，"我"的"自由"本就在受"限制"之中。"我"的"自由"可以不受"天"的限制，也可以不受"地"的限制，但必受"人"（他人）的限制。

"他人"不是第二个"我"，"他人"就是"他人"、"我"如果"永生"，还是"我"，"我"如果"起死回生"则是"第二个""我"，归根结蒂还是"我"。但事实上，"我"是有限的，要死的；"永恒的""我"不仅是幻想，而且最终是"无意义"的。

"生命"是短暂的，一百年也是短暂的，而且是一次性的，因为它短暂、一次性，才显得珍贵，才有"意义"，才有"值"不"值得""活"的问题。

"仙家"的技术不可能普及，"仙人"总是少数人；果真世上有少数人"不死"，凡人如何看待他们则是一个"问题"。所以，我想，"仙人"要住在一个特别的地方，凡人不能去的地方，也是"被逼"出来的，因为凡人可能并不欢迎他们。西方的"上帝"也是这样，他只能在"天"上，因为尽管西方的"上帝"只有一个，如果这个"人"老活在"世上"并且被认为是全智、全能，凡人可能也会不喜欢他。

　　应命写了一些感想，只是涉及学理上的事，而《参同契》是一部养生益寿有关人体科学技术性的书，陈撄宁先生在这方面的精到的阐述，对理解这部书有重大作用是有关专家们已肯定的。就现在的情形说，人的寿命是过于短暂了，我想绝大多数人都是被自然或社会的"疾病"所"杀"，而未能享受"天年"。《参同契》以调动人体自身的力量来与"疾病"作斗争以延长人的寿命，本是一门特殊的科学性技术，理应受到重视和发掘研究，所以陈撄宁先生的解释讲义出版，应是我国科学技术特别是人体科学和锻炼方面的一件大事。

（原载《中国哲学史》1993 年第 2 期）

何谓"人诗意地居住在大地上"

"人诗意地居住在大地上"("...dichterisch wohnet der Mensch auf dieser Erde"),荷尔德林这句诗因海德格尔的阐发而在学术界广为流传。怎样理解这句话?海德格尔在他的《文集》中有集中的论述;我过去把"人诗意地存在"与"人思想地存在"对应起来讲,说"诗意地存在着"为"现实地存在着"的意思,在理解上有些帮助,但总觉得还不够透彻,今试再加研讨,看看能否弄得更加清楚些。

"人诗意地居住在大地上",说得是何等浪漫,何等美好!可是世上又有如此多的辛酸苦难,残酷斗争,何尝有多少"诗意"?所以,我思考的重点先不集中在"大地"上,也不着重分析"居住"——这是海德格尔那篇文章的侧重点,他自有他的独到之处;我的重点放在"诗意"上。我觉得,在哲学家读起来,荷尔德林这句诗中的"诗意地"并不带有很多浪漫的情调,却有很重的形而上学的意味。"诗意地"涉及到对哲学的一个整体性的理解,即"诗意"在哲学里占有一个特殊的地位。

我最近在做亚里士多德的研究,注意到他的知识三分法虽然为大家所熟知,但他本人以及研究他的一些古典学者往往只满足于指出这个事实,进一步的探讨却嫌不够。

亚里士多德在《形而上学》(1025,b)中说,知识(智慧)分"实践的"($πρᾶξις$, practical),"理论的"($θεωρητική$, theoretical)和"制作的"($ποιητική$, productive),可是他的研究重点似乎集中在"理论的";在"实践的"方面,他有"道德、伦理规范学",在"制作的"方面,他有讲悲剧、喜剧的"诗学",而在这两方面他的工作侧重在经验科学性方面,较少地在他的"形而上学"(第一哲学)的层次。

哲学后来的发展,似乎把亚里士多德这个三分法忘掉了,常说是"实践的"和"理论的"二分法。ποιητική 这个度,被遗忘了,或者至少被忽视了。

ποιητική 来源于动词 ποιέω,意思是制作、去做……古典学者们将 ποιητική 英译成 productive,以示区别于狭义的、指一种文学品类的"诗"(poem)、"诗(意)的"(poetical),自有其道理,但显得过于机械,缺乏活力,缺乏"诗意"。

ποιητική 被遗忘,被忽略,被冷淡,说明人们对这个"度"的研究和理解不够深入。哲学作为一门学问,是长期执着于理论的,概念和"逻辑"是"哲学"的"家"。

哲学可以"居住"在"概念"、"理论"里,但活生生的人必定要"居住"在"大地"上;人不能仅仅"哲学地"居住在"大地"上,也不能仅仅"物质"地存留在"大地"上。"大地"养育着"人",但"大地"也养育着犬、马、牛、羊,"大地"养育着"万物";不过只有人才"诗意地""居住"在"大地"上。"诗意"、"居住"、"大地"对人说来,缺一不可,"诗意"是"劳作","居住"为"栖息","大地"是人"劳作"和"栖息"的"处所","大地"是人"作"、"息"之"所",是人"安身立命"的地方。"劳绩"使人"立命","栖息"使人"安身",二者皆离不开"大地"。

海德格尔对诗句中的"居住"(wohnet)有很详细的阐发,但人的"居住"本身也是一种"劳作"——"建筑"。

动物也"劳作","营造"自己的栖息地;但动物的"劳作"是"自然"的一个部分,"鸟入林"、"鸡上窝"只是变换自然的另一种存在方式。林中鸟,安睡在自己营造的巢里,仍是"自然"的一个部分。人"日出而作"、"日落而息",则有另一番意义。

人"营造""居室",不仅仅在"营造"自然,同时也在"营造"自己。人回到"居处"——"家",就是回到了自己。日出而作,人似乎与"自然"打交道——改造自然;日落而归,人似乎"归"于自己。这确是一种"异化",人在"劳作"中似乎不是自己,而在"栖息"时反倒似乎是自己,鸟儿无论动、静，都是自然，因而它没有自己。

可见，海德格尔重视阐述"居处"的意义，确有他的见地。我这里想进一步说明的是：

"居处"把人与自然"分隔"了开来，"居处"使人自由。这倒不是说，人回到家里可以放纵地为所欲为，而是说，"居处"培养了人的一种特殊的态度：自由地对待自然的态度。

"居处"把人与自然"分隔"开来，不是"隔绝"开来，不是把人"封闭"开来，而是使人与自然拉开了距离，使人与自然有了"间（隔）"，而不是"浑然一体"。"居处"中的人与自然仍然息息相关，但这种关系既不是"实用（践）的"，也不是"理论的"（概念的），而是"自由的"。

"居处"有"顶"，有"墙"，为避风雨，为防日晒，为遮冬雪；但"居处"有"窗"，近观门前桃柳，陌上桑榆，远眺隐隐青山和天际白云，时常见到的或是落日之晚霞。自然不仅仅是我的物质生活的一个部分——我向自然要吃、要喝，为此而辛勤劳动；我也不仅仅是自然的一个部分——我不受风雪之扰，挑灯夜读，和弦而歌……的确，我与自然"同在"！你是"在"，我也是"在"；我是"在"，你也是"在"。我和自然都"自在"。"自在"即"自由"，"自由自在"。

"居处""保护"了人，也"保护"了自然；人"暂时地"不再向自然"索取"什么，让自然"自在"，这岂不正是海德格尔所说的"让-存在"（Sein-lassen），而"让-存在"，正是"自由"。人对自然取"自由"的态度，人"让"自然"自由"。"自由"即"自在"。

人"让"自然"自在"，自然就向人显示出另一种"意义"。门前桃树，院中梨花，原为"果实"对人有意义——可以食用，而且有美味；但"食用"乃在"消灭"它，我们至今还常说"要把这桌上的菜消灭掉"，至少是"改变"它，改变其存在形态——总之使它不"自在"。如今"让"其"自在"，不采撷它，不吃它，甚至不碰它，它对我则是另一番景象。这种景象，正是那"诗的境界"。

"诗的境界"是"自由的境界"，是"自在的境界"。

然而，这样说，是不是"自由"、"自在"的境界是"不劳作"的境界？的确，像"诗"这样的文学，似乎应是与有闲阶级的兴起大有关系的，有了这个阶级，"诗"才作为一种高雅文学成熟、发展起来。希腊人也是这样说的，叫作"悠闲出智慧"。

然而，ποιέω 原是"劳作"、"制作"的意思，这也是希腊人的意思。于是，我们又回到前面说的亚里士多德的"三分法"。

"制作的"不是"理论的"，而且也不是"实用（践）的"，是三个度，不是两个度。"理论"讲"概念"、"逻辑"的必然性，"实用（践）"讲物质欲求的必然性——顺便说起，"必然性"这个词在西方（英文 necessary，德文 notwendig）原来是指物质需求的必定性的意思，而正是在"制作的"这个度中，具有更多的"自由"的意味。

人由"居处"培养出来的这种"自由"的态度，使人对"劳作"的观念也起了一种变化，即产生一种"自由""劳作"的问题，人们意识到，"劳作"不仅仅为"物质"欲求所驱使，"劳作"不是为了直接"占有"，除"占有"性"劳作"外，还有"不占有"的"劳作"——"劳动"摆脱直接实用占有这方面的问题，马克思对我们有过非常深刻的教导。

不仅不为我"占有"，而且也不为他人"占有"的"劳作"，就是自由的"劳作"，亦即不是为"实用"的、"实践"的"劳作"，即在亚里士多德所谓的"制作的"度中。ποιέω, ποιητική 就是指"自由的劳作"，而不同于"实践的"和"理论的"。

"居处""栖息"中的人意识到自己不仅可以"自由地"对待自然，而且可以"自由地"对待自己的"作品"。我栽种了门前的桃树，不仅为了吃桃子，而且也为"观赏"桃花。为"桃花"而"栽种"，"栽种"就具有"自由劳作"的意味，即让桃树"自在"，让桃花"自在"——当然，同时我这个栽种者也"自在"。

这样，"自由"、"自在"并不是弃绝劳作，而是使劳作具有另一种性质，具有另一种意义。不仅如此，此种"自由"、"自在"之所以可能，要以劳作为前提，因为"居处"原本是劳作的产物。

任何劳作都需要"技术"，"自由的劳作"更需要"技巧（术）"。亚里士多德也正是在 ποιητική 这个度里，强调了"技术"（τέχνη）。

通常认为，海德格尔这些人对现代社会的科技发展抱忧虑、批评的态度。这当然是正确的。在海德格尔看来，现代科技的发展使人的控制自然的欲望膨胀，以致忘却了人原是应与自然"同在"的。

不过，海德格尔之所以有这种态度，是因为他认为现代技术，太过于强调自身的工具性，为了达到控制自然的目的，被不恰当地使用了。从根本上说，海德格尔并不反对技术，相反，他把技术放到了他的"存在"的层次，与"自由"、"真（理）"等问题联系了起来：技术是"揭蔽"（Entbergen），"揭蔽"、"无蔽"状态，即"真实状态"，为此他专门作过讲演，阐述得很详细。所以，海德格尔认为，技术不仅产生危险（害），而也产生拯救，这个思想很值得我们重视。

在这个关于"诗意"的讲演中，海德格尔指出，柏拉图在《会饮篇》（205，6）中说过，使"不存在""存在"的"原因"（αἰτία）为"制作"（ποίησις），即"制作"是"制作"那原来没有的东西，"制作"为"使存在"，因此，技术就是"使存在"的环节。从这个角度来理解技术，技术就不是工具性的，不是满足人的主观需要的一种手段，而是两个"存在（者）"之间的"沟通"方式。"制作"并非仅仅为制作者自身之需要，而是使两个"存在（者）"互相适应，集合于一个世界中，所以制作之活动、技术之把握，不仅仅是为了人的某种主观目的，而且是人的一种存在方式，所以不是工具性的，而是存在性的。

海德格尔在关于技术的讲演中还提到现代技术不同于过去的特点，现代技术储存能量，不同于过去风车式的直接利用能量，但他说现代技术同样应从"使存在"、"揭蔽"方面来理解。如今，我们已进入高科技时代，智能型机器的出现，使技术与科学（知识）更加紧密地结合起来，使技术不仅是一种机械性的重复性的活动。

高科技的发展，大大增强了人类制服自然的力量，似乎使人的主体性更有膨胀的余地；然而人仍然与自然"同在"。高科技智能型机器的发展，将智能机器化，也给人们提示了智能外在化的倾向。不仅"他人"为"另一个"智能者，而且一切的他者都可能成为另一个智能者。人并不能在最后的意义上掌握、制服他自己的"作品"，更不用说那无限的自然。

技术——包括高科技在内，同样是"让""存在"，亦即"让""自由"、"自在"。人的一切"产品"、"作品"都与人"同在"。人控制着天上的卫星，但当卫星升天以后，似乎就是卫星自己控制自己。卫星自由、自在，人也自由、自在。当然，卫星的程序是人设计出来的，但此种设计本身就是要"让"卫星（升天）之后自己运行。人殚精竭虑制造（作）了星星，其功也浩荡，其绩也伟岸,但天上原有星星,比起那亘古之银河来说,人造卫星又显得相当渺小,就像门前的菜园子,比起那一望无际的原野来显得渺小一样。广义地说,自然(φύσις)也在制作(ποίησις),小到花蕾之绽放,大到沧海桑田,都是自然的大制(运)作、大手笔,人只是这个"运(制)作"中的一个环节,人亦是自然的作品。

所以,西方古典哲学在"实践"和"理论"这两个度中,都含有"必然性"的意思在内。"理论理性"摆脱直接实际需求,对世界作静观考察,但遵守着"先天的"逻辑法则;"实践理性"出自"意志自由",不受任何"条件"限制,但"无条件者"却是一道不可抗拒的"命令",而似乎只当在那"制作"的领域里,在那"技术(巧)"的领域,在那"诗"的领域里,人才有"真实"的——不是概念的、思想的自由,而是"实在"的自由,也就是说,不仅是自由,而且是自在。

就学术言,我一直觉得我们对康德的《判断力批判》研究得太少,国外似乎对这个《判断力批判》也注意得不够,但是大学者却都没有放过它。我想,理解 19 世纪德国古典哲学从康德经费希特特别是到谢林、黑格尔的发展,《判断力批判》是一个关键,因为正是在这里我们可以看到黑格尔那个主客统一的"大全"。当然,也可以把黑格尔的绝对哲学理解为康德《纯粹理性批判》"理念"论部分的积极发展,但要使绝对理念活起来,成为绝对精神,则没有由谢林所倚重的《判断力批判》不行。

海德格尔的《康德与形而上学问题》重点只研究了《纯粹理性批判》的分析篇。我猜想,他故意不说《判断力批判》,为的是把这部分问题留给自己来说。"人诗意地居住在大地上",正是《判断力批判》中所侧重的"审美的"与"目的论的"问题,亦即"制作"、"诗"的问题。

说到这里,我们似乎可以概括地说:"人诗意地居住在大地上"也就是"人劳作地居住在大地上",即"人技术(巧)地居住在大地上",亦即"人自由地居住在大地上"。

1995 年 4 月 24 日于哲学研究所

(原载《读书》1995 年第 10 期)

| 叶秀山文集·哲学卷（上）|

前 言

在重庆出版社和我几个青年朋友的协助下,我的文集就要出版了,除了对他们表示感谢之情外,关于我自己总要说点什么;然而,实际上,关于我自己似乎说得够多的了,这个文集里也收了几篇自述性的文章,还有什么话可说的呢?何况,学人的生活大多是枯燥的,我读到的几本康德的传记,也主要是描述他的思想历程,没有多少花絮,很少趣味性。我听说,有的朋友私下叫我"哲学所的康德",深感过誉之至;其实,他只是说我在北京的生活很刻板,作息皆有定时,是玩笑的话,适足表明我生活的乏味而已。

我出身在一个小商人的家庭,祖籍江苏镇江,从小在上海长大。我的祖父母死得很早,我没有见过;我父亲虽然经商,但仍有"唯有读书高"的传统思想,所以在上海按部就班地让我上学,而不是让我当学徒 我父亲告诉我,我的祖父就是让他当学徒,所以他没有受过正规教育。

可是,在上学期间,我似乎从来没有用功过,我之所以走上学术工作的道路,竟然是一个很不自觉的过程,其原因连我自己也说不大清楚。

我常想,对那些具有超等能力的强者来说,环境是不重要的,他们有能力在任何条件下表现自己,完成自我;但对我这样一个只有中等能力的人来说，环境和机遇就是十分关键的了。于是，在那些强者以自豪的心情面对自己一生功绩时，我如果有些微成绩的话，则更多的是感激之情，庆幸在这平静而又动荡的生活中，也为我提供了一点条件，一点机会。

由于我的学习成绩平平，在上海也没有什么好学校上；但我赶上了1952年全国高等学校院系调整。那时开国伊始，社会有了翻天覆地的变化，国家急需自己的人才，所以大幅度增加了高校招生名额，而报考人数却不敷所需；我想，当时凡报名的，大概没有落榜的，比起现在的高考生来，可谓幸运得多了。

就这样，我进了北京大学哲学系。说来可笑，我当时竟然并不知道北大的分量，我之所以报考北大，只是因为院系调整第一年，全国只有北大有哲学系，而我又因为偶然赌气非报哲学系不可。我的语文老师知道我进了北大，特地表示祝贺，说他当年报考北大，未能录取，进了师大，他哭了一鼻子。我这才知道，要进这个学校还挺不容易呢。

我1956年从北大毕业，又赶上分配的好时候，这大概和我们是院系调整后第一届毕业生，又正在落实知识分子政策有关。我们是前后三届中分配得最好的一届。1955年中国科学院在哲学-社会科学部成立哲学研究所，正在用人之际，我就被分配到这个所，一直工作到现在，马上就满40个春秋了。在这40年中，社会的大环境有许多的动荡，这是众所周知的，但在多次的大风浪中，我这一叶并不牢固的小舟，虽颠簸摇曳，但竟未倾覆，如今回首往事，在不胜惊骇之余，亦深感庆幸。

风浪之袭，在北大读书时已见端倪。那是1955年，有些同学被批判，大概他们有些历史上的问题，成了对象；有的虽无历史问题，但有不合时宜的思想，也受到批判，并影响到以后的工作分配，使一些同学长期未能做自己的专业工作。我是当时班里年龄最小的之一，可能觉得我相当糊涂，经过当时学生干部警告之后，把我放过了。

全国性的反右派斗争展开时，我已经到了哲学所。对于政治运动，哲学所当然并不例外；但气氛和政策的掌握，和北大就很不相同了。在学校，学生人数众多，运动的重点似乎在高班级的学生这一边；在研究所就不同，我是很小的干部，在所一级领导高干看来，还是小毛孩子，他们的矛头似乎是在年纪大一点的干部身上，有的还是很有名气的人，如当时已在所内的徐懋庸等。当然，年轻的也有被打成右派的，其中就有我们一起分来的同班同学。我这位同学后来的遭遇很凄惨，一直到改革开放后，才落实了政策。

我在这个运动中，不但幸免于当右派，而且没有被第一批派去下放，因为正是这第一批中，有些人就没有再回所工作；而正如通常惯例那样，以后的几批下放，就松动多了。我在第二批被下放到陕北，十个月以后，又回到了所里。这期间安静了几年，紧接着的是去农村搞"四清"运动，一去两年，回来已是"文化大革命"了。

事实上"文革"前我们并没有多少时间读书写作，做自己的本职工作，但毕竟留在了学术的单位，这里有许许多多的书，也有许多师友可以请教学问；即使在各种运动最高潮的时候，学术总还是或明或暗地受到鼓励和尊敬的。如果没有这样一个单位，我想，不仅是我，就是能力相当强的人，也将一事无成。

1966年我随"四清"工作团从江西回来，哲学所已经被夺了权，大字报已是铺天盖地了。"文革"给中国带来的创伤太大了，如今已不堪回首，但我也竟然在夹缝里逍遥了下来，至今仍有同事为我在"文革"中未受冲击而啧啧称奇，这其中的道理，我自己也闹不大清楚。不是说我真的没有"问题"，我在"文革"初和有些朋友说过一些很要命的话，其中有一个给捅出来了，军（工）宣队之所以不收拾我，恐怕是为了集中精力打"歼灭战"，因为当时的学部在"文革"中是相当重要的地方，哲学所有些人似乎一直可以通到康生那里，他们的目标当然是很大的；再说，学部是各专业新老著名学者汇集的单位，那时他们被称做"走资派"和"反动学术权威",大量的工作是要对他们进行"批判",更何况,半道里杀出个程咬金来,又出了个"五一六反革命集团",运动初期的"造反派"也成了问题,"造反者"与"被造反者"进了一个"(战)壕"里,那几个外来的军宣队的任务自然也就更加重了,等到整"五一六"成为"疲劳战役",或许军宣队能够腾出工夫来整治几个零散的"反革命"时,偏偏那位"敬爱的"林副主席竟摔死在国门之外,于是乎我那"攻击"林副主席的几句私房话连同其他材料,也就真的被"束之高阁"了。

基于这个认识,我对我所大小"黑帮(含保皇派)"、大小"反动学术权威"——这两者大都是我的老师,还有那大小"五一六"——他们大多数是我的同辈,不但充满同情,而且每一想到他们时,我也都怀有感激的心情,因为正是他们,在客观上做了我的挡箭牌、保护伞,他们在客观上替我挨了整,受了罪,使我得以"逍遥""法外"。

我正是利用"文革"中的这个"法外"时间,学了几门外语,偷偷地读一点书,后来还写了一篇文章讲书法美学的,这些当然都谈不到什么成绩,聊以自慰而已。

说到读书学习,我是很平平的人。说来请勿见笑,小时候养成我读书习惯的不是教科书,不是在课堂上,而是看闲书。记得那时上海青少年里流行三种小说,"言情"、"侦探"和"武侠",我像一般男孩一样,爱读"武侠"小说,同时也爱读"侦探"小说,只是"言情"的看不进去。"武侠"小说都是连篇累牍,我就是从这时起,看见大部头的书不再头疼了。

读这两种小说,似乎还有一些好处。我生性柔弱,读武侠小说可以补充一点豪气;我原本不会动脑筋,浑浑噩噩,读侦探小说能激起我的好奇心,养成一种不弄个水落石出不罢休的习惯,这也是一种"解"(de-)的思想方式吧。

可惜,现在我没有多少时间来读这些闲书了。

从 70 年代末、80 年代初以来的改革开放，给了我全身心地投入学术工作的真正条件。如果说，过去的年代，尚有许多干扰，可以有怨天尤人的理由，那么，今后的事，则主要看自己的努力了。所好的是，80 年代的我，人已过中年，在学界混迹多年，虽谈不到业绩，但已成习惯，我好像已经不会做别的事了。

我们这一代人可谓"先天不足"而又"后天失调"，在成长的年代，不但耽误了许多的时间，而且在学习的专业上相当偏颇，所以无可讳言，学问的基础是不很扎实的；当然，各人的情形不同，我自己更是其中的中下品，这决非过谦之词，而实是肺腑之言。正因这个认识是真诚的，所以我自改革开放以来，唯一堪以自慰的是读书尚称用功，不敢有所懈怠。

哲学是基础性的学问，学问基础不好，光靠脑子灵活是靠不住的，何况，我的脑子本不很灵活。过去哲学所长期强调"打基础"，翻来覆去念那几本书，固然很偏，要知道，即使那几本书要真正弄通，也要以别的书来辅助理解；不过有的书的确需要翻来覆去地读的。就我自己的经验来说，我觉得我得力于 18、19 世纪德国哲学的地方甚多，尤其是康德、黑格尔的书，我是经常要复习的。

哲学里所谓"复习"，和孔夫子说的"学而时习之"的"习"不完全一样。夫子所道，乃是强调巩固所学，使之"熟练"的意思；我这里所谓"复习"，是"重新"思考的意思，这就是说，古典哲学的书，每读一遍都应该是新鲜的，都会有新的体会，而不光是熟悉其中的章句。读书是帮助思考。

那么，原本思想能力很强的人是不是可以放松读书呢？有人会说，书是人写出来的，当世界上还没有书的时候，人们又怎么读书呢？我说，即使世上没有书，人仍要"读"，仍要"学"。世上没有人写出来的书，还有"天地""写"出来的"书"，还有"我"与"他（人）"的对话、交流。最普通的是我们都是先和父母交流的。亚当要有上帝来"创造"他。在这个意义上，人的确是先"听"了"他人"的话，才有自己的话要说的。

把这个意思化开来说，"读书"和"写作"的关系也有个先后的问题。

现在检阅这个文集，几十年来，我写的东西就数量来说，比起多产的大家们，当然是不足道的；不过，就我自己来说，已经感到过分的多了。有一个时期，我什么东西也不愿写，觉得写作是一种浪费，这当然是很偏颇的想法，后来有所改变，但仍深感写作之困难，不敢轻易下笔。这就是我的那个"科学与宗教在思想方式上的研究"至今未能交卷的原因。

这几年，我每年限定写几篇研究性的文章，今年有三篇，但愿能有第四篇。这三篇文章都收在这个集子里了，算是我最近的心得。这三篇文章是有连贯性的。首先我尽力清理了"时间"概念引入哲学-形而上学后在这个领域引起的变革。在完成这篇文章后，我读到福柯生前与记者谈话时说到，他注重"空间"的问题，是因为康德、黑格尔过于注重"时间"。他的话引起了我的重视，我觉得，他前一段的意思很对，是我在研究德里达和他的思想时深深感觉到了的，当时我觉得他们又回到了传统的重视"空间"的路子上去，这里印证了他们是自觉这样做的；后一段的意思就值得讨论了。不错，康德，特别是黑格尔，已经将"时间"的问题提了出来，所以他们才是传统形而上学的批判者、改造者。不过，他们思想的归宿仍是"逻辑"的，他们都以改造旧逻辑、建立新逻辑为己任，这和海德格尔不可同日而语。海德格尔很重视康德和黑格尔。他第二本著作就是研究康德的，我正在认真重读这本书。我想，无论是谁在读这本书时都会感受到海德格尔对康德著作的虔诚并仔细、认真的态度，但同样能感受到他们之间的深刻的分歧；最近还买到海德格尔关于黑格尔《精神现象学》的讲义英译本，也预备仔细阅读。我想，海德格尔尽管很像现代的黑格尔，但他们的分歧也是很深刻的。

第二篇文章讲"无"。从"时间"上讲而不是从"概念"上讲"无",是海德格尔改造哲学-形而上学的一个重要步骤,这样的"无"是实实在在现实的"无",而非虚无飘渺之子虚乌有。以此审视历史兴亡,自有一种情趣在内。

第三篇文章讲"(物)自身(己)",是把康德和海德格尔邀请到一起来讨论。我相信,他们是可以谈得来的,他们的不同,正好使这个问题进一步地深入下去。

这三篇文章,连同去年关于形而上学问题的几篇,读者可以看出我近几年读书、思考问题的重点,这个重点,今后恐怕会延续下去。我的目标非常谨慎,我只是想把哲学史上的重要问题重新多思考几遍,以求有一个比较心安理得的说法,这大概也就找到了"我自己"了。

最后,但并非不重要的,是我要说明,收在这本文集里的多数以书的形式出版的著作,过去是由人民出版社出的,我非常感谢出版社的朋友在当时出版经费很艰难的条件下,能为我的书稿承担经济损失,我将永远珍爱这份友情。

作者

1998年9月18日

客居美国,于女儿家

关于哲学史方法及早期希腊哲学研究中的几个问题

一

我很高兴能和大家一起座谈,讲讲哲学史的一些问题。这些问题是我平时想过的,有些可能是很肤浅的。先谈谈有关哲学史的研究对象、唯心主义和唯物主义的斗争、辩证法和形而上学的方法等问题。这几个问题,我们平时常讲,讲惯了,就不去想它,一讲唯物主义和唯心主义、辩证法和形而上学,就成了一顶帽子。那末这些概念、范畴,它们本来是什么意思?把它们搞清楚,这是哲学史工作者的任务。我们要把这些概念、范畴讲得符合哲学史上原来的意思。

(一) 关于哲学史研究对象的问题

哲学史研究对象的问题,是近几年来国内哲学界经常讨论的问题,有很多同志发表了意见。哲学史有自己的特殊对象,我们要确定哲学史作为一门特殊的历史学科,首先不可避免地要解决的问题,就是哲学史本身研究的对象是什么?这本来似乎不成问题,但是细想起来并不很清楚。我们常说,哲学是研究世界最本质的规律,是自然科学和社会科学的综合,哲学是一种世界观等等。这些说法都是对的,但都需要进一步展开。我们有许多意识形态的部门,如艺术、科学等,哲学与它们的关系怎样,有什么区别?哲学占据什么样的地位?

在国外，虽然没有提出"哲学史的对象是什么"的问题展开讨论，但是各学派的理解也有很大的差别。如果说，像西方一些流行的看法，要把哲学"科学化"，作为一种科学方法论，又把它规范化、公式化，那末哲学与科学到底有何区别？说哲学是研究自然、社会的普遍规律，哲学与自然科学和社会科学的联系和区别到底如何？社会学在中国还刚刚兴起，在世界上还较年轻，它也是运用一些科学的方法来研究社会现象。哲学是研究阶级斗争、生产斗争和科学实验的规律的，跟这些具体科学或科学方法有什么区别？这实际上产生了一个哲学跟科学、艺术、行为规范学这样一些学科的关系问题。这个关系确实不容易掌握。哲学是对自然界或客观世界（包括社会在内）的一种最本质的把握。把握方式有科学的形式，用语言的体系。过去讲概念、判断、推理，用逻辑的形式，用范畴的形式来掌握这个世界。那末艺术怎样？一般来说，艺术是用形象、感情的方式来掌握世界，反映人跟世界的一种关系。哲学从形式上来看离不开概念、判断、推理，离不开逻辑的形式。从这种意义上来讲，它很接近科学，是一种科学形态。从表面上看，哲学跟科学的区别似乎就不明显了。但它毕竟不是具体的科学，不是物理学、生物学等等；如果说它是一门普遍的科学，那末它跟科学概论、科学方法论有什么区别？关于这个问题，西方有两种对立的倾向。一种是用逻辑实证主义的立场来解决科学与哲学的关系，这就导致宣布哲学没有用了、哲学命题没意义，越研究哲学越感到哲学不能存在，最后要取消哲学。另一种倾向，表面上与逻辑实证主义对立得很厉害，这就是存在主义的倾向，这种倾向尽量地按传统哲学的办法来划哲学与科学的界限。他们的意见基本上认为哲学不是一门具体科学，所有的科学都只能是具体的科学，没有普遍的科学。他们认为哲学是研究大存在，科学是研究小存在，即一个一个具体的小存在。哲学既然没有那些小的具体的存在作为它的对象，它就不是一门具体的科学，而科学是具体的，因为它只能以具体的感性世界为对象。

我们搞哲学史，常常碰到这个问题，感到非解决不可。因为过去，尤其是在古代，很多哲学家同时又是科学家、政治家。我们必须对哲学有一个看法，哲学是研究自然和社会的最一般的、最根本的规律。关键在这个"最"字上，也就是说，哲学是研究宇宙与人生的最根本的本质与最根本的价值和意义。我们研究哲学史，把欧洲哲学史的开端定为泰利士，因为他提出了这个问题，我们平时译为"始基"。写哲学史的人都自觉或不自觉地从哲学的始基开始。始基概念提出后，哲学问题就明朗化了。哲学就是研究这个始基。虽然古代这个始基观就科学观看，是相当幼稚的，但它是哲学最根本的一个问题。

哲学的始基是什么？按亚里士多德的说法是：万物由它开始，又回到它。有人译为"本原"，实际上是我们所讲的"第一性原理"（或"原则"）。这个始基也就是我们现在讲的世界的最普遍的本质，是人生最根本的意义，用中国概念来说，是人生的价值、人生的真谛。这个问题从逻辑上讲不是科学的对象，它与科学的区别关键在于"最"字。科学在一步一步地前进，科学研究的是具体的对象，感性的对象。而我们还要进一步问的是我们对于整个宇宙的最根本的第一性原则的看法。德国人有一个词，把哲学称为世界观，即Weltanschauung，这很有意思。Welt 是指世界，anschauung 是指直觉，也就是"观"。哲学就是世界观，哲学不是科学的科学。有的人说哲学比科学还要科学，其实不对，因为哲学与科学是有界限的。我们说，哲学是研究第一性原则，而第一性原则在古希腊就是所谓"始基"，这个词据说是泰利士提的。他提出这个问题，就是世界的最根本的本质。推广到我们现在，就是我们生活的最根本的意义，这不是什么经济意义、道德意义，而是最根本的意义。在这方面，哲学与艺术有很多共同之处，艺术不是科学的关键之处，并不完全在于艺术的形式是直观的，或是带有感情的因素，而是在于内容上，它并不是具体科学的内容。我们说艺术的花，不是植物的标本，它只是一种象征。在这个意义上，哲学很接近于艺术。艺术家对世界的把握也是追求第一性原则，追求世界和宇宙人生的最根本意义，它是一种观点，表现我们对待这个世界、对待人生的最根本的观点。

哲学既然如此，那么，哲学史是一门什么样的学科？最近读了冯友兰先生的《中国哲学史新编》的全书序言，很有启发。我想这个序言应是冯先生一辈子搞哲学史的体会，确实值得一读。他说哲学史是研究认识的反思的历史。由冯先生来肯定这个提法，是很有意思的。有些同志认为，哲学就是认识论。但很清楚，这个认识论当然是近代哲学的一个新发展，一个新概念、新范畴。如果说认识是对科学的一般认识，是我们对世界的一种认识性的把握，那末它跟科学史、科学方法论有什么区别？我感觉到，冯先生讲认识的反思的历史，这一点是相当重要的。冯先生的定义有这样一个前提，对认识的理解，是哲学的认识而不是科学的认识，所以不是科学史，也不是科学方法论史。哲学就是研究历史上各个时期人在什么样的条件下（包括社会经济）对第一性原则各种不同的认识形态，在古代有古代的形态，中国有中国的形态，近代有近代的形态。从这个意义上来讲，可以说哲学是认识，是人类对于这个原理的认识。所以，我感到，哲学史的任务是人类对于第一性原理，对整个世界的本质、对人生的最根本意义的认识。这样，哲学史就是一门活的学科，不是一门把历史上的既成事实按某些逻辑联系起来的单独的历史科学。当然，这并不是说科学史就是死学问了。哲学永远是一门活的学问，哲学问题是活的问题，与科学的问题是有一些区别的。在科学上，可以说有些问题是解决了的，如物理学的一些问题，在它向前推进的时候，它过去的一些问题可以宣告被解决了。哲学问题有谁敢说是解决了、过时了？哲学是一种世界观，是研究宇宙和人生最根本的意义和本质，研究第一性的问题，这个问题是不会过时的。过去我们不大敢说哲学问题是永恒的，似乎这样说是僵化了哲学问题。国外有人用了一个很好的词，说哲学是常青的（Perennial）。哲学问题是长青的，所以哲学史研究的不是过去的死问题，而是研究这些活问题在当时的时代是怎么反映的。

现在欧美研究哲学史有些不好的倾向：一个是知识化，把它变成一门单纯的历史知识，把哲学史变成一种考据。西方大学中有一个古典系，搞古代哲学史必须经过古典学的训练，正如我们搞中国哲学史，一定要有较好的古汉语知识一样。另一个倾向，就是把哲学史逻辑化。就是说，把哲学史上的问题一层一层都变成了一个逻辑推论的过程。这两个倾向加起来就变成了哲学史的技术化，技术性很强。

他们认为有了逻辑化，就补充了"知识化"的不足，就"哲学化"了，其实，这个东西搞起来非常繁琐。比如，柏拉图早期的对话《费多》篇中讲灵魂不死，这在柏拉图那里并不特别复杂，但他们有一本书，光这个命题，就写了三十多页的公式，一条一条地往下推，要有很大的耐心才能看下去。我在美国时，有人对我讲，你们好像觉得逻辑推导不重要，那末我的电子计算机是怎么造出来的呢？数学上有公式可代，从这一步到那一步，不一定要一步一步推出来，代一个公式进去就省了几十步。逻辑不行，逻辑一步也不能跳，这才能造机器。这种逻辑化现在很普遍，这当然也是与他们的哲学倾向有关。现在这派哲学自己也发生了危机，有人说分析哲学已经成为传统了，已经过去了。这话有点过分，现在主流还是逻辑实证主义、分析哲学，但确实有了危机了。

为什么逻辑分析在美国这样流行？主要原因是他们要把哲学变成一门专门的技术，他们要找工作。像我刚才谈的，哲学是研究活的问题，研究第一性的问题，研究世界观的问题。人们不管自觉与否，都有世界观，世界观不是专门的技术。我也同他们讨论过，我不大相信哲学可以技术化，成为一门技术科学。这套技术，你不学不行，掌握了，可去找工作，到大学中任教，你有技术，别人代替不了。逻辑这套东西，搞数学的人都觉得烦了，搞传统哲学的人不懂，有些老的，如搞希腊哲学史的人，也不懂逻辑分析这一套。我可以承认你是专门技术，但我并不觉得你这套东西就是哲学。哲学不可能公式化，不能公理化，不能步步用计算机来代替，不可能造出一部哲学的计算机来。在外国，哲学系的学生找工作是很难的，他们必须有这套知识，这是可以理解的。我知道柏拉图著作有多少版本，手稿在什么地方，这个字是什么意思，我知道的，别人不知道，这就是专家。知道了逻辑是怎样推演的，一本本的书就出来了，有一些大专家也是这样做研究的。这种倾向，我觉得是不对的。当然他们中有一些大专家好一点，还是承认传统哲学的问题，但相当普遍的是，研究哲学，研究哲学史，放弃了第一性原理。第一性原理不是具体科学问题。虽然经验表明，哲学的问题是不能证明的，也不能证实的，但是人们还是不断地提出这些问题。现在有些搞分析哲学的人也承认伦理学的、哲学的、美学的、形而上学的问题是有意义的，也就是说，他们又回到传统哲学的立场上来了。但是普遍的还是讲他们的逻辑化。在这种情况下，哲学问题就活不起来，显得很死。

我感觉到，第一性问题，世界的最根本问题，还是长青的、活的问题。因此，我们研究哲学史就要有这两种训练，要有技术，但是更主要的，还是研究活的问题。但这又产生了新的问题。这就是，你说哲学是活的问题，那哲学有没有历史？过去有一种说法，也是在逻辑实证主义影响下的说法，认为哲学死掉了，没有意义了，剩下来的就是哲学史，研究哲学就是研究哲学史。但另外一种意见是,既然哲学问题是活的、长青的,是不断向你提的,那末它本身是不是有历史呢?有没有进步?我认为,哲学还是有历史的,是有进步的。的确,你不能说莎士比亚就比古希腊的悲剧作家更高、更进步,因为他们是不同的历史形态,从某种意义上说,是不可比较的。然而,我觉得,哲学问题是会反复不断地提出来的,不能在哪一天说,哲学问题解决了,第一性问题解决了,到此为止了。然而,解决这些问题的方式和方法是有变化和丰富发展的。比方说,我们的衣食住行的问题可说是长青的,老向我们提的,你不能说这个问题完全解决了。这个问题是一个活的问题,也可以说是永恒的,但是在解决这个问题的方式上我们不是大大进步了吗?我们现在的衣食住行跟古代的衣食住行当然是丰富得不能比拟的。有实际的历史,就应该有思想的历史,这还是相应的,虽然有些区别。所以我们说,哲学问题永远是活的,但解决这些问题的方式、方法是不断丰富的。就以古希腊的悲剧说,你固然仍能从中看出他们对整个宇宙生活最根本意义的一种态度,但现在去看这些戏,未必有多少兴趣。因为它毕竟太简单了。前几年,希腊一个剧团到我国演出古希腊悲剧,我这个搞古希腊哲学的只看了一场,就不愿再去了。应该说,我们现在拥有当年古希腊人不可想象的舞台表现手段,同样,我们现在拥有的解决哲学问题的方法丰富得让古代不可比拟。古代讲第一性原理很简单,想象了一个水,罗素说这太叫人泄气了,人类哲学的开始怎么会想出那么一个简单的东西。其实它的意义不在这个水,而在"始基"这个观念。现在还得没完没了地研究始基这个概念。

从始基到原子,还是进步了。从康德开始不大讲本体论,认识论从他开始。当时认识论是用逻辑,亚里士多德是范畴论,逻辑以此解决认识论问题。现在讲语言,这个问题在亚里士多德,智者派哲学中就提出来了,研究了语言与客观世界的联系,但没成系统。语言哲学是现代哲学。语言哲学比康德还是进了一步,解决问题的手段丰富了,所以哲学史还是有存在的价值。哲学是有历史、有进步的。第一性原理是近代哲学非常明确地提出来的,这个问题在亚里士多德时就有了,但在哲学上清楚地划清界线,给它一种规定性,还是德国哲学提出来的,这也是进步。

那么,整个哲学史用什么贯穿起来?哲学史有各种形态,我们所理解的哲学这个特点，假设它是对的，应该用什么东西来贯穿？这就涉及到唯物主义和唯心主义问题。

（二）唯物论和唯心论

把哲学、哲学史的发展用唯物主义与唯心主义对立斗争这样一条线索来贯穿是必要的。从一定意义上说，也是必然的。正如恩格斯所指出的，唯物主义和唯心主义只在第一性问题上，才有意义。我认为，第一性问题只可能有两种回答，即唯物主义和唯心主义。在世界本原问题上要么答以物质的，要么答以精神的。具体的认识，如从感觉到概念、判断、推理，有些过程可以颠倒过来，从概念到感觉，这样的具体过程不涉及唯物主义和唯心主义的问题。这些具体过程，有的是心理学问题，但谈到哲学问题，则离不开唯心、唯物的对立。所以哲学史上有两人阵营的事实是不能否认的。有人曾提出用认识论来贯穿，试图以此避开唯物主义和唯心主义的两顶帽子，其用意是好的，但是，唯物论和唯心论不可避免，是历史上早已形成的。古希腊时理念论和原子论两大派对立，实际上是唯心主义和唯物主义的对立。这并不是我们现在故意安上去的。哲学发展到近代，康德提出先验唯心主义；费希特认为第一性问题归根结底只应有一个回答，只有唯心论可以回答，因此，唯心论就是哲学。

从我们的观点来看，回答第一性问题，的确只能有两种可能，所以，唯心论是不能消灭的。这两种回答在历史上形成两大阵营，互相辩论、斗争，也是必然的。这里涉及哲学的认识与科学的认识之间的关系问题。谁也不会承认从感觉经过很复杂的经验过程，形成概念，形成科学体系。这种由感觉综合出来的概念程度不等地可以在感性世界找出相应的对象；但哲学问题，第一性问题不能在感性世界马上找出相应的对象。古代哲学的经验表明，感性世界形成不出水这样一个始基。泰利士讲水，只有历史的原因，找不出逻辑的原因。哲学的第一性问题是不能证实的，也不能否定它。它是一种飞跃。逻辑是一步一步地推，而第一性原理，人生的根本意义是思想的一种跳跃的结果。所以，有人认为传统哲学是一种独断的形而上学，是一种"宣布"，如宣布水是第一性的。的确，从形式逻辑眼光看，哲学问题是一种飞跃，计算机也推不出来。存在主义讲人生不是连续的，而是中断的，个人是一点，非连续的（discontinued），它专门揭逻辑主义的短处，当然它们自己也有很致命的短处。现在西方有科学语言派与日常语言派，像卡尔纳普这样的经典的逻辑实证主义者要把语言科学化、公式化。维特根斯坦很受一些人崇拜，他的《逻辑哲学导论》很有影响，把康德的《纯粹理性批判》的某些方面推进了一步。在这本书里，他也主张语言规范化、科学化。后来他沉默了许多年，死后，突然出了一本《哲学研究》，把他以前的观点全推翻了。他体会到，日常语言不能完全规范化，其中有许多飞跃的东西。所以第一性原理是在科学认识基础上的一种飞跃。

然而，我们人类的思维不可能有第二套逻辑，我们只能用科学思维形式。哲学利用了逻辑的推理，作进一步的飞跃，可以说是"推出"了第一性原理，而普通人的这种系统的逻辑推理不一定自觉，但对这个问题也有所感、有所观，也能发表意见。哲学家只是把它系统化了，体现了历史的水平。每个时代有每个时代的水平，这是讲解决这个问题的方法要够水平。现在若完全按柏拉图的方式讲，就不够水平，我们有许多哲学家早已超过了他。拉回来说，哲学思维这样的飞跃，对整个哲学问题的回答就形成两种倾向，一种是把精神、思维作为第一性原理；一种是把物质作为第一性原理，即以一个整体的感性世界为出发点。世界作为一个整体（The world as a whole），即世界作为一个"全"、"整体"，在逻辑实证主义看来，在经验中是没有的，是虚构的。但恰恰是这个虚构出来的问题老在每个人的心中存在。这也是康德揭示了的。科学已表明了这个问题不是知识的对象，但哲学就是要对这个"整体"、"全"加以思考。对于唯物主义讲，从古代的原子论到现代的物质概念，就是说世界是一个物质的整体，我们人是世界的一个部分。唯心主义则持相反的立场。对世界采取什么态度，我们对整个世界的看法，就是我们的世界观。我自己或整个人类在这个世界中有一个确定的地位，即人生的意义、价值、使命等一整套，有的人自觉些，有人不太自觉。唯心主义把人的精神世界作为一个整体，把感性世界作为精神世界的一个组成部分。就是说，唯心主义只是在回答第一性的问题时才表现出来。在科学上讲没有人否认感性世界，否则它不可能流传几千年。只在什么是世界的本质、最根本的意义的问题上才能分出唯心或唯物。在逻辑上讲也只有这两种可能，即把感性世界和理性世界作为一个"全"加以研究。

但因为它不是科学对象，找不出感性对象来，人们就会想，你这个东西是不是胡想出来的，到底有无道理。但对于生活的本质、意义，世界的本原这样的问题，每个人心里都会有，是整个生活经验向你提出来的，不是某个老师或某门学科直接教给你的。到底宇宙世界的根本何在？你要不要有一个世界观？所以世界观的形成不能说是一门专门学问，不像物理学，不学就没有物理知识。我们对我们时代的一些看法、想法、观点，不仅仅是这个时代教给我们的，而且是自己对整个人类历史的吸收，是整个历史的产物。专门研究这个时代的某个方面得出一些看法，是社会学，是科学，这很重要，应该研究，例如到工厂调查研究等。但你对这个工厂的观感有很多在总的态度上不是直接从工厂中出来的，而是整个生活经验的结晶，然后拿它来看这个具体问题，发表意见。所以，世界观不是来自当前具体对象，不是从两个、三个对象中来的，而是整个生活经验熏陶的飞跃。我觉得这种飞跃就是平时讲的，是一种"立场"，不是照相式的反映，而是非常曲折的反映。哲学家当然不能离开科学，也可以去做具体工作，但哲学问题是整个生活经验教你的，你的生活经验包括前人所有的你所能吸收的经验。这并不是说你要把一切人的经验都吸收过来，否则就永远没有哲学了。所以说它是一种飞跃。经验可多可少，只要有启发性。有的人有了一些直接经验，一下子就飞跃上去了；这样就有一种立场，这种立场可以很坚定、结实，他对什么事情都有一定的看法、体会；有的人不需要许多文化，普通老百姓也能说出一些哲学道理来。

但是，有人会说，世界作为整体，无论物质也好，精神也好，都不能证明、反驳，因而是没有意义的。这个问题维特根斯坦在早期著作中已涉及到。——对应地找出对象是很死的，如数学中的"0"，就找不出它的对象。"0"这个概念，在数学上对人的思维起着规范性的作用。那么为什么不能承认这个"全"？人类哲学研究了那么多年，想一下子就全否定了，不那么容易。古希腊哲学中虽然"0"的概念少，但它讲"存在"、"非存在"、"虚空"等感性直观、想象的概念。我觉得，既然人类哲学思维想了那么多年，想轻率简单地把它否定掉是不可能的。世界作为一个整体，科学对象就很难划了。当然，我们不讲"全"，这有点玄乎。我们就讲世界作为一个整体，一个"whole"或"unit"。全部生活经验也不是那么绝对，从科学上讲这个"全"确实是"假设"，正像

"0"、"原子"一样。有人说唯物主义的"物质"概念不科学。是不科学,我本来就不是讲科学问题。就像马克思讲的,原子论只是认识世界的一种工具,一种假设出来的东西。"0"是假设出来的,那为什么不能假设这种"全"呢?这种假设即使不能说比"0"意义更大,但也有意义。因此,就科学来讲它是一种假设,但我不讲科学。"物质"等等是哲学概念,不是自然科学概念。所以,唯物主义也是一种立场,是一种"观",它是对第一性问题、对世界作为一个整体的问题的回答。如唯理论和经验论的认识,有时讲得就有些混。其实,唯理论也不否认感性的东西;感性论就认识论来讲(如培根)也不否认概念、判断、推理的作用,也不会有完全否定思想作用的经验论者。培根就很重视科学逻辑这一套,他要搞个科学大系统。而理性主义者包括黑格尔在内也不完全否认感性。黑格尔的哲学就是从"存在"开始。作为具体认识过程讲,他可以承认所有自然科学的成果。但就是在回答这个第一性问题时,他的立场就明朗化了,说物质世界作为感性世界不可能作为全体来看,只有"绝对观念"才是最根本的。

讲到这里,我感到我们讲的哲学对世界的本质、人生的意义这些问题的看法,跟科学里讲的感性世界的本质是不同的。也就是列宁在《哲学笔记》中讲的,有大本质、小本质,即随着概念内涵外延的变化,有大小本质之分。哲学的本质当然是最大的本质。所以德国古典哲学区分理性和理解力(即知性),哲学的理性是辩证的理性、思辨理性。因此,下面就讲辩证法和形而上学问题。

(三)辩证法和形而上学

简单地讲来,辩证法是哲学的唯一合理的思维方式。这就涉及到了与哲学史有关系的辩证法的概念问题。关于辩证法的概念,现在一般认为,古代希腊的辩证法是"辩论的方法","两边对话"。"dialectic","dia"是"分开","lectic"是"说话",即两边分开讲话;还有一个意思是"讲两边的话"(智者学派)。过去我们的观念是,古代辩证法,和近代黑格尔的辩证法不同,后者与形而上学相对立,讲动与不动,发展与不发展等。

就辩证法概念来讲，古代和近代（现代欧美已不大讲辩证法了）虽有许多不同的地方，但它的涵义还有历史的连贯性，就是说在历史上它基本的涵义是一致的，有共同点的。这个意见大家可以讨论，我遇到的一些外国教授也不大赞成。在讲亚里士多德时，我说要把他的辩证法的意思和近代康德、黑格尔的辩证法的意思连贯起来考虑，有一个教授就说"你不会成功的"，我说"我试试看"。我觉得，它在最初的意义上是"对话"，那么哲学为什么要采取这种方法呢？就是因为对第一性的问题只可能有两种回答。辩证法就是在这两种回答中辩论。古代希腊普遍采用的这种方法在早期不一定很自觉，但到了亚里士多德我认为已比较自觉了，只是还搞得不太精致罢了。之所以采取这种方法不是偶然的。柏拉图写"对话"也并不是说他喜欢戏剧，喜欢用戏剧体来写哲学，而是因为哲学需要这样的辩论形式。当然，在古代普遍使用"辩证法"（"论辩术"）的在亚里士多德以前有智者。后来智者们把这个方法用得很玄，他们提出一个意思：辩论术有强有弱。在真假即逻辑推理是否正确和符合客观对象之外，他们还要讲强弱。我们普通想的当然是真的就强，假的就弱，在科学中当然是这个意思。但是，在智者派中，他们却又提出一个强弱概念。当然这是历史的原因，比方辩论术、修辞术这些东西有强有弱，但就哲学问题讲，恰恰是在第一性原理问题上更应该强调辩论上、辩证法上的强弱。可是后来智者们恶性发展了，为了要强，就装腔作势地吓人起来，这是不对的。但他们的基本思想，我觉得是应重视的。所以，后来苏格拉底也说（这点后来成了他的罪名），他能让弱的论证、命题、理论、学说变强。他们这样强调是因为哲学是用辩论的方法、辩证法来回答第一性的问题、最根本的问题。在这些问题上一时还不能用科学区分出真假来，所以就讲强弱。所以辩证法最根本的含义，在当初也是有这个意思，即康德讲的"二律背反"，就是说在回答第一性原理的时候，有两种对立的学说，而且只有两种可能，没有三律背反，四律背反，只有二律背反，也就是我们讲的对立统一。这是哲学概念，辩证法是解决哲学问题的唯一合理的方法。你也可以用别的方法，好像艺术家在自己作品中也可以讲自己的道理，但艺术毕竟还要一些感情什么的。唯一合理的就是用这个。而辩证法反映了哲学本身的要求。

当然辩证法的确也是经过历史发展的，慢慢丰富的，越来越清楚。当初的辩证法还局限在感性世界，是感性世界的辩证法。这在赫拉克利特是最明显的，毕达哥拉斯也是一样，找出很多对立面，上下、左右等等。在古代，人自发有朴素的辩证法倾向，人永远感觉得到感性世界的变化无常，由感性世界的多元的辩证法概念发展到二律背反这个真正意义上的辩证法（我称之为理性的辩证法），这当中经过了一个所谓的形而上学的阶段。在古代就是由赫拉克利特的辩证法到苏格拉底、柏拉图的辩证法，中间经过巴门尼德。他讲"一"，讲不动，讲由感性世界到理性世界的过渡。感觉常变，本质常住，不变。这个思想现在看来是爱利亚学派巴门尼德、芝诺等来维护的。谈到巴门尼德哲学，有两点要注意：一是从现象到本质，要找出个常住的东西。以前的"水"，水常住，而水又是会变的。巴门尼德要找出一个"一"来，找出不变，于是他就分出真理的世界和现象世界这么两个世界，意见总是变的，就像当时希腊议会的意见是常变的；而真理是不变的，本质是"一"。另一点，巴门尼德的由多到"一"不是观察出来的，而是推理出来的。于是，哲学的问题是泰利士提出来的，而推理的方法则是巴门尼德提出来的。哲学舍掉了逻辑以外，没有别的武器、工具。我们使用的还是科学的语言，可以科学化的语言。只有一点不同，他推出了一个不动的本质，人们就脱离了感性的世界，去考虑理性世界的本质的问题，而进一步考虑除了感性世界辩证法以外，还有理性世界的更本质的二律背反，即除了在科学中、在时间的洪流中要注意到事物的两面性以外，在回答第一性问题时同样有变的问题，有二律背反，不是"一"，而是"二"。在这个意义上，巴门尼德的确是形而上学，他讲不动，当然他不是谈感性世界不动，他是讲本质不动。近代意义上的辩证法认为不仅是感性世界，而且世界作为一个整体、作为本体来看，它是一定有二律背反的，是矛盾的。辩证法是必然的。在研究哲学问题时，一定要用辩证法。只有这一点是哲学的特点。其他的，比方说我们用的思维形式，必须要用形式逻辑，否则讲话也不好懂。但保留一点权利，即思考世界作为一个全体的权利，辩证法就保留在这点上，不是一，而是二，而且只允许两种可能的回答。就这个意义上，古代的辩证法与现代的是一致的。在亚里士多德的大体系中，有一个"工具篇"，认为有两个工具，一个是具体科学的，就是范畴和它们之间的关系，这是科学认识论；另一个讲强弱，辩证法，讲哲学方法，这与康德体系比较一下是很有意思的。康德的分析篇讲时空、范畴，此外还有一个辩证篇，就是讲哲学。我们过去重视分析篇，忽视了辩证篇，欧美也是这样。我觉得康德之所以划这个界限，即给知识划地界，为信仰留地盘，实际上他是为哲学留余地，为善和美都留下了余地。

最后讲一点意思，我们研究的哲学史是一门活的学问。冯友兰先生说研究哲学就是要找一个安身立命之处，这很有趣味。纵观古今，体察天理人情，最后找到这么一个东西。普通说就是找一种立场，找一种观点，找到了，心里就有底。在科学中，"底"都是相对的。而哲学的"底"，就要彻底。本来在科学中是不可能彻底的，但人们总是要找一个"底"。哲学的意义在于为科学规定一个无限发展的前景。哲学就是要找这么一个"底"，一个安身立命之处。但是，哲学又有矛盾，它用的方法跟它的目的不太相称。除了形式逻辑、日常语言之外没别的语言可用。如果有个辩证逻辑，那么就用这个去宣布解决了第一性原理。我们过去有些做法就是这样，宣布了，全部在我这里了。其实，这是黑格尔的办法。他觉得辩证逻辑到他这里就完善了。实际上没这个逻辑。他的逻辑弄来弄去还在借用形式逻辑，从康德开始就借用很多形式逻辑，是从亚里士多德传下来的，然后弄点心理学的材料，什么统觉啦，加进去，还是用科学的逻辑的语言来说话。黑格尔这一套也离不开日常语言。他有一个很大的弱点就是他不承认哲学本身有内在矛盾，不承认它的目的和手段有矛盾。这说明了哲学的特点，说明哲学不是万能的，不是科学之科学，这样，哲学也为别的意识形态如艺术留下了余地。艺术不直接用形式逻辑来说话，而是用别的东西。哲学本身是不完善的。在这个意义上，最后讲一个意思，就是我们搞哲学史的，怎样看待哲学史上这些哲学流派。我认为，这些哲学家的著作不会过时。不像科学著作，有些科学著作像欧几里得几何学现在的人不大去看了，除非是搞科学史的。而历代的哲学著作我们都看，不但搞哲学史的，而且搞原理的也看。于是我们搞哲学史就有责任说清楚为什么我们现在看这些著作还津津有味，这里我想套用马克思的一句话，希腊的艺术有永恒的魅力。虽然我们现在回不到希腊时代，有了火车什么的，但它对我们还是有吸引力，有永恒的魅力。我觉得未尝不可借这句话来说明哲学史上的大哲学家的著作对我们有永恒的吸引力。这是我们搞哲学史的人对这个问题的一个回答，就是为什么现在还要把它当成活的学问。这就是因为这些著作所涉及的问题是老向我们提出来的,而它解决的方法正是它那个时代的反映,所以我们现在读起来还是津津有味。看这样解释行不行。

二

我们对哲学和哲学史有了一个基本的看法后,就应尽可能把这一套想法贯彻到以后的哲学史研究之中去,具体地研究哲学史的发展是怎样一步步地变下来,这些问题怎样一步步地明朗,我们解决这些问题的方法手段是怎样随着历史的发展而一步步地变化的。这样,下一步我们就研究一下古代希腊早期哲学的一些基本特征。

希腊哲学一般的分界是以苏格拉底为标准。在他以前,是前苏格拉底时期。从苏格拉底开始,就是苏格拉底、柏拉图、亚里士多德等,亚里士多德以后又叫后亚里士多德时期。这样的划分我觉得还是有相当的道理的,是根据哲学的基本特点来划的。苏格拉底是希腊哲学的一个分水岭,那末如何理解这个分水岭呢?这就涉及到前后苏格拉底的基本特点。我认为,前苏格拉底,即早期希腊哲学的基本特点就是从自然出发,追溯到第一性原理。它的立足点是自然。从苏格拉底开始以后就是另一个出发点。这个意见并不是新的。这个意见最早的来源是亚里士多德,他把苏格底以前的希腊哲学家叫做"自然哲学家"。他说的自然并不是我们后来说的自然。他用的是 Physics,这个字本身是自然的意思,不过我们后来讲自然科学还包括了数学等。他这样分是有道理的,后来大部分哲学史家都赞同他。研究希腊哲学比较有名的哲学家有:德国的泰勒,还有贡帕尔茨,他有一部大的哲学史,叫《希腊哲学思想家》。现在的一些大哲学史家不大使用自然哲学这个分法,比如格思里,英国剑桥古典学教授,去年死的,写了六卷哲学史,他对早期希腊哲学思想的分法有些不一样,不用"自然"这个概念,他用早期唯物主义。他主张早期是讲物质的,从苏格拉底开始就是讲 Form 的,就是讲形式的。这当然也是亚里士多德的分法,这样的分法似乎哲学和科学的界限划得不太清楚。科学也有形式。当然苏格拉底是发展了形式方面,但讲自然的也可以分成有形式派和无形式派(有所谓

"ἄπειρον"和反"ἄπειρον"派)。我感到还是传统的分法比较有哲学味道,早期是从自然出发,追溯到第一性原理。康福德(Cornford)写了一本小书叫《苏格拉底前后》,在这本书里他认为前苏格拉底哲学是从发现自然开始,就是说开始于对自然的发现。而后苏格拉底是从发现灵魂(Soul)开始。这里的意思就是说从苏格拉底开始出现了对第一性原理的一种新的回答。从此对第一性原理的回答就分成了两大阵营。他的意思是对的,就是讲"灵魂"有点玄,是不是改成"自我"?如用"精神",它就要与"物质"对,而在古代"物质"(material)是和"形式"(form)对的;而"灵魂"一般是和"肉体"对的,所以我觉得把"灵魂"改成"自我"好。在中文里有一个"自然",又有一个"自我",很对应。但这翻成外文就很难对应。与外国人讲就讲不清楚。反正中国人研究哲学史还是用中国的词。这就是说,一个是从自然出发,而苏格拉底是从自我出发来追溯到第一性原理。这里我们先讲自然。我认为,前苏格拉底时期是从自然追溯到第一性原理。这个问题为什么这么重要呢?哲学的思维是来自于比哲学更早的广义的宗教的思维方式,也可以叫神话的思维方式。说哲学脱胎于本源于早期神话的思想是大多数人同意的。马克思在《资本论》里面说:哲学最初在意识的宗教形式中形成,从而,一方面它消灭宗教本身;另一方面,从它的积极内容来说,它自己只是在这个理想化了的、化为思想的宗教领域内活动。这就是说,哲学脱胎于早期宗教,而在最初的时候,它还没有完全脱离宗教的胚胎,也就是把宗教思想化,把宗教哲学化。神话的方式,一般研究古代文化史的人都称之为人类早期思想的一种形态。这种形态细研究起来是很有点意思的。许多人类学家、历史学家,甚至很大的哲学家都对这些方面有很多研究,因为它对人类思想的起源有很多启发。一般的看法是,它的特点是物我不分,自然和人不分,主客不分,是一种普遍的物活论,万物都有生命,我也是万物;神也是人,不过就是比人强点,或强多了,神、英雄和人三位一体。即所谓混沌初开就是要把自然与人、主体与客体分开来,古希腊哲学最初遇到的问题就是自然怎样从神话混沌的统一体中分出来,作为一种静观的对象,或是思考的对象,即把自然作为一种观察思考的对象。这是一种科学形态。所以,希腊哲学的最初特点,是与科学形式紧密结合在一起的。

早期希腊哲学都离不开自然,泰利士的"水",赫拉克利特的"火"都是自然的，都是感性世界的质料，世界从一个"始基"出发，生化万物。哲学上的两军对垒的早期还不十分分明，这种分化还有待于进一步发展。灵魂在早期是一种物质性的东西，是一种"气"。在苏格拉底以前，阿那克萨哥拉的"奴斯"也是一种"气"，是一种最精细的质料，它可以穿透一切。可见，早期希腊哲学对第一性问题是采取朴素唯物主义的立场的。当然，对第一性问题是有两种回答的，所以，这也包含了唯心主义的有待于发展的萌芽，最后发展到苏格拉底。早期希腊哲学是唯物主义的，这是我们的基本的看法。要坚持这个看法，就会有下面的争论。

第一个争论的问题是毕达哥拉斯。毕达哥拉斯本人没有任何著作留下来。早期希腊哲学的两大派：米利都学派的泰利士和毕达哥拉斯都没有著作留下来，连残篇都没有。大部分人都认为毕达哥拉斯学派是唯心主义的祖师爷，他讲的数是很抽象的，所以认为早期希腊哲学就是这二大派的对立。我觉得，这二派对立是事实，但不一定是明显的唯物与唯心的对立。虽然毕达哥拉斯学说中宗教迷信的东西很多，但说他是唯心主义还值得研究。对他的研究材料，都是亚里士多德提供的，是《形而上学》第一卷里讲的。他讲到比留基伯更早一点的被称作毕达哥拉斯学派的是研究数学的，他们首先把数从埃及引进希腊，认为数学的原则（即始基）是一切事物的原则。因此，按数的本性来说，是第一性的，在数当中要比在水、火中更能看到一切事物有其变化的共同的东西。从这些话来看，毕达哥拉斯的"数"不像是唯心主义的，他也是从自然出发的。事物有质和量，为什么一讲量的关系就是唯心主义？数很抽象，但"水"也是抽象的。毕达哥拉斯从事物的量的关系中看到质和量这两方面问题。当然讲他是唯心主义不是完全没有根据，亚里士多德还有两条互相矛盾的记载，一条是说柏拉图认为数在质之外，毕达哥拉斯认为数就是感觉事物本身，是独立的实体。这样看，毕达哥拉斯就戴不上唯心主义的帽子了。但紧接着不远的地方又有一条，说毕达哥拉斯学派对始基元素的看法与自然哲学家不同，因为他们不从感觉的事物中得出始基和元素。从这一条看，似乎又不是物质始基论，不是唯物主义了。但紧接着又说毕达哥拉斯学派也是研究物质的，因而自相矛盾。我认为古希腊讲的"自然哲学"与今天讲的不同。当时，"自然哲学"包括物理学、化学、生物学，但不包括数学。而毕达哥拉斯是研究数学的，所以亚里士多德前一句就可以解释通了。那么"他们不从感觉的事物中得出始基"这句话如何解释呢？有一种解释不够可靠，只是一种猜测："可感的事物"分为可听、可见两种，在当时古希腊是偏重于视觉的事物，即可见的事物。而数的概念是从时间结构中来的，因此它与可听的事物联系较多。数是量的观念，与听觉的阶段性和节奏性有很大关系，是衡量听觉系统的标准。这样，亚里士多德的这段话就能讲通了。毕达哥拉斯不是从可见的事物中得出始基的，用"可感"代替"可见"，概念太宽泛了，所以他从根本上还是离不开我们所讲的自然。泰利士和毕达哥拉斯同样是从自然出发，从质和量两个方面追溯到第一性原理。没什么理由说从质方面就是唯物主义，从量方面就是唯心主义的。

现在讲爱利亚学派的巴门尼德。这个问题也是有争论的。我认为这个学派仍然没有脱离从自然追溯到第一性原理的早期希腊哲学的这一基本特点。巴门尼德接续了毕达哥拉斯的思路，第一次综合了希腊哲学，把质和量综合起来考虑。毕达哥拉斯的"数"是"多"，"多"就是可分的。到了巴门尼德时，量和质结合的关键就是"可分"与"不可分"。因为古人那里所谓先天变化就是聚散，那么，质料性的始基就是可分的，可分性问题就是质与量的统一，一分二，二生万物。即始基就是从可分的"多"中找出一个不变的常住的东西，解决这个第一性始基的问题，不能再分。巴门尼德从毕达哥拉斯的"多"推出了"一"，这个"一"是物质性的始基。事实上，始基的概念与"多"相矛盾。始基是个统一体"unit"，"一"是一个整体，是由感性的物质始基到理性的物质始基的发展，是从事物的现象到本质的抽象。这个环节是非常重要的。早期哲学都离不开自然，离不开事物的质和量的关系，讲始基就是从最原始第一性的东西分化出万物，要找出万物中的共同的东西。这个共同的东西是与"多"对立的，是推出来的。巴门尼德摒弃了观察的方法，而采用了推论的方法，从"多"推到"一"。那么，这个"一"是什么？是质料性的还是精神性的？我认为是质料性的，是从自然出发的立足点，但由于是推理出来的，不是可感事物，所以解释起来较困难。我认为这个问题的关键是不能脱离当时对始基的了解，"一"是"存在"，是"有"，是一种抽象，不是"无"。这个"一"在巴门尼德心目中还是质料性的。

说巴门尼德是唯心主义，有一条根据，即他说过"思想与存在是同一的"。

这应如何理解？古代人的思想没有那么复杂，只是朴素地说明能思想或被思想的东西和存在的东西是同一的。这里，"思想"是动词变成的名词，是"被思想"的意思。这句话反过来也可说，不存在的东西是不可思想的，不可想象的。其针对性是反对"多"，是说经常变化的东西实际上是不存在的。他的意思很简单。能思想的、认识的东西就一定是存在的，不存在的东西就不能被思想。这点说明了他维持着古代朴素的"无中不能生有"的观念，这是很朴素的。就是说，他讲的"一"仍然是存在，是有，是质料性的东西。他还有另外一句话，即"能思想的和思想的对象是同一的，如果没有语言所指的对象，思想就无法进行"。这两句话联系起来就是说，不可能想象（或思议）没有的东西。把这个意思引申一下就可看出，他的思想并非说所有的"多"都不存在，并非完全彻底地否认感性世界的变化。他只是说，对不存在的"多"我们无法用科学系统描述出来，讲话只能讲一些存在的东西。这是我们今天的解释。就是说，物质的现象无法捕捉，要说的是不变的东西。这些变的东西如果讲它是"多"，那么不变的东西就只能是"一"。所以他推出的"存在"不是现象，而是物质始基的本质。这个"一"在古人看来就是"圆"，因为在古人的经验中，圆的东西就是"全"，所谓"圆满"。

这里可以看到，巴门尼德的"一"和原子论事实上有千丝万缕的联系。因为从"存在"的可分性上来讲，古人那里万物都可分，芝诺的悖论就指出无限分下去，最后会分光，分成了零（这当然不科学）。于是，他就提出一个不可分的东西，这个东西事实上还是质料始基，因为只有它才存在可分不可分的问题。所以说"一"不可分，"二"就可分。巴门尼德讲宇宙是"一"，就像铁板一块无法分。这种无限分到"一"的说法不科学，但相当哲学。科学上可以无限分割，但哲学就是要找一个第一性的"一"。讲物质始基，就必定要讲不可分的"存在"，这就是原子（作为哲学概念的原子）。古代唯物主义的最终结局一定逃不脱原子论。巴门尼德、芝诺指出，无限分割下去世界就没有了，哲学要有个第一性的东西。后来恰恰是唯物主义阵营内部提出和巴门尼德相反的思想。这就是说，古人认为不可能想象没有的东西，我就要找到这个不可分的"点"、"全"，它不是"0"，不是"虚无"（原子论以前不承认有"虚空"）。所以，讲巴门尼德的"一"、"存在"是唯心主义，没有特别的根据。重新解释前面那句话就可看出,巴门尼德摆脱了那种可感事物的局限性,而进入到物质性、质料性的本质,为原子论提供了基础,坚持了回答哲学基本问题的根本原则。哲学就要有一个不可分的物质始基,这个始基不是水,不是火,不是数,不是无,而是"一"。所以说他的"一"不动,其实是个本质。在理性的领域内他没有辩证法,他把现象的辩证法抽象为本质的不动的"一"。但就此说他是唯心主义好像还根据不足。

巴门尼德的问题相当复杂,"一"、"存在",可分不可分等,尤其是芝诺的"飞矢不动"等推论,需要有现代科学知识。这里只想提出,大家应把哲学问题和科学问题分开来,搞清科学和哲学怎么解决问题,也许会有些新的东西。有的学生来提问,到底如何理解芝诺的推论。要否定芝诺的推论,当然要抓住他讲的无限分下去是"0"这一思想,"0"加"0"还是"0"。所以说只能在原子论的前提下才能承认感性世界在动。这个"点"不是数学上的点,应承认它是物理学的点,只有这样的点相加才能成为事实上的线。可见,只有采取唯物主义的观点,才能构成感性世界的变化。

下面讲讲古代物质概念的变化。

古代早期是从质、量两方面(米利都学派和意大利学派)来考察物质的,经过巴门尼德("一")到恩培多克勒(四根)到阿那克萨哥拉(种子),又到德谟克利特(原子论),这就是早期物质概念的发展。即由本来的"多"到"一"又到"多"的变化。对于原子论,至少在古代,唯物主义哲学是一定要继承的。因为既要承认物质世界,又要解决第一性问题,就必定要承认不可分的物质。"原子",从中文讲有点含混,就原文讲其实是同语反复。我们译成"原子",就是指最原始的东西。尽管科学的发展已经表明了没有什么东西不可分,现在的原子都打开了,也不是"原子"了。所以,原子实际上是物质始基的本质,是一种假设,是哲学的假设。既要讲物质,又要讲第一性原理,就一定要假设一种本质。有人说这是同语反复,那个第一性的"存在"是什么呢?回答说就叫"不可分"。其实,概念本身就规定了它是不可分的,它不是现象界的东西。这就有了矛盾:原子是物质性的但又不可感。这是因为它本来就是一种假设,对所以不可分的原因,当时有许多解释,如说太小、太硬等。这些都不是理由,只有一条有哲学意义,即因为它没有"虚空",没有缝隙,没有部分，不可打开。

所以，很早以前的物质始基，如果要摆脱巴门尼德的逻辑、"一"，就一定要承认这个"虚空"，而古人是没有这个概念的。可见，巴门尼德既堵死了承认"虚空"的可能，只能说始基是铁板一块。

原子论在德谟克利特以前就有留基波（有人说没有此人）的学说，即原子是存在，虚空是不存在，但他说"有不比无多什么东西"，这就说明二者都是始基，都是万物的本原，否则整个世界就开动不了。所以就哲学来讲，原子论比巴门尼德进了一步，它解决问题的方法多了。这两个东西结合在一起就生化万物，变成可感的东西。这一条恰恰是在唯物主义系统中，在本体论、第一性的问题上出现了两个对立的东西，即二律背反，就是"存在"与"非存在"。

关于德谟克利特的原子论，我们现在承认它伟大，但心里总不踏实，总觉得不太科学，因为现代科学没有不可分的"原子"。我认为，现代的物质观，科学上怎么讲是一回事，哲学上讲到最后的物质始基，离不开"原子"这个观念，它是一种最基本的组成世界一切事物的物质性的东西，是个第一性原理。但由于古代原子论学说的内在矛盾，随着古代社会的发展，这种学说向相反方向转化，产生了柏拉图的理念论。有个传说讲柏拉图剽窃了德谟克利特的思想，偷了他的书，改造成为自己的思想后，把书烧掉了。这个传说当然不大可靠，但在现存的德谟克利特的著作目录中，有许多篇目的确与柏拉图一样。理念论比之原子论不过是个颠倒，是在回答第一性原理的立场上颠倒了，而它的逻辑、论证，都有很多相同之处。

哲学史后来的发展，有个有趣的现象，即对原子论后来的唯物主义不大讲，唯心主义却有讲得很厉害的，如有名的莱布尼茨的单子论。单子不是科学上的意义，而是哲学上的意义。因为莱布尼茨是很懂科学的人，当然不承认不可分的东西，但他说，这个假设即世界有个不可分的东西在那里，这是人的思维的本性的要求，所以在哲学上承认不可分的单子。在他看，不可分的东西是有的，但不是物质性的而是精神性的东西。这些单子就是个体，和原子一样，各有独立的意志，各有个性，作为精神实体看，我们每个人都是一个单子。单子本身没有窗户，没有虚空，没有部分，不能打开，不能沟通，只能互相撞击，出现漩涡，成为大千世界。古代德谟克利特的原子论也是当时所谓雅典民主制的产物,每个人都是原子。资产阶级也讲民主,莱布尼茨的德国不大民主,但他向往法国那套东西。

由此可见,原子论这套思想、推理形式,是有它的必然性的。我们现在讨论物质概念,应当充分考虑这些推理过程,从哲学的角度来研究物质概念,是哲学概念,而不是科学概念,而哲学有自己的特点。从古代开始,就是一个飞跃,说它是同语反复,就是同语反复。哲学思维里总是要有那么一个倾向,认为整个世界有那么一个不可分、不可动摇的基础。早期自然哲学从感性自然追溯到本体的物质第一性原理。

三

最后一讲,讲苏格拉底在古代哲学中的变革。这一讲中问题很多。首先介绍一下材料。关于苏格拉底的形象一直是有争论的,是个考证的对象。虽然他是欧洲历史上一个伟大的思想家,但好像他这个人物还是不太确定。这就是说,首先要搞清他是一个什么样的人。对于苏格拉底这个人的材料的掌握有几个来源:一是阿里斯托芬的喜剧《云》,它塑造了苏格拉底的形象;二是柏拉图的对话;三是色诺芬的回忆录。这三个来源是不太一致的,尤其是后两者与前者不一样,而后两者则有相当大的一致性,只是在程度上相差很远。柏拉图的对话对苏格拉底的形象的表现是最深刻的,苏格拉底是一个了不起的哲学家形象;而色诺芬笔下的苏格拉底与柏拉图的并无矛盾的地方,但浅得多,仅仅是一个好公民,是有知识、有头脑、有学问的好公民。在这三者中,阿里斯托芬的剧本讲苏格拉底是一个智者,是骗人的。在剧本中,苏格拉底好像是一个丑角。如何看待这些材料,是一个专门研究的问题,这里只简单说一下。当时阿里斯托芬写这个作品的时候,苏格拉底是45岁。雅典城很小,苏本人可能看过这个戏。当时看戏是一种义务,是一种应该参加的活动。而当时喜剧的地位是很低的,大家逗笑,随便可以当场把一个人拿出来逗笑、讽刺,不在乎张冠李戴。就是说它不完全是实在地反映当时的历史事实,可能有歪曲。我认为这个喜剧是借用了苏格拉底的学术上的影响。苏格拉底走街串巷,到处与人辩论。这样,他表面上与那些智者相像,但事实上他是不收钱的,没有当过老师，没有教过人，围绕他的都是一些自愿参加的人。再一点，苏格拉底所讲的学问正好是与智者的一些东西对立的。苏格拉底并不说自己天文地理都懂，而是说自己无知。当然，阿里斯托芬很伟大，这个剧本很真实地反映了当时的社会面貌，而并不一定要真实地反映苏格拉底这个人。也许苏格拉底在底下看戏，一笑了之。西方的传统直到现在还有。我在美国看到，美国人过节的时期，把卡特扎成一个小丑（当时卡特还在台上）举着玩，那是善意的，为着好玩。剩下的另外两个材料中，柏拉图的对话是最重要的，大多数学者认为它是最重要的根据。重视柏拉图对话的人有些又否定色诺芬的回忆录。按柏拉图的对话，苏格拉底是一个很伟大的人，是生活里的英雄，道德上的完人；而色诺芬虽然强调苏格拉底是一个不平常的人，但事实上讲得平常了一些，所以有人认为色诺芬是抄柏拉图的。因为其中有些说法是一样的意思，只是淡了一些，像加了水，冲淡了。而我感到，色诺芬除了柏拉图讲的，还提供了别的材料，如他的经济思想和关于政治、国家的一些具体看法。所以，他们的基本精神是一致的，并不能认为色诺芬是抄柏拉图的。他们都是苏格拉底的学生，不过色诺芬的时间短一些，他后来去干实际工作去了，去打仗了，他是一个很有名的将军。柏拉图本来也想去作实际工作，去做领导，但后来做不成了，就去搞学问。所以，这两个材料应该结合起来看。一般也是这样看的。但近一些时间里有两种意见，应给大家介绍一下。特别是1957年有一个英国人Chroust，写了一本书，叫《苏格拉底》，副标题是"人与神话"，认为所有这些材料都不可靠。他利用后来的一个反驳苏格拉底的材料，就是苏氏死后不到20年，有个人写的恢复当年控诉苏格拉底的一个材料。他把这个材料复了原，否定了柏拉图、色诺芬等所有的说法，指出苏格拉底根本不是一个哲学家。这个意见以前当然也有过，认为柏拉图是为了借老师的话来说自己的意见，借题发挥，而老师根本不是这个样。这个人就是这个意见，说苏格拉底是一个政治家，并不是一个哲学家，在当时联合贵族青年，引起了民主派的反对，把他处死了。这个人的意见很新鲜，因为他复原了一份控告材料，复原得很好，影响很大。但我认为，即使这个材料是真的，也不能否定柏拉图对话。因为控诉人有控诉人的立场，完全否定柏拉图的对话是不能令人信服的。另外一个早一点的德国人Maier，写了一本《苏格拉底的活动和工作》。他总结了历史上一些片断的对于苏格拉底作为一个哲学家表示怀疑的观点。原来大多数人都觉得苏格拉底作为一个哲学家是毫无问题的。但是，就因为有色诺芬的回忆录和阿里斯托芬的剧本，于是对柏拉图的对话发生怀疑，认为他是借老师来说自己的意见。他认为苏格拉底是一个道德家、政治家，并不是哲学家。我自己的看法是，苏格拉底毫无疑问是一个哲学家，这些人的意见都有其合理的一面，但都有片面性。关键是在于如何理解柏拉图的对话，理解柏拉图和苏格拉底的关系。因为苏格拉底的哲学思想主要是来自柏拉图的对话，如果苏格拉底是一个戏剧性人物，那所有思想都是柏拉图的，就不是苏格拉底的。所以柏拉图对话的历史真实性的可靠程度这是很重要的问题。我觉得我们应该基本上相信柏拉图对话的历史真实性，舍此以外没有更好的态度。这也是一个最简单最可靠的办法；柏拉图对话基本上反映了历史真实性。他是出于政治上的失意，然后出于对老师的怀念，把老师的思想记录下来。柏拉图不可能为了表现自己很深刻、很重要的哲学思想而来幻想许多戏剧场面。当时有散文、史诗和演说等等许多体裁，不一定就要用戏剧体裁。而对话这种形式除了哲学上需要的一面以外还反映出当时历史的一种真实性。现在研究柏拉图的人把其思想分为早中后三期，而早期的注重回忆老师的思想，中期的谈的问题就更深一些，到后期就主要是自己的思想，在某些场合苏格拉底就不见了。这样就反映了他自己思想的变化。我们在讲苏格拉底思想时就是主要根据柏拉图的早期思想和著作，参照中期的。

其次一个问题讲苏格拉底在政治立场方面的问题。解放以来，我们对他始终是否定的，说他代表贵族派，是反动的，被处死是死有余辜，并且哲学上是唯心主义的祖师爷。这么一个观点同世界上除苏联以外的大多数学者的观点完全不一样。当然我们可以保留我们的看法，但有一点就是我们的根据够不够。我觉得，在政治上他被处死是一种什么情况还是可以考虑的。这一直是一个问题。苏格拉底经历了雅典的民主制度最发达的时期。这个民主制当然来源久远，到波斯战争以后它发展到最高峰，在伯里克利主持下的雅典是最繁荣的时候，而在这位英雄掌权的时期，苏格拉底是 24 岁。就是说苏格拉底经过了雅典民主制的全盛时期。从伯里克利掌权以后不久，雅典民主制就开始走向衰落。苏格拉底是在它的最高峰成长起来并亲眼看到它怎样衰落的。作为一个雅典公民，他采取的态度与整个雅典社会发展的进程是一个什么关系呢？我认为，这个民主制是奴隶主的民主制，全体公民，即有选举权的人，也就是奴隶主，这个阶层在雅典是很小的。它要维持雅典这个大帝国，只有靠殖民地和雅典本身的奴隶。另一个典型就是斯巴达的奴隶主贵族制制度。这也是原始公社发展来的。原始公社是民主和集中统一在一起的，雅典在一个特殊的历史条件下保持和发展了民主制，而斯巴达保持了集中制。雅典之所以成为民主制的堡垒的主要原因是它的奴隶是外来的，抢来的，抢来的奴隶很分散，而本民族就保持了原始社会的自然的民主，保持得很好，因为外来的奴隶不太需要很大的压力，他们力量很弱；而斯巴达是一下子征服了希洛人的地方，把当地的人整个地变成了奴隶，这样反抗的力量就很大，就需要集中制、军事集权。这是由于客观历史条件不同而形成的两种不同形式的奴隶制。当时雅典有一个公民议会，开始的时候很有点意气风发，大家商量、讨论出比较公正的好意见。后来，因为它是一个特权阶层，实际上它是片面发展的，尤其是到了苏格拉底成长的时期，与斯巴达打仗。这一仗是一定要打的，因为雅典的一批不事生产的公民要维持这种特权必定要争夺霸权，要成为一个帝国。雅典这个野心受到斯巴达的抵抗。后来，雅典公民很穷，这是恩格斯讲过的。从历史记载中可以看出，家奴很有钱。雅典农村中的奴隶不强，都是城市中的手工业奴隶，他们做买卖，有钱；而公民是不许干这些事的。后来出现了这种奇怪现象，就是公民、主人养了一帮家奴，而主人比奴隶穷。色诺芬也有这样的记载，说雅典有一个公民养的一帮奴隶吃的、穿的都比他好，奴隶笑他的主人，而主人却说：我虽然是穷，但我却像一条狗一样在保护你们，我是你们的保护人，没有我还不行。这就是说，主人是有权利的，奴隶在他的庇护之下就不会被别人抢去、卖掉，就有一个稳定的生活。实际情况是，雅典公民有相当一部分很穷，公民内部分化了，当然也有富的。分化得很厉害，很难维持这个特权阶层。但是，雅典的议会是人人都可以参加的，因为城邦本来小得很。所以这帮人吃不饱都跑出来瞎说，吵吵嚷嚷。在伯里克利活着的时候，他能左右平衡议会的意见。他有一个很有名的演说，指出和斯巴达打仗是一定要打的，要么消灭雅典自己，要么我们就要成立一个帝国。所以全体公民都拥护他。在战争这点上议会是一致的。他死了以后也是一致的。除了这点就没有一致的地方了。比如有一批将军打了胜仗回来，因为没有把双方的尸体掩埋，于是议会认为这违反了传统，要处死。到第二天，公民们睡了一夜觉，觉得不对头，又叫不要处死了。议会就变成了这么一种东西。后来从哲学上反映出来就是所谓"意见"和"真理"的区别。意见是每个人都可以随便发表的，而真理只有一个。从这里可以看出，奴隶制民主制并不是永恒的。奴隶主和民主制本身就是矛盾的，是持续不久的。我们没有任何理由认为反对这个民主制就一定是反动。民主制这个词从文艺复兴以来一直很吃香，民主第一。但在古代雅典，当时反对这个民主制就并不一定反动，因为它当时已不符合整个欧洲社会包括雅典在内的发展要求。当时雅典很穷，它靠挪用当时希腊对付波斯的联盟的基金过活。以前这个金库设在很远的一个岛上，后来被搞到雅典去了。这样靠挪用公款来维持的社会自然长不了。在这样的条件下，就出了一批人，包括苏格拉底来指责这个制度。苏格拉底曾是伯里克利的朋友。伯里克利是一个很伟大的人，他死得较早，战争第二年因为闹瘟疫死了。他周围集中了一批很有学问的人。他有一个女朋友，很有才气，在她周围形成了一个"沙龙"。苏格拉底就是这个沙龙里面的人。他主要靠他的思想进入这么一个沙龙。很难想象这样一个人会无缘无故地反对这个民主制。这说明当时有一批人觉得雅典的民主制已不适应于保持公民的特权了，不符合于用这种方式来治理奴隶主国家了。事实上，后来雅典被打败了，民主制没有了，但奴隶制还延续了很长时间。所以，从这点看不能因为苏格拉底反对了雅典民主制就确定他是反动派，是阻碍历史进步的。雅典很穷，经济不发达，小国寡民城邦民主制不适合整个奴隶制的发展。但奴隶制当时还是有力量的，于是很多人就寻求出路。最近的一条出路就是斯巴达的经验。这样就产生了民主制和贵族制的斗争。这实际上也是奴隶主内部不同派别的斗争。在雅典，掌权的虽然是民主派，但对另一派也是很宽容的，并非一定要处死。雅典没有处死政敌的传统，党争不但是被允许的，而且还是被鼓励的，甚至是必须参加的。所以苏格拉底不大可能因为反对民主制而被处死。在苏格拉底死前不久，在雅典有一段贵族制的复辟，而这个复辟是民主派自己干的。它自己觉得原来的办法不行了，看另一种办法试试行不行。这是议会通过的。然后，七十几天又翻过来了。翻过来以后，除极少数人外，把本来是没收的所有的贵族派领袖的财产都发回给他们。总之，我感觉到不能简单地认为苏格拉底是反动派。苏格拉底的政治主张主要是什么呢？根据色诺芬的回忆和柏拉图早期著作，苏格拉底的罪状一条是败坏青年，在一群年轻人中散布离经叛道的思想；第二是引进了一个新神。这条到底指什么含义不太清楚。从掌握的材料看他并没引进什么新的神，雅典也是多神的。败坏青年这一条也不太好懂，实际上当时他身边的青年都出身名门，并且他们的家长都乐意自己的子弟到苏格拉底那里去讨论问题，并未引起公愤。于是这两条罪状都有一些问题。所以并没有一定要处死他的决定因素，只能解释为苏格拉底是一种悲剧式的死，也就是说处死他的人本身已经在败坏了，已经不相信自己原来的信念了。苏格拉底始终辩解自己是一个好公民。这说明他还是忠于这个制度的。他本来有许多机会可以逃跑、求饶。当时法律很松，承认有罪，就可以要求免受处分。但他不干，他要做一个牛虻，要刺激雅典的社会，以自己的死来敲警钟，以维护整个的公民阶层。但后来的人并不以他为榜样。亚里士多德因为在马其顿统一希腊这个问题上与大家争得厉害，大家都说他是亚历山大的老师，是菲力浦的朋友，要处死他。他就赶紧跑了，并说：我不愿让雅典第二次背上杀害哲学家的罪名。当然这也是聪明的人才能说出来的。

　　苏格拉底的哲学有什么特点？也就是说，他在考虑哲学基本问题时是采取了一种什么立场呢？他把哲学整个地颠倒了，就是说从自然转化成自我，哲学的出发点由前苏格拉底时的自然变成了自我。这是一个划时代的变革。这里最重要的材料是柏拉图的《费多》篇，这里有一段很长的话讲他在年轻时也研究过许多自然现象，根据自然本身来探讨自然的原因，但他始终不满意，没有满足的时候。后来有人告诉他阿那克萨哥拉有一本书，说"奴斯"是万物的原因，他很高兴，但读了以后又发现这本书讲完"奴斯"就把它放在一边，而在讲自然对象的时候，又回过来讲自然的原因，如讲人，则有血有肉，有骨头，跟"奴斯"又没有关系了。于是他感到古代从自然出发来解释第一性原理已经走上绝路，他要换一种立场。他指出，你以为你有很多知识，知道人是骨头、血等等混合起来的，而事实上你是一无所知。这是他的基本思想。当时有一个寓言讲，苏格拉底到德尔菲的阿波罗神庙去求预言，他问神谁是最聪明的人，神说苏格拉底是最聪明的人。他很惊讶。他不相信神会作弄他，但他也决不相信他自己会是最聪明的人。所以后来他访问了许多公认为有学问的人，最后他感到这些人实际上是一无所知，而苏格拉底之所以被神认为是最聪明的人，就是因为承认自己一无所知。这虽然是一个寓言，但意义还是挺深刻的，就是说你要去追求一个满意的东西，而这个满意的东西在自然界是追求不到的；你认为你很有知识，但还可问下去，你的知识根本不够。所以苏格拉底把这个神庙墙上的一句话，即"认识你自己"，作为哲学的最中心的问题。就是说向外求知识，研究上天、天文、地理等等，这是无穷无尽的，没有满意的时候，在大千世界里游荡实在是无所依托，只有认识我自己才是最后的。这是另一条路，他以自我作为哲学出发点。西塞罗曾说他把哲学从天上拉到了人间。古人研究自然使人离自己越来越远，从天研究到地，力图追求一个始基；而苏格拉底则把这种思想拉回到人本身，这在当时很有意义。"认识你自己"意思是你自以为有知识，实际上是一无所知，即认识到你自己的无知，你的知识都是不确定的，这就是苏格拉底思想的发展过程。当然关于人、关于自我的思想，有一个过渡环节——智者学派。智者学派有句名言"人是万物的尺度"，有人认为这是人道主义的最早说法，虽然言过其实，但意义是很大的。这个学派把德谟克利特的原子人化了，是感情的人化，即他们的"人"是讲吃讲喝、有血有肉的活人。就是说每个人像原子一样，是独立的。这种"人"的思想被苏格拉底认为是一种"意见"，不是真理，是可随时变的，不是永恒的。表面上坚不可摧，实际上不断变化。这样的"人"过渡到苏格拉底的"自我"，也就是理性的人。智者学派的"人"归根结底属于自然的范畴，不过是个有感觉，有血有肉的存在；而到了苏格拉底就认为如果"人"没有理性就永不可能做万物的标准。

　　这里我们可以指出苏格拉底论证的"自我"本质上是一种精神性的实体，于是我们要来研究他的关于灵魂的学说。这个"灵魂"概念也由来已久，古代认为是"气"，是最精细的东西，可穿透一切事物，即是一个质料的东西，但因为太小，似乎又是不可分的。巴门尼德的逻辑已表明这个不可分的东西本身要保持"一"的特点，要保持质料原子的特点，是有矛盾的。到了苏格拉底，用另外一个办法来解决这个矛盾。他在《费多》篇里讲灵魂不朽问题，提出了一个看法，世间万物都可分，只有与万物相对立的灵魂不可分，所有的质料都可分，而"灵魂"不是质料。这种不可分的单一性的东西实际上就是巴门尼德的"一"，但不是质料，不是物质。因而灵魂与质料就不是程度上的不同，而是种类上的不同。过去的自然哲学家都是在自然中、感性世界中去找不可分的东西，而苏格拉底回到了人本身，回到了"自我"，提出"灵魂"是不可分的"一"，一切组合物都是可分的，都是会朽的，而只有与组合物相对立的单一的"灵魂"是不可分的，因此是不朽的。苏格拉底向抽象思维推进了一步，没有既是质料又不可分的矛盾，这是一个大变革，使物质实体和精神实体分开了，不是程度上、方式上分开，而是在种类上、在原则上分开了。他有一句话："灵魂不是组合物，它是自身同一的单一性"，实际上是把德谟克利特的原子颠倒过来了。这样在古代，完成了精神和物质的分化。

与此相联，苏格拉底又提出了"理念论"。"理念"的提出是苏格拉底的一大贡献，有两层意思值得注意：一层是这一词的来源本来是"种"、"属"的意思，这个种属概念发展到精神性的东西，是从苏格拉底开始的。有人认为苏格拉底与"理念"无关。我认为他是理念论的奠基者。因为在柏拉图早期著作的对话《费多》篇中很多地方都提到理念论，没有理由加以怀疑。最初的意思很简单，即可感的万物都在变化，而"种属"概念是不变的，古代哲学家从自然里找不变的始基如水、火，它们作为现象来讲是变的，但种属作为本质来讲是不变的。在变化的现象界中要掌握不变的东西，掌握真理、"一"、"本质"，那么就要掌握"理念"。我们知道，巴门尼德的"一"是自然的、质料的，苏格拉底的"理念"成为"自我"对变化万千的感性世界的一种把握方式，即大千世界是变化的，我们不能把握牢，只有"种、属"是不变的，我们可以把握；真理知识就是对种属的本质的把握，而这种对种属的把握是人对客观世界的一种把握方式；事物的本质不是客观世界本身就有的，事物的本质根源在我们的把握方式之中，在"自我"之中。这个"自我"是通过灵魂去把握理念的，而"灵魂"则是把握世界的方式或功能，是功能性的概念。这样，苏格拉底就把智者学派的感性的人变成理性的人，感性的自我变成了理性的自我。这种理性自我在当时的现实意义就是每个人都要追求真理，追求不变的永恒的东西，不是朝三暮四的，而是要真正掌握事物的种属，让一些对事物本质有所掌握的人去到议会上发言。只有有知识的人去治理国家，雅典社会才有救，而没有治国知识的人，如鞋匠、小手工业者则是不能治理国家的。这个观点的哲学意义就是要在大千世界的背后找到常住的东西。我们可以看到这个思想以及刚才讲的灵魂思想在思想脉络上与早期的始基学说是一脉相承的，只是作了一个大颠倒，从具体物质始基到巴门尼德的"一"，经过"多元论"到德谟克利特的原子，到苏格拉底的"理念"，一个从自然出发，一个从自我出发。

最后，苏格拉底这个"ideas"也有一个矛盾，在《巴门尼德》篇中，巴门尼德问他：你讲的"ideas"是本质，那么不登大雅之堂的东西有没有本质？他回答不出。可能柏拉图自己在思考理念问题时想到这个矛盾，想起了早年老师的话，记了下来。这里确有这样的问题，"ideas"是个复数，种属是很多的，它与"灵魂"的"一"、单一性是有矛盾的。所以这个"ideas"的界限很难划，哪些是属于种属的，属于种属的是很多的，亚里士多德就把它变成很多范畴，诸如质量、形式关系等，巴门尼德认为这些东西都还属于现象界的东西，只有我这个"一"才是最本质的，这样就回到了我们开头所讲的"大本质"、"小本质"的区别。虽然苏格拉底、柏拉图确定了理念论的地位，但在他们那里，理念作为科学范畴（种、属）与作为哲学概念的界限是没有划清的。这些多数的"ideas"都是科学体系中的范畴。而哲学的概念是"一"，这就不管你什么桌子、椅子这些种属概念。他们当然也意识到了这个问题，所以苏格拉底讲要有一个最高的"善"，最高的理念。这个最高的"善"不是自然的种属概念，也不是纯粹的伦理道德的"我"，而是二者相结合的最高的完善的理念。他提出了这个思想，但没有什么发挥。他是从"自我"出发，通过伦理学、道德哲学的途径提出"善"的问题、目的问题，就是说人也有"ideas"，有种属概念，人的种属问题就是人的本质。这个本质就是"美德"，所以"认识你自己"就是认识你自己的本质"ideas"。这个"ideas"在第一性问题上是决定性的，是万物的本质，认识自己就是认识自我的本质。有人说苏格拉底不是通过理论理性的道路而是通过实践理性的道路，即从"自我"作为道德实体来达到哲学目的的，不是静观自然，而是反思人的本质、人的天职、人的使命。苏格拉底有一个很有名的说法："无人自愿作恶"，而"恶"等于无知。就是说认识了人的天职以后，你就不会有意识地自愿地去作恶，认识到人的本质后就不可能违反自己的本质，所以凡是作恶的人就是无知的。这个"无知"不是科学和伦理规范上的无知，而是对人本质的无知。后来康德有个有名的道德格言：你的行为标准并不在于你的具体动机，而在于你的行动所遵守的原则。这个原则你可以知道可以不知道，而且在科学上来讲你遵守的原则你不可能全知道，你只能从行动中体现出这个原则,把它普遍化,使人人都这么做。

最后讲苏格拉底的方法,他的方法有一条叫"灵机",意思是哲学的智慧、哲学的知识,即中国人讲的"顿悟"。他用"灵机"概念反映出从变化的大千世界过渡到理念界的一种飞跃。有人讲他的"灵机"是引进新神,其实他是不外求神而是内求自我的知识,我就是我自己的神。

他还有另一个理论,即"回忆说",看起来很荒谬,好像知识是前一辈子学过的,这一辈子想起来了,学习就是回忆。实际上这种说法是对哲学思维的不准确的描述。它的基本意思是说哲学思维是人固有的倾向,好像是前一辈子就有的;并不是说,感觉经验前一辈子就有了,而是指哲学思维的逻辑必然性。这些方法归结到一点,就是他所说的"助产术"。"助产术"就是说自己没有知识,只启发别人产生知识。哲学的真理、理念、思想并不是可以灌输进去的单纯的知识,哲学思想要靠经验的启发。"灵机"也好,回忆也好,都是一种表面现象,真正的哲学观点是你自己得出来的,你的立场,你的世界观是靠启发得来的。而自然科学的知识必须学习,一步一步地积累知识。这里涉及哲学与博学的关系,原则上讲,哲学不需要博学,不需要你穷尽一切经验,不需要无所不知才能去研究,而是要求在一定的经验启发下出现思想上的飞跃以捕捉到世界的本质。我的意思是哲学的真理不是靠灌输,而是靠探索,哲学永远鼓励去探索去"search for"。这就回到亚里士多德讲的"一切知识起源于好奇心"。科学知识起源于实际的需要,而哲学则起源于在那基础上更进一步探索的欲求。

(原为1983年在广州的一个讲稿,后刊在广东省高等院校政治理论教学研究会情报资料室编印的一份材料上。)

西方研究古希腊哲学的一些趋向

近两年,我曾在美国从事哲学研究工作,下面将我所了解到的美国及西方研究古希腊哲学的情况做些介绍,并谈谈我的看法。

古代希腊是欧洲文明的摇篮,欧洲对于古代希腊哲学的研究当然有悠久的历史、深厚的学术传统。在卷帙浩瀚的大小研究著作中,有相当多的研究专家对这方面有过不可磨灭的贡献。要掌握他们的研究成果对我们来说是一项很艰巨但又必不可少的工作。我这几年接触到一点这方面的材料,逐渐产生一点感想,即欧美对古代希腊哲学的研究似乎也面临着一个方向性的问题:古代希腊哲学的研究越来越成为一个非常专门、非常狭窄的学问,它虽然带着传统的光辉,在各大学哲学系都还占有一席之地(有的还是重要的教席),但如果问到这些学问和他们现在的生活、思想有什么关系,学生们则茫然无所对。这就是说,古代希腊哲学的研究越来越变成一门死学问,因此,有些教授不无理由地说,他们需要另一次文艺复兴。现在,我想以最简略的方式环顾一下西方古代希腊哲学研究的历史和现状,并就此提出我个人对这些问题的看法。

在美国时,我的导师古尔特教授有一次对我说,他们研究古代希腊哲学主要从两个方面入手:一个是"古典学"方面,一个是哲学方面,前者主要是涉及古代希腊语言和文字的考订。他说他自己是从哲学方面入手的。我觉得,更清楚地说来,西方对古希腊哲学的研究可以分成"历史的"和"哲学的"两个方面,而这两个方面的越来越脱节,就是使这门学问"死了"的主要原因。

本来,这种分门别类的侧重的研究是必要的、重要的。"历史的"研究中,正包括了上面说到的"古典学"的方法，即从古代语言文字的考订方面来弄清古代希腊哲学著作的原意。"古典学"包括古代希腊罗马整个的文化领域，哲学只是其中的一个方面；虽然目前一些大学"古典学"系把哲学让给了哲学系，主要管文、史、艺术、考古等，但其方法和治学的精神是一致的。这方面，在欧美的大学中，牛津、剑桥、哈佛、普林斯顿、康奈尔等都有深厚的传统。牛津校订的典籍和哈佛的"娄柏"丛书还是当今通用的原文范本。哲学典籍的译注方面，卓然成家者，在早期希腊哲学方面有第尔斯（Diels）、柏奈特（J. Buruet），柏拉图有乔威特（B. Jowett），亚里士多德有罗斯（W. D. Ross）。译注工作现在当然还有人在做，基尔克（G. E. Kirk）与拉文（J. E. Raven）一起编注的《前苏格拉底哲学家》（The Presocratic Philosophers，1957年出版了第1版），就比第尔斯的好，但大都已有通行的本子，因而学者们转而对一些具体的问题作考据、校订。这方面，专业性当然很强，越搞越细，外行人固无发言权。

"历史的"研究，还包括从社会经济、政治、文化等各方面来研究古代希腊哲学家的思想。古代希腊各学科之间联系得还很紧密，因而从一个统一的文化史或整个历史的角度来研究古希腊哲学家的思想，我认为是很重要的。譬如对于古代智者学派的比较合理的评价，除了黑格尔外，还是略晚于他的英国大古代史家格罗特（G. Grote）在他的12卷本《希腊史》中提出的。此后，耶格尔（W. Jaeger）对希腊文化作整体的研究也有很大贡献，他的大著《教育：希腊文化的理想》（Paideia）至今还是重要的参考书。当前在这方面研究卓有成就的应该提到获斯坦福大学荣誉退休教授头衔的德国学者弗兰克尔（H. Fränkel），他的《早期希腊的诗和哲学》（Dichtung und Philosophie des frühen Griechentums）被译成了英文，在美国很有影响。我觉得，相对讲来，欧美当前在研究古代希腊宗教、艺术、历史以及一般文化方面似乎还比较活跃些，问题恰恰出在哲学方面，我想，这和他们当前流行的主要哲学倾向有关。

这并不是说，欧洲没有把历史与哲学结合起来研究古代希腊哲学的传统。蔡勒（E. Zeller）的《希腊哲学史》、贡帕尔茨（Th. Gomperz）的《希腊哲学思想家》、温得尔班（W. Windelband）的《古代哲学史》等书，既有相当的考据，又有各自一定的哲学深度；也并不是说现今已完全没有人做这方面的工作，只是相对而言，这方面已是相当薄弱了。新近去世的英国剑桥的格思里（W. K. C. Guthrie）教授，毕生致力于古希腊文化的研究，他的多卷本《希腊哲学史》可谓当代绝无仅有的一部大书。这部书在材料上几乎收集了古今在这方面的一切重要成果，其价值固不待言；但是就这部大书以及格思里教授其他一些专题著作言，我总觉得在哲学上还是显得薄弱一点。与格思里的风格相对应的，有美国普林斯顿大学弗拉斯特斯（G. Vlastos）教授。他没有大部头著作，而是在具体的问题上下工夫。我觉得他可以说是相当典型地代表了当前欧美研究古希腊哲学的主要倾向：一方面注重"古典学"式的考据，另一方面注重具体命题的逻辑推演，而这两方面都是相当专门化了的，因而他的成果固然极有参考价值，但只是在很小的学术圈子里有影响。与弗拉斯特斯相近的还有德国慕尼黑大学的冯·弗里茨（von Fritz）教授。

针对这种情形，在美国我曾对一些人说过，我们研究古代希腊哲学，除了应充分重视"历史的"（包括"古典学的"）研究外，还应该强调"哲学的"研究，为此，我们除了应重视研究古希腊哲学的专家们的意见，还应该重视大哲学家、大思想家的意见。我觉得，在一定的意义上，后者是更为重要的。

我们知道，古代希腊哲学是西方哲学的最早的形态，它对后来西方哲学的影响是无可否认的，其原因不仅是历史的兴趣，还在于它提出的问题一直是有生命力的，而它解决这些问题的方式，至今也还没有完全失去它的吸引力。这就是为什么历史上许多大哲学家、大思想家都曾从各自的哲学理论出发对古希腊哲学作过一番思考的原因。然而他们当中有些人的看法，因为被认为缺乏足够的"古典学"的训练，常不为研究古希腊哲学的专门家所重视。

譬如研究亚里士多德哲学的，大多重视蔡勒、罗斯、耶格尔等的成果，对培根的意见总觉得他是有意无意地歪曲亚氏的原意而无人认真研究。按我想，培根的《新工具》既以亚氏《工具篇》为主要批评对象，其主旨固在发挥自己的思想，但他对亚氏哲学本身的研究似也不应一概忽视。前几年西方有的学者从一个新的角度来看培根著作中一般认为"偏离"主要思想的哲学观点，即在强调注重经验、实验的同时，肯定培根的著作仍然涉及到从古希腊以来的哲学的最根本的一些问题，这使我们觉得应该更进一步全面地看待培根对亚里士多德的批评。

近代西方哲学另一个系统，德国的理性主义者对古希腊哲学的看法当然也是应该重视的。莱布尼茨从柏拉图的学说中发现与自己的"单子论"和"天赋观念"的共同之处。的确，我觉得，研究一下莱布尼茨的"单子论"和柏拉图的"理念论"、德谟克利特的"原子论"之间的关系，不失为有意义的题目。

我们又知道，康德在他的《纯粹理性批判》中多次直接谈到古代希腊哲学，他所用的材料从现在"古典学"来看，不一定很确切，但康德自己的哲学体系与古代希腊哲学的关系，却不仅仅体现在他直接谈到古希腊哲学的地方。康德的哲学体系有一个一点就破，但又不太为人注意的特点，这就是，《纯粹理性批判》的"分析篇"来源于亚里士多德哲学，而"辩证篇"则来源于柏拉图的哲学。亚里士多德把柏拉图的"理念"改造成"范畴"，发展成一个相当完整的知识论体系。康德更进一步明确了"理念"与"范畴"的关系："理念"不是"范畴"，在知识论中是不可确定的，只是一种"意见"；而在哲学本体论上，则是处于核心的地位。

德国近代哲学家和神学家施莱马哈（F. Schleiermacher）是以相当的热情致力于研究古希腊哲学的，他曾把柏拉图的对话译成德文，并写了研究性的序言。他还专门研究过苏格拉底哲学的历史地位，肯定了"对话"式论辩形式对哲学问题的探讨是很重要的。

尽管现在西方大多数专门家对黑格尔采取不予理睬的态度，但黑格尔对古代希腊哲学的许多真知灼见是无可否认的。在我看，黑格尔是第一个自觉地把古希腊当作整个哲学发展的最重要的历史环节，并把它与自己的哲学体系结合起来加以研究的大哲学家。他的哲学史讲演中关于古希腊部分，在史料上固然有不少牵强附会的地方，但在哲学思想的深度上，我觉得，仍然可以傲视当今西方绝大多数研究古希腊哲学的专门家。

与这个理性主义系统相对立的，有稍为晚近一点的英国牛津学派重要学者派特（W. Pater）。他是一位大批评家，他对欧洲文艺复兴的研究文集至今还有重要的学术价值。对于古希腊哲学，他是从伊壁鸠鲁感觉主义立场来解释柏拉图的哲学的。他认为柏拉图并不忽视感性世界，因为柏拉图提倡"爱"，因而不可能完全脱离现实世界。他1893年出版的《柏拉图和柏拉图主义》正是从这个方面揭示了柏拉图哲学的另一面。我们可以不同意他的意见，但不能不给予应有的重视。

在晚近一点的哲学家中，也不乏对古代希腊哲学有兴趣的大家，例如基尔克特、尼采、柏格森等都在不同的方面发表过重要的意见。

在这里，我们应该特别提到海德格尔，他是现代西方哲学代表人物中研究古希腊哲学最多的一个，也可以说，他是继黑格尔后，自觉地把自己的哲学与古代希腊哲学联系起来考虑的一个代表人物。海德格尔涉及古希腊哲学的面很广，从早期到柏拉图、亚里士多德他都有专门的研究。而且，由于他本人对语言的兴趣，即使从"古典学"眼光来看，他也是有相当训练的。在这方面，他的一个最著名的成果就是对于"真理"的意见。他在《存在与时间》这部未完成的大著中一开始就提出，在古希腊文中"真理"是"$ἀληθής$"，"α"是"缺乏"、"否定"之意，而"$ληθης$"是由动词"$ληθω$"（$λανθάνω$）变来，其意为"隐匿"。这样，在古代希腊"真理"与"显现"、"揭示"、"明朗化"……是一个意思。他以此写了一篇文章论柏拉图关于真理的学说（"Platons Lehre von der Wahrheit"），解释柏拉图"洞穴之喻"为一种"教育"、"启蒙"，即把隐匿的东西揭示出来。他把这个解释与他自己的哲学思想、胡塞尔的现象学结合起来，许多地方说得很玄，但就这个解释本身而言，还是很清楚的，也是具有启发性的。

可惜的是，这些哲学家、思想家的意见，却并未得到专门家们的足够的重视，即使在格思里那样详尽的希腊哲学史巨著中，也没有这些意见的应有的地位。

我并不是说这些看法都是完美无缺的。事实上我们也应该看到这些人都有自己的哲学或思想体系，以此来看历史，看历史上的哲学，的确常有"削足适履"的地方；但我感到，这个毛病主要还是出在他们自己的哲学本身，而他们重视思考古希腊哲学著作中的哲学内容，并不光在逻辑推理的形式上打转转，这一点我觉得是重要的。

当然，并不是逻辑推理形式的研究不重要。在这方面，现代"日常语言"学派的代表赖尔（G. Ryle）对柏拉图对话的研究大概是最重要的。他在 1966 年出版的一本《柏拉图的进步》（*Plato's Progress*）中说，柏拉图早期的对话是"论辩式"的（eristic, elenchus），而后期的则成为"独白式"的

（monologue）了，这样，从论证方式上来作细微的研究，搞好了未尝不是一个有意义的方面。

但是，哲学终究是一门活的学问，哲学史的研究似仍应以哲学为核心，以历史为基础，把语言的、逻辑的特别是社会历史各种条件的研究都与哲学问题的研究结合起来，这样，古代希腊哲学固然距今已2000余年，但仍是一些活的问题，不用说现代的西方人，就是远居东方、具有极不相同的民族文化传统的中国人，也会感到这些问题是亲切的，既非为了"猎奇"，也非为炫耀专门知识以谋求教席，而是为了社会、为了人生来研究它。

我们有我们自己的哲学，这就是马克思主义哲学。这个哲学本来正是从古代希腊哲学随着现实社会历史的发展，经过了许多历史环节，特别是德国古典哲学这个环节，这样合乎规律地发展而来的。现在我们要以这个哲学为出发点、根据地，上溯至古代希腊，研究那个时代的人在何种历史条件下提出哲学的基本问题，又是用何种方式来回答这些问题的。

应该说，在这方面我们的研究工作还是相当落后的，有许多专门的知识需要我们去学习、掌握；但正因为这种研究不仅仅是一种专门的技术工作，我们就不应因时代、地理、民族文化传统的巨大距离而妄自菲薄，把古希腊哲学的研究只作"聊备一格"。我们应该发挥马克思主义哲学的优势和在这个哲学指导下的我国人民对待世界、社会、人生根本问题体察上的特点，补专门知识之不足，对古代希腊哲学提出我们自己的看法。希望不久会有这样一天：西方学者在研究古代希腊哲学问题时也要看一看中国学者的意见。

（原载《中国哲学年鉴·1983》，中国大百科全书出版社1983年版）

| 叶秀山文集·哲学卷（下）|

康德的道德哲学

康德（1724—1804年）是德国古典唯心主义的奠基人，他处在18世纪德国封建割据的时代，资产阶级反抗封建统治和与现实妥协的两面性，在康德的哲学思想中得到了明显的反映。在哲学思想领域里，康德主要面对着德国、法国和英国的思想。在英国，当时资产阶级与封建贵族取得了妥协，哲学上盛行着从培根、洛克到贝克莱、休谟的各种性质（有唯物主义，也有唯心主义）的经验主义；在法国，资产阶级以比较彻底的姿态出现在历史舞台上，但终究具有很大的历史局限性，哲学上出现了仍然带着机械性质的唯物主义激进派。而在德国，由于资产阶级无力进行实际斗争，常常沉浸于沉思的制造体系的书斋中，哲学上出现了莱布尼茨以后沃尔弗等人的枯燥的、庞大的、繁琐的体系。哲学上这三股力量除了对中世纪神学有不同程度的斗争外，它们之间，也是有尖锐的斗争，康德对待这种斗争则基本上采取调和主义的态度；但是，康德哲学仍然是有倾向性的，他坚持德国资产阶级所特有的立场，既骇怕法国、英国的革命，又不满于德国的封建统治。

道德哲学（或道德学）在康德哲学中占有重要的地位，同时，由于康德是西方近代第一次从哲学系统方面提出了有关道德哲学的基本问题，因而在西方伦理学史上有过重大的影响。然而，康德的道德哲学，像他的整个思想一样，不可避免地打上了那个时代的烙印，打上了18世纪德国资产阶级的烙印。

康德是德国古典唯心主义的奠基者，无论在哲学认识论、美学或伦理学方面，所提出来的问题，对费希特、谢林、黑格尔的影响都很大，而且直到现在，在现代资产阶级那里，还保持着相当的影响，因而用马克思主义观点来批判康德的道德哲学，揭露它的阶级根源和理论实质，对于伦理学问题的进一步探讨，仍然是有意义的。

一、道德哲学在康德哲学体系中的地位

康德在 1781 年发表了他的第一部系统的哲学著作：《纯粹理性批判》。这部著作，从先验唯心主义的立场，严格地考察了人类知识领域，提出了有关认识论的一系列重要问题，奠定了"批判哲学"的基础。1788 年，康德发表了他的《实践理性批判》，运用他那套先验唯心主义的哲学观点，研究了人类的道德实践领域，提出了一系列道德哲学的基本问题；两年以后，康德发表了《判断力批判》，研究了美学和目的论的问题，终于完成了他的整个哲学体系：用先验唯心主义的观点，考察了人类意识中的三大部分（知识、情感和意志），因此关于道德哲学问题，显然是康德哲学体系中三大组成部分之一，为弄清楚康德道德哲学的内容，就必须先了解康德哲学的基本观点，以及道德哲学在他哲学体系中的地位。

构成康德哲学体系的"三大批判"，涉及到人的精神领域的三个部分：知识、情感和意志。《纯粹理性批判》研究人的知识领域，这个领域的对象是广大的感性世界、现象界，《纯粹理性批判》就是研究这个感性现象界的可能的条件；在这个批判中，康德的主要问题是研究：既然一切知识都起源于经验，为什么又具有客观的普遍必然性？在康德看来，并不是由于客观现实本身具有的规律性在人的头脑中反映为知识的普遍有效性，而是感性直观（时空）和知性范畴（因果等）作为一种逻辑上先于经验的必要条件，对感觉材料进行加工，才使人的经验的知识具有客观的必然性。在知识领域，知性为自然立法，形成了一个因果联系的锁链，锁链的各个环节，并不像休谟那样只承认是习惯的联系，而在康德看来，它们为必然的自然律所支配。但是知性所能从理论上把握的只能是现象领域，思辨理性如果想超越现象的领域，窥测本体（物自体），则必然要陷于不可解决的矛盾（二律背反）。像自由与必然、第一原因与因果系列等这样一些涉及本体界的对立的问题，在康德看来是无法从理论上解

决的。于是，在康德看来，人的知识领域是有绝对的限制的，它为我们留下一个不可知的领域——物自身。这个物自身是一个超感官的世界，因而绝对不是起源于直观的经验知识所能把握的。这个超感官的世界是实践理性的对象，是理性的领域。

知识起源于直观，是从感性（必然）出发，实践则起源于意志，是从理性（自由）出发；思辨理性总是具有某种被动的性质①，而实践理性则完全是主动的，理性本身就具有一种实践的力量。因此，实践理性和思辨理性完全奠定在不同的基础上，具有完全不同的出发点，康德说："实践理性批判并不以直观作为那些法则的基础，而只以它们在理性世界中的存在这个概念，即'自由'概念，作为它们的基础。"② 实践理性，直接从理性的规律出发，摆脱一切感性的因素，研究理性世界的问题，而这些问题，在康德看来，是思辨理性所不能解决的，也就是说，这些问题，并不是静观的理论问题，而是行动的实践问题。

在1790年发表的《判断力批判》中，康德力图调和感性（思辨理性，包括知性，因为知性只为感性现象界立法）与理性（实践理性）的对立，并在这个批判的"导言"部分，对三个批判之间的关系，作了概括的叙述。康德把情感作为知识和意志之间的过渡环节，情感调节着感性与理性、必然与自由之间的关系，把认识论、道德学、美学连成一个体系，具有深远的影响③；但是，康德这种以主观情感来沟通理论与实践的关系、弥补割裂两者的企图，并不能挽救他的二元论和不可知论的哲学体系。意志与知识，自由与必然，理性与感性仍然坚硬地对立着，物自体既不能用情感来认识，更不能用理论认识来把握，仍然是一个神秘的领域，只能归诸所谓实践的信仰。

然而，在实践理性与思辨理性的关系问题上，康德提出了一个重要的思想，即在纯粹实践理性与纯粹思辨理性的关系中，实践理性占有优先的地位。

---

① 虽然在康德看来，即使感性的直观也不完全是被动的，而是有先验直观形式（时间、空间）的初步加工。
② 康德：《实践理性批判》，关文运译，商务印书馆1960年版，第46页。
③ 席勒在《美育通信》中所提出的审美的（aesthetic，即情感的）人是由感性的人到理性的人的必然的过渡环节，显然是继承并发展康德的思想的结果。而后来谢林认为，理论和实践、观念和实在、无意与有意、自然和自由只有在艺术或情感（aesthetic）活动中才能统一，因而艺术（在谢林，包括对客观世界的创造）哲学是综合理论哲学和实践哲学的最高点。

康德说:"当纯粹思辨理性和纯粹实践理性结合在一个认识中时,如果这种结合并不是偶然的、任意的,而是先天地建立在理性自身上的,并因而是必然的;那末,后者就占了优先地位。……因为一切要务终归属于实践范围,而且甚至思辨理性的要务也只是受制约的,并且只有在实践运用中才能圆满完成。"① 这个实质上是实践高于理论的思想,被黑格尔所发挥而曾经得到列宁的重视,列宁在《黑格尔〈逻辑学〉一书摘要》中曾指出:"实践高于(理论的)认识,因为实践不仅有普遍性的优点,并且有直接的现实性的优点。"② 在《判断力批判》的导言中,虽然康德还是坚持感性世界的自然概念和超感性世界的自由概念之间的鸿沟,但是却更加强调指出,感性世界固然不能影响超感性世界,但超感性世界却必须意味着对感性世界的影响③。当然,康德这个思想是建立在割裂理论思维与实践意志的二元论的基础上的,因而从根本上说,还是错误的。

由于坚决把理论认识与实践意志对立起来,固然使康德哲学仍然陷于二元论和极端形而上学的泥坑,但是实践理性高于思辨理性这一原理,却对以后的哲学思想的发展,起着重大的作用。费希特认为理性的真正的规律是实践的规律;反理性主义者叔本华,则更进一步把世界的本质归结为生生不息的实践愿望。无论是康德、费希特,或者黑格尔、叔本华,都不是也不可能把"实践"本质上理解为人的社会物质生产劳动实践,和由此产生的阶级斗争实践。"实践"既不是像叔本华理解的那样是动物式的欲望,也不是康德所理解的那种抽象的意志的自由,而是人的物质的社会实践。因而道德学所研究的对象不是脱离历史、脱离实际的抽象的"道德律",而是在社会物质生活实践基础上的人与人之间的社会关系,在阶级社会里,本质上是阶级关系。

然而,实践理性问题、道德哲学问题在康德哲学体系中,既然面对着纯粹的本体界(物自体),因而就具有本质的意义。康德固然以《纯粹理性批判》为其先验唯心主义的奠基石,但《实践理性批判》却是康德哲学的目的和核心。

---

① 康德:《实践理性批判》,关文运译,商务印书馆1960年版,第124页。
② 列宁:《哲学笔记》,人民出版社1956年版,第201页。
③ 参见康德:《判断力批判》上卷,宗白华译,商务印书馆1964年版,第13页。

二、康德道德哲学的基本出发点

粗略地了解了康德道德哲学在其整个哲学体系中的地位以后,我们要进而研究康德道德哲学的基本出发点,了解他道德思想的核心问题。

我们知道,自从古希腊起,不少哲学家就思考着这样一个问题,即人作为感性存在和作为理性存在的对立统一问题。理性主义者柏拉图,就这个问题,从客观唯心主义立场,比较系统地在哲学上提出了理性驾驭、控制感性的观点,他认为情感是一切错误和罪恶的根源,只有"理念"才是最高的真,最高的善,最高的美。这个问题,在历史上作为唯物主义和唯心主义斗争的一种特殊表现的理性主义和经验主义也展开了尖锐的斗争。

在认识论领域里,感觉主义者、经验主义者认为,感觉、经验是一切知识的来源,而且感觉经验是最可靠的,理性才是脱离实际、胡思乱想的根源。理性主义者则认为理性是判断真假的法官,理性本身可以增加新的知识,而感觉只给人一些变幻的现象,因而是不可靠的。

在美学领域内,感觉主义者、经验主义者认为,美感是一种主观愉快,或者像柏克那样更进一步说是无利害关系、不同于欲望满足的愉快。理性主义如德国的鲍姆加登则认为美感是一种对"完善"的认识,是一种低级的、朦胧的感性的知识。

在伦理学领域里,感觉主义者、经验主义者如伊壁鸠鲁的快乐论认为,感性需要的满足是道德追求的最终目的,因而幸福是衡量德性的标准。理性主义如斯多葛主义者则蔑视感性的现象界,认为只有理性的生活,才配得上德性的美名。在伦理学上,感性的功利主义与理性的绝对主义的对立,是贯串伦理学史的重要问题之一,幸福与德性的矛盾,是构成这门学科的特殊矛盾之一,而这个特殊矛盾又是与哲学上感性与理性的矛盾对立必然相联系的。

在这样一些对立的学派中,康德都基本上采取了调和主义的态度。

在认识论领域内,我们都知道,康德在原则上力图调和理性主义与经验主义的矛盾,用莱布尼茨等人的理性主义改造休谟等人的经验主义,把分析判断与综合判断统一起来,论证人的经验知识由于有知性的先验的立法作用,因而可以具有客观的必然性，形成先验的综合判断，即人的知识既具有经验的综合性质，又具有先验的分析性质。

在美学领域内，康德原则上同样力图调和理性主义与经验主义的矛盾，一方面继承并发挥了经验主义者柏克等人努力区别美感愉快与欲望满足的愉快的不同性质，阐述美感愉快无利害关系的论点。同时，康德又力图以这个观点改造鲍姆加登认为美感是朦胧知识的理性主义论点，否认对美的判断是一种知识判断。

当然，在伦理学范围，在道德哲学中，康德同样是想调和理性主义和经验主义的矛盾，他既批评伊壁鸠鲁派，也批评斯多葛派①；但是在道德哲学领域内，康德基本上是理性主义者。康德不止一次地强调，"划分那以经验原理为其整个基础的幸福论和不允许丝毫经验原理掺杂其中的道德学，乃是纯粹实践理性分析论的首要任务"②。康德固然认为，在道德哲学领域内，既要反对经验主义，也要反对神秘主义，但是他却说："加意防范实践理性所采取的经验主义，是更其重要、更有益处的，因为神秘主义与道德法则的纯粹性和崇高性是可以互相融和的……"③ 从这样的出发点发展下去，怪不得康德把在《纯粹理性批判》中否定掉的灵魂不朽等观念，在这个批判中又加以肯定了。普列汉诺夫说："康德在《纯粹理性批判》中同这些怪影（上帝、灵魂不死、意志自由等——引者）作过斗争，但在《实践理性批判》中，也就是说，在讲行动而不是讲抽象思辨的地方，却向这些怪影交了武器。"④

从这里，我们可以看到，康德在道德哲学领域内，主要的斗争对象是幸福论，而康德对幸福论的批判，固然有许多荒谬的、反动的地方，但也还提出一些值得人思考的问题。

康德所反对的幸福论，实际上主要是以当时法国唯物论者（霍尔巴赫、爱尔维修等人）为代表⑤，当然，17世纪英国经验主义在伦理学上的感觉主义，

---

① 他批评斯多葛派以为完全摆脱感性的美德在今世是可以充分达到的。见《实践理性批判》，关文运译，第129页。
② 《实践理性批判》，关文运译，第94页。
③ 同上书，第72页。
④ 普列汉诺夫对恩格斯《费尔巴哈论》的注释，见恩格斯：《费尔巴哈与德国古典哲学的终结》，人民出版社1957年版，第107页。
⑤ 康德著作中常常直接提到古希腊的伊壁鸠鲁的快乐论，而很少直接接触法国的哲学家。

在康德看来，同样是一种幸福论。幸福论以谋求感性物质需要的满足作为道德实践的最高原则。被马克思和恩格斯称作英国资产阶级取得政权初期的思想家①、唯物主义者和感觉主义者洛克在1690年的《人类理解论》里就曾说过："事物所以有善、恶之分，只是由于我们有苦、乐之感。"② 18世纪法国唯物论者固然提出了"公共利益"的问题，但正如普列汉诺夫所指出的："唯物主义者们（指18世纪法国唯物主义者——引者）事实上是以个体的个人利益为出发点。"③ 如霍尔巴赫所说的：一切使人们快乐的叫做好，一切使人们痛苦的叫做坏④。因而无论英国经验主义者或者法国唯物主义者都把道德原则归结为奠定在个人的物质欲望满足的基础上，以主观的、感觉的愉快与否来作为道德评价的最终标准。彻底的幸福论必然达到这样极端的结论：最幸福的人，也就是最有道德的人。同时，幸福论最后也必然将道德与知识等同起来，认为最有知识的人（最有才能，最有经验，最能谋求幸福的人），也就是最有道德的人。这种观点，在理论上是片面的，它归根结蒂把伦理学问题归结为自然的需要问题，而缺乏应有的社会的内容。当然，这种幸福论，在一定的历史阶段，如在资产阶级革命时期，为了反对宗教和封建极权主义，强调人的感性的、自然的需要，是有一定的革命的、进步的作用，如普列汉诺夫所说："18世纪唯物主义哲学是一种革命的哲学。它只是革命的资产阶级反对僧侣、贵族和君主专制的斗争在观念形态上的表现。"⑤ 但是，即使在当时，资产阶级的革命性本身也是有局限性的，反映在观念形态上，"形而上学的唯物主义只有一半是革命的"⑥。资产阶级在哲学上强调人的感性自然需要的片面性，为资产阶级伦理学以后更进一步庸俗化提供了条件。我们知道，随着资产阶级统治的进一步发展，幸福论的性质和作用也显然在起着变化，我们不能脱离历史、脱离其阶级实质和社会作用来评价幸福论。如果说，包括费尔巴哈在内，为了反对黑格尔学派的令人窒息的、保守的唯心主义体系，并反对封建统治和宗教的压抑，而强调人的自然的感性的需要，因而在伦理学上强调幸福论，宣称心情是革命

---

① 《马克思恩格斯全集》第3卷，第479页。
② 洛克：《人类理解论》，关文运译，商务印书馆1959年版，第199页。
③ 普列汉诺夫：《唯物主义史论丛》，三联书店1961年版，第67页。
④ 同上书，第14页。
⑤ 同上书，第11—12页。
⑥ 同上书，第115页。

的、头脑是改良的①，还是在一定程度上反映了某些革命要求，因而具有一定的历史的进步意义；但到了19世纪边沁主义宣扬的庸俗的功利主义，则只能是反动的资产阶级彻底个人主义、享乐主义的表现。如近代功利主义代表人物之一，J. S. 米尔，在《功用主义》一书中抬出"大多数人的利益"为幌子，在实践上是用资产阶级的自私自利的利益来冒充广大人民群众的利益，在理论上是用经验主义的"大多数人的利益"的含混概念与马克思主义所坚持的符合历史发展规律的先进阶级利益的科学概念相对抗。但是无论怎样用"大多数人的利益"这样一些词句掩饰自己，他始终顽固地把伦理学奠定在个人主义的基础上，认为"大多数的好行为不是要利益世界，不过要利益个人"，而在大多数场合下，"只有对私人的功用，某些少数的人的利益或幸福，是他必须留意的"②，因而他宣称："我们最后目的乃是一种尽量免掉痛苦，尽量在质和量两方面多多享乐的生活。"③ 这种观点，无论怎样精致，实质上是表现了没落时期资产阶级个人享乐的欲望，是一种极为腐朽的观点。正如马克思、恩格斯所指出的，爱尔维修和霍尔巴赫的功利论是"同正在进行斗争的而尚不发达的资产阶级相适应的"，而边沁和米尔的功利论则是"同占统治地位的发达的资产阶级相适应的"④。而普列汉诺夫也说，J. S. 米尔的"最大多数人的幸福，只不过是法国唯物主义者们的'公共利益'的一个非常无力的、剥去了革命色彩的摹本而已"⑤。现代资产阶级伦理学上的功利主义与实用主义哲学结合起来，鼓吹个人幸福，以眼下庸俗的享受麻醉人民的革命意志和革命理想，这种谬论，正在起着极端反动的作用。

建立在先验的理性基础上的康德的道德哲学和建立在经验的感性基础上的幸福论自然是根本对立的。康德认为，一切单纯经验的东西都没有客观必然性，建立在经验基础上的道德原则（幸福）也没有客观必然性。康德指出，幸福的概念，"都由各人自己所独具的快乐之感和痛苦之感来定，而且甚至在同一主体方面由于他的需要也随着感情变化而参差不齐，因而他的幸福概念也随

---

① 《费尔巴哈哲学选集》上卷，第112页。
② J.S.米尔：《功用主义》，商务印书馆1957年版，第19—20页。
③ 同上书，第12页。
④ 《马克思恩格斯全集》第3卷，第482页。
⑤ 普列汉诺夫：《唯物主义史论丛》，三联书店1961年版，第67页。

他的需要而定"①；这就是说，幸福的概念是随经验的变化而转移的，本身缺乏必然的标准，而作为道德法则，则要求具有客观的普遍有效性。这种具有普遍有效性的道德法则，不可能来自感性，而只能源出于理性，是理性为意志立法的行动准则。

在《道德形而上学探本》一书里，康德指出，理性决不能作为谋求幸福的手段，而是追求一个更高的目的，他说："理性应该是用于追求这个目的，不是为幸福起见，因此这个目的一定要算做最高条件——比起它，人的私有目的大部分一定要算做次要的：这是我们必须承认的。"②这个更高的目的，就是追求绝对的、至上的因而也是空洞无物的"善"。

康德认为，行为善恶的标准，不在经验的效果，也不在经验目的和动机，而在于行为所根据的先验的道德律。在经验领域里，欲望的目的，和欲望的效果固然具有一种因果的联系，但在纯粹经验里效果却不一定都能符合目的，由于这种动机与效果的矛盾，因而用经验来判断一个人的行动，必定同时注视着他的动机和效果，以避免片面性；而在康德看来，从先验的道德律出发的行动，则可以绝对地只管动机，而不管效果③。康德说："出于义务心的行为所以有道德价值，不是因为它所求达的目的，而是因为决定这个行为的格准；所以这种价值不是靠着行为的目的之实现，只是在于行为由以发生的立志作用所依据的原则，与欲望的对象无关。"④

在康德看来，先验的实践原则与经验的效果在现实世界无法从理论上论证它们一定要统一的，从道德律出发的人，并不一定是幸福的人，美德与幸福是矛盾的，因为在现实世界（即在现象界），应该的事件，不一定就是可能的、现实的事情。意志只涉及应该与否，而欲望才要求实现、才存在可能与否的问题。康德说，自然哲学的规律"是一切事物实际怎么出现的规律"；道德哲学的规律则"是一切事物理应怎么出现的规律，并且后者一定要兼顾到理应发生

---

① 《实践理性批判》，关文运译，第24页。
② 康德：《道德形而上学探本》，唐钺译，商务印书馆1959年版，第10页。
③ 《实践理性批判》，关文运译，第146页小注中一段区别经验感性欲望的要求与"发源于道德法则的理性需要"，正可以说明这个问题。
④ 康德：《道德形而上学探本》，唐钺译，第14页。重点原有。

的事情常常不发生的情形"①。所以,"实践的哲学不是要找出实际发生的事情的理由,乃是要找出理应发生的事情的规律(尽管这件事情始终没有发生),就是要找客观的实践规律"②。康德甚至说,虽然世上也许始终没有一个完全诚实的朋友,但人人交朋友要完全诚实却仍然是一条普遍的实践原则。

康德这种割裂"应该"与"现实"的形而上学的方法,固然划清了一些问题的界限,看到了理想与现实的矛盾对立,但却没有看到这种对立矛盾,会在历史发展过程中不断得到克服,从而可以达到历史的、相对的统一;黑格尔在《精神现象学》中就曾指出:"凡应该存在的,事实上也是存在的,但仅只应该存在而并不存在的东西,就没有任何真理性。"③我们看到,康德这种从经验之外,去寻求绝对的、普遍的道德规律的做法,显然是形而上学的。其实,普遍的道德律的意志动机,不在经验之外,而就在经验之中,规律就在现象之中,现象是本质的体现,行为的个别的效果固然与行为所根据的真正的原则会有矛盾,但只有通过对人的行为的效果的系统的、全面的考察,才能认识他的行为的原则,看出它真正的动机,因此,我们从动机与效果相统一的观点,一方面固然承认动机与效果的矛盾,不能根据个别的事件,判断人的善恶,但是人的社会的动机,却必然表现在一系列的行动效果中,而离开这些效果,我们根本无法判断它的动机。毛主席说:"唯心论者是强调动机否认效果的,机械唯物论者是强调效果否认动机的,我们和这两者相反,我们是辩证唯物主义的动机和效果的统一论者。"④

康德这种把道德与幸福、动机与效果完全割裂开来的理论,有其深刻的社会和阶级根源。18世纪德国资产阶级的两面性,在康德的道德哲学中得到了集中的反映。一方面,康德看到了理想与现实的矛盾,许多不配享幸福的人,却窃居高位,穷奢极欲,而配享幸福的人(大概主要是指当时的资产阶级),则并未得到相应的幸福;康德揭露了这种矛盾,但却在这种矛盾的现实面前却步不前,只能躲避在"善良意志"、"先验道德律"的空洞的形式中,满足一种

---

① 康德:《道德形而上学探本》,唐钺译,第1—2页。
② 同上书,第41页。
③ 黑格尔:《精神现象学》上卷,贺麟、王玖兴译,第167页。
④ 《毛泽东选集》第3卷,第870页。

毫无现实意义的道德的虚荣。正如马克思、恩格斯所指出的:"18世纪末德国的状况完全反映在康德的《实践理性批判》中。当时,法国资产阶级经过历史上最大的一次革命跃居统治地位,并且夺得了欧洲大陆;当时,政治上已经获得解放的英国资产阶级使工业发生了革命并在政治上控制了印度,在商业上控制了世界上所有其他地方;但软弱无力的德国市民只有'善良意志'。康德只谈'善良意志',哪怕这个善良意志毫无效果他也心安理得,他把这个善良意志的实现以及它与个人的需要和欲望之间的协调都推到彼岸世界。康德的这个善良意志完全符合于德国市民的软弱、受压迫和贫乏的情况,他们的小眼小孔的利益始终不能发展成为一个阶级的共同的民族的利益,因此他们经常遭到所有其他民族的资产阶级的剥削。"① 马克思、恩格斯这段话,深刻而全面地揭示出康德道德哲学的阶级实质,指出不敢正视效果,不敢为幸福而斗争,不敢争得幸福,正是当时德国资产阶级软弱、妥协的表现。

表面上,康德并没有绝对地否认人有追求幸福的权利,只是认为追求幸福与道德实践无关,是两件事,不能混淆,更不能把幸福作为道德实践的出发点。他说:"但是幸福原理与道德原理之间的这种划分,并不因此就成了两者之间的对立,而且纯粹实践理性也并不要求人们抛弃对幸福的权利,只是要求,在一讲到职责时我们就必须完全不顾及幸福罢了。"② 康德认为,那些受欲望支配的行为(所谓幸福与否),只是自然的行为(如渴了要喝水),而并无道德意义,它是无关道德的行为;而道德行为的唯一标准,只在于意志所根据的道德律。

康德这个辩解,固然在理论上揭示了义务(职责)与幸福(个人得失)的矛盾,但并不能挽救由于割裂经验与原则、效果与动机的形而上学方法而把实践原则和意志动机抽象化、神秘化的厄运。康德企图脱离社会效果,实即脱离社会实践过程寻求绝对实践的道德原则,正像他在认识论中脱离认识过程来寻求认识的先验条件一样,自以为找到了万古不变、放之四海皆准的规律,实际上不过是一些极其空洞的形式。在这方面,黑格尔对康德认识论的讽刺,完全

---

① 《马克思恩格斯全集》第3卷,第211—212页。
② 《实践理性批判》,关文运译,第95页。

可以同样地用到康德的伦理学上①。

三、道德律、绝对命令和义务

道德行为和动机既然不能从感性的、经验的幸福出发，人的欲望必须受先验的理性规范，行为才能具有道德意义②，于是康德就立出一条先于经验的、从理性出发的、普遍的道德律。"纯粹理性只对自身有实践力量，并且给与人以一条我们称为道德法则的普遍法则。"③ 这种道德律既然脱离一切经验，因而就不是具体指导人的实际行为的告诫或指南，而是这些经验指南或告诫所必然依据的原则，对于这样一种毫无内容的、空洞的"道德律"，康德只能说一句话："这个原则就是：我一定要这样行为，使得我能够立定意志要我行为的格准成个普遍规律。"④ 这就是说，道德的原则要求我们的行为所根据的原则，要能人人遵守而不自相矛盾。康德认为，尽管我立志撒谎，但我绝不能够要求撒谎成为一个普遍规律。因为，一旦撒谎成了普遍规律，人人都要立志撒谎，那末，撒谎也将因无人相信而自行消失⑤。

这样一种实践理性的普遍原则是实践意志（不是感性欲望）的唯一动机，而且是判断行为和人格善恶的唯一标准。既然感性的需要是受自然的必然性决定的，不是一种根据理性的、自由的行动，从而欲望本质上无关于道德，只有根据意志，根据决定行为的道德律，才能判断行为善恶，因而，在康德道德哲学领域内，道德律是先于一般的善恶观念的，是善恶的先验条件。康德"善或恶则永远意味着对意志的一种关系——就意志受理性法则所决定而把某种东西作为它的对象而言；因为意志永远不受任何对象或对象的观念的直接决定，它

---

① 黑格尔批评康德脱离认识过程来空谈认识的条件，是叫人"没有学会游泳之前勿先下水游泳"（《小逻辑》，贺麟译，第129页），在实践领域内，康德的理论实质上是要人们在未获得行为的先验原则时，切勿行动。
② 人是有感性欲望的，如人渴了要喝水，这是自然的需要；但人又是有理性的，在喝水之前，必须先要考虑一下应不应该喝，在不应该的情形下，即使渴死，人也有自由不去喝。康德孤立地认为只有后者才有道德的意义，它根据的是道德法则，而前者所根据的只是自然的法则。
③ 《实践理性批判》，关文运译，第32页。
④ 《道德形而上学探本》，唐钺译，第16页。"不论做什么，总应该做到使你的意志所遵循的准则永远同时能够成为一条普遍的立法原理。"（《实践理性批判》，关文运译，第30页。）
⑤ 参见《道德形而上学探本》，唐钺译，第17—18页。

乃是把理性规则作为行为（能实现一个对象的行为）动机的一种能力"①。善恶既然直接决定于理性的实践准则，而与感性世界无关，因而只有人，才有善恶问题，"而任何一种事物绝不能称为善的或恶的"②。事物对人发生物质实用关系，满足人的感性需要，而不是直接受先验的实践法则决定，因而严格说来，无所谓善恶问题，而只有实用与否问题③。

这样一种为实践理性原则决定的"善良意志"，要作为行为的唯一的动机，就要与同时决定人的行为的感性欲望发生冲突，而必须克服、排斥、不顾及这些感性欲望，才能充分体现这种实践法则的力量，因而在康德看来，这种普遍的实践原则对不能完全摆脱感性欲望的人来说，则是一种命令。

康德继续着哲学史上理性主义与感性主义的斗争的线索，固执地认为人有两重身份，一是作为感性的存在，一是作为理性的存在，就人作为感性存在来看，它是感性物质世界的一部分，受着自然律支配，但就人作为理性存在来看，它又超脱了自然律，而受超感性的道德律支配，人这两个方面是矛盾的，人既然无法完全摆脱感性的需要，因而，理性的规律，道德律，对人来说，就只能是一道命令；而只对无感性需要的纯理性的存在——神来说，才不存在命令问题。康德说："自然界的品物，件件都是照着规律活动。只有有理性者能够照着他对规律的概念（即照着原则）行动，那就是说，有理性者有个意志。……一个意志必须遵从的客观原则的提出就是理性的命令；表现这个命令的公式叫做令式（Imperative）。"④ 实践理性的道德律，对人颁布命令，它的箴言上大书"应该"二字；但是"没有什么令式可以适用于上帝的意志，或是任何其他神圣的意志；因为神圣的意志必定自然而然地与规律相合，所以'应该'这个话完全不适用"⑤。

---

① 《实践理性批判》，关文运译，第61页。
② 同上书，第61页。
③ 感性上的不完满，不能叫做恶，生理有缺陷的人，不能叫做恶人。这里涉及到本质意义下的善恶和现象意义下的善恶问题。就历史的起源说，在最初的时候，"有用"与"善"完全是一个意思，后来善恶的问题才逐渐集中到对人的实践行为所根据的准则的一种评价。一切性上有用的东西，只有在一定社会条件下，与人的实践原则相联系才有道德意义。譬如一把锋利的刀，在感性的"有用"方面是同样的，但操在敌人手里和操在同志手里，人们对它的道德评价就有原则的不同。但康德在这里显然用先验唯心主义歪曲了这一现象，把历史的、社会的阶级的准则，说成是抽象的、空洞的"理性原则"。
④ 《道德形而上学探本》，唐钺译，第27页。
⑤ 同上书，第28页。

为了彻底把道德律封闭在绝对超感性的、自满自足的领域，康德把命令分成有条件的命令和无条件的命令①两种，而道德律则是属于无条件命令的。康德说："假如行为所以好，只因为它是得到什么别的东西的工具，那末，这个令式就是有待的；假如这件行动是被认为本身是好的，那末，这个令式，因其是本就合乎理性的意志所必有的，是这个意志的原则，就是无待的。"② 康德又具体把一切实践命令分成三种，"第一种令式叫做专门的（属于技术的），第二种叫做实利的（属于福利的），第三种叫做道德的（属于一切自由的行为，即德行的）"③，而只有道德的命令，才是无条件的、绝对的。

从这样一种超感性的、绝对的道德律，直接引导出康德道德哲学的一条重要的原理，即义务的原理。康德对于伦理学中义务的问题，有过比较细致的逻辑分析，在伦理学史上起过很大的作用，因而有一些资产阶级学者认为，康德伦理学的中心问题就是"为义务而义务"④。

道德律既然对人来说是一道命令，那末执行这道命令，就是人的义务，因而康德把义务当成具有感性和理性双重身份存在的人的道德行为的出发点。康德认为人之所以可以在感性世界里执行超感性世界的意志，接受超感性的道德律，就在于他先验地具有一种"义务心"，而可以不顾及一切个人好恶。

康德认为，在感性世界，受物质需要支配，追求个人的幸福，要受经验制约，随能力、世故、机缘、知识等情况而变化，但义务心是超感性的、摆脱物质需要的自由的立意作用，是不依赖经验的、先验的能力，"职责的含义是人人不辩自明的，但是要问什么行为才会给人带来真实经久利益，使人一生享用不尽，那就总是朦胧暧昧，令人莫测究竟了"⑤，之所以"莫测究竟"，是因为祸福、利害是随经验的偶然性而变化的。

由此可见，在康德看来，义务是与幸福相对立的，这种对立，就构成了所谓实践理性的二律背反，亦即实践理性的核心的矛盾。早在《道德形而上学探本》一书中康德就曾指出："人觉得他自己有许多需要和爱好，这些完全满足

---

① 或译有待命令、无待命令；相对命令、绝对命令。
② 《道德形而上学探本》，唐钺译，第29页。
③ 同上书，第31页。
④ 参见 E. F. Carritt: "The Theory of Morals", Oxford, 1952年, 第77—86页。
⑤ 《实践理性批判》，关文运译，第37页。

就是所谓幸福；同时有许多义务的命令，人的理性指出这些命令是极值得尊重的；那些需要和爱好是一切这些命令的强有力的对头。而且，理性的命令是强硬不让步的，并不许给爱好什么满足，并且对于这些爱好不理会，瞧不起；可是，这些爱好却是那么热烈，那么近情，不肯受任何命令的压服。因此，一种自然的辩证法就产生了……"①

由于严格划分义务与幸福的界限，使康德按照这条逻辑线索，在理论上提出一些重要的问题。譬如，康德认为，只有从义务出发，行为才具有道德意义，实践理性不仅要求行为效果上符合义务，而且要求原则上从实践理性的规律出发，作为行为的动机。一个人可以因为怕有损名誉而不说谎，康德认为，这不能叫做德行，因为它是从行为效果的利害出发，而不是从排斥利害关系的义务心出发，虽然这个行为表面上还是合理的；康德所要求的道德行为，是一种以毫无欲念的纯义务作为行为的唯一动机，它的格言是：虽然对我不利，我还是要履行我的义务。康德说，"除了'就是牺牲我的一切爱好，我也应该遵守这个规律'这个格准以外，没有什么能够决定我的意志"②。正是在摆脱一切感性（必然的、自然的）需要这个意义下，康德论述了道德上的自由。康德说："自由必须不被认为无规律，自由不过是不服从自然界的定律罢了，自由的原因必须遵照不变的规律发生作用，但这些规律是自由原因所特有的；其实，离开规律，自由意志就毫无意义。……自由意志与合乎道德律的意志只是一件事。"③ 康德把自由与幸福对立起来，认为人在履行义务时是自由的，因为它不顾一切利害，按照超感性的道德律来决定自己的行动，而一旦顾及到个人的利害关系，人就是受感性物质世界的必然性所支配，因而是不自由的。显然，从理性与感性的绝对对立出发，康德也自然把自由与必然绝对对立起来，虽然康德也承认自由是与道德律是一致的，但是"道德律"在康德那里是一种脱离自然规律的空洞的、没有现实基础的"理性"，它是不能为理论认识所把握的，因而在康德看来，自由并不是"认识了的必然"，康德的形而上学割裂的手法，得到了又一次的表现。

---

① 《道德形而上学探本》，唐钺译，第 19 页。
② 同上书，第 15 页。
③ 同上书，第 60 页。

在康德看来，既然义务心与感性物质需要是对立的，那末履行义务就需要牺牲，需要对感性物质需要加以克服。从义务心出发的行动，要准备忍受感性上的痛苦，而且只有在经过对感性存在的磨练（甚至牺牲生命）的过程，才更能显示人格之伟大。

义务对具有感性存在的人来说，总带有强迫的性质，义务与乐意是矛盾的，因为义务既然是一种命令，那末就根本不顾及执行的人乐意不乐意。因而作为道德行为的动力，不可能是对行为效果的爱，而只能是对道德律、对义务的敬畏。敬畏是一种情感，而在康德看来，超感性的实践理性本来是不涉及情感的，道德领域本来没有情感的余地，但如前所说，在康德看来，感性世界固然不能影响、制约超感性世界，而超感性的世界，却必然要影响感性的世界，因而意志一定要影响情感，这种影响，不可能是爱，而只能在情感上引起敬畏。康德说："在一切道德评价中最重要的一件事就是：我们应当极其精确地注意一切准则的主观原理一方面，这样，行为的全部道德性才有了着落，这个着落处就在于：行为的成立必须本于职责，本于对法则的敬重，而不本于对行为效果所有的喜爱和偏好。"① 或者有人认为，在尽了义务之后的那种心安理得的状态，也可以算作一种幸福，但康德却认为，尽责以后的安慰，不能算作幸福。他说："一个真正之人只要废弃职责，原可摆脱某种惨境，而其所以能够不辞痛苦，坚持下去，不是由于他自觉到自己这样才可以以身作则，维护人道尊严，加以尊崇，才可以内省不疚，不怕良心谴责么？这种慰藉并不是幸福，丝毫不是幸福。"② 因而，"对于道德法则的敬重心乃是唯一的而同时又无可怀疑的道德动机"③，而"人类所达到的道德阶梯（据我们所知，一切有理性的被造物也都达到这个阶梯）就是对于道德法则的敬重"④。因而康德认为，感性是可爱的，理性却是可尊敬的，对人只应该采取尊敬的态度，如果把人当成可爱的对象，那末就是把人当成物，因而在原则上，康德根本反对有既可爱又可敬的英雄。把可爱的与可敬的绝对对立起来的观点，实际上反映了资产阶级所谓"英雄人物"实际上是脱离群众的，不是既生活在群众之中（感到可

---

① 《实践理性批判》，关文运译，第83页。
② 同上书，第90页。
③ 同上书，第80页。
④ 同上书，第86页。

亲），又为群众的典范（可敬）的真正的英雄，而这种可亲可敬的英雄典范只有在无产阶级领导的革命斗争中才能涌现出来。

我们可以看到，康德从感性与理性的对立出发，区别超感性的道德律与感性的自然律，区别义务与幸福，敬畏与自愿等问题，固然看到了它们之间的矛盾，对伦理学的进一步发展有所启发，但是，康德所谓的义务、道德律、绝对命令都是脱离社会历史内容的空洞的形式，这是他排斥一切经验内容的先验主义立场的必然结果。对于这一点，康德是毫不掩饰的，他说："我们如果抽出法则的全部实质，即抽出意志的全部对象（当做动机看的），那末其中就单单留下普遍法则的纯粹形式了。"① 康德抽出了义务的一切历史内容，自然变成一种空洞的"应该"②。

康德这种先验主义的义务观点、这种与幸福绝对对立的形而上学观点，从反面说明了这样一个真理：任何把义务与幸福绝对对立起来的观点都是错误的。这种利害关系当然不是个人的，而是阶级的。资产阶级有资产阶级的义务，无产阶级有无产阶级的义务，但这一切的道德观念和义务观念，又都为各自的经济地位、阶级利益所决定。既没有超阶级的幸福观，又没有超阶级的义务观。恩格斯说："如果近代社会的三个阶级封建贵族、资产阶级和无产阶级各有自己的特殊的道德，那么从这上面，我们只能得出这样的结论，即人们自觉地或不自觉地，归根到底总是从他们阶级地位所依据的实际关系中——就是说从生产和交换所依以进行的经济关系中，吸取自己的道德观念。"③ 一定阶级的义务，是一定阶级根本利益的集中表现，它对作为阶级成员的个人来说，有着一定的规范作用；但绝没有超阶级的、超历史的绝对的"义务"。把责任、义务与阶级的利益对立起来的荒谬性，从列宁关于道德观念的原则指示中，可以得到清楚的解剖。列宁说："我们摈弃从超人类和超阶级的概念中引来的这一切道德。我们说这是欺骗，这是为了地主和资本家的利益来愚弄工农，禁锢工农的头脑。我们说，我们的道德完全服从无产阶级斗争的利益。我们的道德

---

① 《实践理性批判》，关文运译，第26页。
② 在这一点上，黑格尔要比康德向前迈进了一步，黑格尔从客观唯心主义的历史与逻辑相统一出发，把伦理学问题当成理念发展的一个阶段（客观精神），从而在《精神哲学》、《法权哲学》等著作中，考察道德观念的各个方面和历史形态。
③ 恩格斯：《反杜林论》，人民出版社1956年版，第95页。

是从无产阶级斗争的利益中引申出来的。"① 我们看到，康德这种抽象的义务论的道德哲学，也正是"为了地主和资本家的利益来愚弄工农"的一种"欺骗"。

　　＊　＊　＊　＊

　　康德在实际上割裂了美德与幸福，把美德与幸福的对立统一关系，歪曲并夸大地推向极端，但在宗教上，康德又承认美德与幸福有一种神秘的联系②，他提出这样一种可望而不可即的"理想"，即在这种理想的境界中，美德与幸福达到了统一，对道德律、义务，由敬畏转化为爱好，他说："因为在我们所尊崇而又畏惧的（因为我们自觉到我们的脆弱）〔道德法则〕方面，躬行实践，工夫纯熟之后，就会使敬畏转为偏好，敬重转为喜爱；这至少也是一个被造物所可能达到的守法意向的最高境界。"③ 但这种在现象界不可能达到的矛盾（二律背反）只是一种宗教的安慰。

　　向宗教信仰过渡，是康德认识论上不可知主义的必然结果，也是康德伦理学上先验主义、绝对主义的必然结果。康德片面夸大知、情、意的区别，看不到认识、情感和意志之间相互制约、相互渗透和互相转化的辩证关系，因而实践意志在康德那里，就最终导向宗教信仰，正如列宁指出过的："康德贬损知识，是为了给信仰开辟地盘。"④

　　在道德哲学领域内，康德站在当时德国市民阶级软弱的立场上，夸大了义务与幸福的矛盾，他并不认为义务与幸福是在长期社会历史发展过程中，现实的矛盾统一的过程，而把它们的统一推向彼岸世界，推向"天国"。

　　康德从感性与理性的矛盾出发，认为作为感性存在的人，不可能完全与道德法则符合，但这种与道德律完全统一的至善境界又是人人在道德实践中所追求的目标，因而，在实践领域内，我们必然要假设灵魂是不朽的，虽然这种假设并不能用理论来加以证明。康德说："意志和道德法则的圆满契合就是所谓神圣性，而这乃是感性世界中任何有理性的存在者在其生存期间的任何刹那中

---

① 《列宁全集》第31卷，第258页。
② 反理性主义者叔本华曾指出过这一点，参见叔本华：《道德的基础》，英译本，第24页。
③ 《实践理性批判》，关文运译，第86页。
④ 列宁：《哲学笔记》，人民出版社1956年版，第155页。

所不能达到的一种圆满境界。"① 达到这样一种圆满境界是无限的，而人的感性存在（肉体）总是有限的，用有限来追求无限，在康德看来是矛盾的，因而他认为"只有在我们假设了有理性的存在者的存在和人格无止境地延续下去时（这就是所谓灵魂的不朽），上述的这种无止境的进步才是可能的"②。

从义务与幸福的矛盾，康德又认为必然要假设神的存在。因为就感性世界来说，义务与幸福是绝对矛盾的，为幸福不顾及义务，为义务不顾及幸福，但是人们所追求的至善（绝对的善），不仅要完全与道德律符合，而且要求美德与幸福的统一，因而，在康德看来，既然至善是人追求的目标，就必须假设一个超感性的有灵性的存在（神）作为一切派生的善的至上原因，因而在康德看来，只有在宗教领域里，人才能体会到尽义务和分享天国幸福的统一，才能得到一种安慰。人既然不能从知识上肯定尽义务一定会享幸福，因而只有在信仰上体会从义务出发的行为，在天国中将会得到报酬。在这里，康德所代表的当时德国资产阶级庸俗孱弱的心理，表现得再明显不过了。

康德不止一次地说过，"道德学就其本义来讲并不是教人怎样求谋幸福的学说，乃是教人怎样才配享幸福的学说。只有加上宗教之后，我们才能希望有一天依照自己努力修德的程度来分享幸福"③。这两段话的前一段，深刻地反映了当时德国社会的矛盾：不配享幸福的得到了幸福，配享幸福的有德之人反倒不能享受幸福；同时在理论上划清从义务心出发与从个人幸福出发的原则区别。后一段话则反映出当时德国市民阶层对待现实矛盾的软弱态度，而且在理论上绝对割裂义务与幸福，不承认二者是一种历史的、现实的矛盾，而把它们归结为两个领域（先验与经验、物自体与现象）的原则的矛盾，这样，就使康德的道德哲学直接与宗教结合起来，走向了神秘主义。

（原载《新建设》1964年第5—6期合刊）

---

① 《实践理性批判》，关文运译，第125页。
② 同上书，第125页。
③ 同上书，第132页。

康德《纯粹理性批判》"分析篇"的一些问题

康德称自己的哲学为先验的哲学和批判的哲学，两个名称的含义略有不同。"先验的"是针对培根、洛克以来英国经验主义传统而发，"批判的"则是针对大陆理性派的形而上学而言。这反映了康德思想中分为两个大方面的问题：一方面，康德反对感觉经验主义之泛滥为怀疑主义，强调理性本身的"制定规则作用"（康德借用法律学术语叫"立法作用"）。这种为理性制定的"规则"，不依赖于感觉经验，是必然的、逻辑性的；另一方面，康德反对理性主义之泛滥（"僭妄"）为形而上学的独断主义，把哲学的"理念"当作科学范畴，似乎哲学是一种"科学之科学"。在康德看来，并没有一种凌驾于一切科学之上、以经验之"全体"为对象的知识体系——传统的形而上学；过去形而上学所谈的问题，康德认为根本不是理论问题，而是实践问题，因而不是知识问题，而是道德问题，这是理性的另一种功能；在知识范围内，理性只能提供各知性范畴的逻辑规则。在康德看来，"知识"只能是科学的、经验的，"真理"只存在于经验之中，即主体与客体的关系之中，至于"超经验的"形而上学，则虽是人的理性的一种不可避免的倾向，但终究是消极的，是一种"僭越"。

从这个角度出发，我们认为，康德《纯粹理性批判》的"先验分析篇"在他的批判哲学或先验哲学中占有核心的地位。康德哲学之所以被认为起过一定的历史作用，他的新东西正在于他揭露了旧的形而上学哲学的虚妄，为欧洲哲学指出了另一个方向："批判的"方向，即把哲学从构造"超验知识体系"的伪科学的徒劳中解脱出来，转而对理性在科学知识上的"制定规则"作用（功能）进行"批判"（分析、研究、审核）。我们认为，当今欧美所谓"分析哲学学派"无疑正是康德这一方向的继续和发展。"批判哲学"的基本精神就是"分析哲学"的基本精神。从"理性的批判"到"语言的批判"，从"不可知的"到"不可言说的"，在我们看来，正是一脉相承的。

就知识论言，现代的"分析哲学"思潮仍是围绕了主体与客体、概念（范畴）与感觉的关系这一基本问题展开的，从"可证实的"到"可证明的"，从"原子语句"、"语言构象"到"语言博弈"，从语言结构主义到生成语法的理性主义，这一切都说明当代欧美哲学家们遇到了康德在探讨知性范畴时遇到的相同的问题，因而研究康德的范畴论就又多了一层实际的意义。

然而哲学还有另外一个传统，即与"分析的"（"批判的"）精神相对应的"辩证的"精神，这是被康德放在一个消极的地位，为费希特、谢林特别是黑格尔从积极方面重新树立并发展起来的，而又为马克思、恩格斯在唯物主义基础上加以彻底改造了的哲学的光明大道，这是我们在具体研究康德范畴论时应该在心中牢记的一个准绳。

一、从感性论到先验逻辑的过渡

康德在1770年《论文》中提出了与当时流行的莱布尼茨-沃尔弗唯心主义理性主义哲学体系不同的问题，给予感性的时空概念以独立的地位。在《纯粹理性批判》中，康德首先又把感性的时空作为他的先验唯心主义哲学体系的第一部分给以突出的论述，那末作为完整的认识过程来说，认识需要深化，需要进入更深一层的阶段，感性的直观要提高到逻辑的概念，于是，在康德的先验认识论体系中紧接着感性问题的，是先验的逻辑问题。

我们知道，康德是个二元论者，他认为感性和概念各自有自己独立的来源、有各自独立的原则。因此，先验的感性论和先验的逻辑在原则上是相互独立的。从这个意义上，我们应该说，康德把感性和逻辑割裂了开来，这种割裂的形而上学方法，也正是他的整个哲学思想的重要缺陷之一。然而，在原则上割裂之后，康德还是力图把感性的直观和逻辑的概念用各种方法结合起来。我们知道，感性直观和逻辑概念的关系问题，涉及到知识对象与知识主体这样一个基本的哲学问题，康德在这方面所开辟的从主客观关系去讨论哲学根本问题的方向，对欧洲哲学后来的影响是不能低估的。当然，正因为受到他的二元论形而上学的基本立场的限制，康德对这个哲学根本问题的解决是不能令人满意的，他在论述感性直观和逻辑概念的关系时有许多晦涩、荒谬的地方，用辩证唯物主义的立场、观点、方法揭示康德在主客观问题上的片面性、荒谬性，是哲学史研究工作上一项重要任务，也只有从辩证唯物主义观点出发，才能揭示康德思想的实质，澄清西方某些注释家所造成的混乱。

在先验感性论的基础上，康德首先提出先验逻辑和普通逻辑的原则区别。应该指出，康德改造旧的形式逻辑系统对于整个德国古典哲学的发展来说，甚至对于今后整个哲学思想的发展来说，都具有十分重大的历史意义，而这种意义主要的正是表现在康德是从主体与客体之间的相互关系这样一个哲学的全局的高度来看待逻辑问题的。

我们知道，自从亚里士多德创立三段论形式逻辑体系以来，经过不断的精确化，到了康德的时代，已经形成了一整套初步的思维形式化系统，这个系统抽去概念、判断、推理的具体的内容，用分析的方法，把概念、判断、推理的规则公式化，对人类思维的准确性有一定的帮助。但这种分析的方法在当时还没有和数学的推论方法在本质上结合起来，莱布尼茨在这方面的尝试还没有得到进一步的发挥，在这方面取得重大进展是稍后一点的19世纪中期和后期的事，特别是数理逻辑作为亚里士多德形式逻辑的新的历史性的突破，还没有引起当时资产阶级哲学家的普遍重视，所以以分析方法为特点的形式逻辑在当时就显得死气沉沉，常常是重复两千年来的陈词滥调。哲学家，特别是经验主义哲学家常常要试图突破这种形式逻辑的框框，从分析方法的对立的方面——归纳方法企图找出一条出路。早在培根的时代，就有归纳逻辑、经验逻辑的尝试，但都因为经验之难以规范化而没有获得重大成果。

应该说，康德也是处在这种思潮之中。他虽然没有着重讨论归纳的方法，但他力图把逻辑的形式和经验的内容结合起来，也说明了他要把分析与归纳结合起来；他提出的"综合"的思想，当然不能归结为逻辑上的归纳方法，但考虑到"综合"与经验内容的关系，不能不承认，它与逻辑上的归纳的方法在哲学上有某种联系，而我们知道，强调"综合"，以此来与当时相当贫乏的"分析"相对立,也正是为康德所奠定的整个德国古典哲学的重要特点之一。

这样,康德就在他的先验主义哲学的基础上,建立了一个与当时流行的普通(形式)逻辑很不相同的先验逻辑,这种逻辑似乎我们也可以把它叫做"先天综合逻辑"。

康德所建立的这种逻辑与普通逻辑的最本质的区别就在于它是以先天的逻辑形式统率经验的内容,因此他的逻辑学是和整个哲学认识论密切不可分的。康德自己的这一看法,对这个问题说得相当清楚:

> 如多次指出的,普通逻辑抽去知识的一切内容,为了把表象首先通过分析的过程转化为概念,想从别的地方(无论什么地方)来给逻辑以表象。相反,在先验逻辑面前有一个先天感性的杂多,这种杂多给先验逻辑提供了先验的综合,为纯粹知性概念提供了材料,没有这些材料,先验逻辑就是没有内容的,因而是空洞的。①

这就是说,在康德的心目中,先验逻辑不仅要管思维的形式,而且也要管思想的内容。普通逻辑扬弃了概念的一切具体内容,扬弃了一切表象,然后再套用到别的(具体科学或日常生活)表象上去,先验逻辑则利用先验感性论所提供的成果,作为有机的材料,进行更进一步的综合、统一,形成一个形式与内容高度统一的逻辑体系,从而这个体系,同时也就是一个哲学认识论的体系。

从这里我们可以看出,康德在原则上把感性直观与逻辑概念对立起来之后,又力图把它们联系起来放在一个认识论体系里。先验逻辑以先验的感性为基础,在先验感性的基础上进一步加工,这两个部分,不论是感性直观或逻辑概念,对于认识、思想的全过程来说,都是必要的,是相互衔接的。

从感性直观到逻辑概念是一个发展过程,先验逻辑是在先验感性基础上的更高的综合。这样,从哲学认识论的角度说,康德就把整个认识过程分成了相互联系的感性阶段和理性阶段。与理性主义不同,康德认为,感性阶段并不是

---

① 康德:《纯粹理性批判》,德文版 A (A 指该书的第一版),第 76 页。

理性的模糊阶段，感性阶段有自己的来源和原则；与经验主义不同，康德认为这两个阶段又是相互联系的，感性阶段的先天直观形式的综合，为理性阶段提供了基础，两个阶段就其既是先天的又是综合的来说，又具有先验的同一性。无疑，康德在这里体现了认识深化的过程，虽然，康德本人并没有着重讨论这个问题，相反他是把先验感性论规定为讨论数学如何可能，而把先验逻辑的一部分（知性部分）规定为讨论物理学、自然科学如何可能，指的是两种不同的学科，然而事实上，他的先验逻辑是以先验感性为材料基础的，因而对感性来说是一种更丰富的提高。我们看到，这种在康德那里没有足够发挥的认识的深化思想，在德国古典哲学以后的发展中获得大幅度的进步。

在进一步讨论这个阶段的具体问题之前，我们应当说明，康德的先验逻辑包括两个大部分，一是先验的分析篇，一是先验的辩证篇。这种分法反映康德的一个基本思想，即康德把认识的理性阶段又分成知性和理性（理念）两个阶段，知性阶段讨论科学知识主体方面的组成因素和它与客体（自然、现象）的关系，这就是分析篇的主要内容；理性（理念）阶段讨论理性的二律背反，研究哲学、宗教等问题。我们这里要讨论的是康德《纯粹理性批判》中分析篇所包括的主要问题。

二、知性的本质

保尔生在研究康德思想时不无感叹地说："分析篇无疑是纯粹理性批判中最困难、最晦涩的部分。相反，感性篇和辩证篇是清楚的、好懂的。"① 的确，这一点也许是一切康德的研究者所公认的：康德的著作难懂，《纯粹理性批判》最难懂，而分析篇尤其难懂。造成这种结果的原因是多方面的，除了写作方面的原因外②，我们认为主要有两条：一是他的先验唯心主义思想，调和理性主义和经验主义，常常使他陷于理论的混乱；另外是他的形而上学的割裂手法和他力图构造（建筑）一个具有有机联系的体系之间的矛盾，常常使他陷于叙述上的混乱。我们认为，分析篇，即讨论知性认识的这一部分是他整个先验唯心

---

① 保尔生：《伊·康德》，斯图加特 1920 年第 6 版，第 162 页。
② 许多注释家指出康德《纯粹理性批判》是用不同时期的摘录笔记匆忙拼凑起来的。

主义认识论的"积极方面"的最核心的部分，因而更加集中地表现了他的理论上和方法的矛盾，也就更加集中给人以艰深晦涩的印象。然而，如果我们用辩证唯物主义的立场、观点、方法，来解剖康德思想的主要线索，不去纠缠于繁琐的细节，分析篇的思想本质还是可以揭露的。

我们认为，康德这一部分的主要意图是要把他的先验唯心主义观点贯彻到认识的理性（知性）阶段，以便最终建立关于科学知识（经验知识）和知识对象的先验唯心主义认识论体系。在这里，康德还是从主体与客体之间的关系提出问题的。

我们知道，在康德看来，直观和概念有两个不同的来源，在感性的直观中，虽然也有先天的形式（时间和空间），但它终究是感性的，与感觉的对象有直接的联系；但概念却不是这样，它抽去了一切感性的具体性，而康德又否认从经验概括、归纳出来具有普遍必然性，这样，他就把概念完全看成属于主体的，是一种主体的自发性。

然而，康德又不满足于理性主义对概念的纯形式的看法，他认为那种概念是空洞的、没有内容的，只是逻辑形式，不是经验知识。所以康德在这个问题上同样是既反对经验主义，也反对理性主义的。

但是，康德既然从二元论的立场来同时反对经验主义和理性主义，于是他不得不面对这样一个尖锐的问题：感性的直观与逻辑的概念既然有不同的来源，那末它们又如何结合起来呢？如果说，感性的直观还能与对象所给的材料有一定程度的直接联系，那末抽象的逻辑概念又如何可以运用到对象上去呢？这就是康德在分析篇中所要解决的主要问题之一，即逻辑概念的客观性（对象性）的问题。

康德认为，概念既不是纯粹经验的，也不是完全没有内容的，概念是可以而且必须与经验内容相结合的。

我们看到，康德所讨论的这个问题，在当时欧洲的资产阶级哲学界是很有现实意义的。欧洲当时先进的资本主义国家，如英国、法国，特别是英国，从培根以来的经验主义传统这时随着社会阶级矛盾的激化、资产阶级开始逐渐走下坡路，已蜕化为贝克莱的主观唯心主义和休谟的怀疑主义，但这个传统曾经有牛顿这样伟大的自然科学家作为自己的骄子。我们知道，牛顿对康德的影响是不可忽视的。与此同时，德国有着从法国笛卡儿和荷兰斯宾诺莎那里继承下来的欧洲大陆的理性主义传统，这个传统在德国结出了丰硕的果实，这就是莱布尼茨的理性主义哲学体系。但是由于德国资产阶级的软弱性，莱布尼茨的体系很快就僵化了，成了大学课堂上的死学问。当时，资产阶级在哲学上的革命的要求自然是要冲破这个体系束缚。我们强调指出这个历史的基本特征对理解康德的具体思想倾向是有好处的。因为康德的主要工作是向德国引进经验主义，这就像当年的培根把意大利文艺复兴的"感觉主义"引进英国一样，对当时沉闷的中世纪教条主义体系无疑是一个重大的突破。在这里，即在认识的理性（知性）阶段这样一个当时莱布尼茨-沃尔弗体系的顽固堡垒中，康德放进了一颗经验主义的炸弹。这就是说，在康德看来，不仅感性直观与经验对象有密切关系，即使逻辑概念，仍然不能脱离经验的内容。当然，应该指出，康德在做这项工作时，固然受到旧传统的种种束缚，有许多不彻底的地方，特别是他的先验主义原则，就是与莱布尼茨-沃尔弗体系妥协的产物，但从总的倾向来讲，他是在德国的当时已很保守的理性主义的笼罩下强调了经验主义，而且这种倾向从他的《纯粹理性批判》第一版（1781年）到第二版（1787年）有所加强[①]，所以怪不得当他的《纯粹理性批判》出版后，康德曾被认为是"德国的牛顿"。

  康德在解决概念与直观、对象的关系时，基本上采取了三个步骤，这就是他提出的知性的三个要素。康德认为，认识要达到概念的阶段，即知性的阶段，必须经过三个综合，即：表象的知觉（Apprehension der Verstellungen）；想象力对这种感知的再造（Reproduktion）；最后是概念对这种感知的再认识（Rekognition）。

  关于第一个综合，问题比较清楚，因为康德已经说过，先验逻辑面临着先天感性杂多，这个杂多为纯粹知性概念提供了材料，这就是说，纯粹知性的知识是以先验感性知识为基础的，先验感性篇所论述的，都成为纯粹知性知识的准备条件。康德在这个综合里强调了从主观方面说，由对象提供的材料，对主体来说，是一种精神状态之规定（Modifikation），因而是属于内感官，所以我

[①] 这从叔本华反对第二版的更多的经验主义倾向可以从反面得到说明。

们一切知觉始终要服从内感官的形式,即一定要从属于时间,"在时间中我们的知识被整理,使之联结在一定的关系中"①。

然而,怎样由第一个综合过渡到第三个综合,康德在这里提出了一个"想象力的再造"问题,来作为由直观到概念的过渡环节,这在认识论上是很重要的。

我们知道,康德既然把主体、客体,直观、概念在原则上割裂开来,因而无法从客体、对象找出统一的、一元的认识基础,同时也就无法从客体、对象找到从直观到概念、从对象到认识过渡的客观现实基础,于是不得不从主观上找原因,康德找到了想象力。康德说:

> 想象力是在直观中表象当下尚未存在的对象的能力。既然我们的一切直观都是感性的,因此想象力因其主观条件(只有在这种条件下才能给知性概念以相应的直观),也属于感性的;但是想象力的综合又体现了一种自发性,这种自发性是规定性的,而不是像感官那样只是被规定的,因此它能根据统觉的统一,按照感性的形式来先天地规定感觉,所以,想象力必然是一种先天地规定感性的能力,想象力的直观的综合,按照范畴,必然是想象力的先验的综合,这种综合是知性对感性的作用,是知性第一次(作为其它一切的基础)对我们可能的直观对象的运用。②

康德这段话,以想象力的问题为中心,把他的整个知性认识的思想作了一个概括的简述。

为了贯彻他的先验主义立场,他同样对想象力加以先验主义的限制,而这种想象力不同于经验的想象力,是一种再造性的,实际上就是这种想象力不是由经验的重复中产生的,而是由一种先天的能力产生的。只有这种想象力可以真正把直观与概念联系起来。

想象力是介乎直观与概念之间的一种主观能力,它既有直观的特点,又有概念的特点,它可以暂时脱离直接的对象,可以捕捉内感官即时间序列的某些

---

① 康德:《纯粹理性批判》A,第99页。
② 康德:《纯粹理性批判》B(B指该书的第二版),第152—153页。

联系，因而它的综合程度比直观要高，这使它接近了概念，当然它还没有达到概念阶段的那种高度概括性，它还只是对内在感官的"形象的综合"（figürlische Sythesis），为概念的进一步综合提供了基础。所以康德说："想象力按其理智的综合统一来说，依赖于知性，按感知的杂多性来说，依赖感性。"①

康德认为，找出了这样一个过渡环节就解决了从直观到概念的难题，他的先验主义认识论就可以自圆其说了。当然，我们看到，康德对这一点并没有多大把握，所以他一方面还想出一个环节——统觉——来统率这三重综合，另一方面，在第二版修改时，在"主观的演绎"中，用"形式的直觉"代替了"想象力"。事实上，名词的变换改变不了思想的实质。康德从先验主义立场出发，反对用心理学的经验科学来代替先验的认识论哲学，但是事实上他在这一部分中大量地利用了当时流行的心理学著作材料，他在这部分所运用的许多概念，大半来自一个叫丹特斯（Tentes）的心理学家的著作，不过经过了先验主义的改造而已②。

在指出了组成知性知识的三个要素之后，康德觉得还缺乏一个统摄三个要素的统一的综合力量，于是在谈到由想象力过渡到概念时，康德提出一个先验统觉的综合统一作用。在康德看来，这个统觉是十分重要的，其意义正如时间、空间之对于感性直观一样。

"统觉"（Apperzeption）本来是莱布尼茨用过的概念，据说在当时丹特斯的心理学著作里也是一个重要概念。这个概念的意义实际就是指的自觉的自我意识，康德把它拿过来加以先验主义化了。

概念不同于想象力，它是在想象力基础上的进一步的综合。康德认为，概念之所以能达到知性认识的高度综合统一，而不像一般经验概念靠归纳、从经验抽象得来，是因为知性认识有一个本源性的、先验的条件，就像感性直观之所以得到秩序的整理是因为有一个先天的时空形式一样，知性认识也有一先验的统觉作为其先天综合的条件。

---

① 康德：《纯粹理性批判》B，第164页。
② 在这方面介绍得比较多的，近期有法国人弗莱肖的著作，我们只看到他自己的节本的英译本（《康德思想的发展》，1962年，纽约）。

我们看到，在这里，如同在先验的感性篇里一样，康德同样在原则上颠倒了主体和客体的关系。在他看来，主体认识的统一性，并非来自客体的规律性，而是来自主体本身，来自主体意识的形式的统一性。正是这个先验统觉的统一性，保证了经验知识、科学知识的最后的统一性。所以康德说："统觉提供可能直观中杂多综合统一的原理。"①

这种自我意识——统觉，在康德那里，首先是先验的，与一般心理学上所说的经验的统觉有原则的区别，因为经验的统觉是"经验的内感官的自我意识"，是"变幻的"②，而先验的统觉则是一种综合统一的规则性的力量，它使感性的直观材料在概念的规则中得到整理，成为统一的、普遍有效的科学知识。

在康德看来，先验的统觉、先验的自我意识，比想象力更为根本，想象力还没有完全摆脱感性的束缚，仍需要进一步理智化，以达到概念的知识。在想象力进一步理智化的过程中，先验的统觉起着决定性的作用。康德说："现在，统觉附加到想象力上去，以便使其作用理智化。"③

然而事实上，统觉在康德那里，同样是一种矛盾的结合，它既是感性的，又是理性的。我们知道，作为一种自我意识的统觉，不仅仅是单纯的、抽象的、形式的"我思"，它要有内容，要能把感性直观和想象力提供的杂多统一起来，因而它本身不仅是分析的，而且更重要的是一种先天的综合作用。康德自认为，统觉的必然统一的原理当然是自身同一的，因而是一个分析命题，但还要能解释在直观中给予的杂多的综合如何是必然的，没有这种综合，自我意识的彻底的同一性就无法想象。这就是说，作为知性阶段最高原则的统觉，按照康德的先验主义的基本立场，被解释为一种不是来自经验的，但又是与经验有密切关系的综合能力。

看来，先验统觉和先验的想象力一样，其作用都是想在概念与直观中架起一桥梁，也许我们可以说，想象力是这座桥梁的桥面通道，而先验的统觉则是这座桥梁的基础。通过这座桥梁，直观就不再是盲目的，而是在概念规则的规

---

① 康德：《纯粹理性批判》A，第117页。
② 同上书，第107页。
③ 同上书，第124页。

范下得到高度的统一；概念也不再是空洞的，而是有充实的、系统的感性经验的内容。

康德的认识论体系由想象力经过统觉的先验综合统一作用，达到了概念，由于概念的运用，我们才可能进而讨论康德的一个重要的核心理论，即先验主义的范畴论。

我们已经说过，康德的先验逻辑是对普通逻辑的先验主义的改造，普通形式逻辑里的概念、判断、推理在康德的先验逻辑中都有特殊的意义。在康德那里，逻辑学与认识论已经开始结合了起来，因而，一些形式逻辑中的概念，在先验逻辑中都有认识论的意义。因此，与概念相应的，康德应用了具有认识论意义的"范畴"，来概括整个知性认识的核心内容。

我们知道，"范畴"在哲学史上最初是由亚里士多德系统化了的，这个概念在当时德国流行的亚里士多德学派和一般逻辑著作中占有重要地位。康德显然受到当时的这个概念的影响，从而上溯研究亚里士多德的著作，希望从中得到一些帮助。但是，据他1772年给一位朋友的信中说，他很是失望，亚里士多德的著作并没有给他多少帮助[①]；但事实上他并没有因此放弃这个概念，并没有回到他在《论文》中用的"纯粹观念"这个概念[②]。当然，他的范畴论和亚里士多德的范畴论在理论意义上是不相同的。亚里士多德"范畴论"的哲学基础是他的"形而上学"（或"原物理学"），而这是康德所反对的；但他们的范畴论都是涉及对象的知识性概念，而不光是形式的逻辑概念，这一点是有历史渊源联系的[③]。康德的范畴论是近代德国理性主义与英国经验主义妥协的特殊产物，所谓"范畴"，是"概念"在知性认识阶段的具体化，范畴就是概念的经验的运用。

我们知道，概念可以有超验的和经验的两种运用，因为在康德看来，"思想"和"认识"是两回事。"思想"可以运用概念脱离具体对象的特性完全超乎经验范围之外，但"认识"只能限于经验可能的范围之内。在康德看来，概念的超验的运用，即概念超出于经验范围之外，是没有任何科学意义的。因

---

① 参阅斯密司：《〈纯粹理性批判〉评注》，伦敦1918年版，第231页。
② 参阅弗莱肖：《康德思想的发展》，纽约1962年版，第75页。
③ 关于康德哲学和亚里士多德哲学的关系，是一个有趣的题目，拟另文讨论。

此，只有概念在经验范围里的运动才能构成真正意义的科学、经验知识，而概念在经验范围里的运用就是范畴，范畴就是在经验范围内的概念。

由此可见，范畴不能有超验的运用，只能有经验的运用，但范畴本身却不是经验的，而如同概念一样，是主体的自发的、本源性的能力，所以事实上，范畴同样是根据一种先天的综合能力，这种能力，就科学知识言，只能运用于经验的范围，也就是说，只能对感性直观所提供的杂多材料进行先天综合的统一加工，这样才能得出经验的、具有普遍必然性的科学知识。

在这种思想指导下，康德开列了两张表，一张是按照普通逻辑的有关判断的量的表，一张则是范畴表，这两张表之间有着一种对应的关系，而范畴表的内容，正是后来康德在"原理的分析"这一章中逐个加以着重讨论的，因此我们把范畴表抄录如下：

范畴表

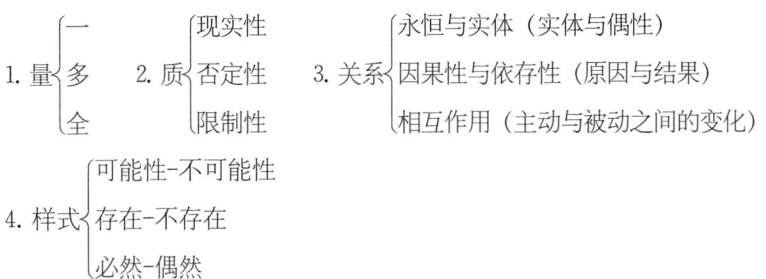

对于这张范畴表，在这里我们不能详细研究，我们想指出的只是：这张表事实上说明了在康德哲学里，认识论与宇宙论（姑且用这个陈旧了的名词）是一致的，而康德哲学的特点，也正是从认识论来谈宇宙论，即从主体来谈客体，这种思想，当然是唯心主义的，但他所提出的认识论、逻辑、现实（自然）一致的思想，却同样为德国古典哲学的进一步发展奠定了新的基础。

三、 知性对象与知性、经验对象与经验的关系

我们简单地分析了康德关于知性内部结构的一些内容，现在我们回过来讨论康德在认识的知性阶段是如何贯彻他的二元论、先验主义基本哲学观点的，也就是说，研究他在知性阶段是如何进一步发挥关于主体和客体之间关系的思

想的。我们认为，在初步了解了康德关于知性内部结构的思想后，再来从主客体关系上概括地总结，也许便于说明问题。

我们知道，康德在认识的知性阶段实质上要解决的是他提出的一个最核心的问题，即先天综合判断是怎样成为可能的，也就是说，经验、科学知识是怎样可能的。我们看到，康德如何一步一步地完成了这个过程，如何由先验的感性直观开始，经过想象力，在统觉的先验综合统一的基础上，按照范畴的规则（即实体、因果、可能、现实、必然等），达到科学的知识，完成了先天综合判断。先天综合判断怎样可能？康德认为是因为有先验的形式这一条件。所谓"先验的"，事实上在康德的真实意义是指既是先天的，又是综合的，即就其来源说，是先天的，不是从经验总结、概括出来，而是主体自发的、本源性的；但就其运用来说，又只能是经验的，能够综合感性直观的材料，能够把感性提供的各种表象，联结在一个统一的系统中。因此，这些条件就其形式言是逻辑的，就其内容言又是非逻辑的①。这种先验的条件，在感性阶段就是时间和空间的先天直观形式，在知性阶段就是自我意识（统觉）的先验综合统一作用，就是概念的自发性，就是十二个范畴的规范性。

我们知道，康德很重视概念的经验内容，范畴必须只能运用在经验范围内，这样才是真正的科学知识。于是，康德所谓"先验性"、"先天综合"就具有两方面的含义：一方面具有先天的普遍必然性；另一方面也具有经验的客观性。经验不能提供普遍必然性，因为它是个别的、杂多的，所以必须有先天的形式；但先天的形式（时空、范畴）不能提供客观性（对象性），只有经验的对象才能提供这种客观性，因此必须与经验的对象发生关系，对经验对象所提供的杂多材料加以综合统一。对于这两个方面，康德都是十分重视的，而强调知性认识的经验内容，我们已经说过，是对当时陈旧的理性主义体系的一种突破，这一点是应该历史地加以肯定的。也正因为这样，康德对笛卡儿的"我思故我在"这样一个理性主义著名命题在表示了当时应有的尊重以后，立即尖锐地指出，从思维不能直接推出"存在"来，我们的概念、自我无论怎样完善，但与"存在"却是两回事，"思维"与"存在"必须结合起来，即"我思"、

---

① 现代最后一个新康德主义者左黑尔在他的《康德的基本学说》中很强调康德先验论的这种逻辑性与非逻辑性的结合。

"自我意识"、"统觉"必须与经验的对象——存在接触，必须对感性直观所提供的表象进行综合统一，我们的概念、自我方是有内容的，才具有"客观性"（对象性）。康德这个思想尽管由于受到当时理性主义泛滥的德国哲学、思想界的攻击，在"否定'我思'"的压力下稍有修改，更加强调了"我思"的作用①，但其基本立场并没有改变。

然而，康德在反对理性主义方面本来就是很不彻底的，他的先验主义的一个重要内容就是承认并且强调主体形式的先天性和立法性，这就是说，康德把客观性（对象性）交给了经验，但却把普遍性、必然性即规律性交给了先天的主体的自我，交给了知性的自发的、本源性的能力。指出这一点我们认为是很重要的，因为从这里我们可以更清楚地理解康德这样一个著名的先验主义名言：

> 经验的可能的条件同时也就是经验对象的可能条件。②

初看起来，这句话有点费解，再加上康德在《纯粹理性批判》第一版时用了许多心理学概念和讨论了先验对象的问题，因而在当时就有不少人攻击康德是主观唯心主义者贝克莱的信徒，迫使康德在第二版中删去"先验对象"这一节，增加了"反对观念论"的部分。当然，当时对康德的这种攻击是没有根据的，康德的先验主义和贝克莱的经验的唯心主义有原则的不同，这方面，康德已经为自己洗刷了一番；但是康德先验主义哲学在主体与客体关系问题方面，并没有解决，因为这是和康德整个哲学思想分不开的，是带有根本性的问题，是在康德哲学体系内部无法解决的问题。

列宁曾经深刻地指出过，康德哲学动摇于唯物主义和唯心主义之间，在主体与客体、思维与存在这样一个哲学基本问题上，康德的摇摆性是非常突出的。一方面他接受了英国传统的唯物主义经验主义的传统，认为必须承认感觉对象的客观存在性，人的感觉是被动接受的，这就是说，康德承认一个独立自存的外物存在，并且在认识的深化过程中，在知性认识阶段，人的概念、范畴

---

① 参阅弗莱肖：《康德思想的发展》，第100页。
② 康德：《纯粹理性批判》A，第111页。

不能脱离由感觉直观提供的材料；但是他的"唯物主义"也就到此为止。他只承认一个独立自存的外物存在，但这些外物存在的方式（时空），和这些外物所具有的规律（因果、现实等），在康德看来则完全是先天的，是主体自发所具有的。为了把这种思想贯彻到底，康德把客观世界割裂成"物自身"和"现象"。

所谓"物自身"即康德唯一承认独立自存的外物，所谓"现象"即是知识的对象。"物自身"有什么存在方式，有何属性，有何规律，我们一概不知，而且也不能知道；我们只能认识"现象界"的存在方式、属性和规律，因为这些规律、属性、方式都是主体自身先天所有的，是不假经验而独立自存的。

按照康德的意思，"现象"与"物自身"当然还是有一点联系的，这就是"物自身"给"现象"提供了感觉材料，使"现象"成为"客观的"，即与主体有区别的经验的"对象"。但是"物自身"与"现象"之间不存在任何进一步的关系，"物自身"在给感觉以"最初的一击"以后，剩下的就是"主体为对象立法"了。这就是说，"现象界"的一切存在方式、属性、规律，都是主体的先天能力所建立的。

在保留了"物自身"的一席之地以后，康德就着重研究了从他的先验主义体系出发如何理解知识与知识对象的关系问题。

康德曾多次提出，表象和对象之间的关系可能有两种，一种是对象使表象可能，一种是表象使对象可能①，而在康德看来，前者是经验的，只有后者才是知识论所应该肯定的。这就是说，康德在这里完全颠倒表象与对象之间的客观关系，公然站到了唯心主义理性主义的一边去。当然，我们也不能对康德这种错误作简单的了解，因为他的意思并非说，对象本来是不存在的，只因为有了主观的感觉和表象，对象才存在；我们看到，康德与这种贝克莱式的主观唯心主义是有区别的。在康德看来，并不能通过表象去产生对象的存在，而是只有通过表象，本来存在的东西才能成为我们的知识的对象，才能为我们所理解。康德说，表象本身……并不能产生对象的存在，因此表象就对象来说，是先天地被决定了的，但只有通过表象才可能把某物当作一个对象来认知。这就

---

① 康德：《纯粹理性批判》A，第92页。

是说，对象的存在固然不是表象建立的，但对象之所以成为知识的对象为我们所认识，则由表象决定的。事实上，就是我们刚才所指出过的，对象的存在是独立的，但对象之所以有规律，能够成为科学的对象，则是由于我们主体的先天直观形式和先验范畴的原故。

在说明了这些问题以后，再来讨论康德的那个基本命题：经验可能之条件，同时也就是经验对象可能之条件，也许就更清楚一些。经验可能的条件是什么？康德自己说："一个对象的知识之所以可能，要有两个条件，一是直观，由直观把对象作为现象授与吾人；二是概念，由概念才能思维与直观相应的对象。"① 但是无论感性直观或逻辑概念（范畴）本身又都包含两个方面，一方面是杂多的材料，一方面是先天的能力（在感性为先天直观形式——时空，在知性是统觉的先验综合统一，或范畴的规范），前者决定经验的客观性（对象性），后者决定经验的普遍必然性。同样，经验对象之所以可能的条件也是如此。一方面要有对象本身的存在，这是独立于我们的知识的，另一方面之所以能够成为知识的对象，正是因为对象的规律性本来就是主体的先天能力（时空形式以及实体、因果等范畴）所建立的。所以经验和经验对象的条件是同一个，所以才能互相沟通，形成知识。这样，就"物自体"与"经验对象"（现象）的分割来说，康德是二元论的，但就"经验对象"与"经验"的主客关系来说，康德又是唯心主义一元论的，其决定性的条件——或决定性的因素都是主体的先天能力。

通过这种方法，康德进一步提出了"知性为自然立法"的观点。联系以上所述，现在我们理解康德这个观点的实质就更加明显了。既然知识对象（自然，现象）的规律性，并不是对象自身所具有的，而是主体的先天能力建立的，所以在康德看来，当然应该说主体为自然立法了。同时，在这里，我们就可以说进一步明确康德所谓"知性"、"概念"、"范畴"的本质究竟是什么。

从我们前面对"知性"具体结构的分析知道，康德所谓"知性"虽然有许多具体内容和环节，而总起来说就是主体的先天综合能力，这种能力就其与对象的关系来说，就是一种（给对象以）规律的能力，一种制定规则的能力。康

---

① 康德：《纯粹理性批判》A，第92页。

德说:"以上我们用各种方式解释了知性:知识的自发性(相对于感性的接受性),思想的能力,概念、判断的能力等等,如果正确理解都指一个意思。现在我们以规律的能力(Vermögen der Regeln)来作为其特点。"① 这就是说,对象本身没有规律(或者有没有规律我们不能知道),我们所能知道的规律是知性建立的。知性并不是从经验中积累、归纳、概括发展起来的,不是来自对象,不是来自现象,而是主体自发的,就其与对象的关系来说,它是立法者。康德说:"知性不仅是通过现象的比较给予规律的能力,而它本身是自然的立法者,这即是说,没有知性,就根本没有自然,即没有现象的杂多按规律综合的统一。"②

知性通过范畴的规则来综合统一,因此知性就是通过范畴的规则来为自然立法。"范畴是一种概念,它先天地给现象、自然——作为一切现象之总和(以质料观之自然)以法则"③。

自然,作为科学的对象,在康德看来,不是"物自身",而是"现象的总和",就是说,是我们能够在经验上认识的全部现象,所以它的规律是知性建立的,不是本身固有的。康德以为从原则上把"物自身"和"现象"划分开来以后,就可以避免"知性为自然立法"这一命题的荒谬性了,他说:

> 自然按照我们的统觉原理调整,并就其合规律性而言,应依存于我们主观的原理,这种看法可能十分荒唐奇怪,但如果人们想到,自然本身只是现象的总和,因此不是物自身,而只是心的状态的种种表象,那末人们就不会奇怪,自然只能在我们知识的根本能力中发现,即在先天的统觉及这种统觉的统一性中发现,正因为如此,才能把它叫做一切可能经验的对象,即自然。④

我们看到,康德就是这样歪曲了主体与客体的真实关系,他从先验主义立场出发,与唯心主义的理性主义站在同一条战线,把客观现实的规律性,说成

---

① 康德:《纯粹理性批判》A,第126页。
② 同上书,第126—127页。
③ 康德:《纯粹理性批判》B,第163页。
④ 康德:《纯粹理性批判》A,第114页。

是主观意识的先天的统一性，从而把他的哲学中的仅有的一点点唯物主义倾向，在认识论领域里，歪曲地限制在一个我们经验达不到的、不可知的"物自身"的彼岸世界，这是他在认识论领域里，坚持先验主义、顽固地反对唯物主义反映论、把主观能动性夸大到极端片面地步的严重恶果。

四、现象界的建立

我们现在实际上进入到讨论康德的《纯粹理性批判》分析篇的第二部分——原理的分析。我们认为，康德原理分析篇的主要目的是在于：在讨论了知性范畴的本质、组成因素、它与经验对象的关系之后，开始讨论知性如何为现象界制定规则。所谓"原理"，实际上就是知性如何为现象制定规则的原理。可是由于康德拘泥于传统逻辑概念、判断、推理的旧框框，他对于从"概念分析"到"原理分析"的过渡，交待得不很清楚，因而引起一些注释家的责备。坎帕·斯密司认为这一部分开头一些论述，读者可以不必认真，都是康德为了适应他的"建筑术"勉强凑起来的。这种评论是否公允，我们且不去管它，但从这种评论看出这些注释家对于康德从"概念分析"过渡到"原理分析"的真实意义，是理解得不够的。事实上，我们认为，这两部分是有有机联系的。按照康德的观点，"概念分析"必然导向"原理分析"，"原理分析"是"概念分析"的必然结果。

大体来说，"概念分析"主要解决一个由客体到主体的问题，而"原理分析"则主要解决一个由主体到客体的问题；"概念的分析"说明概念、范畴、统觉是如何组成的，说明知性的本质是什么，最后落脚到"知性为自然制定规则"，"原理分析"则进一步讨论知性范畴是通过什么环节为自然制定规则的。由于这部分涉及到现象界如何体现普遍必然的规律性，涉及到逻辑范畴在现象、自然中的具体运用，因而就其内容来说，是相当丰富的，这一部分对费希特、谢林特别是黑格尔的影响也是十分明显的。

在这里，我们首先要研究一下所谓先验的"图式论"(Schematismus)。所谓知性概念的"图式"在康德的认识论里是比较费解的一部分，实际上它只是从概念到对象的一个过渡环节。对这一部分，我们如果把它和"概念分析"中关于想象力的论述联系起来看，就可以看出，通过想象力由感觉直观提高到概念的水平，而通过先验的图式，又可以把概念、范畴的原则运用于经验的对象。因此，就像想象力是由对象到概念过渡的关键一样，先验的图式是由概念过渡到经验对象的关键。

我们知道，先验的概念、范畴既然不是来自经验，所以这些范畴要能够运用到对象上去，必须有个第三者，"这个第三者"一方面和范畴，另方面和现象同质，从而使范畴能够运用到现象上去。这种中间媒介的表象必须是纯粹的（没有任何经验内容的），同时，一方面是理智的，另方面是感性的。这就是先验的"图式"①。

于是，在康德看来，这种能够运用到对象上去的先验图式，既然并不来自于经验，而只是心灵深处的一种技术②，所以它与一般的"形象"（Bild）不同。"我们至多能说：形象是生产性想象力之经验能力的产物，而感性概念之图式（Schema）（作为空间的图形）是纯粹想象力先天的产物和图案符号（Monogram），通过这种图案符号，形象才有可能。形象只有通过它所表示的图式与概念联结，而光靠其自身是不能与概念相吻合的。"③

这种图式，既然不是来自经验，而同时又是感性的，所以它只能与感性的先天直观形式时间和空间有关。图式既然有"图"，与空间当然有关，但图式在康德看来同样与作为内感官先天直观形式的时间也有不可分割的关系。"图式只是按照规律的、先天的时间的规定性，这种规律，就一切可能的对象言，按范畴的次序，与时间顺序，时间内容，时间秩序，最后与时间概念有关。"④

这里，问题就更进一步明朗化了。范畴的规律，如实体、因果、可能等，只有通过图式与时间、空间发生关系，从而可以运用到存在于时空之中的经验对象中去。所以，如果没有这样一个第三者——先验的图式，范畴就是空洞的，没有经验内容的，就是当时德国传统的唯心主义理性主义所独断研究的那一套。范畴只有通过图式，与时空感性直观形式结合，才进一步运用到经验对象上去。关于这个问题，康德自己说得很清楚："范畴如果没有图式，只是知

---

① 康德：《纯粹理性批判》A，第138页。
② 同上书，第141页。
③ 同上书，第141—142页。
④ 同上书，第145页。

性对概念的功能，不能表象对象。范畴这种表象对象的意义只能从感性来，感性因限制知性而同时使知性现实化。"① 所谓"感性限制知性"，也就是感性给知性以经验的内容，划定经验范围，因而使知性范畴的规律得以在感性对象（经验对象）中实现。

范畴既然有了先验图式这样一个通道，可以与经验对象发生关系，于是，康德就进一步讨论范畴的规律如何在现象界体现出来。同时，既然自然存在的感性的形式就是先天的直观形式时间和空间，因此范畴与对象、自然的关系，实质上就是范畴规律与时间、空间的关系，为了具体说明这种关系，康德给了我们一个原理表：

1. 直观的公理

2. 知觉的预测

3. 经验的类推

4. 一般经验思维的公准

不难发现，这张原理表和范畴表是有对应关系的，正如康德自己说的，原理表只是作为范畴表的客观运用的规则②。

我们看到，从直观的公理经过知觉预测、经验类推到思维的公准，是一个逐步深化的过程，在这个过程中，康德事实上是在被先验唯心主义歪曲了的形式上研究了现实世界的各种规律性的问题。

"直观的公理"和"知觉的预测"是比较初级的阶段，事实上是从范畴如何对象化的角度重新申述了先验感性篇的某些问题。"一切现象是按广延量的这种现象的直观"，即一切现象其基本存在形式就是空间，是一个量的范畴。空间是一个量的问题，因而在现象界没有空间量等于"零"的虚空。"知觉的预测"解决自然的机械规律问题，作为自然的力学上的先验的基础。感性中那些非先天的成分、感知的质料固然是不可预测的，但因为有时间这样一个内感官的先天直观形式，因而我们可以从经验材料中预先掌握经验③。

应该指出，康德在这一部分着重讨论的是经验的类推（相当于范畴表中关

---

① 康德：《纯粹理性批判》A，第147页。
② 同上书，第148页。
③ 同上书，第167页。

系那一部分），尤其是着重研究了第二类推即因果性的问题。

关于经验的第一类推，是康德的"实体论"。康德在研究实体这个范畴时，他的立场和当时流行的唯心主义理性主义的立场也有所不同。我们知道，从笛卡儿开始的近代理性主义，都断定实体是自足的、永恒的，康德认为，说实体是永恒的事实上是"同语反复"（tautologisch）①，当然，康德在这里表示了一种不完全同意的态度。但是，康德并没放弃"实体永恒"这一命题，而是把这个命题和他的先验主义基本观点结合起来，把永恒性当作衡量时间序列的量的尺度。康德承认，时间本身是不变的，"因为变易不涉及时间本身，只涉及时间中的现象"②，而这种时间本身，我们是不能感知到的，我们所能感知的，只是现象中变化的时间。但是为了要在时间序列中有一个量的概念，就必须承认实体作为永恒的量的存在。康德说："只有通过永恒性，存在在时间序列相继的各不同部分才能得到一个量，这个量，人们叫做延续。因为在单纯的相续中，存在常常生灭不已，不可能有量。"③

这样，康德就把实体的永恒性变成了一个量的尺度，成为一切现象的量的基础，而否定了传统理性主义把实体的永恒性看作超越经验的不变的本质。实体不是超时空的，而是在时间和空间之中的，不变的时间本身我们既然无法感知，因而必定要在时间之中承认一个永恒的物质实体。作为衡量变化的尺度，把实体的永恒性与时间、空间问题结合起来，是康德不同于当时一般理性主义的地方。

解决了现象界的时空上量的标准之后，康德就进一步研究时间系列中的因果相继的问题和空间中的"并存"、时间中的"同时"问题。这就是经验的第二和第三类推。

我们知道，关于现象界的因果规律问题，是康德《纯粹理性批判》中最重要的部分之一，但是遗憾的是康德这一部分写得非常晦涩、零乱，这是大部分注释家和评论家所共同承认的，不同只在于对这些零乱的论述有的人认为仍然不失为该书中最好的、影响最深远的论证之一（坎帕·斯密司），有的则认为

---

① 康德：《纯粹理性批判》A，第184页。
② 同上书，第183页。
③ 同上。

没有多大的价值（保尔生）。

然而，我们看到，正是在因果律这个问题上，非常集中地表明了康德调和经验主义和理性主义的先验主义基本立场。

我们知道，休谟在1762年的著作中提出的问题，在德国哲学和思想界引起了巨大的反响，在莱布尼茨-沃尔弗理性主义笼罩下本来不成问题的因果性，其普遍必然性成了问题。莱布尼茨区别了两种真理：一种是推理的真理，一种是事实的真理，并且提出了真理的两大原则：一是矛盾的原则，一是充足理由的原则。在莱布尼茨看来，推理的真理主要依靠矛盾律，而事实的真理则要运用充足理由律；可是到了后来严格的沃尔弗学派索性把充足理由律还原为矛盾律，于是事实上只承认一种真理，即推理的真理。这样沃尔弗学派从这种理性主义前提出发，把因果性归结为逻辑范畴之间的推演，实际上变成了逻辑后件与前件之间的推理关系。与此相对立的英国经验主义却有另一个传统，他们偏重经验，忽视理性，逐渐走上了主观主义、主观唯心主义的道路。继贝克莱的主观唯心主义的独断之后，出现了休谟的怀疑主义的经验主义。休谟怀疑主义的哲学中相当重要的一个内容是对因果性的论述。休谟认为，因果关系不是推论的关系，不是分析的关系，原因和结果是两个不同的事物，绝不能从原因分析出结果来，它们之间是一种综合的关系，经验的关系。这种关系既然纯粹是经验的，因而就不可能有逻辑上的必然性，而只有经验上的相对的普遍性。这种普遍性，其最后的条件，只是一种习惯。从这种表面上很"彻底"的经验主义立场出发，休谟对理性主义的大厦发起了攻击，休谟明确指出："总之，每个结果都是一件与它的原因不同的事件。因此，结果是不能从原因中发现出来的，我们对于结果的先验的拟想或概念必定是完全任意的。"[①]

休谟这个冲击，不仅震撼了唯心主义理性主义的大厦，而且更重要的是同时也挖了真正的科学的墙脚，按照休谟的理论，一切科学都只是建立在"习惯"的沙滩上，归根结蒂没有普遍必然性。

正处于革命时期的德国资产阶级，尽管有十分严重的软弱性，但他们的阶级利益那时还是要求发展科学的，因此他们要为科学的尊严制造舆论。康德整

---

① 休谟：《人类理智研究》，《16—18世纪西欧各国哲学》，商务印书馆1961年版，第372页。

个《纯粹理性批判》的主要工作之一也可以说是要为科学的存在寻找理论根据,尽管他所找出的理论根据——调和理性主义和经验主义的先验主义同样是错误的。

康德认为,休谟否认因果的客观必然性就完全摧毁了科学存在的可能性,否定人的认识能力的能动性,康德的基本出发点是因果性并不是现象、自然本身具有的,而是知性范畴给予自然的,这种知性范畴,根据先天的综合统一原理,在时间序列中建立的因果联系是客观的、普遍必然的。

和休谟一样,康德承认因果性不是分析出来的,而是综合的,这就是说,康德修改了莱布尼茨-沃尔弗体系对因果性的观点,认为因果范畴和其它一切范畴一样,必须有经验的内容。因而因果性本身也是综合的,不是分析的。但这种综合性并不像休谟所说的完全是经验的,没有一点必然性的,按照康德的理论,因果性也同样既是综合的,又是先天的。

康德认为,事物存在于时间和空间之中,而时间和空间本身又是先天的直观形式,所以本来就已经有一种既综合又先天的时间序列。时间的相继性,是必然的,不可逆转的,因而我们只能以因求果,而不能以果推因。铅球放在椅垫上,必有一个凹印,但有凹印却不能继起一个铅球的表象,因此,因果虽然是综合的,却是必然的。整个物理学就是研究事物之间的必然的因果联系的,否认了因果的必然性,也就否认了物理学作为科学。

当然,光是时间序列还是不够的,因为时间还只是一种感性的先天形式,因果性则是进一步的综合统一,是知性范畴的综合统一。并非一切在时间系列中相继的都有因果关系,只有一事物必然产生另一不同的事物时,才有因果的必然性。

不仅如此,康德还进一步指出现象的因果性是客观的,并不是主观的,正因为存在着必然的因果性,我们才能区别哪些是主观的相继性,哪些是客观的相继性。举例来说,我们尽管可以先看房子的正面,后看房子的背面,我们绝不会认为房子的前部是房子背面的原因,这和真正的因在前果在后的相继性完全不同,可见,我们的理智有能力分辨这两种不同的相继性。这个事实说明了,正是现象的客观的相继性是原因的本质。康德说:"感知的主观继续性,必定来自于现象的客观继续性,因为否则,感知的主观继续性就完全没有规定性，现象就不能相互区别开。"① 因此，一只船从上游至下游，而不是从下游到上游，这种顺序是决定了的。

然而，这并不意味着康德承认主观的因果观念是客观因果规律的反映，恰恰相反，在康德看来，现象、自然、对象的因果性，归根结蒂，是主体的先天性建立的，没有这种主体自我意识的先天综合的统一性，就不可能有因果联系的普遍必然性。知性范畴的本源性在这里仍然起着决定性的作用。

由于康德在因果性问题上对理性主义和经验主义的斗争采取调和的立场，就使他的理论陷于一种妥协的不彻底性，从而在某种程度上兼有双方的局限性。这种情形，使得后来有些资产阶级评论家对康德这一部分的论述采取尖刻的态度。例如，保尔生在他的《伊·康德》中认为康德关于因果性的理论离莱布尼茨和休谟都不太远。他说，"因为在康德那里，因果性也不过是知性在解决解释自然任务和经验可能性时所作的必然的假设"②，因而因果性在康德那里"仍然没有严格的绝对的必然性"③，并且认为，"康德从自然律的联结中得出确定普遍的命题，并把这个命题只建立在思维的本性上的努力是白费的。"④

我们认为，保尔生这种看法是不公允的，他忽视了康德因果性范畴的理论在当时的主导的进步作用，保尔生这种态度反映了资产阶级注释家和评论家的一种脱离历史发展、就事论事甚至吹毛求疵的琐碎学风。康德把因果的必然性归结为"思维的本性"，即归结为主体的先天综合能力当然是错误的，但在当时抵制休谟的怀疑主义的条件下，强调主体的能动作用，无论对科学来说或对哲学来说，都不失为有意义的，因而绝不能说是"白费的"。至于康德的因果论和休谟、莱布尼茨的因果论之间的区别，我们前面已经讨论过了，这些区别当然不能被认为是细节的，而是带有原则性的。

在讨论了因果性问题以后，康德进入经验的第三类推，即交互作用。我们知道，因果性是研究时间序列中相继的必然性问题，而交互作用则是"同时性"因而在空间是"并存"的问题。这里的关键在于"可逆性"与"不可逆性"。因果联系是不可逆的，而"同时"与"并存"关系是可逆的，正因为这

---

① 康德：《纯粹理性批判》A，第193页。
② 保尔生：《伊·康德》，斯图加特1920年版，第187页。
③ 同上书，第188页。
④ 同上。

种可逆性，所以在这种条件下事物之间的关系是相互作用的。

在这里，康德结束了经验的三种类推，即量（实体，永恒性）、相继（因果）和同时（交互作用）。交互作用对现象的规律性来说，还不是足够的、最高的。接着，康德就提出经验思维的三个公准，即可能性、现实性、必然性。

由直觉的公理到思维的公准之所以用"公理"、"预测"、"类推"、"公准"这些概念，一方面说明康德在接受了当时普通逻辑、普通心理学的一些术语，加以自己的新的内容，一方面说明这些环节之间有一个发展的阶段性，这些范畴是逐步深化的。所谓"公准"，并非像有些资产阶级注释家所说的内容"比较简单"，只是一种"解释"而不是"证明"①，恰恰相反，这一部分的内容同样是相当重要的，因为它涉及到哲学中三个最重要的范畴：可能性、现实性、必然性。

康德在解决这三个问题时，其主要立场仍然是调和理性主义和经验主义。在这里，康德一方面要用经验主义来改造、补充理性主义的观点；另一方面要与主观唯心主义划清界限。前者，康德批评了笛卡儿和莱布尼茨，后者则着重地批评了贝克莱。

对于这三个范畴，康德认为都不能单纯从概念上去研究，像理性主义者那样，只要概念上没有矛盾就是可能的，只要概念上完善就是现实的，或者只要逻辑上后件由前件推论出来就是必然的。康德认为，理性主义这些观点，只是纯逻辑的，与知识没有关系，知识必然要涉及经验可能的对象，只有与对象相结合，研究现象界实际的和客观的可能性、现实性、必然性，才是哲学的根本任务。

康德说："一个概念不包含矛盾，固然是必要的逻辑条件，但对概念的客观现实性，即一个概念所思考的对象的可能性来说，则是远远不够的。"② 康德以两条直线不能围成一个图为例，指出"两条直线"和"图形"在概念上并没有矛盾，"其不可能绝不在概念本身而在于空间图形之构成，即空间的条件及其规定性"③。这就是说，这种不可能性，在于实际上用两条直线围不出一

---

① 派登：《康德的经验形而上学》第 2 卷，伦敦 1936 年版，第 335—336 页。
② 康德：《纯粹理性批判》A，第 220 页。
③ 同上书，第 221 页。

个图形来。这样，在康德看来，所谓可能性就包括两方面的意思：一方面逻辑上、概念上没有矛盾；一方面直观上对象上要有根据。这两者之间，即概念与直观之间要有一种合规律的联结（综合），只有在这些条件下，才能谈到实质的可能性。

现实性的问题是更为明显的。康德说："关于现实性，如果不借助经验就不能具体地思维它；因为现实性只能建立在作为经验材料的感觉的基础上，而与人们在空想中任意玩弄之关系的形式完全相反。"① 如果说，在以前，在"经验的类推"中，康德比较着重从内感官——时间方面来讨论问题的话，那末在这里，在解决现象界更为根本的范畴（规律）时，康德则更强调了外感官——空间的作用。康德以"三角形"为例，他说，空间是外在经验的先天的形式条件。通过这种形式的综合，我们在想象中构成一个三角形，而正是这种综合，和我们为了形成一个经验概念而在经验的感知中运用的那种综合是完全相同的。在这里，我们又一次看到"经验的可能条件同时也就是经验对象的可能条件"这一思想的具体运用。这就是说，空间中实质性三角形的形成与我们对这种三角形的经验所需要的综合是同样的，"三角形"不仅仅是存在于概念之中，而且是在现象界实际存在的。

现实性必定与现象的存在有关，而存在与概念是两回事。在这里，康德虽然没有看到概念与存在、主观与客观之间的相互转化关系，但在当时，主要反对以概念代替存在的唯心主义理性主义的潮流，无疑是有启发作用的。"上帝"的概念无论怎样十全十美，都并不能因此证明上帝的"存在"。康德说："在一事物的单纯的概念中，并无该事物存在的特性。因为，即使这个概念十分完善，对掌握一事物之一切内在规定来说，没有一点欠缺，但存在却与此一切无关，存在只涉及这样的问题：是否为我们给定这个事物，因此，该事物的知觉当然要先于概念。因为，概念先于知觉只意味着单纯的可能性，但为概念提供材料的知觉是现实性的唯一特性。"②

正是在这里，在《纯粹理性批判》第二版时，康德补充发挥了他对笛卡儿和贝克莱唯心主义的批判。在康德看来，贝克莱否定了外在事物的存在，只承

---

① 康德：《纯粹理性批判》A，第223页。
② 同上书，第225页。

认自我的感觉,这是把空间当作了物自身的属性,没有把现象与物自身区别开来,因而认为空间及其存在的事物都没有客观性;笛卡儿在经验上唯一肯定的是"我在",而其根据却在"我思",但事实上从"我思"并不能证明"我在",因为"我思"是非经验的;在康德看来,"我在"不仅是因为"我思",而且在于"我直观",只有通过直观,才能说明事物的客观存在性,只有通过事物的外在的经验,即直观到事物的空间形式,才能说明事物的存在。康德认为,"笛卡儿未曾怀疑的内在经验,只有以外在经验为前提时才有可能"①,因而,"我们自身存在的单纯的,但为经验所规定的意识证明了外在于我们的空间中之对象的存在"②。

同样,必然性也不仅仅是概念的,而必须与感性的直观有所联系,必然性不是逻辑的分析或推理,而是现象中、经验对象中事物之间的必然的关系。康德说:"存在的必然性,绝不能从概念认知,而只能从按经验的普遍规律和已感知的东西相联结中得知。"③

至于这三者之间的关系,康德认为,可能性是指我们的直观或概念与经验的形式条件相合,而现实性则与经验的质料条件相合,必然性则与经验的普遍条件相合,它们之间的含义也是逐步深入的。可能性是关于经验的量的综合方面的,现实性是质的综合方面的,必然性则是关系综合方面的,又是与前面的范畴表相呼应的。

至此,康德就完成了在他的哲学体系中建立一个现象界的工作。必须指出,在康德思想中,现象界的建立,即经验对象的建立,其原理与经验本身的建立的原理是完全一致的,因此,在他的先验主义哲学体系中,现象界的建立和经验知识的深化是同一的。

从先验感性论到先验逻辑论是一个发展过程,从知觉综合经过想象力在先天统觉基础上的综合达到概念是一个发展过程,从直观公理到思维的公准同样是一个经验知识的发展过程。在这个过程中,知性为现象、自然制定了规则,所以康德在小结时指出:"本节全部结论是:纯粹知性一切原理无过于经验可

---

① 康德:《纯粹理性批判》A,第 274 页。
② 同上书,第 275 页。
③ 同上书,第 227 页。

能性之先天原理，一切先天综合命题必须结合可能之经验，先天综合判断的可能性本身也完全建立在这种关系上。"①

康德虽然用他的先验感性论和先验范畴论说明了经验知识的可能条件和现象界的可能条件，然而现象界与本体界、经验对象与物自身之间除了"不是知识对象"、"我们的科学知识在原则上不能认识"外，我们尚不知道它们有什么进一步的关系。在经验知识和经验知识的对象同时都建立以后，康德就进一步讨论现象界与本体界之间有什么值得一谈的关系。当然，从知性方面来说，即从科学知识方面来说，这方面不会有什么丰富的、深刻的内容，因为康德已经再三宣布物自体、本体是不可知的，因而现象与本体、知识与对象本身（物自身②）的关系，早已从根本上切断了；它们之间绝对没有转化的关系。

康德首先解释了为什么我们不可能对本体有经验的知识。在康德看来，我们的先验的概念当然不是来自经验，我们的知性范畴是先天的，但它们却只能运用到经验的对象上去，超出这个对象则在知识上是没有意义的。"知性从自身创造之一切，虽然并非来自经验，但却只能用于经验"③，为什么？这里的关键在于要有一个与概念、范畴相应的直观。概念范畴如果没有直观，则是空洞的，光是一种逻辑形式，谈不到关于对象的知识，因为对象只有通过直观才能给予我们。一切概念，即使是先天的，亦与经验有关④，就知识而言，概念不能有超乎经验范围以外的运用（超验的运用），"因此，人们也要求一个各别的概念成为可感的，即在直观中呈现出与其相应的对象……"⑤

这样，本体就不是知识的对象，因为本体不能提供人们以任何感性形式，

---

① 康德：《纯粹理性批判》A，第294页。
② 这里需要提到，最近几年来，联邦德国的帕劳斯（G. Prauss）写了两本研究康德的书，其中对于"物自身"的解释颇引人注意。我们只看到他1971年的著作：《康德哲学中的现象——〈纯粹理性批判〉的一个问题》(*Erscheinung bei Kant*，1971，柏林)，第二本书是1974年出的，题目是《康德和物自身问题》(*Kant und das problem der Ding an sich*，1974，波恩)，我们只看到两篇书评。在1971年的书中，帕劳斯提出，康德的"物自身"有两种含义：一种是超验的；一种是经验的。而他着重发挥了所谓"经验的物自身"的意义，认为这是历来注释家所忽略的。在帕劳斯看来，康德的经验物自身就是物理学的对象，而经验的现象是心理学的对象，在康德那里，经验知识作为"物自身"的，在先验哲学来说就作为现象，康德叫做"Phaenomena"（该书第18页）。这种看法当然只能引起混乱，可能他在1974年的书中继续发挥这种观点，所以评论者认为他"抛开了过去对康德解释的一切权威"，事实上"不是解释康德"，而是"发挥自己的思想"［见西德《哲学研究杂志》(*Zeitschrift für philosophische Forschung*) 第30卷第3期］。
③ 康德：《纯粹理性批判》A，第236页。
④ 同上书，第239页。
⑤ 同上书，第240页。

而是一个纯粹理智的存在。物自身固然是人的一切感性直观的刺激者,但关于物自身我们不可能有像镜子般反映的表象,我们的感性直观的表象都是现象的,因而物自身、本体只能被思维,不能被认识,它不能转化成现象。这样,本体就是我们知识的可想而不可及的"彼岸世界",本体与现象之间有一条不可逾越的鸿沟。

从这里,康德提出所谓本体只是一个消极的、有问题的"界限"范畴。本体对现象、自然和科学知识来说,是一个界限,它在自然的彼岸,也在知识的彼岸,它的存在是人的思维本性所肯定了的,但它的任何属性却是人的知性所无法掌握的,因而它始终是一个"问题",对知识来说只有消极的意义,就是防止人的知性超出可能经验的范围之外。关于本体与知识、现象、自然的关系,康德模仿古希腊爱利亚学派巴门尼德的口吻说道,纯粹知性的领域,"是一个岛,被自然本身包围在不可改变的界限之中"①,在这个界限外,就是不可知的本体界。

这就是说,我们的知识,我们的科学,只有在经验可能达到的现象界是有意义的,在这里才有真假、是非的标准,超过这个界限,就不是知识的领域。我们的知识固然是无穷的,因为现象、自然和我们的经验是无穷的,但这个无穷系列是在一个哲学的界限之中,即它不可能超出可能的经验的范围之外。而限制可能经验范围的界限并不是主观随意的,也不在虚无缥缈之中,而是必然存在的。"一个本体概念只是限制感性的僭妄的一个界限概念,因此只是从消极方面加以运用。但它也并非任意虚构出来的,而是与感性的限制紧密相连的,虽然在感性之外,不能有所积极之肯定。"②

在康德哲学体系中,知性固然是自然、现象以及经验、科学知识的"立法者",是科学真理的源泉——因为真理就是知识与对象的一致,而在康德看来,知识可能的条件同时就是知识对象可能的条件,这个条件就是知性的先天综合能力(在感性为先天直观形式,在知性为先天范畴)——,但知性并不是万能的、最后的,知性本身虽非经验的,却只能运用于经验可能的范围。人的理性则不限于知性的范围,相反的,它却总是要超出这个范围,去思考本体的问

---

① 康德:《纯粹理性批判》A,第235页。
② 同上书,第255页。

题，这是理性的必然倾向。所以纯粹理性的批判，就不限于知性的批判，不限于对科学知识的原理的研究，而包括了本体的问题。用感性直观形式去考察本体问题（如"绝对时空"）和用知性范畴去考察本体问题（如"最后的原因"等）固然是一切无谓争论的根源，但理性仍然要研究本体的问题，因此，批判哲学除了知识论的哲学外，还有道德、宗教等哲学问题，在知识论的范围以外，知性范畴是无能为力的，所以康德说："虽然这种知性规则不仅先天地是真的，而且甚至是一切真理（即我们的知性和对象的一致性）的源泉，因此，这种知性规则包含了作为一切知识（在其中可以给我们以对象）总和的经验可能性的基础，即使如此，我们还不满足于先说什么是真的，而且还要说什么是人们想认识的。"①

这样，康德的整个哲学体系就可以分为两大部分，前一部分的问题是科学的真理、经验的知识如何可能（其中包括感性论的数学如何可能和范畴论的物理学如何可能），后半部则是形而上学是否可能。对于后面这个问题，如何理解康德的意思是一个有争议的问题。我们认为，从根本上说，康德是否定了形而上学的合法性的，因为按照批判哲学的精神，知性范畴不能进入超经验的本体界建立一个超经验的"本体"的"知识"，而传统的形而上学正是力图去建立这样一种知识体系，然而，这已是另一个研究题目了。

(原载《康德黑格尔研究》第一辑，上海人民出版社1986年版)

---

① 康德：《纯粹理性批判》A，第237页。

论时间引入形而上学之意义

一

古希腊亚里士多德的形而上学统治欧洲哲学思想两千多年，却在近代受到猛烈的攻击。亚里士多德的形而上学探讨"诸存在"后面、上面、外面的最根本、最原始、最本质的"存在"，似乎这个"存在"是事物的一种特别的属性，加到任何事物中去，就会使该事物"存在"，像现在的味精加到任何菜肴中去都能提味一样。康德对此大加批评，指出"存在"是一综合判断，并非事物之任何属性。将"存在"加到事物中去，不能对事物增加任何东西。于是，如此理解下的"存在"只是毫无内容的一个抽象概念：言之凿凿。于是康德以后，西方哲学侧重于知识论，而存在论式微。

然而，存在论之问题并未因康德的批判就完全平息下去，因本质、本体、本原（源）等问题依然存在，而康德的知识论只着重解决先天综合判断如何可能的经验知识问题，那超出经验之外的问题，康德归于宗教信仰范围。于是有费希特、谢林，特别是黑格尔出来将经验与超越、直观与本质统一起来，也使知识论和存在论统一起来。

应该说，黑格尔的绝对哲学，已有时间的因素在内。因他的哲学，强调辩证发展的过程，"存在"作为本质的"存在"，是一个矛盾发展的历史过程，而不是一抽象概念。黑格尔说，真理是一个过程，是一个"全"。黑格尔的哲学，把逻辑和历史统一起来了，对于哲学的贡献是非常伟大的。黑格尔不仅批判了传统的形而上学，而且改造了传统形而上学，使之有了一个新的、辩证的形态。不过黑格尔的哲学最终仍是一个概念的体系，他的学说从《精神现象学》到《逻辑学》的发展，说明了这种概念化的趋向，"时间"、"历史"也成了一个逻辑概念的推演体系。

二

将时间因素着意引入哲学，使传统形而上学彻底改变面貌的，是本世纪的海德格尔。海氏哲学来自他的老师胡塞尔。胡塞尔的现象学不可能不受黑格尔的影响，但他舍弃了黑格尔的辩证法，强调本质直观、直观本质的直接性，固然也考虑到时间问题，但其说法，显得塞而不畅。海德格尔主要著作以"存在与时间"为书名，可谓旗帜鲜明地把时间和"存在"牢牢地拴在一起，不可分割。

《存在与时间》固为海氏早年之作，但却是相当成熟的作品。后期虽有许多的发展，并有转向之说，但其思想之基础以及转向之根据，皆可在《存在与时间》中寻得。

在《存在与时间》中，为阐明"存在"的时间性，海氏先从人的分析入手，因为他老师胡塞尔说，事物本身的意义只是向人才显现出来，所以胡塞尔现象学着重人的研究，是为"人文科学"——人就是人，而不是其他什么，不是有理性的动物，因为人不是动物。

胡塞尔哲学对人的分析，对海德格尔当然有很大的影响。不过海德格尔还进一步指出，人固不是动物，但人仍是万物之一，问题是万物中之"何物"是人？人不是天使，人也不是野兽，那么，人又处于何种状态？

海德格尔说，就哲学意义来讲，人是 Dasein。海氏的这个词和"存在"（Sein）一样难懂、难译；弄清楚这两个基本概念，海氏的思想大体也就可以弄清楚了。

在《存在与时间》里，海德格尔借助基尔克特的"存在"（Existenz）来解释他的 Dasein，谓 Dasein 是从"万物"中"脱颖而出"（eksistence）的意思；但 Dasein 的"Da"，在德文是指"具体的"意思。什么叫"具体的"？具体的就是有具体时间、地点的，不是超时空的思想概念。这样，人不能只是一个抽象的概念定义，而是具体地"在""那里（Da）"。

按海德格尔的意思，一旦人进入到 Dasein 的状态——即有了 Dasein 的"觉悟"（befinden），则 Sein 的意义就显露出来了。这时候，Dasein 是具体的，有时空的，Sein 同样是具体的，有时空的，因而就不像传统形而上学说的那样是抽象的、概念式的超时空的，似乎可以有一个一劳永逸的定义。

这样，海德格尔将时间（空间）观念引入形而上学，使"存在"（Sein, Being）观念也发生巨大变化，于是，海氏似乎蛮有理由地宣告了传统形而上学的终结——它已经走完了自己的历程，陷于无事可做、寿终正寝的地步。

三

巨大的任务仍在于如何阐述 Sein 的时间性，如何将时间观念合理、清楚地引入"存在"，又如何与空间观念结合起来，使得人们能够了解"存在"（Sein）的确"在"时间（空间）中，而又不是"诸存在"（Seiende, beings），因为即使海氏所着重研究过的康德的"时空"和"存在"，也都在经验对象范围内，而不具备他的超越的意义。

世上万事万物"在""时间-空间"中，这好理解。从这个意思引申出来形而上学意义的"存在"——那个超越万事万物之上、之后、之外的东西，就也会"在"时空之上……因而是超时空的，而超时空则是永恒；于是形而上学意义上的"存在"是不变的、永恒的。我们看到，这个道理倒也自圆其说，所以它统治西方哲学很多年。

然而这个理论又有一个很大的问题，弄不好会自相矛盾。既然形而上学的"存在"是超时空永恒的，它就只能是一个思想中的东西，而没有现实性，没有现实性的东西如何说它"存在"？思想的东西只是一个观念，一个理念，于是传统的形而上学就说了自相矛盾的话："存在"既存在，又不存在。这是古代希腊哲学的一个问题，也是康德抓住的几个二律背反的核心基础。

如今为形而上学本身计，挽救这个"存在"，使之不至于流于空洞的思想概念，是最为重要的事情。

为使形而上学的"存在"真正"存在"起来,唯一的办法就是重新把"存在"与时间在一个新的理路中结合起来,这个理路则必定会使传统的形而上学彻底改变面貌。这就是海德格尔所做的工作,于是时间就被引入了"存在"。

四

时间被引入"存在"就要面对一个问题:如何坚持"存在"的时间性,同时还要让这个"存在"与作为万事万物的"诸存在者"(Seiende, beings)区分开来。

我们可以从以下的方面来思考这个问题,体会海德格尔的理路:形而上学不是要探本求源吗?我们现在就来考虑这个"本",这个"源"。

"本"、"源"原是古代希腊早期哲学家就提出了的问题,是被亚里士多德称作"自然哲学"时期的核心概念——ἀρχή,我们就译做"本源",也译做"始基"。我们知道,早期希腊哲学的"自然",原本是"生长"的意思,所以,所谓"本源"、"始基",原本有时间的意思在内,是问事物的"始祖";我们甚至可以说,凡问"起源"者,皆有时间的意味在内。

那么,传统的形而上学又为什么超越到时间之外去了呢?原来,凡经验的时间都被看作是无限的,如问事物之经验之起源,则可无穷地问下去,绝无止境;但形而上学又非要问出个头来不可,于是,这个"头"就只能"在"时间之外了。传统形而上学的寻根问底精神,逼出了一个纯思想的天地,一个理念的天地,这个天地倒也美丽,却是一个空中楼阁、海市蜃楼,它"不存在"。

从某种意义来说,传统的形而上学思想方式的毛病不是出在"超越"过分,而在于它"超越"得不够,因为它拘泥于经验地理解"时间"——把时间"想象"成无限的;殊不知,就"本源"的意义说,时间是有限的。这是海德格尔在《存在与时间》一书里所强调的思想。我们看到,海氏这个思想,好像给传统的哲学投了一枚重磅炸弹,因为历来哲学都强调无限,如今要颠倒过来,强调有限,并且反咬无限是经验哲学、自然科学"想象"出来的。这一思路的提出,需要相当的勇气。

我们看到,海德格尔提出此论,并非为了标新立异,他是有自己的理由的。他颠倒有限、无限的位置，根据在于他对 Dasein、对人的分析，在于他的"现象学"的师承。胡塞尔关于"意义"只对人"显现-开显"，从而赋予"生活世界"以不同于"物理-自然世界"的性质的观点，仍是海德格尔思想的基础。人在海氏看来是有限的，会死的（mortal, sterblich），人"在""世（界）"上的万事万物，也都是有限的、时间性的，而不是永恒的。无限为无，有限为有；限为限定、时空，故有限为"存在"，无限为"不存在"。"时间（时限）"引入"存在"，则"存在"真的是为"存在"。

五

然则，时间性之"存在"为何又不同于经验中之万事万物，或者甚至说，只有在时间性意义下的"存在"才不同于经验自然之万事万物？

如前所说，经验自然中的万事万物，都是无头无尾的，只有"时间性"的事物——Sein，才是有头有尾的；在经验自然的范围内，我们只有永远（永恒）地探索下去，而无权问一个"头"和"尾"；只有对"时间性"的事物，我们才能合理地去问它们的"头"和"尾"，也就是说，我们才能合理地提出形而上学的问题：事物的本源、本质、始基（始祖）……，也才能合理地问事物的"终结"——事物的"始"、"终"，事物的"全"——"大全"（whole）。哲学——形而上学不是要问事物之"全"（thing as a whole）吗？事物如果没有"时间性"，则此问题只是想象的产物，没有理论上的合法性。

这就是说，只有向人这一会死的、有时限性的存在者——Dasein 开显出来的"事物"，才是有始有终的"大全"，并且这个"大全"竟然不是一个理念，而是实实在在"存在"的事物。

理路如此，我们如何进一步清楚地体会此中的意思？我今设想一个特例，可能有所帮助。

试想我们如果在一个博物馆中，面对许多文物，这时"文物"和"我"会是一种什么状态，对此种状态之分析，其实也是海氏自己说到过的，他在《存在与时间》中提到"古物"（Antiquität），谓其作为经验自然之物言，并无分今、古，古物之所以成为古物，乃在于它那个"世界"已然过去，使用它的人已成为"古人"。此时,海德格尔的意思已很明显,顺此而下,则可窥测其Sein、Dasein的主要思路。

就人们的基本经验来说,去博物馆并非去作科研,更非有什么实用的打算,博物馆陈列的器皿,决不允许被使用;博物馆的东西自有其自身的独立价值,它们的意义,不完全在眼下当前,而更侧重在它们的过去。它们展示着自身的历史。

博物馆的器皿,如果只作经验自然的器皿观,它们也有自然的功能、实用的属性,光从这个角度来看,它们只是现时的。它们现时是"在"那里,而它们的"过去",对"现时"来说,已"不(存)在",它们的"未来"则尚未"(存)在"。

然而,在博物馆里的这些器皿(文物),则显示着它们确实"有"一个"过去",甚至它们的意义完全在于它们"有"一个"过去",否则它们和一般经验自然器皿无异。

一方面,博物馆里的这些器皿,有一种形而上的意味——它们在器皿(形)之上还显示着超越的"道"的意味;另一方面,这个"道"又不是抽象的、概念式的"理",而是时间性、历史性的,因而是具体的。

六

博物馆里这些文物器皿,以历史、时间的形态"存在"着,它们保存、展示着它们的历史——保存、展示着它们自身的全过程,即从头至尾的"大全"。它们就是"大全"。

文物器皿的这种"大全",同样不是抽象概念式的,不是推论至无限,而是具体的,实实在在的,是有限的"大全",是有时限的"大全"——它们的时限已然终结。

作为"大全"的文物器皿,是另一个世界的东西,这个"世界-时代-世代"已经终结。在这个意义下,博物馆里的文物器皿,只有作为"历史"、"时间"才有其意义。

就经验自然来说,这些"存放"在博物馆里的东西,相当一部分还是可以用的,它们还是物品,事实上我们常常在用前人用的东西;只是这些进了博物馆的东西，受到特殊的保护，阻止现在的人去用它们，其目的就是要突出它们的历史性，把它们的完整的历史面貌（大全）"呈现"出来。

从这个意义来看，文物器皿的意义就"在"于它们的"历史性"、"时间性"；也就是说，如果取消了它们的"历史"、"时间"性，它们作为文物的价值就没有了，就会成为经验自然的一般器皿。由这个意思又进一步可以说，"时间"、"历史"使文物成为文物，文物"（存）在（于）""历史"、"时间"中。

由这个意思，人们又可以说，存放文物的博物馆，实际上"存放"了"时间"，存放了"历史"。

文物的"历史性"、"时间性"不是参观者"想象"出来的，而是文物自己"告诉"我们的。博物馆里的那些坛坛罐罐，都在向我们诉说些什么——诉说它们的"历史"，诉说它们的"终始"；于是，我们想到了海德格尔说的那句不好懂的话——"语言是存在的家"。我们看到，作为文物的"存在"，的确是以语言为家，文物之所以为文物的意义，的确是"住在"语言中。博物馆通过语言"存放"（保存）了文物，使文物真正成为文物。

七

博物馆只是一个特例，难道那里的器皿真的展现了这些器皿的本质，而跟我们这里讨论的形而上学问题，有着内在的联系？

我们说过，以文物为特例，有助于理解海氏的 Sein，因为正是文物的历史性、时间性，而不是文物的经验自然"属性"展示了这些东西的本质、本源。文物器皿的"时间性"和"历史性"，是这些事物的本来面貌，是"物本身"——物自体（Dinge an sich）。

自从康德提出"物自体"的问题后，欧洲传统形而上学已经面临着新的挑战，因为康德指出物自体是不可知的，因而旧形而上学一切企图把握本质、本源的努力，都被宣布为徒劳无益的，是理性在知识领域里的"僭越"。在康德看来，"理性"在"知识"领域里，只能应用于可经验、可感的部分，亦即"理性"在"知识"中，只有权为感觉世界立法，使其成为科学体系，但"物自体"是"超越"的，亦即不可感的，它不"在""感觉世界"。"本体"是一个"思想体"（noumenon），是不可感的，因而也是不可知的。我们只能认知事物向我们（感官）显现的部分，那不显现的部分，是科学知识不能及的。

我们看到，康德这个思想有一个前提：物自体不"在"时空中，是"超越"的，因而不可知；如果物自体并非单纯感觉之物，而又在"时空"中，则该当如何？

把时间、空间引入"物自体"正是海德格尔要做的工作。

海德格尔在他那篇重要的演讲《艺术的起源》中有一段很形象的话："我们在事物的表象中，事实上并不是先感受到感觉材料的蜂拥而至，如音调和声音——如此种事物概念（当指康德的事物表象概念——引者）所宣称的那样；而我们听到的毋宁是汽笛之长鸣，听到的是飞机之隆隆，并能立即分辨'奔驰'和'大众'的不同响声。"紧接着他深有所感地说："物自身比所有的感觉更靠近我们。"他甚至指出，"为了听到单纯的声音，我们必须离开事物，将我们的耳朵从（具体的——引者）事物那里挪开，来抽象地听"。

"感觉"，尤其是罗素那个"感觉材料"（sense-data），是"分析"出来的，因而反倒是抽象的，而事物本身本来是具体的；从这个思路顺下来，"感觉（材料）"反倒不"在"时空中，而具体的事物——物本身、物自体则"在"时空中。"感觉（材料）"反倒是"思想"的抽象，而"事物自身"则是实在的"存在"。

"在"时空中的事物自身，器皿就是器皿，自身"在"那里，展现"在"那里，不会被使用、被消耗殆尽而成为"不存在"；也不是感觉材料的组合，像一个科学命题那样抽象地"在"那里，而是实实在在地"在"那里——譬如，杯子就是杯子，而不是色彩、线条……的组合。杯子就是杯子自身。

博物馆里的那些器皿正是以"器皿本身"存放起来的，而不是存放了一些"感觉材料"的组合。博物馆里存放的事物，都是"事物本身"，都是"物自体"。它们自由、自在，不为任何人所有，它们不被 to have，只是 to be。它们之所以如此，并非因为它们是抽象的，超时空的，恰恰相反，它们作为事物自身正是"在"时空中，不过这个"时空"不是广漠无限的，而是有限的，它们之所以成为它们"自身"，乃在于它们已完成、终结它们的"历史"，以自身的"大全"展现"在"人们面前。

它们之所以"终结"、"大全",是因为它们的时代、它们的世界(世的界限)已经终结(过去),因为它们作为器皿被使用的那个时代已然过去,使用它们的"人"已经"不在",它们完成了它们的"历史"(使命)。

就博物馆来说,正是因为这些"终结"、"完成"、"过去"才存放它们。博物馆"存放"的是它们的历史,它们的时间;空间——博物馆——是为了"时间"而腾(让)出来的。"在"这个空间里存放的正是"物自体"(Dinge an sich)。

于是,在海德格尔这里,康德的"物自体"被时间化了,因而也被"存在"化了,"物自体"就是"存在",就是时间。

八

博物馆里"存放"的是时间,是 Sein,那么我们到博物馆去,我们进入博物馆,又是进入一种什么状态?我们说,按海德格尔的思想,我们进入博物馆,也就进入了 Dasein 的"状态"。博物馆把"我们"(人)带进了 Dasein 的"状态"。

Dasein 是个什么"状态"?

我们注意到,海德格尔坚持不用"人",而用 Dasein,因为"人"具有多种的含义,譬如认知性的人,道德意义的人,还有情感型的人,等等。Dasein 是"人"的一种状态,尽管是最为基础性的状态;坚持用 Dasein,就是坚持从 Dasein 这种基本状态来理解"人",而不是从其他的角度理解"人"。

在《存在与时间》里,海德格尔借助由基尔克特提出的 Existenz 来阐述他的 Dasein。"Ex"有出来、出现的意思,"Existenz"与一般经验自然的"存在者"不同,它是从"诸存在者"的环节中脱离出来,自成一个系列;"诸存在者"在必然的系列中,"Existenz"则是自由的系列,不在那种必然、因果系列中。

海德格尔的 Dasein 也是"自由"的,也是从因果必然系列中出来的,不过,海德格尔更加强调他的 Dasein 和 Sein 一样,具有时间性和历史性,因而人的 Dasein 状态,是实实在在的"存在"状态,而不仅是一种"空的""自由",Dasein 的"Da",就是具体的、有限的。

具体到作为"人"的基本状态的 Dasein 之有限性，海德格尔后来特别强调它的"会死性"——sterblich, mortal。尽管人被理解为 mortal 是古代希腊以来的传统，但海德格尔将它与 Sein 对应起来讲 Dasein，就需要多解释几句。

Dasein 作为"人"，当然是有思想意识的，有理解力的；这种思想意识、理解力，都在这个"Da"的"度"中。从这个意义来讲，Dasein 不同于 Sein，是因为 Dasein 有能力意识（理解）到自身的"有（时）限性"，有"能力"意识到、理解到自己是有死的。"死"对于作为 Dasein 的"人"来说，不是突然的一刹那的事，而是一个过程；对于 Dasein 的"人"言，"死"作为刹那的"点"并不特别重要，重要的在于 Dasein 的"人""有"一个死前和死后的问题，而这个前后的问题，就涉及到 Sein。Sein 令人意识到、理解到"有"（存在着）"前"、"有"（存在着）"后"。所以我们说，人作为 Dasein 是"会死者"——是"有能力死"的，这个"能力"，就在于他能够意识、理解，"死"的"前""后"都不是"空无"，而是"存在"（Sein）。

九

我们还是到我们的博物馆来。人进入博物馆，同时也进入了 Dasein 的状态，它面对的是展现着自身"历史"、"时间"的 Sein，Sein 则令 Dasein "思""前"，"想""后"，而从当下现时的世界脱离出来——"Ex-"，尽管只是暂时的。

Sein 令 Dasein 有所思，而不是引起它的其他愿望；同时由于 Sein 的历史性、时间性，其所令之"思"，也是历史性、时间性的。何谓"历史性"、"时间性"的"思"？海德格尔说，此种"思"，不是抽象性逻辑性的概念思维，而是"思念"，海氏并从德文字形上考虑，指出 Denken（思想）与 Andenken（思念）的密切关系。

从通常的意义我们也可以看出，"思念"面对着过去，面对着历史，面对着时间；在这里，就是面对着"存在"——面对着"存留"下来的时间。于是，这里所谓"思"就是面对着"存在"的思。

就这种"存在性"的"思"——"思念"说，它不全是静观的、客观的，而是眷恋的、崇敬的、缅怀的。"存在性"的"思"是一个大综合，不仅是分析性的。

所谓"大综合"，也就是"大全"，Dasein 的"思"面对了一个有限时间的"大全"——"死"。Sein 展现了一个有限的"大全"，也就展现了"死"。"保存"在博物馆里的文物，都已人亡物存。亡为"去世"，"离开"了这个"世界"，是为不"在世"，"不在"这个"世界"中，而作为 Dasein 的"观者"，却"在"这个（现实、现时）的"世界"；但 Dasein 的有限性、有时限性——会死性意味着"在世"必然会转化为"不在世"——在这个意义上，Sein 既"在"我们"前面"，又"在"我们"后面"，亦即，Sein 既是过去，又是未来。

我们——Dasein，不过是 Sein 的"Da"——"在世"状态。

"Da"是很短暂的，Sein"寿"于 Dasein，但仍是有限的。其实，如果把 Sein 理解为"Da"的"存留"，Sein 是"不在世"的 Dasein，Dasein 是"在世"的 Sein，则 Sein 与 Dasein 同寿，都是短暂的；如果光是 Dasein，即从"在世"的眼光看事物，一切都是过眼云烟，但是，世间尚有 Sein "在"，博物馆还特地妥善保存起来，给人以教育，即我们还"有"一个过去和未来"在"，因而我们的"在世"、"现世"，就不是过眼云烟，不是刹那瞬间——所以，在这个意义上，"死"——"有死"的教育，有时具有很消极的意义，海氏所言 Dasein 之漂泊、悬置、无所依归等等，虽有其理路，总不免消极之感；不过，如果从另一个角度看问题，也可以不全是消极的，甚至可以是积极的，或许竟比起一般的生命永恒、精神不死的教育来，还更深刻些。这种教育，使人作为"有死者"提高到"会死者"——有能力面对死：人不但"有"一个"现时"，而且确实"有"一个过去和未来"在"。

十

由此可见，Dasein 是"在世"的，但它又是 Sein 的形态，于是，作为 Dasein 的人"在世"时，就有能力让 Sein 显现出来，而不仅仅把万事万物都当作自己（实用及由此推动的研究）对象。

我们不一定要到博物馆去，而只要进入 Dasein 的状态，则世上万事万物无不"显现"为 Sein。所以海德格尔在《存在与时间》中说，世上一出现了 Dasein，Sein 就会"显现"出来。从这个意义来说，Sein 问题的提出，对人类言是一件"大事"（Ereignis）。于是在人类历史上形而上学问题的提出，也是一件"大事"，是人对"事物"关系升华的表现，是人的"觉悟"（Befindlichkeit）的表现。就历史的情形看，中国、希腊这些思想更为成熟的智慧民族，对于形而上的问题更有感受、更有觉悟。尤其是我们中华民族，对于形而上问题的历史性、时间性觉悟得如此早、如此的深入，应是我们炎黄子孙引以自豪的。如果说，"人"是 Sein 的"守护者"的话，那么，我们炎黄子孙是最为称职的守卫者。

中华民族是世界上最富有历史感的民族。在远古的时候，当希腊人注视着天空（望天者），把大自然作为对象来观察、研究时，华夏的哲人则思考着如何承续历史的传统，克己复礼，恢复周礼，使天下从纷乱复向太平；当苏格拉底以对话、辩论的方式向人们揭示科学的怀疑精神时，我们的孔子则以答疑的方式坚定人们的信心，以求"不惑"；当亚里士多德说"吾爱吾师，吾更爱真理"时，孔子则说，"郁郁乎文哉，吾从周"；当希腊人强调现实性、现时性时，我们的先哲则教导人们不要斤斤计较当下眼前的功利。这种在历史早期就已萌发出来的分殊，待到历史发展到现在，就进一步显示它的巨大意义。

当然这并不是说，我们古代已具备 20 世纪的哲学思想；而是说，我们华夏民族很早就有较强烈的历史意识，这对于理解本世纪的某些哲学思想，譬如海德格尔的思想，是有帮助的，海氏本人就已很好地说明了这一点。

十一

历史性、时间性的 Sein 并非无限的实体或理念，而是有（时）限的，但它倒也不是经验自然科学的把握对象。为什么"有限"而又不是经验科学的对象？

我们知道，海德格尔的"时间性"、"历史性"同样具有"绵延"（durée）性，"绵延"是时间的特性，而与一般的因果性区分开来。海氏这一思想，深受法国柏格森的影响，应是有案可查的。

柏格森曾因直觉主义、反理性主义被批评得很厉害；然而他的影响是非常深远的。可以说，自从他提出"时间"、"绵延"、"自由"这些概念与"空间"、"机械"、"必然"相对立后，哲学家们就不易绕开这些问题而要求思想上有所进展。

所谓"绵延"乃是一个"流程"，其间没有可分之处。"时间"如同希腊的原子，没有缝隙，不可分。在这个意义上，时间就是生命，生命也是切割不断的。生命是一个"流（程）"。对于"生命"，我们不能先把它解剖开来，然后再拼凑起来；拼凑起来的"生命"，是死的，不是活的，因而不是"生命"，至今法国的哲学大家如福柯等，仍然很强调这一点。

切割不开的"生命"如何被认知？柏格森说，不能用经验自然的方法来把握"生命"、"时间"，而只能"直觉"（intuition）去体验它；就现在论题来说，海德格尔的"时间"固是"有限"的，但它仍是"绵延"，仍是不可分的整体，也不能以分割开来的方法去把握，而必须有一种整体性的"思"。从这个意义说，海氏所谓"时间"、"历史"，就不是通常意义上的历史科学。通常意义上的历史科学仍是经验性的，是找出"历史事件"间的因果关系，找出"历史"的必然规律；Dasein 所面对的 Sein 的历史性、时间性，是"自由"的，用康德的话来说，"自由"不受"必然"的范畴支配，经验科学在这里"建立"（建构，constitute）不起自己的王国。就普通经验来说，我们也无法尽知"历史"的每一瞬间，因为无论多短促的生命，其瞬间也是无限的，这是古代希腊芝诺悖论所昭示了的。

于是，只有"在"时间、历史、生命流程的连续性中，我们才能体验它们的真正意义。

十二

一个人怎样才能真正了解、理解"另一个人"（他人）？看他的档案自然是有帮助的；不过，死材料并不足以说明一个活人。要真正了解他人，最好是去和他交往。交往多了，关于他，我们就可以说，已是知根知底了；对方如果也是如此，则双方就可以说是知己的朋友了。

当然，我们已无法和古人直接交往，但仍然可以作间接的交往。在这个间接的过程中，死材料——经验性的知识，或许是很重要的，但同样不能完全代替活的交流，即今人与古人的对话、讨论、辩论。并不是古人真的"活"了过来，和你说话，而是通过其他的途径进行"对话"。

Dasein 面对 Sein，正是在进行"今""古"的对话；人（今人和古人，我、你、他）通过 Sein 互相交流、沟通，融会着古今世界，延续着生命。

"语言是存在的家"，Sein "在"向我们"说话"，"诉说"它的"历史"。作为 Dasein 的"我们"是先倾听、聆听了 Sein 的"话"，才有话要说，才说自己的"话"的。我们作为 Dasein，是 Sein 的"聆听者"。

Sein 与 Dasein 的"对话"，当然不同于日常实际的"交道"，为解决什么实际问题的讨论，像商业、经济、外交、政治会谈、谈判那样，甚至也不是一般的学术讨论，因而"语言"在这里并非经验的交往工具，不是工具性的，而是存在性的，是时间、历史——"存在"得以"存留"的方式，亦即时间、历史的存在形式——在这个意义上，此种"存在性"语言也是"真理（真实）"（Wahrheit）的存在方式、显现方式。

从这个意义来说，Sein 向 Dasein 所透露的是真实的"话"，可信的"话"，Dasein 常为 Sein 之诚（实）所感动；Dasein 和 Sein 的关系是信（任）——Dasein "诚实"地"接收" Sein 的"委托"（托付），Sein "真诚"地把自己"托付"给 Dasein。

历史为自己寻求、培养信得过的——能理解它的意义的人，Sein（历史）"寻呼"（我所黄裕生想出这个词，颇为确切）Dasein。当然"历史"并不是总是成功的，更不能保证每个人都会理解历史的意义；但 Dasein 也总是会出现的，历史总能够寻找到、培养出自己的知己、自己的保护者。

"历史"要为自己寻求能与自己对话的人，寻求回应者。人作为 Dasein 接收 Sein 的邀请，进入时间的"流程（洪流）"中，不执著于"现时"，而发现（觉悟） Dasein 只是 Sein 的"现时"状态，Dasein 和 Sein 的"对话"实际也是 Sein 与 Sein 的对话，是 Sein 自身的"言说"，也是 Sein 自身的延续（绵延）。

此时，人作为 Dasein 对 Sein 的回应，就不是自己想说什么就说什么，而是 Sein "让（令）"它说什么，它就应该说什么。这样，Dasein 的话，才不是主观情感的表现，也不是把"历史""存在"作为客观对象来描述，而是"替""历史"、"存在"、"真理"说它没有说出的话，做它没有做的事。Dasein 的言行都"在""历史"、"时间"之中，是"在"推动"真理"自身的进程，如同真理、历史时间——"存在"自身"在"运作一样。

一个人要"替"另一个人说话，很不容易。更不要以为这些人已经作古，就可以随意解释他们的意思（意义），反正他们已不会起来和你直接辩论，但"历史"的意义，也有自己的理路，不容任意篡改的。即使如某些人所说，历史像一个柔和的姑娘，任人打扮，也绝不可能把姑娘打扮成飞机、大炮，总还要给她以一个人形。

"替"古人说话，或许就是海德格尔所谓的把前人想说而没有说出来的"话"说了出来，等他们把要说的"话"全都说出来了，他们没有词儿了，则你自己的新的意思——古人所没有的意思，也就"出来"了。这就是你的创造性。在这个意义上说，Dasein 并不是 Sein 的应声虫，过去、现在、未来不是简单重复，而是有变化、发展的。"今人"仍有很大的创造性，只是不是随心所欲地、"主体性"地为所欲为，而是有根有据地、认真负责地发挥自己的历史作用。

不过，无论 Dasein 有多么伟大的历史作用，它终究是 Sein 的一个（现时）的环节，随着"历史"的运转，Dasein 总会融入 Sein 之中去，即 Dasein 会退出现时，进入过去和未来，而当 Dasein 从"现时"消失、隐去（absent）时，一切又如同 Sein 自己在运作，于是，Dasein 真的成了历史、真理的助产婆。

（原载《哲学研究》1998 年第 1 期）

海德格尔"案件"之反思

海德格尔在中国学术界的影响越来越大，这本是一件很有意义的事，因为它意味着东西方文化从各自的源头发展下来，在本世纪再一次的碰撞，已经进入到哲学的深层结构。当中国人对自己的文化传统有了更加坚强的信念和更加深入的理解的时候，人们发现欧洲人正大刀阔斧地变革着自己的传统，自觉不觉地向东方靠拢，而这个趋向，反过来对于理解中国传统，也有非常重要的意义，在东西方文化、哲学沟通的大潮中，中国的学者重视研究海德格尔的哲学，是很自然的。

然而，这时候，中国的学者突然发现，西方的学者对于海德格尔在纳粹统治德国时期的所作所为有了更多、更系统的材料，有整本整本的书揭发这些材料，于是，遂令中国的学者也不得不重视起来：倍受人们尊敬的本世纪以来最有影响的西方哲学家之一，到底在那段时期内犯了什么错误，错误的性质如何，和他的哲学思想有没有"必然联系"？

因为事情涉及到具体的事实材料，中国的学者不可能掌握多少，有些材料很难看到，据说还有些封存在那里，一时还不让看，这样"外人"就更没有发言权了；不过对于上述几个问题，中国学者经过多年的风风雨雨，在知人论事方面，也有不少经验和教训，谈一些看法，或也可以帮助弄清一些理解上的角度问题，也算是提供参考。

一

关于海德格尔的一些基本事实我们还是知道的。

我们有一个观念,海德格尔是一个很眷恋故土的人,他对家乡,因而对德国(或许不论什么样的德国)有很深的感情;但据说他并不是很内向的人,有一种活动型的性格。

海德格尔又是信仰型、宗教型的人,他原也做过神学的研究,但他对当时的天主教会又持反对的态度。当时天主教会内部围绕"现代主义"(modernism)发生很激烈的争论。持现代主义观点的人主张,要用"自然的"态度来解释宗教,而不是用"超自然的"(super-natural)态度来解释它,被当时的教皇庇护十世斥为异端。海德格尔大概是支持现代主义的,他曾在通信中说,天主教义(Catholicism)的体系是不可接受的,但基督教义(Christianity)或形而上学(metaphysics)是可以接受的。所以海氏曾在神学系教过一年的古代哲学,也因此他和神学教授克来伯斯(Engelbert Krebs)友善,以后政治上的一些纠葛多与此人有关。

我们还知道,海德格尔的博士论文写的是《心理主义中的判断学说》,他的教书资格论文题目是《登斯·斯格特(Duns Scotus)论范畴和意义》;博士论文和资格论文都是在弗莱堡大学通过的。而他的主要著作《存在与时间》则是在马堡时期发表的。

海德格尔在马堡大学五年。在这五年中,海德格尔大概遇到了一些麻烦。譬如他本来可以有机会接替哈特曼(Nicolai Hartman)的教席,但教育部长要等他的著作出版后看看反应,于是他的《存在与时间》由他的老师胡塞尔安排在1927年出版的杂志上发表,但海德格尔在一年后回到弗莱堡。

在弗莱堡期间,到1933年,就出现了海德格尔一生最成问题的时期。

我们知道,1933年世界性恶棍、魔王希特勒上台执政。在这一年的6月,海德格尔被选举就任弗莱堡大学校长,到1934年4月因种种矛盾而辞职,这些矛盾并不是海德格尔从根本上反对纳粹,据说海氏一直是纳粹党员,而是一些纳粹内部的斗争,使得他不满意而辞职的。

无论如何，海德格尔这一年的大学校长肯定做过不少应该批评的事，所以才在希特勒垮台后被禁止授课了一个阶段，就像有些指挥家、作曲家被禁止演出一样。当然，海德格尔也可能并不是如此嚣张地"紧跟"纳粹。海氏不服，当时就写得《事实和思想》，而在1983年才得以发表；而在20世纪60年代，海氏要为自己的行为"辩护"一番，对德国《明镜》杂志诉说自己的委屈，可能其中甚至还有为纳粹辩护之处，至今没有全文公布谈话记录。

由于有了这些问题，海德格尔成了一个有很大争议的人物，不仅对他的为人，而且联系他的为学，认为他的哲学思想里，就有和纳粹思想共同的地方。关于海德格尔，在西方一度成为热门话题。据说，从1959年就有人揭发海德格尔的问题，后来有Hugo Ott的《马丁·海德格尔——对其传记的探索》一书的出版，再有就是那本著名的《马丁·海德格尔与纳粹》的问世，引起不少的争论。

1997年趁去美国探亲之便，购得《马丁·海德格尔与纳粹》一书的英译本，还买了一本《海德格尔案例——哲学与政治》(*The Heidegger Case—On Philosophy and Politics*)，是一个文集，其中包括了Otto Poeggeler, Leszek Kolakowski, Hans-Georg Gadamer等名家的文章，各人发表自己的意见，有摆事实、讲道理的作用。

这个问题当然是很专门的历史问题，需要许多的材料和研究，做这方面的专门研究，不是我能力所及的，只得留待专家去做，这里只想谈一些普通的感想，作思考这个问题时参考。

二

海德格尔生于1889年9月，死于1976年5月，活了87岁，可谓高寿。一个人八十多年的时间，当然会做很多的事，这些事要收集起来数量一定多得不得了；而且从某种意义上说，竟然是收集不完的。因为不要说八十多年，就是很短的几年，要细细收集起来，也是不易穷尽的。

为什么这么说？我们知道，生命本来是个连续的现象，不能由一些"事"串起来，把所作所为的"事"串起来，还不是"活"的"生命"；何况，正因为生命的连续性,所以"事"也是很难弄全了,知道了这一段的事,还有另段的事,甚至弄清这一刻的事,还有前一刻的事,要把每分每秒的"事"都弄清楚,当然没有可能,也没有必要,但在不清楚之前,我们并不知道该事情的重要与否,于是,对一个人一生的所作所为,只求一个大概,注意那些明显的、有记载、有案可查的事,加以评论。

然而,问题又在于,人类的信息、资料,越来越多;既然生命有连续性,原则上每个人记录都会是多得不计其数的;不过古人的事没有记录的占多数,留下的材料有限,比较地容易整理、研究,而时代越近的,材料就越多,研究起来就越难,更何况,如今是信息时代,材料记录得铺天盖地,对现在的人要收集一些有利或不利的材料,太容易了,这也会带来一些问题。

过去我们研究哲学史的,首先遇到古代希腊时的苏格拉底问题,他也是有争议的,不仅他的政治倾向,他也有生活上的一些花花絮絮,甚至像同性恋这类的,也有人研究;不过毕竟材料少,影响不大,有一个基本的取向,就可以了。

其次还有弗·培根一案,涉及个人品德,也是议论纷纷,我国《培根及其哲学》一书的作者余丽嫦对此下了一番工夫,算是有个说法。

在分析哲学系统享有盛名的维特根斯坦,也被揭发出来了。据说他的个人行为很不检点,常到一些很低级的地方去,连他书里的某些思想,也是酒吧里道听途说得来的。我曾以"维特根斯坦现象"为题写过一篇文章,为其"辩护"。

现在轮到海德格尔走上历史的"审判台"。

八十多年的生涯,为海德格尔"制造"了许许多多的材料,相当一部分还有案可查,相当一个时期许多同时的、同事的当事人都在,他们的说法也很容易找到,要对这些材料整理、研究很不容易,要做出公平的"鉴定",就更加困难了。

三

那么还有一个严重的问题是:海德格尔的哲学思想,到底与纳粹的政治有没有直接或比较密切的联系？甚至，人们问，海德格尔的学说，是不是自觉地为纳粹政治服务的？或者是不是有故意迎合的地方？在多大程度上是迎合的？

我们知道，纳粹会利用一些人的思想，譬如过去批评尼采被纳粹利用得很厉害，连黑格尔也被利用过。现在一般认为这不该由这些哲学家本人来负责。至于学说，其意义也是多方面的。马克思就批判地利用了黑格尔哲学里的积极的东西。

我读的海德格尔的著作很少，不知道有没有吹捧或直接为纳粹张目的地方，或许他后来删去了；不过据说从他当时发表的学术著作看，也没有这种情形。

这就是说，当海德格尔做学问时，要故意迎合纳粹政治的意图没有明白的表现，而这种表现，在当时是会得到鼓励的。

所以，我觉得，我们可以相信，海德格尔在做学问时，是当学问来做的。

这种情形，我国过去的学者，也是有的。譬如王国维，政治上是很保守的，还"觐见"过摇摇欲坠的小朝廷"皇帝"溥仪；不过他的学术著作中，并没有效忠清王朝的迹象，而他在做自己学问时所用的方法，在当时则是很先进的。他在学术上的巨大贡献，从没有被怀疑过；只是在政治批评上，有时看得重些，有时看得轻些。

学者也是社会的一员，离不开社会的生活，也离不开政治的生活，正如希腊智者普罗塔哥拉说的，"神"把不同的技艺分配给不同的人，但把"政治"的技艺平均地分配给每一个人，谁也"脱离"不开"政治"。学者也要参与政治，也会有政治观点、政治倾向。有的学者多一些，有的学者少一些。譬如西方哲学家中，费希特对政治的兴趣大一些，具体活动稍为多些；相对而言，康德虽在思想上也关心政治，但具体活动很少。西方古代，像苏格拉底，议论政治很积极，但实际的政治活动并不多。所以情形比较复杂。

如果遇到一个时期非参加政治活动不可，则学者们就会有各种各样的"表现"，有时甚至是"表演"。譬如在以前的"文化大革命"期间，大概没有哪位学者能做到永不"表态"，永不"站队"的，而这个"队"，又似乎总是站不"对"的。我本人在当时算是很"逍遥"的，但不定哪一天会被"揭发"出来也贴过什么大字报，或者在哪里签过名。更不说年轻时写过的那些"批判文章"了,那查起来太容易了。

我不是为学者开脱责任,更不是为个人文过饰非;只是想说明,社会有分工,各人有各人的职责范围。学问的事由学者来负,政治的事由政治家来负。

评价学者,主要依据他在学术上的功过。

四

那么,回到我们的主题:海德格尔在学术上——他的学术领域是哲学——有什么重要贡献呢?

作为一个哲学家,海德格尔的贡献是多方面的,不过我觉得最重要的是他把"时间"引入欧洲传统的形而上学,使这个传统发生了深刻的根本变化。

我们知道,西方哲学自古代希腊的源头开始,对于"时间"问题,就感到难办得很。最初在前苏格拉底时期,他们觉得"时间"很"神秘",赫拉克利特说"时间"像掷骰子的小孩,而他又是"王"。然后有著名的"芝诺悖论","揭示"运动、时间之虚假,已经开始把哲学引向"超越"之路。苏格拉底、柏拉图的"理念论",完成了"超越""时间"的过程,确立了欧洲哲学的传统。亚里士多德将"理念论"转变为"存在论",但其"存在"观念仍有超越"时间"的意义,致使他的哲学充满"抽象"的意味,而不能真正将"理念"引至"现实"里来。

此后,"时间"对于西方哲学似乎是一个打不开的领域,以至于奥古斯丁感叹地说,"时间"问题你不问我好像知道,一问反倒不知道了。

依我看,这在理论上并不奇怪。欧洲哲学的传统是"形而上学",而所谓"形而上学"是"物理学""之后"、"之上"、"之外"这类的意思。过去西方物理学的时空观念是计量性的,到了牛顿的时候,被想象为无限空旷、广漠的形式,"时间"也是"空间"化了的。这时候,哲学要研究"超越",自然被确定为"超越""计量"的,"不可估量"的。只有真正的"时间"观念先引入"物理学",使传统的古典物理学起了变化,"时间"问题才更进一步引起了人们的注意,于是,思考"元物理学"(形而上学)的哲学家也才会更进一步地注意起来。

当然，哲学也有自己的历程。

欧洲形而上学传统到了近代，一再受到冲击，其中最致命的是康德的批判。康德指出，从亚里士多德传下来的"存在"－"诸存在之存在"－观念，因为理解为"超越"的，因而不适用"时间"、"空间"形式，于是实际上"不存在"，只是一个"理念"，一个"思想体"（noumenon），不是一个实在的东西。在康德看来，"存在"只能"在""时间"里，才会是可知的"对象"。

我们看到，康德虽然让"存在""降"到"现实"、"经验"中来，从根本上动摇了"形而上学"的问题（主题），但却把"存在"与"时间"牢牢地拴在了一起，不能再分开了。这一点，受到海德格尔的特别的重视。

应该说，黑格尔在阐述"存在"与"时间"的辩证关系上也是有重要的贡献的。黑格尔说，"真理"是一个"过程"，是一个"大全"（完成），不是一个抽象概念。"存在"从抽象的"这一个"，一个抽象的"名字"，到具体的、有丰富内容的"真实存在"，乃是一个"历史（时间）过程"。在黑格尔哲学中，"历史"和"逻辑"是统一的。我们看到，黑格尔做到这一步，对于传统形而上学的变革，意义是重大的。不过在黑格尔哲学中，理念论仍占有核心的地位，他的"具体共相"，是"精神"通过矛盾、斗争，回到自身，在这个意义上"存在"仍是一个"理念"。因而，他的"精神现象学"，必定要以"逻辑学"为归依。

再一次使传统形而上学"终结"并使之彻底改变面貌的，是海德格尔。

为要真正"结束"传统形而上学，海德格尔首先"结束""无限"的观念，把它归于经验科学逻辑之想象性推理。"舍弃""无限"（apeiron），这是古代亚里士多德想做而没有做好的工作；而对经验科学逻辑想象性"无限"之批判，也是黑格尔做过的工作，他把这种"无限"叫做"恶的无限"。黑格尔说，他所谓的"无限"，是在"有限"中的"无限"，不是"想象"出来的"至大无外"，也不是1，2，3，4，…的无穷积累，而黑格尔所谓的"无限"就在"有限"中。这个思想，对海德格尔的影响，应是非常深刻的。

海德格尔在《存在与时间》中，特别强调了他的"时间性"（Zeitlichkeit）与一般经验科学家的"时间"观念是不同的，后者是"无限"的，而前者是"有限"的，并且进一步指出，"有限"的"时间性"是"无限""时间"的基础——Zeitlichkeit 的 "keit",正是指 "时间" 之所以为 "时间" 的特性。

把 "有限" 的 "时间" 引入 "存在",这个 "存在" 才能是 "现实" 的、"具体" 的,才不是 "空洞" 的抽象 "概念",亚里士多德的 "实体",才能 "实" 得起来。

海德格尔将这个 "有限" 的 "时间" 观念引入 "存在",使传统的 "存在" 观念发生了深刻的变化,也就是说,传统的 "存在" 并不是被 "抛弃",而是会有一个崭新的面貌。

"有限时间" 进入 "存在" 固然可以使 "存在" "现实"、"实在" 起来,但它又如何与经验的 "诸存在者" 区分开来,而具有一种 "形而上" 的 "超越性"?

我们看到,在海德格尔的思想中,"有限时间" 恰恰是解决这个 "超越性" 的关键所在。在海氏看来,经验的 "存在者" 是 "不(完)全" 的,因为经验的 "时间" 是 "无限" 的,永不得 "全",而 "超越性" 则要求 "大全"——这也是传统形而上学所强调的;但殊不知,如果 "时间" 是 "无限" 的,则或者 "存在" 为抽象概念,以满足 "大全" 的要求,或者 "存在" 就 "降为" "存在者"。这个矛盾在传统的框架中,可以说是无法解决的,但在海氏的思路中,就有解决的希望。

在 "有限时间" 意义下的 "存在",可以被理解为有 "头"、有 "尾" 的,有它的 "起始"(始基,arche),也有它的 "终结"(完成,finality, whole)。譬如一个 "杯子",有它如何被 "制造" "出来"(出世),又如何完成它的 "历史使命";如果是出土的 "文物",则放进 "博物馆","自在" 那里,而不像经验科学那样,对它需 "无限" 地分析、研究它的物理属性。

这样,"存在" 已不是作为 "自然物",而是作为 "历史"、"时间" 的 "留存" "在" 那里。在这个意义上,海德格尔就把传统形而上学的 "存在",从作为 "自然物" 的 "全体" 的 "概括" "抽象",改造为 "历史" 的、"时间" 的 "具体" "存在"。"存在" 果然和 "存在者" 区分开来了。

那么,这个意义的 "存在",是不是真的完全 "抛弃" 了 "无限" 的观念呢?不是的。你看,海德格尔的 "存在" 正是 "自然属性" 所 "限制" 不住的,它有 "超越" "自然属性" 以外、以上、以前、以后的意思,它正是 "无限",只是已不是抽象意义的 "无限",而是 "具体" 的、"历史的"、"有时间性"的"无限",正是黑格尔所谓的"有限"中的"无限";只是"有限"之所以具"无限"的意义,不是"体现"了"超时间"的"绝对精神",不是"绝对精神"的"外化",而是实实在在的"历史"、"时间"的过程。在这个意义上,海德格尔对黑格尔实行了真正的"扬弃"(aufheben)。

在这里,我们遇到了像自然科学相同的情形:一种新学说,要能够也解决旧学说的"问题",而又可以解决旧学说不能解决的"问题",像相对论与经典物理学那样的关系。所以我曾认为,"人文"与"自然"一样,都应该是"科学",只是有各自的特点罢了。

按《存在与时间》的意思,之所以"诸(自然的)存在者"会有上述"存在"的意义,是因为世上有了作为"Dasein"的"人"。"Dasein""明"了,"Sein"也就"明"了。

"Dasein"的提出,是海德格尔对西方传统形而上学的又一重大贡献,它"改造"了西方哲学传统对"人"的理解。

什么是"Dasein"?海德格尔说,"Dasein"是"有限的"、"时间性的"、"历史性"的,是"会死的"(mortal, sterblich)。

在西方哲学的传统中,"人"当然是很重要的问题。古代希腊智者普罗塔哥拉说"人是万物的尺度",被黑格尔誉为说出了"伟大的真理";但到底怎样理解"人",却是一个困难的问题。亚里士多德说,人是"城邦的动物",或者"有理性"、"有智慧"的"动物",总之,"人"是一种有特殊性质的"动物"。这个传统越来越受到了怀疑,人们说,"人"就是"人","人"不是"动物""加上"一些"什么"属性。"人"不是"什么""动物"——不是"任何""动物"。

然而正如康德问的:"什么是人?"

对于"人"的理解,与整个哲学思想的取向不可分。在康德、黑格尔这些古典哲学大师的哲学体系中,"人"是"介乎""神"(纯精神、纯理性、纯智慧)与"(动)物"之间的东西,"人"既不是"天使",又不是"魔鬼"。在某种意义上,这种理解,仍在"有理智的动物"的框架中。

在西方,对"人"的理解有所"突破"的是丹麦的基尔克特。他提出一个"Existenz"作为理解"人"的关键,影响了包括海德格尔在内的一代哲学家。

"Existenz"是从"万物"中"出来"(Ex),从万物"诸存在者"中"涌现"出的一个特殊的"存在者",它不能完全"归结"为"诸存在者","主体"不能完全"归结"为"客体",于是就有了"主体性"原则——"主体"之所以成为"主体"的,不能"客体化"、"对象化"的特点。于是,"主体"不能"普遍化","主体"是"个体"(individuality)。

这个思路,被西方人认为是很有力的。但如此个体性的"主体",怎样和"客体"沟通?它们有什么关系?同时,这个脱离了"客体"的"主体",岂不成了完全"空"的东西?

于是,海德格尔至少在《存在与时间》里,采用了基尔克特的"Existenzial"来解释他的"Dasein",但又加以"改造"。其中要紧的一点是:海氏之所以要用"Dasein",而不直接借用"Existenz",并非为了标新立异,而是真有理路上的需要。原来,用"Dasein"是要强调"它"(Da)只是"Sein"的"现时"(在场,现在,presence)状态。

这样,我们看到,在某种意义上可以说,海德格尔又把重心从基尔克特的"主体"移回到"客体"来。在早年的《存在与时间》中,指出正是"Existenz-Dasein"的出现,"Sein"才出现了,问题还是在"Sein"那一面;后来逐渐地,海氏就把重点直接挪到"Sein"方面来,从"Sein"来看(来"寻求"、"寻呼")"Dasein"。

话说到这里,我们惊奇地发现,海德格尔的思路,竟然在不同的出发点和基础上与黑格尔相当的一致:"人"的"命运"在"绝对精神"、"绝对理念"的历史发展的"笼罩"之下,正如"Dasein"的"命运"在"Sein"的"笼罩"之下一样。

然而,西方哲学传统,经过基尔克特、柏格森、海德格尔等人的"改造"之后,黑格尔的"纯思想"、"纯理性"的"绝对理念"已无法存身,因而"哲学"也就无法像过去那样,可以"归结"为一个"逻辑"的"纯思想"的"体系"了。

从上面这些分析来看,海德格尔对于欧洲的哲学传统的"变革",贡献还是很大的。当然,他把"Dasein"置于"Sein"之下,就"淡化"了"Existenz"的"自由"的意义,"消弱"了"自由"的力度,尽管他对"自由"也有深入的阐述，难免引起一些学者的批评；但这毕竟还不能直接与纳粹的压制自由政策等同起来。

然而海德格尔对于美国式的民主真的抱有深刻的仇恨，这在政治思想上如何评价，是应该研究的。从海德格尔十分推崇古代希腊"前苏格拉底"哲学来看，他似乎不该仇视民主制，因为苏格拉底是反对当时雅典的民主制被处死的。所以海氏理当赞成民主制才对。

与此相关，海德格尔还十分反对美国的"技术"化——technology，这本是从他的哲学思想中推不出来的东西。

不错，反"技术化"是当时的一个很强的思潮，海氏老师胡塞尔就狠狠批评了过分强调"自然科学"忘了"人文科学"，名之为"欧洲科学思想"的"危机"。

不过海德格尔专门研究过"技术"这个概念，提出过很深刻的见解。他说"技术"在古代希腊的本义是"让……开显"的意思。因此"技术"就不仅仅是"人"为自己的利益"控制"自然的意思。

当时欧洲大陆哲学家批评"技术"之过于泛滥，"人"的"控制"欲望过于膨胀，破坏了自然的平衡，是有深远的意义的，至今我们还是要听取他们的意见，深刻反省人类科技活动的"人文"规范；不过不会因此而得出反对"高科技"的结论来。

海德格尔自己的研究也表明，"技术"也有一种"拯救"作用。

我常想，如果没有（自然）科学技术，人类仍处于蒙昧时期，为最低的生存条件而奋争，这时候"人"和"动物"差不多，"人"如何能进入"Dasein"状态？"人"进不了"Dasein"状态，"Sein"又如何出得来？所以我觉得，按海德格尔的思路，"科学技术"原本可以"保护"我们更好地进入"Dasein"的状态，从而也就能够更好地体会出"Sein"的意义。于是，如果"Dasein"是"Sein"的"守护者"的话，那么"科学技术"就可以是"Dasein"的"守护者"。在这个意义上，"自然科学"原也可以"保护"、"促进""人文科学"。当然，不排除有相反作用的时候，所以哲学家们的"呐喊"、"呼吁"、"提醒"，是十分有意义的。

说到这里，我这篇文章似乎可以告一段落了。我的主要意思是：信息时代为人们提供无数的材料,如何对待、处理这些材料要有一个倾向的尺度;具体到海德格尔,他的许多错误,不一定是由他的哲学思想直接带来的。他要为他的错误承担责任,但评论他的主要根据应是他的哲学工作。

(原载《开放时代》1998年第1期)

"和谐"
——孔子和苏格拉底的共同"理想"

东西哲学的两大源头——古代中国和古代希腊，固然各有自己的具体生长环境和理论特点，但即使在源头处，我们也可以看到它们的共同切入点。

"哲学"讲的是一个"理路"，是对世上万事万物作"探本寻源"顺着一条"理路""思（考）"下去，"理"到之处，任何事物的"奥秘"之"门"都要为之洞开，然后再是经验地、仔细地去具体研究其"奥秘"之内容。这是具体经验科学的事。

哲学这种"探本求源"的精神，据亚里士多德说来源于"好奇心"。"好奇心"不是纯主观的，而是"被激发"、"被唤醒"的："宇宙"之"奇妙""唤起"了人们（有智慧的人们）的"好奇心"，于是乎上穷碧落下黄泉，打破砂锅"问到底"。

中国古代贤哲，未曾表现出如此强烈的"好奇心"之自觉，但却表现出一种坚强的"信心"："宇宙"是如此有规律，如此之"和谐"，堪为人间一切事物之"法"、之"楷模"。此种"规律"（韵律）、"和谐"是为"天道"，在古代中国无论儒、道，都是最高模范、最高理想。

在古人——无论中国人或希腊人——心中，"天上"是"和谐"、"有序"的，"天上"绝不会"乱"，"乱"的只是"人间"。

我们看到，中国和希腊古代两大贤哲——孔子和苏格拉底，都生于"乱世"。于是，我们的问题是：这个人间"乱世"如何"引发"了他们的哲学思想,而他们又是如何用自己的哲学思想"弘扬"于当时社会,为人们提供一个由"乱"到"治"的思路和理路的?

一、"春秋"之"木铎"和雅典的"牛虻"

孔子和苏格拉底都生于"乱世"。

孔子生活的时代,中国周王朝经过很多年的衰变,已经非常软弱。中央政府形同虚设,诸侯称霸,甚至争霸之战争连年不断,天下纷乱,百姓失所,出现所谓"君弱臣强"、"礼崩乐坏"的局面。

周王朝以"礼乐"治天下,使"等级制"不但"政治制度化",而且"日常生活化",各等级的"衣食住行"都有一定之规定,不得"僭越"。可以想见,当时这套"礼仪",必是非常繁琐,但在周王朝鼎盛时期,对于社会的稳定、有序,可能是相当有效的。

及至孔子的时代,不但这一套繁琐的仪式大概早已"乱套",而且连维系社会的基本秩序都难以保证,于是孔子生当其时,力挽狂澜,大力提倡恢复"周礼",以此来恢复社会秩序。

为此,孔子兴办了中国历史上第一个民办学校,研讨、传习周礼,并周游列国,规劝各国实行周礼,以稳固社会秩序;但终因孔子这个"克己复礼"的办法,不符合各国诸侯称王称霸的意思,而且以繁琐之周礼来匡世,虽然允许有所"损益",毕竟在现实生活上不合时宜,以此"矫枉过正",则社会下层人民,也未必完全欢迎孔子的复礼主张。孔子参政失败,但他的哲学思想,却成为"万世师表",这是因为,他的"复礼"的思想核心,他的哲学"理路"乃是在"人间"恢复"秩序"、"和谐",并提出包括"仁"在内的哲学理论来支持他的"和谐"、"秩序"论,这符合任何一个有组织的社会的基本要求,所以在中国历史上,除了在某些革命的非常时期外,孔子总是占据了中国的精神上的至尊地位。

天下事合久必分,分久必合,但"治"的时间总要比"乱"的时间长,由"乱"到"治",乃是社会的基本要求,所以孔子这个"木铎"(《论语》"八佾"),要比"造反有理"的警钟敲响的时间长一些。

苏格拉底生活的社会和孔子很不相同。古时候，希腊实行"城邦联合制"，没有像"周天子"那样一个集中的中央政府，遇到大事，各邦协作解决，像对付波斯这样的强敌，各邦公推斯巴达为军事盟主，英勇地战胜了这个入侵者。在平时，希腊各邦实行的制度各不相同，苏格拉底故乡雅典实行的是"民主制"。

古代雅典城邦，有着光荣的历史。"民主制"给雅典城邦带来了繁荣昌盛，在伯利克里执政时期，曾有过它的黄金时代。苏格拉底不用像孔子那样去"考证"周礼，他就是这个黄金时代的见证人。据色诺芬的《回忆录》，苏格拉底和伯利克里本人就是朋友。

然而，苏格拉底还没有到四十岁的时候，古代雅典的民主制已经暴露出它的内在的危机："公民"因不事生产而日益贫困化，逐渐失去对"政治"的热情，而"公民大会"为"蛊惑家"（demagogue）所把持，凭着三寸不烂之舌，可以使朝令夕改。"公民大会"已不是促使"无序"的"意见"走向"有序"的制衡、协调机构，而是为"无序"火上加油，更无法制定符合实际的可行性措施。"公民大会"作为一个政治实体，实际上已经瓦解。

由于整个城邦公民阶层贫困化，为维持金光灿烂的历史地位，除了加紧剥削奴隶外，还进一步压榨、剥削邻邦，于是爆发了灾难性的、旷日持久的"伯罗奔尼撒战争"。这个战争开始的那一年，苏格拉底37岁，在孔子的"而立"、"不惑"之间。

当孔子"坚信"（"不惑"于）"周礼"传统时，苏格拉底却对古代雅典城邦民主制产生了"怀疑"。他亲眼看着这个"制度"（实体）是为何"解体"，一个辉煌、美好的东西，怎样"腐败"的，一个"真实"的、"强有力"的东西，怎样"变成""空虚"的、"摇摇欲坠"的东西的。

苏格拉底和孔子一样，都看到现在这个世界，现在这个制度"变""坏"了，从原来的"有序""变成"了"无序"，从原来的"治"，"变成"了"乱"。他们都猛烈抨击当时的现实制度，孔子成了"木铎"，苏格拉底成了"牛虻"（$\mu\upsilon\omega\pi\acute{o}\varsigma$）[①]。

---

① 柏拉图：《申辩》篇30e。

在现实生活里，孔子要比苏格拉底幸运些。孔子在家乡鲁国做过三个月的司寇；所到之处，虽然不接受他的建议，但除陈、蔡受困，遭到一些人的白眼外，一般还受到礼遇，最后因建议鲁君讨伐弑君之齐陈恒未果，抑郁而死，年73岁，可谓高龄善终。

苏格拉底要惨得多。苏格拉底在雅典民主派推翻三十僭主之后于公元前399年被"公民大会"判处死刑，当时的罪名中最主要的是"引进新神"和"腐化青年"，看来并无直接的政治颠覆活动罪。事实上，苏格拉底也并不像孔子那样热心直接参与政治决策活动，他只是聚集一些青年人——据说有些是青年贵族讨论哲学性、理论性的问题；可是当时雅典的民主派政治家们似乎对自己的"政敌"十分宽容——在推翻三十僭主后有"大赦令"，但对"思想"问题倒非常严厉，这从他们对待阿那克萨哥拉、普罗底柯以及后来的亚里士多德看，可能是有这个倾向。

据说，当时雅典的法律执行不很严格，苏格拉底有机会在学生的帮助下逃出雅典，但他为了表示他是忠于雅典城邦的，所以宁愿受死，不作逃跑之举。这段历史，加强了苏格拉底之死的悲剧色彩，苏格拉底的"悲剧"以及他不仅作为哲学家，而且作为"悲剧英雄"，引发出许多深刻的议论，但在当时，他的确付出了生命的代价。

无论"善终"或"被处死"，孔子和苏格拉底在现实政治上都没有把当时的社会由"乱"再变成"治"。"周礼"固然不可能在严格的意义上被"恢复"，雅典的城邦制度，也未能回到伯利克里时代，但他们的精神，他们对"治"、"乱"、对于"有序"和"混乱"的思路，并由此而深入涉及到的"哲学"根本问题，却有着非常持久的历史作用。

二、从"天上"到"人间"

据西塞罗说："苏格拉底第一个把哲学从天上拉了回来，引入城邦甚至家庭之中，使之考虑生活和道德、善和恶的问题。"[①]

[①] 西塞罗：《阿卡德米卡》(*Academica*) (1.4.15)；参阅格思里：《希腊哲学史》第3卷，第418—419页。

苏格拉底和孔子都不仅仅是政治理论家，而且是哲学家，他们对于现实世界、现实社会的批评看法，都有其哲学的理论根据，也就是说，他们对"现实"的看法，都有其"超越（现实）"的"根据"。

希腊是西方哲学的发源地，到了苏格拉底的时代已经有了相当坚实的哲学系统，史称"前苏格拉底哲学"，其特点按照后来亚里士多德的说法，主要是"自然哲学家"和"毕达哥拉斯学派"，亦即思考重点在"自然"（物理）和"数学"两个方面。

"前苏格拉底哲学"以感觉经验得到的自然现象为"对象"，采取静观、观察、分析的态度，从纷繁、变化的自然现象中把握其规律，在偶然中见出必然，从"混乱"（混沌）中见出"和谐"。在他们的眼里，世界就是"有序"如何从表面的"无序"中呈现出来，于是"自然"具有"宇宙"（cosmos），亦即"和谐"、"有序"的意思。

早期"自然哲学家"首先要在世上万物的生长、变化中找出最原始、最本质的"本源"（ἀρχή）。古代希腊第一个大哲学家泰利士说"万物的本源为水"，但毕达哥拉斯学派和赫拉克利特则说这个"本源"为"火"。无论"水"或者"火"，其本身虽"无定形"（ἄπειρον），但在进入可感世界后，则都是"可以度量"的，是符合"Logos"的，因而也是在"宇宙"的"和谐"合奏之中。事上的万事万物，都趋向于一种"平稳"——"公平"、"正义"，如果破坏了此种"平衡"，则"天上的""复仇女神"（正义女神）就会施以报复和惩罚，以求维系"平衡"与"和谐"。就连泰利士的学生阿那克西曼德也都受这种观点的影响[①]。

说到"天上"，在古代无论中、西，都曾是哲人们的"理想境界"。人们举颈仰望群星，闪闪发光，它们是"可感的"，但它们的轨迹却是"不变的"，感性的东西真的按一定的规则运行，偶然性与必然性、现象与本质、现实与理想结合得如此和谐，如果没有一个"最高的理智者"加以"设计"，则是不可想象的。于是，在古人心目中，"上天"是"神圣"的、"奇妙的"，庄严肃穆，周行而不始，是"神"居住的地方。这时候的哲人，因崇拜"上天"，常仰观

---

① 参阅 F.M.Cornford, *From Religion to Philophy*, Harper Torchbooks, 1957, 第8—11页。

"天象",故被谑称为"望天者"。

至于我们居住在"地上"的芸芸众生,其情状则相当可怜。世上万事万物常常破坏平衡,人间更是时起冲突,"战争"是人世冲突的最高形式,赫拉克利特称"战争"为"王",它支配着世上的一切。世事更为过眼烟云,沧海桑田,人们甚至不能两次同涉一条河,哪里有什么"可靠的""自然知识"?

苏格拉底在历史上的划时代作用在于清楚地指出关于"自然"的经验知识永无可靠的时候。因为他的提倡,德尔斐神庙的格言"认识你自己"有了更深刻的哲学内容,"认识自己的无知"成为哲学史上的重要命题,于是,人们的注意力从"外在的"转向"内在的",从"天上"转向"人间",从"自然"转向"灵魂"。

"灵魂"不同于"自然","自然"为"生长"、"变化","灵魂"则"不生"、"不灭","灵魂""不朽",因为"灵魂"为"一"(单一),而"自然"为"多"(杂多)。

苏格拉底的"灵魂"受阿那克萨哥拉"努斯"(νοῦς)的影响,柏拉图在《费多》篇里有详细记述;不过,"努斯"只是"思想体",是"静止"的,而"灵魂"则是"活"的,是"生命体"。"努斯"作为"思想体""容摄"万物;而"灵魂"以"生命"的原则,使万物"动"中有"序"。因此,"灵魂"以"努斯"为内容,实为一个"小宇宙"(minus cosmos)。"小宇宙"和"大宇宙"一样,应是"和谐"、"协调",而不是"纷乱"、"混沌"的"感觉"世界。

中国古代,没有出现像古代希腊那样明显的"自然哲学家",但中国古代对"天(道、命)"的崇拜,则是和古代希腊人相同的。中国古代还特别强调"人间"要以"天(上)"为"法","小宇宙"(人世间)要和"大宇宙"一样"和谐"、"有序"。

周代是相信"天命"的时代,传说周文王演算"八卦",除了迷信的成分外,其思想基础为:人间的事原都由"上天""安排"好了的,世上万物万事,本该各就各位,按"安排"好了的"轨道"运行,只是"人"被"私欲"所蒙蔽,久而久之,"忘掉"了已定的安排,造成万物"错位",天下纷争的局面。圣人的任务,一方面从理论上阐述"各就各位"的意义,另一方面也要通过一些特殊的技术——比如演算八卦,来预知"上天"已"安排"好了的进程,以便自觉遵从这个"安排"。

孔子一生为恢复周礼——恢复社会的"秩序"而奔走呼吁,他的思想,当然有一个"天道"在支持之;而到了晚年,当他对自己"复礼"思想再作进一步思考时,他发现自己的"仁"、"义"、"道德"这些为"复礼"服务的理论,似乎都能在《周易》里得到更深层次的支持和呼应,于是孔子感叹道:"加我数年,五十以学易,可以无大过矣"(《论语》"述而"),按《史记》"孔子世家":"孔子晚而喜《易》,序《彖》、《系》、《说卦》、《文言》。读《易》,韦编三绝,曰:'假我数年,若是,我于《易》则彬彬矣。'"

孔子晚年重视《易》大概是事实,至于十翼——《易传》哪些是孔子的话,就像柏拉图《对话》中哪些真是苏格拉底的思想,哪些是柏拉图自己的思想,这种分析、校勘的工作,需要专家们来做。不过无论如何,《系辞传》第一句话就是"天尊地卑,乾坤定矣。卑高以陈,贵贱位矣。"与孔子"复礼"、"安仁"的思想是一致的;接下来的话是:"动静有常,刚柔断矣。方以类聚,物以群分,吉凶生矣。在天成象,在地成形,变化见矣。"也符合孔子思想。

《易》的思想,根据的是万物皆有"定位",合其位则"吉",错其位则"凶"。之所以为此,乃是自从"开""天"、"地"以来,"天"、"地"的"位"就是"定"了的,因而就卦而言,"乾"卦和"坤"卦的"位"也是"定"了的。《易》作为古代"占卜"的书来看,是用特殊的符号来"演算""位"的"正"、"错",以"测""吉"、"凶"。而春秋时代,世上诸事不断"错位",正是"混乱——"凶"的极好例子,要求社会之"安定"——"吉",一定要让世上诸事都"正"其"位",各就各位,这是孔子为其奋斗终生的理想,《易》是在理论上和"技术"上"支持"了这个理想,所以得到孔子重视,就不完全是"迷信"的原因;孔子看重的不是因为《易》包含了在行动之前先问"吉凶",而不问"对错",只问"利",不问"义"的主张,这是违反孔子儒家的基本原则的。孔子之所以重视《易》,并不是《易》只问"吉凶",不问"对错",恰恰是《易》要以"对错"来"定""吉凶",才为孔子所看重。《易》不是让人"审时度势"只求"成功",只问"成败"而不问"大义";《易》不是"小计谋",而讲的或"演算"的恰恰是"天""地"之"大义",是"大是大非",是以"大义"来"定""吉凶",以"对错"(位)"定""吉凶"。

无论"天上"、"人间",无论"东方"、"西方",古代的贤哲都要在"混沌"、"混乱"中寻找"和谐"、"有序",因而不仅从事物中看到它们的"不可限定"(ἄπειρον)的一面,而且要看到"有限定"的一面,这样,世上万事万物才有可能从"无序"向"有序"发展,"人间"也才会像"天上"那样"和谐"、"太平"。

三、"应该"与"德性"

苏格拉底把哲学从"天上"拉回"人间",讨论伦理、道德问题,但他探讨的不是具体经验的伦理学问题,而仍是哲学问题;孔子虽然很重视具体的伦理问题,但他的思想基础仍是哲学的、超越的。

这就是说,"和谐"、"有序"不仅是个现实问题,而且是个"理想"问题;而所谓"理想",则是"应该"、"应如(此)"的问题:世上的万事万物"应(该)""是其所是"——"该是什么,就是什么",这样就会"天下""太平"。

在古代希腊早期,人们认为世上万事万物都是"生长"(φύω)出来的,所以要寻求"源头"——ἀρχή;到了苏格拉底时期,人们越来越觉得自然之奇妙,结构得如此精巧,必有一个高级的"设计师"在,万物都是根据一些"模子""设计"、"制造"出来的,此种思想推广出来并深化下去,则成为"理念"论。苏格拉底有没有"理念"论思想,是有争议的,但至少柏拉图《对话》里的苏格拉底是持这个观点的。

"理念"(εἶδος)是世间万物的"原型",这个"原型"当是最为"完善"的,而具体的事物都要努力向各自的"原型""靠拢"。"理念"就是事物"应该(是)"的那个"样子"。有了"应该","理念"就不是一个抽象的"概念"(concept),而具有"德性"的意思。

"德性"(ἀρετή,virtue),最初不局限于"人"的具体的"美德",而有更为广泛的意义:万物莫不有"德"。而这个更广泛的意义,无论中国或者希腊,都是共同的。中国古代"金"、"木"、"水"、"火"、"土"被称为"五德"。和"理念"一样,"德性"乃是"是其所(应)是"。

这里之所以要加上"应该"的意思，是为了更加清楚地区分"理想"和"现实"，强调"现实""应该如""理想"那样，而缺点是达不到那种"理想"的境地。"理想"永远是"理想"。这是苏格拉底——柏拉图"理念论"很具哲学性的思路。

"应该"的使用，在这里还有一层意思："现实"要按"理想"来"校正"。在苏格拉底看来，"现实"之所以如此混乱、无序，正是因为"现实"自行其是，而没有以"理想"——"理念"为"模本"。"理想"——"理念"是"智慧者""设计"出来的，是"合理"的，因而是"有序"的，不会"乱"。世上万事万物，虽不尽合"理想"——"理念"，但如果努力按"理想"——"理念"办事，各自发挥自己的"德性"，则天下就不会纷争；如今雅典的公民，个个都像"原子"那样各行其是，其结果只能像德谟克里特指出的那样"互相碰撞"、"乱作一团"（δινή）；而苏格拉底——柏拉图的"理念"论，又离不开他们关于"灵魂"和"努斯"的学说，因为"理念"总是"思想性"、"理想性"的。

然而，孔子的"礼"则是非常"现实"的东西，他相信，"（周）礼"过去实现过，现在丧失了，将来则仍会实现的。当然，就"现时"的当今社会来说，"礼"又是"理想性"的，因而在某种意义上，孔子提倡的"礼"也有"超越"的根据和更加普遍的意义，即"礼"不仅为一种"仪式"，而且也是一种"德性"。

《中庸》开头就说："天命谓之性。"可见，天下万物之"性"是"天""定（命）"的，在"人"是"人性"，在"物"是"物性"。"性"不仅是经验自然的，而且是"超越"的，"理想"的，"尽性"为"天职"，努力使"超越"的"理想""现实化"。"性"就是"德"，就是"德性"。

"德"为"得"，"得"到"自己"的"性"，而即在天地间找到了"自己"的"位（置）"。中国古代早期许多思想带有"方位"性。"方位"要"正"，处于"正""中心"，万物各处于自己"应（该）"处的"正""中心"，则万物各得其"位"，各得其所而天下则归于"太平"——"大平衡"——"大宇宙"——"大和谐"。

孔子不仅在政治上提倡"复礼"，而且为"礼"奠定了一个"内在"的基础，孔子提出"仁"的思想；"仁"成为中国强有力的传统观念，影响至今。

说"仁"是"内在"的，是因为"它"在"里面"，在"核心"里。"核心"的"心"也是"在里面"，"在当中"的意思，就像希腊早期的"灵魂"，是一种"嘘气"，而不是"努斯"，中国早期这个"心"，也是"中心"、"当中"的意思，不专指现代意义上"精神"、"思想"的意思。"人"的"心"长在"小宇宙"（人体）的"当中"，处在"内里"，而万物莫不有"表""里"、"斜""正"，所以都有"心"——不是都有"精神"、"思想"，而是都有"中心"。凡物准确无误地处在自己该处在的地方，就叫"正中"，它就"稳定"、"平衡"；而"不平"、"不中"、"不正"则"错"，则"乱"。

"仁"为"二""人"，"二""人"为"二端"，不能各执其"端"——不能只顾"自己"（私），还有"他人"；在"二端"之间有个"中心"，每人都要（应该）把"自己"（私）放到"中心"、"当中"去，是为"正"，而不是"偏"（私）。所以孔子在普遍的意义上说"仁者，爱人"（《论语》"颜渊"）。"爱"就是想到还有"他人"，而执着于"自己"（私），则想不到"他人"，是为"偏"，是为"不仁"。

"仁"者，要把自己放"正"了，要认识到"自己"是"在""人（群）""当中"，被"他人""包围"着，要把"关系"放"对"——"君君臣臣父父子子"，做你该做的事；"父"不"慈"，为"不仁"，"子"不"孝"为"不仁"——没有"处在"自己该处的"位置"，没有"立"在你应该在的"位置"上，为"不中"，为"偏（斜）"，为"错（位）"。"错"了，"偏"了，就要匡"正"、"纠编"，要"举直错诸枉，能使枉者直"（《论语》"颜渊"）。

"礼"和"仁"互为表里，"仁"处于"核心"、"当中"、"内里"的位置，孔子说："人而不仁如乐何？人而不仁如礼何？"（《论语》"八佾"）。孔子把"礼"的问题提到、深化到"核心"的地位；一个社会，一个人，"内里"、"心里"、"核心"要坚持住、把持住"仁"——"礼"，这就是"中庸"——"中心"、"当中"、"核心"要"坚定"（庸常、持久，不动摇）。"内心"、"内里"把持住了"仁"，"意志坚定"，由"里"及"表"，由"内"及"外"，由"未发"而到"发"，则"皆中节"，这叫做"和"。《中庸》说："中也者，天下之大本也；和也者，天下之达道也；致中和，天地位焉，万物育焉"。

孔子其时感叹"中庸"大德"民鲜久矣"(《论语》"雍也"),内心意志坚定的人太少了,颜回坚持了三个月已受到表扬(《论语》"雍也")。孔子重视"中庸"的思想,后来被宋儒大大发扬,是因为"中庸"不仅是一般的道德修养,事事采取"和稀泥"的态度,而是有一层"形而上"的道理在内。

* * *

"性"、"仁"、"理念"都有"应该(如此)"的意思;"现实"的世界可以很"纷乱","理"不出个"头绪"来,但"应该"的世界、"理想"的世界,则是有"理路"的,有"规则"的,因而是"合理"的,"和谐"的。我们(人)的"天职"就是要按照"应该"、"理想"来改造这个世界,使其(更加)"合理"、"和谐"——"太平"。

当然,从现代的科学眼光来看,世界本是有规律的,"理想"本是从"现实"中产生出来的,这个关系是不能颠倒的;事实上"天"、"地"也是"现实"的、"自然"的,宋代邵康节说:"以道观天地,则天地亦为万物"(《观物内篇》),"天"并没有什么"神秘"的地方;只是远古的时候,"天"高高在上,离得远,古人才对它有"神秘"感。

古代希腊从苏格拉底开始,把"哲学"从"天上"拉回到"人间",其"和谐"、"有序"观念,不仅有"观天象"的假想,而且有毕达哥拉斯的数学和后来的"几何学"(测地学 geometry)的支持,其"应该""遵从"之"理",逐渐由 Logos 变为 Logic;中国古代的"和谐"、"有序",来自"周易"、"周礼",来自孔子的"仁"、"中庸",对于"天"、"地"、"人"三者关系中的"秩序",有自己独特的理解方式,是很值得进一步研究的。

(原载《中国哲学史》1998年第2期)

世间为何会"有""无"？

这个问题，先有莱布尼茨提出，海德格尔作为他的核心问题加以思考。它涉及形而上学基础，也涉及海德格尔的全部思想。

我有一篇文章的题目为"'人''有'一个'世界''在'"，现在这个题目免了"在"字，不等于不要，因为"有"与"无"对应，"在"与"不在"对应，此处的"有"，不是经验意义上的"to have"，不全是"我有一顶帽子"那个"有"的意思，而就是"to be"，就是"在"。在形而上的意义上，"在"与"有"可以相通，所以，这个题目同样可以理解为"为何会'有''无''在'"。本文的"有"和"存在"为一个意思。

一

海德格尔在《什么是形而上学？》里说，传统的形而上学只知道问"有"，不知道问"无"，而海氏认为，恰恰这个"无"，是形而上学应该追问的。

传统形而上学从亚里士多德起，问"诸存在"的"存在"，问"万有"之"有"，从"诸存在"、"万有"中概括和抽象出一个普遍的"存在"、"有"。此种抽象之"存在"和"有"，因其不可被直观而实只是一个理念，而理念为"不存在"。于是，本应"存在"的事物的"本质"（Wesen），实为一"思想体"（noumenon）而并不存在，即世上并无此种"本质"，"本质"（理念）"在""思想"里，但"思想"不是"存在"。这是传统形而上学的内在矛盾。

传统形而上学之所以会产生这个矛盾，乃在于它的思想基础仍建立在经验之上，想从感觉经验的基础上"超越"出来，那只有"抽象""概念"一途。海德格尔说，经验科学只能以"有"（存在）为自己的"对象"；经验科学不涉及"无"（不存在）。

这里，海德格尔说到了他那著名的"罐子"（der Krug, jug）。他说，科学不允许这个"罐子""空"着。空罐里有空气。人们把水倒进去，无非是将罐里的空气挤出来。经验科学只允许用"有"的不同形态来理解"世界"——这是古代希腊哲人为我们确立的非常伟大的思想路线，借此我们得益多多。

然而由这条思想路线推演出来的形而上学，则出现了问题。按这个传统推演出来的"万有"之"有"，在经验的世界竟找不出相应的感性对象，因而走向了反面——"无"，而按这条思想路线，"无"又是不被允许的。

二

海德格尔说，其实形而上学就是要追问这个"无"，追问那个经验科学所不允许过问的"无"；不过，这个"无"并不是传统所谓的"理念"——"思想体"，而是同样"有"它的"Wesen"。于是就有了我们这篇文章的怪题目——"'有'（一个）'无'"。这就是说，"无"不是没有的，而是有的，"无"不是不存在的，而是存在的。这就是说，我们人世间，的的确确"有"一个"无""在"。

按经验科学的道理，我们清楚地知道，世上只有"有"，没有"无"——马上又想起那个"罐子"来——那么，这个"无"又是怎样出来的？

或许，"无"是从"否定"来的？面对一棵树，我们说它"不是"一个人；我们说，"2＋2不是（等于）5"。如此，我们将这里的"不是"概括、抽象出来，成了"无"。不过，正如斯宾诺莎指出的，一切的"否定"都意谓着"肯定"。"不是"什么，总还意谓着"是"另一个什么。"不是"人，而"是"树；"不是"5而"是"4，等等，这个语词上的"否定"，是相对的，相对于"肯定"而言。而形而上的"无"则有绝对的意义，它不是从一般的语词的"否定"发展出来的，相反，倒是这个语词的"否定"是从形而上意义的"无"发展出来的：因为世上真的"有"一个"无",我们才有现实的根据说"不"。人之所以可以是"创造者"、"创始者",其根据在于世间本"有"一个"无"。如果世间一切皆为"有",则不要说人,就连神也只是一个"改造者"、"加工者",而非"创造者"。这是古代希腊人就很明白的道理。

三

因为世上本"有""无",于是我们就有根据进一步问："无""是"什么？对这个问题,我们会说,"无"什么也"不是"；但既然什么也"不是",为何又说它为"有"？

"不是"是一种"否定"。刚才说过,形而上意义的"否定",是绝对意义上的"否定",也就是说,它"否定"一切的"有",否定"万有",否定一切的"诸存在者",用海德格尔的话来说,它"否定"一切的 Seiende。否定一切的"存在者",就是将"万有"作为一个整体（the world as a whole）来加以否定；而这个"万有作为整体"恰恰就是传统形而上学所要研究的对象,否定了这个整体——大全,也就等于否定了传统的形而上学。这样对"有一个无",这一命题的追问,展示出一个不同于传统形而上学的思考方式。

这个不同于传统形而上学的思考方式,实际上来源于海氏老师胡塞尔的现象学。胡塞尔的现象学方法,要求将一切的经验的东西、自然的东西都"括了出去""存疑"（epoche）,而一切经验、自然的东西,实际就是海德格尔的"Seiende"。对经验、自然东西的"存疑"、"悬搁",就是对"Seiende"的"否定"。

那么,将一切"Seiende"都"括出去"之后,还剩下什么？对于这个现象学的"剩余者",海德格尔说是"无"。这就是说,经过胡塞尔现象学的"排除法",剩下那"括不出去"、"排除不出去"的东西,即还"有"一个"无""在"。

追问"悬搁"后还剩下什么,你回答"剩下一个无",就一般语词意义说就等于说"什么也没剩下"。你这种回答岂非要弄语言游戏？不然。如果说,这里的"无"只是通常意义上的"否定"的意思,则你回答说"剩下一个无"

就等于说"什么也没剩下",是对"剩余者"的否定;如果从形而上的意义上来理解"无",则这个回答就是有意义的。因为世间原本就"有""无""在",这个回答就意味着"无"是"排除法"排、括不出去的东西。

四

世界明明全是"万有",你怎么居然说"有""无"呢?

我们之所以会"发现"世上的确"有"个"无",是因为我们人类原本是"Dasein"。人作为"Dasein",就使世界"有"了"无",或者用萨特的话来说,人给世界"增加"一个"无"。

可是大家都知道,在《存在与时间》里,海德格尔强调的是"Da-sein"使"Sein"明起来了,这里怎么又把"Nichts"(无)和"Dasein"联系起来讲了呢? 当然,在《存在与时间》里海德格尔也谈到"无"的问题,但他的重点的确是在讲"有"(Sein),这也许正是他过了两年之后(1929)以"什么是形而上学?"这个题目着重讲"无"的原因。他是要进一步阐明"有"与"无"的关系,而一直到20世纪50年代以后,仍在思考这个问题。

人作为"Dasein",为何与"无"有关?

我们知道,在海德格尔的思想中,人作为"Dasein"有其特殊含义,辨明此种含义乃是海德格尔《存在与时间》的主要立意之一;在《什么是形而上学?》里,他则着重将"Dasein"和"无"联系起来,表明"Dasein"如何"知道"(发现,befinden)"有"一个"无""在"。

在《什么是形而上学?》里,海德格尔的"Dasein"是通过"畏"(Angst)来体验(erfahren)"无"的存在的。海德格尔说,人生在世,与各种的"物"(Seienden)打交道。康德哲学已经证明,对于"物"在"总体",人是无法把握的;但人作为经验的存在者,却可以体验它自己是在万物之中,它被万物所包围。这时候对于经验的人来说,可谓一切皆"有",万物只有相对意义上的"否定"——非此即彼;然而,一旦人发现自己是"Dasein",亦即海氏在《存在与时间》中说的,"Dasein"是时间性、历史性的,则此时的万物作为一个"整体",就会"离去",人与物皆会处于"漂浮"之中,此时人的心态为

"畏",在"畏"的心态中,人体验到"无",人通过"畏"体验到"无"的"存在"。话说到这里,意思还不是很清楚,为什么人作为"Dasein"就会使本与人为一体的万物"漂离"而去,仍是需要加以阐述的问题。

在《论事物》里,海德格尔提到天、地、人、神——海氏后来常说到这"四大",但《论事物》里,说得很集中。当他说到人时,他强调人是"会死的"(sterblich, mortal),这原本是古代希腊贤哲对"人"的一种理解,说"人(族)"与"神(族)"的区别就在于前者是"有死的",后者是"不死的",海德格尔在这里赋予了新的意思:所谓"有死的"是"会死的",是"有能力"死。这是人作为"Dasein"最重要的意义所在,其他如"有限的"、"时间性的"、"历史性的"等等,都是和"会死的"相联系的。

于是,我们看到,人作为"Dasein"的"会死性",使得人的世界"有"一个"无""存在"。所以,海德格尔在《论事物》里说,"死"是"无"(Nichts)的"(佛)龛位"。这就是说,"死"这个"(佛)龛位"里供的是"无"。

把"无"与"死"联系起来,并不完全是消极的意思,不是说,死了就一了百了,既然人固有一死,则凡事都得想开些;功名富贵,到头来还不是一场空?实在说来,海德格尔并非这个意思;从某个方面来说,海氏的意思还有相当的积极意义在内。

还是在《论事物》里,海德格尔说,只有人才有"死",动物只有"终结"。当然我们平常也说动物"死"了,这里的"死"是经验意义上的"死",亦即终结一种形态,人之"死"当然也有这方面的意义。但人之"死"还有自己的特点——人之"死"并不完全意味着终结,也不完全像讣告里宣布的那样"死于某年某月几点几分"。这就是说,人之"死"不是一刹那、一瞬间的事,不是一个"点",而是一个"过程",一条"线",一个"流"。

在这个意义上,人"生"的过程和"死"的过程是同一个过程,"向上的路"和"向下的路"是同一的,这是赫拉克利特的话,于是才有人生而"趋向死亡"这样初看很骇人听闻的话。

于是,我们还可以看到,从这个意义来说,我们甚至应该说,动物并没有"死",只有人才真的"有""死"。我们不能拥有那一刹那、一瞬间的东西,而只能拥有在时间中保持自身"同一"(Identitaet)的东西;"生"和"死"既是一个过程，在这个过程中保持着自身的"同一性"，则我们就真的能够"（拥）有"它。

同理，"无"也并非在一刹那间全部都灰飞烟灭，这样的"无"当然我们"没有"——不存在；但如果"无"也是一个过程，也在时间中，也有时间性，亦即"无"作为动词理解，"无"者"无之"——"使之无"，则"无"也是（做）一件"事"，这件"事"自是一件实实在在的"事"。于是，在这个意义上，即在动态的意义上，"无"同样也是一个"事物"。这样，我们就完全有根据说，世界上的确"有""无""（存）在"。

然而，"无"之作为"事物"（有），又和平常经验上的"物"——海德格尔的 Seiende 完全不同。古代希腊人就告诉我们，"无中不能生有"，巴门尼德说，存在就是存在，不存在就是不存在，所以，Seiende 不能归结为"无"，它只是存在形态上的变换，而不能变为"无"；所以在 Seiende 的世界里，在日常经验的世界里，没有"无"的地位，即在这个世界里找不出"无"来。经验科学既以这个 Seiende 世界为对象，则"无"就不是这种科学的对象，经验科学对于"无"无能为力，对于"无"一无所知。

追问"无"、思考"无"本是哲学-形而上学的事，只是从古代希腊以来的形而上学传统只研究万有之"有"，千方百计努力把 Seiende 作思想上、理论上的"概括"，囿于 Seiende 之范围，虽"抽象"而无真正的"超越"，像经验科学一样，只及"有"而不及"无"。

五

殊不知，就哲学-形而上层次来看，"有"与"无"乃是同一事物的两面。黑格尔已接触到这个问题，但他只说，抽象的、单纯的"有"（存在）只是"无"，"有""无"的矛盾要进入"变"，要有一个"（辩证发展）过程"，"有"才是真正的、现实的"有"，才是"真理"。当然，我们应该承认，黑格尔的思想是非常深刻的；不过它的深刻性，经过了海德格尔的发展，得到了更进一步的发挥，其重要性才被进一步地认定。

在这里，我想提醒读者要对这里的"过程"给予特别的重视。

虽然，我们在研究海德格尔思想时总是经常强调他所谓"时间性"、"历史性"，但我们要把这个思想贯彻下去，倒也并不很容易；我们往往停留在一般表面的意义上来理解"时间性"、"历史性"。实际上，我们应该把这种"时间性"、"历史性"贯彻到海氏的一切基本思想、基本概念中去，如此，我们才会有贯通之感。

我们记得，在研究海德格尔的主要概念——Sein 时，我们都还是很强调这个词是由动词变来的，因而要从"动态"来理解；但进一步怎样说下去，好像就不太容易了。

其实，不仅"Sein"，而且"Nichts"、"Welt"，海氏都是从动态来理解的。在德语里，"Nichts"和"Welt"都不是从动词变来的，海德格尔却都要造出它们的动词形态来，"Nichts"的动词是"nichten"，"Welt"的动词为"welten"，这不是故作艰深，实是不得已而为之。在动态的意义下，Sein 为"使之有"（有之），Nichts（nichten）为"使之无"（"无之"），Welt（welten）则为"使之成为世界"——中文很难有确切的译法，但意思是清楚的，都是"使之成为……"的意思。

最有意思的是在《论事物》里，海德格尔还将德文的"Ding"（物，事物）也动词化，造了一个 dingen（德文原有这个动词，但与名词意义的"事物"无关）。他说："Das Ding dingt."又说："Das Ding dingt Welt."单凭这两句话，就很容易让人感到海德格尔在做文字游戏，故弄玄虚。不过如果我们深入、仔细地联系海氏整个思想路线来看，这两句话不但是可以理解的，而且是相当关键的。

我们先回过头来看"Sein"和"Nichts"，看"有"与"无"。我们刚才说，作为动态来理解，"有"与"无"实际上是同一个"过程"，此话怎讲？

在一般的意义上，"有"与"无"为同一过程这话有些费解，但如果我们把它和"生"、"死"问题联系起来考虑，就比较容易通顺。"有"、"无"就是"生"、"死"，于是才有莎士比亚那句名言："to be or not to be"。

海德格尔的"有"（存在）是有时间性、历史性的，而不是无限的，则"有"作为过程来说，也是有限的，有时间性、历史性的。所谓"有限的"，就是有始有终、有头有尾的。于是，海氏的"有"是"全"，是"成"，而且，所谓"全"、"成"、"头"、"尾"、"始"、"终"等等，都要作"过程"解。

"（大）全"作为一个"过程"，这是黑格尔说得很多的，一般也比较好理解；但是"头"、"尾"、"始"、"终"一般都作为"点"来理解，譬如我们说"终点"，现在也要作"过程"解，则就要换个角度看。

我们说，始、终、头、尾都是相对的，始是终的始，终是始的终；头是尾的头，尾是头的尾，而就 Seiende 的本质来说，原是无头无尾、无始无终的，只有"Sein"才是有限的。

那么，何谓"始是终的始"？所谓"始是终的始"这句话，就意谓着"终"是一个"过程"，它——"终"——有一个开始。

从这个角度来看，"Sein"既是一个"全"，则我们可以说，它是一个"终"的过程。当然，我们也可以说它是一个"始"的过程，是一个创始-创生的过程。于是，这同一个过程我们就有两个名字："始"和"终"；同理，我们也可以说这个过程是"头"，是"尾"，是"头"的过程，也是"尾"的过程。

同样，这个过程，既可以说是"有"的过程，又可以说是"无"的过程，是"无"从起始到终结的过程。

从这里，我们逐渐明白，海德格尔为什么要生造那样一些动词——他是想把这些词的动态、过程的意义强调出来。"无"为"使之无"、"无之"，"终结"亦是"使之终结"的过程；"无"、"终结"、"死"，同是这个"创生"、"使之有"的过程。

同一个过程可以有不同的视角，因而有相反的、对立的名字，我们中国的前贤也有很深的体会。《老子》书上说，"'无'名天地之始，'有'名万物之母。常'无'，欲以观其妙；常'有'，欲以观其徼。此两者同出而异名，同谓之玄。"如果将《老子》的这段话展开来讲，则正是海德格尔想说的意思，只是古人说话简练，没有展开来说。这个工作，由德国的海德格尔在 20 世纪初做了。

我们宋代还有一位具有哲学头脑的大文豪苏东坡，其传世名篇《赤壁赋》非常形象地表达了"有"、"无"之变的思想。苏子与客，泛舟饮酒于赤壁之下，触景生情，忆曹操当年雄师数十万逼下江南，"固一世之雄也，而今安在哉？"就曹操进军这件事来说，有头有尾，有始有终；在曹操当时，是从无到有,也是从有到无。就苏子其时来看,此事早已为"无",所以,在苏子眼里,就更能体会出这件事原是一个"无"的过程,悟到这一点,于是写下这千古名作。苏东坡还有一首"水调歌头"的词,表现了相同的境界。

六

于是,我们终于确确实实地"有"了一个"无"。

然而,Seiende 不允许"有""无",在 Seiende 的世界里,本无"无"。那么,"无"得有一个起源。天下本无"无",何时、何地多了一个"无"?

这样,我们看到,原来人们从古代希腊开始问的那个"本源"、"始基"(arche),都没有问对头。如果我们问 Seiende 的起源,将是无穷无尽,是为"apeiron",没有头,没有起源,这是亚里士多德非常反对的,但他费了许多心思从 Seiende 的抽象、概括里找起源,只在逻辑推理上做出了有益的工作,实际上并没有问到真正的起始处。

在经验的世界,如果我们问一个具体"物"的起源,譬如问鸟(类)的起源,我们追踪到"始祖鸟",而它的起源则是非鸟(类)。就这个意义来说,一切具体事物,都起源于"非(不,无)",所以就科学来说,追问诸存在者中某一存在者的起源,也能追问到"否定"——第一个该存在者前的那个存在者;但如此地不断追问下去,要问出一个万物之前的那个"否定"——"无",是不合理的,因为万物之前、之外,没有一个"无";"一切的否定都意味着肯定",不是鸟,总还是另一种"物",如此循环地问下去,问不到底。所以我们说,科学的知识是一条无限的长河,追问下去,是问不完的。

然而,按照我们前面所述,世间确"有"一个"无",那么,原本在经验、自然世界没有的"无",突然在人世间"有"了,于是,我们就有理由问它的起源。譬如,自然界原没有艺术,人世间"有"了,我们要问它的起源,于是,海德格尔作了《论艺术之起源》的演讲。

关于艺术的起源,许多学者做过大量的研究,做出了杰出的贡献;但艺术起源如做历史科学的研究,也是无穷无尽的,我们几乎无法找出人类第一件艺术品来。人们不能十分科学地断定谁是第一个艺术家,做了第一件艺术品。

海氏做这个研究，不把艺术作一般的"物"（Seiende）来看待，而是把它作"Sein"来思考。这样，人们的问题就起了变化。人们把艺术看做"Sein"，其起源就不再是"一个——第一个""点"，而是一个过程。因此，问艺术的起源就是问它的"存在"，它的本质——Wesen，也就是问它的"真理"（Wahrheit）。这里，海德格尔遵循的路线，仍然是胡塞尔现象学的方法。我们还记得，胡塞尔写过一本《论几何学的起源》，被德里达详细做了解释，奠定了德氏的学问基础。哲学——在胡塞尔是"人文科学"——探讨起源，并不问那个经验自然上的"第一"，问几何学的起源，并不是问谁是第一个几何学家，因为今人和古人在解几何题时原则上是一样的；问起源就是问本质，在海德格尔为"存在"。于是，我们看到，亚里士多德从早期希腊的"始基"（arche）转向他的第一性原理（原则），未能得古人追根寻源之意，而改变了哲学的方向。

无论东西方，古代贤哲之所以要追根究源地打破砂锅问到底，并非全为"好奇"，还在于探求事物之真实面貌——"本质"、"真理"。早期希腊哲学家探求事物之"arche"，实有其深刻的寓意在内，而并非由逻辑的方式或经验的观察方式所能涵盖的。中国古代《易经》说："原始返终"，道出了"始"、"终"乃同一个过程的意思。探究"始"，也就是探究"终"，是探究同一个过程，而这个全过程正是事物的本质，事物的真实存在——"Wahrheit"。

艺术是"有"，同时也是"无"。萨特说意识为"无"，艺术是意识性的产品，所以就艺术作为"艺术"而言，它也是"无"。

近年有青年学者研究"艺术起源"的，我总是说，艺术既为"无"，则经验的自然科学和经验的历史科学，往往不尽人意，有时甚至无所用其长，因为经验科学不以"无"为对象。我这个意思，还有另外一面，即：如果这个题目从哲学来做，当以黑格尔、海德格尔为榜样，将起源与"本质"、"存在"、"真理"联系起来考虑，则会有另一番天地。

海德格尔问，到底是艺术品使其作者成为艺术家，还是作者已是艺术家才使他的作品成为艺术品？我们看到，在通常的情形下，两种情况都可能有。有的是因为作品之水平遂使竖子成名；有的则不论作品水平如何，皆因出自名人之手，则亦号称"艺术品"。但就哲学的观点而言，两种情形都不是决定性的，而是艺术使作品成为艺术品，使作者成为艺术家，这是海德格尔在这个问题上很深刻的见解。这种见解不仅遏制了艺术家的"主体性"膨胀，而且有深一层的意义。

在日常经验的世界中，人——"有理智的动物"可以把世上没有的东西制造出来，世上没有汽车，人使其有了汽车，世上没有电灯，人使其有了电灯，等等，人不断地创造事物的新品种；人作为"有理智者"，通过自己的科学技术的发明创造，不断地使事物从无到有；然而，科学技术不能在根本的意义上创造"无"。原子弹也许可以毁灭世界，将高楼大厦夷为平地，但平地亦为"有"，甚至"物质"没有了，还有一个"混沌"，"混沌"亦为"有"。"理智者"、"知识者"、"技术者"——包括艺术的理智、知识、技巧，不能创造"无"，不能从"有"到"无"。这个"无"是世界上出现了作为"Dasein"的人后，自己显现出来的，从某种意义来说，"无"是历史性、时间性的产物。

艺术是（通过人）"自己"出现的。艺术有自己的过程，艺术为"使之成为艺术"、"艺术之"，艺术是"有"（存在）的过程，也是"无"的过程，"有"、"无"是同一个艺术过程（Die Kunst kunstet）。

七

不仅艺术，一切作为"有"（存在，Sein）的"事物"（das Ding），莫不如是。我们前面提到，海德格尔在《论事物》中用了"Das Ding dingt"，我们说他是要强调"事物"（Ding）的动态；通过我们对艺术的分析，我们还应该指出，包括艺术在内的"事物"其动态性都具有自发性，这就是说，都是"事物"自己运作的，人只是参与了这一运作而已。这一点，我认为对理解海德格尔思想是很关键的。

我们知道，海德格尔有一句很出名但很费解的话，叫做"不是人说话，而是话（语言）（自己）说"。过去我把它简化为"有话要说"，在理解上并没有错；不过我们还可以坚持用海氏自己的说法："话（语言）（自己）说"，人无非是替"语言（话）"说了出来。

要知道，在海德格尔那里，凡涉及"Sein"层次的，都是自己在运作，人只是参与的一分子。于是，上文我们不得已的一些翻译，如把"Nichts-nichten"译为"使之无"、"无之"，把"Welt-welten"译为"使之成为世界"，都需要进一步的限制：这些"使之……"，都不仅是人为的，而是"无"、"世界"自为之。就像艺术一样，并非人-艺术家为之，而是艺术自为之。艺术并非表达人-艺术家主观思想感情的手段、工具，相反，人-艺术家倒是艺术借以表现（显现）自己的手段、工具。

"Das Ding dingt"并非人"做事"，而是"事（物）"自为之；按我们过去的说法，也可以说，"事"让人"做"，对人来说，是"有事要做"。中国人说"事事"，一方面，不仅"事事"中前一个"事"为动词，而且"事事"中后一个"事"也可以作动词解，"事事"就是"Das Ding dingt"，另一方面，当然也是人"事事"；但我们有"无所事事"之说，意思是，没有什么事做——人不听"事"的呼唤，游手好闲。"事"并不因为有些人游手好闲就不做、不成了，你不做他做，总是有人要做的，"事"还是可以做成的。因为"事"虽少不了人去做，但"事"仍自为之。

然而，做事的人，则因其"事（物）"而"保存-保护"了下来，自与游手好闲者不同。此种"保护"，海德格尔叫做"bergen"——"埋起来"、"封起来"、"存起来"。

"事物"不仅"埋藏"着人，按照海德格尔的意思，它还"存留"着天、地、神，与人合起来，则"事物- das Ding"为"四合一"（Geviert）。

"事事" - "Das Ding dingt"不是凭空来做，"事"借助天、地、人、神来做，此"四大"都是"事"自为之过程中的一个因素，每一人只占其一；"四大"又都"拧成了一股绳"——海德格尔不会用这句话，则硬要把"Ring"与"Reif"区别开来，要"Ring""ringen"，而"ringen"则正是"拧"、"绞"的意思。海德格尔这里是要强调这"四合一"为不可分的统一性，说到其中一个就一定"反映"（spiegeln）其他三个。

对于这"四大"，海德格尔都有非常重要的解释。天为日月星辰，春夏秋冬，日夜交替，地承载、孕育着万物，人是"会死者"，神为"神圣者"（Die Gottlichen）——注意此词为复数，指诸神圣的东西——是"神性"（Gottheit）

的"暗示性"（winkenden）"使者"（Boten），传递着神圣的消息。这"四大"都在"事物"中自由地结合在一起，互相反映，你中有我，我中有你，所以，有一必有三。

天、地、人如果作为普通的一物，作为 Seiende，与其他诸物无异，俱是物质存在的一些形态。宇宙曾经没有天、地；人的产生，相对于天地来说，则是更为短暂的时间。况且，"天"高、"地"远，如何与"人"拧在了一起？

海德格尔的《论事物》主旨就在阐述"事物"（das Ding）如何使"天地""近"（Naehe）了起来。他说，一切新技术——新工具（如飞机、电话等）都未能使万物离人更"近"一分一毫；而是"近"者自近。"近"者乃使远者"近"（Naehe naehert das Ferne），"事事"乃使远者"近"。于是，"事物"存留（短期、有限期的逗留）（verweilt）了天地人神"四大"，使天地人神从"Seienden"（注意，复数，诸存在者）转化为"存在"（"有"，das Sein，注意，海氏只用单数，盖因"四合一"虽"多"而是"一"）。

在《论事物》中，天、地、人、神"四合一"，海德格尔谈得最多的是"人"。的确，海氏谈"人"的一段，值得反复来读。人的生死，人的时间性、历史性、有限性，使"有"-"Sein"的问题凸显出来。于是回到本文开始说的，死的"龛位"里供（放）的是"无"，而又"埋藏"（bergen）——保存、保护着"有"。"bergen"的名词为"der Berg"（山）。过去中国人的坟，隆起如一小山，里面"埋"着"死（人）"。并非古人愚蠢到认为那堆白骨有什么价值，实是因为那里"埋藏"着"有"（生）。"Der Tod birgt als der schrein des Nichts das Wesende des Seins in sich"，原来，这个 Sein 竟然是"在"（Wesende）"死"里！不但如此，海氏还紧接着说："Der Tod ist als der des Nichts das Gebirg des Seins."然后又说："Die Sterblichen sind, die sie sind, als die Sterblichen, wesende im Gebirg des Seins."这两句话里的"Gebirg"（山脉）不好懂。在论"技术"的一篇文章中，海德格尔指出，"ge"在德文中有"集合"的意思——《论事物》中的"四合一"也是用了"Ge-viert"——"Gebirg"是一个个山集合、连起来的意思。于是，"Gebirg des Seins"——"存在"之"山脉"，"存在"之"脉络"，就可以作中文的"命脉"解。

我们记得，"人"在海德格尔应作"Dasein"观。所谓"Dasein"乃是对

"Sein"加以"限制"——"Da"可以理解为"Sein"的（特殊）现在时，或者叫做"在场"，总之是"Sein"的一种形态。这就是说，"人"作为"Dasein"看，就进入了"Sein"的系列——进入了"Sein"的"绵延"，进入了"Sein"的"脉络"。

于是，世上有了"Dasein"，就有了"无"，也就有了"有"；从而面对着"无"，并不会全是消极的情绪，其中仍有积极的东西在。因为"无"保留着"有"的秘密，"死"埋藏着"生"的秘密。所以，埋着"死"的"坟墓"，也可供人瞻仰。瞻仰包括古墓在内的文物古迹，不是叫人消极，而是教人深沉、深刻——叔本华似乎也有这种体会，他在一个什么地方说过，面对"死人"，你会严肃起来——看到被古物、古人"死"、"无"所掩盖着的"有"和"生"——体味那"生命的脉络"，那绵延不绝的"命脉"。

（原载《中国社会科学》1998年第3期）

西方哲学研究中的中国视角

中国人研究西方的哲学已经有很多年的历史了，人们曾谓，在这个领域里，我们所能做的工作，主要是引进、介绍方面的事，要想在研究水平上与西方的学者比美，是很困难的。应该说，这个看法的确有相当的道理。研究一个异域文化，已属不易，何况哲学又是一门艰深的学问，在这个领域内，中国人自己的想法都不容易弄清楚，遑论异域哲人之超越的遐思和复杂的理论体系。

然而在积累了数代人的经验之后，今又处于世纪之交，世界经济趋于一体化，东西方交流日趋频繁之际，我们对于西方哲学研究的要求，则更当进一步有所提高，提出不仅要有准确的介绍，并要有深入的研究，而为在高层次上做到这两点，则又要在我们的研究中具有中国的特色，以中国的视角来客观而又深入地研究西方哲学，乃是我国西方哲学研究工作的重要任务，容申述如下。

一

就原理上说，哲学思考人生——包括自然与社会——最普遍的问题，既有生命的特殊性，又有理路的普泛性。各个民族的历史当然都有各自的独特性，不能互相代替，反映在哲学问题的思考上，亦各有特色，所以中国人与西方人对于人生深层问题的思考，各有特点，是非常明显的事实。然而哲学既为思考深层问题，则在纷繁复杂的"事实"里面必有其核心的问题在。"核心"是"在"里面，故不易一眼看穿，需要用些办法，将其"外壳"剥去，"核心"才能"看见"。哲学的办法不是刀斧,而是"思想"。哲学通过"思","看见"那事物的"核心"。

西方人从古代希腊的哲人们起,就对这个"核心"与把握它的"思",有过深入的研究,所以,严格意义上的"哲学"学科,起源于古希腊。对于这个"核心",在古希腊有"始基"、"种子"、"原子"、"理念"、"诸存在之存在"等说法,而对于那个"思(想)",也有 psyche,nous,以及亚里士多德总结的那一套蕴涵式三段论、辩证法等规则。于是,西方哲学里就有一个长期通行的说法,叫做"透过现象看本质"。

"现象"与"本质"的问题,西方人思考了几千年,相当成熟了。在18世纪末、19世纪初,康德出来说,那个"在"事物"现象""里面"、"后面"的"本质"是不可知的,从亚里士多德以来的形而上学传统要想"认识"那"本质"是白费工夫。在康德思想的启发下,西方哲学对于这个"本质"问题,有了更为深入的思考,这期间已经过了费希特、谢林,特别是黑格尔,这个"本质"丰富起来了,不是一个普泛的"概念",而是"具体共相",不是"抽象"的,而恰恰是最"具体"的;然而人们又发现,这个"具体概念",仍然是"概念",只是不同于经验科学里的"抽象概念",而是"理念"(ideas),是思想性的东西,这个东西"在"哪里?我们只能说它"在"思想"里",于是闹了半天它"不在"。为了让它真正"在"起来,在本世纪初就出了一个海德格尔,牢牢抓住这个"在"不放,算是把这个"现象"与"本质"的问题又推进了一步。

我们中国古代有没有对这个"现象"与"本质"问题作出思考的?当然有,不仅在经验层次上有许多深刻的体会,而且也有理论的概括。

我们知道,我国儒家学说的支柱为"仁学"。孔夫子提出"仁"来,可谓对当时的思想有很大的推进作用。孔子在社会政治上主张恢复周礼。因为当时社会秩序紊乱,所谓"礼崩乐坏",孔子主张用周礼来统一各国的秩序。在他看来,社会之所以乱,是因为各个阶层不得其位不安其位,错了位就会乱。制乱有各种办法,让社会恢复秩序,也有各种方案,孔子提倡周礼,虽有其较为严密的论证,但仍只是"一家言";孔子的大贡献在于提出了"仁",作为"(周)礼"的内在意义,从各种"现象"的关键中,揭示了"本质"。

所谓"仁",就是"核心"。"仁儿"就是"核儿",就是"心儿",这是后来一些研究者已经发现了的确切含义。当然,"仁"的含义很多,孔子针对不同的发问者的具体情况,也有不同的解释,但究其根本,与西方的所谓"本质",意义相通。"仁儿"、"核儿"有"种子"、"始基"的意思,更有"理念"、"存在"的意思。

"仁",当然关乎思想感情、道德品质,但之所以有这种关切,正在于它是"核心"、"本质"。"仁"为"是其所是"、"是其所该(应)是",故它是"存在论"的,也是"理念论"(道德论)的。世上万物,都"应(该)""是其所是","该"是什么就是什么,各就其位,各得其所,则天下万物就会处于和谐的状态,不会天下大乱。为"君"的就该像个为"君"的样子,为"父"的也得像个为"父"的样子,君君臣臣父父子子,都有自己的"理念",大家都"符合"各自的"理念",则为"理想国",秩序井然。

其实柏拉图提出"理念论"和孔子提出"仁学"的历史背景也有许多相似的地方。希腊雅典城邦民主制,到苏格拉底、柏拉图时代,也已"礼崩乐坏",议会为"蛊惑家"所操纵,朝令夕改,"现象"一片混乱,唯有倡"理念"之说,使人民各守其位,各安其位,公众的事(re-public),方可得以治理。

孔子的具体施政方案——恢复周礼,或可斥之为落后、倒退,事实上他老先生一生未曾得志,时代已然变迁,具体之周礼已不可复;然其所倡"仁学",乃中华哲学文化之精髓所在,比之柏拉图之"理念论",更有一层实际的意味在内。若究其绍述,西方哲学,固有千百年发展无出柏拉图、亚里士多德所提之问题,则我们中国之传统,更离不开孔子的影响。"仁"为"核心","在"事物之"中(心)",于是乎,"中庸"、"中和",甚至"中国"之名,都有了一层"形而上"的哲学意义了。

二

以上的看法,可谓互相参照得来。所谓"互相",乃是"由彼及此"和"由此及彼"都能相通的。用西方的参考尺度来看中国的传统,有所启发,已有相当之经验,自不待言;而用中国哲学思想作参考尺度来看西方的哲学,则就相当地缺乏经验，可能还有一些思想上的障碍，需得清除。

许多年来，研究中国哲学的人相对而言比较注重参照西方哲学的方法和理路，将中国哲学置于更大的历史参照系中来考虑，取得了相当的成绩，有时能对传统的哲学思想，有新的阐发。这方面的工作以五四新文化运动以后做得最多，成绩斐然，我们这一代人学中国哲学史，大都是在这个影响下读书的。我们读胡适的书，读冯友兰的书，也读侯外庐、张岱年的书，我们的中国哲学的基础是读这些书打下的，而他们都是结合着对西方哲学的理解来讲解中国哲学的，书中所讨论的问题和所依据的观点，符合当时的思潮，年轻人容易接受。

相比之下，对于西方的哲学则偏于一般介绍，就事论事，融会贯通的力度小得多，这在初创阶段，是难以避免的。所以当时王国维读康德、叔本华，用于解释《红楼梦》小说，而以他如此深厚的国学功力，竟未能对康德、叔本华学说本身多作自己的发挥，是很可惜的。这时候中国学者们的思想可能很谦虚，认为弄懂它的意思已属不易，而不愿妄加比附，这是一种科学的态度，是无可厚非的。

至1949年以后，全民学习马克思主义理论，无论中国（传统）哲学还是西方哲学，都要用马克思主义指导，取其精华，去其糟粕，都要有分析批判的态度。

现在回想起来，这原本是一个很好的机会，将东西方哲学，将中国哲学和西方哲学都归于马克思主义的批判大旗下，作哲学性的统一的思考，而在理论上——并非在实际上，淡化其壁垒森严的界限，以利相互之沟通。但实际的情况却不如人意，在"批判"中常有简单化的做法，常常反倒遏制了理论阐发，甚至成了乱扣帽子、乱打棍子的粗暴作风得以存身、滋长的借口。譬如人们总要在古代中国的哲学中作出符合现在标准的定性的判断，如某某书是唯心论的，某某人是唯物主义者等等，更不用说在"文革"中那种将学术问题与政治问题完全混为一谈的极端做法了。

在这一个时期，相比之下，研究西方哲学的处境似乎比较简单一点，因为有些工作马克思、恩格斯、列宁做了，有些被苏联宣布为要不得的哲学家，像尼采、叔本华，只当他们是反面教员，不必认真对待，而本世纪已进入帝国主义腐朽、垂死阶段,其哲学家自然不值得一顾,骂几句就算抬举他了。倒是从康德到黑格尔的德国古典哲学,有经典作家的定评,不可一笔抹杀,允许有时还是鼓励大家去研究、探讨,这真可谓是万幸了。

于是,中国研究西方哲学的大都以德国古典哲学为基础,上溯古代希腊,往下则横扫一切帝国主义现代哲学。在那个时代,我们对于当代的西方哲学禁忌多多,但对于西方古代哲学,却有一些方便之门;尤其是德国古典哲学,应该说,那个时候做的工作是很有意义的,而且还应该说,也还是有相当的水平的。

但是,一来是当时研究中国哲学问题中有些争论,常常有些背景非外人所能把握;二来也是因为学界本来人数众多而分工甚细,研究西方哲学的强调自身的专业性而不研究中国传统哲学的问题,甚至在我们这一代西方哲学的研究者中,潜藏着一个思想,觉得中国的传统哲学,不够"哲学味",因为它与体系庞大的、逻辑井然的德国古典哲学比,显得零乱而不成系统。扪心自问,我们大都有这个偏见。这种心态一直到80年代后期,才逐渐有所改变。

也就是近十几年来,研究西方哲学的,才逐渐感觉到,中国哲学自有其思想特点,但所思考的问题同样是可以和西方哲学讨论、沟通的,中西哲学的大门是可以为对方打开的。不但中国哲学需要以西方哲学作参考来研究,而且西方哲学如以中国哲学作参考系来研究,也会有一番新的境界。我曾尝试用老子的"功遂身退"思想来作为理解海德格尔"提前进入死的状态"这一说法的参考,虽不可能完全吻合,但对理解这个"状态",还是有帮助的。比较而言,我们的说法很平易近人,所以成了千古名言,但如仅作一般道德修养格言来理解,就失之肤浅;然而海氏的说法又显得笨拙而过于玄奥,容易引起误解,此时,老子的话,有匡正之功。其实,在形而上的层次上来看,他们说的都是事物"从有到无"和"从无到有"是"同一过程"这个意思。"生"、"死","有"、"无",是"同一过程"的不同说法,老子说是"同出而异名",这方面,老子说得很清楚,以此来理解海德格尔,没有多少抵牾;不过老子没有西方近代以来把"人"理解为"自我"、"existence"、"Dasein"这样一些环节,所以以海德格尔作参考系来理解老子同样也是有意义的。

三

明确中国哲学对西方哲学同样有参考价值这个意思，首先对于中国人研究西方哲学是很有意义的，因为研究西方哲学的人都深深感觉到，我们如果就西方哲学来谈西方哲学是很不容易与西方的学者并驾齐驱的。许多年来，在古代希腊哲学领域里，我们只有陈康先生的水平能跟德国的学者平等讨论专业问题，能够为学者所重视，这当然是我们引以为荣的，但我们的专业队伍中，一来有陈康先生功力的毕竟太少，二来就连陈康对希腊哲学的理解，也有中国的学问在内。陈康将柏拉图的"ideas"译为"相"，就是通过新康德主义等联系到中国传统思想的理解的成果。"相"的译名带有明显的中国特色，尽管这个译名可以商榷，但这种尝试，是值得肯定的。

以中国思想作为参考系来理解西方哲学，将他们的著作信、达、雅地译成中文，这应是一个基本的功夫。这方面，我们的老师们为我们树立了很好的榜样。

在西方哲学汉译工作方面，我们时常怀念我们研究室的创始人贺麟老师。贺先生一直重视西方哲学的汉译工作，特别是1949年以后，他集中精力翻译黑格尔的著作，为我们后代留下了宝贵的财富。贺先生常说，翻译要和研究结合起来，你翻译了它，也就理解了它，也就征服了它。这个意思是很深刻的，本身充满了哲理，同时也是贺先生多年从事古典哲学著作汉译工作的切身体会。

大翻译家一定是大学者，中外都是如此。就哲学来说，自然有不做翻译工作的哲学家，但大凡在翻译上有突出贡献的，必定是大学者无疑。譬如亚里士多德的英译者Rose，他的译本是做亚里士多德研究必读的，即使能够研读希腊原文，Rose的英译也是必定要参考的。我相信，我们今后在做黑格尔研究时，尽管要研读德文原著，但贺先生的汉译本，也是我们中国的研究者必需研读的。我还相信，如果西方学者懂得中文，他要研究黑格尔，也会把贺先生的汉译找来参考。记得一位曾当过德国一个黑格尔学会主席的德国学者对我们访问者说，他研究黑格尔有时要参考法译本、英译本；而据我所知，黑格尔著作的英译，除《精神现象学》外，都不是很好。

　　说来惭愧，我在翻译方面毫无经验可言，总想补上这一课而未能如愿；但我也认识到这样一个道理：将他人的思想，融会为自己的思想，用自己的语言清楚地说出来，或者，将一部（哲学）著作，用另一种语言清楚地复述出来，绝非易事。我相信，如果你将他人的意思，用自己的话复述清楚了，你也就理解了他的意思，同时你也就"征服"了它。为什么？因为在你真的清楚了他的意思之后，你自己的意思也就"自然"会出来了。这就是说，不论你"同意"或"不同意"，现在出来的"意思"，都是你"自己的"了。

四

　　当然，这不是说，我们要用自己的意思强加于人，要用中国传统哲学来硬套在西方哲学头上，使西方哲学"中国化"；我们还是要尊重西方哲学的自身规律，老老实实地掌握人家的材料，在研究工作中要让材料自己来说话，因此，我们还是要加强西方哲学的基本训练，包括语言的训练，是马虎不得的。我们要在学术性上达到应有的水平，这也是很不容易的，但并不是做不到的。

　　凡真正的学术，都是全世界的财富，是向世界开放的。希腊的古典文化，它的哲学，已经不仅仅是希腊人的学问了，全世界的哲学家都要学希腊哲学，以至于很久以来，英、德、法、美诸国的希腊哲学研究水平，竟处于很高的层次。这固然是欧洲各国交往十分密切的原因，但也可以看出学术之普遍意义。

　　希腊文化在古代曾统领过欧洲的文化潮流，它在与后来的犹太-基督文化的撞击中丰富、发展了自己，成为欧洲文化整体的不可分割的核心部分。希腊学术是欧洲的共同学问。

　　中国文化同样也是世界的共同财富。它曾经影响了亚洲许多民族的文化发展。中华文化近许多年来迎接了西方文化的挑战，形成了长期以来中西文化撞击、沟通的局面。在这种文化撞击开始得较早的日本，就学术层面来说，他们对西方文化（哲学）的把握和贯通，也有相当的水平，说明在学术、理论的层次上，东方人可以把握西方的学问，这一点是毫无疑问的。

　　随着世界经济之一体化，如今东西方文化是交融、沟通的时代。以中华文化为核心的这一部分文化层,与西方文化的交流、沟通已成一大潮流,设想因此种文化差异而冲突,而为文化而战,则近乎病态。

尽管"汉学"在西方的影响尚小,更未及"哲学"层面,但应该承认,西方有水平很高的汉学家。我们当然不当说,德国的《老子》研究超过了中国,但正因为德国学者发挥自身的长处,有着与我们不同的文化背景,因而他们可能从《老子》书中体会出我们不易体会出来的东西,足以启发我们,而他们对道家文献的掌握也有相当的水平,这是完全应该肯定的事实;反过来说,我们对西方哲学的掌握,包括对于基本文献资料的掌握,也都要有自己的自信;如今处在信息时代,资料的获得,不是很困难的事,当然真正把握、消化这些资料,仍需下很大的工夫去做,但并不是不可能把握的事。更何况,哲学是思想性的学问,重在理解、贯通,并非要"湮灭"在资料的汪洋大海之中。

我这个意思是说,即使就西方哲学的资料、文献的把握上,我们中国学者也要有充分的信心,要脚踏实地去做。

五

欧洲的哲学,以希腊的哲学为传统,经过与犹太-基督文化长期撞击、辩论,融会贯通,成为一个有分有合的体系;中国哲学,以儒、道为传统,经过与佛教文化长期撞击、辩论,融会贯通,成为中华传统文化儒、道、佛三教合流的体系。这样看起来,世界上的文化,无论中西,都并非单一的来源,都是有几种源泉汇合起来的;至于希腊文化本身,又是如何从埃及、波斯、巴比伦文化吸取养分,是否只是单一来源,则又是一个有趣的问题。

经过千年以上的撞击、融合过程,至今西方和中国的文化当然都已相当的成熟,看起来严密非常,甚至给人以铜墙铁壁、坚不可摧之感;然而实际上无论多么庄严宏伟、金光灿烂、自成体系的文化殿堂,其深层次的大门永远是可以开启的。这个情形不是我们的想象和猜想,因为任何文化系统,只要它是"活"的,只要是还有"生命力"的,都是"开放"的,都要不断地从"外部"吸收"营养"。

现在中国的文化,正在积极努力地"吞噬"着西方文化中有营养的成分,帮助自身的"吐故纳新",使自己更充实,更强壮。应该说,在吸取西方文化精华方面,我们中国人在付出了可观的代价之后,已经变得更加成熟,更加有分辨力了。事实上,许多原本是西方的东西,已经成为我们生活的一部分,很难说是"舶来品"了,像原本来源于西洋的服装、发式,以及西洋的某些艺术品种等等。以哲学来说,西方的普通哲学用语,不但进入我们的学术界,有的甚至成为了日常的语言,像"透过现象看本质"这类的话,几乎成了中国人的"口头禅"。当然,这跟几十年在非常广泛的范围内提倡学习马克思主义有关。

再来看西方的文化,我想,稍加留意,就会感到它仍然在不断地丰富、发展自己。就从希腊的哲学传统来说,它既然能够成功地——当然经过了艰苦的历程——与基督文明汇合,则也可以相信,它也会成功地与东方-中国的文明沟通、汇合。这一点,我们对具有伟大传统的西方文明有充分的信心。

据我个人很不成熟的印象,西方文明建立在两个大的基石上,一是希腊的科学精神,一是犹太-基督的宗教精神,二者经过许多年的斗争转入兼容汇通,如今已是不可分割。这两种精神,概括起来说,希腊倡导广义的"物理"知识,而犹太-基督文明则强调严格意义上的"神学"信仰。无论"知识"或"信仰",就"哲学"来看,都要据有"理路",都是"讲理"的,不是"不讲理"的。粗浅说来,知识的理路讲"必然",信仰的理路讲"自由"。因为"必然",所以"可知";因为"自由",所以(需要)"信仰"。"知识"是"必然"的事,"信仰"是"自由"的事。

有了"物",又有了"神",那么,"人"到哪里去了?为了"寻(找)人",西方的哲学家很费了一番工夫。于是有启蒙的"文艺复兴",于是有现代的人文主义和"人文科学"。西方的哲学家发现,原来,无论"物"或"神",都与"人"密切相关。一方面,"知识"之所以"可能",不光要有"感觉"、"印象",即"物"给予的材料,而且要有"人"之理性的制定法则的"功能(faculty)",如果理性没有"立法权",则所给予的感觉材料(sense data)无秩序可言。

动物没有"宗教信仰",只有有理性的存在者——人,才有宗教问题。"理性"使人"自由",可以摆脱"感性"之束缚,因而人的所作所为不能以感性之需要来推诿自己的责任。道德由自由而生;然而,如果在感性王国感觉材料要有理性来规范,则在可以摆脱感性需要的自由者王国,如何使其同样保持秩序,则"至高无上"的"神"的悬设,就"应运而生"。如莱布尼茨所说,世界要有一个"预定的和谐"。

于是,西方近代以来,"人"的观念,与"自由"的观念不可分。

然而,"神"的观念,虽建立在"人"的"自由"的基础之上,无"自由"则无(无需)"神",但"神"之全知、全能、全善(至善)又是以"限制"人的"自由"为前提的,"神"的观念的出现,意味着"人"最终要"放弃""自由",而将"自己"的一切"托付"给"神"。

我们看到,西方的"自由",并不像想象的那样逍遥自在,却是如临深渊似的"负担",似乎只有将自己寄托于"神",则才有"安身立命"之处,才能"心安理得";怪不得西方人一度把"无神论者"视为"洪水猛兽"一般。

在这个意义上,我们的确可以说,中国是最富于"人文"传统的。比起希腊来,我们没有如此强烈的"物"(感觉材料)的观念,比起希伯来人来,我们也没有那样严格的"至高无上"的"神"的观念,却有坚定的通天地、阴阳、神鬼的"人"。中国传统的"人",没有西方那样"自由",故也不必将辛苦得来的"自由""托付"给"至高无上"的"神"。在这个意义上,中国是世界上体会"什么是人"最真切的民族,虽然因为对于"自由"的传统考虑得不像西方近代那样彻底,故而不如西方某些学派那样深入,但也不那样极端。

我们看到,极端了就会有偏,就要来纠偏,所以在提倡了一阵"人文主义"、"人本主义"之后,西方的哲学家、思想家又要来反对"人类中心论"。海德格尔讲到"人"时一定要说 Dasein,后期讲天地人神,四者合一,也是要遏制"人"的"主体性"之泛滥;中国传统讲天地人三材,而"人"在"天"、"地"之"中",之"间"——"人生天地之间",沟通天、地,度测阴、阳,在某种意义上说,"神"正在"人"身上。所以我们不怕"人类中心论"的批评,因为我们的"人",已经将天地努力合了起来,则"神"就在其"中"。同时,我们也很能理解海德格尔的意思:说到"人",天地神也都有了,说到其中任何一项,其他几项都蕴含在内了,各项都不是孤立的,"人"当然也不是"孤立"、"孤独"的。

我这篇文章的意思，是要强调中国的哲学，对于我们研究西方哲学，有重要的参考意义，这种意义的阐明和发扬，首先要从我们中国学者中研究西方哲学的人做起。

（原载《中国哲学年鉴——1998年》，哲学研究杂志社1999年出版）

| 叶秀山文集·美学卷 |

黑格尔论艺术的真实和历史的真实

黑格尔是 18 世纪末、19 世纪初的德国哲学家，他的哲学体系是客观唯心主义的，但却包含了极其丰富的辩证法思想。无产阶级革命导师经常教导人们要研究黑格尔哲学，批判其客观唯心主义，并改造、吸取其中合理的部分。

黑格尔的哲学体系是很庞大的，它包括了历史、法律、经济、道德、艺术等各个方面的内容，而黑格尔的《美学》，恩格斯曾把它推荐给康·施米特，并说："只要稍微找到了门径，您一定会大为惊奇的。"[①]

黑格尔在他的《美学》中，曾经集中地论述了艺术真实和历史真实的问题，研究一下他对这个问题的见解，对我们进一步探讨历史题材艺术品的问题是不无裨益的。

黑格尔关于艺术美和自然美关系的一般观点

我们知道，关于艺术真实和历史真实的关系问题，是和艺术与生活的关系这样一个美学基本问题分不开的，也可以说，艺术真实和历史真实问题实际上就是艺术（真实）和生活（真实）这个问题的另外一面。因此，我们在研究黑格尔关于艺术真实和历史真实的问题以前，必须简单地谈一下黑格尔对艺术和生活关系的基本态度。

---

① 《马克思恩格斯论艺术》，人民出版社 1960 年版，第一卷，第 106 页。

按黑格尔的原意是要把自然美排斥在《美学》之外的，他认为只有通过主观心灵创造出来的艺术，才能具有美的属性，他曾经说过："真正的美的东西，我们已经见到，就是具有具体形象的心灵性的东西，就是理想，说得更确切一点，就是绝对心灵，也就是真实本身。"① 但是，完全否认自然的美的因素是不可能的，而且黑格尔对美所下的基本定义就是"理念的感性显现"，所以黑格尔不得不承认自然本身也有美的因素，但他认为这些都是外在的、抽象的（即形式的）因素，它比起艺术美来，是低级的、微不足道的。按照他那种头脚倒置的哲学体系，他甚至得出这样的结论："自然美只是属于心灵的那种美的反映，它所反映的只是一种不完全不完善的形态……"② 按照黑格尔的哲学思想，这句话的意思就是说，自然美只是艺术美（在黑格尔看来它是体现了绝对理念的）的"外化"，绝对理念在自然中受到了限制，因此就显得低级。

从这个观点出发，黑格尔就得出这样一条美学基本原理：艺术美要高于自然美。在黑格尔看来，这只是因为凡是心灵性的都要高于自然的，甚至黑格尔说一切胡思乱想都要高于自然，因此艺术美正是作为弥补自然美的不足（缺乏精神性）而出现的。我们看到，黑格尔关于艺术美高于自然美的思想，虽然其基础是客观唯心主义的，却包含着丰富的辩证思想。

我们知道，艺术美高于自然美，这个命题本身是正确的，而在黑格尔那里因为缺乏唯物主义的基础，所以反倒把这两者的反映关系，完全颠倒了。和黑格尔的客观唯心主义相反，我们认为，并不是自然美反映了艺术美而是艺术美反映了自然美（生活美）；但是我们又和机械唯物主义相反，认为这种反映不是机械的、直观的反映，乃是能动的反映，这里就有艺术家的主观创造作用。

毛主席在《在延安文艺座谈会上的讲话》里说："人类的社会生活虽是文学艺术的唯一源泉，虽是较之后者有不可比拟的生动丰富的内容，但是人民还是不满足于前者而要求后者。这是为什么呢？因为虽然两者都是美，但是文艺作品中反映出来的生活却可以而且应该比普通的实际生活更高，更强烈，更有集中性，更典型，更理想，因此就更带普遍性。"我们看到，马克思主义虽然也坚持艺术美高于自然（生活）美，但出发点、具体内容都和黑格尔是完全不

---

① 黑格尔：《美学》，人民文学出版社版，第100页。
② 同上书，第3页。

同的。我们认为，艺术美既是以生活美为基础，又超出于生活美，它是艺术家创造性劳动的结果。

黑格尔认为艺术真实和生活真实是不同的，艺术家不能把生活中、自然中的形象机械地搬到艺术中来。这里又涉及到艺术的内容与形式的问题。在黑格尔看来，艺术的内容就是体现了的绝对理念，这当然与自然不同；而即使是艺术的形式，在黑格尔看来，虽然必须具备感性的、直接的形象性，也必须经过心灵的加工，不同于单纯的自然形象。这是因为，一方面，"艺术作品尽管有感性的存在，却没有感性的具体存在，没有自然生命"①，另一方面，黑格尔认为艺术形式的每一部分都必须能体现理念内容，因此艺术家就不光是"挑选"适合的形式，而是要"创造"适合的形式②。因此，在黑格尔看来，不仅艺术的内容是一种创造，而且艺术的形式也是一种创造。黑格尔这个观点是有一定价值的，它是符合艺术创造的内在规律的。任何有成就的艺术家都不能把生活中的人物和事情简单地搬到艺术中来，无论在内容或形式方面，都必须有艺术家的创造。

既反对反历史主义又反对纯客观主义

明白了黑格尔对艺术和自然（生活）的基本观点后，我们就可以转而研究黑格尔对艺术真实和历史真实的理论了。

黑格尔在他的《美学》中，对于艺术真实和历史真实问题，首先反对了两种倾向，即既反对反历史主义，也反对纯客观主义。黑格尔把这个问题说得很明确："应该怎样处理题材，是客观地按照它的内容和时代来处理呢，还是按照主观的方法来处理，使它完全适应现时代的文化和习俗呢？如果让这两种办法坚决对立，每种办法都会走到错误的极端。"③ 黑格尔主张这两种方法应该结合起来。

黑格尔认为，人们之所以犯反历史主义的错误，原因可能有两个，或者是

---

① 黑格尔：《美学》，第44页。
② 同上书，第217页。
③ 同上书，第328页。

因为缺乏历史知识，或者是因为"对自己的时代的文化的骄傲"。黑格尔很反对法国人把古代的作品"法国化"，他举出许多例子，证明法国人在上演古代剧时，剧中人物的装饰、举止充满了法国味道，并且反对"如果在旧剧本里碰到可以联系到时事的地方，演员们就故意把它加以大肆渲染"①，来博取观众的廉价的掌声。黑格尔认为，按照这种办法来处理，是不能产生客观的艺术形象的。在这里，黑格尔是反对完全脱离历史真实而任意把历史现代化的，应该说，黑格尔这个批判是有积极意义的。

另外一方面，对于那些小心翼翼在细微末节上完全保持历史真实的艺术家，黑格尔也作了深刻的揭露。在这里，黑格尔批判了当时德国流行的那种艺术上的学究风气。他说，这些人不辞劳苦地要在不重要的外在事物上做到绝对精确，甚至外国的一切最讨厌的东西，对德国人来说都是有趣的。黑格尔这种讽刺是正确的。因为艺术的真实，本来不是历史真实的翻版，艺术品和历史教科书是有区别的。艺术家不一定为一些细节去煞费苦心，翻遍各种历史文献——而这往往又是徒劳的——因为艺术所要求的最细节的真实，往往是历史记载中所找不到的。不仅如此，更重要的是，艺术真实本来就应该在不违反历史真实的基础上高于历史的真实。所以黑格尔在批判纯客观地对待历史题材时曾说："提出这种要求（即纯客观地反映历史真实——引者）就无异于说，我们既不应带一种更高的旨趣去问所表现的形象是否见出本质的东西，也不应带一种更切近的旨趣去问它对今日的文化和利益有什么意义。"② 从这里可以看出，黑格尔认为，我们对待历史题材，应该从更高的思想水平去处理，而且应该看到这些历史题材的现实意义。

历史面貌与时代精神的结合

黑格尔这种既反对反历史主义又反对纯客观主义的态度是值得肯定的。然而，对待历史题材的主观和客观态度应该怎样结合起来才不使它们片面化呢？黑格尔是怎样解决这个矛盾呢？

---

① 黑格尔：《美学》，第 332 页。
② 同上书，第 333—334 页。

我们知道，黑格尔对历史的看法，有两个基本思想：一个是历史是发展的，各个历史时期是有内在联系的；一个是历史的发展就是绝对精神外在化而又回到它自身的发展。

从历史是发展的这个观点出发，黑格尔认为历史事件和现代事件不是绝对对立的，后者是前者发展的结果，因此历史题材的历史意义和现实意义，是统一的。而只有那些见出现实意义而又不违反历史真实的题材，才是艺术的题材。他说："历史的事物只有在属于我们自己的民族时，或是只有在我们可以把现在看作过去事件的结果，而所表现的人物或事迹在这些过去事件的联锁中，形成主要的一环时，只有在这种情况之下，历史的事物才是属于我们的。"①

黑格尔这个观点具有两个方面的意义：一方面他指出了历史意义和现实意义是不矛盾的，因此对待历史题材的主观和客观方法不是绝对对立的，而是可以结合的；另一方面，黑格尔也指出要从发展的观点去挖掘历史与现实的联系，因此不能把自己陷入局部的历史真实中，而是要通过浩如烟海的史实发现历史的内在联系，从而说明这些历史事实对现实的意义。这就是既深入于历史真实又高于历史真实，艺术真实既以历史真实为基础又超出于历史真实——看到它的前后发展过程。

历史题材的艺术品是以历史的某一阶段或某一侧面来反映历史的发展面貌的，因此黑格尔强调决不能超出所反映的一定历史阶段的可能性，把今人的思想套到古人身上，美化古人。他曾经说过："比较严重的反历史主义还不在于服装之类外在事物方面，而在于这一部艺术作品中人物说话，表现情感和思想，推理，和发出动作等等的方式，对于他们的时代，文化阶段，宗教和世界观来说，都是不可能有的，不可能发生的。"② 艺术一方面不能超出历史的可能性，另一方面又要反映出历史的联系，而不能片面地要求"妙肖历史真实"。

黑格尔关于艺术真实高于历史真实的思想，显然和他的艺术美高于自然美的思想有直接的联系，同时也是当时进步的文艺思想的概括。黑格尔认为，艺术的真实，主要不在于形式上的历史真实，而在于历史内容的现实意义，他

---

① 黑格尔：《美学》，第337页。
② 同上书，第343页。

说:"对于地方色彩,道德习俗,机关制度等外在物事的纯然历史性的精确,在艺术作品中只能称是次要的部分,它应该服从一种既真实而对现代文化来说又是意义还未过去的内容(意蕴)。"①

黑格尔这种对待历史的发展观点和重视历史题材的现实意义,是有合理部分的。人类历史的发展具有内在的联系,而自从人类社会产生阶级以来,人类的历史就是一部阶级斗争的历史。这种斗争,在不同的时期具有不同的性质和特点,但它们又是相互联系的,因此,艺术家在处理这些题材时,不仅要看到它们在不同时期的特殊性质,而且要揭示它的内在联系,这样才能既不违反历史真实,又能达到古为今用的目的。

但是,我们不要忘记,黑格尔是个客观唯心主义者,他所谓的历史的发展,是绝对的精神的发展,他认为历史题材的艺术品必须通过绝对精神发展的某个阶段(这就是历史真实)体现出绝对精神来。如同艺术美高于自然美是因为艺术美更完满地体现了绝对理念一样,艺术真实高于历史真实的主要原因也正是艺术真实更完满地反映了绝对精神。

这样,我们看到,黑格尔所谓不要超过历史的可能性,也就是不要超过绝对理念发展的某个阶段;而他所谓艺术真实高于历史真实也就是艺术真实通过绝对理念发展的一个阶段体现了绝对理念本身。所以当黑格尔说"历史的外在方面在艺术表现里必须处于不重要的附庸地位,而主要的东西都是人类的一些普遍的旨趣"② 时,就表现黑格尔的绝对理念,在美学思想中,具有"普遍人性"的意思。这就是说,艺术家利用的材料虽然是历史的,但其作品所反映的思想内容却是普遍的精神(即绝对精神)。所以他说:"因为题材在外表上虽是取自久已过去的时代,而这种作品的长存的基础却是心灵中人类所共有的东西,是真正长存而且有力量的东西,不会不发生效果的……"③

我们知道,历史题材的艺术品的确应该既反映历史的本来面貌,又体现艺术家所处的时代的精神,有成就的艺术家必须善于把这两者巧妙地结合起来。因为,艺术真实固然是历史真实的反映,但这是一种能动的反映。艺术家总是

---

① 黑格尔:《美学》,第334页。
② 同上书,第339页。
③ 同上书,第345页。

用一定的观点来看待历史事件的,因此,艺术品不仅反映真实的历史事件,而且应该反映出艺术家对待这些事件的态度。之所以会产生反历史主义的错误,不在于艺术品反映了艺术家的态度,而首先是在于艺术家的态度本身是反历史主义的。

但是,和黑格尔相反,我们所谓的艺术品表现艺术家的态度,并不是体现什么"绝对理念"。我们认为,艺术家对历史的态度是一定的时代精神的反映,而这个时代精神,不是黑格尔的神秘的"绝对精神",而是一定社会关系和社会制度的反映。艺术家生活在社会之中,由他自己的社会地位(特别是经济地位)逐渐形成了一定的世界观,而任何艺术家都是以一定的世界观来对待现实生活和历史事件的,也是以一定的世界观来指导创作的,因此,在历史题材的艺术品中,也必然体现了艺术家的世界观,这是很自然的事情;而黑格尔则把这种现象神秘化,捏造出一个"绝对理念"来抹煞艺术家世界观的客观社会基础。因此,在批判黑格尔这种神秘主义观点时,我们应该像马克思和恩格斯那样,"重新把人的概念看成了现实事物的反映,而不是把现实事物看作绝对概念某一阶段的反映"①。

艺术细节和历史细节的关系

在艺术品的内容上,黑格尔的观点是如此,那末,在黑格尔看来,历史题材艺术品的形式的真实性和历史的真实处在怎样一种关系中呢?艺术细节真实和历史细节真实之间的关系怎样呢?这是一个复杂而细致的问题。

如上所述,按照黑格尔的美学思想,他对在艺术内容方面不能违反历史的真实的要求是比较严格的,而对于艺术形式,黑格尔则一再强调那是属于外在的东西,应该处于附属的地位,他说:"如果找到了这样一种内容并且按照理想原则把它揭示了出来,所产生的艺术作品就会是绝对客观的,不管它是否符合外在的历史细节。"② 就黑格尔强调艺术内容的决定性来说,他是正确的。黑格尔强调艺术形式必须服从内容,必然与内容有机地结合在一起,这些都是

---

① 恩格斯:《费尔巴哈与德国古典哲学的终结》。
② 黑格尔:《美学》,第345页。

很深刻的思想。但是，应该说，在这个问题上黑格尔在某种程度上是有过分忽视艺术形式的作用的倾向的。

当然，艺术细节与历史细节之间的关系是比较复杂的，一方面是有许多历史细节已无从考证；一方面也是因为有些细节与艺术品的主题无关而又与现代习俗过于对立，因此不得不加以适当的改变。于是，黑格尔得出这样的结论："如果想要把古代灰烬中的纯然外在现象的个别定性都很详尽而精确地摹仿过来，那就只能算是一种稚气的学究勾当，为着一种本身纯然外在的目的。从这方面来看，我们固然应该要求大体上的正确，但是不应剥夺艺术家徘徊于虚构与真实之间的权利。"①

那末怎样才叫做"大体上的正确"呢？由于黑格尔比较忽视艺术形式的作用，在他的著作中，对此并没有明确的界线。他只是说，"如果把奥甫斯描绘成手执小提琴"，就不妥当了，因为希腊时代离开小提琴的时代是太远了；但是他却又极力反对当时的导演要求在服装和布景方面做到历史的精确。对于这一点，黑格尔似乎还提出了一个理由，那就是广大的观众不是历史学家，历史剧应该不需要渊博的历史知识就能直接领会。这里，黑格尔强调艺术的群众性和艺术欣赏的特点，是具有进步意义的；但是黑格尔把艺术欣赏和艺术创作完全等同起来了，作为欣赏者固然不必具备渊博的历史知识，但作为创作者（演员、导演、剧作家），却必须具备一定的历史知识，以便给观众一个正确的历史形象。

我们认为，艺术细节真实和历史细节真实的问题，是艺术真实和历史真实问题的一个部分，关于艺术真实与历史真实的那些原则在这里仍然适用。这就是说，艺术的细节真实以历史的细节真实为基础，而又不同于历史的细节真实，它应该略去或改变与艺术主题、人物性格无关的细节，而忠实于与它们直接相关的部分。界限在于与主题、与人物性格有无必然的联系。古代的服装、用具，凡是与人物性格已然融成一体的，就不能轻易改动。关羽的青龙刀，张飞的丈八矛是动不得的，因为人们只要看到青龙刀和丈八矛就会想起它们主人的性格，至于马谡、王平使什么兵器，恐怕关系就不这样大了。

---

① 黑格尔：《美学》，第 344—345 页。

这些看起来都是细微末节，但对艺术创作来说，却是很重要的，黑格尔也承认，"艺术中最重要的始终是它的可直接了解性"①。但是，黑格尔没有更进一步地看到，艺术形式之所以重要，还在于艺术形式符合历史真实与否，往往影响到艺术内容的符合历史真实与否，因为不仅是内容决定形式，而且形式在一定条件下也会反过来影响内容。

就拿语言来说，运用哪一种语言（现代的还是古代的）基本上是个形式问题，如果我们演"屈原"一定要按照屈原时代的语言来写台词，恐怕观众很少能懂的。在不影响屈原的性格的条件下，把剧本的台词接近于现代语言，正如黑格尔所说的，这是"艺术所必有的反历史主义"②；但是舞台上的曹操开口就是"兴修水利"，"我为人民"等等，就不光是个语言问题了。这里由于语言的现代化，变成了人物的现代化了。这种倾向当然是不好的。

因此，必须从内容和形式的统一这个观点去看艺术细节和历史细节的关系问题，艺术细节的真实，必须保证整个艺术品既忠实于历史真实，又高出于历史真实。

通过以上分析，我们看到，黑格尔关于艺术真实和历史真实的理论，是有许多合理部分的，有一些思想，甚至是很深刻的；但是由于他的整个哲学体系的客观唯心主义，决定了他的这个理论具有很大的局限性。他的这个理论，不仅是以客观唯心主义作为基础，因而充满了神秘的成分，而且在辩证法上，也有许多不彻底的地方。现在我们来研究黑格尔关于艺术真实和历史真实这个理论，就应该批判他的神秘的、客观唯心主义的部分，吸取他的合理部分，加以改造、发展。

（原载 1961 年 9 月 8 日《文汇报》）

---

① 黑格尔：《美学》，第 339 页。
② 同上书，第 344 页。

论话剧艺术的哲理性

佐临同志提出加强话剧艺术的哲理性问题，这无论对戏剧理论或戏剧创作实践来说，都是很有意义的。我感到为了从理论上研究这个问题，为了弄清楚这个问题的实质和真实的意义，必须研究话剧艺术的一些根本性的问题，本文打算在这方面作一些初步的尝试，以便于进一步的讨论。

一 话剧艺术的实质

为了解话剧哲理性问题的提出以及这个问题在话剧艺术中的特殊意义，我们首先要研究一下话剧艺术的本质，然后再根据这个研究结果，探讨与此有关的其他重要问题。

话剧是戏剧的一种，即使从形式上来看，我们也可以看到话剧是戏剧的典型的形式（歌剧是戏剧与歌唱的结合，舞剧是戏剧与舞蹈的结合，中国的戏曲则又是歌、舞、剧三者的综合），那末我们就首先应该研究戏剧的本质，然后再来研究根据戏剧的本质，为什么戏剧中的话剧其哲理性问题更为突出，更为重要。

关于戏剧的本质，美学史上有各种不同的说法，给我们积累了一定的思想成果，但是它们的研究虽然也发现了一些值得重视的现象，却常常为它们的唯心主义理论或形而上学方法所歪曲，因此，我们应该从根本上加以改造。

亚里士多德是最早把戏剧理论相当系统化了的一位大哲学家，他的《诗学》在西方美学史上产生了不可估量的影响,而流传至今的《诗学》部分,主要是研究当时希腊悲剧的。亚里士多德《诗学》中,对戏剧的本质有许多重要的看法,譬如他说悲剧在六个组成部分(剧景、性格、情节、文词、歌曲与思想)中,情节是最重要的部分,这反映了希腊剧诗与叙事诗的密切的关系,也的确道出了戏剧艺术的重要特点。但是亚里士多德没有避免古代哲学家的素朴的性质,他对戏剧(主要是悲剧)的研究,也大都是一些现象的描述,虽然带有比较深刻的经验的观察的成果。

德国古典美学,自从莱辛在《拉奥孔》中首先把诗和画作深刻的对比研究后,黑格尔根据自己的哲学、美学体系,把各门艺术排了排队,分别进行了美学上的研究,它的研究成果是值得我们重视的。黑格尔把戏剧(剧诗)作为艺术发展的最高点,剧诗把抒情诗的主观性和叙事诗的客观性结合了起来,是理念在感性形式中的最充分的体现(参阅黑格尔《艺术哲学》,英译本,第四册,有关戏剧部分)。戏剧是直接反映人的行动、反映社会生活的,黑格尔继承了康德、席勒的理论,认为只有人,最能充分体现美的理想;也只有在人的行动中,这种感性形式中的理性内容(理念)才能充分体现出来。戏剧以人的行动为对象,于是戏剧就成为最充分体现理性内容的艺术。这个思想,在德国的哲学家中是如此地根深蒂固,以至于后来的黑格尔的反对者、反理性主义者叔本华,也还是从另一种哲学基础上表述了这个思想。叔本华在他的《作为意志和表象的世界》中,同样把戏剧(特别是悲剧)作为一般艺术发展的最高阶段(当然,作为反理性主义者是更为推崇音乐的,他认为音乐和一般艺术不可同日而语),他认为只有充分成长了的人才能欣赏戏剧,因为只有戏剧(悲剧)才能在人的行动中充分体现出作为意志的对象化的观念。他说,"为了充分认识水的观念(ideas),光看平静的水池或涓涓的溪流是不够的,只有当它经过历史各种情形,并经受各种阻碍时,这些观念才充分地表现出来"(见《作为意志和表象的世界》第一卷,英译,第325页)。而在叙事诗、传奇剧和悲剧中人的本质才充分表现出来。我们看到,在这些哲学家心目中,戏剧作为一种艺术,是最能充分体现世界的本质(在黑格尔为理念,在叔本华为意志)的,哲学自然是研究世界本质的,于是,在艺术中戏剧是最接近哲学的。黑格尔的整个哲学体系就是理念经历着各个阶段达到它自身的更充分的复归(达到哲学），理念也在感性世界中表现为美，而在感性世界中，观念也经过各种阶段（象征的，古典的，浪漫的），而戏剧则是浪漫艺术的最后一环，也是理念在感性世界中的最后一个环节，理念进一步的发展，就达到宗教和哲学的领域。戏剧与哲学的关系，在这些哲学家看来，是很接近的。

他们这些理论，捕捉到了戏剧艺术的重要的现象，但他们的根本理论是错误的，因而他们对这些现象的解释也是错误的。如果我们因为他们根本理论的错误，而忽视他们所揭示出来的现象，那末我们也就不能在具体领域中彻底批判他们。

我们认为戏剧艺术比起其他艺术种类来说，更为接近哲学，这是一个客观的现象，否则我们就无法理解为什么哲理性问题在戏剧（特别是话剧）领域内，要比山水画、抒情诗中更为突出；但是，这种现象只有用马克思主义美学理论才能加以科学的解释。

马克思主义哲学与黑格尔、叔本华的哲学完全对立，认为世界的本质并不是什么理性的理念（黑格尔）或反理性的意志（叔本华），而是物质世界的辩证运动的规律。但是，运动的形态是多种多样的，大体说有机械的、物理的、化学的、生物的和社会的五种。在自然界中，机械、物理的运动是最为普遍的，当然辩证运动的规律也是普遍存在的，这是辩证法和形而上学的根本分歧。但应该承认，辩证规律在自然无机物中体现得是不够充分的，只有在人类社会的有意识的社会生活中，只有在社会发展的阶级斗争中，这种辩证规律才被揭示得最为充分。恩格斯在《反杜林论》中，曾研究了辩证法在无机物、有机物及社会生活中的不同表现形态。艺术都是反映社会生活的，但其他艺术由于物质材料等因素的限制，只能间接地或从某一个方面接触社会生活的本质，而戏剧则是直接反映社会阶级斗争的本质的。因此，在这个基础上，我们也可以说，以人的行动（社会生活）为直接表现对象的戏剧，就是艺术中最能体现辩证运动规律的一种。

当然，社会生活本身也是一个历史的概念，在不同历史时期，有不同的性质；而在近代资本主义，社会关系中的阶级矛盾最充分、最赤裸裸地暴露出来了，所以辩证法的学说，只有在近代才能摆脱古代希腊哲学家那种素朴的形式；正如马克思所指出的："最具有一般性的抽象，总是只发生在有最丰富的具体发展的所在，那里，一种性质为众所共同，众所共有。"（《〈政治经济学批判〉导言》）因此，戏剧的"哲理性"概念本身，也是有历史性的。随着戏剧所反映的社会内容的深化，戏剧的形式也有了变化。在古代社会比较缓慢发展的条件下，戏剧采取了载歌载舞的形式，其剧本内容的哲理性，在那种历史条件下，用音乐性很强的语言和舞蹈性很强的动作来表现已经足够了，而那个时代的戏剧内容，正需要这样一些形式，所以在古希腊的戏剧中歌队起着很重要的作用。在中国的古代社会后期，则产生了歌、舞、剧最高综合的艺术——戏曲（但是，关于古代社会生活比较单纯的特点，也是艺术与哲学、科学还没有十分尖锐地分化的特点，古代的一些剧本直接涉及到宇宙人生的一些根本的问题，这些根本问题我们现在仍在继续思考，因此这些剧本对我们仍有极大的吸引力，但应该承认他们的思想终究是素朴的，就像柏拉图、亚里士多德这样一些先哲，他们所接触的一些哲学根本问题，至今仍为哲学研究的对象，但他们的哲学终不免素朴的形态一样）。随着戏剧所反映的社会内容的复杂、矛盾，戏剧内容哲理性的深化，载歌载舞的形式已经不能充分适应了，于是戏剧分化为歌剧、舞剧和话剧。歌剧和舞剧分别加强了歌舞的表现因素，接近于音乐与舞蹈，它从情感上充分表现出内容的深度；而话剧则加强了再现的因素，通过人的行动和语言的本来形式来表现哲理的深度。因此，就戏剧本质上作为一种再现艺术来说，话剧是它的最典型的形式，也是最适于表现社会的复杂矛盾斗争的，因此，从某个意义来说，它在戏剧艺术中（与歌剧、舞剧和戏曲比）是最富于哲理性的。

社会生活所体现的辩证规律就是矛盾的规律，就是对立统一的规律，在戏剧中就体现为冲突的规律。人们发现，戏剧是最能充分体现社会冲突的。黑格尔对戏剧冲突的理论，比较有系统的论述，正是在戏剧反映社会冲突这方面，黑格尔发现了希腊戏剧与希腊叙事诗的内在区别，从而发展了亚里士多德的观点。黑格尔说，"一般说来，追究风暴、沉船、旱灾之类自然灾祸的原因较适合于史诗而不适合于戏剧"（《美学》第一卷，中译本，第256页）。黑格尔这个观点，为19世纪法国戏剧家布鲁耐梯耳（F. Brunetière）所发展，他认为，不仅是悲剧，一切戏剧的本质在于意志的冲突（参阅克拉克编《欧洲戏剧理论》，第403页以后）。随着资本主义矛盾冲突的进一步的深刻化和激烈化，小说得到了巨大的发展。它把戏剧性的情节和叙事诗的描述以及抒情、议论等一切手法都综合了起来，它标志着艺术的思想内容的深度的更进一步的发展。如果说，迄今一切艺术种类（包括以语言为媒介的诗、诗艺、诗剧）为真正意义上的"艺术"（art）的话，那末，小说作为"文学"（literature 或文学的现代形式），的确是可以和它"平起平坐"的。近代文学（小说）的发展，给戏剧（特别是剧本）带来很大的影响。首先是把戏剧本质看作表现社会冲突的理论，未免太宽泛了，因为小说显然是更能表现复杂的冲突的，于是在 20 世纪初英国的戏剧家亚却（W. Archer）就提出了"危机"说。他认为戏剧的本质不在于"冲突"，而在于"危机"（参阅克拉克编《欧洲戏剧理论》，第 476 页以后），戏剧在反映社会生活的冲突方面要比小说更集中、更精练，它只采取冲突发展到最危急的阶段。对于这种理论，美国现代进步戏剧理论家劳逊虽然持有批评的态度，但也认为"无疑是丰富了我们关于戏剧性冲突的概念"（《戏剧与电影的剧作理论与技巧》，中译本，第 211 页）。文学（小说）给予戏剧的另一重要影响，就在于加强了戏剧（话剧）的哲理性的思想内容，小说反映社会规律的深度和广度超过了戏剧，戏剧家自然地在这方面受到影响。近代和现代的剧作家常在剧本中加上许多描述性的叙述，有时还要发点议论，但是，戏剧有自身的限制，尤其是舞台表演的限制，戏剧还不能像小说那样在更深的程度上摆脱感性形象的限制，更深地突出思想内容。为了克服这个矛盾，易卜生和肖伯纳不得不在他们的剧本的前面加上很长的序言，以阐述剧本的社会意义。布莱希特更深切地感到这一矛盾，在他的戏剧活动的初期，就曾深感传统戏剧形式不能充分适应现代社会生活的要求，为了加强戏剧的哲理性，他不得不间或利用直接的议论和许多象征的手法。这就是在社会生活发展的基础上，戏剧艺术的发展的轮廓。从这里，我们可以看到，戏剧艺术在揭示社会生活的辩证规律方面的优越性，看到为什么强调话剧艺术的哲理性具有极重要的和特殊的意义。

二　剧作家的艺术创造

话剧艺术，既然以集中地反映社会生活的辩证规律为其主要特色，它是以戏剧的思想内容为重的（而不像歌剧、舞剧或戏曲那样形式因素很重），因此，话剧的剧本创作，在整个话剧艺术中起着决定性的作用，从而剧作家在整个话剧艺术中，也就占有极重要的地位，正由于话剧艺术的内容的特点，也决定了话剧剧作家艺术思维不同于其他艺术家艺术思维的特殊性。

我们知道，艺术的思维、艺术的认识，不同于哲学的思维、概念的认识，它是在具体的、个别的对象之中掌握普遍的、一般的规律。这里所谓一般规律，不是机械的自然的规律，而是在社会生活中充分体现了的辩证的规律。正如前面所说的，自然界并不是不存在辩证的规律，但在那里却不像在人类社会生活中体现得那样充分。我们对自然物的欣赏，不是去体会它的机械规律，而是去体会它那种与社会生活的广泛的联系的深刻的社会内容，所以对自然物的欣赏常常表现为"移情"作用，把松树比作不屈的人等等。人总是用在社会生活中培养起来的情感去欣赏自然的，人对自然的欣赏，总带有社会的烙印。无限的辩证的规律在个别的事物中总是不能充分体现的，艺术家则力图透过个别的事物来体会这种无限的规律；但是艺术对这种规律的认识总是受到限制的，因此，在自然的欣赏中，我们只能朦胧地体会这种规律，而只有在对社会生活的直接欣赏中，才能更充分地领会这种无限的、辩证的规律。因此，在戏剧家的艺术思维中，辩证的规律是更为清晰的。

西方哲学史上，从康德起，把人的意识分成感性的、知性（理解力）的和理性的三大因素。康德把感性的和知性的因素划为认识（理论认识）的范围，想象力则是由感性到知性的过渡环节；而把理性的因素划为实践（道德）的领域。康德哲学的全部努力，就是要把认识和实践割裂开来；把感性、知性、理性割裂开来；然后再在这两个深渊之上，架起一道虽然美丽，但却虚幻的"桥梁"。我们说它"美丽"，这是因为那是一座情感的（aesthetic 一般译作"审美的"，不妥）"桥梁"。康德的《判断力批判》中，有一个基本思想，即，"趣味判断（即对美的欣赏）是想象力和理解力（知性）的和谐，而对崇高的判断，虽然也是情感的（aesthetic），但却是想象力和理性的矛盾。康德认为，崇高的东西，已经摆脱那种有限的知性和想象力的和谐，而趋向于理性，趋向于无限，趋向于矛盾冲突，而这些都是"不可想象的"，所以理性破坏了想象力。因此，在康德看来，崇高是更接近于人的实践（道德）领域的。黑格尔的哲学,则企图在理性的基础上,把理论和实践歪曲地结合起来,认为理性,作为理论的哲学思维,是可以把握无限的。根据这个思想,黑格尔认为艺术是理性的理论在感性中的显现,而浪漫的艺术(其高峰为戏剧)则体现了更丰富、更深刻的理性内容。所以他说,对戏剧诗人来说,"要在最丰富的程度上懂得作为人类目的、冲突和命运根源的理想和普遍的实体"(《艺术哲学》,英译本,第四册,第255页)。黑格尔在客观唯心主义辩证法的基础上批评了康德哲学的片面性,但从他们的理论中可以发现一个共同的思想,即在艺术思维中,感性和理性的关系,并不是呆板不变的,而有一种是感性和理性结合得很和谐的,在康德为趣味判断,在黑格尔为古典类型的艺术思维;而另一种则是趋向于理性的,在康德为对崇高的判断,在黑格尔则为浪漫类型的艺术思维。而我们看到,戏剧家的艺术思维正是属于后一种类型的。

毫无疑问,康德和黑格尔对这些现象的解释,都是建立在唯心主义基础上的,但这些被揭发出来的现象,却是不能忽视的。

近代哲学史上区分"理性"(reason)和"知性"(understanding)这两个概念,反映了近代社会发展所体现的辩证规律与物理的机械规律日益明显的区别,哲学家才感到,在掌握机械物理规律方面,只要一般的理解力(知性)就够了,而为了掌握辩证的规律,就必须运用理性的方式,即辩证思维的方式。康德割裂了理论和实践,贬低理论,认为辩证规律(理性规律)是不可知的,只能通过实践(而且只是道德)去体会的一种信仰;黑格尔则贬低了实践,认为用理论的理性就完全可以掌握辩证规律了。这两种理论在方法论上都是片面的。马克思主义认为理性的认识也是历史的,不能脱离实践的。马克思主义认为,面对社会发展所充分揭示出来的辩证法,人的头脑更应该复杂一点,即应该辩证地看问题。但马克思主义也不认为理论思维就能最终掌握辩证规律,客观世界的最深刻的规律,只有在实践中才能进一步把握。剧作家既然以社会生活作为自己表现的对象,那末,他的艺术思维中的理性因素,就应该更加多一些。如果说,雕塑家是要发现并创造一种典型的形象,以求达到感性和理性和谐的美的境界,那末剧作家则是要在人的行动和语言中揭示出更深刻的理性内容。比起雕像来,剧本的感性形式是不足道的,但理性内容却丰富得多。话剧在美这方面无法与雕塑抗衡,但在理性内容的复杂深刻方面,要优于雕塑。

当然，剧作家作为艺术家，想象力也还是不可缺少的，他要构思情节，塑造人物，还是要有机地与形象相结合，而不是对社会生活作赤裸裸的理论的思考。对剧作家来说，他应该同时具备艺术家和哲学家两种眼光，他要把艺术家敏锐的直觉和哲学家深邃的沉思结合起来。但是，我们应该承认，想象力和理性是有一定矛盾的，因为概念和形象本来就是矛盾的，艺术要用个别的形象来反映一般的东西，总是受到限制，艺术形象或艺术境界所能达到的概念，总没有哲学所能达到的那样明确深刻。因此，任何艺术的哲理性都是受到限制的，话剧也不例外。同时，我们还应该进一步看到，有一些概念是可以想象的（如苹果、桌子等），有一些概念则是无法想象的（如"伟大"、"光荣"等），而且，任何想象出来的类似的形象，都是不能充分体现概念的内容的，因此，概念按其本质来说，与想象力是有矛盾的。但是，这一点对剧作家来说，并不足为患。因为我们看到一种有趣的现象，即正是在形象、个别和理想、普遍的矛盾冲突中，存在着话剧艺术的特殊感染力。因为这种冲突使人认识到一种普遍的力量，也认识到个别事物的局限，把本来不能"感觉到"的普遍的力量通过个别事物的矛盾变化使人"感觉到"了，这正是艺术的力量所在。这种情形在悲剧中表现得最为突出。曹禺的名剧《雷雨》，通过四凤、繁漪（甚至包括周朴园）等的毁灭，显示了当时社会不合理但却巨大的力量，这种力量的本质本来只有通过理论认识才能掌握的，因为按其本质来说，社会制度是无形的。但剧作家却把这种无形的不合理的巨大力量变成可感的，使观众通过剧中人物的矛盾冲突，"感觉到"那股阴暗的力量。曹禺这个剧本当然不像哲学论文那样纯粹从理论上分析那个社会，但它却同时具备生动的形象和哲学的深度。

契诃夫是伟大的艺术家，他认为戏剧应当从普通人的平淡的生活中看出生活的内在的光辉，要在直接的现实后面，透出一股潜流。他的剧本总是要通过平凡的日常生活，透视出深刻而广阔的诗意而又哲学的概括。在《海鸥》这个剧本中，他借铎尔恩的口，批评特里波列夫的创作说："他用形象来思想，他的描写是生动的，有色彩的，能够深刻地感动我。可惜的，只是他没有确定一个清楚明确的目的。他只给人一个印象，就打住啦。然而光光给人一个印象，那是没有力量的。"（《契诃夫戏剧集》，第221页）而我们从契诃夫自己的剧本里，所得到的的确不仅是生动的印象，而且有光辉思想，正如高尔基所称道的："现实主义在这儿上升到了富有鼓舞力量的、含意深刻的象征的境界。……别人的戏不能够使人从现实性中抽象出来，达到哲学的概括，——您的戏却做到了这一点……"（引自叶尔米洛夫《论契诃夫的戏剧创作》，第120页）但是，如果说，在契诃夫那里，剧本中的理性因素还是比较含蓄的话，那末，到了布莱希特，剧本的理性因素则更加突出了。布莱希特认为，戏剧应该引起观众的深思，无论剧本或舞台演出，都应该使观众保持清醒的头脑，要对剧中所发生的事情抱着一种追究、批判的态度，戏剧不应该作用于观众的感情，更重要的是作用于观众的理智。当然，布莱希特的剧本总还是有人物、有个性、有情节的，并不是哲学论文，但这一派的剧本，理性因素显然是更强的。

从以上具体分析，我们可以看到，如果说雕塑家的想象力和理性是和谐的、统一的，理性认识在雕塑作品中还是不太明晰的话，那末，剧作家的艺术思维，则是想象力趋向于理性。因此，在一切艺术家中（文学小说作家除外），剧作家是最接近哲学家的。

决定剧作家艺术思维的特点的，还有一个重要的原因，即剧作家所运用的艺术媒介的特点——语言。

我们知道，语言按其本质来说，是思维的直接表现，语言和思维同样古老，人类有了语言，才能运用语言的符号进行思维，才能用概念把握事物的本质。因此，语言在本质上是概念的物质外壳。剧本文学与哲学运用着共同的表现工具——语言，这就使二者在本质上更为接近。

最初的剧本是用诗的语言写的，诗的语言是有自己的特点的。我们知道，从分析的角度看来，语词包含三种因素，一是声调，二是形状，三是意义。意义是语言的内容，声调和形状是语言的形式。形状属于图案艺术的性质，声调则具有音乐的性质。中国的书法艺术，取字之形，是一种更自由的图案艺术；诗歌则很看重字的声调（中国汉字为：声、韵和调值），同时在诗歌中，语词的作用主要不在于形成抽象的思想，而在于形成形象的"意象"。由于重视语言形式或形象的因素，其内容则必然受到限制，不能表现更复杂深刻的思想；但这种诗的语言，在古代社会生活条件下，是最适宜的语言，因为古代社会生活的内容还没有复杂到必须打破这种形式限制的地步，因而古代戏剧是很美的，内容和形式是比较和谐的，但却缺乏近代话剧的哲学深度（古代哲学著作甚至也多采用诗的形式，因为那时的哲学往往是格言式的，内容是比较浅的，可以用限制很大的韵文来表现）和思想的明晰性。这种特点，在中国古代的戏曲中，表现得最为清楚。

随着社会生活日益发展，诗的形式已经不足以表现社会和思想的复杂内容了，于是出现了近代散文体的剧本，成为近代话剧的最普遍的文体。在散文中，语言的形式因素退到次要的地位，而语言的意义即语言的内容则占主导的地位。剧本文学由韵文到散文的变化，不仅是形式上的变化，也意味着戏剧内容的深化，戏剧（话剧）日益突出地表现它是一种以理性内容取胜的再现艺术。

当然，话剧的语言和哲学的语言还是有很大的区别的，忽视这种区别，就会使剧本的语言概念化。话剧的语言首先要服从人物的个性，服从人物的行动，因此，话剧的语言，不仅具有认识的意义，而且要具有情感和意志的意义；话剧的对话，不仅要表现在特定的环境中，特定的人物的思想，而且要表现他的情感和欲望，戏剧需要带有情绪的语言。因此，虽然剧作家运用语言更有可能来表现艺术家的思想，但我们所说的哲理性，并不是要剧作家在写人物对话时多用一些哲学术语。这只是一种形式上的"哲理性"，这种哲理性是肤浅的。剧作家用情绪和性格的语言表现深刻的社会冲突和把语言哲学化是两回事情。但是，也正因为这个缘故，剧作家也就比较容易犯概念化的毛病。因此，我们一方面要看到话剧艺术理性因素很重这样一个事实，要看到剧作家的想象力趋于理性这样一个特点，同时也要防止这种理性因素的恶性发展，防止它完全破坏感性形象，从而破坏话剧之所以为艺术。

话剧是一种再现艺术，它是以社会生活的本来面目反映社会的规律的，因而剧作家仍然不能忽视社会生活的感性形象，特别是人的行动；但这种现象不是静止的，而是不断矛盾变化发展的，在有限事物的激烈的新陈代谢中，显然有着一种无限的力量，因此，话剧是最善于表现崇高的东西的。从这里我们也可以理解到，为什么康德把想象力与理性的矛盾作为崇高的判断，而崇高在康德看来又是倾向于理性的，是趣味判断向理性的过渡。同时，我们也可以理解到，为什么黑格尔的古典类型必须经过浪漫类型（而其最后一环是戏剧）才能过渡到宗教和哲学。

三　话剧演员的艺术创造

话剧艺术思想内容的力量，我们已经看到了，但任何真正的戏剧都不能只作"案头观"，它必须搬上舞台，需要舞台艺术。而任何舞台艺术的中心又是演员。话剧需要舞台艺术，这是无可否认的。但是由于上述话剧内容方面的特殊性，其相应的舞台艺术特别是演员艺术，与歌剧、舞剧或戏曲比较起来，也有它的特点。

我们前面说过，话剧是最善于表现社会生活的矛盾冲突的，由于其内容的复杂深刻，就要求一种比较朴素的形式，话剧要求接近于日常生活的平易的形式，以便不在形式上过多地分散观众的注意力，从而很快地透过形式，直窥内容。因而，话剧无论就其内容或形式来说，都更接近于真实的艺术，而更少是美的艺术。

真实的艺术和美的艺术是美学史上一个重大的问题，德国古典美学的启蒙者莱辛在他的《拉奥孔》中，首先作了深刻的区别。莱辛对诗和画（造型艺术）作了详细的比较研究，得出结论是：诗是真实的艺术，善于描写真实的生活，而真实性并不排斥丑的事物的描写；雕塑和绘画是美的艺术，不能描写过丑的事物。本来，诗和画在现象上的区别，凡是有眼睛的人是都能看到的，用不到等 18 世纪的莱辛再来啰唆。莱辛的《拉奥孔》在美学史上的巨大意义就在于他看到诗和造型艺术的本质的区别，提出了真实的艺术和美的艺术的问题，从而反映了 18 世纪德国艺术从古典主义到浪漫主义的过渡倾向。同时，莱辛提出这样一种美学观点，即精神与物质的和谐是美，而精神压倒了物质则是真实的，因此，在造型艺术中精神与物质的和谐到了诗里被破坏了，精神性超过了物质性，因而感觉到一种真实的力量。我们看到，莱辛这个基本美学思想，影响了整整一代的德国古典美学，像康德、席勒、黑格尔无不受他的影响。

莱辛也正是按照《拉奥孔》的基本思想来研究演员艺术的。莱辛在《汉堡剧评》中认为演员的艺术介于诗和画之间，是一种动的画。他认为，作为视觉的画，美是它的最高法则，但作为动的画，演员又不应该像古代希腊那样静穆（参阅 J.G.罗伯生《莱辛的戏剧理论》，1939 年，剑桥，第 482—483 页），莱辛对演员艺术的看法，同样反映出古典主义和浪漫主义的矛盾。一方面，他接受英国贺加斯（《美之分析》的作者）的看法，认为演员要按照美的波动线来活动他的手臂，同时，他又看到演员必须表现剧诗的精神的力量，因此他又认为美的波动线不是惟一的，而是多样的（参阅上书，第 480 页）。莱辛深刻地体会到演员艺术的内在矛盾，即既要真实又要美；但由于当时戏剧的理性内容还没有像后来那样充分的发展，他的研究也限于诗剧的范围，因此，莱辛对演员艺术的看法，基本上还是古典主义的，美在舞台上还是受到极大的重视的，他认为，演员在表现强烈的感情的时候，要注意控制，过分热烈的场面要注意冷静；过分的冷场，要注意热情些，以求达到和谐的美的境界。莱辛对演员艺术的态度，和狄德罗是相当接近的。

随着戏剧理性内容的发展，形式的限制愈来愈缩小（剧本中用散文，表演不用歌舞），演员艺术的内在矛盾，也就愈来愈明显了。黑格尔在他的《艺术哲学》中，也研究了演员艺术，可是黑格尔根据戏剧的分化倾向，显然把演员分成两大类，一类接近于话剧演员，一类则是歌剧或舞剧演员。关于前一类，黑格尔把它们和古代希腊的演员比较。黑格尔意识到，古希腊的演员，戴着面具，有歌队等形式的限制，演员本人的个性与角色的矛盾是不明显的，但近代的演员，就"不仅要与诗人和他所扮演的角色深深地同化，而且要在内在或外在方面与他自己的个性融合为一"（《艺术哲学》，英译本，第四册，第 289 页）。演员是完全服从剧本的，他以体验剧中规定的角色为最高任务。这种演员，按黑格尔的看法，是为剧作家而存在的。另一种即歌剧或舞剧的演员就不同，演员有许多技巧需要长期训练，这些技巧常因生理条件及训练方法不同而有不同的特点，这时候，剧作家是要服从演员的特点的。

黑格尔那种所谓忠实于剧本（实即忠实于生活的真实）的演员，随着话剧的发展，在现代形成了一个蔚为大观的斯坦尼斯拉夫斯基的表演体系。斯氏体系要求演员深入角色，忠实地体验角色内心世界，而反对在形式上过多雕琢的表现主义表演体系。斯氏体系的诞生，意味着话剧演员艺术的内容方面、真实性方面进一步的加强，而所谓舞台上的美，则退居于极次要的地位。因此，斯坦尼斯拉夫斯基认为他的表演原则要求深刻，而不是美。他在评论表现派的时候说道："这种创作是美丽的，但并不深湛。这种创作与其说是有力量的，毋宁说是有声有色的；它的形式比内容更令人感到兴趣；它对听觉和视觉的影响胜过对心灵的影响——所以这种创作与其说能使你感动，毋宁说能使你欢喜。"（《演员自我修养》第一部，第43页）从斯氏这段话，可以看到他在艺术实践中也同样深刻地体会到感情的真实与美的矛盾。

我们觉得，话剧剧本内容的理性的深度，本身就要求演员的感情的真实，要求演员具有音乐家的激情，而不像戏曲演员（或古典主义的演员那样）比较冷静。我们通常理解"理性"，总觉得是一种理论的、冷静的东西，其实，静观的理论认识，只是真正的"理性"的一个方面（当然是重要的方面），而"理性"按其本质来说，是反映了辩证规律的，辩证规律不是静止的，它本身就是矛盾冲突的规律，而人的情感的起伏变化，虽然对辩证规律没有清晰的概念认识，但其基本韵律，却是与辩证的规律、与社会生活的节奏一致的。因此，我们觉得，要求加强话剧艺术的哲理性，并不排斥演员的情感的真实，相反的，演员的情感的真实，正是从另一种方式掌握理性的规律，而可以弥补概念认识之不足（因为概念总带有抽象性的）。就剧本内容来讲，只有通过人物之间的矛盾冲突（意志的或情感的），才能深刻地反映社会生活的本质，才能有哲学的深度，那末，就演员来说，他不仅对社会生活的矛盾有深刻的理论认识（概念认识），而且要有深切的情感的体验。因此，加强话剧的哲理性，并不是要求话剧演员回到古典的、冷静的、注重形式美的表演，因为历史已经证明，那种表演形式是限制戏剧的理性内容的深度的。

在戏剧表演艺术中，表情与美的矛盾，实际上也反映了戏剧内容的理性深度和感性形式美双方的矛盾。在西方美学史上，温克尔曼从造型艺术领域中就深切地体会到这个矛盾，他认为表情是破坏美的（参阅鲍桑奎《美学史》，第304页）。表情是受人物个性的制约，而个性突出了，美就受到限制。个性、表情在各个不同艺术种类中地位是不同的，它们在雕塑中很受限制，在绘画中则稍有发展，而在戏剧中则个性的地位就加强了。而在戏剧中，话剧对个性的要求，又比戏曲更为重要。因此，就话剧表演艺术来说，表情是它的本质，而美则是次要的因素。因此，为了深刻地表现剧本的思想内容，话剧演员要比较强烈的表情揭示人物的内心世界，从而揭示社会生活的本质。

但是，话剧作为一种舞台艺术，它仍然具有一定的造型因素，他不能表现过分丑的东西，因而并不是一切表情在舞台都是合适的。这里也显示出小说与戏剧的区别。小说不用搬上舞台，他对人类的各种激情就可以用语言的符号更广泛地表现出来，限制是比较小的；但话剧舞台上却不应出现过分破坏形式的丑恶形象。因此，要在话剧舞台上也像戏曲舞台上那样把追求美作为主要目标是不对的，而完全忽视造型艺术规律对话剧艺术的制约，也是不合戏剧舞台艺术的规律的。

演员是一种微妙的艺术，其中有许多深刻的哲学问题。如果我们同意近代哲学史上把人的精神领域分成智、情、意三种因素的话，那末研究一下在演员艺术中这三者之间的关系是很有好处的。演员是一种艺术，当然是情感领域里的事。但不同戏剧种类的演员，其情感的性质是不同的。情感是意志和理智的结合（或者说情感是意志和理智之间的一种关系），在戏曲演员中这种关系偏重于和谐，因而它强调美；在歌剧、舞剧和话剧演员中，意志和情感的关系偏重于矛盾，所以便于表现崇高。话剧演员比起戏曲演员来，他的情感是激动的，而比起舞剧或歌剧演员来说，他又是比较冷静的。舞剧或歌剧演员在意志与理智的矛盾中，偏重于意志（因音乐、舞蹈是更接近于行动的），而话剧演员在这个矛盾中则偏重于理智。

人和他的对象的矛盾、主体和客体的矛盾，是社会生活的重要矛盾。这个矛盾，反映在精神领域里为意志和理智的矛盾。在现实的人的活动中，可以是理智与意志的矛盾，也可以是意志与理智的矛盾，各有侧重不同。在以再现人的活动为特征的演员艺术中，歌剧或舞剧演员是把意志和理智对立起来，强调意志，接近于音乐、舞蹈；而话剧演员则把理智与意志对立起来，强调理智，接近于小说。因此，话剧演员尽管在情感上是激动的、矛盾的（这一点不同于戏曲演员），但仍然可以有很强的理性思考（这一点不同于舞剧或歌剧演员）。这也是布莱希特表演流派之所以能够发展的根据之一。斯坦尼斯拉夫斯基看到演员意识中理智与意志的矛盾，布莱希特则更进一步看出了理智在这种矛盾中的作用，从而可以在斯氏以后作为一个戏剧流派而推动戏剧艺术的发展。

以上我们就三个方面初步研究了话剧艺术的哲理性的问题，实质上也就涉及话剧艺术的一些最本质的问题（从这个基本出发点，我们还可以研究话剧的舞台美术、剧场等各个方面的特点），这只是极初步的轮廓，有许多问题没有展开，但我相信，这些问题在理论上的进一步探讨，对我们的话剧创作实践无疑是会有帮助的。

（原载 1963 年 2 月 23 日《文汇报》）

论京剧《红灯记》

京剧革命现代戏《红灯记》经过领导、专家、群众的不断实践、提高，逐渐成为一件比较成熟的艺术品，它以自己革命的内容和相当完美的艺术形式，矗立在京剧发展史上，为京剧革命化创造了样板。它的成功表明：京剧只有革命化才有广阔的前途。京剧《红灯记》为无产阶级占领京剧艺术阵地成功地树立了榜样，同时它在解决古代艺术形式与现代生活内容的矛盾方面所创造的丰富经验，不仅对京剧革命化有巨大的意义，就是对整个中国古典艺术的革命化，对于批判地继承中国古代的艺术遗产，都有深刻的意义。同时，它也向美学工作者提出了任务：美学工作者必须面向社会主义革命艺术创作的实践，从理论上总结它们的创作经验，探讨社会主义艺术革命的规律。京剧《红灯记》作为艺术革命的样板，是很值得我们从理论上加以分析研究的。

一 革命的英雄人物，深刻的思想教育

京剧《红灯记》刻画了以李玉和为中心的无产阶级革命者的三代人的英雄形象。我们的这些英雄，是在特定历史条件下成长起来的，也是在特定的历史环境下开展他们的革命斗争的，而且正是在具体的矛盾冲突中展开他们的性格的。剧本告诉我们，那是在抗日战争时期，全国人民在中国共产党的英明领导下，正在和日本帝国主义侵略者开展一场你死我活的斗争。民族的斗争，实质上仍然是阶级斗争。正如毛主席在当时指出的："在民族斗争中，阶级斗争是

以民族斗争形式出现的，这种形式，表现了两者的一致性。"[①] 在这种复杂尖锐的阶级斗争中，我们的英雄是以工人阶级先锋战士的姿态出现的。他们的斗争，不是停留在自发的爱国主义立场，而是把民族斗争作为实现全中国的解放事业和伟大共产主义理想的一个阶段来进行的，这样，《红灯记》就跨越了那些仅仅停留在一般爱国主义水平上来描写抗日战争的戏剧，它通过民族斗争，树立了无产阶级革命英雄的形象，宣传了社会主义革命思想，不能不说，这是一个巨大的成功。它的这种成就鲜明地表明，《红灯记》是在社会主义革命和建设时期以社会主义革命思想为指导所创造出来的一个描写民主革命阶段民族斗争的优秀剧本。京剧《红灯记》的题材虽然不是解放以后社会主义革命和建设时期的事，但由于它是社会主义革命思想指导下创作的，因而它所体现的革命传统教育，就具有深刻的现实意义。

《红灯记》的剧作者在毛主席关于阶级、阶级斗争学说的指导下，突出了阶级斗争，这就深刻地抓住了抗日战争时期的生活本质。抗日战争不是一般的民族斗争，它是在中国共产党领导下进行的，共产党人在这场斗争中是领导者，是民族利益和人民群众利益的真正代表者，只有在工人阶级的先锋队——共产党的领导下，在毛主席关于人民战争的思想指导下，中国的民族抗日战争才会取得胜利。剧本着重刻画了李玉和、李奶奶、李铁梅等在党的领导下进行的英勇斗争，特别刻画了李玉和这个优秀的共产党员，以自觉的、明确的阶级观点，与日本侵略者鸠山进行针锋相对的斗争。这种斗争，剧本作者毫不犹疑地把它推向最激烈的高峰，并挖掘到思想的最深处：无产阶级的崇高的革命世界观同腐朽没落的资产阶级反动世界观的斗争。在"赴宴斗鸠山"这场戏中，那样明确而自然地展开的两种世界观的斗争，应该说，的确是起了"画龙点睛"的作用。通过这场斗争，深刻地揭露了日本帝国主义者的本质，以至连鸠山也不得不承认"共产党真太厉害"了。

李玉和这样的革命英雄，是在党和毛主席的领导和教育下成长起来的，是在革命实际斗争中锻炼起来的。当时中国共产党已经有了陈独秀右倾机会主义和三次"左"倾机会主义的教训，1935 年 1 月遵义会议，确立了以毛泽东同

---

① 《统一战线中的独立自主问题》，《毛泽东选集》，人民出版社 1991 年 6 月第 2 版，第 2 卷，第 539 页。

志为首的中央的新的领导，这"是中国党内最有历史意义的转变"[1]，当时正处在毛主席所指出的，"党的发展过程的第三个阶段，就是抗日民族统一战线的阶段"[2]。党以马克思列宁主义和中国革命实践相结合的毛泽东思想武装了大批党的干部，使他们吸取过去的教训，在革命实际斗争中得到锻炼和提高。在这样的条件下，出现李玉和这样的英雄人物，是很自然的。他有过1923年江岸罢工的血的斗争经验。他不仅敢于斗争，而且善于斗争；他具有共产主义远大的理想，也有必然实现这种理想的信心。他在"刑场斗争"那场中的大段歌唱，集中地表现了他作为一个共产主义者对革命理想的无限信心和憧憬。但为了斗争的胜利，在实际斗争中，李玉和又具有清醒的头脑，对敌人能采取机动灵活的斗争策略。"粥棚脱险"一场，李玉和在紧急关头机智地脱了险；"赴宴斗鸠山"一场，在自己的党员身份未暴露时那种针锋相对而又不露痕迹的态度，都说明李玉和是具有丰富的斗争经验的。剧本处处都注意刻画李玉和是一个经过实际斗争锻炼的老战士。

围绕着李玉和，剧本塑造了李奶奶和李铁梅这两个人物。以李玉和为中心的三代人，体现了革命斗争的不断发展，其中以象征革命的号志灯——红灯为线索，把这三代人与无产阶级革命事业紧紧地联系起来。这盏作为联络信号的号志灯，李奶奶的丈夫用过，李玉和用过，李铁梅又继续高举红灯，决心把无产阶级革命进行到底。

李奶奶的形象很概括地反映了工人阶级革命母亲的性格。她在丈夫牺牲以后，为了革命，把徒弟和另一个徒弟的女儿当自己亲生骨肉看待。他们的关系，决不是一般的亲属关系，而是革命的同志关系。这样，他们的关系就显得格外有感染力，格外崇高。李奶奶对李玉和的革命斗争，给予了积极的支持和有力的配合，她不但把李玉和当作亲生的儿子照顾，而且更重要的，是把他当作肩负抗日重任的革命同志看待。在李玉和被捕（"赴宴"）时，李奶奶那种大义凛然的气魄，鼓励了李玉和，也感动了观众；在"刑场斗争"这场中，李奶奶看到李玉和那样英勇不屈，唱〔二黄散板〕"有这样的好孩儿，娘不心

---

[1] 《关于若干历史问题的决议》，《毛泽东选集》，人民出版社1991年6月第2版，第3卷，第969页。
[2] 《〈共产党人〉发刊词》，《毛泽东选集》，人民出版社1991年6月第2版，第2卷，第612页。

酸"。在这里我们听到的不是一般的母亲对儿子的赞美,而是代表了群众对党的优秀儿子——李玉和的赞美。在李奶奶和李玉和之间,我们看到了真正的革命同志之间的深刻关系。革命的母亲把下一代的成长与无产阶级革命事业联系起来,对他们的关怀,也就是对革命的关怀。

由李玉和集中体现出来的无产阶级彻底革命精神,由于剧本塑造了李铁梅这个人物,而得到了更加充分的体现。革命必须一代一代地永远进行下去,彻底革命精神是与革命接班人的问题分不开的。

李铁梅生长在铁路工人的家庭,是在革命先辈和实际革命斗争中培养、成长起来的一枝"铁梅"。剧本很好地刻画了她的成长过程。戏刚开始的时候,铁梅唱〔快二六〕转〔流水〕"我家的表叔数不清……"还是那样天真、带点稚气,她只是在长期观察中隐约感觉到她父亲与她"表叔"之间有着不寻常的关系。经过李奶奶说红灯,铁梅唱〔西皮摇板〕"听罢奶奶说红灯……"时,就陷入了深思,认真地体会父亲和"表叔"究竟是什么样的人,暗下决心要向他们学习,行他们的事,学他们的为人。等到父亲被捕(鸠山请他"赴宴"),李奶奶说革命家史以后,李铁梅唱〔反二黄原板〕转〔快板〕"听奶奶,讲革命,英勇悲壮"时,的确是"志高眼发亮"。她认识到父亲"顶天立地是英勇的共产党",决心也更大、更明确了。她要"祖祖孙孙打下去,打不尽豺狼决不下战场"!最初她还是容易被敌人唬瞒过的比较天真的女孩,当特务假冒接关系的人时,差一点上当;后来就能够主动地想办法在敌人严密监视下从坑洞里出去接关系,在找不到关系时,又能机智地把密电码转移到安全的地方,甚至可以当面戏弄鸠山。剧本在刻画李铁梅这个人物时是有层次的,她的成长过程是真实可信的。

京剧《红灯记》通过对李玉和、李奶奶、李铁梅三个光辉的英雄人物的塑造,为无产阶级革命英雄立传,为党的地下工作者立传,从而给人以深刻的思想教育,使观众真正体会到共产党员以及党所领导的革命群众为革命不怕艰苦、不怕牺牲的革命气魄。看了这出戏,也使人深刻体会到党对这些革命的优秀儿女所给予的极高的评价:"无数党员、无数人民和很多党外革命家,当时(指抗日战争时期——引者)在各个战线上轰轰烈烈地进行革命斗争,他们的奋斗牺牲、不屈不挠、前仆后继的精神和功绩,在民族的历史上永垂不朽。"①

曾经有人认为,欣赏京剧时一定要摇头晃脑、陷入无思想的"直觉"(或"绝对")境界,才叫够"味",才叫"有意思"。京剧《红灯记》的艺术实践,有力地粉碎了这种谬论。剧场里新时代的观众,都深深地为我们的英雄人物的英勇事迹所打动,人们首先感到他们的思想和行动都是崇高的,给人以力量,给人以教育。在看戏的过程中,我们不断地运用我们的理解力,努力去把握这些人物的思想品质,以便提高自己的思想觉悟。当然,我们也深受感动,但我们的感动是有理解作基础的。京剧《红灯记》以无产阶级革命英雄人物与日本帝国主义的矛盾冲突,以尖锐复杂的阶级斗争和民族斗争激发起观众无产阶级革命的崇高的思想感情,根本不可能是一种庸俗的"自我陶醉"状态。我们在欣赏京剧《红灯记》时只知道自己被戏剧冲突带到了崇高的斗争境界,从而我们自己的思想感情也有了相应的提高,而根本不是什么"直觉""绝对"境界。那些死抱住"绝对境界""摇头晃脑"的人,只说明了自己的艺术趣味完全是腐朽的剥削阶级的艺术趣味。

京剧《红灯记》以崇高的英雄人物、深刻而尖锐的戏剧冲突,配以高亢激越的音乐、刚健有力的舞蹈,给人以思想感情的教育、鼓舞力量,而不是使人们"沉醉"于单纯表演形式的欣赏中。这种思想内容的力量,使观众的思想感情产生极大的振奋,通过舞台上展示的具体的革命斗争,激发了人们的革命斗志,促使人们的精神面貌有极大的提高。这种戏剧效果,也给那些在"纯粹艺术形式"中追求"绝对境界"的形式主义者以致命的打击。

二 杰出的艺术创造,生动的艺术形象

艺术的巨大的思想内容是通过生动的艺术形象表现出来的,由思想到形象,其中需要艺术家的反复的艰苦创造。

京剧《红灯记》的创造者们,首先彻底反对了旧京剧脱离实际的创作方法,他们按照毛主席"深入生活、深入斗争"的指示,在自己的创作思想上,

---

① 《关于若干历史问题的决议》,《毛泽东选集》,人民出版社1991年6月第2版,第3卷,第954页。

来了一番大革命。

旧京剧由于它产生和发展的历史条件，它所塑造的人物形象，往往多是一些性格（或道德）类型①，这和整个封建社会的道德观和审美观有着深刻的联系，也和他们的创作方式有着一定的联系。过去的演员和剧作家，最多只是通过一些间接的材料来体会人物的思想感情，他们老演历史剧，也在创作上受到很大的限制。卢胜奎改编"三国戏"，在京剧史上很有名，但他的本领无非是熟读《三国演义》。过去京剧演员演关羽、诸葛亮、曹操，大都也只依据两个东西：一个是师父的"范本"，二是《三国演义》②。

用马克思列宁主义、毛泽东思想武装起来的京剧工作者，今天创作《红灯记》，和前人的创作方法也有根本不同。《红灯记》里的英雄人物绝不是概念的化身，而是活生生的、有血有肉、有个性的无产阶级革命家。为了塑造这些有生动的个性的革命英雄，在对话、唱词、音乐和身段舞蹈方面，就必须彻底改变过去形式主义、公式化的创作方法，进行创造性的劳动。

要使英雄人物有血有肉，富有个性，首先就要对英雄人物作深入的理解。为了解决这个问题，京剧《红灯记》的创造者学习、利用了各种间接材料，更重要的是深入到老工人中去，取得直接的感性材料，从久经革命斗争的老工人身上去体验当年的英雄气概，发掘了丰富的艺术创作的源泉。京剧艺术家们从僵死的、形式主义的创作方法的束缚下解放出来，以深入生活的、革命现实主义的创作方法，在京剧舞台上创造出活生生的人物形象来，这是创作思想的一大革命。

我们看到，京剧《红灯记》在刻画生动的个性方面，是有突出的成绩的，特别面对着京剧这种传统比较凝固的艺术样式，其所取得的成绩，就更加可贵。现在试对《红灯记》的人物语言作些分析，看看它是怎样体现人物个性化的。

---

① 这是中国戏曲史的一个重要问题，值得今后进一步的探讨，这里不能赘述。但现在一些京剧工作者也都在创新的实践过程中体会到这一点。如刘吉典、李金泉同志说："为革命现代戏中英雄人物设计唱腔，如果仍像过去搞老戏那样，根据唱词大概找一找人物的感情类型以后，便着重在字正腔圆、卖味儿、讨俏上下工夫，肯定是不行的。"（《努力塑造英雄人物的音乐形象》，《人民日报》1965 年 8 月 6 日）

② 过去大多数京剧演员受反动派的压迫，文化水平一般都很低，不大容易研究其他有关历史资料。

京剧《红灯记》一反过去京剧公式化的陈词滥调①，无论对话、唱词都能够切合人物的性格身份，的确是人物内心的语言。在"痛说革命家史"这一场中，李铁梅想探究红灯的秘密，看见奶奶又在那里认真地擦红灯，她若有所思地说："奶奶您又擦红灯啦？"这里把铁梅这个已渐懂事的孩子写得很真实，如果在这里处得过于活泼天真，是不太符合整个戏中所表现的铁梅的性格的。她固然有天真、活泼的一面，但也有沉着稳重的一面，她这种沉着稳重和经常思考问题，是在严峻的阶级斗争的环境中逐渐形成的，她根本不同于一般娇生惯养的小女孩。剧本在这里只用一句话，就把铁梅的性格紧紧地扣住了。但是铁梅终究还是个孩子，她在残酷的阶级斗争面前虽坚如铁石，但总还不如李玉和那样成熟，她的语气总还有点"稚气"。这在许多唱词中都可以看到，也正因为这样，铁梅才真正是铁梅。试以李玉和的一段唱词同铁梅的唱词作一比较。李玉和在"刑场斗争"中有一段〔快原板〕"孩儿我本是个刚强铁汉，不屈不挠斗敌顽……"唱词慷慨激昂，内容也比较深。"山河破碎，我的心肝碎，日月不圆，我的家难圆"，充分表现了一个无产阶级爱国志士的思想。"恨不能变雄鹰冲霄汉，乘风直上，飞舞到关山，要使那几万万同胞脱苦难！为革命，粉身碎骨也心甘！"更体现了一个久经锻炼的无产阶级先锋战士的伟大胸襟。而在"靠群众帮助"一场里，铁梅回到家中看到红灯，有一段唱〔西皮倒板〕转〔原板〕转〔二六〕又转〔快板〕，内容也是表现铁梅对敌人愤恨和自己革命到底的决心。这时铁梅经过了一系列的严峻的斗争，已经很懂事了，可是在语气方面终究与李玉和不很相同，通篇都贯串着铁梅这样一个女孩子的朴实的感情，像"铁梅至死不理他"，"咬住仇，咬住恨"，"铁梅我，有准备；不怕抓，不怕放，不怕皮鞭打，不怕监牢押"，"贼鸠山，你等着吧，这就是铁梅给你的好回答！"这样一些，都是当当响的个性化的语言，的确是把革命的思想凝结在生动具体的个性里了。读了这段唱词，铁梅这样一个可爱、可敬的革命接班人的形象，如在目前。此外像李玉和在"赴宴斗鸠山"里与鸠山大段针锋相对的对话，在戏剧语言方面，也都是十分精彩的。

---

① 旧京剧中有一些语言毫无内容、千篇一律，甚至语法不通，如"你待怎讲"、"上了马能行"等，有些地方因为演员的唱腔好，一般都不去深究了，但很早就有不少人对京剧这种陈词滥调表示了不满。

配合语言的个性化，在音乐、唱腔方面也都要求加强性格的表现，这方面，唱腔的设计者已有很好的经验总结①。为了表现革命者的个性，设计者在板式、腔调等方面都有许多创造。像李铁梅在"接受任务"那一场里唱〔快二六〕转〔流水〕"我家的表叔数不清"，利用了某些歌曲的曲调，把小女孩的天真烂漫的情感表现得很真实，这一段唱腔的确是很优美的。"壮别"时李玉和唱的那段〔西皮二六〕"临行喝妈一碗酒"，又是那样雄壮慷慨，把李玉和临危不惧的豪迈气概表现得淋漓尽致。京剧《红灯记》中一些大段的唱腔，都是比较完整的，人们可以通过某一段唱，来抓住某一人物的生动形象，音乐形象的个性是相当鲜明有力的。

当然，人物的个性化，只是创作的一个方面。艺术形象并不是单纯模仿生活，它需要创造，更需要理想化。必须把革命的现实主义和革命的浪漫主义结合起来。京剧《红灯记》的创造者们，正是在毛主席所倡导的这一创作方法的指导下，进行创作的。剧中的英雄人物都闪烁着共产主义革命理想的光芒，都是理想化了的英雄。这正是京剧《红灯记》最突出的成就之一。在京剧《红灯记》中，英雄人物充分地表现了自己的崇高的理想，李玉和在即将就义时，充满了豪情壮志，他看到"革命的红旗高举起，抗日的烽火已燎原"，"但等那，风雨过，百花吐艳，新中国，似朝阳，光照人间……"人们不能不为这种崇高的理想的力量所感动。

李玉和等英雄形象是成功的。李玉和、李奶奶等都是经过革命理想化的英雄人物，剧作者并没有描写他们什么"缺点"，更没有硬给他们加上什么"阴暗面"。剧作者并没有把李玉和的革命思想和他的精神面貌的丰富性绝对对立起来：好像共性一定是优点，个性就一定是缺点。如果按照某些人的"逻辑"，李玉和对敌人的切齿仇恨和对阶级亲人的深刻的爱就不能是情感的丰富性的表现，而只有在就义前"三分钟的动摇"，才算是性格的"丰富性"。从京剧《红灯记》里，我们看到的事实恰恰相反，李玉和的无产阶级彻底革命精神和他的丰富的思想情感是完全统一的，而且只有突出地表现这种革命精神，才能使李玉和这个形象更加高大、更加丰富。

---

① 参看《京剧〈红灯记〉评论集》，第277页，和《人民日报》1965年8月6日。

我们看到，在塑造个性化的人物时，我们遇到如何突破京剧传统的问题，那末，在塑造理想化的人物时，同样也遇到如何批判地继承传统的问题。封建统治阶级和封建文人为了在京剧舞台上树立自己的理想人物，下了许多工夫，想了很多办法，譬如关羽本来有许多缺点，清王朝的统治者为了宣传他的"忠""义"来麻醉人民，把关羽加以"神化"，连《走麦城》这样的戏也禁演了。

然而，封建时代的理想英雄与无产阶级的理想英雄是有本质的区别的。他们首先在世界观上有根本的区别。古代的英雄归根到底是个人主义者①。日本帝国主义侵略者鸠山，何尝不想当一个反动的"英雄"，想在他那个阶级里"出人头地"，但他的人生哲学则是"为我"二字。与这种剥削阶级世界观完全对立的则是无产阶级大公无私的彻底革命的世界观。李玉和对鸠山"为我"哲学的嘲笑，也就是对一切剥削阶级世界观的嘲笑。这种世界观的本质区别也决定了无产阶级英雄与一切剥削阶级"英雄"在和群众的关系上，也有本质的不同。一切剥削阶级的英雄都是高高在上、脱离群众的；而一切真正的无产阶级英雄却是与群众血肉相连的，他是群众根本利益的代表者和维护者，他既领导群众，又深入群众、依靠群众。

我们在京剧《红灯记》里看到，李玉和、李奶奶、李铁梅这些党的好儿女，和群众的关系是亲密无间的。他们和邻居刘大娘、桂兰家的关系，完全体现了阶级友爱的深厚感情。李奶奶说："有堵墙，是两家，拆了墙，咱们不就是一家子吗？"铁梅说："不拆墙也是一家子"，李奶奶说："你说得对。"这段对话深刻地揭示了李家与刘家的阶级友爱，而李玉和、李奶奶、李铁梅以后的斗争，也是同刘大娘和桂兰的帮助分不开的。这种血肉关系，说明了我们的英雄人物是从群众中成长起来的、在群众中生了根的。"粥棚脱险"那一场，则更加突出地表现了李玉和处处为群众利益着想，表现了共产党员"以天下为己任"的革命气魄。

封建统治阶级和封建文人为塑造自己的"英雄人物"所用的许多手法，我们都需要从思想上加以批判，并在实践中予以扬弃。当然，这并不妨碍我们在一定场合下批判地运用某些手法和表现原则。譬如，京剧中在表现英雄人物

---

① 古代的英雄，有时也有"牺牲精神"，但那是为了一撮小"集团"的利益，而且是以个人"流芳百世""留名千古"作为思想基础的。

时，经常用雕塑性很强的亮相，以增加人物的气度。我们知道，雕塑以它的高度集中和静态的凝炼，最善于突出表现人物的理想境界，它抓住最能表现人物品格的典型姿态，经常可以表现英雄人物的庄严肃穆的神态。在京剧花脸、武生等行当中，常常有许多很美的亮相，以及由此发展而来的雕塑性的动作，对于英雄人物的树立，起过重要的作用。这种利用雕塑美的手法，在新京剧舞台上塑造新的英雄人物时，同样是可以借鉴的。我们看到，李玉和的扮演者钱浩梁同志在运用这种手法时，许多地方都获得了成功。当第一场李玉和一出场时，改变了最初话剧式的处理手法，增加了人物的气度，一开始就给人一个高大的革命者的形象。在李奶奶说完革命家史后，铁梅激奋地拿起红灯，在舞蹈动作的终点，和李奶奶一起高举红灯，也是一个很好的塑像。

戏剧中的亮相，是在戏剧性舞蹈动作过程中的雕塑性的"总结"，其内容是与整个剧情分不开的，而不是孤立的"摆架子"，它是把人物的思想感情，随剧情的发展而凝炼在一个点上，把它集中地加以突出表现。因此，同样是理想化的手法，不同的戏剧人物，就有不同的内容。而且，由于现代的和古代的两种英雄人物的不同，在运用这种手法的时候，也不能生搬硬套。正因为我们的英雄是与群众紧密相连的，因而就不能在群众面前过多地、过分地"摆架子"，而必须体现出我们的英雄是群众的一分子，又是群众中的先进分子；但在鸠山和民族叛徒面前，适当地利用夸张的雕塑性动作和亮相，以及"赴宴斗鸠山"一场最后所采用的"塑型对比"的手法，则不但是完全可以的，而且是相当成功的。

我们理想化的更重要的方法是深挖英雄人物的思想感情，从实际的戏剧冲突中把它展示出来，把人物静的塑型美建立在真实的人物斗争活动的基础上，把静和动结合起来，才能真正达到戏剧人物理想化的目的。这样，对于创造者来说，不仅是个技术水平问题，而且更是个思想水平问题。创造者必须自己具有无产阶级思想，才能真正理解所表现的人物的无产阶级的道德品质和思想感情，才能从实际斗争中把它深刻地揭示出来。

三 完整的艺术风格，美好的欣赏效果

京剧《红灯记》不仅有巨大的思想内容、崇高的艺术形象，而且有着完整

的、优美的艺术风格。

我们知道，戏剧的表现手段是很丰富的，它综合了文学情节、对话、表演、绘画、雕塑等各种艺术样式的表现手段，而我国的戏曲，则更突出地具有音乐、舞蹈的因素。所有这一切表现手段，又绝不是拼凑起来的。就话剧来说，对话和行动是它的中心环节，其他一切表现手段，都是为戏剧对话和戏剧动作服务的。就戏曲来说，音乐性的戏剧对话和舞蹈性的戏剧动作是它的中心环节，其他如绘画、雕塑等表现手段，都是为它们服务的。比较起来，戏曲所综合的表现手段是最多的，因而在风格方面，也是最难统一的。这些不同种类的表现手段，处理得好，可以相互促进；处理不好，则会相互矛盾。譬如用景的虚实，有时就会与舞蹈性的戏剧动作产生矛盾，因此在旧京剧里，视觉的造型往往更接近雕塑，背景是虚的；而话剧更接近于绘画，背景是实的。旧京剧这种处理办法，在反映比较简单的古代生活、古代人物时，可以经常运用的；但在表现现代丰富、复杂的斗争生活时，如果仍旧采用这种办法，就很不够了。因此，京剧现代戏在风格上，面临着比旧京剧更加复杂的问题，而为了解决这些问题，京剧《红灯记》的创造者们积累了许多可贵的经验。

京剧《红灯记》反映了交织着深刻阶级矛盾的中国人民与日本帝国主义侵略者的尖锐矛盾，那种惊心动魄、你死我活的矛盾冲突，激动着观众的思想情感，比起旧京剧来，戏剧冲突显然是加强了。《红灯记》从第一场联络员跳车起，就预示着即将展开一场你死我活的斗争。然后，戏剧冲突紧接着一场比一场尖锐。王连举的叛变，说明了这场斗争必然采取面对面的方式进行，这场斗争是不可调和的，"不是东风压倒西风，就是西风压倒东风"。最后，李玉和和李奶奶虽然都牺牲了，但却展示了日本帝国主义侵略者的必然失败。

矛盾冲突的充分展开，说明了戏剧性的加强，因为戏剧性需要人物在实际行动中的紧张尖锐的矛盾冲突。旧京剧在封建主义、资本主义剥削阶级世界观指导下，不愿或不敢正视生活中的预先冲突，并竭力掩盖它，因而戏剧性相对地削弱，而比较地强调抒情性。大多数旧京剧通过比较平和的曲调和缓慢的舞蹈动作，以"靡靡之音"来消磨人的斗志。京剧由原来比较粗犷朴实的风格逐渐变成由封建统治阶级加工过的轻歌曼舞、专讲"味儿"的格调，也正是戏剧性削弱的过程。京剧的革命化，在艺术风格上首先碰到的一个问题，就是突破这一关，必须在艺术风格上把戏剧的矛盾冲突放到首位，突破固有的程式，为戏剧冲突的充分展开铺平道路。

不回避、不掩盖矛盾冲突，让戏剧性得到充分的发展，实际上也就促使了中国戏曲艺术本身在艺术形式上更进一步的发展，因为集中地通过人物行动、对话展开矛盾冲突，本来是戏剧艺术最重要的特征之一。过去在旧的戏曲程式（包括音乐、人物行当、表演等）的束缚下，戏曲作为一种特殊的戏剧，本身也很难得到充分的发展。

京剧《红灯记》突出了戏剧性，充分展开了戏剧的矛盾冲突，使其他一切表现手段都服从于戏剧冲突的表现和展开。

为了充分展开戏剧冲突，《红灯记》就不能像旧京剧那样，老用雕塑的手法来使人物处在没有确定背景的空间中。戏剧性、戏剧冲突需要真实感人，它需要一定的写实的布景。一般说来，在革命现代戏中完全不要写实的布景和道具是做不到的。写实布景的出现，可以确定环境，有鲜明的时代感，如京剧《红灯记》一开场就在墙上出现一幅残缺不全的"仁丹"广告，这样就给人以真实的时代感和鲜明的倾向性，这种效果，是旧京剧所没有的。

写实布景的出现，在表现手法上又增加了京剧的绘画因素，提出了新的问题。旧京剧也用绘画的手法，如服装、天幕、桌椅披等，但大都是图案式的绘画，就整个舞台看，空间还是不确定的。为了确定空间，演员在必要的时候，做了些虚拟的动作。现代戏的舞台既然有了写实的布景，整个舞台就会是一个比较真实的画面，但作为戏曲的特点，又不能完全排斥虚拟的动作和雕塑性的处理，于是这里就有可能在虚实之间产生艺术风格上的矛盾。我们看到，京剧《红灯记》在处理虚实之间的矛盾时，积累了很好的经验。首先在写实布景方面，不孤立地追求"真实"、"全面"，而是主要从有利于人物塑造、戏剧冲突的展开来着眼。景不宜多，更不宜繁，这样才能为适当的虚拟表演留有余地。譬如破烂市粥棚台上的景，只是简单的一张桌子和几张椅子，而且集中在舞台的左边（从观众角度看），右边除了背景外则空无一物，形成了"右虚左实"的局面，其目的也是为了便于在磨刀人（接关系的地下工作者）与日本兵之间展开矛盾，让李玉和脱险。其次，在雕塑性亮相和舞蹈性动作方面，也力求不与写实的布景发生矛盾。京剧《红灯记》不是滥用这些抒情手法，而在一般情况下，保持动作风格的一贯性，只在适当的地方，才加以突出表现。譬如"痛说革命家史"中，只有在铁梅听李奶奶说明了自己的历史，充分认识到了号志灯的意义以后，在情绪充分高涨的气氛中才拿起红灯，以舞蹈的姿态跑圆场，最后归于雕塑般的亮相。这样的处理，由于符合人物内心感情的抒发，同时，强烈的革命感情把观众的注意力和视线集中在铁梅身上，也就不会感到这种夸张的动作与屋里写实的布景有什么矛盾了。

由此可见，京剧《红灯记》是把戏剧性的写实布景，与抒情性的舞蹈动作结合了起来。戏剧性和抒情是有一定矛盾的，但又不是绝对对立的。在戏剧艺术中，抒情性可以为戏剧性服务，二者可以结合起来，丰富戏的效果。京剧《红灯记》如果没有那些夸张的舞蹈动作，没有那些雕塑性的亮相，就不会给人那样深刻的印象，也就不会有不同于话剧的自己的艺术风格。

戏剧性和抒情性的问题，不仅在戏剧动作中存在，在戏剧语言中同样突出。道白与歌唱之间的关系，是戏曲艺术中一个重要的问题。旧京剧解决这个矛盾时，大多数行当都采用了拉长声调的手法来道白①。这种声调节奏，与封建统治阶级的生活语言是一致的，只需稍加夸张就可以了。这种语言的韵律和举止的仪范②表现了封建统治阶级整个的生活节奏。显然，我们要用这样的节奏来表现现代人是不行的。这个问题，如果光从京剧原有的音乐（歌唱）节奏来考虑，的确是很难解决的，因为，问题在于京剧原有的音乐节奏本身也已经不能充分反映现代人的复杂的思想感情了。如果对音乐的节奏、旋律加以改变，道白问题也就比较容易解决。在这方面，京剧《红灯记》也为我们提供了很好的经验。

京剧《红灯记》音乐的节、旋律、歌唱的板式变化，显然比旧京剧大大丰富了，用一般〔西皮快板〕所不能表达的铁梅在听李奶奶讲革命家史后的心情，用〔反二黄快板〕就恰如其分地表达出来了。这也就是说，音乐本身的戏剧性大大加强了。歌唱节奏丰富了，容量加大了，道白的节奏和容量也可以相应地增加。有些地方可以使之更接近生活，有些地方可以更夸张些。如果说，

---

① 有人认为，旧京剧解决这个问题是用"韵白"，其实"韵白"只是语音标准不同，它只解决了道白与歌唱的语音标准统一的问题，并不能解决艺术风格统一的问题。试用生活口语的节奏来念"韵白"（一般认为是湖北的调值，河南尖团，当然实际还要更复杂些），仍有道白与歌唱的矛盾问题。
② 参看北京京剧团：《〈沙家浜〉修改过程中的一些体会》，《戏剧报》1965年第7期。

在歌唱里可以采用像"说明了真情况,铁梅呀"("痛说革命家史"场,李奶奶唱〔二黄慢三眼〕)这样现代口语的音调,为什么道白就不能采用比较接近生活的音调呢。

　　当然,适当的夸张还是必要的,艺术的语言,既要反映生活的语言,又要高于生活的语言,不仅要在内容上加以提炼,在形式上也要有一番创造。话剧的语言也不能完全是生活语言的翻版,话剧演员的舞台音调,也不完全等于生活的音调。为了突破这一点,京剧《红灯记》在李奶奶痛说革命家史时,大胆地使用了大段的道白,用道白作描述性的叙说,而把歌唱集中用之于情感的抒发,不能不说,这是京剧《红灯记》一个大胆的、富有创造性的尝试。高玉倩同志在那大段的道白中,利用了话剧、朗诵、曲艺等艺术的念法,在气氛紧凑的音乐伴奏中(采用了《十面埋伏》的乐曲),讲述了革命的家史。这一段道白,有节奏,有变化,更重要的是有革命的感情。有的地方声调慢长,如"就在那天晚上,天也是这么黑,也是这么冷",放慢了的声调,的确像有一股冷气紧压观众的心头,使人预感到一场暴风雨即将来到。果然,到了"一忽儿,忽听得有人敲门",节奏突然一变,这里既吸引了铁梅,也吸引了观众,既是生活,又是艺术。这大段道白,人们并不因为它大胆地突破了京剧传统而觉得别扭,而且在大段叙述后,紧接着一段节奏紧凑的〔二黄原板〕,总结了上段叙述,表现了革命母亲的强烈的感情,丝毫没有不调和的感觉。

　　从京剧《红灯记》的创造看来,戏剧性的加强,并不意味着抒情性的削弱。问题的关键在于抒什么样的情。如果是抒发封建阶级的"温柔敦厚"的麻醉人民的感情,那末这样的"情",是和现代生活充满复杂矛盾斗争的客观现实对立的,是和现代革命戏的戏剧冲突对立的。用这种音乐、歌唱以及舞蹈动作来表现现代生活,必然会从思想实质上歪曲了现代人物的形象。然而,如果我们是抒发革命之情,抒发创造者对革命英雄的爱和对反动派的恨,抒发革命英雄的内心的革命的感情,则不仅是可以的,而且是完全应该的。

　　在抒发革命英雄人物内心感情方面,京剧《红灯记》的创造者们是很下了一番工夫的,他们在文章①中特别提到为了适应抒情的需要,如何设计李玉和

---

① 见刘吉典、李金泉:《努力塑造英雄人物的音乐形象》,《人民日报》1965 年 8 月 6 日。

在狱中"狱警传"那段唱腔的。在对待反面人物的音乐形象问题上，音乐设计者利用了"不调和"的手法，使鸠山的面目显得丑恶可憎，暴露了他的本质。尽管他表面上衣冠楚楚，但从他内心发出的声音——歌唱中，却把自己的丑恶面目暴露无遗。

京剧《红灯记》在强调戏剧性的同时，充分发挥了抒情手法的作用，使戏剧性与抒情性达到了高度的统一。这样，京剧《红灯记》中由于艺术风格统一，就在给人以深刻的思想教育的同时，也给人以美的艺术欣赏。京剧《红灯记》是按照革命的需要表现革命英雄人物的英勇斗争精神的，同时也是按照美的法则进行创造的。京剧《红灯记》这种处理方法，归根结蒂还是和革命现实主义与革命浪漫主义相结合的创作思想分不开的。我们是革命的现实主义者，绝不回避现实生活中的矛盾斗争，而是正视生活中最残酷的斗争；我们同时又是革命的浪漫主义者，有着远大的美好的理想，革命者在任何时候都是相信这种理想必胜的乐观主义者。因此，我们要求舞台上的英雄形象更加美一些，正如陶铸同志所说的："我们提倡革命现实主义与革命浪漫主义相结合，要使人看了，觉得社会主义制度下的新人物是很美的，给人以美的感受，不管耳朵眼睛都感到舒畅……"[①]

在舞台上表现美的形象，主要的是体现革命英雄人物的美好理想，此外也还有个形式美的问题。我们坚决反对脱离内容的形式主义[②]，但我们主张为内容服务的形式加工，而同样坚决地反对自然主义。在这样的前提下，从某种意义上讲，形式美的问题，实质上是能不能把革命现实主义与革命浪漫主义相结合的精神贯彻到底的问题，是能不能从内容到形式都贯彻这种精神的问题。

音乐和舞蹈这些抒情的艺术，主要应该是激发人的革命热情，但同时也要求悦耳、娱目，如果破坏了形式美的最基本的规律，也就很难使人接受音乐和舞蹈所体现的思想教育内容。

京剧《红灯记》在音乐创造上很注意旋律的变化、结构的完整和节奏的起伏等形式美的规律，使加工后的形式更好地为内容服务。在人物情绪最激昂的时候，适当地利用"炸音"，可以增强表现力，给人以激励的力量，但如果过

---

① 陶铸：《一定要演好革命现代戏》，《戏剧报》1965年第6期。
② 旧京剧的形式主义发展到完全歪曲生活的地步，如红娘总比莺莺华丽，高宠总比岳飞威武等。

多地利用"炸音",就会失去音乐的优美的风格,损害了动听的效果。当然,戏剧中的音乐,要注意音乐本身的戏剧性,塑造人物性格,表现变化多端的感情;但是戏剧中的音乐,也还要遵守音乐形式的一般规律。

在经过反复修改后的京剧《红灯记》中,在视觉形象方面,也是尽可能让革命英雄人物更美一些。这从化装、服装以及处理手法上,都可以看出来。李玉和作为一个普通的工人,在旧社会备受压迫、剥削,家里当然很贫困,但如果处理得过于破烂,也有损舞台的形象;现在,舞台上出现的李玉和、李铁梅和李奶奶,都有一种恰如其分的朴素的美。在戏剧中,在一些表现敌人残暴的场面时,特别要注意避免自然主义的手法。正如张东川同志所说:"李玉和受刑之后,是衣服破烂,血迹斑斑,行动十分困难,表现时要注意这些事实(不然不会真实);但更重要的是突出他勇于斗争的大无畏的英雄气概,因而对于受刑后的破烂、肮脏等有损于英雄形象的东西就不能过分描述。"①

革命的现代戏应以革命的思想教育为目的,但如何通过艺术的方式更好地达到这种教育的目的,也是一个不可忽视的方面。革命的戏剧需要崇高的思想内容,也需要美的形式。人们都说,艺术是用形象来发言的。的确,艺术离不开感官的印象,艺术作品的思想内容,不是在形象之外,而是在形象之中,艺术作品给人的思想教育,也是脱离不开具体的感性形象的。京剧《红灯记》给人的崇高的革命英雄气概,是和李玉和、李奶奶、李铁梅的生动形象分不开的。我们反对脱离思想教育来孤立地谈"艺术欣赏",但就艺术作品来说,我们也不赞成离开艺术的特点来一般化地谈思想教育。艺术欣赏的目的不是别的,正是为了使艺术的思想教育得到更加深刻、更加有力的效果。思想过硬,是最根本的环节,放松了这一环,就会迷失方向。艺术上也要过硬,其目的是为了完美地表达思想内容。中国京剧院的同志们,如果不是在领导上一手抓思想,一手抓艺术的正确领导下,如果不是经过多次反复的、包括艺术上的修改和推敲,那末京剧《红灯记》也不会取得这样好的成绩②,也不会给人这样深刻的思想教育和这样美好的艺术欣赏效果。

---

① 张东川:《京剧〈红灯记〉改编和创作的初步体会》,《人民日报》1965 年 6 月 3 日。
② 参看郭小川:《〈红灯记〉与文化革命》,《戏剧报》1965 年第 6 期。

四　大胆的革新创造，广阔的发展前途

京剧《红灯记》以自己的杰出的艺术成就，在京剧革命化的道路上，跨出了有力的一步，为京剧艺术的推陈出新，树立良好的样板。

京剧艺术至今已有近二百年的历史，它是在我国歌、舞以及戏剧长期发展的基础上产生、发展起来的；同时也是在清皇族最高统治者直接"关心"和"指导"下发展起来的。因此在某种意义上，京剧艺术反映了甚至凝结了中国古代艺术的许多特点，综合地、典型地反映了封建主义以及深受封建主义影响的我国资本主义萌芽时期的统治阶级的艺术趣味。而这种趣味，后来在半殖民地、半封建的旧中国，又得到资产阶级和民族阶级的支持和进一步的发展。同我国古代大多数成熟了的艺术形式一样，京剧有凝固的表演程式，顽固的传统势力。由于这些传统形式有着自身内部的比较有机的联系和一定范围内的深厚的社会基础，谈到对它加以革新，就常常使一些勇气小的人却步不前。然而，京剧《红灯记》和其他一些成功的京剧革命现代戏的出现，冲破了封建主义和资本主义的艺术框框，它们以自己的成就，说明了这样一个真理：无论多么顽固的传统观念和习惯势力，在历史发展的必然性面前，总是一只纸老虎。

艺术是生活的反映，生活变了，艺术也要变。决定艺术变化的，归根到底不是艺术本身，而是现实生活。生活的发展决定了艺术的发展，但有的时候，艺术却总是落后于现实。在这个领域里，革命的阻力有时显得极为顽固。生活变化了，但还有一部分人（这种人往往以"专家"或"古代艺术的保卫者"自居），死抱住旧的趣味不放。正如马克思所说的："一切已死的先辈们的传统，像梦魔一样纠缠着活人的头脑。"[①] 冲破这种传统势力需要"闯将"，需要进行细致复杂而且坚决的斗争。

在京剧史上，也有过一些改革的尝试，也曾经演过"时装戏"。然而许多试验都失败了，许多"时装戏"都没有站住脚。这样反倒引起一种错觉，似乎"京剧的传统的确是碰不得的"。这就是为什么当年曾经作过某些改革的艺

[①] 《路易·波拿巴的雾月十八日》，《马克思恩格斯全集》第8卷，第121页。

家，后来反而甘心承认失败，有的人甚至转向保守的原因之一。然而，为什么历史上许多尝试都失败了，而《红灯记》却得到极大的成功呢？既然决定艺术变革的不是艺术本身，而在于现实生活，那末只有在生活中是个革命者，才能在艺术中做个革命者。旧社会的京剧艺术家，由于各种条件的限制，他们在艺术上最多只不过是企图用十分软弱的资产阶级的艺术原则来和顽固的封建艺术传统较量，其失败的结局是难免的。只有社会的革命才能产生艺术的革命，只有革命的艺术家才能实行艺术的革命。马克思、恩格斯说："意识的一切形式和产物不是可以用精神的批判来消灭的……而只有实际地推翻这一切唯心主义谬论所由产生的现实的社会关系，才能把它们消灭；历史的动力以及宗教、哲学和任何其他理论的动力是革命，而不是批判。"① 京剧的革命，不能光从京剧本身着眼，必须和无产阶级整个革命事业联系起来，作为整个无产阶级革命事业的一个组成部分，才能得到成功。这就是为什么《邓霞姑》②和《红灯记》有着不同的结局的深刻的社会历史根源。

　　京剧革命化最重要的环节是舞台主人公的变化，是题材的变化，是内容的变化。我们当然不是唯题材论者，一个作品的好坏，不完全决定于采用什么题材，但是，应该说，在艺术中，题材是最活跃的因素，因为题材是与生活直接联系的。如果我们的京剧，仍然局限于古代生活题材，在舞台上仍然是古人占统治地位，那末尽管我们说什么"用马克思主义观点来对待历史"，强调"古为今用"，都不能使京剧从内容到形式来一番彻底革命。当然，我们并不是完全否定历史剧，用马克思主义观点创作的历史剧是无产阶级革命文化事业不可缺少的一部分，然而，无论多么好的历史剧，要光靠它来完成京剧革命，是不可能的。京剧舞台上占统治地位的如果还是帝王将相，固然不能直接宣传无产阶级思想，就是在表演程式上也很难突破；而现代的工人、农民一旦成为京剧舞台的主人，那末，那些充满剥削阶级趣味、只适宜表现古人的表演程式（整冠、抖袖等）、唱腔等，只有抛弃一法，别无出路。无产阶级革命者的形象出现在京剧舞台上，才从根本上动摇了封建统治阶级精心设计起来的"艺术之宫"。

---

① 《德意志意识形态》，《马克思恩格斯全集》第 3 卷，第 43 页。
② 梅兰芳在 1915 年创作的"时装新戏"之一。

京剧《红灯记》正是在艺术家革命化、人物革命化、题材革命化、艺术形式革命化的彻底革命精神指导下进行创作的。京剧《红灯记》的最高任务是在于塑造李玉和等无产阶级英雄的形象，宣传无产阶级彻底革命思想，而不是"从传统出发"，把李玉和、李奶奶歪曲成岳飞、岳母，把《红灯记》变成《岳母刺字》。

当然，只是题材、人物的变革，并没有完成京剧的革命化，还需要在表现形式上有一系列的与题材、人物的变革相适应的变革。由于表现形式的相对稳定性和独立性，从内容的变化到形式的变化，是需要一个过程的；然而，这种变化又是不可避免的。在这方面，实践往往走在理论的前面。在人们还没有从理论上完全弄清楚为什么京剧原有的音乐（它的板式、旋律和唱法）不能完全适合表现现代无产阶级革命者的思想感情时，《红灯记》的创造者，已经在实践的过程中深刻地感到这一点，并加以创造性的变革。当人们还在争论京剧原有行当是不是缺乏个性和要不要作较大的改革时，《红灯记》的演员早就突破了各种行当。不久以前，还有人觉得京剧表现现代生活问题主要在动作程式，歌唱的矛盾似乎不太大，然而《红灯记》的实践证明，京剧原有的音乐旋律、节奏，非加以变革不可。

当然，在变革表现形式的过程中，我们并不是完全抛弃传统，我们要根据反映现实生活的需要出发，批判地吸取传统。对于这个问题，我们一方面要从欣赏习惯来考虑，但更重要的，还要从艺术发展的客观规律性来考虑。欣赏习惯是要考虑的，如果我们把《红灯记》的唱腔改得完全不像京剧，那末就会脱离一部分群众，缩小了它的教育范围。然而，在考虑这个问题时，要注意两点：首先，对某些"遗老遗少"的趣味来说，我们不但不应去适应他们的习惯，而且正是要让他们感到有点"不习惯"。其次，习惯是会改变的，欣赏习惯的改变，主要在于欣赏者的本身生活的改变，因而群众的欣赏习惯经常还会走在艺术家的前面。事实上，由于京剧观众本身的变化，京剧中的某些"陈腔滥调"，早就为不少京剧观众所厌弃。随着生活的革命化，京剧观众的趣味也会逐渐革命化，如果我们不对这种变化有充分的估计，将会犯故步自封的错误。

我们考虑传统的继承问题，应该从艺术发展的客观规律出发，应该从有利于更好地表现革命的思想内容出发。为了表现新内容，在表现形式上的确要来一番革命性的变革，但在表现形式问题上，我们首先面对着的是历史遗留给我们的现成的表现手段，对于这些东西，我们既要有改革它们的决心和信心，又要有冷静分析利用的具体办法。正如马克思说的："人们自己创造自己的历史，但是他们并不是随心所欲地创造，并不是在他们自己选定的条件下创造，而是在直接碰到的、既定的、从过去承继下来的条件下创造。"① 京剧《红灯记》的创造者并没有完全抛弃传统的表现形式和表现原则，而是在新的生活题材、新的思想感情基础上加以改造，这样，才使京剧《红灯记》的表现形式既突破了京剧的传统，又不完全脱离京剧；既突破了传统的欣赏习惯，又符合京剧的基本风格。

在京剧《红灯记》中有许多唱腔，是在京剧原有曲调的基础上发展起来的，但却使人没有生搬硬套的感觉。像李玉和唱〔西皮二六〕"临行喝妈一碗酒"，京剧〔二六〕的味道是很浓厚的，可以说是基本上在原有〔二六〕的曲调上进行音乐构思的，然而，不但没有陈旧之感，在"浑身是胆雄赳赳"的"胆"字上，用传统上声字滑音的办法，反而显得气势雄壮，慷慨激昂。在申斥叛徒时，李玉和唱的那段〔西皮快板〕，无论在速度、唱法、气势方面都有借鉴传统的地方，当然，这些地方只是在经过分析以后，才能看出，听起来却是新颖的、浑然一体的，把对叛徒的痛恨抒发得痛快淋漓。李奶奶的几段唱腔，也都没有离开京剧老旦的许多传统唱法，在"闹工潮"那段〔快原板〕中，"又上战场"的"战"字用湖广音挑着唱，反倒显得刚劲有力。李铁梅一开头唱的〔快二六〕转〔流水〕"我家的表叔数不清"，可说有很多地方突破了传统了。像"没有大事不登门"的"有"、"大"都用京音强调，使人有真切之感，在曲调上也糅合了一些歌曲的旋律，但最后还是落在京剧的旋律上，而且衔接的地方一点不觉得生硬。这里可以见出创造者们的精心设计②。

为什么同样是对传统的利用改造，《红灯记》却显得那样自然，又没有陈旧之感？看来，并没有别的诀窍，主要是由于创造者对所表现的人物的思想感

---

① 《路易·波拿巴的雾月十八日》，《马克思恩格斯全集》第 8 卷，第 121 页。
② 这段唱腔之所以不生硬，还有一个原因是它并不是等最后一句才拉到京剧的旋律上，而中间"可他比亲眷还要亲"基本上也还是京剧旋律，有这句过渡，整段就不觉得生硬了。

情理解透了，心里有着一个活生生的形象，这样把部分利用了的传统的曲调和这些形象和谐地融合起来，也就是服从塑造新的人物的形象的需要，来改造这些曲调，能用的用，不能用的加以创造。如此经过多次反复，首先在创造者自己心中这些曲调和人物有了不可分割的血肉联系，才能让观众相信这些歌声是出自人物内心的，而不是为了继承传统硬装上去的。只有把批判地吸取传统建立在深刻地理解人物的基础上，只有把改造了的传统和人物形象有机地结合起来，成为新的人物形象的一个部分，才能赋予传统以新的生命，新的内容。

我们说过，光靠艺术传统本身是不会发展的，它必须由生活的变革加以推动。生活实践的发展，是艺术传统发展的现实基础，也是艺术发展的现实动力；但是艺术传统的表现手段，终究是艺术表现手段变革的对象，生活是动力，传统则是基础。京剧创作者在构思过程中离不开京剧特有的表现形式，问题在于如何用新的艺术形象去改造旧的表现形式，使变革了的表现形式适应新的人物形象。

京剧《红灯记》还给我们说明了这样一个问题：对于京剧各种流派，只能从人物出发，批判地加以吸取，而不能生吞活剥地套用。京剧各流派的产生，都有一定的历史条件。就是在旧京剧中，各流派本身也都有自己的长处和局限，例如，谭鑫培的《文昭关》就无法与汪桂芬的抗衡。从艺术表现手法上说，有些流派风格固然很统一，但却少变化，表现的范围相当窄小，因此在革命现代戏中，决不能用一个流派的风格去唱一出戏，甚至不能完全用一个流派的风格去设计大段的唱腔。设想李玉和"临行喝妈一碗酒"的〔二六〕，如果完全套用汪派"未曾开言我的泪如梭"（《浣纱记》）的〔二六〕，其结果只能给人以"古朴""悲凉"之感，根本不符合无产阶级英雄的豪情壮志。但这并不排斥在李玉和的唱腔设计中利用汪派某些气势雄壮的唱法，譬如李玉和对鸠山唱的那段〔西皮原板〕，其中"杀我人民，侵我国土"的"人民"二字，就很像汪派《取成都》里"含悲忍泪换衣巾"中"忍泪"二字的腔调和劲头。在批判吸取各流派的唱法方面，一般说，强调"气势"的流派，更容易吸取些，而强调"韵味"的流派吸取起来就比较困难些；但是也并不是说革命现代戏的唱腔就完全排斥韵味。譬如在李玉和临刑前表现自己的革命理想时，唱得就很有韵味，给人很高的美的感受，有助于展示令人向往的美的理想。当然，这一段气势还可以再壮一点,如"赴刑场,气昂昂"的唱法,就使人觉得气势不太够①。

  京剧许多表演程式,许多流派的唱腔、唱法,本来已经到了凝固、僵化的地步,只有经过革命的洗礼,它们才能从不同的方面、在不同的程度上表现它们的生命力。我们在京剧《红灯记》里看到的不是传统的中断,而是传统的新生、传统的发展。现在,京剧革命现代戏的成功经验,已不止《红灯记》一出,但从实践上和理论上总结一下《红灯记》的创作经验,进一步探讨一些艺术创造中的问题,对今后更多地出现像《红灯记》这样的好戏以及京剧艺术的进一步革命化,都将有一定的益处。

(原载《新建设》1965 年 8—9 月合刊)

---

① 整个唱工艺术方面,如果不仅在腔调上有力,而且在咬字上讲究口劲,利用反切的原理,把字咬得更实在一些,将会更增加歌唱的力量。在这方面,传统是有许多技巧可以借鉴的。现在听起来有些字有点"飘","气"是粗了,但"口"这道关似乎把得不紧。

中国戏曲艺术的美学问题(研究提纲)

一　中国戏曲艺术的一般特征

中国戏曲艺术自宋元大成以来,经历了一个漫长的发展道路,从明代昆腔至清代乱弹,特别是京剧的诞生和发展,可谓达到全盛时期。在这样一个历史过程中,中国戏曲艺术形成了自己独特的体系,在世界艺坛上,放射出奇特的光芒;可是对戏曲艺术理论的研究,却远远落后于艺术实践所达到的水平。

我们研究一件事物,可以指出许多现象上的特点,做许多并列式的论述,但要涉及到事物的本质,却必须作更广泛和深入的研究,揭发并掌握事物的本质现象,然后找出贯串一切特殊现象的红线。揭发事物的本质,找出事物发展规律,惟一正确的方法是马克思主义的逻辑与历史相统一的方法;一方面要从理论上分析概括出特定对象的根本性质,另一方面也要揭示对象的各个历史形态,研究它在历史发展过程中的丰富的现象,从而找出它的发展规律,以便更自觉地掌握、驾驭它。我们研究中国戏曲,也必须遵循这一惟一科学的研究方法,既要研究历史现象,也要研究逻辑本质,把两者统一起来,才能真正揭示中国戏曲的独特性质和历史发展规律。

按照历史与逻辑相统一的方法,我们先把中国戏曲作为既定对象来分析它究竟具有哪些特殊的性质。

人们常说,戏曲艺术是综合艺术,它综合了歌、舞、造型等艺术部门,这固然是不错的，但如果我们的研究只停留在这样一种现象的描述上，还不是哲学的研究，还不是美学的研究，美学的研究要求进一步追问，这种歌、舞、造型等部门的综合，给戏曲艺术带来了什么特殊的本质？

研究某一事物的特殊的本质，也就是研究该事物与其对立事物之间的本质的区别，由于话剧在戏剧艺术中所占的特殊地位（它是最能充分体现戏剧作为直接再现社会生活中矛盾冲突的实质），于是，我们的研究将着重戏曲与话剧的比较研究。

戏曲与话剧都同属于戏剧种类，戏曲艺术歌舞的因素很重，但究竟是戏剧，不是纯粹的音乐和舞蹈，而作为戏剧艺术的总的特点，则是再现生活，特别是再现社会生活中的矛盾与冲突。它必须要有人物、环境、情节等再现艺术的因素，戏曲和话剧一样，都要具有真实感，引起观众的一定程度的生活的幻觉，忽视这种共同点，是不正确的。中国戏曲艺术作为一种戏剧艺术，它是一种再现艺术，但是，我们却不能不看到，中国戏曲艺术和话剧艺术有着一系列的性质上的区别，关于这种区别，我觉得就美学范围来说，可以从下列几个方面去考察。

表现与再现的关系

戏曲作为一种戏剧艺术来说，它是再现艺术，但是与话剧艺术相比较，戏曲艺术的表现因素却又很突出。戏曲艺术不但要忠实地再现生活，而且要在舞台形象中表现艺术家（包括剧作家和演员）的情感，戏曲艺术是再现中有表现。典型的话剧艺术，其最终目的是把客观现实生活的矛盾冲突集中地、本质地再现在舞台上，所以，话剧有所谓"第四堵墙"的理论；戏曲艺术按其本质来说，最终目的不完全在于造成一种赤裸裸的"生活的幻觉"，戏曲艺术的"第四堵墙"是时隐时现的。戏曲艺术不完全是按生活的本来面貌再现在舞台上，而是结合着情感表现的再现。戏剧中的再现艺术（话剧）讲究典型、真实，戏剧中的表现艺术（戏曲）则讲究境界、神韵（演唱讲究"韵味"，动作讲究"边式"等）。

中国艺术的一般特点就在于再现和表现的因素始终是结合得很和谐的。因此，在中国艺术中出现了这种现象：本来是表现艺术的如音乐、舞蹈等，在中国却很强调再现，是在表现中有再现，本来是再现艺术的如绘画、雕塑、戏剧等,在中国却很强调表现,是在再现中有表现①。

但是,我们也必须看到,正因为表现和再现结合得很紧密,中国艺术中的表现因素,在表现情感这一点上和西方表现艺术有本质上的共同点,但在所表现的情感的内容上,却有着很大的区别,这个区别也反映着社会条件的不同。在中国,表现这个思想是比较古代的,而在西方,这个概念则是比较近代的。西方美学,从亚里士多德起,把模仿(再现)放在艺术创作的首位,"模仿"说长期影响着西方艺术,而"表现"说,严格说来,则是资本主义发展以后的产物。因此,在西方,从历史发展来说,表现艺术是作为再现艺术的尖锐的对立物而出现的,它的表现的内容,是一种与那种社会条件相适应的骚动的激情,但中国艺术中的表现,则始终与再现的因素结合得比较和谐,它是比较平静、和谐的情感的表现(封建社会所谓"温柔敦厚","蕴藉",即使像书法这样比较纯粹的表现艺术,也还要求"法"和"意"的统一)。对中国艺术来说,表现和再现的因素始终结合着,始终是相对地和谐统一的,中国艺术中没有在西方意义上的纯粹的表现派,也没有在西方意义上的纯粹的再现派。因此,中国戏曲艺术虽然对话剧来说,具有更多的表现因素,但总的说来,与西方表现艺术相反,给人的不是一种激动的情绪起伏,而是和谐的享受。因此,我们看到这种区别:就表现艺术来说(如音乐、舞蹈),中国比西方要多一些再现因素,而就再现艺术来说(如绘画、戏剧),中国比西方则多一些表现因素。

戏曲作为再现艺术来说,不像话剧真实;作为表现艺术来说,不像音乐、舞蹈强烈,因此,中国戏曲中的戏剧情节、动作、对话,受到音乐、舞蹈的制约;而中国戏曲中的音乐、舞蹈又受剧情再现的制约,带有很多再现(模拟)的性质。

中国戏曲艺术的主观因素与客观因素始终是结合着的,它不像话剧艺术那样主要是客观地再现现实生活,通过生活本身的逻辑,显示剧作家的思想情感。因而,在话剧艺术说来,人物一出场就显出是正面人物或反面人物,是一种低级的"脸谱化"的手法,而戏曲艺术的特点则是比较直接地"爱憎分明";在外形上丑化反面人物,在话剧来说,并不足为法,但对戏曲说来,则是重要

---

① 中国传统艺术的这个特点,反映了中国古代趣味即情感领域中认识与意志相互关系的特点,归根结蒂,也反映了中国古代社会生活的特点。

手法之一。这种区别的深刻的原因就存在于两种艺术的本质之中。

内容与形式的关系

任何事物都有自身的内容和形式,话剧如此,戏曲亦是如此。但是我们应该看到,在内容和形式的关系上,话剧和戏曲有明显的区别。

内容和形式的关系,在美学中有极重要的意义,按照西方表现派的特点,在内容和形式的关系上,是内容压倒形式,西方美学中常常说到理性内容和感性形式之间的关系,而对表现派来说,则是理性内容压倒感性形式;但我们看到,真正的表现艺术,则形式的因素常常重于直接描写的对象的内容,或者并不表现一种具体的对象,而其内容就凝结在形式之中,如音乐的内容,就在声音及其结构(形式)之中①,以形式的直接内容取胜,故虽概括而强烈。因此,真正的表现艺术是最注重形式的规律的,如音乐之和声、对位,书法之间架结体等,而再现艺术,则往往是以对象的具体内容取胜的。

中国戏曲艺术,综合了各种主要的艺术,它是最综合的艺术(舞剧无歌,歌剧无舞),其中最重要的因素就是歌唱(包括音乐)和舞蹈。戏曲艺术把戏剧的写实内容和歌唱、舞蹈的形式紧密地、有机地结合起来了。我们知道,音乐和舞蹈在严格意义上是表现的艺术,但它们被综合到戏剧中(即戏曲),则不是简单的拼凑,而在一定程度上都带有再现的性质,如音乐有叙事、对话的歌词,舞蹈有虚拟的动作,这都是在表现中的再现成分;但戏曲艺术中音乐、舞蹈的成分毕竟非常重要,它要遵循表现艺术的严格的规律——这也是戏曲艺术之所以需要程式化的原因之一。有一个时期,程式化似乎成了戏曲艺术的一大"罪名",其实,在某种意义上说,程式化是一切表现艺术的共同特点。音乐、舞蹈规格之严,是众所周知的,凡是动的艺术,都需要一定的重复。音乐中有一种(或几种)旋律,重复出现,舞蹈中有一些基本动作,重复表演,都是必然的趋势;所谓表现艺术的程式,实质上是对形式美规律的掌握和运用;但是,戏曲艺术的程式确有不同,那是表现与再现结合的程式化,戏曲的程式既有一定的表现因素,又有一定的写实因素(如"起霸"意味着出征点将时的

---

① 区别形式本身的内容和直接描写对象的内容(或所谓一具体事物的内形式和外形式,而外形式本身又具有更广阔的内容)是很重要的,中国戏曲演唱中亦有"声情"、"词情"之别,"声情"即形式本身的内容,"词情"即词的意义所包含的内容,比较纯粹的表现艺术则只有形式本身的内容。

整装,"趟马"表示骑马奔走等),故戏曲艺术的程式化,是有一定的生活根据,是生活的程式化,所以戏曲艺术不是纯粹的表现艺术。歌剧、舞剧的"程式"与戏曲的程式是不同的。作为更接近音乐、舞蹈表现艺术的歌剧和舞剧来说,虽然形式很重要,由于其内容就在直接的形式中,所以其效果仍侧重于音乐、舞蹈的内容的感动。但戏曲艺术之所以将生活程式化,也正是为了突出形式的作用,加重表现的因素,使戏剧的内容符合歌唱和舞蹈这些表现艺术的规律。中国戏曲的特点是以形式制约内容,以内容来丰富形式,以求内容与形式的和谐的统一。

中国戏曲艺术的内容,常常是比较通俗的,而且常采用人所周知的故事,所以中国戏曲艺术的剧本改编的多,创作的少。观众在很快地掌握了内容以后,主要是领略戏曲艺术本身的意境,说得更确切些,中国戏曲是需要结合形式来欣赏内容的。有修养的欣赏者,在欣赏戏曲艺术时,常常是偏重于音乐、歌唱、舞蹈艺术的欣赏。因此,中国戏曲,作为戏剧再现艺术来说,内容是为形式让路的。中国戏曲少有话剧那样复杂的内容,而是精练、概括、集中,和形式很和谐,不像话剧那样,以剧本的思想的内容和情感的内容取胜。话剧去掉了剧本的内容则无甚可看,而戏曲去掉了形式(歌、舞),也就没有什么看头了。音乐(歌唱)、舞蹈(虚拟动作)在戏曲中只是形式,但却显然起着重要的作用。

西方的戏剧艺术,曾经也是载歌载舞的,但是由于社会条件的不同,封建社会的崩溃,资本主义的产生和发展,这种再现和表现结合在一起的艺术很快分化了。以前曾经认为和剧本同样重要的歌舞则已几乎完全取消了,话剧成为一种独立的再现艺术,而歌剧、舞剧则成为戏剧中的最表现的艺术;中国艺术则由于长期封建社会,再现与表现的结合始终没有彻底分化。中国古代的歌和舞,为中国戏曲长期准备了条件,到了宋元特别是明清,一方面民族矛盾的尖锐,一方面资本主义萌芽,出现了完整的戏曲艺术,加重了再现的成分(即不是单纯的歌舞,而是在歌舞的表现中再现生活[①]);但中国社会没有正常地发展成资本主义社会,封建思想的社会基础表现了对艺术思想和美学思想的支配力量,中国始终没有形成话剧,戏曲中的再现因素,始终没有分化成独立的艺

[①] 当然,中国歌、舞艺术本身也有再现因素,已如上述,但它们本身毕竟是表现艺术。

术部门①。

因此，中国的戏曲不能不具备一定的生活内容，以适应作为再现艺术的要求，但又不能不适应音乐、舞蹈等表现艺术的规律，由于中国戏曲的歌舞因素非常重，所以内容受着形式很大的限制，不可能太复杂具体；形式又受内容的规定，产生了叙事的歌唱和虚拟动作的舞蹈。戏曲的程式，是表现艺术和再现艺术，戏剧的内容和音乐、舞蹈的形式相结合的复杂的产物。而作为戏剧的形式的这些程式，就其音乐和舞蹈的意义来说，其本身的内容，即音乐和舞蹈的情感要比戏剧本身的故事情节，更加概括，更加抽象，更加广泛。戏曲的演唱之所以有独立欣赏的价值，其原因即在于此。

由此，我们根据再现与表现的关系，进而研究到这样一条结论：话剧是以内容取胜，是内容压倒形式，而戏曲则内容和形式处于和谐之中，相对话剧而言，戏曲则以形式取胜②。

感性与理性的关系

事物的形式（或外在形式）是可感的，戏曲艺术既以形式取胜（相对于话剧来讲），则其感性的因素相对于话剧来讲，也是比较重的。戏曲艺术重视色彩、线条、动作、声音等形式美的规律，在歌唱要求悦耳，在舞蹈要求悦目，戏曲艺术是通过悦人耳目来动人心弦的，话剧艺术则是迅速透过形式，直接给人以感动，以思想情感的内容取胜。

在近代西方哲学中，理性和一般的理解力（或译"知性"、"悟性"）是有区别的，这种区别，反映了人类认识中辩证因素的发展，只能是近代社会的产物。在西方哲学家（从康德起）看来，理性是矛盾、对立斗争的，理解力则是静止的、片面的、抽象的，因此，在西方近代艺术中的理性因素，则是给人以矛盾、激动的情绪，像易卜生、肖伯纳的那些戏剧，以资本主义所揭示得最鲜明的社会复杂的矛盾为对象，人们必须用理性的方式来把握它，但中国戏曲的内容，由于社会条件的不同，并没有那种复杂的理性的内容，中国戏的内容一

---

① 从而中国也没有独立形态的歌剧和舞剧，而只是在戏剧艺术内部，偏重于歌，偏重于舞，或偏重于道白的。中国戏剧没有真正的话剧、歌剧、舞剧，但却有着把这三者高度统一在一起的戏曲。
② 于是，我们又看到中国艺术的这样一个特点：本来偏重于形式的表现艺术（如音乐、舞蹈），在中国则加重了内容（再现）的因素；本来偏重内容的再现艺术（绘画、戏剧），则又加重了形式（表现）的因素。表现和再现、形式和内容始终力求和谐。

般都是容易理解的、清楚的，一般的理解力就可以掌握它的内容，所以，在这个意义上说，中国戏曲的内容常常是通俗的，不像话剧那样有很强的哲理内容。

在这样一种内容的规定下，中国戏曲如果不在音乐、舞蹈等形式上下工夫，以期用形式本身的更广阔的内容来提高艺术的境界，那末中国戏曲艺术则会显得比较贫乏。中国的艺术家，在戏曲内容被一定社会条件限制下，开辟了另一条道路，发展了感性形式的因素。话剧之所以从西方古代戏剧（载歌载舞）中分化出来，正是为了突出理性的内容，所以话剧艺术一般用生活本身的形式就够了，不需在感性上过多地吸引观众，分散观众的注意力，而是形式为内容让路，感性为理性让路。于是，我们看到，话剧艺术的形式是朴素的，内容则是复杂的；戏曲艺术的内容是朴素的，形式则是复杂的。

我们还可以用心理学的概念来说明这个问题，即话剧艺术是心理的因素重于感觉的因素，而戏曲则是感觉的因素重于心理的因素①。心理的因素取决于内容，感觉的因素取决于形式。

这并不是说，戏曲艺术的形式只给人以快感。一切表现艺术（音乐、舞蹈等）一般都要遵循快感的规律，但表现艺术不只给人以快感，而是在快感的基础上达到广阔而深刻的美感。的确，一切表现艺术的美感都接近于快感，但绝不等于快感②。戏曲艺术虽以感觉因素为重，并不是不要心理因素，而是要更概括的心理因素。话剧给人的主要是具体的剧情本身的喜怒哀乐，而戏曲在形式本身就具有比较概括的心理情绪，因此，戏曲艺术的心理因素是和感觉因素紧密结合的。

美与真实的关系

莱辛在《拉奥孔》里指出了美的艺术和真实的艺术的区别，研究了这两种艺术的不同的规律，已开席勒、黑格尔关于古典艺术和浪漫艺术理论的先河，莱辛这个思想，具有极重要的美学意义。中国戏曲艺术就其为戏剧艺术来说，它是真实的艺术，它要求真实性，但它作为戏剧艺术之中的表现艺术来说，则

---

① 感觉当然也是属于心理的范围，我们这里的"心理因素"是沿用旧的概念，所谓"心理"相当于"心理描写""心理特征"等，因此也可以和感觉对应起来看。
② 严格意义下表现艺术给人的美感是不同于美的艺术（表现与再现结合的艺术）的，它更偏重于感动，而不偏重于品味。

又是美的艺术，戏曲艺术中真和美是并重的。

关于美的本质问题，目前还有不少争论，历史上各派美学家说法也很不一致，但是，历史究竟为我们积累了不少理论思想资料。德国古典美学，从理性主义出发，在美学理论上，为我们提供了重要的研究成果，虽然他们的哲学理论根本上是错误的。德国古典美学，从康德、席勒到黑格尔，都从感性、理性、内容、形式的关系上去寻找美的本质，这是一个重要的思想①。如果没有形式，没有感性，就无法欣赏，而欣赏则是对美的判断，因此，凡是有形式的地方就有欣赏的可能，而凡是突出内容与形式和谐统一的艺术，则美的因素也比较突出。于是，根据我们以上对戏曲艺术分析的逻辑，必然地看出在戏曲艺术中美的因素要比话剧艺术重要得多。戏曲艺术不仅要求真实，而且要在形式上下工夫，以期达到美的效果；话剧既属于艺术的范围当然也有美的因素，但是它是真中有美，戏曲则是美中有真。话剧如果过分强调形式，内容就会受到限制，戏曲如果内容过分复杂，就会破坏形式。

前面分析过，话剧艺术是理性重于感性，在西方美学家看来，理性是矛盾的、骚动的，而美则要求和谐，这里不免使人想起康德的著名的命题，即欣赏是想象力与不确定的理解力的和谐（不是和理性的和谐，崇高才是想象力与理性的矛盾统一，下面还要谈到这个问题）。对于戏曲艺术来说，我们前面已经分析过，只需要一般理解力就可以了，所以与话剧比较，戏曲是更接近美的艺术的。

证之以中国戏曲艺术实践，也足以说明这一点。在中国戏曲演员的思想中，美与真实始终是矛盾统一的，相对话剧演员来说，美在戏曲演员心目中的地位是高得多的。戏曲表演艺术大师梅兰芳是最重视音乐（歌唱）和舞蹈（虚拟动作）的美的，在他的两卷《舞台生活四十年》中常常提到既要真实地表现剧情，又要表演得美。这个思想，从梅兰芳一切著作来看，是很明确的，梅先生之所以成为当代中国戏曲的典范，其深刻的原因正是他典型地体现了戏曲艺术本身的规律。在程砚秋的著作中，我们也可以发现同样的思想，他也不止一次地提到演唱艺术不仅要唱得有感情，而且要唱得有韵味。戏曲演员心目中的

---

① 但他们却没有把感性与理性、形式与内容的关系理解为自然与人、自然与社会的关系。

"美",和哲学家作为美学范畴的"美",自然有很大的出入,但却有着内在的、必然的联系。美学研究的任务之一,就是要揭示这种联系,从而提高戏曲艺术研究的理论水平,并且丰富美学理论的内容。

共性与个性的关系

前面分析过,中国戏曲艺术是戏剧艺术中的表现艺术,是美的艺术,因而真实性不是戏曲的惟一标准,戏曲艺术所强调的是一种理想的境界。相对于话剧艺术来讲,中国戏曲艺术的共性是比较强的。话剧艺术是个性中见共性,而戏曲艺术则是共性中见个性。

关于人的个性和共性的历史的关系,马克思、恩格斯有过许多深刻的指示,马克思在《〈政治经济学批判〉导言》里说过:"我们越是往前追溯历史,那末,个人,因而也就是进行着生产的个人,似乎越不独立,越是隶属于一个较大的整体……"① 而在《德意志意识形态》中,则更进一步指出:"有个性的个人与阶级的个人的差别,个人生活条件的偶然性,只是随着那个自身是资产阶级产物的阶级的出现才出现的。"② 在古代社会中,人并不是没有个性,但它的个性是受压制的,占统治地位的意识是崇尚理想的共性。所以在亚里士多德的《诗学》中"性格"这个概念是和西方近代的人物"个性"概念不同的,它是某种类型(如"高贵"、"勇敢"……)的代表,这种"性格"对悲剧来说是不太合适的,所以亚里士多德才认为对悲剧来说,情节、布局要比"性格"重要得多。

中国戏曲的人物代表性是比较强的,他们常常首先是一种理想的化身(如忠、勇……),其次才是他的个性。中国艺术不是没有个性,特别是明清以后的文艺作品,个性的因素显然随着资本主义的萌芽而有所发展,但中国的社会终究长期停留在封建社会,因而共性始终是压倒个性的,不估计这种社会条件对中国艺术发展的巨大的决定性的影响,有许多现象是无法说明的。正因为中国近代社会个性有所加强,才在原来的歌舞表现艺术的基础上产生了戏曲,但戏曲虽然比歌舞加强了个性,但共性仍然很强。关羽是忠义和威武的化身,只在《走麦城》这出戏里才比较多地流露出个性(骄傲、独断的方面),但因此,

---

① 《政治经济学批判》,人民出版社 1955 年版,第 147 页。
② 《马克思恩格斯全集》第 3 卷,人民出版社 1960 年版,第 86 页。

也就引起最崇拜关羽的清朝皇室的禁演。因为一来《走麦城》结局是关羽的死，甚为不敬，二来关羽性格的另一面（独断、刚愎等）不大符合理想，所以，据记载，最初大演《走麦城》的正是在资本主义势力比较发展、受西方影响最大的上海。历史学家分析诸葛亮是中国人民智慧的化身，这是一点不错的。《三国演义》中的诸葛亮在绝少犯错误中隐藏着必然的悲剧，但他终究是"神化了的人物"，死后还有"死诸葛吓退活司马"，用喜剧来冲淡一下悲剧。舞台上的诸葛亮自然也不例外。从近来常演的剧目中，只有《失空斩》这出戏诸葛亮的个性是比较突出的，它表现了武侯的错误（任用马谡）和内心的矛盾，但在错用马谡失守街亭，司马大兵逼近西城时，作者来了一个"空城计"，表明诸葛亮毕竟不同凡人，符合了当时群众心目中的"智慧化身"的理想。然而，《失空斩》在个性方面确是难能可贵的了，诸葛亮已不像《赤壁鏖兵》里那样被看作了"活神仙"，《失空斩》里的诸葛亮，"凡人"的气味已很重，即现实性加重了。

中国戏曲艺术强调的"理想""共性"，和西方近代艺术中的"典型"概念是既有联系又有区别的。说它有联系，是因为西方古代也曾经有过类似中国"理想"的"典型"观念，说它不同，乃在于近代西方的"典型"观念显然加强了个性的因素。康德在《判断力批判》中就反对"平均数"式的"理想"观点，而强调理想与理性观念的联系，实质上是强调个性的矛盾和冲突。中国戏曲中的"理想"，反映了中国美学传统观念的特点，它是一种美的理想，是概括的、静穆的、和谐的，这种理想，正好适合于美的艺术的需要；而真实的艺术，则要求个性强烈的表现。因此，在某种意义上说，中国艺术与希腊艺术在性质上有某些共同之点，个性都不太突出，强调一种静穆的理想境界，这正是美的艺术的特点。所以德国古典美学（温克尔曼、席勒、黑格尔）都把希腊艺术当成美的典范，也不是一点道理没有的。

美与崇高的关系

正因为中国戏曲艺术是美的艺术，所以在中国戏曲中，崇高这个概念有它的特点，这也反映了中国传统美学思想的特点。而美和崇高在艺术中的关系，是理解中国戏曲（以及一切中国传统艺术）的美学特点的关键，上述一系列特点，都可以从这里得到说明。

在西方美学中，崇高作为一个独立的美学范畴，主要是近代的产物。英国经验主义美学家柏克在自己的著作中对崇高作了许多观察，积累了许多材料，而在康德美学思想中，崇高这个概念是作为趣味判断和理性判断之间的过渡环节出现的，它反映了当时德国浪漫主义文艺运动的需要。崇高是美的对立面，美是和谐的，崇高是矛盾的；美是强调形式的，崇高则是破坏形式的，崇高的形式往往是粗犷的、简单的；美是内容与形式的和谐，理性与感性的和谐，崇高则是内容压倒形式，理性压倒感性。这个思想，连唯物主义者车尔尼雪夫斯基也部分地接受了，在这一点上，车尔尼雪夫斯基与德国古典美学是一致的，即崇高不是美的一种[①]。中国的美学观念没有近代西方意义上的那种纯粹的崇高，中国人常用"壮美"这个概念来理解（或翻译）西方美学的崇高，正反映了中国传统美学观念的特点。中国的"壮美"仍然是美的一种，它仍然重视形式美的规律，但又具备西方"崇高"的一般特点。在中国美学思想中"崇高"与"美"始终是结合在一起的，中国的"壮美"要比西方的"崇高"缓和一些，它是美与崇高之间的过渡形式。崇高是感动人，美则使人品味、欣赏。

中国戏曲艺术中也有崇高的因素，甚至也有强调感情的真实，而有形式比较粗犷的所谓豪壮派、气势派（如京剧中的汪桂芬、孙菊仙派），但戏曲艺术即使是气势派，仍然要讲究"韵味"，讲究形式美的规律。

从中国戏曲艺术的发展来看，我们可以发现，和西方相反，中国戏曲艺术中"崇高"的概念反倒是比较早的，而美的概念则是比较近的，是艺术成熟的标志。王骥德在《曲律》中说，创始之音大都粗犷朴实，而后来越来越柔媚了。从京剧发展史来看，早期的程（长庚）张（二奎）余（三胜）三派是比较朴实粗犷的，讲究真情实感，讲究以气势动人，找把他们叫做气势派，而经由谭鑫培，以至余叔岩，则由气势而韵味，但这时京剧艺术却愈来愈显得成熟了，定型了。即以花脸艺术而言，早期演员是很讲究气魄的，在演唱方面，嗓音常常沙哑，因为要强烈地表现感情，在声音的形式上自然就粗糙了，这倒很

---

① 直到黑格尔以后的一些客观唯心论者，如棱格尔、罗森克朗兹等，由于着重研究"丑"这个范畴，才明确认为崇高是美的一种（参看鲍桑奎《美学史》1892年，纽约版，第402页）。关于崇高和丑的问题，值得进一步的研究，本文就从略了。

符合"崇高"的概念①,但京剧花脸经由裘桂仙到现在的裘盛戎,在韵味方面大大发展了,再无粗犷的古朴之音。看来,在中国戏曲艺术中,美是成熟的表现,而"崇高"则是比较早期的概念。

于是,我们看到,正由于中国戏曲艺术的"崇高"概念比较早期,所以中国戏曲艺术中的"崇高"就必然具有象征的特点。中国戏曲中的崇高,不像话剧艺术(特别是悲剧)体现于社会矛盾的深刻、尖锐的冲突中,而是体现于极度夸张的动作、表情等形式上的变形中,这就是象征手法为什么在中国戏曲艺术中占有重要地位的深刻原因。这种精神,特别体现在戏曲花脸艺术中,因为花脸这个行当,本以壮美作为自己的特色。花脸的脸谱,其象征意义是很明显的,其他如身段中的"虎形"、"蛇形"、"蝶形"、"鼠形"等,无不具有象征的意义。

但是这种象征的手法是比较早期的,中国的艺术家早就把它和美结合起来了,于是我们看到,花脸艺术,也还要遵守戏曲程式的一般规律,而且美的因素历史地、必然地加强了。

这样,中国戏曲艺术,就在崇高和美的紧密联系中,没有走向西方近代的所谓浪漫艺术(西方近代的歌剧,特别是舞剧,由于接近音乐和舞蹈,是戏剧中最表现的艺术,所以也倾向于崇高,也是浪漫艺术)。中国戏曲艺术始终是在古典艺术的范围之内,它强调形式美的规律,强调共性;而西方近代浪漫艺术则强调内容,强调个性。

但是,中国戏曲艺术,作为戏剧艺术的一种,毕竟是比较近期的产物,其中写实、个性、内容的因素也有所发展,但并没有超出古典主义的范围,所以对于中国戏曲的性质,我们可以给它确定为古典类型的浪漫主义。

由于中国戏曲艺术这一系列的美学特点,也形成了戏曲艺术的特殊的社会作用,形成它与欣赏者之间的特殊关系。

中国戏曲艺术相对于话剧艺术来说,欣赏的娱乐性是重于话剧,而道德和认识的教育作用则低于话剧艺术。中国戏曲艺术的内容既常是一般的共性,而

---

① 研究一下花脸演唱为什么要用"炸音"是很有趣的,它对理解崇高这个美学范畴很有帮助。花脸的炸音,给人的感觉是:人的自然的声音(即感性因素),由于表现感情的强烈,似乎被破坏了。

且其内容又受到形式的限制，其感人的力量则不如话剧；中国戏曲艺术的"崇高"既具有象征性，则其道德教育也受到局限，而西方的"崇高"则是向理性、向道德冲突的过渡，因而道德的意义就比较强一些。但是，应该指出，这里所谓的"教育作用"，是指揭露社会矛盾的思想深度而言，只有在这一点上，话剧要比戏曲深刻些；但是，我们前面说，中国戏曲内容是通俗易懂的，人物的共性是突出的，爱憎是最为鲜明的，因而在这个意义上说，中国戏曲的教育作用又是很大的。或者这样说更确切些：与话剧相比较，中国戏曲艺术的教育作用更广泛一些，而话剧的教育作用则更深刻一些。因为中国戏曲艺术是再现艺术（戏剧）中的表现艺术，是美的艺术，不仅是真实的艺术，所以中国戏曲艺术常常忽略具体的真实性（如服装不按历史真实等，这下面还要谈到），要想直接从戏曲中学习知识（历史的或现代的），那末还不如向话剧学习来得可靠，因为话剧艺术是把真实性作为最基本的标准。但是戏曲艺术在欣赏的愉悦性方面则大大超过了话剧。看话剧是偏重于感动的，而看戏曲则是偏重于品味的。

二　中国戏曲的舞台艺术

以上我们分析了中国戏曲艺术的一般美学特征，可能抽象些，因为是初步的研究提纲，不可能详细展开，现在我们由一般的特点，进入戏曲艺术内部规律的探讨。从美学来研究戏曲艺术的内部规律，不是一般的表演经验总结，而是要把以上的基本理论贯彻到这些具体问题中去，以期研究戏曲艺术的体系问题。

戏曲艺术其核心和目的是舞台艺术，因此，我们的研究，将以舞台艺术为中心，研究有关戏曲艺术的问题。

演员、编剧、导演之间的关系

任何舞台艺术，演员都占有重要的地位，这本是无可怀疑的。但是，就话剧艺术和戏曲艺术相比较而言，戏曲中演员显然占有更重要的地位。

形成这个现象的最深刻的原因，当然在于我们上面分析的，戏曲内容的朴实简单，因此，剧作家只为演员规定一个大的范围，演员可以根据自己表演的特点来充实和修改剧本。

中国戏曲的剧本和说唱艺术有着密切的联系，由诗至词，由词至曲，由曲至剧，都是可以唱的，因此，剧本词句要为演唱服务，情节穿插也要为演出服务。清朝大戏剧家李笠翁就曾呼吁编剧要为演出服务，而不主张只编光供文学欣赏的案头剧。黑格尔曾经指出有两种演员艺术，一种是演员适应剧作家，一种是剧作家"适应演员的自然禀赋、技巧能力和艺术"①，中国戏曲演员和剧作家的关系，本质上是属于后一种的。

乱弹的剧本从变文、淘真、说经、弹词、宝卷这个系统发展下来，常常得到有成就的演员多方面的修改，如今才成典型。从中国戏曲艺术历史发展的趋势来看，演员与剧作者合作的因素是逐渐加深了。京剧史上著名的演员卢胜奎就是一位编剧家，他比较系统地改编了《三国演义》的故事，其他著名演员往往也并不"忠实于原作"，而是根据自己的表演特点对剧本进行改造，所以京剧现存各剧本，大都是剧作者和演员合作的结果。"改造"之例不一而足，如俞菊笙之改高登等，而其中最值得注意的是谭鑫培之改词。谭之改词有改得好的，也有改坏了的，因为谭文化水平较低，词章并无修养，但他从表演出发，却敢于改，而且改错了也为大家公认，这种怪现象之所以能够存在，只有从戏曲艺术中演员的特殊地位去理解。对于这一点，老顾曲家们亦有深切的体会，谭派名票陈彦衡在《旧剧丛谈》中曾说，谭鑫培改《武家坡》、《汾河湾》的词，有的并不合剧情，但"演此二剧者，大半皆本谭词，不但不肯改易，且目此段（即窑外西皮倒板转原板一段——引者）为全剧精华，盖其声调佳妙，久已脍炙人口，虽欲割爱有所不能，古人谓声音之道，入人最深，岂不信哉？"可见，过去的顾曲家们也都意识到演员表演有左右全剧的力量。当然，演员随便改词，而且改得不通是不对的，但是这种现象得以流传，不是偶然的；而正因为这种现象与戏曲特点有关，所以更值得警惕，演员不要以谬词流传。

人们常常批评京剧有词句不通之处，这的确有理由；但京剧词句不通，一方面是演员文化水平低，一方面也有因与表演有矛盾而服从了表演的。如过去

---

① 见黑格尔：《艺术哲学》，英译本第 4 册，第 290 页。

常认为《珠廉寨》的"哗啦啦打罢了×通鼓"不通,鼓声哪能"哗啦啦",只能咚咚咚,但是如果改成"咚咚咚",雄壮激昂的气氛就弱了,所以多少年来,演员宁可唱不通的"哗啦啦";而《法场换子》的"催命鼓响咚咚"却无人唱"哗啦啦",因为是形容法场肃杀之气,"咚咚"二字声情俱佳。

中国戏曲艺术从前没有"导演"这个概念,其原因正在于演员对剧本不仅是个"忠实体现原作"的关系,而由于中国戏曲内容与形式是再现与表演的关系,演员对剧本有相当大的主动权,因此,像话剧那样起桥梁作用的导演就没有存在的必要。因此,在戏曲艺术中,导演的权威是很难建立的,要在戏曲演员的表演中见出导演的艺术,更是很困难的,尤其是对那些已经成了"派"的演员。

但是,从另一角度来看,中国戏曲艺术中的"导演"却又具有绝对的权威。中国戏曲艺术导演的任务,在科班中已经完成了,而在科班中,学生对教师是绝对服从的,教师要为学生讲解剧情,教导唱做念打等技术,排练场子等等,直到学生掌握了几十出戏随时可以演出以后,才能出科。学生出科后,当然对教师所授艺术可以发展,但总不离师承,中国戏曲艺术继承性强,此亦为一原因。

体验与表现的关系

中国戏曲艺术既以演员为中心,那末中国演员艺术的性质是什么?属于体验派还是表现派?

关于戏剧表演艺术中的体验派和表现派的问题,必须澄清一下概念。体验派不是不要表现,表现派也不是不要体验,而是表现与体验之间的关系不同。表现派也要体验,但他们主张在表现的基础上的体验,是一种程式的体验,是在表现与体验结合的基础上偏重表现;体验派也要表现,但主张在剧情的发展线索中作活生生的人的体验,体验派是在体验与表现的基础上偏重于体验。

体验派大师斯坦尼斯拉夫斯基,毕竟是伟大的艺术家,他不但为体验派创造了体系,而且对表现派也有深刻的理解,他说:"表现派的演员只是在起初,在工作的准备时期,是正确地按照活生生的人的方式去体验各种角色的,而在舞台上创作的时候,他们却转而作程式化的体验……"又说,表现派"这种创作是美丽的,但并不深湛。这种创作与其说是有力量的,毋宁说是有声色的;

它的形式比内容更令人感到兴趣；它对听觉和视觉的影响甚于对心灵的影响——所以这种创作与其说能使你感动，毋宁说能使你欢喜"[1]。读到这段话以后，不能不使我们惊讶和赞叹，斯坦尼斯拉夫斯基从艺术实践中得来的洞见，和我们美学理论研究的结论是完全一致的。

根据我们的理论分析和斯坦尼斯拉夫斯基实践的研究，我们可以得出下面的结论：在话剧艺术中虽然也有表现派，但典型的表演体系是体验派；而在戏曲艺术中虽然也有体验派，但典型的表演体系是表现派，这种表演体系，不如话剧深刻，不如话剧动人，内容不如话剧丰富，但比话剧美，经得起更多的品味，能得到更多的美感。

戏曲演员也很强调体验，可以从许多大艺术家的著作中找到许多强调体验的言论，但戏曲演员的体验最终是要与程式结合的；在演出的舞台上，也需要继续体验，但那是程式的体验。音乐家的体验必定伴随着音响，戏曲演员的体验必然伴随着程式。

戏曲艺术既然形式的因素较重，要掌握这套形式，必须经过长期的艰苦锻炼，技术锻炼对戏曲演员来说，要比话剧演员吃重得多。对于形式的创造，需要经过理智的分析，所以戏曲演员的创造是理智多于情感，是偏重于冷静的，只有当演员熟练地掌握了程式以后，能自由运用，把程式化为第二天性，这时候，情感的体验才能起支配的作用（所谓随心所欲不逾矩），所以只有成熟的艺术家，即技术上已经熟练以后，体验才成为主要的东西，而对青年演员来说，掌握程式则是最重要的任务。而且大演员的创造，也是结合着原有的程式来体验，从而根据新的体验，去丰富表演的程式，因而始终是体验与程式的结合。

中国戏曲的程式，贯串在表演技巧的一切部门，唱、做、念、打都有程式，所以程砚秋总结为"四功五法"（"四功"是唱功、做功、念功、打功，"五法"的传统说法是"手、眼、身、法、步"，但其中"法"字不可解，程砚秋改为"口"字，成为口、手、眼、身、步），甚至为了突出共性，戏曲中有"一行多用"、"一曲多用"、"一式多用"等。中国戏曲艺术，把内在感情和外

---

[1] 《演员自我修养》，第1部第43页。

在形式总结、提炼为各种不同类型的角色、曲调、动作等,每一种类型,都有一套表演程式,这种程式在表演中起着很大的作用。

中国戏曲表演的技艺性很强,要克服很难克服的形式的规律,所以中国戏曲演员强调功夫,而话剧演员强调体验,所以斯坦尼斯拉夫斯基强调灵感。功夫这个概念在中国艺术思想中是占有重要地位的,且不说武戏需要艰苦的武术锻炼,一般文戏亦有许多技术锻炼。

唱功:讲究咬字、行腔、用气,咬字不但要具备音韵学的知识,而且要化为实践,要有口劲,就要经过长期锻炼。古典戏曲中比较大的剧种,都有自己一套语音系统,如昆曲之"中州韵"与吴音,京剧之"中州韵"与湖北音,研究起来就是一门专门的学问。

做功:戏曲艺术做功的舞蹈性很强,没有一定的武术基础,连文戏也没法演好。做功艺术昆曲中模拟性动作很多,京剧减少了,动作不像昆曲那样多,特别是经过周信芳、马连良诸派讲究做功,已有很大发展。

念白:解决念白问题,是解决戏剧作为再现艺术与歌舞作为表现艺术矛盾的关键。古典戏曲是巧妙地解决了这个矛盾的,因此古典戏曲绝没有"话剧加唱"之感。大型剧种中,一般分成韵白和方言两种,韵白是在戏曲中占支配地位的"中州韵"(代表北京一带的古音。第一个系统化了的是元代周德清,以后这个系统逐渐变化,但仍然很有势力),方言是夸大了的土语,如昆曲中的苏白,京剧中的京白(即现代北京音)。严肃的人物全用韵白,与唱腔很调和;方言亦是夸大了的,调和中有不调和,故有滑稽调笑的意义,丑角多用之。

念白和做功在戏曲艺术中是再现成分较重的。戏曲内部的再现派(如麒派)多注重之。

武打:戏曲武打是从武术衍变出来的,是把武术美化了,实际上亦是把生活美化了,或程式化了,因为古代的格斗,是以武术作基础的。

演员要掌握这四种基本训练,已属难得,所以戏曲演员讲究幼功(即小时候的锻炼)。

由于需要长期的技术锻炼，中国演员艺术中的"天才"观念，亦有特殊性。西方美学家常常把"天才"和机械的锻炼对立起来，如康德所说，"天才"是一种灌注生气的力量，是一种精神力量，因而天才是与灵感密切相关的。康德这个思想，反映了当时德国浪漫主义强调作品的精神内容的倾向，但康德毕竟还是受到古典主义深刻的影响，他认为天才如果没有趣味的规律（即美的规律）的制约，将一事无成，而在天才与趣味两者不可得兼的时候，宁可弃天才而取趣味。康德这个思想是值得重视的[①]。我们看到，中国戏曲艺术是天才和趣味并重的，但并不是每个演员都是天才的，戏曲史上天才的、开一代之风气的演员是数得过来的，而供广大群众欣赏的戏曲演出，大部分只是有趣味，即美的成分。我们经常欣赏的作品并不全是天才的作品，甚至可以说，大部分不是天才的作品，因为只要具备趣味，即具备美，就能供欣赏，演员只要掌握了戏曲表现的规律就能演出，也就有观众，不一定每个演员都是梅兰芳。所以戏曲界也流行这样一句话，"像不像三分样"（即只要掌握了师父所教的基本程式，演出时总有三分像的），这句话看来有点泄气，但却反映了中国戏曲艺术的一些特点。当然，我们很盼望戏曲艺术中出现天才，而且也一定会出现；但我们并不认为只有天才才能演戏。话剧艺术是易学难功，戏曲艺术是难学易功，话剧艺术偏重天才、灵感，戏曲艺术偏重苦功锻炼。谁都可以不经训练到台上去表演一下自己的生活（当然当众表演亦是一种技术），但不经过一点基本训练，锣鼓一响，则不知何时出台；话剧、电影可以临时找一些群众演员，戏曲的龙套都必须经严格的训练[②]，这样一些简单的事实，却反映了两种艺术的性质的区别。

现在有些人把美学上的"天才"理解成一般的"天赋"，这是不对的。天才不是一般技艺上的天赋（如嗓子好等），而是一种思想、内容上的创造能力。但为什么有这样的误解，也是有深刻的原因的。因为中国传统艺术思想一般正是以技艺的天赋来理解天才的，在技艺的天赋这个意义下，中国戏曲又是非常重视"天才"的，因为它要经过长期艰苦的技术锻炼，没有一定的天赋，是非

[①] 康德关于"天才"的思想后来为叔本华发展了，叔本华是西方美学史上谈论天才最多的一个哲学家。但他的"天才"则更进一步与"机械规则"割裂了。
[②] 上海戏校出了一整套《戏曲龙套教材》。

常困难的。

舞台美术的写实与写意的关系

中国戏曲艺术的美学特征,也决定了中国舞台美术的特征。中国戏曲是再现艺术中的表现艺术,反映在舞台美术上则是写实和写意的矛盾统一。

中国戏曲艺术作为再现的戏剧艺术,它有写实的成分,所以才有《空城计》布城的出现;但是中国戏曲艺术又是偏重表现的,于是不适合于写实的布景。中国戏曲艺术中没有"布景"的概念,只有"砌末"的概念,而砌末只是扩大了的道具而已。

说中国戏曲艺术完全不用写实的道具是不符合实际的,因为有许多过去因陋就简的代用品(如船桨用红门旗裹女战刀代替等),由于经济的发展,特别是解放以后戏曲舞台艺术的发展,净化舞台,加强了真实感[①],有一些改用写实的道具,已经得到了历史的肯定,其深刻原因就在于戏曲艺术作为戏剧艺术本是再现的。但是为什么中国戏曲不适合于写实的布景?这要从中国戏曲的历史发展去看。

从剧本唱词看来,中国戏曲剧本从说唱艺术而来,有许多描述、叙说式的唱词(如"将身且把二堂进","来在午门用目望"等)用固定空间的布景必然发生矛盾。

从做功来看,戏曲讲究虚拟动作,并将它舞蹈化,虚中有实,有许多指示性的动作,如上楼下楼、上马等,用固定空间布景也有矛盾。

中国戏曲艺术最初的演出,特别是民间的"草台班",常在经济条件极不充分的情况下演出的,诸多因陋就简,用表演来代替布景。但这只是起因,这种起因之所以并不因为经济发展而完全改变或有些改变得不到公认,从而中国戏曲艺术沿着一条特殊的道路发展,却有着其自身的内在的根据。这种根据就在于中国戏曲艺术是偏重写意、表现、形式、共性的,而不是偏重写实、再现、内容、个性的。

中国戏曲的化装:中国戏曲的面部化装是从面具发展而来,为的是突出一

---

① 如解放以后普遍取消"检场人",改有二道幕。二道幕固然还有一些缺点,但总比检场人好得多;如果说,戏曲观众可以忍受检场人上场而不会破坏欣赏,那末难道二道幕的缺点就比检场人更会破坏欣赏吗?

面，突出人物的典型性，所以是夸张的，理想的，只在大同中有小异。中国戏曲的脸谱，是把面部的轮廓突出的顶峰，最初也只是夸大，后来则出现具有象征意义的崇高风格的脸谱。脸谱具有独立的欣赏价值，图案是它的基本因素，而图案是一种表现艺术，从而加强了脸谱的表现因素。中国戏曲的胡子，是挂在嘴上的，它与整个化装成为一个系统（如果贴胡子，则面部缩小，与帽子、衣服都不相称，而且不能在胡子上做许多舞蹈动作），动了胡子就得动一切化装，甚至表演。挂胡子在整个戏曲表演和化装中是有其必然性的。显然，挂胡子是一种写意的手法。

中国戏曲的服装穿戴，也都是程式化了的，"宁穿破不穿错"，所谓"错对"的标准，不是具体的历史标准，而是人物性格及身份的特点。这与中国戏曲艺术强调人物共性，不太强调历史细节、具体的个性的真实有关。冯沅君把元明杂剧的服装归纳出以下六个标准：(1) 番汉有别，(2) 文武有别，(3) 贵贱有别，(4) 贫富有别，(5) 老少有别，(6) 善恶有别①，其中就是没有时代有别，这自然与中国戏曲艺术内容的共性有关，在元代戏曲服装已经趋向定型化了。

中国戏曲艺术为了在舞台上出现一些理想的典型，凡有碍于这个理想的具体的、偶然的、历史的个性，都逐渐淘汰。我们对照一下元明杂剧和现今京剧、梆子周瑜的扮相，发现了一个有趣的事实，即在元明杂剧"刘玄德醉走黄鹤楼"中周瑜是外角应工，与刘玄德（生角）一样挂三髭髯，这是年龄的真实反映，但后来的戏曲发展，反倒否定了这个扮相，改为不挂胡子的小生应工，这显然是人物性格（骄傲狭窄，少年气盛）在起主导作用了。因此就出现了《赤壁之战》的"怪现象"：比周瑜年龄小的诸葛亮老气横秋，挂上胡子，而周瑜却是心浮气躁的小生。

中国戏曲艺术服装，经过清初的改革，以明代的服装为基础，加以夸大、美化，每个人物都是一个典型的理想的性格，因而并不计较具体的历史的真实。不仅服装如此，语言、动作这一切表演因素又何尝不如此？为什么京剧字音要固定为"中州韵"、湖北音，而不是汉朝念汉朝的字音，唐朝念唐朝的字

---

① 《孤本元明杂剧钞本题记》，见《古剧说汇》，第358页。

音呢？果然如是，可谓写实已极，但理想的、典型的境界将消失于复杂纷繁的历史细节真实里了。

同时，对于戏曲的服装，我们还应该注意，它并不是开始是写实的，以后才定型化成写意的，相反，戏曲的服装，一开始就是写意的，形成这种情形的原因就在于中国戏曲与舞蹈艺术的密切关系，中国戏曲的服装与舞服有渊源的联系，而舞蹈的服装，则是在写实的基础上进行了美化的、写意的服装。

作者附记

本文初稿写于1963年，原是一个研究提纲，想发表出来征求意见。当时承《哲学研究》杂志愿意刊登，但经过打印、审稿、排印清样等过程后，学术界空气已经变化，该文观点显得更加不协调，因而被哲学研究所当时新任副所长陈冷同志阻止，虽几经改写，也只能将它束之高阁。1966年以后，陈冷同志备受林彪、"四人帮"摧残，特别是在那个打着"文革顾问"、"理论权威"旗号，实为无耻政客的几次直接迫害下，身患重病，不幸于1975年逝世。我对他阻止此文发表以免成为批判对象一事至今仍感激不已。

如今再读此文，深感分量太轻，但惭愧的是在戏剧问题成为大禁区后作者未能坚持研究，以至十余年来毫无长进，对于此文，目前只能感叹欲改不能了。《文艺论丛》的同志不嫌它浅陋，准备发表，我想无非是在百家争鸣的气氛下，多提供一种讨论的意见；就作者说，也可以在重新研究这个题目时得到同志们更多的批评指正。

1979年6月1日于哲学研究所

（原载《文艺论丛》第12辑，上海文艺出版社1981年8月版）

喜剧的本质与中国古典喜剧的特点

人类在改造世界、利用自然的同时，也观照世界、观赏自然，人们不仅用实践的、科学的方式把握世界，而且用审美的即艺术的方式把握世界。人们观赏优美的东西，引起身心之愉快，是极自然的事，但人们还可以欣赏可怖的暴风、大海的怒涛、危险的场景、生死的搏斗、歪曲了的面孔、笨拙的动作……其原因常常令人莫解。为了解释这种自古以来的人类的一种习性，耗费了古今许多思想家的脑筋。欧洲古代最博学的大哲学家亚里士多德提出一种解释，他说任何可怕的、可笑的事物一经摹仿，都可以引起观赏者的愉快。我们不得不钦佩古代这位大哲，在这样早的时候能提出这种深入的见解，但他只看到艺术创造的特殊性，却难以解释这种观赏的普遍现象。离不开海的希腊人，当然不会仅从埃斯库勒斯的悲剧中来欣赏对大海怒涛的描写，而悲剧家之所以能描写大海，他首先必定自己能够观赏大海。

于是，人们虽然自古就不仅观赏严格意义下美的东西，而且观赏它的对立面——丑的东西，但对这个现象的较广泛的研究，却为时并不太久。

然而对于丑在艺术上占主导地位的两种形态：悲剧和喜剧，它们或作为两种艺术种类（两种戏剧形式），或作为两个美学范畴，很早就被艺术家、哲学家广泛地研究着。人们为什么欣赏可怕的东西，这是悲剧研究的任务，人们为什么欣赏可笑的东西，则是喜剧研究的任务，这是因为在以直接在舞台上表现社会矛盾冲突为自己的特点的戏剧形式中，这两个问题同样表现得更为突出、更为集中，因而研究悲剧和喜剧中所反映出来的这两方面的问题，就成为美学研究的重要任务之一，也正因为如此，悲剧性和喜剧性就成为两个重要的美学范畴。

本文集中研究喜剧问题，但我们的方法常常是把喜剧与悲剧作为对照来研究。

一　喜剧的本质

我们首先从客观对象上来研究这个问题，即对象需要具有何种特性才是可笑的、滑稽的、喜剧性的？换句话说，我们为什么觉得关汉卿《赵盼儿风月救风尘》中的周舍、《望江亭中秋切鲙旦》中的杨衙内滑稽可笑？这两个宝货本是社会的败类，损人利己，甚至无恶不作，理应令人咬牙切齿，却为何让人哈哈大笑？

回答这个问题时，我们想首先提出解释喜剧本质问题的社会历史发展观的问题。我们认为，喜剧和悲剧一样，都反映了一定历史阶段的社会历史冲突，是社会矛盾的一种表现形式，但并不是任何社会矛盾都可以是喜剧式的，喜剧矛盾有其自身的特点，喜剧矛盾是社会矛盾在一定历史阶段的表现。

我们知道，从伦理学上说，社会分成善、恶，这种善与恶的矛盾，在阶级社会有其阶级基础，在大革命时期，从政治上说，本质上就是革命与反革命、进步与反动的矛盾。但是，并非在一切时期恶的力量、反动势力都是可笑的，而在有的时期，这些力量却是可怕的、严肃的。代表同样阶级、阶层的力量，有时可以造成悲剧，有时可以造成喜剧。《窦娥冤》里的恶官，虽云"丑"扮，却造成了"感天动地"的大悲剧，《望江亭》中的杨衙内却造制了一出"欢天喜地"的大喜剧。

概括地说，凶恶的势力，落后的、反动的势力发展到自己的最后阶段，发展到极端的地步，已经违反了普通的常轨，形成一种荒谬的对比，这样，这种恶与善的矛盾就是喜剧性的。从这个观点来看，即从整个历史发展阶段来看，只有在恶的势力已濒临它最后的历史告别的时候，只有在它作恶多端至于虽想作恶而不复为大害的时候，也就是说在它已经烂透了的时候，它才成为喜剧的对象。

在这里，我们引用马克思在《〈黑格尔法哲学批判〉导言》中的一段话，我们认为，马克思这段话至今仍然是很深刻的：

> 当旧制度是自古以来就存在着的世界权力，而自由反倒是个别人忽然想到的思想——换句话说，当旧制度自身相信而且也应当相信自己是有理的时候，旧制度的历史就是悲剧性的。……恰恰相反，现代德国制度——这个旧时代的残余，这个同众所承认的公理的绝顶矛盾，这个向全世界摆出来的旧制度的毫无价值的东西——只是想象它是相信自己的，而且要求世界也这样想象。假如它真的相信它自己的本质，难道它还会把它自己的本质掩藏在异己的本质的假象之下，而在伪善和诡辩中去求救吗？现代的旧制度宁可说只是真正的主角已经死去的那种世界制度的丑角。历史是认真地行动着的，经过许多阶段才把陈旧的生活方式送进坟墓。世界历史形式的最后一个阶段就是它的喜剧①。

马克思把悲剧性和喜剧性当成一个历史发展过程来看，是对德国古典哲学关于悲剧、喜剧观点的改造和发展，使谢林、黑格尔的某些精辟观点奠定在唯物主义、社会历史客观发展的坚实基础上，具有重要的理论意义。

近代欧洲学者对喜剧的现象作过一些有意义的观察分析，特别是有些哲学家的看法是很值得深思的，但由于他们在哲学思想体系方面的根本问题，使他们对这些现象的解释受到很大的限制。

德国古典唯心主义的创始者康德，从他的哲学体系的高度研究了英国柏克提供了丰富观察材料的关于美与崇高的分类，使崇高成为一个哲学、美学范畴。康德并未把崇高与悲剧联系起来，也没有明确地把崇高与滑稽作对比的研究，但他认为崇高体现了一种理性的内容而滑稽只是一种感性的游戏艺术这种观点，为从哲学高度进一步解决悲剧与喜剧问题开辟了道路，事实上已经接触到崇高（悲剧）与滑稽（喜剧）在理性与感性、内容与形式不同关系这样一些根本的哲学问题。德国古典哲学家从谢林开始，就进一步注意把悲剧与喜剧作

---

① 《马克思恩格斯论艺术》（一），第76—77页。

对比的研究，他认为喜剧是悲剧的颠倒①。黑格尔对悲剧特别是古代希腊悲剧作出了详尽的研究，对后世有很大的影响，但他对喜剧的研究则并没有多少值得今天重视的地方。近代研究喜剧值得重视的大哲学家中有法国的柏格森。柏格森写了专门的论文研究"笑"。他这里所谓的"笑"并非一般的生理现象，而特指为喜剧的笑，他在论文的副题及序言中都指出了这一点（"Le rire, Essai sur la signification du comique"）。从他序后开列的参考书目来看，他几乎参考了当时为数不多的全部有关喜剧的研究著作。由柏格森这样一位哲学家专门研究喜剧问题，对于纠正过去理论界只重视悲剧，相对地不太重视喜剧的倾向是很有意义的。

作为一个哲学家，柏格森也是从哲学的高度来研究喜剧的本质的。柏格森是生命主义者、唯心主义者，他认为人的灵魂、精神是第一性的，它是生命的本质，在解决灵魂、精神与物质世界的关系时，他认为灵魂、精神主宰一切，赋予一切以意义、价值、生命；但物质是顽固的，它有自己的规律，反抗灵魂、精神的主宰，当非物质的灵魂、精神渗透到物质中去后，就形成文明、文雅。文化是精神支配物质的结果。如果相反，当物质反抗人的精神的统治，顽固地表现自己时，则形成文明的反面——滑稽、喜剧。

于是这些理论，为某些喜剧现象——如机械的笨拙、在极严肃的场合突然出现生理或琐碎动作等，找出某种哲学的理由，使喜剧理论超出了经验的描述阶段，提到了更深入的思想的高度，与整个人的生活、人的本质联系起来；但由于这些哲学家在哲学基本问题上的立场都是错误的，因而他们对喜剧现象的解释也是抽象的，缺乏历史的深度。

喜剧的深刻根源，在于事物由本质的向现象的转化，是一个新陈代谢的历史发展过程。世界上任何具体事物都有自己的产生、成长、衰落和消灭的过程。事物处于初创阶段，虽然很弱小，但它是有前途的，它的本质一定会转化为现实，即它所持的理想和利益，一定能够转化为实际，一定能得到现实的肯定，在这个阶段，它常常受到已经成为现实、有一整套现存制度保护的旧事物的威胁，这时该事物的失败带有悲剧性；但当该事物已然转化为现实，建立起

---

① 参阅鲍桑奎：《美学史》，1892年，伦敦，第360页，注②。

自己的制度，并且日益衰落，维护它的制度和力量的貌似强大，已成为一种虚假现象时，该事物不仅由新事物转化为旧事物，而且将由历史的主角转化为历史的丑角。

这就是形成喜剧滑稽的深刻的社会历史根源，正是由这个根源中产生出喜剧的各种相应的特征。

正因为这个历史的丑角已经超过了它自身末日的期限，骇人听闻地违反了公认的常识，它固然是存在着，但已失去任何存在的价值，因而它本身是一个极端矛盾的荒谬的东西：它自以为有力量，实际上已不足以引起人们的重视，像肥皂泡一样无人认真对待；它装出一副伟大的样子，似乎它曾有过光荣的过去，但由于这种过去离现在太远，不仅别人不予重视，即使它自己也觉得内心空虚；它已经丧失一切理想，没有任何前途，它之所以还是现实的（即还存在），只是一种历史的偶然性，它的存在没有任何必然的理由，只是在特定性的场合下，由于机械的惯性作用，即由于人们的惰性作用，才使它得以苟延残喘。这样，我们从历史的发展角度，把喜剧丑角的假象性、偶然性、机械性等特点贯串起来，而常常只有具备这些特点，喜剧丑角才能是一种无足轻重的恶人。

当然，社会生活是很复杂的，事物所处的历史阶段的界限，往往也不是十分绝对的，因而就出现对待社会的某一现象，可以发掘它的多方面的意义，可以看出其中的悲剧的因素，也可以看出其中的喜剧的因素，但人们采取这两种不同态度的根据，正在于该现象本身具有这两方面的意义。

同样是鱼肉乡里、草菅人命的恶吏，在关汉卿的笔下，既可以是造成悲剧性结局的严肃力量（《窦娥冤》），也可以是造成绝妙喜剧效果的滑稽小丑（《望江亭》），这两种处理，都既有其历史根据，也有其具体情节的理由。恶吏杀人，古已有之，其之所以能草菅人命，无非手中有权，这种权力，在窦娥的冤狱中是一种严肃的力量，可以置人于死地；在对谭记儿的迫害中，则是一种荒谬的违反常理的蠢动，其结果是杨衙内遭到无情的讽刺。

我国近十多年的历史事变，同样具有这两重的特点，因而反映这个时期的作品中，既有悲剧也有喜剧。这个事变具有深刻的悲剧因素是无可否认的。固然封建专制时代离现在已很遥远，但封建主义在我们这个民族中还有着很顽固的影响,在一定的特殊条件下,以马列主义词句伪装起来,用现代的语言表达出来,如"理解的要执行,不理解的也要执行"、"有权就有一切"等等,使一些人上当受骗。这种"新型"的封建主义利用手中窃得的权力,成为一个可怕、严肃的力量,造成了许多人间悲剧;可是这个事变也有其另外一面,甚至可能是更主要的一面,即这些风云一时的人物,原来只是真正意义上的跳梁小丑。这些英雄好汉,要在20世纪的中国以马列的外衣,行封建法西斯的统治,从历史的眼光来看,真可谓痴心妄想、不自量力。他们和一切历史的丑角有共同之处,即意识到自己的虚弱,但又装得气壮如牛。正因为有这样一些本质特点,在他们被抛进历史垃圾堆以后,人们首先的反应是按捺不住地编出许多相声、画出许多漫画来为他们"树碑立传"。人们感到运用喜剧的手法来描绘他们是很方便的。和古今中外一切历史的丑角一样,识破他们的本质,并不需要多少聪明,更不需要多少学问。当他们在历史舞台上张牙舞爪、上蹿下跳地表演时,他们的实质,人们是一眼就能看穿的。欣赏喜剧的丑角,只需要普通的常识,喜剧相对悲剧来说,是通俗的。

二 喜剧的主要类型

喜剧的本质是各种喜剧现象所共同的,它是事物在社会发展中所处的历史地位决定的,然而历史的发展是复杂的曲折的,因而喜剧在本质一致的基础上,其表现形态又是丰富多彩的。

喜剧最简单的形式是闹剧,车尔尼雪夫斯基说:"当滑稽只限于外在行为和表面丑态之时,这就叫做'闹剧'。"[①] 在最初,闹剧常常表现为对某些动物的夸张、歪曲的摹仿,人类把某些动物作为被征服的对象加以调笑,以扭曲、夸张、笨拙的化装、形态和动作来贬抑动物,肯定人的力量,显示出人与兽的对比中人的无比的优越性,尽管有些野兽是凶猛的、伤人的。这种喜剧更接近于游戏,往往是在丰收、狩猎、得胜以后的一种娱乐。我国古代有所谓"象人",当是以动物面具作滑稽表演的。张衡《西京赋》说,"总会仙倡,戏豹舞

---

① 车尔尼雪夫斯基:《论崇高与滑稽》,《美学论文选》,第114页。

罴、白虎鼓瑟、苍龙吹篪",王国维说此"则假面之戏也"①。

由对动物的歪曲、夸张,推及对人的外表特征的歪曲、夸张、漫画化,这是闹剧形式的一种发展。单纯的闹剧式手法有时甚至并无恶意,而只是一种"恶作剧",一种亲切的玩笑。相声中故意有趣地丑化对方,马戏团中的小丑故意丑化自己,表现出某种笨拙的动作及背理的语言,都可以产生闹剧式的效果。我国古代的俳优,按王国维的说法,其职在于乐人,在更古的时候,俳优常以侏儒为之,滑稽调笑,百无禁忌,俳优甚至开主人的玩笑而不为忤,这些都是由闹剧的性质决定了的。闹剧只注重形式的改变和歪曲,其根源固仍在对该对象的嘲笑,但因其只限于形式,对人则为调笑,对己则为解嘲,在实质上并无恶意,相反却有亲切之感。

这种闹剧式的调笑手法在我国似乎侧重在语言方面,用语言歪曲对方的形式特征,是谓诙谐,是为妙趣横生;而在欧洲的传统,则侧重于视觉形象上的歪曲。古代希腊喜剧,以滑稽面具摹拟当时真人的形象,其中大多数因为讽刺对象中有一些当属调笑性质,或并无多大恶意,这种传统一直保存在现在欧美的生活中,遇有盛大而欢乐的节日,甚至制作总统的滑稽摹拟像以增加亲切、欢乐的气氛,化装舞会和化装游行,则亦有这种情形。

闹剧由于只注重外形,因而是喜剧的初级阶段,但正因为它是最初步的,因而它是一切喜剧所不可缺少的基本因素。任何喜剧,都要作一定的形式上的歪曲、夸张,而正因为如此,喜剧如果单纯地、过分地追求闹剧效果,则会流于庸俗,正像悲剧如果单纯地、过分地追求压抑、恐怖的效果,就会陷于神秘。

喜剧要提高自己的思想性,丰富自己的社会内容,就由闹剧发展为讽刺剧。

讽刺喜剧是喜剧的最普遍的、最典型的形式,它最充分地反映了恶势力被历史的洪流所嘲弄、如肥皂泡沫一般幻灭的本质。

讽刺喜剧和闹剧在艺术上有一定的区别,闹剧的对象的滑稽性,本质上是侧重于形式上的歪曲和夸张,因此闹剧的对象在道德内容上不一定是恶的,而

---

① 王国维:《宋元戏曲考》,《王国维戏曲论文集》,第7页。

是把形式上的恶加以调笑，有时甚至是更加亲切，更加友善的；可是人们对讽刺喜剧的对象则并无多少善意。讽刺喜剧是对历史丑角的嘲弄，是无情的，是把道德上的恶撕裂给观众看。这种讽刺喜剧在历史上起着战斗作用，是利用艺术手段进行社会斗争的武器之一。

在古代希腊，同样是阿里斯托芬的作品，我们认为《云》是闹剧式的，而《骑士》则是讽刺式的。《云》的苏格拉底形象完全是虚构的，是当时智者的化身，而苏格拉底不是智者，相反，他是反对智者的，这一点当时的雅典人心中是十分清楚的，并无可能把二者混淆，当时的观众一眼就能看出，诗人这里用的是"故意歪曲"的手法，这种手法的根据是苏格拉底早年曾跟早期智者代表之一普罗底克斯学习过；《云》中苏格拉底所表现出来的思想又大多不是苏氏本人的，显然诗人在这里运用了一种"张冠李戴"的滑稽手法。当时，阿那克萨哥拉的"太阳是火石"、"天体是旋涡"等说法在雅典是路人皆知的，阿那克萨哥拉就因为这些思想被雅典公民大会斥为"异端"，只是在伯利克里的保护下才得逃出雅典，因而雅典人绝不会认真认为这个说法是苏格拉底的。同时，我们还知道，阿里斯托芬与苏格拉底个人之间有着友善的关系，他们对当时政治的态度一致，都反对当时已经腐败了的雅典城邦奴隶主民主制，柏拉图对话《会饮》篇曾记载了他们之间的友好关系。我们认为友好的调笑与刻骨的讽刺之间是有很大区别的。朋友们之间的玩笑、挖苦甚至夸张、歪曲，为友情增添温暖；对敌人的讽刺、揭露、嘲笑，虽然表面上与前者有相同之处，但在精神实质上是很不一样的，对敌人的讽刺是打击敌人的一种武器[①]。阿里斯托芬在他的《骑士》中点名批判了当时奴隶主民主派领袖、蛊惑家克莱翁，同时也讽刺了整个雅典奴隶主阶层（所谓公民），剧中内容基本上切中时弊，只是在原有真实事实基础上加以夸张、变形，使之滑稽可笑。这样的戏，就不仅是调笑、滑稽的性质，而具有严肃的政治目的、尖锐的社会效果，因而它的上演带有政治上的严重性。据记载，当时影射攻击克莱翁的角色因戴的面具活脱脱克莱翁本人，故无人敢演而由诗人自己扮演。该剧演出后克莱翁大怒，提议公民大会褫夺阿里斯托芬的公民权，幸好没有通过，被诗人讽刺的雅典的民主制却

---

① 关于阿里斯托芬喜剧《云》中苏格拉底形象及对苏格拉底的评价，需另文论述。

保护了喜剧诗人。如果我们根据当时的具体情景来看《云》和《骑士》这两出戏，可以体会出，这两个戏在当时的戏剧效果是很不相同的，其原因可能就在于：《云》接近于闹剧（当然绝非纯粹的闹剧），而《骑士》则是典型的政治讽刺剧。

这种区别在我国古典戏剧中同样也是存在的。同样"三块瓦"的"丑角"，崇公道就和杨衙内有本质的不同。我国传统戏剧的"丑角"中，如果作为喜剧角色来看①，历来就有两种类型：一种是反面的人物，一种是正面的人物。这里涉及到喜剧作为一个美学范畴的复杂现象。

我们说过，喜剧的本质在于恶最后向历史告别的一种形态。但是当这种本质展开在各种不同的喜剧类型中时又有许多不同的特点。许多喜剧研究者都注意到一个复杂的现象：滑稽并不一定与错误、缺点、罪恶联系，而呆板的道德也可以成为滑稽的对象。正如悲剧中有恶人的悲剧问题，喜剧中也有善人的喜剧问题。当恶人还保持其相当的严肃性，还有一层"高尚的道德外衣"时，其失败和毁灭带有一定的悲剧性；当善人执着于道德品质的某一点，加以夸张、变形，因而这种善的品德成为抽象的、呆板的，与生活的复杂性显得不适应从而亦显示出一种落后性时，同样是喜剧性的（如不合时宜的、过分的诚实、忠厚等）。

因而，夸张某些道德品质的类型与夸张某些外形的特点一样可以引起喜剧效果，这种效果与夸张恶的品质所引起的是很不相同的。这样，在我国传统戏剧中才既有杨衙内、周舍、刘升（《乌盆计》），又有善良可亲的崇公道，忠厚老诚的武大郎，还有《柜中缘》中那位稍带傻气的哥哥。

善良的品质也可以成为调笑的对象，这种现象就提供了幽默喜剧发展的可能性。

社会生活是复杂的，历史的发展是曲折的，人的性格往往也具有多方面性，简单的善、恶的化身，简单的道德类型，不能充分体现个性的丰富性，因而单纯的闹剧和讽刺喜剧都不免失之片面，于是就需要一种更加复杂、更加丰富的艺术种类。

---

① 传统戏剧中的"丑角"不一定是喜剧人物，有的只多少含有喜剧因素，如有一些"武丑"就是如此。

"幽默"是人类智慧发展的标志,它对事物采取一种发展、变化、一分为二的辩证态度。"幽默"是一种"达观",它从好的事情中看出坏的因素,从坏的事情中看出可以转化为好事的因素,因而它看世界不是悲剧式的,并不因为某一个阶段好人毁灭而感到失望、悲观;它也不是典型的喜剧式的,并不因世界在某个阶段的罪恶而冷漠无情,它是有情的、同情的。"幽默"是一种善意的讽刺,是有情与无情的结合,是悲剧与喜剧的结合。

应该说,"幽默"的因素已经包含在闹剧之中,因为闹剧是以把"玩笑"与"善意"结合起来为特点的。把某些道德品质呆板化以引起喜剧效果,本身就是一种幽默的手法,把人的外形加以变化夸大并歪曲,带有"解嘲"的意味,也同样可以说具有幽默的因素。

"幽默"这个词固是外来语,但我国传统概念中"谐趣"、"风流"、"倜傥"等无不含有幽默的意味。苏三起解,边走边诉,崇公道逐段为之分析排解,充分体现了一种"幽默"的态度,可谓达人论世,妙趣横生,其中有揭露、有鞭挞、有讽刺、有解嘲、有挖苦,嬉笑怒骂皆成文章。

我国传统戏剧中这种幽默不仅限于"丑角",任何行当,都可以成为幽默嘲弄的对象。《秋胡戏妻》中的秋胡、《连升店》中的举子、《辕门斩子》中的杨延昭,甚至《打金枝》中的公主,都会引起善意的嬉笑。

概括地说,"幽默"也可以说是一种世界观,它的态度是现实主义的,它承认现实中一切的偶然性,从这种偶然性中看出生活的意义、生活的乐趣,典型的幽默态度,常常在生活的偶然性中揭示出某种意义。

然而正因为"幽默"具有多方面兼容并蓄的达观特点,幽默喜剧也就有自己的特定的对象,对于现实中重大的问题,对于大革命时期的生死搏斗采取这种态度则往往是不适当的,这时如体现出这种世界观,则会流于"玩世不恭"。因而幽默喜剧不是喜剧的惟一形式,讽刺喜剧仍应保持它在喜剧艺术中的典型的、重要的地位。

无论名称如何,这种悲、喜剧相结合的戏剧——作为一种戏剧种类来说——在欧洲的出现还是比较晚近的事。我们已经说过,戏剧作为一种完整的艺术形式,在欧洲是发展得比较早的。古代希腊雅典的奴隶主民主制培育了悲剧和喜剧两种形式,最初并无社会等级的意义,传说中的神、英雄固然是悲剧的对象，但也可以是喜剧的对象。美底亚是个女巫，但却是震撼人心的大悲剧的女主角；克莱翁是堂堂执政官，在阿里斯托芬笔下却成了喜剧小丑，残留的亚里士多德《诗学》，也只从道德上的"好人"、"坏人"来分悲剧、喜剧角色；然而随着欧洲社会进入更加等级化了的奴隶制度，特别是中世纪等级森严的封建制度以后，反映在戏剧上，悲剧的主人公往往是"大人物"，喜剧的角色则是"小人物"，即以社会地位来划分悲、喜剧的角色。这种传统一直到资产阶级革命时期方才打破。资产阶级最初是被人瞧不起的"下等人"，他们在争夺政治上的历史地位的同时，也在争舞台上的历史地位。"小人物"不是嘲笑、调侃的对象，他们也有悲、欢、离、合，他们的命运也有权利搬上舞台，于是在法国启蒙运动中出现了所谓"流泪的喜剧"，接着法国启蒙运动杰出的思想家、百科全书派领袖狄德罗提出"严肃的喜剧"来与古典主义戏剧对立。他的剧本《私生子》正是他的戏剧主张的印证，他说："我试图在《私生子》中给一种介乎喜剧和悲剧之间的戏剧以一个概念。""戏剧系统在它整个范围内是这样划分的：愉快的喜剧以人类德性上的缺点和可笑方面为主题；严肃的喜剧以人类的美德和本分为主题；悲剧也有以家庭的不幸事件为主题的，以及一向以大众的灾难和大人物的不幸为主题的。"① 法国这样一个新的戏剧运动给了德国和俄国的戏剧以很深远的影响。德国的莱辛、俄国的契诃夫在这方面都有杰出的贡献。

　　我国的戏剧发展，和欧洲戏剧发展相比较，有着自己的历史特点，在喜剧与悲剧的关系方面，亦是如此。我们认为，中国没有出现古代雅典式的奴隶主民主制，中国的古代社会是中国戏剧发展的漫长的准备阶段，中国戏剧大成于宋元之间，而一开始就带有市民艺术的特点②。我国古代，是一个封建的等级制，然而这个等级之间的变换，比起欧洲中世纪来，又有更多的可能性，在一般人的心目中，有等级而不十分僵固，"将相本无种，男儿当自强"。自唐代兴科举以后，我国封建制度，用各种可能，并在不与封建主利益相抵触的限度内，鼓励一般平民上升为统治阶层，以维系一个庞大的帝国。这种制度，给我国宋元以后市民阶层得以在封建制度内部获得比较自由的发展。从戏剧发展的

---

① 狄德罗：《论戏剧艺术》，《文艺理论译丛》1958 年第 1 期。
② 这个问题拟另文论述。

角度来看,中国这种封建社会的特点,在我国戏剧开始诞生的时期,就面临着一个较为广大、较为活泼的市民阶层,这样,在中国传统戏剧中就形成一个后人与欧洲戏剧相比较时常常读到的特点:在中国传统戏剧中,悲剧与喜剧的因素是常常结合在一起的。当然,我们不能说我国没有典型的悲剧和喜剧,《汉宫秋》、《赵氏孤儿》、《琵琶记》等剧可以毫不逊色地与世界诸大悲剧并列,《望江亭》、《救风尘》其诗意的喜剧语言更不下于莎士比亚、莫里哀诸家。但是应该看到,悲喜剧相结合的因素,或叫"幽默喜剧"的传统,在我国是与戏剧俱生,这不但不是缺点,而且比起欧洲戏剧来,是一个很先进的优点。

在这种历史条件下产生的中国喜剧的特点,与中国传统的儒家思想结合起来,就得到了社会上、政治上和思想上的保护,从而得到顺利的发展。儒家讲究"温柔敦厚",使之得乎其中,这种"中庸"的思想,在古代要维持一个剥削阶级的统治,不使两极过于分化,是必要的。欧洲古代奴隶主思想家提出过这个思想,而我国孔子儒学经千年的运用,被统治者认为是"行之有效"的。这种思想,反映在戏剧上,就有"于歌笑中见哭泣"(《远山堂剧品》)、"苦乐相错,具见其体裁"(吕天成《曲品》)、"寓哭于笑"(《闲情偶寄》)等说法,李渔告诫作家要"存忠厚"、"戒讽刺"、"勿为残毒词"等,都说明这种思想在我国的文人中有相当深刻的影响。

三 喜剧的效果——笑

作为生理现象,笑和哭也许是某些高级动物共有的,但作为社会的情感,笑和哭却是人类的特权,笑是对客观对象的喜剧式的反应,哭是对客观对象的悲剧式的反应。因此,我们这里所说的笑是指滑稽可笑,哭则是指悲悯和恐惧,前者是喜剧式的,后者是悲剧式的。

很巧合地,哭、笑作为生理现象和作为社会情感在历史发展上存在着相同的时序。婴儿初生由于突然改变环境而啼哭,笑是后来的事;人类初始,对于客观环境的原始宗教式的崇拜,带有畏惧心情,嬉笑是短暂的;作为戏剧形式来看,悲剧比喜剧更早地得到社会的承认。从我们前述观点来看,喜剧既然是某一社会力量或现象发展到向历史告别的阶段,因而也是比较悲剧后出现的。

当然，作为历史发展的无限长河来说，悲剧与喜剧各个环节又是不能分先后的。

与这种情形相应，人们对于喜剧效果——笑的研究也是相当晚的。笑作为一种喜剧效果被人类的智慧冷落了相当长的一个历史阶段。也许，如果亚里士多德《诗学》中关于喜剧部分的手稿一直保存下来，情况就会有所不同。亚里士多德《诗学》中悲剧部分完整地保留了下来，其中关于悲剧效果——悲悯和恐惧、"净化"等概念，一直为学者们重视、研究。然而喜剧部分，连同喜剧的效果——相信也是笑的问题，人们却无法揣测这位古代博学者的意见。

笑之所以长期被忽视也许还有其理论的原因，因为笑总是和愉快联系在一起，而悲悯与畏惧则与愉悦并无直接的联系，于是可怕、可怖的对象如何引起审美的快感就成了一个理论的难题，而滑稽引起的笑声自有快感在内，本身不成问题。

然而喜剧意义上的笑，其对象亦并不给人们直接的快感，恰恰相反，滑稽常常是荒唐的、扭曲的，理应给人以不快感，于是人们进一步深入体验的结果是：如同悲剧一样，喜剧的效果仍然是由不快感到快感，这样，喜剧在审美上的愉悦性，同样是一个理论上的难题。对这个难题从哲学上、美学上的研究，也还是近代的事。

在近代欧洲，英国资产阶级思想家总结了文艺复兴以来的经验，对许多文化学术问题从当时来说不失为新的角度，进行了整理、分析和归纳。继培根以后，唯物主义者霍布斯在他的主要著作《利维坦》中对人、社会、历史、宗教作出了细致的经验的观察。对于人的思想感情、道德情操等心理、认识方面的概念、范畴都作了分析，给下了定义。在这之中，关于"笑"，他提出了一个非常著名的学说，即笑是一种"突然的光荣感"（sudden glory）。他说："笑的情感显然是由于发笑者突然发现自己的才能。""笑的情感不过是发现别人的或自己过去的弱点，突然意识到自己某种优点时所感到的那种'突然的光荣感'。""'突然光荣'就是使那种怪相（grimaces）叫做笑（laughter）的情感（passion）。"[①] 我们看到，在这里，霍布斯很深刻地洞察了一些现象，并从

---

① 霍布斯：《利维坦》，人人丛书，第 27 页。

经验上加以概括,他的学说,有很大的影响。从哲学上来说,我们认为霍布斯的学说有几点是很值得注意的。

首先,所谓"突然的光荣感"抓住了在丑的对象面前观赏者的自我肯定感,也就是说,对滑稽对象、喜剧丑角的笑,反映了观赏者站在更高的历史阶段、历史水平对旧事物、不合理事物的回顾,因此"笑"就历史发展来说,是更成熟了的阶段,是一种人类对自身进步的肯定,是对旧历史的批判。

其次霍布斯的学说指明了笑的对象的荒诞性、背理性,用马克思的话来说,就是笑的对象已经"骇人听闻"地违背了常识所公认的公理,因此笑仍然是由不快感转化而为快感,从而是一个复杂的心理过程,但它的表现形式又是突然的、爆发式的,因为对于骇人听闻地违反常识的事用不着多费思索,在这一点上,即由不快感到快感的转化方式上,喜剧与悲剧是不同的:前者是直接的、不假思索的,后者则需反复的体会。

霍布斯的学说虽然具有哲理的洞见,但仍侧重于经验的观察,同时他只是提出论点,缺少系统的论证,语焉不详,因而随着哲学思想的高潮由英国转向德国时,霍布斯关于"笑"的学说,也有了发展。

德国古典哲学的创始人康德,同样是古典美学的创始人。在近代从康德开始,美学摆脱了英国、法国哲学家侧重经验观察的阶段,而成为一个庞大的哲学体系的组成部分。如前所述,康德的美学体系把"崇高"作为一个重要的美学范畴与"优美"并列,但他显然不承认"滑稽"具有与"崇高"相对的美学意义,他把"滑稽"、"笑"放在他的艺术分类的最低等,认为它们只是感性变化的自由的游戏。然而康德对笑和滑稽的研究里仍然有很值得注意的地方。

在这个问题上,康德首先认为,笑的对象是荒谬的,因而是由不快转化为愉快的。他说:"在一切引起活泼的、撼动人的大笑里必须有某种荒谬背理的东西存在着。(对于这些东西自身,悟性是不会有何种愉快的。)笑是一种从紧张的期待突然转化为虚无的感情。正是这一对于悟性绝不愉快的转化却间接地在一瞬间极活跃地引起欢快之感。"[①] 在这里,我们看到,康德并没有完全撇开霍布斯的学说,而显然吸取了他的学说的基本精神,即笑是由不快感到快感

---

① 康德:《判断力批判》上卷,第180页。

的突然的转化，只是在康德这里，这种学说与他的整个哲学体系联系起来，具有更深的哲学内容。

康德很强调滑稽对象的荒谬性，所谓荒谬性，也就是骇人听闻地违反常识。按照康德的哲学思想，整个自然界存在于时、空之中，按照因果律变化发展，但时、空、因果律并非事物自身的属性，而是人的理性的本质特性，而人的理性又被分成感性、悟性（或译知性）和理性三个部分，时、空是感性的先天形式，因果是悟性的先天范畴。从这个观点看，所谓"荒谬性"、"背理性"也就是违反感性和悟性的规律，违反时间、地点和条件（因果）。违反了这三者，本无愉快可言，但康德给这种荒谬性加以限定，即在荒谬性达到了使我们的紧张的期待突然归于虚无时，就产生大笑。康德这个突然的虚无感的学说，也有很大的影响，他所举出的几个有趣的例子，说明了他对这个问题的概括也是与许多笑的经验相符合的。

"突然的虚无感"与"突然的光荣感"表面上看是对立的，康德也否认笑时人们有一种"高明"的感觉，其实在我们看来，这两种现象都是存在的，并不矛盾。"突然的光荣感"是指笑者自我深处的根据——这种根据当时并不一定自觉到；"突然的虚无感"是指笑的对象给人的感受——由严肃（紧张）而化为乌有，喜剧的丑角越是装得严肃，越说明其本质的虚无性，越引人发笑。这两种感受，说明了对象与主体的不同的特点，实际上是从两种不同的角度来解释"笑"。

康德关于笑是感性游戏的理论还有一层哲学意义，即滑稽不像崇高那样趋向于理性，而是常识范围里的事，只需要调动通常的理解力就可以欣赏喜剧，因而喜剧是通俗的、轻松的、普及的。

后来的哲学家中，还有一个人专门研究了喜剧的笑的问题，这就是我们前面提到过的法国的柏格森。与康德一样，他对喜剧的笑的研究也是他的哲学、美学体系的一部分。柏格森在这篇1924年出版的论文中从他自己的哲学观点出发，详细考察了喜剧的各种现象，从喜剧的本质到形状、语言、性格的喜剧性，都有深入的考察，给我们提供了许多值得重视的分析，然而，正如我们前面指出过的，柏格森的哲学理论基础是唯心主义的，他把精神的、生动的、富有生命力的东西凌驾于物质的、机械的、呆板的东西之上，以这两种力量的对立构成他整个哲学理论，同时也是他的喜剧理论的基础。

在喜剧问题上，柏格森的基本思想是：物质的固定性、凝固性、机械性战胜了精神的活泼性、生动性就形成了喜剧滑稽；而笑，则是对这种陷于呆板机械性的一种"惩罚"(le chatiment)和"纠正"(correction)[①]。

比较起来，康德把滑稽限于悟性范围，认为是一种感性的游戏，虽有益于身心，但离开他的哲学高层宝座——纯粹精神性的理性甚远，而柏格森则直接把感性的机械性与生命的精神性对立起来，在一切机械的、呆板的、凝固的物质性中看出了喜剧的因素；康德所理解的笑，是悟性由不平衡到平衡，从而不脱离感性的领域，是一种游戏，而柏格森的笑，则是生命，精神性的东西得到补偿，从而不仅仅是一种有益的游戏，而且是一种有益的教育，是一种文化，是一种提高。

近代哲学家对于喜剧、笑的研究都有各自的理论深度，很值得我们重视，但由于他们的哲学体系的缺陷，使他们常常陷于纯粹抽象的概念的分析。喜剧、滑稽、笑是一种社会现象，只有有了正确的哲学思想指导，有了正确的社会理论，才能真正揭示喜剧的本质，从而揭示其效果——笑的本质。喜剧是一定社会历史条件的产物，是一定历史阶段的历史现象，其效果——笑也有其一定的历史根源和历史内容。从本质上说，喜剧的笑是一种批判的力量、批判的武器，它是对已成历史陈迹、残余的旧的社会力量之虚无性、荒诞性的反应；由于这种力量之骇人听闻地违反常识，因而笑常常是不假思索的、直接的、突然的，同时也是无情的。

喜剧的不同种类的历史发展，又使喜剧的笑同样具有各种不同的特点。闹剧的笑是一种嬉笑、是一种解嘲，其特点是把别人或自己的背理处夸张到"骇人听闻"的程度，但由于这种夸张主要是侧重于形式的，因而它所引起的笑则并无恶意。这种形式的进一步的发展，把喜剧因素和悲剧因素结合起来，使笑的社会内容复杂、丰富起来，幽默的笑则常常是含蓄的，须假思索的，而且越思索则越觉得可笑。

总之，笑是人类对自身历史进步的肯定，是对一切落后而又顽固、荒谬而

[①] 柏格森：《论笑》，《柏格森全集》抽印本，第26、121页等处。

又呆滞、虚无而又自负的历史惰性的最后的一击。

四　中国古典喜剧的历史发展和特点

艺术的产生和发展，作为一种社会意识形态，和哲学、道德、宗教一样，具有鲜明的民族特性，在我们研究我国古代喜剧传统时，必须和我们民族趣味的历史发展相联系，而这种民族的趣味又是由我国社会历史的现实的发展所决定的。我们必须研究喜剧的本质、喜剧的一般规律，也就是说把我国古典喜剧传统放在世界喜剧传统中去研究，否则我们的研究就缺乏理论的高度；但同时，我们还要具体地研究我国古典喜剧传统的特殊性，否则我们的研究就缺乏现实的深度。然而，从世界喜剧发展的历史高度来研究我国古典喜剧的历史和特点，是一个非常艰巨的科学研究工作，这里只能提出一个提纲式的意见，有待以后进一步修改、充实。

我们的民族，是一个幽默的民族，"笑"是我们民族趣味中重要的组成部分。

自远古以来，我们的民族就是一个很大的民族。传说黄帝族灭蚩尤等各族，后来夏、商、周各宗族相继兴衰，作为整个中华民族却不断发展壮大，在古代，中国始终是一个大帝国。这种历史特点，显然与欧洲古代希腊小国寡民的城邦制有很大的不同，欧洲文明的摇篮与东方的文明古国所创造的文化，在哲学、道德、艺术方面显然有各自不同的特点。

商人信鬼，原始宗教意识还笼罩着人们的心灵，商代没有创造很高的文化；至周代，这种原始宗教意识被削弱，哲学、道德、艺术和宗教逐渐分化，孔子称赞为"郁郁乎文哉"，也许不是毫无根据。我国自秦汉以后，奠定了一个庞大的帝国的基础，而维系这样一个大帝国的哲学、道德、政治思想，主要是以儒家学说为核心的。因此要研究我国古代社会趣味特点，要研究古代艺术的特点，必须联系研究这个社会本身的特点和作为这个社会最本质特点反映的儒家学说的精神特点。

统治一个大帝国与维持一个小国，虽然是同一种社会形态，但也还有各自的特殊问题。在古代，无论是奴隶社会还是封建社会，都需要经济上、政治上的等级制，但大帝国则更需要各等级"各安其分"，儒家以血缘亲属关系维系这个等级制度，以君臣、父子的伦理关系掩盖阶级关系，使之有一层"温情脉脉的面纱"。不仅如此，儒家还用"中庸"的精神来调和各等级之间的关系，这一点对于一个剥削阶级的统治得以"长治久安"是很重要的。古代社会充满了各种矛盾，其本质当然是由经济地位不同决定了的阶级矛盾，消灭这些矛盾，也就消灭了古代阶级社会，这在一个历史时期内是做不到的，因而如何调节各种矛盾，不使之激化，就成为古代剥削阶级统治所梦寐以求的"理想境界"。矛盾的最终解决必须通过斗争，因而古代社会不是永恒的，但在一定时期内，矛盾双方尚处于一个统一体中，不至于立即激化，这却是可能的，我国古代通过各种手段（包括统治阶级暂时的妥协、改朝换代、外族矛盾等）调节古代社会的矛盾，使这个阶段相对于欧洲来说要长久得多。在这样长期的社会条件下生活的中华民族，其思想方式、道德情操和艺术趣味，不能没有自己的特点。

就我们目前的研究题目来说，我们提出这样一个看法：在艺术趣味上如果说欧洲更富有悲剧传统的话，中国则更富有喜剧传统。

欧洲的悲剧精神，最初是与原始宗教意识分不开的。在古代希腊悲剧之父埃斯库洛斯的作品中，命运的力量甚至支配了诸神的悲剧，任何神、人都逃脱不了命运的玩弄，人更处于被动的地位。希腊的悲剧精神在于神或人都不安于命运的摆布，命运与神、人是对立的，人、神反抗命运的失败，如欧底浦斯王那种反抗精神，宁为玉碎不为瓦全。欧洲传统的这种决裂的精神当然是很优秀的，我们应该向他们学习。

我国古代固然也讲"天命"，这个"天命"也戏弄人，与人为敌，但总的讲还是与人的利益，特别是与社会上统治阶层的利益是一致的；不仅如此，这个"天命"还是可知的，即使尚未知，事后也承认它的合理性，因而人的态度应该是"乐天知命"。这样，就形成我国古代所提倡的一种人生观："达人知命"。"达观"是我国古代知识分子的修身养性的理想境界，而我们说过，这个"达观"正是幽默精神的核心。欧洲的传统善于在善恶斗争的僵持阶段持决裂态度，它的特点是理想主义的；我国的传统善于在善恶斗争已然明朗化时揭示恶势力的虚无性，以肯定历史的进步，它的特点是现实主义的。我们虽然不能说欧洲悲剧传统就是悲观主义的，但我们却可以说，我国古代的艺术趣味中乐观主义是占主导地位的。

这种特点，我们似乎还可以在我国戏剧发展的历史情况中得到印证。在对比中西戏剧发展史时，我们发现至少表面上有这种现象：在欧洲，悲剧早于喜剧；在我国，则喜剧早于悲剧。在古代希腊雅典的戏剧比赛中，悲剧高于喜剧，被政府承认也早于喜剧。希腊的喜剧之父阿里斯托芬的创作要比悲剧之父晚七十多年，喜剧的奖品也略低于悲剧。在中国，情况就很不一样。

按照王国维的研究，我国戏剧有两个来源，一为远古之巫觋，一为后世之俳优，巫以乐神，优以乐人，巫是宗教性的，优则是艺术性的。优人最初以侏儒为之，自以滑稽调笑乐人，或兼演歌舞杂技，是为后来之"百戏"。于是，优也好，戏也好，无不与嬉戏、调笑有关，而在欧洲，相当于"戏剧"这个字是"δρᾶμα"，由动词"δάω"（动作）变来，无嬉戏之意。中国之优，后来不以侏儒充之，但仍以滑稽调笑为主，有思想的优，甚至讥刺时弊，史称"优谏"，实际就体现了最初的讽刺喜剧的精神。

由古代优人，发展成后来的参军戏，是我国喜剧精神的一个发展，虽然或许还不能说已具备完整的戏剧形式。参军戏的起源其说不一，据说是讽刺后汉石勒参军周延贪污的事，当与滑稽讽刺有关。至于唐代的参军戏，据记载已拥有不少著名的演员，如黄幡绰、张野狐、周季南、季崇及其妻刘采春等。唐之参军戏不像俳优那样类似"独角戏"，而或有"苍鹘"配之，也许像如今的相声那样有说的，有捧的。王国维认为，唐代的参军、苍鹘到宋代发展成副净、副末二色，并认为"净"即"参军"之促音。王氏这个看法或许有点牵强，但宋代副净、副末仍以调笑为主，这却是有根据的。

这样，如果我们把优、参军、苍鹘、副净、副末看成是我国古代喜剧丑角的前身，那末至少一直到宋代，喜剧角色在表演艺术（虽并非严格意义下的"戏剧"）中是占主导地位的。

"丑"的名称见于《元曲选》①，但元代滑稽、讽刺的角色仍多"冲末"（或即宋之"副末"）扮演，"丑"作为经常出现的角色始于明代。明代是

---

① 王国维：《古剧脚色考》，《王国维戏曲论文集》，第241页。

我国古代戏剧最繁盛的时期，我国古典戏剧的角色大备于此时，生、旦、净、末、丑各色俱全。

"丑"作为戏剧角色之来源已不可考，王国维说"丑"、"爨"双声，乃宋时从爨国传来，此说过于附会。或谓明既改"正末"为"生"，则亦可改"副末"为"丑"，生以意喻，丑以形状，则"丑"角初意与"美"相对，重在外形之"丑"。无论如何，"丑"角是我国古典喜剧中的主要角色，在整个古代戏剧中占有重要的地位。

古代戏剧行当的划分，具有各方面的意义，有按社会地位，有按道德品质，有按个人气质的，有社会的、伦理的、心理的诸因素。"丑"角按其社会地位来说，大部分是小人物，但按其道德品质来说却大半是好人[1]，这可能与传统的"优谏"有关，"丑"角可以在舞台上极尽讽刺、挖苦之能事，甚至即兴影射时弊而不为忤，如前所说，在一般情况下，"丑"角说话可谓"百无禁忌"。

喜剧既以闹剧为基础，就要求喜剧演员有多方面的艺术技巧的锻炼。如果说，悲剧演员侧重于对悲剧英雄的思想感情深度的体验的话，那末喜剧演员则更侧重于语言、形体等外部技巧的训练。悲剧演出的形式可以是粗犷的，喜剧演出的形式则是精细的。这种特点，证之以传统戏剧丑角的情况就更加清楚。传统戏班里的丑角享有很高的声誉，受到其他演员的尊重。丑角不仅要学本行当的表演技巧，而且各行当的戏都要求能演。丑角固然可分文、武，即使是文丑、方巾丑，其形体动作的要求也还十分严格。京剧名丑肖长华先生的艺术是有口皆碑的，他又是一位戏剧教育家，在各个行当中都有门人。

丑角在明代昆曲至清代京剧以及各古老的地方剧种中都占有重要的地位，川剧有所谓"三小戏"，即小生、小旦、小丑，与生、旦鼎足而二，足见其重要性。川剧的《芙奴传》、《乔老爷上轿》至今脍炙人口。

在传统的戏剧中，"丑"并非惟一的喜剧角色，末、净都可以插科打诨。关汉卿《救风尘》中周舍，写明是"冲末"扮演。至今京剧传统剧中二花脸（副净）亦多科诨调笑，如牛皋、焦赞、李逵等，这与古代俳优、参军、苍鹘、副净、副末是一脉相承的。

---

[1] 参阅华传浩：《我演昆丑》，第4页。

古典戏剧中的丑、副净在形式上是闹剧式的，它们都破坏了表面的、形式的美感，夸大外形上的特点，都有比较夸张、僵硬、扭曲的动作，但就整个戏剧内容看来，它们则又充满了幽默感。敢于把忠厚善良的崇公道、正直的乔老爷……在外形上加以"丑化"，而引起观众的友善的笑声，说明了我国古典趣味中达观、开朗、敢于面对现实的优点。

有一种流行的看法，认为喜剧不如悲剧深刻。这个看法或许有其合理的一面，悲剧重在道德情感的震撼，喜剧则更多在娱乐中体现一些清楚明晰的道理。然而，只要喜剧不流于"玩世"的庸俗态度，那末平易近人的喜剧则有更广泛、更直接的教育目的。马克思说："黑格尔在某处说过：一切巨大的世界历史的事变和人物都是出现两次。他忘记添加道：第一次是以悲剧出现，第二次是以闹剧出现。"[1] 喜剧是把在悲剧阶段尚未充分展示的矛盾表面化，使之成为虚无的、荒谬的假象，以此来让人嘲笑，因而喜剧的笑同样是一种提高，是一种"净化"，是一种"纠正"，一句话，是一种"批判"。我们以我们民族在喜剧方面的深厚的传统而引为自豪。

1980 年 9 月

（原载《中国古典悲剧喜剧论集》，上海文艺出版社 1983 年 5 月版）

---

[1] 马克思：《拿破仑第三政变记》，《马克思恩格斯论艺术》（一），第 77 页。

戏剧作为一种艺术形式

一 戏剧与人生

戏剧是人生的产物,是人的生活中出现的一种事物,但不是狭义的实用性事物,而是艺术性的事物。艺术是生活的花朵,但又是一种很特殊的花朵,它不是摆设,而是有着深厚的生活内容;戏剧是供观赏的,但又不仅仅是只供观赏的。花朵是生活的一部分,戏剧作为娱乐,也是生活的一个部分;但戏剧又不仅仅是娱乐,不可能完全被吸收为实际生活的一个部分,不仅仅是吃、喝、玩、乐中的玩和乐。戏剧是人生的反映、生活的镜子、历史的保留。和其他艺术形态一样,戏剧作为人生的精神、思想意识的存在形式,以实际人生的活动形式,保存了人的历史性的特性。在这个意义上说,戏剧也是广义的"思想"史的一种形式。

戏剧植根于生活,对戏剧的理解,也基于对生活的理解。生活是人创造的,"人生"即"人事"。"人"是"事"的"作者",而"人"又在"事"中,"事"、"生活"塑造了戏剧中的人。"戏剧"离不开"人"和"事","戏剧"是"人事"的写照。

广义地说,戏剧可以理解为一种"思想"形式,而所谓"思想"形式,即是广义的"语言"形式、广义的"说"的形式。任何"思想"形式,都在"说"些"什么","告诉"人们一些"什么"。"戏剧"作为一种艺术性的思想形式,同样也在"说"些"什么","告诉"人们(观众)一些"什么"。这个

"什么",不是抽象的道理、概念,不是抽象的"本质",而就是活生生的"人事"。活生生的"人"和"事"并不能完全归结为某些抽象的道理。戏剧要告诉人们的"意义",不全是"善"、"恶""忠"、"奸"、"正义"、"邪恶"这些概念穷尽得了的,所以戏剧不是一种"符号"、"记号"或"象征",指示着在它本身之外的某些"东西",戏剧要告诉、要说的"意义",就在戏剧表现的"人"和"事"之中。所以,"戏剧"作为艺术性的思想形式,与其他艺术形式一样,离不开感官的形式,"思"不是抽象的、纯粹的"思","思"就在"视"、"听"之中,是"视"、"听"之"思"。

"视听之思"是最为直觉的"思"。所谓抽象的、纯粹的、概念式的"思"是从这个基础性的"思"发展、派生出来的。"视听之思"为活生生的"思",为生活的"思"。戏剧植根于生活,戏剧的"思",同样也紧紧地附着于这种活生生的"思"之上。"戏剧"所说的、所告诉我们的那个"什么",都在我们的视听之中,我们"看"到了"什么","听"到了"什么"。

我们"看到"、"听到"的,首先是"他人"的"生活",而"我"只是这个"生活"的一个环节,"我"以多种形式"参与"这个"生活"。"我"的实际活动,使"我"成为这个"生活"的一部分,而"我"的"视"、"听"却使"我"理解这个"生活"。"我"通过"视""听""理解""生活"。

戏剧的产生,必有"观者"的出现,必意味着"演者"与"观者"的分化。

就欧洲的情形来说,戏剧起源于节日的庆祝活动,最初可能是由宗教性的仪式活动演化而来,所以直到古代希腊的戏剧节,都还带有"必须"参加的性质。然而,即使是原始部落的舞蹈活动,仍有围观者在,尽管那时"观者"与"舞者"的身份经常很快地转化。原始的歌舞活动与故事情节的结合,就成为"戏剧"。

多数研究者把希腊的文学或诗分为"叙事"、"抒情"和"戏剧"三个阶段。所以,可以认为,最初的"故事",是"说"(或唱)出来的。"故事"即"做过了的""事",是"他人"之"事"。即使是"我""做的事",也是"他化"了的"事"。"我"把自己的"事""说"给"你""听",或"你"把"他"的"事","说"给"我""听"。这里的"说"不是当下实际的交往,不是

"叫""我"、"令""我""做事",而是描述性的、理智性的,是"叫""我"、"令""我""知""事"。

"叙事诗"说的是"故事"、"历史"。在这种"文学"的最初的形式中,蕴含着科学和艺术的最基本的因素。"叙事诗"既是"历史",又是"诗",所以中文又译成"史诗"。荷马的史诗,后来被证明不仅仅是"传说",而且是"史实"。"史诗"并不仅仅是因为以"韵文"来"说"(写)"史实",而且还在于它本身就具有"诗"的意味,不仅仅是知识性的,而且也是艺术性的。

"他人"的"事"不仅仅是一个客观的"对象","史诗"说的"故事"不仅仅是历史教科书。"史诗"的"说者"与"听者"之间不仅仅是一种"灌输"、"传授",而且是一种"交流"。"听者"并非"白板"一块,只是被"说者""印上""史实"的知识;"听者"被激发起自己的"思",循着"他人"(古人)的足迹,重新思考一遍。

"叙事诗"诉说"他人"之"事"和"情","抒情诗"则诉说自己已"他化"了的"事"和"情"。所以,"抒情诗"并不是情绪的发泄,而同样是"令听者""知""事","知""情"。

"(戏)剧诗"在原有的"诗"的形式中增加了新的因素,即"动作"的因素。古代希腊文的"戏剧"(δρᾶμα)本就是"动作"、"活动"之意,亚里士多德论戏剧(悲剧)亦以"动作"为主。

由于"动作"的掺入或加强,古代希腊的"诗"就由原来以"听"为主转化为以"看"为主。西文中"戏剧"的另一个词(英文 theatre)来源于希腊文(θέατρον),此字原本是从"看"(θεάομαι)、"看者"(θεατής)演变而来的。

据说,按实验心理学的观点,"看"更接近于"理智",而"听"更接近于"情感"。无论如何,"看"在西方文化中所占的特殊的重要地位,是不容忽视的。西文的"理论"(英文 theory)其字根亦与"看"(theo)有关。而欧洲的民族,似乎可以被看成善于"理论化"(theorize)的民族。

这种关系,表面上看似乎尚有另一种解释,因为"理论"常和词语联系,因而与"听"、"说"的关系似乎更大一些,故西方现在有些人批判自己传统时,称它为"语音中心论"。的确,"理论的""思想"当藉"语言"来表达,但"语言"又常与"实际的"交往相联系,而"看"却可以把这种关系相对稳定于"理论的"范围之内。因此,"看"是一切"观察"、"思考"、"研究"等理论思想形式的基础。

"看"使"我"保持于一种"静"的状态。只有"我"对"他人"的"行"(动)稳定在"看"的层次上,那末"他人"的"言"才可能也稳定在"听"的层次上,而不至于过渡到产生实际的行动。按照中国传统的哲理,似乎只有"静观",才能"静听",而且只要"静观",总能"静听"。"静观"万物、万事,似乎也"听"到万物、万事在向"我""诉说"了些"什么",连一草一木,都在向"我""倾诉"着"衷怀"。

"戏剧"正是要把"他人"的生活,"他人"的"言行","他人"的"事",在特定的场合成为"静听"、"静观"的"对象"。"叙事诗"在"说"(或"唱")他人之事,"戏剧"则"表演"他人之事。或许,"叙事诗"也有"表演",也有一些模拟角色的动作,边唱、边说、边演;但就古代希腊的情形言,戏剧则由两个以上的人来固定地分别扮演各自的"角色",使围观者不仅"听其言",而且"观其行"。

这种"戏剧性"的"观"与"听",原本亦来自实际生活。"他人之事"、"他人之言","我"并不是每件都要"参与",可能大部分的情况是"静观"和"静听"。"万物静观皆自得","事不关心,关心则乱",并不一定要人成为"各扫门前雪"的自私者。"看"世界,"看"生活,"看"世事,也是理解人生、世事的重要环节。"看"的"心得",对"参与"的实际行动常常有重要的指导、规范作用。所以人们常说"当局者迷,旁观者清"。

然而,"生活"、"人生"是实际性的,它迫使每一个人都要"参与"进来,而不能保证其"静观"、"静听"的状态。呼救声是一种"命令",溺水的事件也是一种"命令"。在实际生活中,我们所见、所听的一切,都可以被化为"命令","让"你、"叫"你采取某种行动;只有"戏剧"才比较有效地保证我们保持在"静观"、"静听"的层次上,而不立即"令"你作出行动。"戏剧"这种特点,是通过"演员"这个环节来实现的。"演员"的特点,使人与人的关系在特定场合保持在"看"与"听"的层次上。西文的"演员"即"行动者"(英文 actor),它的意思正好与"观者"相对,这就是说,在这种特定的场合,只有这一部分人(扮演者)才是"行动者",其他的人为"观者"和

"听者"。

"演员"的出现，使生活中的"视"、"听"关系更加突出出来。"画"是叫你"看"的，"歌"是叫你"听"的。"画饼不能充饥"，画上的食品别想拿来吃，它只是叫你"看"的。"吃"有"吃"的用处，"看"有"看"的用处。别看画上的"青菜萝卜"（中国画常用题材）不能"吃"，但"看"起来却可以体会出"吃"不出来的"东西"——一种平淡而又充满生命力的"东西"。尽管"青菜萝卜"并不珍贵，得来不难，但人们仍爱观赏那些画作，不仅"看"真的，而且似乎更爱看"假"的，其原因大概正在于那些"假"东西更能把人稳定在"看"上。只有柏拉图那样有大智慧的人才不故意"看""假"的，而要直接地"看"那真的生活、真的宇宙，在那实际的生活中"看"出生活的真谛、生活的真理来。其实，柏拉图的那些"对话"记录和"信札"，也都还不是"真的"、"实际"的生活，而是经过他的慧眼"看"出来的生活，是一种"理念"、"观念"。一切伟大的艺术家也和他一样，以独具的慧眼"看"出来"生活"的真义，呈现在读者、观者、听者面前，让他们也去"看"、去"听"。

中文的"戏（戲）"字，拆开来为"虚"、"戈"。剧中之"战争"是虚的、假的，是让你"看"的，不是让你"参与"的；希腊的"戏"字为"行动"，与另一个"戏"字（"观看"）合成一个完整的意思，即"演者"与"观者"。

正如柏拉图指出过的，艺术品乃是一种复制品，它离不开对真东西的"模仿"，不仅在绘画、雕塑中有"模仿"，"演员"更是一种"模仿"。人类"模仿"的活动，可以追溯到宗教的仪式活动。这种仪式包含着"人"对"神"的"模仿"。"人"不是"神"，不能与"神"直接同等沟通，但"人"可以"模仿""神"。"神谕"可以也只能从祭司们的含混不清的"模仿"的"语言"中体会或"猜"出来。

演员的"模仿"，使人们作为观者、听者不会与剧中的"他人"直接的、实际的交往，因而，就实际而言，"演员"把"他人"与"我"分别开来，在"我"与"他人"之间放置了一个人为的"屏障"。这种"屏障"从古代的"围圈"、"划地"，到现代的舞台幕布，都提示着"演者"与"观者"的身份。

演员"模仿""他人"的"言行"，"模仿""他人"之"事"，以自己的模仿来"说"那个"叙事诗"中的"故事""情节"。古代希腊亚里士多德论剧重在"行动"与"情节"。所谓"情节",在希腊原文为"μυθos",亦即神话传说中的"故事",故古代希腊戏剧重"事",而"人"(性格)则是第二位的。

古代希腊的思想家们对于"人"似乎存有敬畏之心,尽管智者们早就提出"人为万物之尺度",而苏格拉底又强调"认识你自己",但"人"似乎仍为斯芬克斯之"谜"。然而,"人所做出的""事",却是确确实实的。"事"是确实可知的,而"人"的"心思"则只能"猜",如同"猜"那些"神谕"一样。

这样,"历史学"可以把"故事"整理成"科学"、"知识","传授"给人;而"做"这些"事"的"人",却常常只在艺术的层次上,供人"看",供人"听",而不容易成为一门实证的"科学","教授"人知道到底"人"是什么。古代希腊人知道这个道理,亚里士多德论剧侧重说"事",而那些"人"的抽象的"性格"(或者为"个性")则是第二层的。

然而,"事"毕竟是"人"做的,那个"谜"样的"人",却是我们经常不可避免与其交往的,应是较为熟悉的"对象"。只是这个"对象"与其他的我们加以观察、分析、研究的"对象"有许多不同的地方。作为知识意义下的"对象"是我们从西文翻译过来的,它也可以译为"客体"(object)以与"主体"(subject)相对立。我们与之打交道的"人"(他人),可不是这个意义上的"客体"。作为知识对象意义下的"客体",我们可以用抽象的概念系统来把握它们的"本质",在研究成熟时,给它们下个"定义"。对于"人",我们用抽象的概念系统或抽象的定义都把握不住它,其原因并不是因为我们关于"人"的知识不够,而是"人"本来就没有什么抽象的"本质"。所以,"人"不可能完全还原为那种意义上的"对象"(实体)。这样,西方就有一些人把"人"理解成不能归结为客体的"主体"。"人"与"人"的关系当然不是"客体"与"客体"的关系,也不是"主体"与"客体"的关系,而是"主体"与"主体"之间的关系。这个说法,在西方一部分人中间流行过一个阶段后,也不断受到了批评。因为这个看法,同样是建立在把主体与客体分割开来的做法上。把"人"归结为纯粹的"主体",这个"主体"虽然把弗洛伊德等关于精神、心理方面的一些说法都吸取了进来,但也还有不少重大的毛病,因为这种分割和归结同样使"人"抽象化、普遍化、绝对化,成为一个类似"神"那样的中心、核心,而缺乏历史和实际这样一个扎实的基础。这种说法,被有些人批评为"现代哲学思潮"中的"主观(主体)主义",因而西方有些很重要的哲学家、思想家,也不讲"主体性"这类的话,如海德格尔就是其中的一个。

的确,"人"不仅仅是"主体",而且也是"对象",只是不一定要理解为西方"客体"意义上的"对象",而利用我们中国日常语言中"对象"这个词的意义引申开去,或许有助于对这个"对象"的理解。我们知道,近几十年来,中国人把"搞恋爱"叫"找对象",未婚而在恋爱的双方都可以称对方为"对象",甚至还有"对上象"了的说法。这里的"对象",显然不是"客体",但也不是"主体",而是一种蕴含着理智、情感交错在一起的全身心的关系,而且是一种具有独特性、不可替代性的特点,一个人只该找一个"对象"。将这个观念扩充开来,人与人之间都可以蕴含着这种关系,即既不是西方所谓"主""客"体的,也不是他们的所谓"主体"间的,而是"可以成为(蕴孕着)'对象'"的关系,即可以成为夫妻、恋人、亲人、朋友……的关系。

从这个角度来理解艺术、戏剧,也有一些方便的地方。一出戏,一幅画,供我们"静观"、"静听",当然是我们的"对象"。"看"将"我"与"他"拉开一定的"距离","戏"和"画"似乎是一个"客体",却又不是纯知识意义上的"客体"。进剧场,进展览厅,一般不同于进实验室,"观者"不是"科学家",但是说那出"戏"、那幅"画"是一个"主体"(或"类主体"),同样也有些词不达意。我们这里想说的是,用西方的传统哲学概念来说这种关系,需要在主客体关系上加许多的解释,才能真的弄清其实质,不像中国日常语言中之"对象",虽不是科学的概念,但含义却相当丰富。"对象"不是可以概念化的"客体","我"与"对象"的关系,不是冷冰冰的,而是热烈的、喜爱的,甚至是心心相印的;但"对象"毕竟是"对象",是"他(她)"不是"我"。作为"对象","他(她)"要求"我""看""他",只要求"我""看""他"。这里,"看"、"听"就是"欣赏"、"观赏"、"聆听"、"倾听",而不仅仅是客观的"观察"(observation)。全身心地"看",也许就是西方哲学家长期讨论着的"理智的直观"和"直观的理智"。西方的哲学家在分裂的世界里呆得太久了,当他们真正体会到那些最为基本的道理时,时常也要用先分后合的语词将其表达出来。事实上,"看"、"听"是生活中最为基本的形式,"思"离不开"视"、"听","思"就在"视"、"听"之中,"观者"即"思者"。中国人将

"见"、"视"、"听"、"闻"分开来说，有"视而不见"、"听而不闻"者，则"视"、"听"皆为纯感官之刺激，惟有"见"、"闻"才是有心智的、理智性的，而所谓"见""闻"就是"经验"、"知识"，但不是概念的、书本的知识，而是身体力行的"知识"。这才是基本的"知"和"识"。所谓"见多识广"，"见识"即指那种非概念性的"知识"。

戏剧、艺术就是把那些平时人们可能"视而不见"、"听而不闻"的"事"标志出来，让人们"看"，让人们"听"，以增长人们的"见闻"和"见识"。在这个意义上，戏剧是生活、人生的集中的写照。这正是法国作家雨果强调的思想：戏剧不是一般的镜子，而是一面突出的、集中的镜子。实际上，戏剧家作为艺术家，是把人生值得提示的部分提示出来，是生活、人生、历史的提示者。

然而，戏剧家同时又是创造者；戏剧家不仅是制作者、动作者、编撰者，而且是"创造者"。什么叫"创造"？"创造"是从"无"到"有"的过程，"创造者"为"世界"增添"新""东西"，从而丰富乃至改变这个世界。然而，戏剧家作为艺术家，不仅改变"这一个"世界，而且创造"另一个""世界"。这"另一个世界"是戏剧家"揭示"、"标志"出来让人"看"的"世界"，同时也是戏剧家从"这一个世界"划出去的"另一个世界"、"另一个天地"。

所谓"另一个世界"，即"另一个时空"。"时间"和"空间"虽然是客观的，是物质存在的形式，但人的历史性的活动却使时空向人显示出来；人生活在自然的、客观的物质世界中，但人也生活在自己劳作、生息的社会历史世界中。人创造着自己的世界。"世界"是"你们（他们）的"，也是"我（们）的"。"我"首先在"他人"的世界中，适应着这个"他者"的世界。"我"首先"看"一个"世界"，"听"一个"世界"，通过"见"、"闻"，"我"才"进入"这个"他在"的"世界"，从而使这个"他在世界"也成为"我的世界"。"我"与"他人"同在（一个世界中）。然而，"戏剧"的"舞台"使"我"无法进入那个艺术家（戏剧家）为"我"提供的"世界"，使那个舞台的世界始终保持着"他在"的特性，从而"我"只能"看"这个"世界"，"听"这个"世界"。"我"始终保持着"观者"身份，有自己的时空。

戏剧的时空不同于现实的时空，这促使早期的戏剧家考虑强调戏剧中时间、地点的"统一性"。如果我们联系到早期剧场舞台与观众之间的不十分确定的界限,联系到早期"舞台"与"围观者"相互转换频繁的情形,那末戏剧在其早期重视戏剧时空自身的统一性,当不足为怪。"三一律"固非亚里士多德所提出,而后来又发展成刻板公式,自有其弊病,受到应有的批评而淘汰,这是有利戏剧发展的;但度其初创时期本意,对戏剧艺术更加自身连贯、更可理解,强调戏剧时空的统一性,也是有道理的。维护戏剧时空统一性,就是维护戏剧这个"另一个世界"的统一,不使"演者""跑出"那个"世界",也不使"观者""闯入"那个"世界",二者各守其职,以便发挥戏剧作为艺术——而不是作为单纯的娱乐——的最大的效能。

戏剧艺术的一切技巧,在于使得"观者"能更好地"看""他人"的"世界"。剧作家的巧妙编撰、穿插、布置,演员的形体训练,舞台上的道具、布景以及凝聚的灯光等等,都是为了吸引观者的注意力;西方剧场的三声响铃,中国剧场的开场锣鼓,都是为了提醒和标志"另一个世界"、"与众不同的世界"即将展现在人们面前。而舞台建筑,幕布的间隔,以及中国传统舞台上的"出将"、"入相",都起到隔开这两个世界的屏障的作用,尽管这种屏障主要是心理上的,也不妨碍观众上台打了舞台上奸臣这类故事的发生。

这两个世界虽然尽量避免当下直接的相互影响,但并不意味着它们在更广宽、更本质的层次上的相互沟通。"看"最终会影响到行动。台下的"观众"虽不"参与"台上的"事",但却"规定"着台上的"事"的内在的"意义"。"观众"通过"演员"和"导演""规定"着对剧中"事(情)"的"理解"。由于戏剧艺术的特点,剧作家尽管可以与"观众"不处于同一个时代,但"演员"和"导演"都必定与"观众"是同代人。"观众""看"戏剧演出,已不仅仅是"看"(读)剧本,因为那个"演出"已是经过"演员"和"导演""加工"过了的。即使是最为古典的戏剧,各个时代的演出也都带有各个时代的烙印。这个时代的特征,反映着它的"演员"(及"导演")对所演之"戏"的理解方式和表现方式。老维克剧团演莎士比亚戏剧,也不是永远一个样子。演出是为了观众,为了在你面前或周围的活生生的人,向他们展现些什么,说些什么,这些"什么"是他们所能理解、能接受而且是乐于接受的,即使是与他所思、所想的很不相同,但也是要能震撼他们、激励他们的,而不是与他们毫不相关的。这样,"演者"尽管具备某种"专业"训练,但作为活生生的"演员",他仍然是他生活的世界的一分子,他是带着这个世界的烙印进入另一个世界的。"人"可以"扮演""他人",但绝不可能就"成为""他人";宗教鼓吹"人"与"神"相沟通,"上帝与我同在",但宗教的原则恰恰就在于坚持"人"与"神"是有区别的。"演员"本与"观众"在同一个世界,"演员"作为"演者"去"演"那个世界,"观众"作为"观者"则去"看""演"的那个世界。"演"为"演绎",即一种"解释"、"理解",这种"解释"与"理解"是一种"创造",或"再创造"。说它是"创造",是因为演员把一个从未有过的世界塑造了出来;说它是"再创造",是因为演员在"创造"自己的世界时,对一个"他在的世界"中的"事"的"理解"带有"揣摩"的性质。"揣摩"虽不是确切的知识,但也不是没有根据的"猜测"。西方人所谓"divination"是把这种很平常的现象神秘化。事实上,人们每天都在根据某些信息、征兆对"他人"可能采取的行动进行审情度势的"揣摩"和"猜测"而"预见"到某些结果。"演者"把经过自己"揣摩"过的"他人"之"事"展现在"观者"面前,让"观者"也去"揣摩",并包括了"揣摩"如何"揣摩"那些事的"演者"的"创造性的劳动","演者"的"心思",也是"观者""揣摩"的"对象"。那么,在这个意义上,观者虽不能直接"参与"戏剧的世界,但仍可以"进入"这个世界,也正是在这个意义上,戏剧的世界并不是一个封闭的世界,它"邀请"或"等待""他人""进入"它的戏剧世界,给它以新的生命、新的血液,赋予它新的意义。

反过来说,戏剧的世界当然不能完全归结为观众的现实世界,也不能直接"参与"这个现实的生活世界,但是它对这个世界的巨大影响乃是非常明显的事实。

不错,戏剧的世界不能以"实质"的方式进入生活的世界,但却以"游戏"的方式成为这个世界的一个组成部分。原始的宗教仪式,不能代替原始人的劳作,但却是原始人生活的一个部分;当这种宗教仪式转化为艺术活动时,同样成为人们生活的一个部分,虽然不是"劳作"的部分,但却是必不可少的"娱乐"、"游戏"的部分。这种区别带有基本的基础的性质。尽管近代社会分工把"演员"的"事"划分为高尚的专业的工作,但"观众"却永远不会成为专业的工作，而只能是一种暂时性的娱乐和高尚的业余活动。

人类"闲暇方式"的研究，是一个很有趣的课题。尤其是在阶级社会里，剥削阶级占统治地位，而"劳作"对于广大劳动者成为一种负担的时候，"闲暇"竟显得如此的可贵和可爱。对于广大老百姓来说，似乎只有在"劳动"、"工作"之外，才有人生的乐趣可言。然而，对于剥削阶级而言，由于他们脱离劳动，"闲暇"成了他们"高贵"的标志，成了他们的生活方式。这样，他们自己的"真实生活"被歪曲成"虚构的生活"，"人生如梦"、"人生如戏"……这是"闲暇"完全代替了切实"人生"的一种结果。

"闲暇"只能"进入""生活"，而不能"代替""生活"；"闲暇"是"生活"的一部分，但不是全部；"闲暇"是真实世界中的另一个世界。这两个世界的"沟通"，不意味着相互的替代。

当然，闲暇不是艺术，但艺术毕竟是闲暇。闲暇不是直接的劳动，但却有益于劳动，艺术作为高级的、文明的闲暇活动，更有助于生活和劳动。

"闲暇"、"娱乐"基于"自娱"。由原始的"自娱"到"静观"、"静听"的娱乐活动，意味着心智水平的提高和发展，但无论如何，"自娱"是最为基础性的。一切高级的"静观"（静听）艺术活动，其根底处，都有"自娱"的因素存在着。随着社会分工的发展，人们不必亲自去演戏、吹箫弹琴，也不必自己雕塑、作画，就可以分享着那戏剧、音乐、雕塑、绘画的愉快。但这些愉快，毕竟要"亲自"去体会出来，而不能为"他人"所代替。一切"观者"，必须"亲临现场"。即使是家中的电视机，你也必须在它前面"观"、"听"，就像必须亲自"看"那书斋中的"字画"、客厅中的"鲜花"一样。关于艺术的一切"信息"，只是像剧场的说明书，文学作品的书评，和商品的广告一样，只能起到"指引"（index）的作用，不能代替直接的"使用"（享用）。"闲暇"的活动必须"亲自"去"做"，"闲暇"的"信息"不能"转达"，必须"亲自""聆听"。

观众到剧场去就要"亲闻"、"亲睹""他人"的"事"。到剧场去看"他"的"事"，但这种"事"居然能由"你"（演者）"揣摩"得惟妙惟肖，这又与直接"看""他"的"事"有所不同，对于"你"的"表演"，观者自表示欣赏和感激。对于一切艺术家（包括剧作家、演员、导演、作曲家、演奏家、指挥家等）能把"他在"的"事"用心智和技巧"揣摩"并"表现"出来，我们都有一种喜爱的感情。这样，"看""听"尽管是"静"的，但也是有情感的，是"赏心悦目"的。从这个意义上来看，"观"、"赏"的不仅仅是"他在"的"事"，而且也"观"、"赏"着（一切艺术家）对那个"事"的"理解"。众多的艺术家在"帮助""我"（观者）去"理解""他在"之事；艺术家"帮助"、改变、促进"我"的"见闻"。这样，"我"（观者）通过"娱乐"，受到了"教育"；"闲暇""帮助"了"工作"。

不但生活改变着我的"见闻"和"经验"，艺术和戏剧也改变着我的"见闻"和"经验"。戏剧通过闲暇、娱乐的方式进入观者的世界，它改造着、修改着，甚至塑造着观者的世界。剧场的一切设施，划定了一个闲暇、娱乐的场所，暂时地与实际的生活隔离开来，就像图书馆和实验室那样与生产的工厂有一个明显的界限，但谁也不会认为图书馆和实验室对工厂是不重要的。剧场是人生不可缺少的一个部分。没有剧场的人生是残酷的人生，也是缺少"理解"的、浅薄的人生。剧场是娱乐场所，也是智慧的场所。剧场增长人的见闻，为生活增添智慧和光彩。西方人至今仍穿着晚礼服去歌剧院，犹如古代希腊人穿着整齐地到德尔斐的神庙那样虔诚，去聆听那经由女祭司们"揣摩"出来的"神谕"，体会那由"他人"组成的"世界"的"命运"。而剧场的吸引力已没有宗教的神秘性，却增加了节日的气氛，但其虔诚"聆听"、"观看""他人"之"事"的心态倒也有些类似的地方。

二 悲剧与喜剧

戏剧"告诉"观者"他人"之"事"，"世事"充满了生老病死、悲欢离合的"故事"，如何来"理解"、"看"这些"故事"，形成了人们对生活的一些不同的态度。就其大者言，西方人把戏剧分成悲剧和喜剧两大类型，反映了他们对人生的不同的态度和不同的理解。

"悲剧"和"喜剧"是西方传统美学中一对重要范畴，这一方面是因为亚里士多德的《诗学》集中研究了"悲剧"、"喜剧"问题，尽管亚氏手稿"喜剧"部分遗失，但关于"悲剧"的论述相当丰富，也相当精确。他关于"悲剧""引起恐惧和怜悯"的见解，被认为是"定义性"的观念。

作为美学范畴的"悲剧"、"喜剧"来源于古代希腊的戏剧形式，这是比较确定的事实。但这两种戏剧形式本身又是如何形成的，至今不甚清楚。学者们虽曾提出过多种不同的解释，但只有一点是比较肯定的：在古代希腊戏剧节中，"悲剧"和"喜剧"是被区分对待的，它们获得的奖品也不同，似乎"悲剧"的奖品高于"喜剧"，这可以理解为"悲剧"的形成早于"喜剧"，因而在比赛中占有一定的优势。

然而，古代的希腊人为什么愿意看那些引起人"恐惧和怜悯"的"故事"，并给予奖励，这倒是值得思考的事。

从某种意义上来说，"悲剧"是相当能够显示"戏剧"作为一种艺术形式的特点的，即"悲剧"尽管引起"恐惧"和"怜悯"，但只限于内心的情感，而不立即见诸行动，因而仍然是"静观"、"静听"出来的，不是一种实际的情绪。"悲剧"是供人"看"、供人"理解"的，而人们之所以愿意"看""悲剧"，是因为人们非看不可。生活中的实际的悲剧，迫使你"看"，甚至迫使你"参与"，为了更好地"看"，人们特为到剧场去"花钱买眼泪"。

"看"是一种"理解"。首先我们要问：如何"理解""悲剧"？

我们知道，早期希腊悲剧常有浓厚的"命运"和"命定"的色彩。希腊文 άνάγκη，兼有"必然性"（necessity）、"命运"（fate）和"命定"（destiny）的意思。"必然性"泛指一切之"事"，"命运"专指"人事"，而"人事"之所以"必然"，乃在于"命定"。"命定"的观念有浓厚的宗教色彩，为现代人所不取，但在古代却是普遍流行的观念。这倒不仅仅是因为古代人比现代人更迷信，而且也是因为在这个观念中除了迷信的成份外，当有其一定的实际的根源在。

"人"是有意识、有知的存在，"人"的所作所为都可以清醒地作出自己的选择，"人"的行为也是有意识、有知的，而不是盲目的。在这个前提下，"人"意识到自身的选择，因而对自己的行为有一种"责任感"，因为"目的"既然是清楚的，"结果"是在"预料"之中的，因而要对这个选择了、预定了的"结果""负责"，而不能有所"推卸"和"抱怨"。这就是说，"人"的行为、目的、结果，都是"人"自己"决定"的，是"自决"、"自定"的。然而，无情的"历史"表明，表面上自己"决定"的行为、目的、结果，却是"被决定"的；表面上很清醒的行为目的，却常常是盲目的，其"结果"是不可逆料的。所以，表面上看来是"自定"（自律），实际上却是"他定"（他律）。人的行为，就"自定"（自律）言，是"责无旁贷"的，但就"他定"（他律）言，又是可以、允许"解释"的。"悲剧"就是发生在对"命定"的这种矛盾的态度上。

在古希腊人眼中，生活、历史就是受这种"命运"（fate）支配的。表面上看人人都"自定"，自己作出决定，但实际上都是"被命令"作出决定，因而是"他定"、"命定"；只是在早期以为这种"命令"来自高于人的"神"，后来才意识到这种"命令"来自与自己同类但确实比"自己"强大万倍的"他人"（包括部族、家族、社会以及历史的传统等等）。洪水猛兽固然"可怕"，为其吞噬，也实在"可怜"，但却不是典型的"悲剧"。古代人心目中的典型的"悲剧"都常有"替他人受过"的"意味"，即本是"命定"的"事"，却要当作"自定"的"事"来承担其后果。在古代希腊的悲剧中，以欧底浦斯王的传说及索福克勒斯的悲剧《欧底浦斯王》最具有代表性。亚里士多德之所以认为它是希腊悲剧之杰作，正在于它体现了"命运"之可怕和不可抗拒性。

茅伊乌斯夫妇欲得一子而丈夫求阿波罗之神谕。神谕说，你将得子，但你将被此子所杀。妻子尤加斯特里生一子，因畏杀其夫，遂命佣人将此子弃至荒郊，但佣人却将婴儿交柯林斯牧人，牧人又转交柯林斯王扶养，王赐名欧底浦斯。欧底浦斯长大后，被人嘲笑非王亲生，遂也求阿波罗神谕，不料神谕说他将杀父娶母。为避此神谕，欧底浦斯逃出柯林斯，在路上因争吵杀一人，又因破了斯芬克斯谜而为梯比斯王，娶梯比斯王后为妻。未几，梯比斯城流行瘟疫，神谕说梯比斯先王之仇未报，故有此灾。欧底浦斯遂布置追查此案，结果终于证实他本人即凶手，而且正是那杀父娶母之人。在悔恨交加中，欧底浦斯弄瞎双目以示惩戒。

对于《欧底浦斯王》的"意义"的解释，有各种说法，从社会学角度有母系与父系交替过渡的说法，从心理学角度又有"恋母情结"的说法。就当时希腊人的思想言，"命运"之不可抗拒是主要的立意所在，但为了说明这个意思，欧底浦斯的"事"本身，却显示了多方面的深刻内容。

欧底浦斯的"事"(遭遇)说明了"人""神"之间力量对比之悬殊,说明了"命运"不仅不可抗拒,而且带有"捉弄""人"的意味,同时,欧底浦斯在自我惩罚中也表现了一种性格上的特点。这一切都是构成这个悲剧的组成因素。

然而,重要的还在于:《欧底浦斯王》剧中所有的人物都有意识地为避免"命运"而作出了相应的选择,然而恰恰是这些选择的结果,使神谕得以实现。神谕的预言,显然不是科学的预见,没有知识上的必然性,似乎人可以用自觉的知识,审情度势,作出"避免"预言结果的选择。但这个预言却是一个圈套和陷阱,正是"知道"了这个"预言"而又要逃避它,才使"预言"得以实现。现代有些哲学家认为,如果不知道这个"预言",则结果将完全不同,所以,知道关于欧底浦斯的预言是这个预言得以实现的"条件"。于是,正是人的"知识",铸成了"错误","知识"是"错误"的"条件",因而"知识"永远不能消除"错误",而"人"却总是以为自己的"知识"可以避免犯错误,来掌握自己的"命运"。这正是古代希腊人所体会到的"人"的悲剧的深刻的根源:"人"自以为可以"自律"、"自定",实际上逃脱不掉"他律"、"他定"的命运。

欧底浦斯的悲剧在于:"知识"不仅未能"避免""错误",而且正是"知识"铸成了"错误"。不仅如此,这种"错误"在希腊人的眼里却不只是知识性的,而且也是道德性、伦理性的。我们知道,在苏格拉底的学说中,有两条著名的原理:一是"无知"即"罪恶",一是"无人故意为恶"。从这个观念的角度来看欧底浦斯的"故事",需要一些解释。

欧底浦斯本意原非为"恶",他的行动的目的都是在避"恶",而"恶"的结局的来临,非一切当事人所能逆料。这个故事,原本是一个"无心为恶"、"事与愿违"的典型;而且其"过错"又是因为"有知"铸成,所以当事人尽可以推脱"责任","不知者不罪",因结局不在当事人的逆料之中。然而,欧底浦斯却承担了"责任",作为一个英雄式的"人",欧底浦斯作出了自我惩罚,显示"人"对其所做的一切行为的后果,不论动机如何,却勇敢地负起责任。

在通常的故事中,在一些较为细小的事件中,"无心为恶"、"不知者不罪"，都可以是一种"开脱""责任"的"理由"和"根据"，但欧底浦斯故事的典型性在于因其事情在思想、情感上的重大性和震撼性，而不易"开脱"。无论在任何情况下，"杀父娶母"对一个伟大的人格和高尚的品德来说，都是无法"开脱"的。只有在这样的震撼性的事件中"无知即罪恶"、"无人故意为恶"这类最高的道德律令也无可辩驳地向人显现出来，迫使人无可逃避地承担起自己行为后果的"责任"来。悲剧英雄的本色在于：对于本可以谅解的"错误"、本可以推诿的"责任"，仍然勇于承担。因而，尽管"选择"、"自决"导致大错，但决不放弃"选择"、"自决"；尽管"错误"乃是"命运"之"捉弄"，在悲剧英雄的处理中，似乎如同自己的"错误"一样，"一人做事一人当"。悲剧英雄的"错误"，并非"故意"的，但其承受处罚，却是"自愿"的。悲剧英雄无论在何种情况下，都是自甘受死、受罚，决不推诸"命运"、"命定"、"他律"的自然性，而在"命运"的"捉弄"下，保持着品格道德的独立和尊严。这正是悲剧英雄感人、撼人之处。

悲剧英雄虽然"就死"、"就罚"，虽然在实际上逃不脱"命运"之"捉弄"，但在精神上并未屈服于"命运"。尽管在"命定"的支配下，悲剧英雄的"自决"受到捉弄而失败，但他的最后的决定，仍然是"自决"的。悲剧英雄至死、至终不放弃"自决"、"自律"。

这样，亚里士多德所指出的，悲剧的效果在于"恐惧"与"怜悯"，就有一种具体的含意。"恐惧"在于"命运"不放过任何人，有大智慧、大勇气者更不例外，"怜悯"在于"命运"之不公，或滥施惩罚，或罚不当罪，以使"好人受罪"。"恐惧"与"怜悯"都是戏剧在观者中引起的情感，而并非悲剧人物自己的心态。悲剧英雄从不真的"怨天尤人"，也不真的"自怨自艾"，而是在"命运""捉弄"面前保持着"自决"、"自律"、"自由"的气概，接受"命运"的挑战，而没有一点怯懦的表现。

悲剧英雄从悲惨的"命运"中所表现出来的那种独立自主、保持自身人格尊严和精神自由的品质，给观者以巨大的震撼和激励，似乎观者通过"看"这种"事迹"，也受到感染，也得到提高。这就是亚里士多德在"恐惧"、"怜悯"之外，又提出悲剧的"净化"作用的意义所在。

希腊文 κάθαρσις 原本是具有宗教的意味，其基本意思是指"洗净罪过"，是"赎罪"之意,最初还可能是一种宗教仪式。亚氏把这个词引入悲剧,离原意似未太远,即仍有"净化"、"赎罪"的意思;但在悲剧中,"κάθαρσις"已没有宗教中那种消极被动的意味,而是在压抑中具有深沉的积极反抗的含意。

的确,在我们仔细分析之后,悲剧与宗教的"净化"、"赎罪"确有着不同的而且是相反的意义。宗教的"净化"、"赎罪"是一种"神"的"恩惠"和"宽容","化解一切人间罪孽",饶恕一切过失。而悲剧的"净化"和"赎罪",却是否定、拒绝一切的"宽容"、"化解"和"饶恕"。悲剧以悲剧英雄的"自我惩罚"或"自愿受罚"来"赎"自己所"做"之"过失",而不问自身的主观动机如何。"主观的动机"不是标榜的幌子,也不是推诿的理由,这个动机的好坏与"责任"无关,"责任"只是行为的结果,对于自身行为的结果,不需要"他人"(包括"神")的"宽恕",而甘愿承受一切的"惩处"。因而,悲剧的"净化"、"赎罪",归根结蒂,不是"命运"、"神"、"他人"的首肯和褒扬,而是悲剧英雄自身的肯定和褒扬,是在逆境中自我人格的发扬。所以,这种"净化"和"赎罪",才可以理解为一种"升华"的境界,观者所受到的激励和鼓舞,正是这种"升华"状态的结果。正是这个原因,悲剧虽然悲惨、压抑,产生"恐惧"和"怜悯",但却不消极。

欧底浦斯只弄瞎了双目,而大多数悲剧英雄则以"死"为自己的结局。的确,"死"是人的最后的也是最严肃、最彻底的"赎罪"方式,也是"命运"所能对人施加的最后一种"惩处"方式。人固有一死,有轻如鸿毛,有重如泰山。悲剧英雄的死,往往给人以"重如泰山"的感觉。就自然来说,生、死原本是必然的,无可选择的;但悲剧英雄的"死"却是"自愿"的,即他(们)"选择了""死"。安提戈涅如此,罗米欧、朱丽叶如此,梁山伯、祝英台也是如此。"选择了""死",不一定是"自杀","他杀"也可以是"选择了"的,甚至"自然死亡",也是甘愿"生病",甘愿"不治"的,因而如同原始人所常想象的那样,一切的死,似乎都是"被(妖魔鬼怪……)杀"的。"生命"是被"夺走"的,但就悲剧英雄来说,又是心甘情愿奉献的,是一种"自由的选择"。

所以,这样的死,引起观者的巨大震动而有一种"崇高"的感觉,当不是奇怪的事。叔本华曾经说过,在"死人"面前,常有一种因"肃然起敬"而产生的"人格提高"的感觉，正是对"悲剧性""死"的一种理解的表现。"死者"激励、提高着"生者"，所以悲剧并不是悲观主义的。"命运""捉弄""人"的最后的手段是令"人""死亡"，"人"即使在实际上不可逃避"死亡"的"命运"，则也要让自己"死"得光荣，"死"得伟大，"死"得"重如泰山"。这正是"人"在"无可选择"中的最后的"选择"。悲剧只不过把这种事例突出地表现出来，供人"观看"而使"观者"得到"净化"和"升华"。

不难看出，喜剧的特点正好与悲剧是相对应的，表现了对生活和人生的另一种态度。

欧洲的喜剧，同样源于古代希腊，同样也是由宗教的仪式演变出来，而在成形的时序上似乎略晚于悲剧，地位上也略逊于悲剧。这就古人的思想看，是有原因的。从发展的角度看，古人在挣脱神话、宗教仪式的束缚后，对那捉弄人的命运怀有敬畏之心，人在悲惨的遭遇中显示自己的尊严，这是人的自信、自律、自由的第一步。然而，人对于人生、生活，对于"他在"的东西，毕竟还可以有另一种态度，即喜剧式的态度。就古代的情形看，如果我们可以简单地概括说悲剧是"命运"捉弄"人"的话，那么喜剧就该轮到"人"捉弄"命运"了。在悲剧中，"命运"、"命定"、"他在"、"他律"的东西通过自身的"肯定"并在显示自身的威严中动摇自身；在喜剧中，这些貌似强大的"他在"的东西，则在自我否定中毁灭自己。换一个角度说，"人"在悲剧中通过否定的"赎罪"而肯定自己，在喜剧中则直接地肯定自己的"无罪"、"无辜"，"百无禁忌"地"捉弄"（嘲笑、揶揄……）"命运"。悲剧以"死"的重压来抗议"命运"，喜剧则以"生"的欢乐来调笑"命运"。

西方的喜剧，在它诞生的时候起，似乎就带有"百无禁忌"的特点。喜剧家似乎可以毫无顾忌地歪曲、嘲笑、讽刺任何奴隶主大人物，包括当时的执政者、富豪、学者，无一例外。被讽刺者一般也都一笑置之，有被讽刺恼了的，要施行政治报复，在早期似乎也没有能得逞的。喜剧作家就是要把一切庞然大物，无论人、神或英雄，都要捅一捅马蜂窝，戳穿他们的虚无性，就连伯里克利这样的英雄也难逃喜剧家犀利的笔锋。苏格拉底老气横秋，总给人出难题，阿里斯多芬在《云》中把他挖苦得体无完肤，极尽歪曲、编造之能事，用现代法律观点，真可以给他一个"诽谤罪"，但苏格拉底与阿里斯多芬仍然是朋友。

应该提到的，不仅欧洲古代，我们中国古代的喜剧也是"百无禁忌"的。喜剧演员可以"讽刺"君王而不得罪，于是才有那些著名的"优谏"的历史记录，喜剧（艺术家、演员）似乎天生地被公认是"无罪"的。古代喜剧这种"百无禁忌"的特点，颇不容易为现代人所理解，就像现代人不易理解欧底浦斯为什么不原谅自己一样，因为从现代法律观点看，欧底浦斯当是无罪的。然而，这种远古时代的观念，更有其深刻的意义，我们在研究悲剧时已经指出了。我们似乎可以进一步说，悲剧是"负"那不该"负"的"责任"，喜剧则是"不负"那"该负"的"责任"。

喜剧作为一种艺术形式的出现，意味着它的根底处有这样一种想法：既然"命运"规定了一切，一切都是"命定"的，那么"人"可以"推卸"一切的"责任"，而一旦真的"推卸"了一切"责任"以后，"人"固然轻松愉快，毫无负担，永远处于"无罪"、"无辜"状态，但那束缚"人"的"命运"，那一切的规章制度、道德律令、神谕圣旨……立即失去自身的严肃性，变得滑稽可笑起来。一切的"必须"、"必然"、"必定"统统是可笑的、滑稽的，可以任"人"揶揄、取笑而不可施以任何"惩罚"，谁会去对"开玩笑者"过于认真呢？

喜剧中很少言"死"，说到了也是"轻如鸿毛"的"死"。悲剧有沉痛的、伟大的"死"，喜剧则似乎是"永生"的。事实上，喜剧嘲笑的"对象"——即使是那"命运"、"诸神"、"帝王将相"……似乎早已"死"了，那是一堆机械的"死东西"，任人嘲弄而绝无能力"还手"。马克思说，历史上的人物都要"死"两次，一次是悲剧式的"死"，一次是喜剧式的"死"。我们这里想说的是：悲剧式的"死"，"精神"当未"死"；喜剧式的"死"则是真正彻底"死"了，肉体和精神都"僵死"了。"肉体"死亡有"痛苦"，"精神"如"云烟"、如"鸿毛"，它的死亡倒感不到"痛苦"，却引起人们一阵"笑声"。所以，从这个意义说，悲剧倒是"生命"的赞歌，喜剧则是"死亡"的仪式，如马克思说的，向旧事物最后的"告别"，人总是"笑"着向旧事物"诀别"，"笑"着迎接新事物。"送旧迎新"都是喜气洋洋、兴高采烈的，在那个时刻也是"百无禁忌"的。

在古代，在那喜气洋洋的节庆日子里，"百无禁忌"表现为一种"自由"，甚至带有某些"放肆"。这在现代法制的社会当然是不允许的，但在精神上还是自由自在、无拘无束的。喜剧才是真正的节日，真正的"例外"，真正的"假日"，真正的"休息"。

然而"假日"、"例外"都是短暂的，所谓"乐以忘忧"也是生活中的一小段时间，在这个意义上说，喜剧是非常"现实"的，而悲剧则令人深深地想到"过去"与"未来"。悲剧重在"时间"，喜剧则重"空间"，而可以有颠倒时序的各种手法，中国的"相声"中甚至可以让关公和秦琼开战，引起很好的喜剧效果。

表面上看，喜剧不如悲剧"深刻"，它似乎把一切都"嬉戏"化了，"游戏"化了，然而，我们甚至可以说，一切的艺术都蕴含着某些"喜剧"的精神。中国的"戏剧"，起于"喜剧"，这一点似乎与希腊不同。"戏"本是"戏弄"、"游戏"、"嬉戏"、"戏耍"这类的意思。"剧"和"戏"大概意思也差不多，至今人们还说"恶作剧"。西方人关于"戏剧"的观念已如前说，但他们长期以来把"艺术"与"游戏"联系起来，"艺术"中比较集中地体现一种"嬉游"精神，"艺术"的活动，与节假日的"休息"活动，仍有密切的关系，所以席勒才有"严酷的生活，优柔的艺术"之说。艺术在严酷的生活斗争中所争取得来的一点点"节假"和"例外"的休息、嬉戏，固然是短暂的，但却是非常珍贵的，是人所喜爱的，同时也是人的身心恢复力量的必要的形式。

我们知道，在真实的生活中，"人"不可能"百无禁忌"。"人"不可能对地里的庄稼"开玩笑"，"人"也不能对握有生杀大权的皇帝老官"开玩笑"，"人"甚至不能把那本已陈旧不堪的腐败道德条律当作"儿戏"，"人"只有在"例外"的、"虚拟"的条件下，行使自己的"玩笑权"，因而这种"嬉游权"原本是"人"的存在方式中所必定包含的因素，但它在实际上能否兑现，却还得靠"机遇"，因而拥有这个"权利"似乎竟是一种"恩宠"。值得庆幸的是无论中国还是欧洲，伟大的民族精神得以发扬光大。

喜剧的精神是一种自由的精神，但喜剧并不是因为"自由"而不承担"责任"，恰恰相反，喜剧之所以不承担"责任"的"理由"正在于它认为一切实际的"结果"都是在"因果必然"的系列之中，而与其"自由"受"命运""捉弄"，不如"自由"来捉弄"命运"。在喜剧看来，"人"的"人格"只能保证"选择"的"自由",而不能"保证"预定"结果"的必然出现,于是"人"只对自己的"选择"负责,而一切后果都是由另一些原因"决定"的。"德性"与"幸福"之间并没有一定的关系,我们既不能保证有德之人一定幸福,也不能保证幸福之人一定有德,因而包括"幸福"、"权势"在内的一切"结果",都被允许在"嘲笑"之列。

世上只有一件东西不允许受"嘲笑",那就是"人"的真正的"自律"、"自决"、"自由","自由"在西文意味着"从……中摆脱"出来,因而也从"嘲笑"、"讽喻"、"戏弄"中"摆脱"出来。然而,"自由"从一种"内在"的状态转化成外在的"结果"时,必定已在必然的系列之中,因而"号称""自由"的"行动",同样不免于"讥笑"和"讽刺",一切打着"自由"幌子的"狂人"、"疯子"仍是无情的喜剧的对象。

这样,喜剧以"自由"、"自律"、"自决"为基础,因而在表面的"轻松"之中,与悲剧一样,仍然蕴含着严肃的目的,维护着人的道德品格的独立和尊严,因为"德性"本不是外加上的,而是一种"自律"。喜剧那犀利的眼光,固然有一种推动的力量,在一切坚实的东西中看出其动摇的地方,从一切庞然大物中看出虚弱、渺小的地方,但在那战略上"藐视"的眼光中,也放射出严肃的肯定的光芒,甚至在"自我解嘲"中,也体现了对人类美好的品德的热爱。

人们在讨论悲剧时常围绕着"恐惧"、"怜悯"和"净化"作为悲剧的效果,但人们不知道亚里士多德在讨论喜剧时提出了何种相应的效果。似乎只是在近代以来,人们才将注意力集中于"笑"上。在西方,有一些大哲学家提出了值得重视的看法。

显然,这里所要研究的"笑",是喜剧性的"笑"。这种形式的"笑",大多包含着"讥讽"、"嘲笑"、"调笑"的意味在内,与一般生理上的"笑"不同。

如何理解这种喜剧性的"笑",英国哲学家霍布斯有"突然的光荣"说,德国哲学家康德有"突然的虚无"说。"光荣"与"虚无"是针对"笑"与"笑"的"对象"而言,所以二说原是相通的,只是康德的说法更具有哲理的意味。霍布斯说,笑者总比被笑者有相当大的"优越感",觉得对方"微不足道",而得到自我的肯定。笑者处于一种优越的地位,这当然是实际情况,但人们通常并不去嘲笑那些比自己渺小得多的东西,甚至当嘲笑那些比自己渺小得多的东西时反倒适得其反，并无一点喜剧效果，而只会引起人的厌恶。于是康德换一个角度从"对象"上去找特点。康德说，那原来觉得庞大、严肃、强壮的东西，突然化为乌有，原来是渺小、丑陋、孱弱的东西，这时人才发出笑声，而且那个东西装得越大、越强、越一本正经，就越可笑。在这里，康德所捕捉到的现象，的确具有本质的意义；原来以为"存在"的东西，却原来"不存在"（无），而且越装出一副"有"、"存在"的"样子"，则越可笑。这就是说，一切现实的、有限的存在的东西，只有在它"装出"一副"无限的"、"永恒的"存在的"样子"时，才显得可笑。甚至就是那"他在"的"神谕"、"命运"、"命定"、"伦理规范"、"法令条文"……一旦脱离了自己的具体社会历史条件，以"无限"、"永恒"的"姿态"出现，都是喜剧的对象，而一切的"他人"，不论王公贵族、智者贤人，更无例外。

这里值得注意的还在于：霍布斯和康德都说到"笑"是种"突然"的行为，似乎是不假思索的、突发性的。世上尽管有许多"越琢磨，越可笑"的事，但就其起初的状态言，多数是带有"突发性"的。

喜剧效果的这种"直接性"，表明了喜剧不需要过于玄妙的理论推理，只有迫使观者回到日常生活的层次上，才能爆发出"哄堂大笑"。

"笑"的这种"直接性"被西方另一个哲学家予以发挥，并和他的整个哲学思想联系起来，从而使得对喜剧的理解更具有了哲学意味。这就是人们在研究喜剧和笑时所不能忽略不谈的法国哲学家柏格森。

柏格森虽然属于比较老的类型的哲学家，但他对当代法国以及欧洲哲学的影响却是非常大的。说他的学说属于"老的类型"，因为他还是建构"体系"的哲学家，而如今这种做法在欧洲哲学家中已不很流行；但他的"体系"是以"直接性"为核心的，这与欧洲从胡塞尔以来的"理智的直觉"、"直觉的理智"那种强调"经验"、"观念"之"直接显现"的现象学又有许多共通的地方。法国的哲学界和思想界，自觉不自觉地是在柏格森的影响下，不仅对黑格尔的古典现象学有新的理解，而且也使胡塞尔的当代现象学得以流传。与这里讨论的题目有关的是，柏格森从其哲学基本思想出发，写了一篇专题论文叫《论笑》（张闻天旧译为《笑之研究》）。欧洲自亚里士多德以来，很少有哲学家写专门的著作讨论"喜剧"问题，柏格森这本书尽管因其哲学基本主张而常受批评,但毕竟为喜剧的理论研究作出了贡献,增添了光彩。

柏格森在哲学上反对机械主义,主张发扬生动活泼的"直觉",因而被称作"直觉主义者"。应该说明的是,柏格森的"直觉"不是一般的感官的"感觉",尽管他离不开感官之能,他的"直觉"是一种生命性的心智状态,而不是抽象的概念性的理论观念,所以他又常被称为"生命主义"或"唯生主义"。反对把抽象概念置于心智的中心地位,这是现代哲学的一个大趋势,其主要攻击目标为黑格尔的绝对的概念主义。在这个趋势中对欧洲后来有重大影响的如基尔克特,柏格森也是重要的一员。柏格森之所以专门研究喜剧,可能是觉得"笑"和"喜剧"的研究有助于阐明他的哲学基本思想。他指出,凡机械性的东西,与生动活泼的东西比较起来,都是"可笑"的。柏格森认为,只有"精神性"的东西才是生动活泼的,而一切"物质性"的东西都是刻板机械的,这显然是一种唯心主义、形而上学的观点,在这一点上他与欧洲旧的传统的唯心主义者没有多少区别。他的特点在于强调"精神"并不是一些"概念"的组合,而是生命的"直觉",是不借逻辑推理的直接性的心智状态。这种活泼的生命状态被那刻板机械的物质性东西压制时,那些物质的东西就显得"滑稽"、"可笑",而"笑"则是使那生动活泼的精神性直觉恢复自身的主导地位,从而使那些貌似庞大强壮的物质性东西化为乌有。从这个角度言,霍布斯的"突然的光荣感"和康德的"突然的虚无感"都有了一种新的解释,而那"突然"性,也因"直觉"之不假"思索"的直接性而有了交待。

柏格森对"笑"的研究,肯定了"人"的"精神性"、"生命性"和"直接性",其学说是建立在"精神"与"物质"分割的基础上。然而"人"并不是"纯精神"的客体,因而"人"通过"笑""纠正"了"物质"压倒"精神"的"可笑"状态后,并不能真正挽救"人"经常处于"可笑"的境地。我们看到,这一点被现代欧洲一些作家,特别是法国的作家抓住,再加以其他思潮的掺杂,出现了风行一时的"荒诞戏剧"。

三 评欧洲"荒诞戏剧"

欧洲的戏剧艺术在历史上曾经出现一些高峰。但两次大战以后,似乎再也没有莎士比亚、高乃依、莫里哀、拉辛、莱辛、席勒等人的光辉灿烂，再也没有那样生动活泼地体现着人类思想感情的深度和广度的作品。西方的戏剧似乎在走向衰落。上演古典戏剧的剧团面临着经济上的危机，纷纷关闭。资本主义艺术受商业化的冲击，早为黑格尔所预见到的艺术危机，终于不可避免地在西方世界出现。其实也不光是戏剧一门艺术如此。

然而，人生毕竟需要戏剧，因为人生需要艺术，没有戏剧的人生，如同没有美酒的宴席。在西方戏剧衰落的时期，苏联发挥了斯坦尼斯拉夫斯基、丹钦柯这样的伟大导演的作用，将西方戏剧包括莎士比亚在内的戏剧天才的作品，使之活跃于舞台上；而德国的布莱希特，更在现代的意义上改革戏剧舞台艺术，以求更好地为新兴社会力量服务，使工人阶级的劳动、工作、生活得以再现于舞台上。

当然，西方的舞台也并没有完全沉寂，而且在20世纪50年代还很活跃过一番，其中最有影响的，至今还在为人讨论的是所谓"荒诞戏剧"。

"荒诞戏剧"是一位剧评家替以贝克特为首的一些具有共同倾向、特点的剧作家的作品所起的名字，而它并不一定为他们自己所认可。50年代在西欧出现的这些剧作家，都是一些有个性的作家，很不愿意自己被归于一个"流派"，但无情的事实是：谁也脱离不开历史而真正把自己"孤立"起来，即使在"思想"、"艺术"的领域中，也是如此。"荒诞戏剧"的出现，是有其社会历史和思想根源的，是与现代西方特别是西欧大陆的思潮密切相关的。

西方现代的思潮，发端于对古典思潮中的"绝对主义"之攻击，在一个时期，大家都在批判黑格尔，认为他太"绝对"，太"概念（化）"，太"理性"，太"思辨"。"你说一个东，我说一个西"，针对"绝对主义"的，就有"怀疑主义"；针对"概念主义"的，就有"直觉主义"；针对"理性主义"的，就有"反（非）理性主义"。有的要"回到康德"，有的则认为休谟更有道理。真是各路英雄大显身手。在这个大会师中，有一个人的声音当时虽被淹没，但后来却被认为具有重大意义的，就是丹麦的基尔克特。他与黑格尔"绝对理念"针锋相对地提出了一个孤立的"个体"作为"人"的根本本质，由这个"个体"所引申出来的一切有关"人"的特性，都是与黑格尔意义下的"人"（的"理性"）完全不同的。在各种"相对"之间，没有一个普遍的"绝对"来维系其统一，"人"作为个体的存在，是孤独的、不可沟通的，因而他感到恐惧和烦恼。"个体"的"人"当然不是"动物"，"动物"生活在必然性的系统中，无忧无虑；"人"则为自己的"自由"而烦恼。这是西方现代思潮中的一个基调，这个基调与更有理论性的现象学结合起来，就形成"存在（实存）主义"。就整体而言，所谓"荒诞戏剧"就在这个思潮之中，它们"遇到"的"问题"是同类性质的，但在对待这些"问题"的具体态度上，又是不尽相同的，有时甚至还可以有相反的倾向。

所谓"荒诞戏剧"（Theatre of the Absurd）是指下列作家的作品：爱尔兰出生的贝克特（Samuel Beckett），罗马尼亚出生的尤奈斯库（Eugene Ionesco），俄国出生的阿达莫夫（Arthur Adamov）等，他们大多数人以法语写作，活跃在法国的舞台上。他们的戏，首先为法国人接受，也不是偶然的。一方面，法国文艺生活一向比较活跃，他们的文学、绘画、音乐都有自己的特色，在许多新潮流中，都居于"先驱"的地位。另外，成大体系的存在主义哲学家固然是德国的雅斯贝斯，但法国的萨特由于其多方面的社会活动，使"存在主义"不仅是一门学问，而且真正成为一种社会思潮。尽管萨特的思想倾向与"荒诞戏剧"作家并不完全相同，但后者所提出的共同的"问题"，很快就吸引了受这种思潮影响的法国观众。

给这些作家的作品起一个"荒诞戏剧"的名字是很恰切的，因为他们所要揭示的核心问题，正是"人"的处境的"荒诞性"。西文"荒诞"，来自拉丁文"absurdus"，原指声言之不协和，引申为一切不协和现象，而归根结蒂，是"人"与其"环境"的不协和。在西方一些人的眼里，"人"与"环境"的不协和是不可克服的，不是暂时的、表面的现象，而是根本的不治之症。之所以如此，是因为"人"是有意识的，而"环境"却是"无意识"的。"人"以为自己有意识，有知识，有理性，可以适应"环境"，改造"环境"，使"环境"符合自己的"目的"。殊不知这个"目的"是永不可及的，而且是"无意义"的，就像古代传说中的西西弗斯（Sisyphus）那样永无止境地把那滚落下来的石头推了上去。"人"自以为有意识、有目的，对任何的事都有"选择的自由"，殊不知这个"自由"原来是"无"，而一切的"有"皆是"不自由"。"自由的选择"是根据一定目的、理由的，因而"人"的自由的行为，是使世界、环境成为"有目的"、"有理由的",但"世界"、"环境"却是根据必然性的规律自行运转的,而"人"的一切行为,都又在这个必然性之中,因而从"无"到"有",就是从"有理由"、"有目的"归于"无理由"、"无目的"。"世界"、"环境"归根结蒂是"无理由的"、"无缘无故的",因而是"荒诞"的。"世界"当然是有"原因"(cause)的,因而是"必然"的,但"世界"却是没有"根据"(ground)的,根本没有莱布尼兹所说的"上帝按最佳可能选择世界"这种情形。我们或许可以在科技发达的条件下掌握"世界"的规律,让它为我们的"目的"服务,大多数人正是在这种信念下努力工作,然而我们不要忘记,我们所谓的"世界"、"环境",主要的组成部分是与我们相同但又不同的"他人"。"我(们)"是"自由"的,"他(们)"也是"自由"的,多个"自由"的个体如何沟通则成了问题。这些没有"上帝的""预定和谐"的"单子"们的相互"碰撞",只能"碰撞"出一个"荒诞"的"世界"来。"荒诞戏剧"就是要把他们所确信的这种人生的基本状态揭示出来。

在"荒诞戏剧"中,最具有代表性的,当推贝克特的《等待戈多》(*En attendant Godot*),当这出戏于1953年在巴黎首演时,立即引起了轰动,很快在西欧的舞台上流传开来,吸引了大批的观众。应该承认,即使现在来看,在艺术上,这出戏也无疑是一个杰作。

《等待戈多》共分两幕,包括一个小孩,一共五个剧中人。开幕时两个觉得生活极端乏味、无聊的人相约一起等一个叫"戈多"的"人"。据说,只要这个"人"一出现,一切烦恼、忧虑就会一扫而空,"人"就"得救"了。然而这个"人"始终没有出现,两幕戏,就是描述他们二人等待过程中的心态和所见所闻。

"戈多"是什么"人"?也许是"上帝"的化身?是一种"希望",一个"理念"?"戈多"没有出现,但他的替身和影子却在两幕中都出现了,那就是那个与"戈多"声音相近的"波卓"。这个"波卓"还带了一个"幸运儿"。"波卓"与"幸运儿"的关系与那两位等待"戈多"的先生的关系又形成鲜明对照;"波卓"与"幸运儿"的关系是主人与奴隶的关系,而弗拉季米尔与爱斯特拉冈则是"朋友"。

"波卓"也许就是那个"戈多",又有谁认得准呢?因为谁也没有见过"戈多"。剧作家故意给"波卓"的佣人起个名字叫"幸运儿"。他之所以"幸运"，就因为他是个奴隶，完全服从他的主人"波卓"，而不像弗拉季米尔和爱斯特拉冈两个"自由人"那样自寻烦恼。"波卓"与"幸运儿"之间有一根绳子联系着，原本是"幸运儿"牵着"波卓"，而"波卓"却用这根绳子做了指挥棒，喝令其"跳舞"、"思想"。"幸运儿"在被喝令"思想"时，还必须戴上像"波卓"那样的帽子，好沾点"主人"的气派，然后滔滔不绝地说些无意义但又颇有知识的"话"。这里，不禁叫人想起海德格尔的著名论文《什么叫思想》——"什么'令'（我）思"。"人"如果不想自寻烦恼的话，那么只有在被"喝令"时，才去"思"。在"波卓"的训斥、辱骂下，"幸运儿"不需要任何"权利"，而感到很舒服。到了第二幕中，"波卓"成了瞎子，自称"瞎得像命运之神一样了"，"幸运儿"仍像第一幕一样"幸运"，只是丢了"帽子"，再也"喝令"不了他"思想"了，他成了"哑巴"，"连呻吟都不会"。

两幕的结尾都有一个小孩上场，这个小孩子不认识任何人，却认识"戈多"，看不见刚碰上的"波卓"和"幸运儿"，却看得见"戈多"，他正是从"戈多"那里带信来的。他带来的"信息"是让人们继续"等待"，并许诺"明天""戈多"一定能来。"小孩子"是新的生命，有新的生命就会有新的"希望"，尽管"新的生命诞生在坟墓上，光明只闪现了一刹那，跟着又是黑夜"。

除了"小孩子"之外，谁也没见过"戈多"，有谁又能相信那个又老、又瞎的"波卓"或许就是能给人类带来"希望"的"戈多"？又有谁愿意做那个又脏、又懒，连呻吟都不会的"幸运儿"？如果说有"上帝"的话，那么他曾经明察秋毫，如今竟会是一个"瞎子"？如果"人""曾经思想过"，如今竟成了"哑巴"？这一切都是弗拉季米尔和爱斯特拉冈所不能、不愿承认的，他们是有思想、有意识的"人"，但他们却很不快活，醒来时觉得"孤独"，但"我梦见我们快活"。他们甚至想到"生"不如"死"，想找根带子来上吊，但他们毕竟还是听了那"小孩子"的"话"（信息），勉勉强强地决定明天再来"等""戈多"。

《等待戈多》还有一处值得注意的是：剧中除了弗拉季米尔和爱斯特拉冈外，其他的"人"都没有"记性"，没有"记忆"。两幕中重复出现的人物，似乎谁也不认得谁一样。波卓、幸运儿、小孩子在第二幕中好像是第一次见到或遇到弗拉季米尔和爱斯特拉冈。没有"记忆",也就没有"时间",没有"历史"——波卓认为"时间"是个"混账的"东西。然而,有记性的弗拉季米尔、爱斯特拉冈十分烦恼,"记忆"使他们烦恼,一天又一天,天天等"戈多",昨天、今天、明天都是一个样子的"等",如果没有"记性",像那个小孩子那样,天天来报信,天天都是"新"的,不会感到腻烦。人类的一部历史——记载(记忆),似乎就是"等待"的历史,等了几千年,至今未曾等到。或许"戈多"像那个"波卓"那样,已经老了,瞎了,也许有一天"他"也会死的——"上帝"死了,像尼采说的那样。没有"上帝"的"人生"能够"忍受"吗?西方的思想界,自从尼采宣布"上帝"已经死掉之后,感到失魂落魄、无依无靠,所以"上帝"已死,紧接着就是"人"也已死。

然而,"人"毕竟还是一代一代地活着,并没有真的随"上帝"的毁灭而毁灭。"记忆"、"历史"诚然使无数英雄好汉化为灰烬,但也保存、积累了各种可贵的"价值"和"财富",人生的"意义"就在"历史"之中。新生的小孩子毕竟给我们带来了"信息":他们请(令)我们继续生活、劳动,努力奋斗,"他们"将是"我们"业绩的"见证人",而一切人类的努力,不会化为乌有。

所以,包括"荒诞戏剧"在内的一些西方思潮,有时也接触到一些相当根本的"问题"。他们对这些"问题"的揭示,有时竟也可以是有相当深度的;但对这些"问题"的态度,却可以并必然有不同的"选择"。而作出不同"选择"的"理由"却又是有相当的社会根源的。谁又不曾"烦恼"过?谁又不曾有过"荒诞"之感?人生中一切消极的东西可以使某些人沉沦,也可以使某些人振奋。"幸运"当然不在"放弃""选择",而在于使自己的"选择"更合理、更符合实际。而要做到这一点,则又必须看到"记忆"、"时间"、"历史"的重要性。

"人"当然是要死的。"上帝"更是不存在的。然而"人"的死亡,不等于"时间"的终止,"上帝"不存在,不等于"意义"、"希望"、"目的"的消失。人生可以没有"上帝",但不能没有"意义";恰恰相反,正是没有了"上帝",人生才显得有意义。试想,"上帝"真的像"波卓"那样又老、又瞎,而却还"支配"着"人类"的"命运",做这样的"人",尽管被叫做"幸运儿",又有何"乐趣"、"意义"可言？"人"不因"上帝""永存"而有"意义"，也不因自身"永恒"而有"意义"。"永生"的"人"，并不就是"上帝"。"人"如在这些"永存者"支配下，则真的是万劫不复，永无翻身之日。所幸，真实的情况恰是许多哲学家早就看出而为黑格尔清楚地说了出来的那样：一切具体的东西，都是有限的。世上从无抽象的"人"，都是具体的"人"，因而"人"是有限的。正因为人是有限的、要死的，才有新陈代谢，新一代人才能在前人的基础上作出新成绩、新贡献、新创造，时间、历史才是开放的，不是封闭的。只是我们不需要像黑格尔那样建构出一个超越的"绝对"、"无限"，我们不需要"造出"一个"神"来，把人生、宇宙的"意义"悬空起来；人生的"意义"就在"人生"之中。不仅我们知道我们的"前人"活得有"意义"，我们还深刻地感到我们"自己"活得也有"意义"，同时我们也确定无疑地断定我们的"后人"活得更会有"意义"。"我们"倒也不"怕"我们的"意义"会被"后人""忘却"，因为既然我们并未"忘却"我们"前人"的劳绩，我们的"后人"同样会在他们生活的世界中"辨认""我们"的劳绩。"折戟沉沙铁未消，自将磨洗认前朝。"新生的小孩子，不是每一幕的结尾都"找"到了弗拉季米尔和爱斯特拉冈吗？尽管"我们"自己有时老是拿不定主意，犹疑、困惑、烦恼，但新生小孩子却每场必到，而且态度是那样坚定，并让"我们""坚持"下去。何况，"我们"并不在"等待"一个虚无缥缈的"救世"的"戈多"。要说"希望"、"意义"的话，那么"我们"自己的生活中到处皆是；如果要说"等待"的话，那么"我们"也许在"等待"那新生的小孩子，那肯定"我们"、接续"我们"、发扬"我们"的小孩子。这样，即使是贝克特，也没有让"我们""白等"，小孩子是每场都出现的。

然而，在贝克特的眼里，那个新生的小孩子却是使"我们"（弗拉季米尔和爱斯特拉冈）陷于"荒诞"永无自拔可能的契机。"我们"正是听了小孩子带来的"信息"，才老是在那里"等"的。也许这个小孩子正是那因年幼尚未"自觉"的"戈多"？

"生"、"死"固然由不得"我"自己"选择"，也许"我"是不由自主地"生"了出来，很不情愿地"死"了过去，但只要"我""活着"，则就是"自由的"，不是"荒诞的"。甚至"我"的"荒诞"感，同样是"我"的一种"选择";对于人生的矛盾、困苦……"我""愿"作"如是"观,如果换一种"选择",也许"世界"、"人生"就会显示出不同的色彩来。

我们看到,就戏剧艺术来说,"荒诞戏剧"已不是传统的"悲剧"、"喜剧"范畴所能概括得了的,所以西方的剧评家叫它为"悲剧性的喜剧(闹剧)"(Tragic farce)。

"荒诞"(absurd)原本是喜剧的题材。康德说过,凡可笑者,必有荒诞的东西在。所以,"荒诞戏剧"实际包含了一种"喜剧"的精神,但这种戏剧的特点又在于揭示"荒诞"而又令人"笑"不出来。在"突然的光荣感"和"突然的虚无感"中,"荒诞戏剧"只保留了"虚无感"。"光荣"没有了,因为"笑"不出来,因而是一种"不可纠正"、"不可克服"的"荒诞";"突然"也没有了,因为"荒诞戏剧"要揭示的似乎是"人"的"根本"的状态,而不是背离日常生活的一段"插曲"。"虚无感"倒是确确实实的。"意识"、"自由"本是任何地方也找不出来的,它哪儿也不"在"(有),它是"无",人生的一切"价值"、"意义"都是从这个"无"中生出来的,"人"给"世界"、"人生""增加"了个"无"。一方面说,从"无"开始,"将相本无种,男儿当自强","人"的一切"价值"都是"人"自身"创造"出来的。"做"什么样的"事",就是什么样的"人",所以这个"无"是很严肃的,"人"需要战战兢兢地对待自己的"无";然而如果抓住这个"无",不从这个"无"中生出"有"来,天天无所事事,而"等待"什么"解救者",则自然感觉到"空虚"、"腻烦"。要知道,"意义"、"价值"是要"创造"出来的,而不是"等待"出来的。"等待"是放弃"选择",放弃"自由",因而也是放弃"意义",放弃"价值"。在古典的戏剧中,那些无所事事、放弃"选择"、放弃"自由"的"人",是一种被嘲笑的对象,在"荒诞戏剧"中竟令人"笑"不出来,成为一个"严肃"的对象。可能,在《等待戈多》中"幸运儿"是一个被讽刺、嘲笑的对象,因为他连"等待"这件"事"也不做。

另一方面,"等待"又好像是"命运"对"人"的一种"捉弄","戈多"叫小孩子带信让弗拉季米尔、爱斯特拉冈继续"等"下去,而始终不出面,但他们二人宁可在"荒诞"的"失望"中保持着基本的、最低限度的"清醒",而不去学那"幸运儿"。所以他们两个尽管十分"荒诞"而不"可笑"。他们为自己的"等待""付出"了一个"荒诞"的"代价",承担了"荒诞"的"责任",所以,在根底里,剧作家要让观众体会出一种悲剧的意味。

这样,"荒诞戏剧"就把"恐惧"、"怜悯"和"可笑"这些情感因素都纠缠在一起,让观众有一种"莫名"的"悬搁"之感。它没有以往"悲剧"的直接的震撼力,也没有一般"闹剧"的直接的哄堂大笑声,而是以"闹剧"(farce)的形式蕴含着悲剧性的内容。

如同西方现代的其它艺术作品一样,"荒诞戏剧"深刻地打上了现代西方资本主义社会的烙印,它所揭示的"世界",是现代资产阶级世界的一角,在某些方面的确是真实的一角,是资产阶级人生某些深层方面的写照。正是由于它提供了我们不得不与之打交道的"另一些人"、"另一个世界"的真实情况,所以包括"荒诞戏剧"在内的一切现代资本主义的重要艺术流派,都将受到我们这个世界的重视,引起我们的思考,并对其进行分析、批判。

(原载曹其敏著《戏剧美学》第1—52页,人民出版社1991年10月版)

中国戏曲表演体系在世界戏剧表演流派中的地位

戏剧是表演艺术，是要由演员来表演的。话剧主要是语言的艺术，靠剧本的台词告诉观众发生了什么样的事，虽然话剧也很讲究形体动作的表现力，但和戏曲比较起来，话剧的语言的表现力更为优越，话剧的剧本是重要的，演员的表演一定要受剧本的规定性的制约，不可偏离。古希腊的悲喜剧，虽然世界上（包括中国）有些剧团仍努力演出，但对大多数人来说，主要已是案头的读物，西方戏剧作为文学而言，有其自身的独立性，无论莎士比亚、席勒、歌德、萧伯纳等，都有这个特点。

中国戏曲却不然，因为它是综合艺术，它的源头很多，始发轫于民间艺术，具有广泛的群众性，它是老百姓喜闻乐见的艺术形式。虽然元明清时期也出现过不少大剧作家，他们所写的文学剧本，是我国文学中的瑰宝，至今仍是很好的案头读物，但中国戏曲的进一步发展，加强了舞台表演的因素，到了京剧，已不仅仅可作案头读物，而非到剧场亲聆演员之表演歌唱，不能领略京剧的真正趣味所在。同时也是因为戏曲的严格的程式规范，一般作家难以熟悉了解，所以大量戏曲剧本的实际创作者是演员，剧作者只是提供一个脚本而已，往往剧本中很少的一段文字，到了舞台上一演，能被演员演出一段活色生香、趣味十足的戏来。戏曲这个综合艺术的中心是表演，是演员。过去很长时期以来，中国的老百姓最大的娱乐及消闲的方式就是看戏，至今在山西省许多村子都保存有金元时期的戏台，说明戏曲的普及。老百姓看戏，主要的不是去看故事，而是看演员的表演。通过看戏，群众认识了生活；通过看戏，群众满足了自己对文化的需要；通过看戏，使没有文化的普通老百姓也能对我国的历史朝代、历史人物如数家珍，使几千年的历史生动地活在我们中间，使人们感觉到他们和自己仍然是息息相关，一脉相承。尽管戏剧和正史之间相距甚远，但人们正是通过戏曲这一最普及、广泛深入的视听教育，自然而快乐地把几千年的历史拉到自己身边，同时也把自己纳入到历史中去，获得一份亲切感和自豪感。这里不可忽视的一点是，群众的趣味决定着戏曲艺术发展的方向。道理很简单，戏就是演给人看的，所以观众的习尚好恶必然会对演员的表演有着重大的影响。梅兰芳在《中国京剧的表演艺术》一文中曾说：戏曲是一种比较突出的综合性的戏曲艺术，"它不仅一般地综合了音乐、舞蹈、美术、文学等因素的戏剧形式，而且是把歌唱、舞蹈、诗文、念白、武打、音乐伴奏以及人物造型（如扮相、穿着等）、切末道具等紧密地、巧妙地综合在一起的特殊的戏剧形式。这种综合性的特点主要是通过演员体现出来的，因而京剧舞台艺术中以演员为中心的特点，更加突出"。"中国观众除去要看剧中的故事内容而外，更着重看表演"。"群众的爱好程度，往往决定于演员的技术"。戏曲作为具有高度综合性的载歌载舞的艺术形式，它的一切成分都是通过演员的表演体现出来的，所以梅兰芳认为戏曲舞台艺术的特点就是以演员为中心。

戏曲艺术的特点，既然是它高度的综合性，而演员又是表演艺术的中心，所以对戏曲演员的培养训练是极其重要的。一般来说，戏曲演员从七八岁开始就接受训练了，特别着重于做工（即身段，包括形体的优美、肢体的灵活及动作的准确等）和唱工两个方面。表演艺术所包含的歌、舞、白、武打、表情等方面，各自拥有一整套的复杂而繁难的技巧（程式），演员从小就要学习它，掌握它。这个学习过程是漫长的，而且要十分刻苦，在呆板的反复锻炼中逐渐掌握这些用以进行艺术创造的基本功。戏曲表演特别强调师承，它通过口传心授代代相传，使得戏曲表演艺术绵延不断，流传至今。老师向徒弟传授技巧的同时，也传授对人物的体验，演员在掌握基本程式和运用规律之后，结合着自己对生活的体验和理解，灵活运用，就能跳出"刻模子"的阶段，创造出鲜活生动的艺术形象。也就是说，戏曲舞台形象是要以一定的技术做基础才能塑造出来的，为此，演员必须要接受长期的专门训练。但演员不可能每个人都会表演各种人物，所以又有了行当的划分，各种不同的行当在历史发展上各有不同的来源，也各有不同的基本功。而且都是很专门的，各有不同的技术要求，所以一个演员一般只能学习一门、掌握一种行当的表演技巧。

人们普遍认为，中国戏曲是写意的戏剧艺术，这是对应着西方戏剧的写实性而说的。黄佐临先生更把梅兰芳尊崇为中国戏曲最成熟最完美的代表，把梅兰芳表演体系与斯坦尼斯拉夫斯基体系、布莱希特体系并列为世界戏剧三大体系。他概括中国戏曲具有四大外部特征（流畅性、伸缩性、雕塑性、规范性），而其内在特征则可概括为写意性。他认为梅兰芳艺术的伟大之处就在于他把中国戏曲的特征通过他的表演实践发挥到了臻于完美的极致，而成为中国戏曲的历史典范，作为一种戏剧风格的代表，屹立于世界艺术之林。

半个多世纪以前，梅兰芳出访欧美，他的表演风靡了西方，使西方观众叹为观止。梅兰芳的表演给他们带去了神奇的幻境，大开了眼界。许多西方戏剧艺术家、评论家都对梅兰芳的表演给予了崇高的评价。

对以梅兰芳为代表的中国戏曲创作思想和创作原则，布莱希特认为："这种演技比较健康而且（依我们的看法）它和人这个理智的动物更为相称，它要求演员具有更高的修养，更丰富的生活知识和经验，更敏锐的对社会价值的理解力。当然这里仍然要求创造性的工作，但它的质量比迷信幻觉的技巧要提高许多，因为它的创作已被提高到理性的高度。"[1] 基于这种现实主义创作原则而以特殊的歌舞形式表演出来的生活，自然会比普通的实际生活更强烈，更高，更典型，更理想，也就更带有普遍性。戏曲的生活真实是用程式化的艺术真实来反映的。比如说感情的表达方式也是程式化了的。许多传统老戏中给我们显现出很多感情的公式，实际生活中的许多复杂的情绪都能被排入到这些公式里。较之生活的自然形态，它是变了形的，好些细节被剔除了，表面上看，感情似乎被简单化了，然而它却更为强烈、确定，添上了几千年的经验的分量，遗貌取神的结果，感人的力量更深了。

大演员总是把外部技巧和内心体验有机地结合在一起，创造出鲜明的艺术形象。戏曲的表演把生活中本质的、有力的东西突现在观众的眼前。梅兰芳的表演使众多西方艺术家倾倒折服，就在于他能在程式的躯壳之中注入人物的思

---

[1] 见黄佐临：《梅兰芳、斯坦尼斯拉夫斯基、布莱希特戏剧观比较》。

想感情，从而产生了不可抗拒的魅力。一个男性演员扮演中国古代妇女形象，为什么能体现出中国古代妇女的富于特征的性格和神韵的美，正如美国人斯达克·杨解释的那样："梅兰芳并没有企图模仿女子。他旨在发现和再创造妇女的动作、情感的节奏、优雅、意志的力量、魅力、活泼或温柔的某些本质的特征，而以舞蹈方式再现，诗意盎然。"① 另一位美国人阿瑟卢尔说："他所扮演的不是一般妇女的形象，而是中国概念中的永恒的女性化身。处处象征化，却具有特定和使人易了解的涵义。"② 他们都以一个艺术家的敏感发现了中国传统戏曲表演的形神兼备的巨大的艺术力量。梅兰芳的艺术无疑地超越了东西方之间存在的障碍，而成为世界艺术宝库中最珍贵的财富。文艺评论家布鲁克斯·阿特金逊惊叹："语言上的障碍，若同完全异国情调的艺术的障碍相比，则变得微不足道了，这种艺术具有它独特的风格和规范，犹如青山一般古老……但它却像中国的古瓷瓶和挂毯一样优美。如果你能摆脱仅因它与众不同而就认为它可笑的浅薄错觉，你就能开始欣赏它的哑剧和服装的精美之处，你还会依稀觉得自己不是在与瞬息即逝的感觉相接触，而是与那经过几个世纪千锤百炼而取得的奇特而成熟的经验相接触。"③

以演员为中心是中国戏曲的一个重要戏剧现象，在这样的背景条件下，梅兰芳十分注重表演艺术的统一完整性。他在《舞台生活四十年》中，曾说过："我对舞台上的艺术，一向是采取平衡发展的方式，不主张强调某一部分的特点。这是我几十年来一贯的作风。"他在和谐平衡中求美，塑造出了一个又一个美的形象。戏曲演员深知观众的心理，有些戏，观众对其情节早已烂熟于胸，却还百看不厌，主要就是为了欣赏演员的高超技艺来的。戏曲演员的艺术创造离不开美，甚至对一些丑恶现象也要予以美化，竭力避免给观众以感官上的刺激。最典型的例子莫过于梅兰芳演出的《贵妃醉酒》了。他谈到创造这一形象时说："一个喝醉酒的人实际上是呕吐狼藉、东倒西歪、令人厌恶而不美观的；舞台上的醉人，就不能做得让人讨厌。应该着重姿态的曼妙、歌舞的合拍，使观众能够得到美感。"④ 梅兰芳的另一出代表作《宇宙锋》中，女主角

---

① 见黄佐临：《梅兰芳、斯坦尼斯拉夫斯基、布莱希特戏剧观比较》。
② 转引自梅绍武：《我的父亲梅兰芳》。
③ 同上。
④ 梅兰芳：《舞台生活四十年》。

赵艳容以装疯对父亲的无耻行径进行反抗。梅兰芳也能按照剧情的规定情境和人物的活动，用美的形式描摹出疯的形态。他是基于这样的认识："中国的古典歌舞剧，和其他艺术形式一样，是有其美学的基础的。忽略了这一点，就会失去了艺术上的光彩。不论剧中人是真疯或者假疯，在舞台上的一切动作，都要顾到姿态上的美。"① 这种对美的追求，不是形式主义，而是给予生活以艺术的升华，是细腻深入的内心体验与优美造型的和谐的统一，美的形式是为了更强烈、更鲜明地显示它的内容。

梅兰芳在《游园惊梦》中塑造的杜丽娘，就是一个十分完美的艺术形象。他以优美悦目的身段动作和对角色思想感情的细致入微的体验，把杜丽娘这个怀春少女的心态刻画得非常生动传神。同是表现杜丽娘的怀春，在"游园"和"惊梦"中的表现就不相同。在"游园"中，他表演得很含蓄，撩人的春色，使这位豆蔻年华的闺阁少女的心中产生了一种萌动。一种朦胧的渴望，不愿辜负这良辰美景。但从小就受到封建礼教教育的她，又怎能放浪形骸之外呢？这场戏中，她的动作很文静，既脉脉含情又拘谨羞涩，郁闷沉静的外表掩盖了她内心情感的冲动。"游园"中杜丽娘只是少女的"春困"，而非少妇的"思春"，在这一规定情境中着重表现的是杜丽娘纯情少女的心态。而在"惊梦"中，梅兰芳的表演的层次就进一步发展为比较外露，削弱了含蓄收敛的成分。可能是因为在梦中，在一个幻想中的不受任何约束的世界里，杜丽娘得到了实现真正自我的自由，她可以畅快地呼吸，自在地追求了。梅兰芳的表演是，神色略带迷惘，眼神中流露出少女的娇媚，在柳梦梅的牵引下，她似醉如痴，面带幸福娇憨的微笑，飘然而逝。在这里梅兰芳表现的不是生活中自然感情的流露，而是高度提炼了的诗化的感情，通过精雕细刻的艺术手段外化成为可见可感的艺术表现，不仅使观众看得懂，而且还能得到美的享受。

在《穆桂英挂帅》中梅兰芳塑造了一个穆桂英的英雄形象，穆桂英在激烈的思想斗争之后，下定决心挂帅出征，捧印时坚定凝重的表情、明快轩昂的身段动作，把穆桂英的大将风度、爱国激情表现得完美动人，传神的表演同样给人以美的艺术感受。他塑造的形象都具有鲜明的个性色彩，而且在揭示人物内

---

① 梅兰芳：《舞台生活四十年》。

心复杂的情感世界时层次分明，分寸感很强。

梅兰芳塑造艺术典型时，不仅注意形象姿态上的美，而且也很注意形象在整个舞台画面中的地位。在舞台画面的构图中也要显示出形象的美。他的表演重传神，重写意，不在于形态上的"真"，而在于神态上的"活"。他的表演所以能达到最完美的境界，就在于能点染出角色的活的神情，角色在特定环境下特有的活的神态。他能够在剧情发展中带有关键性的瞬间，通过简练的优美的动作，深刻地剖示出角色的精神状态，那突出的凝神的几笔，常使观众印象深刻，难以忘怀。

梅兰芳的表演从内容到形式，一切都结合得那样和谐自然，无处不照顾到美。他曾说过："古典歌舞剧的演员负着两重任务，除了很切合剧情地扮演那个人物之外，还有把优美的舞蹈加以体现的责任。"这样的表演，不仅使观众能欣赏到美，而且从美的感受中去理解认识生活。创造美的形象，要有造型的美，要有具备欣赏价值的美的表情，这样的舞台形象既真实感人，又耐人寻味。

梅兰芳的表演艺术代表着中国戏曲的一个时代的高峰，它把歌、舞、剧三者紧密地结合在一起。这三种艺术相互之间完全没有界限，浑然一体而不可分。他在舞台上用自己的表演绘制出了一幅幅优美的图画，容貌、服装、舞姿、身段，无处不精美、高雅，而且又是那么和谐自然。说他是美的创造者、美的化身是十分恰切的。

我们认为，梅兰芳的表演艺术博大精深，它全面地显示了中国古典美的理想境界，反映了中华民族传统的美学追求。所以仅用"梅派"是包容不了的，从他的表演艺术中，可以去探索出中国戏曲表演具有永恒魅力的奥秘。

以梅兰芳为代表的中国戏曲（舞台）表演体系，以其凝聚了深厚的历史传统和个人的天才创造而进入世界戏剧舞台艺术之林，中国戏曲以其处理演员与角色的特殊方式启发了其他国家的戏剧大师。

我们知道，西方戏剧对演员与角色的关系有过自己多方面的探索。亚里士多德《诗学》研究的是这个问题，在更早的荷马史诗时期行吟诗人也要揣摩诗中某些人物的声腔姿态，用以助兴。法国自近代以来，是西欧的文艺之邦，百科全书派首领狄德罗曾写过专门论述演员艺术的论文，主题就是那个著名的

"演员的悖论",从正反两方面提出了演员与角色之间的矛盾问题,使表演艺术中体验派与表现派的对立逐渐明朗起来。

就艺术创作言,演员面对着一个十分困难的任务:演员自身为一个活生生的人,而要去"表演"另一个活生生的人,如何把二者统一起来,就是一个特殊任务和工作。由于有这种矛盾和对立,在处理相互的关系时,就会有所侧重:有侧重角色的,也有侧重演员的。侧重角色的,把演员的"自我"压抑下去,融入角色的"他人"之中,自我的经验,自我的思想、感情,都作为体现角色经验和思想感情的工具;侧重演员的,则保持住演员自身的独立性,以理智的态度对待角色,演员的自我以角色之"见证人"身份出现,将角色解剖出来,因而表演中体现出演员对角色的态度来。

关于演员艺术中这两种倾向,在欧洲戏剧舞台实践中都有杰出的代表人物,以丰富的艺术实践来"证明"一种思想上的态度、理论上的观点。

苏联伟大的戏剧艺术家斯坦尼斯拉夫斯基(1865—1938)是对我国戏剧艺术(包括话剧和戏曲)有很大影响的人物。他在1929年建立"莫斯科艺术剧院",实验他的艺术主张。斯氏体系以"角色"为中心,把舞台上表现剧本所提供、规定的各角色的活的思想感情作为演员的"最高任务"。为了完成这个任务,演员必须进行多种心理和形体的训练,以便随时可以"进入角色"。斯氏要求演员经过刻苦的锻炼,以"角色"的活的思想感情为自己的"第二天性",成为"第二自我",而在表演时,演员的"第一自我"要消失在"第二自我"之中。在这种思想指导下,斯氏固然也强调演员在准备、排练过程中,必须对角色的个性、特点和具体环境(规定情景)作理性的分析;但在演出时,则不仅仅是理性的分析在起作用,而要求演员以全身心来体验角色,因而是以一种综合性的、理性与感性相统一的活生生的态度来对待角色。从这个角度说,相比之下,斯氏体系更加重视体验角色的"内心世界",因而强调演员训练的"心理技术"。斯氏的实验,在演出契诃夫的《海鸥》一剧时取得了巨大的成功。因为契诃夫的作品本无王公贵胄、豪华场面吸引观众,但却善于描写、刻画普通人的日常生活和内心世界,所以当契诃夫看到斯氏导演的《海鸥》后,感到正是自己所要表达的意思,因而非常激动。

我们看到,斯氏体系是欧洲戏剧在"模仿"说指导下长期发展的一次大总结、大发展、大提高。他的艺术实验，不但使体验派思想得到系统化、明晰化，而且有一套行之有效的艺术性技术训练来具体化这些思想。斯氏体系对欧洲戏剧文化方面的伟大贡献，是永放光芒的。可以说，只要有戏剧的表演在，自觉不自觉地就会有斯氏体系的影子在，任何演员都不能回避斯氏所提出的原则。

然而，角色是活的，演员也是活的，一个"自我"，不可能完全成为"另一个""自我"，因而斯氏的体系是一个永远完成不了的"任务"。"角色"始终是演员的"界限"，"演员"只能以自己的生活经验去"体验"规定情景中的"角色"的经验，因而永远不能完全摆脱"自我"的"烙印"和"痕迹"，仍然是"有一千个演员，就有一千个哈姆雷特"。"自我"不能完全消失于"他人"之中。这样，斯氏体系自身也存在着理论与实践的某些矛盾。在实践上，斯氏不可能完全使演员的"自我"完全"躲藏"起来，而以分析的态度允许演员演出风格的"个性"，但在理论上，却取消了这种艺术风格个性的合法性，从而压抑着演员艺术本身的创造性。

与此相对，布莱希特（1898—1956）的表演体系则将重心从"角色"移向了"演员"，强调了演员的独立自主性。演员与角色的关系不是"角色""吃掉""演员"，而是"演员""吃掉""角色"；不是演员去"体验"角色的活的思想感情，而是去"理解"角色的思想、行动的"意义"，揭示这种"意义"，以"告诉"观众。在布莱希特体系看来，演员不但不能完全压抑自己的自我，而且不应该压抑它。我们必须老老实实承认"角色"永远是一个"对象"，"演员"不可能完全成为"角色"。恰恰因为"角色"是一个"对象"，我们"演员"才有可能"理解"它、揭示它的"意义"。因此布莱希特主张演员应以理解、冷静的态度，分析"角色"，"研究"它的多方面的关系，把握其社会之意义，而不是从情感上与"角色"混为一体，不是去"拥抱"角色。这样，角色与演员之间永远有一个"距离"，艺术的作用不是"缩短"或"取消"这个距离，而是保持这个距离，让观众清楚地意识到自己是在"看""戏"，因而不拒绝运用自己的理智，保持自身的批判能力，而不必像斯氏那样要使观众产生"生活的幻觉"。

布莱希特早年受德国表现主义艺术思潮影响。不过，他的表演体系适应了当时对资本主义社会进行批判的需要,他的戏剧舞台带有明显的社会变革的意义,影响很大,曾经使十月革命后苏联戏剧出现了像梅耶荷德这样的导演,尽管梅耶荷德曾是斯坦尼斯拉夫斯基的学生。

我们看到,无论是斯氏体验派或布氏表现派,在演员和角色之外,尚须一个"第三者"——"导演"(director)。导演在斯氏体系中帮助"演员""进入""角色",在布氏体系中帮助"演员""理解""角色"。如果说,"演员"为"我","角色"为"他","导演"则是"你","你"在"我"与"他"之间。"你"在斯氏体系中是"沟通"的环节,在布氏体系中是"阻隔"的环节。前者是"引路人",后者为"教导者";前者可以"功成身退",后者则往往需要"现身说法"。布莱希特的"叙事戏剧"(epic theatre),就是"导演"或"剧作家"作为"叙说者"直接出现在舞台上。

然而,"他人"是不能够完全作为一个"对象"来"理解"的。"他人"不是"物",因而不是一个抽象的概念所能概括得了的。社会的批判,固然是很重要的,但舞台上的"工人"、"资本家",同样也不是概念的化身。现代资本主义工业化把人分成了碎片,但在生活中,人还总是活生生的。这样,概念的"他"不可能在戏剧舞台上成为生动的形象,于是真正能吸引观众的,则是"导演"通过"演员"表现出来的那个艺术家的"自我"。我们看到,布莱希特的戏往往是自编自导,集剧作家与演员于一身。布莱希特有许多剧本传世,像《伽里略传》、《大胆妈妈和她的孩子们》、《高加索灰阑记》等都很有名。作为剧作家,他的作品包括人物、情节,都为表现他自己的某种思想服务;作为导演、"演员"则也为表现他自己的某些观念服务,成了表达他作为艺术家布莱希特的思想感情的手段和工具。所以他的戏,具有相当高层次的思想性和哲理性,一切故事情节、人物角色、演员、道具,甚至灯光布景,都集中表达一个伟大艺术家的思想情感而得到应有的处理——包括各种夸张、变形、自由错乱时序等艺术手法,都可在舞台上出现。就其艺术家自我的表现言,布莱希特的体系又不仅是"叙事的",而且也是"抒情的"(lyric),有一种抒情诗的境界。

欧洲舞台上这两种表演体系,虽说是一种艺术风格和流派上的具体分歧,但却是和欧洲文化传统的一种思想倾向有相当关系的。我们看到,斯坦尼斯拉夫斯基要求"演员""进入角色",以自己的"心灵"与角色的"心灵"相感应,是基于相信人与人之间有一种直觉式的交流,"他人"的活的思想感情是可以被"我""感觉"到的。布莱希特的体系要"演员"("观众")都用一种理智的态度,和"戏"拉开"距离",意味着"他人"只有作为客观的"对象",才能用理智加以理解。在两种表演体系中,感觉和理智是被分离开来的,至少在完成的作品形态(演出、舞台艺术)上是被分离开来的。而被分离开来的理智和感觉,只有在"思想"形式上才能做到,在"实际"形式上是做不到的。这就是说,在实际的人生中,"我"与"他"是一种实际的"交往",感觉和理智是不可能截然分开的。"我"既不能像"精灵"那样"钻入""他"的思想("心")里,真的成为"他"(第二天性,第二自我);同样,"我"也不是"纯思"的存在,以概念的体系,将"他"作为"对象"来把握。在实际生活中,"他"与"我"是处于一种具体的、辩证的"交往"之中,因而有着辩证的"同"、"异"关系。中国的戏曲艺术,在处理"演员"与"角色"关系时,正是遵守着生活本身所显示的、所提供的这样一个活的、辩证的原则,将理智与感觉二者结合起来考察,而未尝有所偏废。中国戏曲载歌载舞的综合形式,对感性与理性之间的关系起着凝聚的作用,而不使各走极端。本来,歌唱(音乐)和舞蹈作为艺术观,本身就调节着人的情感与理智的协调关系,使奔放的情绪、感觉有所约束,使有规则的形式有充实的内容。这个原则与戏剧的人物动作和对话相结合,就使演员与角色的关系既非单纯表现"角色",又非单纯表现"演员";既是"角色"规范了"演员",又是"演员"在"表演角色"。西方人执着地问,到底是"演员"在台上"说话"、"行动",还是"角色"在"谈话""动作"? 到底是"谁""说话"、"行动"? 中国戏曲表演原则所作出的回答是最为朴素的:是"演员"在"演""角色",是"梅兰芳"在"演""穆桂英"。很显然,"穆桂英"固然曾经"挂帅",但不会在舞台上又唱、又做,是"梅兰芳"在唱、做、念、打。观众到剧场去看"戏",严格说来,既不是看"梅兰芳",也不是看"穆桂英",要单纯地"看""梅兰芳"或单纯地看"穆桂英",都不要到剧场去,到剧场去不是看"谁",而是看"什么",看的是"戏",看的是一件"事"。这样,"梅兰芳"作为"演员","穆桂英"作为"角色",这两个"谁"都不可少。这两个"谁"结合起来就成了一件"事"。"什么""事"? 是"(做)戏",看的是"表演",看的是一件艺术品,而不仅是艺术家这个"人",也不仅是他的"素材"人物、角色。中国古典戏曲表演原则将提问的问题从"谁"改变成了"什么",解决了戏剧艺术的一个大问题,即观众到剧场既不是看"演员"这个"人",也不是看"角色"这个"人",而是看一种特殊的"事"——艺术、戏。我们问观众在剧场中"看"到了"什么"?却不问他们"看"到了"谁"?甚至这个"什么",主要不是指故事的情节,而是看到了"演员"的"表演""艺术"。其实,戏剧舞台艺术中的这个问题,对其他一切艺术来说,也都是有意义的。我们"看"凡高画的《向日葵》既不是"看"到了"凡高",也不是"看"到了"向日葵",而是"看"到了那幅画,那幅"艺术品","看"到了"艺术"。在回答"看到了""什么"这个问题时,我们只能不厌其详地说"看到了凡高画的《向日葵》",就像回答说"看到了梅兰芳演的《穆桂英挂帅》"一样。

这样说来,我们似乎可以说,斯坦尼斯拉夫斯基体系和布莱希特体系尽管各有千秋而极不相同,但他们似乎都希望观众到剧场看到了"谁"——无论是角色也好,演员也好,导演也好,剧作家也好,总要"看到"一个"谁"。而只有以梅兰芳为代表的中国戏曲体系,要观众到剧场去"看"一件"事",一件艺术性的"事"——"戏"、"表演",去"看""艺术"。在改变了问题的重心之后,其他一切诸多"理智"、"情感"、"距离"、"移情"、"进入角色"……都也有了各自的在表演艺术中的恰当的地位,获得了新的理解、新的意义和新的生命。这样,我们也就不难理解,为什么艺术风格上各自对立的两大表演体系的创造者斯坦尼斯拉夫斯基和布莱希特,几乎都以同样的热情来赞扬梅兰芳的表演艺术,而且同样以艺术家的虔诚态度对梅兰芳表演中体现出来的中国戏曲表演原则作出了严肃认真的研究,并有各自的深刻体会。从这个事例中,我们也可以看出,拥有数千年历史的中国传统艺术的古典主义精神,以它那博大精深、兼容并蓄的美学原则,成为世界艺术宝库中取之不尽、用之不竭的艺术原型,对于西方资本主义社会中爱走极端的各种艺术倾向来说,竟提供了一个可以信赖的准则,并可为一切愿意作认真思考的美学理论家提供佐证和激发进一步的探索。

(原载曹其敏著《戏剧美学》第 159—178 页,人民出版社 1991 年 10 月版)